FEHLBAR?

FEHLBAR?

EINE BILANZ

HERAUSGEGEBEN VON
HANS KÜNG

BENZIGER VERLAG

Zürich Einsiedeln Köln
Gesamtherstellung: Clausen & Bosse, Leck
ISBN 3 545 22072 9

Inhalt

VORWORT

Die Anfrage nach der Unfehlbarkeit hat die größte Diskussion der katholischen Theologie nach dem Vatikanum II ausgelöst. Sie geht, wie die Bibliographie am Ende zeigt, weit über die theologischen Publikationen hinaus und ist deshalb kaum zu überblicken. Eine Bilanz aber drängt sich auf.

Der Titel lautet umgekehrt wie der des Buches «Unfehlbar?». Ob er denen, die den ersten Titel schockierend gefunden haben, besser gefällt, ist nicht sicher. Es dürfte am Fragezeichen liegen, das – ob unfehlbar oder fehlbar – auf die Fehlbarkeit der Menschen zu zeigen scheint. Immerhin wurde es in diesem Band nicht durch ein Ausrufzeichen ersetzt, was bereits zeigt, daß nicht ein Parteiband in diesem oder jenem Sinn beabsichtigt ist.

Karl Rahner hat die wichtigsten negativen Stellungnahmen gesammelt: «Zum Problem Unfehlbarkeit. Antworten auf die Anfrage von Hans Küng» (1971). Das ermöglicht es dem Herausgeber dieses Bandes, sich von vorneherein mehr auf die weniger apologetischen Beiträge auszurichten. Wenigstens eine klare Gegenstimme zu Rahners Band – die von H. Halbfas – sollte zu Worte kommen. Die um Vermittlung bemühten Beiträge von W. Kasper und M. Löhrer werden einen ausgewogenen Einblick in den neuesten Diskussionsstand bieten. Auch die Fragen der römischen Glaubenskongregation werden zu einer umfassenden Urteilsbildung beitragen. Dann aber sollten vor allem solche Beiträge aufgenommen werden, die vom spezifischen Fachgebiet der Autoren her einen bestimmten Aspekt der anerkannt komplexen Problematik beleuchten, sei es exegetisch oder historisch, gesellschaftskritisch oder theologisch-systematisch. Mit dem Dank an die Autoren, die ihren Beitrag zur Verfügung gestellt haben, sei der Hinweis verbunden, daß selbstverständlich jeder Autor nur für seinen eigenen Beitrag verantwortlich ist.

Da in der Unfehlbarkeitsfrage vor allem, wenn auch nicht ausschließlich, die katholische Theologie herausgefordert und in Diskussion begriffen ist, haben wir uns – trotz so hervorragender evangelischer Diskussionsbeiträge wie etwa von G. C. Berkouwer, E. Jüngel, und L. Vischer – bewußt auf katholische Beiträge beschränkt. Nur zur Einführung sollte Walther von Löwenich in Kürze zum Ausdruck bringen, was ein evangelischer Theologe in dieser Debatte von der katholischen Theologie und Kirche erwartet. Es ist indessen keine Frage, daß hier zugleich die evangelische und die orthodoxe Theologie und Kirche angesprochen ist, wie es der amerikanische Protestant Arthur C. Cochrane ausdrückt:

«Die Bedeutung dieses Buches nicht nur für die römisch-katholische Kirche, sondern für die Einheit der einen, heiligen und katholischen Kirche kann nicht überschätzt werden. Seine Veröffentlichung, zusammen mit Rahners Antwort, hat das Dogma von der Unfehlbarkeit des außerordentlichen und ordentlichen Lehramtes der katholischen Kirche zu einem Gegenstand der offenen, ernsten Debatte innerhalb dieser Kirche gemacht. Es fordert die protestantischen und die östlichen orthodoxen Kirchen heraus, ihre eigenen Lehren von der Autorität zu überprüfen. Es wirft von neuem die ganze Frage nach der Autorität der Heiligen Schrift und der Tradition und auch der der Konzilien auf, ganz zu schweigen von derjenigen des einzelnen Predigers oder Christen, der es unternimmt, Gottes Wort zu verkünden. Schließlich wirft es christologische Fragen bezüglich dessen auf, der beanspruchte, die Wahrheit zu sein und alle Macht und Autorität im Himmel und auf Erden erhalten zu haben. Was ist Wahrheit? Und was ist die Wirklichkeit und Natur ihrer Autorität?» Cochrane verweist zugleich auf die Bedeutung der Frage für die kirchliche Praxis, die Erneuerung der katholischen Kirche und die Wiedervereinigung der getrennten Christenheit: «Das größte Hindernis für Reform und Wiedervereinigung ist nicht eigentlich das Unfehlbarkeitsdogma selbst, sondern eine auf dem Dogma basierende ‹ecclesiastical policy›».

An sich ist die Unfehlbarkeit eine Randfrage, eine typisch kirchliche Frage. Die Theologie sollte nicht um die Kirche, sondern um Gott kreisen. Aber gerade weil die Unfehlbarkeit zu einer Zentralfrage in der Kirche und zwischen den Kirchen gemacht wurde und als solche beträchtliche Auswirkungen auf die Gesellschaft hat, steht ungemein viel auf dem Spiel: letztlich wie heute Theologie getrieben und Kirche gestaltet werden soll.

Es war bei der ausgedehnten Diskussion für den Autor des Unfehlbarkeitsbuches nicht leicht, zu einer auch nur einigermaßen umfassenden Sichtung der Diskussionsbeiträge zu gelangen. Sehr viel einfacher wäre es gewesen, sich mit einigen mehr grundsätzlichen Anmerkungen zur Debatte zu begnügen. Doch verlangten die zahlreichen kritischen Diskussionsbeiträge eine detaillierte Antwort, wie sie denn in diesem Band – nach der hier publizierten, weil nicht in den Rahner-Band aufgenommenen Antwort an Rahner – in einer «Bilanz» des Autors versucht wird. Eine solche kann kein unparteiischer Literaturbericht sein. Sie muß Stellung beziehen und werten. Polemik kann nicht irenisch zugedeckt werden, sie ruft nach Anwort. Aber die Bilanz des Autors wie der gesamte Band soll doch nicht die Aufregung vergrößern, sondern die *Befriedung* befördern. Freilich nicht um den Preis der Wahrheit. An einem faulen Frieden kann nur schläfrigen Theologen gelegen sein. Zur Selbstkorrektur bleibt der Verfasser bereit, wo immer sie mit Gründen gefordert wird.

Doch möchte ich am liebsten mit dieser ausführlichen Bilanz meine eigene

Arbeit an der Unfehlbarkeitsproblematik abschließen. Gleichzeitig mit diesem Band erscheint als eine Vorarbeit zu einer Einführung ins Christentum eine Theologische Meditation «Was in der Kirche bleiben muß»; dieses kleine Büchlein zeigt vielleicht besser als diese ganze Debatte, um was es mir in Theologie und Kirche bei den freilich unvermeidlichen unerquicklichen Auseinandersetzungen des Tages geht. Das römische Verfahren ist leider noch immer nicht beendet, und seit meiner in diesem Band veröffentlichten Antwort an die Glaubenskongregation ist ein Jahr verflossen, ohne daß man von Rom etwas hörte. Man möchte hoffen, daß das ein gutes Zeichen ist und daß man dort nicht meint, schließlich und endlich doch noch unter Verletzung der eigenen Verfahrensordnung mit einer einseitigen Erklärung das Problem regeln zu können.

Tübingen, Neujahr 1973 — Hans Küng

Abkürzungen (soweit in einzelnen Beiträgen nicht anders angegeben)

A	=	K. Rahner (Hrsg.), Zum Problem Unfehlbarkeit. Antworten (= A) auf die Anfrage von Hans Küng (Freiburg–Basel–Wien 1971)
B	=	Bibliographie in diesem Band
C	=	Concilium (Internationale Theologische Zeitschrift) 9 (1973) Heft 3 (März)
D	=	H. Denzinger, Enchiridion Symbolorum (Freiburg i. Br.–Barcelona ^{30}1955); DS = Denziger–Schönmetzer (ab 32. Aufl.).
J	=	Journal of Ecumenical Studies 8 (1971) Heft 4
K	=	H. Küng, Die Kirche (Freiburg–Basel–Wien 1967)
M	=	J. D. Mansi, Sacrorum conciliorum nova et amplissima collectio, 31 Bde. (Florenz–Venedig 1757–1798); Neudruck und Forts. hrsg. von L. Petit u. J. B. Martin in 60 Bdn. (Paris 1899–1927)
U	=	H. Küng, Unfehlbar? Eine Anfrage (Zürich–Einsiedeln–Köln 1970)
LThK	=	Lexikon für Theologie und Kirche (Freiburg i. Br. ^{2}1955 ff)
ThQ	=	Theologische Quartalschrift (Tübingen 1819 ff)
RGG	=	Die Religion in Geschichte und Gegenwart (Tübingen ^{3}1956 ff)

A. ZUR KONTROVERSE

Walther von Loewenich

IST KÜNG NOCH KATHOLISCH?

Stellungnahme eines evangelischen Theologen

Martin Luther hat einmal im Rückblick auf seine 95 Thesen gegen den Ablaß geäußert, er habe nichts anderes getan, als der Katze die Schelle angehängt; er habe lediglich den Mut besessen, das laut auszusprechen, was unzählige andere im stillen dachten. Dabei hat sich Luther im Jahr 1517 durchaus als treuen Sohn der katholischen Kirche betrachtet. Daran mag man sich erinnert fühlen, wenn man die Auseinandersetzungen um das Buch «Unfehlbar? Eine Anfrage» des bekannten katholischen Tübinger Theologen Hans Küng beobachtet.

Die Veröffentlichungen Küngs haben von Anfang an berechtigtes Aufsehen erregt. In seinem Erstlingswerk (1957) gab er eine Deutung der tridentinischen Rechtfertigungslehre, die sie nicht mehr als kirchentrennend erscheinen ließ. Verschiedene kritische Äußerungen zum 2. Vaticanum trugen ihm eine Verwarnung von seiten Roms ein. In seinem großangelegten Buch «Die Kirche» (1967) entwickelte Küng ein Verständnis der Kirche, das überall von der biblischen Botschaft ausgeht und zugleich die geschichtliche Wirklichkeit in kritischer Offenheit einbezieht. In dem Buch «Wahrhaftigkeit. Zur Zukunft der Kirche» (1968) hat er daraus praktische Folgerungen gezogen. Die letzte größere Veröffentlichung «Unfehlbar?» bringt inhaltlich darüber hinaus nichts grundlegend Neues. Aber sie hat nun wirklich, was nach Küng andere versäumt haben, «den Stier bei den Hörern» gepackt: Daher der Wirbelsturm, den sie hervorgerufen hat.

In der Tat, so eindeutig und unmißverständlich hat sich seit langem kein katholischer Theologe über ein Thema geäußert, das seit einhundert Jahren als tabu gilt. Das, was die römische Schultheologie unter Unfehlbarkeit der Kirche und des Papstes versteht, wird von Küng unüberhörbar bestritten. Er versichert trotzdem, ein überzeugter katholischer Theologe zu sein. Er glaubt sich in seinen Grundanschauungen mit anderen führenden katholischen Theologen der Gegenwart eins zu wissen. Er findet Worte höchster Anerkennung für die Integrität von Paul VI. Das Konzil war ein großartiger Erfolg. Aber man ist nach Küng auf dem besten Weg, alle Chancen wieder zu verspielen. Seine scharfe Kritik erwächst aus der Liebe zur Kirche. Sie ist nicht schuld an der entstandenen Unruhe, sondern gibt nur der bereits vorhandenen den nicht mehr länger verschweigbaren Ausdruck.

So ist Küngs Betroffenheit wohl verständlich, als sein langjähriger Kampfgenosse Karl Rahner in den «Stimmen der Zeit» ohne vorherige Rücksprache einen Aufsatz «Kritik an Hans Küng» veröffentlichte. Er hat darauf im Januar- und Februarheft 1971 geantwortet; eine abschließende Stellungnahme Rahners brachte das Märzheft 1971. Rahner bekennt sich zu «indiskutablen Sätzen», die aus einer letzten Grundentscheidung stammen. Sollte Küng nicht mehr daran festhalten, so könne man mit ihm nur noch wie mit einem «liberalen Protestanten» oder gar nur wie mit einem «skeptischen Philosophen» sprechen. Inzwischen hat auch die Deutsche Bischofskonferenz eine Erklärung, unterzeichnet von Kardinal Döpfner, zum Fall Küng veröffentlicht. Ihre Beurteilung in der Presse divergiert.

Die verschiedene Beurteilung erklärt sich daraus, daß die «Erklärung» eine präzise Stellungnahme zu der gezielten Anfrage Küngs nach der Möglichkeit «unfehlbarer» Sätze nicht erkennen läßt. Küng hat denn auch mit Recht festgestellt, daß das Wort «unfehlbar» in der ganzen «Erklärung» nicht vorkomme. Er hält deshalb eine weitere konstruktive Diskussion für möglich.

Freilich stehen in der Erklärung Aussagen, die bei aller Zurückhaltung in der Formulierung doch nur als «römisch» im traditionellen Sinn verstanden werden können. Die Kirche kann Sätze «mit letzter Verbindlichkeit» aufstellen («Dogmen»). Das Dogma empfängt seine Verbindlichkeit nicht von der «Übereinstimmung mit dem maßgebenden Ursprung», das heißt doch wohl mit der biblischen Botschaft, sondern durch das der Kirche gegebene Charisma der Wahrheit. Die Vollmacht zu solchen «letztverbindlichen» Aussagen kommt den ökumenischen Konzilien, aber auch dem Bischof von Rom als dem Nachfolger des heiligen Petrus und dem Haupt des Bischofskollegiums zu. Die Bischöfe bekennen sich ausdrücklich zu den Aussagen des Ersten und Zweiten Vatikanischen Konzils. Die fünf bischöflichen Leitsätze enthalten sich jeder Verurteilung. Sie umschreiben nur, wo nach ihrer Meinung die Grenze zwischen «katholisch» und nicht mehr katholisch zu ziehen sei.

Hat Küng diese Grenze überschritten? Der evangelische Beurteiler, um seine Stellungnahme gefragt, wird auf ein eindeutiges Ja oder Nein verzichten müssen, und das nicht vorab aus taktischen, sondern vorwiegend aus sachlichen Erwägungen. Küng geht in seinem Buch, für das er auf das Imprimatur verzichtet hat, von der Autoritätskrise aus, die die berühmte Pillenenzyklika («Humanae vitae») Pauls VI. im Zusammenhang mit anderen päpstlichen Verlautbarungen der letzten Jahre hervorgerufen hat. Paul VI. konnte nicht anders entscheiden, weil er sich trotz entgegenstehender Sachgutachten, die ihm Eindruck machten, an den Lehrkonsensus der Kirche in seinem Gewissen gebunden fühlte. Die Geburtenverhinderung ist in der kirchlichen Tradition, nicht zuletzt durch Pius XI. (1930) als Unsittlichkeit verurteilt. Ein solches Verbot braucht nicht ausdrücklich definiert zu sein, um doch faktisch als unfehlbar zu gelten. Paul VI. konnte nicht einen Irrtum in der Lehre zugeben. Er war dabei in seiner Auffassung von der verpflichtenden kirchlichen Lehrtradition durch die Schultheologie gedeckt. Demgegenüber bleibt nur die Alternative, diese ganze Theorie der Unfehlbarkeit in Frage zu stellen.

Das hat Küng getan. Das Vaticanum I konnte die Unfehlbarkeitstheorie weder biblisch noch geschichtlich begründen. Es hat sie einfach vorausgesetzt. Dieser Vorwurf muß auch gegen das Vaticanum II erhoben werden. Darüber hinaus stellt Küng fest: Es gibt überhaupt keine unfehlbaren Sätze. Absolute Unfehlbarkeit steht Gott allein zu. «Unfehlbare» Sätze kann weder die Bibel noch ein Konzil noch ein kirchliches Lehramt aufstellen. Alle Sätze müssen in ihrer Bezogenheit auf eine konkrete Situation verstanden werden. Alle Sätze sind gegenüber der Wahrheit Gottes inadäquat. Sie sind grundsätzlich nicht vor Irrtum geschützt. Das Insistieren auf unfehlbare Sätze stammt aus dem Rationalismus der Neuscholastik und ist im Vaticanum I aus der Angst, das heißt aus dem Kleinglauben geboren.

Die Kirche ist aber sowenig wie der Glaube auf «unfehlbare» Sätze angewiesen. Sie hat jahrhundertelang ohne ein «unfehlbares» juridisches Lehrprinzip gelebt. Ihr ist verheißen, durch allen Irrtum hindurch in der Wahrheit Gottes erhalten zu bleiben. Die Wahrheit Gottes läßt sich aber nicht mit «unfehlbaren» Sätzen identifizieren. Darum möchte Küng statt von «Unfehlbarkeit» lieber von «Indefektibilität oder Perennität in der Wahrheit» sprechen. Diese Auffassung dürfte auch auf ökumenisches Einverständnis stoßen. Küng hält es für möglich, daß sie sich in der katholischen Kirche durchsetzt. Dann wäre die gegenwärtige Autoritätskrise nicht umsonst gewesen. Dem jetzigen juridischen Lehrprimat stellt Küng das Programm eines «Dienstprimates» entgegen. «Die Verwirklichung benötigt Geduld und unerschrokkenen Einsatz. Daß es in dieser oder jener Form verwirklicht werden wird, daran ist nicht zu zweifeln. Die Frage ist nur, ob nicht wieder einmal zu spät und somit unter zu großen Verlusten.»

Ist Küng «noch katholisch»? Vielleicht sollte man diese Frage besser gar nicht stellen. Aber sie ist nun einmal von katholischer Seite mehr oder minder offen gestellt worden und darf deshalb auch von evangelischer Seite erwogen werden. Soviel ist sicher: Diese Frage wäre noch vor zwanzig Jahren eindeutig verneint worden. Wer das Unfehlbarkeitsdogma von 1870 so kompromißlos bestritten hätte, wäre dem Anathema verfallen. Nun hat es freilich an versteckter Opposition gegen dieses Dogma die ganzen hundert Jahre seither nicht gefehlt. Man hat es in seiner praktischen Wirkung verharmlost: Der Papst werde sich in Zukunft hüten, ex cathedra zu sprechen. Pius XII. hat das durch die Verkündigung des Mariendogmas von 1950 widerlegt. Man hat ihm durch subtile theologische Interpretationsmethoden einen erträglichen Sinn abzugewinnen versucht und dabei seinen eigentlichen Gehalt oft nahezu ins Gegenteil verkehrt.

Es ehrt Küng, daß er auf solche Methoden verzichtet hat. Er muß auch gegen Rahner den Vorwurf einer spekulativen Dogmeninterpretation erheben, die sich über die historische und biblische Beweisführung hinwegsetzt. Diese Beweisführung wäre nach Küng aber gerade die entscheidende, und sie kann nach ihm nicht erbracht werden. Hierin stimmt er völlig mit der protestantischen Kritik überein. Trotzdem haben sich die Bischöfe nicht zu einer klaren Verurteilung Küngs entschlossen. Sind ihre Leitsätze vielleicht mehr an die Adresse Roms als an die von Küng gerichtet? Jedenfalls ist die von Johannes XXIII. bewirkte «Öffnung» auf sie nicht ohne Einfluß geblieben.

In den früheren Una-Sancta-Gesprächen wurde den evangelischen Teilnehmern oft vorgehalten: Man weiß nicht, was eigentlich «evangelisch» ist – eure formulierten Bekenntnisse oder eure moderne Theologie? Die Praxis der evangelischen Kirchenleitung war weithin eine «felix inconsequentia», eine glückliche Inkonsequenz. Man hielt offiziell am alten Bekenntnis fest, ließ aber die modernen Theologen in ihren Abweichungen von diesem Bekenntnis gewähren. Meines Erachtens war dieser Kompromiß trotz seiner Unklarheit situationsgerecht. Es scheint, daß sich nun Ähnliches im heutigen Katholizismus ereignet. Die Frage «Was ist katholisch?« kann offenbar heute auch nicht mehr eindeutig beantwortet werden. Ist das ein Unglück oder ein Fortschritt, der sich noch dazu auf eine jahrhundertelange Tradition berufen kann, die erst seit der Gegenreformation einer zunehmenden Verengung gewichen ist? Einem solchen Katholizismus der Zukunft, der zugleich verdrängte Wahrheit wieder zur Geltung bringt, will Küng dienen.

Die entscheidende Frage im Fall Küng sollte darum sinnvollerweise nicht lauten: Ist Küng noch katholisch? Sie sollte vielmehr lauten: Wird sich der Katholizismus aus lehrgesetzlicher Verengung zu echter Katholizität hindurchringen?

Hans Küng

IM INTERESSE DER SACHE

Antwort an Karl Rahner *

Eine persönliche Vorbemerkung

Viel würde ich darum geben, wenn ich diese Antwort nicht zu schreiben hätte. Zwar muß man sich ja jedesmal einen ziemlichen Ruck geben, wenn man, einmal mehr, in Kirche und Theologie für etwas auf die Barrikaden steigen und gegen jemanden antreten soll. Aber in diesem Fall geht es um mehr: Karl Rahner betrachte ich, obwohl ich nie sein Schüler war, als einen meiner Lehrer in der Theologie.

Ungezählte Türen hat er, der unermüdlich Vorstoßende, unserer Generation mit starker Hand geöffnet: an Fragen gerührt, an die sich kein katholischer Theologe heranwagte; umgestellt, was ihm nicht am richtigen Platz zu stehen schien; andere Akzente gesetzt, von den Höhen der Gottes- und Christuslehre angefangen bis zu den ganz praktischen Fragen der Pfarrgemeinde und der persönlichen Spiritualität; kühn neue Antworten gegeben, die dann auch entsprechend verketzert wurden. In all dem hat er uns Jungen Freude an der Theologie vermittelt, hat uns Mut zum Denken gemacht, ließ uns aus dem starren und grauen Gehege der Neuscholastik ausbrechen und hat mit anderen der Legio sacra heutiger katholischer Theologie (Hans Urs von Balthasar, Yves Congar, Otto Karrer, Henri de Lubac) so manch einem von uns, der eigentlich in die praktische Seelsorge gehen wollte, dazu verlockt, sich auf das große Abenteuer katholischer Theologie in einer Zeit des beginnenden Umbruchs einzulassen und Theologe zu werden.

Nirgendwo hat Karl Rahner mir selber von Anfang an mehr gegeben als in einem neuen Verständnis des Dogmas. Auf ihn mehr als alle anderen habe ich mich im entscheidenden Methodenkapitel 20 meines Buches «Rechtfertigung» gestützt [1]. Er vor allem hat mich durch die Aufsätze im ersten Band seiner

* *K. Rahner SJ,* Kritik an Hans Küng. Zur Frage der Unfehlbarkeit theologischer Sätze, in: Stimmen der Zeit 95 (1970) 361–377 (hier abgekürzt zitiert mit R); vgl. *H. Küng*, Unfehlbar? Eine Anfrage (Zürich–Einsiedeln–Köln 1970; hier abgekürzt zitiert mit U).

1 *H. Küng*, Rechtfertigung. Die Lehre Karl Barths und eine katholische Besinnung (Einsiedeln 1957) 107. 112. 114–115. 122.

gesammelten Schriften gelehrt, das Dogma *geschichtlich* zu verstehen [2]. Wer hat denn deutlicher als er auf den «circulus vitiosus einer Denzinger-Theologie» (S. 11) aufmerksam gemacht? Wer provozierender das Ungenügen der in Dogmenrepetition sich erschöpfenden neuscholastischen Schulbücher («Die Schulbücher sind – Schulbücher») und «die historische Zufälligkeit des uniformen Kanons der in einem dogmatischen Schulbuch schon seit mehr als zwei Jahrhunderten üblichen Fragen, Traktate usw.» herausgestellt (S. 10 f.)? Wer in der Geschichte der Theologie «nicht bloß die Geschichte des Dogmen-Fortschritts, sondern auch eine Geschichte des Vergessens» (S. 172) sehen lassen? Wer schließlich auch die geschichtliche Bedingheit und Beschränktheit des Dogmas selbst unerschrocken bejaht: «Die klarste und deutlichste Formulierung, die geheiligste Formel, die klassische Verdichtung der Jahrhunderte währenden Arbeit der betenden, denkenden und kämpfenden Kirche um die Mysterien Gottes lebt also gerade davon, daß sie Anfang und nicht Ende, Medium und nicht Ziel ist, *eine* Wahrheit ist, die frei macht für *die* – immer größere – Wahrheit» (S. 169)?

Ja, von wem hätte man eigentlich mehr Verständnis für das anstehende Problem der Unfehlbarkeit des Dogmas erwarten dürfen als von diesem Theologen, der schon so früh von der «Selbsttranszendenz jeder Formel» (S. 169) gesprochen hatte und der «die ‹Geschichtlichkeit› der menschlichen Wahrheit (in die sich auch die Wahrheit Gottes in seiner Offenbarung inkarniert hat) ernst», so ernst nehmen wollte, daß er sogar von «der chalkedonischen Formulierung des Geheimnisses Jesu» zu sagen wagte: «diese Formel ist – eine Formel» (S. 170)? Alles dies selbstverständlich nicht zum Niederreißen, sondern zum Auferbauen: Ausdruck nicht nur eines geschichtlichen Denkens, sondern auch eines starken Glaubens, und gerade dies war das Geringste nicht, worin er wagemutigen Jüngeren Vorbild wurde.

Man wird von daher ein wenig die Verwunderung nachfühlen können, daß die bisher negativste Antwort auf meine «Anfrage» bezüglich Unfehlbarkeit gerade von Karl Rahner kommt. Ein wenig ein Rätsel, ein wenig auch kein Rätsel, jedenfalls sehr schmerzlich für den, der Karl Rahner nicht nur als Lehrer verehrt, sondern ihn auch, obwohl eine ganze Generation jünger, in der Theologie als Freund schätzen lernen durfte: als junger Kaplan und Doktor der Theologie von ihm für den Weg in die deutsche Universität beraten (1957), durch eine kritisch-konstruktive Rezension meines Rechtferti-

2 *K. Rahner*, Schriften zur Theologie I (Einsiedeln–Zürich–Köln 1954); besonders die Aufsätze: Über den Versuch eines Aufrisses einer Dogmatik; zur Frage der Dogmenentwicklung; Probleme der Christologie von heute. Die folgenden Seitenzahlen beziehen sich auf diesen Band.

gungsbuchs von ihm verteidigt (1958), auch bei der Publikation der schwierigen Quaestio disputata «Strukturen der Kirche» (1962) von ihm unterstützt und korrigiert, dann während der vier Jahre des Zweiten Vatikanischen Konzils in wichtigen Dingen mit ihm zusammen, mit ihm zusammen auch bei der Gründung und während der fünf nachkonziliaren Jahre immer wieder neu im Direktionskomitee und Stiftungsrat der Internationalen Theologischen Zeitschrift «Concilium», auch wieder 1969 beim Aufruf der 4 und dann der 40 und schließlich der rund 1400 Theologieprofessoren für die «Freiheit der Theologie» und endlich nach so vielem anderem zusammen noch vor wenigen Wochen in Brüssel beim Internationalen Kongreß für Theologie, wo wir beide friedlich vereint in der Kongreßleitung und als Korreferenten beim selben Thema «Was ist die christliche Botschaft» amteten.

Und nun plötzlich aus heiterem Himmel – jedenfalls ohne Vorwarnung, ohne Orientierung, ohne die geringste Diskussion mündlich oder schriftlich –, dieser Blitz, der früher zweifellos von Rom als Bannstrahl in die deutschen Lande zurückgeleitet worden wäre, heute aber vielleicht nur eine Diskussion mit viel Rauch und wenig Feuer unter Freunden, so hoffe ich noch immer, zu entzünden vermag, bei hoffentlich nicht allzu großer Schadenfreude unserer gemeinsamen Gegner. Daß Rahner sich dabei zu keinem einzigen Wort höflicher Anerkennung dieses theologischen Vorstoßes aufraffen konnte, sondern unmittelbar polemisch einsetzt, ist nicht so schlimm. Schlimm ist: Als «eine innerkatholische Kontroverse» kann Rahner diese Kontroverse nicht mehr betrachten. So meint er «zunächst in aller Ehrlichkeit» sagen zu müssen, «auch wenn gleichzeitig davor zu warnen ist, die Beurteilung einer These zur Beurteilung dessen zu machen, der diese These aufstellt» (R 365). Ein etwas schwacher Trost von einem, für den man immer das hohe Lob hatte, daß er einer der raren Theologen sei, mit denen man – darf man es sagen? – «Pferde stehlen» könne. Von ihm bekommt man nun unvermittelt bescheinigt, daß es «an einer gemeinsamen Plattform für ein innerkatholisches theologisches Gespräch» mangelt und er das Gespräch «nur noch so führen» könne «wie mit einem liberalen Protestanten» (R 365). Wie schade, daß er in so schwerwiegender Sache das persönliche Gespräch verweigert und sich zur einseitigen und persönlich adressierten «Kritik an Hans Küng» entschloß.

Aber wer weiß, womöglich braucht es einmal in dieser neuralgischen Frage katholischer Theologie des vielleicht reinigenden Gewitters. Und so wollen wir uns denn ohne Klagen an die Arbeit machen und genau untersuchen, was in und hinter den massiven Vorwürfen Rahners steckt. Doch soll diese Arbeit nicht begonnen werden ohne die vorausgegangene ausdrückliche Beteuerung, daß nichts von all dem, was Karl Rahner für mich bis heute bedeutet hat, vergessen sein wird. Meine Dankbarkeit kann ich hier nur auf diese Weise üben, daß ich seine Einwände so ernst als möglich nehme. Dies alles nicht im Sinn persönlicher Selbstverteidigung, sondern im Interesse der Sache.

Das Faktum des Irrtums im kirchlichen Lehramt

Mit der positiven These des Verfassers, dem es um die *Kirche* und ihre *Wahrheit* geht, setzt sich Rahner kaum auseinander. Ihm geht es um den *Irrtum* in der Kirche. Aber gerade hier zeigt sich trotz allem eine auffällige Übereinstimmung zwischen dem Verfasser des Buches «Unfehlbar» und seinem Kritiker: Es *gibt* indiskutabel Irrtum in der Kirche und im kirchlichen Lehramt. Rahner will kein Apologet sein. Früher als andere katholische Theologen hatte er nicht nur von einer «Kirche der Sünder», sondern zum Ärger vieler auch von einer «sündigen Kirche» gesprochen. Herausgefordert nun durch das Buch spricht er in seinem neuesten Artikel mit erstaunlicher Deutlichkeit vom *Faktum* des Irrtums in der Kirche. Rahner möchte als Theologe «alle geschichtliche Relativität der Wahrheit einkalkulieren» (R 365). Deshalb die Feststellung, für die ich bei der Vorbereitung des Buches bei prominenten katholischen Autoren vergeblich klare Belege gesucht habe: «Es gibt selbstverständlich genug Lehren, die einmal allgemein vorgetragen, verteidigt und festgehalten wurden in der Kirche und sich später dennoch als irrig erwiesen haben» (R 367). Weil indessen die meisten Irrtümer des Lehramts «im praktischen Leben» unwichtiger seien als die Lehre von «Humanae vitae», würden sie «darum, wenn sie sich als irrig herausstellen, sang- und klangloser begraben» (R 367). Von der Lehre der Enzyklika «Humanae vitae» selbst wird unumwunden festgestellt: «Kurz gesagt: diese Lehre ist unter Umständen ein Beispiel dafür, daß das Lehramt der Kirche viele Lehren vorträgt, die sich später als irrig herausstellen» (R 368).

Aber auch über das Faktum des Irrtums hinaus gesteht Rahner zu, daß in der *Interpretation* des Irrtums ein «bedauerliches Ungenügen theologischer Gnoseologie und Hermeneutik innerhalb der katholischen Schultheologie» festzustellen ist: «Nun muß man natürlich zugeben, daß eine der geschichtlichen Erkenntnis von heute und ihrer Problematik *wirklich genügende* Theorie darüber, wie Irrtum einerseits und geschichtliche Endlichkeit, Inadäquatheit und Mißverständlichkeit eines menschlichen Satzes andererseits genau unterschieden werden können, nicht zur Verfügung steht, ja diese Unterscheidung in vielen Fällen reflex und bis ins letzte unmöglich ist und in der kirchlichen Schultheologie sicherlich nicht gegeben ist» (R 369).

Und schließlich geht die Übereinstimmung sogar so weit, daß Rahner auch im Hinblick auf eine mögliche *Lösung* zugesteht, der Verfasser hätte «dabei ruhig von der Unterscheidung zwischen einem grundlegenden Bleiben in der Wahrheit und den Satzwahrheiten ausgehen können» (R 374). Und bezüglich der sogenannten unfehlbaren Sätze hätte der Verfasser ruhig «fragen können, ob, in welchem Sinn, in welchem Grad, unter welchen Bedingungen und welchen Vorbehalten (wenn man will) auch jene kirchenamtlichen Sätze, die als infallible Dogmen vorgetragen werden und doch sehr weit von der Mitte der ursprünglichen Wahrheit-Wirklichkeit abzuliegen scheinen, jenen Bezug zur ursprünglich wahren Wirklichkeit haben, die Voraussetzung und Grund ihrer ‹Infallibilität› ist» (R 374 f.). Und die Begründung: «Denn hier gibt es zweifellos Probleme bei ‹Dogmen›, die nicht eigentlich zur Substanz des Christentums gehören, Probleme, die nicht einfach schon durch die Berufung auf die formale Autorität des Lehramts allein gelöst werden können» (R 375).

Und so schließlich Rahners allgemeine Aufforderung: «Die Theologie müßte viel mehr, als sie es tut, über die Tatsache nachdenken, daß es in der Kirche und in ihrer Theologie sehr viel Irrtum gegeben hat und gewiß auch heute noch gibt. Man darf diese Tatsache nicht verharmlosen. Dieser Irrtum ist nicht immer sehr harmlos, er bezieht sich nicht bloß auf nebensächliche Fragen, die unter Theologen strittig sind, er greift vielmehr sehr oft und vielfältig und fast unausrottbar in das konkrete Leben der Christen ein. Dieser Irrtum ist auch viel mehr, als man gewöhnlich denkt, amalgamiert mit Wahrheiten und Dogmen der Kirche, die dadurch in ihren praktischen Konsequenzen selbst bedroht und geschädigt werden. Über all das müßte auch in der Theologie und nicht nur in einer ehrlichen Kirchengeschichte nachgedacht werden» (R 375).

Hier mindestens das ein wenig gewundene Eingeständnis: «Vielleicht (!) kann (!) Küngs Buch dazu doch (!) auch (!) ein Anstoß sein» (R 375). Und der Leser wird sich fragen: Soll hier tatsächlich keine gemeinsame Gesprächsbasis gegeben sein? So deutlich hat Rahner jedenfalls noch nie über den Irrtum im kirchlichen Lehramt gesprochen; man vergleiche damit unter seinen neueren Ausführungen etwa sein (und Karl Lehmanns) Kapitel über «Kerygma und Dogma» im Dogmatikhandbuch «Mysterium salutis»[3] oder den unmittelbar vor der Veröffentlichung meines Buches geschriebenen Aufsatz über Unfehlbarkeit[4]. Insofern mindestens, ob es Rahner gern sieht oder

3 Mysterium salutis. Grundriß heilsgeschichtlicher Dogmatik, hrsg. von *J. Feiner* und *M. Löhrer*, I (Einsiedeln–Zürich–Köln 1965) 622–707.

4 *K. Rahner SJ*, Zum Begriff der Unfehlbarkeit in der katholischen Theologie. Einige Bemerkungen anläßlich des 100-Jahr-Jubiläums des Unfehlbarkeitsdogmas vom 18. Juli 1870, in: Stimmen der Zeit 95 (1970) 18–31.

nicht, ist unsere Übereinstimmung eher noch gewachsen. Vielleicht doch ein Anzeichen dafür, daß hier über alles persönliche Wollen oder Nichtwollen hinaus theologische Konsequenzen sich einfach von der Sache her aufdrängen für den, der selber so manche Prämissen aufgedeckt und gelegt hat. Und vielleicht ist dies eine Erklärung für die auffällige, im Artikel immer wieder aufbrechende Allergie Rahners, daß hier der «Zauberlehrling» die Geister, die er rief, nicht mehr los wird. Aber wie dem immer sei: gerade er kann nun nicht die provozierten Geister mit dem Ruf «In die Ecke Besen! Besen! Seid's gewesen» sich und der Kirche vom Leib halten und sie aus dem «innerkatholischen Gespräch» verabschieden.

Keine allzu strengen logischen Forderungen

Rahner bittet den Leser, bezüglich seiner Kritik «keine allzu strengen logischen Forderungen an die Abfolge dieser Gedanken als solche zu stellen» (R 365). Was er so für den Gesamtduktus seiner Ausführungen erbittet, hätte er füglich auch für einzelne seiner Gedanken erbitten können. Die Unschärfe, Ungenauigkeit und Lückenhaftigkeit seiner Ausführungen erstaunt an nicht wenigen Punkten. Dafür einige Beispiele:

Es ist unerfindlich, wie Rahner schon auf seiner ersten Seite in U 69 findet, daß das «exegetische und historische Detail» für des Verfassers «eigentliche These nicht entscheidend» sein soll; der Verfasser legt vielmehr, das ganze Buch zeigt dies, gerade auf die Ergebnisse von Exegese, Kirchen- und Dogmengeschichte größtes Gewicht.

Dann: Es ist nicht nur «in etwa ungeschützt», sondern schlicht falsch, wenn Rahner ohne Belegstelle behauptet, der Verfasser würde «eine verpflichtende Identität» von Kirche und Lehre «zwischen Vergangenheit und Gegenwart schlechterdings bestreiten»; es ist ihm vielmehr bei aller Diskontinuität an einer grundlegenden Kontinuität gelegen (vgl. U 152–155) und er hat sich schon früher über «die bleibende Identität von Kirche und Lehre in einer wirklichen Geschichte» recht ausführliche Gedanken gemacht, um «diese Selbigkeit unter dem Wandel der geschichtlichen Gestalten in reflexer Weise zu ergreifen» (R 362; Rahner sei verwiesen auf mein Buch «Die Kirche», besonders Kapitel A I Die Geschichtlichkeit des Kirchenbildes: Wesen in geschichtlicher Gestalt; A II Die Gebrochenheit des Kirchenbildes: Wesen im Unwesen).

Weiter: Es ist eine zumindest ungenaue Bestimmung der «Hauptthese» des Verfassers, daß dieser «zwischen einem ‹Bleiben in der Wahrheit› und der ‹Wahrheit von Sätzen›» unterscheide; präzis ist zu unterscheiden zwischen einem «Bleiben in der Wahrheit» und der «Unfehlbarkeit von Sätzen» (die mögliche Wahrheit und sogar Verbindlichkeit von Sätzen wird nicht bestritten, sondern bejaht; vgl. besonders U 116–124. 131).

Ferner: Es ist mir unverständlich, wie Rahner Congars Offenen Brief an mich anführen (R 362), aber meine Antwort an Congar in derselben Zeitung – ihm gewiß bekannt – nicht nur für sich nicht berücksichtigt, sondern für den Leser unterschlagen kann.

Schließlich: Es ist offensichtlich, daß Rahner an mehreren Stellen den Verfasser mißverständlich oder gar falsch zitiert. Ich möchte es mir versagen, hier den zehn Fußnoten seines Artikels kurz nachzugehen; es würde dann deutlich, daß der Leser kaum eines seiner Zitate aus meinem Buch ungeprüft hinnehmen darf. Wer mit solchen Fußnoten «den Eindruck» beweisen will, daß der Verfasser, «natürlich (?) unbeabsichtigt, diese historischen Details in ihrer Darstellung und vor allem in ihrer Auswahl so ‹frisiert› (?), daß alles sehr gut dazu dienen kann, den Leser, der sonst von diesen Dingen nicht viel (?) weiß (und an solche (?) wendet sich Küng doch vor allem) von vornherein stimmungsmäßig (?) einzunehmen» (R 361), wer also dem Verfasser ein solches «Frisieren» – wie kann man eigentlich «unbeabsichtigt» frisieren? – unterstellt, der wird dafür Verständnis haben müssen, daß man seine (im übrigen nicht sonderlich zahlreichen) Belege genau untersucht.

Dies dürfte genügen, um allerdings nur *zum Teil* zu erklären, warum Rahner von allem Anfang an Schwierigkeiten hat, eine gemeinsame katholische Gesprächsbasis zu finden: Er hat seinen Gesprächspartner in manchen Punkten offensichtlich nicht verstanden, sich eigentlich auch nicht um ein Verstehen sehr bemüht, was allerdings, wie wir noch sehen werden, seine tieferen Gründe hat.

Worum es geht

Erst im zweiten Teil seines Artikels (später geschrieben?), nachdem der Verfasser anscheinend genügend ausgeschimpft ist, weichen die Verdikte, Mißdeutungen und Unterstellungen einer etwas ruhigeren und gerechteren Gangart. Aber leider werden dem Leser die dem Verfasser angehängten Attribute im Gedächtnis bleiben, und der Verfasser seinerseits weiß nun wirklich nicht, für welches er sich entscheiden soll, nachdem er nach Rahner nicht einfachhin katholisch sein darf: Ist er ein Vertreter des «Rationalismus» (R 361 f.) oder ein Mann der «hymnischen Beteuerung» und «pietistischen Geistanrufung» (R 369)? Ist er ein «liberaler Protestant» (R 365) oder ein «Offenbarungspositivist» (vgl. R 362)? Ist er in seiner «deutlichen, harten, aggressiven Sprache» und in seinem «ganzen Stil» einfach «überheblich» (R 362), oder ist seine «Position» am Ende vielleicht doch «apologetisch» (R 376)? Muß man sich «mit ihm wie mit einem skeptischen Philosophen unterhalten» (R 372) oder ist sein Glaube vielleicht doch «nicht leichter» (R 376) als der eines Karl Rahner? Hat er, weil «er sich nach eigenem Belieben eine römisch-katholische Kirche konstruiert», nun «eigentlich keinen Partner mehr» (R 365) oder wird er in dem Moment wieder ein katholischer Gesprächspartner, wo er sich auf den von Rahner am Ende seines Artikels (R 377) für ein Gespräch konzipierten Fahrplan und die damit vorausgenommenen Ergebnisse verpflichtet?

Ich spreche ohne alle Bitterkeit und nehme kein einziges Wort der Dankbarkeit, das ich am Anfang dieser Antwort ausgesprochen habe, nachträglich zurück. Aber ob es mir Karl Rahner nicht vielleicht doch ein wenig nachfühlen kann, daß nach diesen Verdikten sein Vorwurf der *Überheblichkeit*, welche er «bei der Beurteilung der sachlichen Thesen» bewußt «einkalkuliert und dementsprechend die Sicherheit dieser Thesen schon von daher kritischer beurteilt» (R 362 f.), in mir etwas gemischte Gefühle auslöst? Abgesehen von allem anderen: Wie soll man gegen einen solchen generellen und unbewiesenen Angriff seine eigene Demut verteidigen, ohne sie im selben Moment aufzugeben? Und wenn einem dann noch gleichzeitig unterschoben wird, man wolle «Leuten (welchen?), die von vornherein (oder im nachherein?) aggressiv und allergisch (oder einfach kritisch?) sind gegen Rom, die Bischöfe und die traditionelle Theologie (warum eigentlich?)» nach dem Mund reden und suche die «Publizität», und wenn einem schließlich auch noch vornehm nahegelegt wird, als «Christ und Theologe ... ein wenig vorsichtiger und selbstkritischer (!) (zu) verfahren und nicht sosehr mit dem Wind dieses Teils der öffentlichen Meinung (!) (zu) segeln» (R 363), dann, ja was soll man dann eigentlich? Man könnte von seinem Kollegen statt moralischer Exhortation sachliche Argumentation erbitten. Man könnte auf das «offene Vorwort» zu «Unfehlbar?» verweisen, wo die Gründe und Ereignisse zusammengestellt sind, die fünf Jahre nach dem Vatikanischen Konzil und langem Zuwarten deutlicher und schärfer reden lassen. Man könnte auch ausführen, daß weder im Alten noch im Neuen Testament immer sehr «vorsichtig» und nach den beliebten Maßstäben kirchlicher Opportunität «selbstkritisch» gesprochen wird. Aber ich möchte statt dessen Karl Rahner, der die gegen ihn vor zwanzig Jahren vorgebrachten Diffamierungen seiner christlichen Haltung und Verketzerung seiner theologischen Auffassungen gewiß nicht vergessen hat, nur schlicht bitten, er möge mit Vorwürfen bezüglich mangelnder katholischer Rechtgläubigkeit und christlicher Demut gegenüber katholischen Mittheologen etwas zurückhaltender sein. Oder sollten jetzt, nachdem der Papst in Rom in bezug auf Exkommunikationen und Ex-cathedra-Sprüche etwa zurückhaltender geworden ist, andere solche päpstlichen Funktionen übernehmen wollen?

Karl Rahner wird gewiß nicht voraussetzen wollen, daß ich der Kirche Christi mit meinen Büchern weniger dienen wolle als er mit den seinen. Es wäre so viel einfacher gewesen zu schweigen; weiß man ja überhaupt nicht, wie lange unter solchen Umständen die Kraft zum Reden reicht. Es wäre auch einfacher gewesen, «vorsichtiger», sanfter und weniger unzweideutig zu reden; an Lob von oben würde es nicht fehlen. Warum sich schon aufregen und sich, vielleicht gleich einem Sisyphus, abmühen, und dies dazu noch auf einem schönen und sicheren deutschen Universitätsstuhl? Aber wenn Karl Rahner es schon nicht aus dem Unfehlbarkeitsbuch heraushörte, im Brüsseler Referat über «Was ist die christliche Botschaft?» (veröffentlicht in: *H. Küng*, Freiheit des Christen. Siebenstern-Taschenbuch 490, Hamburg 1972) und aus der Offenen Antwort an unseren gemeinsamen Freund Congar hätte er ersehen können, um was es mir eigentlich geht und was vielleicht die Wurzel der von ihm getadelten «Überheblichkeit» ist: Ich meine, es gehöre zur Aufgabe des Theologen heute, in unprätentiöser Nachfolge Jesu anders als die Schrifttheologen von damals das «Mich erbarmt des Volkes» sich nüchtern zu eigen zu machen und sich so schlecht und recht, wie es einer eben kann, für die «armen Teufel» ohne Stimme einzusetzen. Und diese «armen Teufel» ohne Stimme sind heute, wenn wir zuerst einmal vor den eigenen Kirchentüren kehren wollen, die durch kirchliche Gesetzgebung in Lehre und Disziplin, durch Mischehen-Vorschriften, Geburtenregelungs-Verbot, Zölibats-Gesetz, weitere Zwänge des kirchlichen Systems und manche sich noch immer unfehlbar aufführende Amtsträger mannigfach geschädigten und bedrückten Menschen. Können in bezug auf diesen Einsatz *in* der Kirche für die Menschen Karl Rahner und ich wirklich grundsätzlich verschiedener Meinung sein? Gibt es nicht auch hier eine gemeinsame Basis? Ich habe Rahner jedenfall immer so verstanden, wenn ich auch wie manche andere gewünscht hätte, daß er bezüglich der eben genannten – theologisch gewiß nicht zentralen, aber den Einzelnen und die Kirchengemeinschaft ungemein belastenden – Fragen und bezüglich des «römischen Systems» überhaupt etwas weniger vorsichtig gesprochen hätte. Aber jeder möge es auf seine Weise tun, es gibt verschiedene Weisen. Man möge mir nur die meine lassen. Die bequemste und sorgenfreieste ist sie nicht. Oder, um nicht in Schwermut zu versinken, etwas leichtfüßiger nochmals mit Goethe: «Laßt mich nur auf meinem Sattel gelten ...»

«Humanae vitae» als Konsequenz der römischen Auffassung vom Lehramt

Rahner hat recht: Auf das Argument aus der Enzyklika «Humanae vitae» legt der Verfasser «keinen entscheidenden Wert» (R 368). Wer also der Meinung ist, die Lehre von der Unsittlichkeit der Geburtenregelung durch «künstliche» Mittel, der Empfängnisverhütung, sei keine Lehre, die nach römischen Prinzipien als unfehlbar anzusehen wäre, möge dabei bleiben: Die allgemeine These, daß es keinen theologischen Beweis für a priori unfehlbare Sätze kirchlicher Amtsträger gibt, kann trotzdem bestehen. Auf keinen Fall sollte mit dem Argument aus «Humanae vitae» irgend jemand auf diese Lehre festgelegt werden. Im Gegenteil: Ich halte diese Lehre für falsch und deshalb nicht für verpflichtend. Noch mehr: Ich halte sie für eine bedauerliche Konsequenz einer falschen Auffassung vom kirchlichen Lehramt. Und *deshalb* wählte ich die Enzyklika als Einstieg in die Unfehlbarkeitsproblematik. Man hätte auch – wie U 26 vermerkt – einen anderen Einstieg wählen können: die Honorius-Frage oder die Verurteilung der Regligionsfreiheit (bei der die Problematik bezüglich des «ordentlichen» Lehramts ähnlich liegt wie bei der Empfängnisverhütung) oder Bibelfragen der Modernistenzeit oder irgendeinen anderen der kurz aufgezählten und heute meist zugegebenen Irrtümer des kirchlichen Lehramts (vgl. U 25 f.[5]). Aber bei der Enzyklika «Humanae vitae» wird die Problematik besonders deutlich: sie erschien und erscheint mir als ein »für das Problem der Unfehlbarkeit außerordentlich aufschlußreicher allerneuester Testfall» (U 26).

Auch Rahner gibt heute zu, daß die Irrtümer des kirchlichen Lehramts sehr zahlreich sind (R 367). Daß es sich bei der Enzyklika «Humanae vitae» um einen Irrtum handelt, setzte ich in meiner Argumentation tatsächlich voraus, nachdem ich 1. die zahlreichen schwerwiegenden Sachgründe gegen die Enzyklika knapp und präzis zusammengefaßt habe (U 28 f.; nicht wie Rahner [364] sagt U 38 f.); nachdem ich 2. die führenden katholischen Moraltheologen auf meiner Seite weiß; nachdem 3. sogar die vom Papst selbst ernannte päpstliche Kommission für die Geburtenregelung in ihrer überwältigenden Mehrheit die entgegengesetzte Auffassung vertreten hat; nachdem 4. die Reaktion der katholischen und nichtkatholischen Öffentlichkeit in den informierten und

5 Besonders wichtig wäre eine historisch-kritische Untersuchung der Kanones von Trient; auf die Korrektur von D 967 bezüglich des Firmspenders durch das Vatikanum II wurde U 66 hingewiesen; zum tridentinischen Erbsündendogma vgl. neuestens *U. Baumann*, Erbsünde? Ihr traditionelles Verständnis in der Krise heutiger Theologie (Freiburg–Basel–Wien 1970); zur tridentinischen Sakramentenlehre, die ja den größten Bestand der tridentinischen Dekrete und Kanones ausmacht, bereite ich selber eine größere Arbeit vor.

entwickelten Ländern in wiederum überwältigender Mehrheit negativ war; nachdem 5. die führenden Bischofskonferenzen ihren Gläubigen gegen die Enzyklika die Gewissensfreiheit zugestanden haben, die ihnen der Papst verweigerte; nachdem 6. insbesondere die Deutsche Bischofskonferenz nach Rahner «doch gerade bei dieser Enzyklika selbst mit der Fallibilität des ordentlichen Lehramts rechnet» (R 364) und nachdem 7. auch Karl Rahner schon 1968 nüchtern den Schluß gezogen hatte, «daß die faktische Situation hinsichtlich der Mentalität und Lebenspraxis der Mehrzahl der Katholiken nach der Enzyklika sich nicht ändern wird» (zit. U 27). Frage: Wie kann Rahner da noch behaupten, daß «Küng die Unrichtigkeit (der Enzyklika) mehr oder weniger selbstverständlich unterstellt» (R 365)?

Auch 1970 will Rahner nicht dafür eintreten, daß die Lehre der Enzyklika wahr sei. Aber er will auch nicht sagen, daß sie falsch sei. Was will er also? Er will in seinem Artikel das, was er einem konkreten Ehepaar gegenüber gewiß nicht könnte: Unter dem merkwürdigen Hinweis, daß er «dadurch die eigene Position schwerer mache», will er «die Frage beiseite lassen», «ob die Lehre dieser Enzyklika ... richtig sei oder nicht» (R 365). Wäre es nicht vielleicht doch schwerer gewesen zuzugeben, daß sie eindeutig nicht richtig ist? Oder vielleicht noch schwerer zuzugeben, daß sie eindeutig richtig ist? Warum soll gerade das Ausweichen am schwersten sein?

Schließlich und endlich gibt Rahner dann doch mindestens soviel zu, daß die Lehre der Enzyklika «unter Umständen (!) ein Beispiel dafür (ist), daß das Lehramt der Kirche viele Lehren vorträgt, die sich später als irrig herausstellen» (R 368). Aber er hat wohl auf Grund seiner Voraussetzungen einen beinahe heiligen Schrecken davor, daß die Lehre der Enzyklika ein Beispiel dafür sein könnte, «daß eine Lehre irrig sein könne, die vom ‹ordentlichen› Lehramt *als* kirchliches Dogma mit der Forderung eines absoluten Glaubensassenses vorgelegt wird» (R 368). Er sieht aber wiederum zu deutlich, daß die Enzyklika mindestens ein Beispiel dafür ist, «daß nicht immer und in jedem Fall von vornherein ein reflexes Wissen gegeben sein muß, ob eine Lehre bloß authentisch und reformabel oder grundsätzlich mit einem absoluten Glaubensassens zu bejahen sei» (R 368). Daß Rahner soviel zugibt, ist auffällig genug und beweist bereits, wie sehr die Enzyklika «Humanae vitae» mit dem ungeklärten Problem der Ansprüche des Lehramts in der katholischen Kirche verknüpft ist.

Rahner läßt sich indessen auch hier eine Unschärfe der Problemstellung zuschulden kommen. Er spricht von einem «Dogma» des ordentlichen Lehramts und kann dann sagen: «Das Minderheitsgutachten der päpstlichen Theologen- und Bischofskommission, auf das sich Küng beruft, sagt von einem

Dogma gar nichts» (R 366). Darauf ist zu antworten, daß auch der Verfasser in diesem Zusammenhang von einem «Dogma» nichts sagt. Spricht man nämlich von einem «Dogma», so erweckt man den Eindruck, als ob in dieser Sache doch einmal etwas «dogmatisiert», das heißt kirchenamtlich dekretiert und definiert worden wäre. Aber gerade dies ist dann, wenn man vom «ordentlichen» Lehramt, also dem alltäglichen Lehren des Papstes und der Bischöfe spricht, im Gegensatz zum definierenden «außerordentlichen» Lehramt des Papstes oder eines Konzils, nicht gemeint. Und Rahner selber gibt denn auch an anderer Stelle zu, daß der Terminus «Dogma» im Zusammenhang mit dem ordentlichen, dem alltäglichen Lehramt bei den Theologen im allgemeinen nicht üblich ist[6]. Die Behauptung des Verfassers ist also nicht, wie Rahner umformuliert, daß die römische Lehre von der Unsittlichkeit der Empfängnisverhütung ein «Dogma» sei. Es ist gerade hier nichts dogmatisiert worden; und der Ausdruck «Dogma» sollte der eigentlichen «Glaubensdefinition», den «definitiven und obligatorischen Formeln» vorbehalten bleiben (vgl. U 118 f.). Die Behauptung des Verfassers ist vielmehr, daß die Unsittlichkeit der Empfängnisverhütung nach römischen Prinzipien (!) zu verstehen ist als «eine faktisch *unfehlbare* Sittenwahrheit, auch wenn sie nicht als solche *definiert* worden ist» (U 46). Gemeint ist: Diese Lehre ist bis zum Konzil von der gesamten katholischen Hierarchie, von Päpsten und Bischöfen, so konstant und allgemein als eine im Gewissen streng verpflichtende Wahrheit verkündet worden, daß sie aufgrund der traditionellen römischen Unfehlbarkeitstheorie gar nicht falsch sein kann. Und unsere Behauptung war, daß dies der Grund ist, warum Paul VI. nach römischen Prinzipien gar nicht anders konnte, als diese irreformable Lehre einfach zu bestätigen, obwohl sie sich seit der durch Johannes XXIII. und das Konzil (leider) ermöglichten freien Diskussion als zumindest dubios herausgestellt hat.

Es ist auffällig, daß Rahner nicht nur der Frage nach Wahrheit oder Falschheit der päpstlichen Lehre ausweicht, sondern auch der im Buch gestellten neuralgischen Frage, warum «sich der Papst für die konservative Lehre entschieden» (U 37) hat. Nachdem Dummheit oder Bosheit offensichtlich ausscheiden, muß Paul VI. jedenfalls irgendeinen vernünftigen Grund gehabt haben. Nun ist auch Rahner aufgefallen, daß der Papst in seinen vielfältigen Ansprachen zur Verteidigung seiner Enzyklika nie ausdrücklich gesagt hat, «es handle sich hier um eine zwar authentische, aber grundsätzlich reformable Lehre» (R 367). Und Rahner vermutet richtig, Paul VI. vermeide «eine solche ausdrückliche Erklärung nicht bloß aus praktischen Gründen einer Volks-

6 Mysterium salutis I, 655.

pädagogik, die fürchtet, eine solche Qualifikation würde diese Lehre konkret um jede praktische Bedeutung bringen» (R 367). Rahner vermutet weiter richtig, Paul VI vermeide eine solche Erklärung auch nicht nur deswegen, weil er «persönlich von der sachlichen Richtigkeit seiner Lehre überzeugt ist» (R 367). Warum also? Rahner meint: «es wäre vielmehr durchaus denkbar, daß er entweder für sich privat derselben Meinung ist wie das Gutachten der Komissionsminorität (wenigstens in der Interpretation Küngs) oder daß er nicht weiß, ob seine Lehre objektiv zum eigentlichen Offenbarungsgut gehört und als solche im Glaubensbewußtsein der Kirche gegeben ist oder nicht» (R 367 f.).

Rahner weicht also der Frage aus, indem er beide Möglichkeiten – immerhin die erste auch! – als «durchaus denkbar» erklärt. Aber es kommt hier nicht darauf an, was Rahner für denkbar erklärt, sondern was der Papst gesagt hat. Und danach *wußte* der Papst anders als Rahner sehr wohl, daß diese Lehre «im Glaubensbewußtsein der Kirche gegeben ist» (R 368): daß er nämlich «eine Lehrtradition aus Jahrhunderten, aber auch eine aus neuester Zeit abwägen (mußte), die Unserer drei unmittelbaren Vorgänger» (Ansprache zur Verteidigung der Enzyklika vom 31. Juli 1968; zit. U 38). Warum will denn gerade der theologische Verteidiger des unfehlbaren Lehramts einfach nicht wahrhaben, was der Papst ausdrücklich gesagt hat? In der Enzyklika selbst (Nr. 6) hatte Paul VI. doch völlig eindeutig festgestellt, daß er die Frage persönlich untersuchen wollte, weil in der Kommission «Lösungskriterien aufgetaucht waren, die von der Sittenlehre über die Ehe, wie sie mit unerschütterlicher Konstanz vom Lehramt der Kirche vorgelegt wird, abwichen» (zit. U 40).

Spekuliert man hier nicht, sondern hält man sich an die Aussagen des Papstes selbst, so ist völlig gewiß, warum sich der Papst nicht an die Auffassung der Kommissionsmehrheit, sondern an die der Kommissionsminderheit hielt. Und daß es auch hier in einem qualifizierten Sinn um das «Glaubensbewußtsein der Kirche» geht, ist aus dem Minderheitsgutachten unzweideutig klar. Die Minderheit argumentiert keineswegs, wie Rahner anscheinend ohne Blick auf den Text des Gutachtens behauptet, «viel vager und allgemeiner mit der kirchlichen Lehrautorität, dem Heiligen Geist und der Gefahr, daß diese Lehrautorität in Mißkredit komme, wenn Paul VI. von der pianischen (?) Lehre abweiche» (R 366). Die Kommissionsminderheit lehnt eine Änderung der Lehre vielmehr mit der präzisen Argumentation ab, daß man sonst zugeben müßte, «daß der Heilige Geist ... den protestantischen Kirchen beigestanden hat und daß er Pius XI., Pius XII. und einen großen Teil der katholischen Hierarchie ein halbes Jahrhundert lang nicht vor einem sehr schweren Irrtum geschützt hat, einem höchst verderblichen für die Seelen; denn es würde damit unterstellt, daß sie höchst unklug Tausende menschlicher Akte, die jetzt gebilligt würden, mit der Pein ewiger Strafe verdammt hätten» (zit. U 44). Zugleich wird von der Kommissionsminderheit mit erdrückender Dokumentation bewiesen, daß es bei dem sittlichen Verbot künstlicher Geburtenregelung nach dem allgemeinen Konsens des kirchlichen Lehramts mindestens in unserem Jahrhundert um eine allgemeine und unter schwerer Sünde verpflichtende Lehre des kirchlichen Lehramts geht. Die Untersuchung, ob die Enzyklika Pius' XI. «Casti connubii» eine unfehlbare Lehräußerung gewesen sei oder nicht, lenke nur von der zentralen Frage ab: «Die Wahrheit dieser Lehre stammt aus der Tatsache, daß sie mit solcher Beständigkeit, mit solcher Allgemeingültigkeit, mit solch verpflichtendem Zwang immer und überall als von den Gläubigen zu halten und zu befolgen vorgetragen wurde» (zit. U 44 f.). Für die Kommissionsminderheit, die den Papst zu überzeugen vermochte, war somit nach römischen Prinzipien völlig klar, »daß diese Änderung einen schweren Schlag gegen die Lehre vom Beistand des Heiligen Geistes mit sich brächte, der der Kirche für die Führung der Gläubigen auf dem rechten Weg zu deren Heil versprochen ist ... Denn wenn die Kirche sich so schwerwiegend in ihrer ernsten Verantwortung der Seelenführung geirrt hätte, denn wäre das gleichbedeutend mit der ernsthaften Unterstellung, ihr habe der Beistand des Heiligen Geistes gefehlt» (zit. U 144).

Es geht also in der Frage der Unsittlichkeit der Empfängnisverhütung um den alltäglichen Lehrkonsens des Papstes und der Bischöfe, also des sogenannten *ordentlichen* Lehramts (magisterium ordinarium). Und wenn Rahner daraufhin leichthin sagt, die Auffassung der konservativen Kommissionsminderheit sei «noch nicht dadurch bewiesen, daß eine bestimmte Gruppe ihre Richtigkeit behauptet» (R 366), so ist bereits deutlich geworden, daß es sich keineswegs nur um «eine bestimmte Gruppe», sondern um die römische Theologie überhaupt handelt:

1. Der Papst selbst hat sich, wie aufgezeigt, die konservative Auffassung der Kommissionsminderheit offensichtlich zu eigen gemacht.

2. Die Kommissionsminderheit hatte nicht willkürlich entschieden, sondern hatte die römische Theorie des Lehramts und insbesondere des ordentlichen Lehramts vor Augen: «Die Geschichte liefert den vollsten Beweis dafür ..., daß die Antwort der Kirche von Anfang an bis in dieses Jahrzehnt immer und überall die gleiche gewesen ist. Man kann keine Periode der Geschichte, kein Dokument der Kirche, keine theologische Schule, kaum einen katholischen Theologen finden, in oder von denen verneint worden wäre, daß Kontrazeption immer schwere Sünde sei» (zit. U 52 f.).

3. Der Verfasser seinerseits hat gerade an diesem Punkt nichts «so schnell

und so apodiktisch behauptet» (R 366). Vielmehr hat er mit größter Sorgfalt nachgewiesen:

a. daß der Papst und die Kommissionsminderheit gedeckt sind durch die Auffassung der römisch-neuscholastischen Schultheologie (vgl. U 51–54). Als unfehlbare Lehre nach römischer Auffassung ist die Unsittlichkeit der Empfängnisverhütung anzusehen dann, wenn die in allen neuscholastischen Manualien sich findende These stimmt: «Die Gesamtheit der Bischöfe ist unfehlbar, wenn sie, entweder auf dem allgemeinen Konzil versammelt oder über den Erdkreis zerstreut, eine Glaubens- oder Sittenlehre als eine von allen Gläubigen festzuhaltende Wahrheit vorlegen» (zit. U 51 f.);

b. daß der Papst und die Kommissionsminderheit überdies gedeckt sind durch die Auffassung des Zweiten Vatikanischen Konzils (vgl. U 54–62). Als unfehlbare Lehre nach römischer Auffassung ist die Unsittlichkeit der Empfängnisverhütung anzusehen dann, wenn der folgende Satz aus der Kirchenkonstitution (Art. 25,3) stimmt: «Wenn sie (die einzelnen Bischöfe) in der Welt räumlich getrennt, jedoch in Wahrung des Gemeinschaftsbandes untereinander und mit dem Nachfolger Petri authentisch in Glaubens- und Sittensachen lehren und eine bestimmte Lehre übereinstimmend als endgültig verpflichtend vortragen, so verkündigen sie auf unfehlbare Weise die Lehre Christi» (zit. U 57).

Wenn Rahner gegen alles dies anführt, was in der theologischen Kommission geredet wurde, so ist das so wenig entscheidend wie das, was ich aus einem Gespräch mit dem Papst anführen könnte. Hier entscheidet der Konzilstext selbst. Immerhin gab es auch nach Rahner in dieser Kommission «Theologen und Bischöfe, die meinten, eine solche Lehre sei schon Dogma (wenn auch nicht eigentlich definiert), wenn sie durch längere Zeit allgemein gelehrt und praktisch von allen Katholiken angenommen werde» (R 366). Und wenn Rahner daraufhin ohne irgendeine Textangabe behauptet, das Konzil selber habe «in dieser Frage anders gelehrt» (R 367), so muß ihm entgegengehalten werden, daß sich dies aus dem Konzilstext keineswegs klar belegen läßt (abgesehen von dem hier nicht angebrachten und auch vom Konzil selber nicht gebrauchten Ausdruck «Dogma»). Im oben zitierten Konzilstext steht nun gerade nicht, daß ein unfehlbarer Glaubenssatz nur gegeben ist, wenn das Lehramt «ihn *als* mit einem absoluten Glaubensassens und *als* von Gott geoffenbart eindeutig vorträgt» (R 367). Nach Art. 25,2 der Kirchenkonstitution muß eine solche Lehre weder *als* unfehlbar noch *als* von Gott geoffenbart vorgetragen werden (vgl. U 57). Es genügt, daß sie als «definitiv festzuhaltende» («definitive tenenda») vorgetragen wird, und dies ist bei der Empfängnisverhütung, die ständig und übereinstimmend unter Androhung ewiger Verdammnis verurteilt wurde, unzweideutig der Fall. Nicht einmal «von einer definitiv zu glaubenden», sondern nur von einer «definitiv festzuhaltenden» Lehre ist die Rede. Und dies heißt, wie Karl Rahner doch 1966 selber kommentiert hatte: «Tenenda – anstatt credenda – wird gesagt, weil nach weitverbreiteter Ansicht unter Umständen eine Definition der Kirche auch möglich ist, die sich nicht auf eine eigentliche Offenbarungswahrheit bezieht, welche allein mit ‹göttlichem Glauben› *geglaubt* werden kann (credenda) wegen der unmittelbaren Autorität des sich offenbarenden Gottes» (zit. U 57). Kohärent zu dieser Auffassung war schon im Vatikanum I das «tamquam divinitus revelata credenda» nur auf das bezogen worden, was «fide divina et catholica» zu glauben ist (D 1792).

Aber selbst wenn einer gegen den Text des Vatikanum II daran festhalten möchte, es müsse etwas *als* von Gott geoffenbart vorgelegt werden, damit man von unfehlbarer Lehre sprechen könne, so ändert das an der Sache nichts. Denn die vom Konzil in Übereinstimmung mit der Schultheologie im selben Artikel 25 umschriebene Unfehlbarkeit «reicht soweit, wie die Hinterlage der göttlichen Offenbarung (divinae revelationis depositum), welche rein bewahrt und getreu ausgelegt werden muß, reicht» (zit. U 58). Und gerade auf die letzten Worte kommt es an, wie wiederum Karl Rahner selbst früher interpretiert hatte. Was heißt: das Offenbarungsgut «rein bewahren»? Rahner 1966: «Dadurch (sancte custodiendum) werden auch solche Wahrheiten in den Gegenstand dieser Lehrautorität einbezogen, die zum Schutz des eigentlichen Offenbarungsdepositums gehören, auch wenn sie nicht formell (explizit oder implizit) selbst geoffenbart sind» (zit. U 58). Und dies steht völlig in Übereinstimmung mit der Schultheologie, die als Gegenstand der päpstlichen und bischöflichen Unfehlbarkeit nicht nur die formell geoffenbarten Wahrheiten der christlichen Glaubens- und Sittenlehre ansieht, sondern auch alle mit der Offenbarungslehre eng zusammenhängenden Wahrheiten und Tatsachen, nämlich theologische Schlußfolgerungen, geschichtliche Tatsachen (facta dogmatica), natürliche Vernunftwahrheiten, ja sogar die Kanonisation der Heiligen (vgl. U 45)[7].

Und bei einem solch extensiven und von Rahner mindestens früher durch-

7 Sehr genau und völlig für «Humanae vitae» zutreffend der im letzten Konzilsjahr 1965 veröffentlichte Artikel von *A. Lang* über «Unfehlbarkeit» in dem von *K. Rahner* herausgegebenen Lexikon für Theologie und Kirche (X, 486 f.): «Die Theologie rechnet zum ‹objectum primarium› der Unfehlbarkeit die Offenbarungswahrheiten, und zwar die per se und unmittelbar geoffenbarten Heilswahrheiten (‹res fidei et morum›), zum ‹objectum secundarium› aber auch alles, was entweder logisch oder geschichtlich oder in der praktischen Auswirkung so eng mit den Glaubenswahrheiten verbunden ist, daß eine negative oder falsche Einstellung dazu auch den Glauben untergraben oder gefährden müßte. Zu

aus bejahten Verständnis des von Gott «Geoffenbarten» sollten der Papst, die Kommissionsminderheit und die römische Theologie überhaupt noch Schwierigkeiten haben, die seit Jahrzehnten und Jahrhunderten übereinstimmend von Papst, Bischöfen und Theologen als definitiv festzuhaltende Sittenwahrheit der Unsittlichkeit von Empfängnisverhütung als eine unbedingt verbindliche, unaufgebbare, irreformable, eben de facto unfehlbare Lehre zu behandeln? Deshalb hat doch – von anderen bezeichnenden Einzelheiten abgesehen (vgl. U 46–49) – der Papst (wie auch bewußt der «Osservatore Romano») die Enzyklika nie als fehlbares Dokument bezeichnet, sondern sie als Lehre Christi vorgetragen und sich wie seine Enzyklika in «Angleichung an ihren (der Kirche) göttlichen Stifter ‹zum Zeichen des Widerspruchs›» erklärt. Und deshalb hat der Papst wie bei einer unfehlbaren Lehräußerung mit der Berufung auf den Heiligen Geist einen völlig unbedingten Gehorsam gefordert. Also faktisch genau das, was Rahner für einen «absolut verbindlichen Glaubenssatz» des ordentlichen Lehramts fordert: daß er nämlich «*als* mit einem absoluten Glaubensassens und *als* von Gott geoffenbart» eindeutig vorgetragen wird. Nur am Rand sei bemerkt, daß unsere Auffassung von den gewiß kompetenten und dem Papst nahestehenden Kardinälen Charles Journet und Pericle Felici bestätigt wird. Jemand wie Rahner könnte gemeint sein, wenn Felici sagt: «Tatsächlich schließen einige, da man sich ja nicht einer Definition ex cathedra gegenübersehe, auf die Nicht-Unfehlbarkeit der Lehre» und er folgert, «daß eine Wahrheit sicher und gewiß und deshalb verpflichtend sein kann auch ohne das Charisma der Definition ex cathedra, wie dies tatsächlich in der Enzyklika ‹Humanae vitae› der Fall ist, in welcher der Papst als oberster Lehrer der Kirche eine Wahrheit verkündet, die ständig vom Lehramt der Kirche gelehrt worden ist und die den Lehren der Offenbarung (!) entspricht» (zit. U 49).

Die Römer richten sich – dies zeigt sich auch in der neuesten Zeit von «Humani generis» bis «Humanae vitae» – bei der Interpretation römischer Leh-

diesen sog. ‹Katholischen Wahrheiten› werden gezählt: die philosophischen Voraussetzungen und theologischen Folgerungen des Glaubens (Konklusionstheologie), die ‹facta dogmatica› (Dogmatische Tatsachen), die Heiligsprechungen, die ethische und dogmatische Korrektheit der universalen kirchlichen Gesetze. Den endgültigen Entscheidungen der Kirche auf diesem sekundären Gebiet kommt zwar unfehlbare Gewißheit (Gewißheitsgrad) zu, die Gewißheitsqualität göttlichen Glaubens aber nur, soweit sie sich auf die Offenbarung stützen können. Zu beachten ist, daß die Entscheidung über die Zuständigkeit des kirchlichen Lehramtes und über die Abgrenzung seiner Unfehlbarkeit nicht dem einzelnen zusteht (das würde die Unfehlbarkeit praktisch unwirksam machen), sondern selbst zum Objekt der Unfehlbarkeit gehört.» Vgl. auch *K. Rahner* selbst, Artikel «Unfehlbarkeit» in: *K. Rahner–H. Vorgrimler*, Kleines theologisches Wörterbuch (Freiburg–Basel–Wien 1961) 396 f.

ren nicht nach menschenfreundlich aufweichenden Interpretationen und Uminterpretationen, sondern nach ihren eigenen juridisch-harten Prinzipien. Rahner sollte es bei der Interpretation römischer Lehren nicht besser wissen wollen als die Römer selbst. Er sollte vielmehr – und hier hat tatsächlich auch die progressive Kommissionsmehrheit, so recht sie in der Sache der Geburtenregelung hatte, versagt – die Voraussetzungen der römischen Lehramts- und Unfehlbarkeitstheorie kritisch untersuchen. Oder wenn er dieser Frage ausweichen will, sollte er wenigstens nicht ständig wie in diesem Abschnitt ohne Beweise behaupten, es seien vom Verfasser keine Beweise geliefert worden. Nimmt man die römischen Theorien nicht ernst, kommt es immer wieder wie bei den bekannten neueren und neuesten römischen Lehrentscheidungen zum bösen Erwachen, wo dann kluge Theologen wieder erstaunt zu fragen beginnen, wie so etwas trotz aller ihrer gescheiten Interpretationen noch immer möglich ist. Umgekehrt bleibt man noch keineswegs im Bannkreis römischer Theologie, wenn man deren Theoremata entschleiert und in ihrer Gefährlichkeit aufzeigt, wenn man ihre Stichhaltigkeit überprüft und sie, falls als unhaltbar erwiesen, entschlossen aufgibt, um dann eine von der ursprünglichen christlichen Botschaft her gerechtfertigte «neue» Lösung des Problems aufscheinen zu lassen. Geschähe dies im Fall von «Humanae vitae», so würde es auch dem Papst, der gerade in diesen Tagen erneut die traditionelle Lehre bezüglich Empfängnisverhütung ohne alle Abstriche einschärfte, möglich gemacht, seine Lehre kritisch zu überdenken und schließlich zu ändern, weil er nicht mehr gegen eine bessere Einsicht in das Evangelium und die heutige Welt gebunden wäre durch «eine Lehrtradition aus Jahrhunderten, aber auch eine aus neuester Zeit» (zit. U 38).

Also nochmals: Halte einer letzlich von der Verbindlichkeit von «Humanae vitae», was er wolle: die Hauptthese steht trotzdem. Indes, als erwiesen darf gelten, und dies nach der Entkräftigung von Rahners Einwänden noch mehr als zuvor: Das bedauerliche Festhalten an der Unsittlichkeit der Empfängnisverhütung erscheint als stringente Konsequenz der römischen Auffassung vom Lehramt, genauer: als stringente Konsequenz der römisch verstandenen «Kontinuität, Kohärenz und Festigkeit» der Lehre (Kardinal Felici, zit. U 49), ihrer Traditionalität und Universalität; oder neuscholastisch zugespitzt: als die stringente Konsequenz der römisch verstandenen Autorität, Irreformabilität, ja Infallibilität der Lehre, wenn diese nämlich übereinstimmend und konstant vom ordentlichen Lehramt als definitiv festzuhaltende Glaubens- oder Sittenlehre vorgetragen wird. Die ganze Frage ist nur, ob diese römische Lehre wirklich auch die katholische ist. Und sollte darüber ein Gespräch mit Rahner nicht möglich sein?

Wenn wir nun mit Rahner endlich zur zentralen Frage vorstoßen, machen wir folgende Beobachtung: Nach einigen allgemeinen Ausführungen über Wahrheit und Irrtum in Sätzen überhaupt (R 368–370) versucht Rahner einen transzendentalen Beweis für die Notwendigkeit absolut bejahbarer Sätze (R 370–372) und kommt dann schließlich auf die eigentliche Frage, ob es «nicht im Bereich der Kirche» unfehlbare Sätze gebe (R 372). Aber auf den dann folgenden entscheidenden drei Seiten (R 373–375) wird dafür nicht etwa ein theologischer Beweis geführt, sondern dem Verfasser vorgerechnet, was er eigentlich – nach Rahner – in seinem Buch hätte tun müssen: «Küng hätte recht, wenn er betonen würde, was die Schultheologie oft übersieht...», «Küng hätte recht, wenn er von der Schultheologie eine bessere und genauere Theorie des Irrtums verlangte...», «Küng hätte uns einen großen Dienst erwiesen, wenn er eine genauere Theorie der Geschichtlichkeit von Sätzen überhaupt entwickelt hätte...», «Küng hätte einen theologisch tieferen und radikaleren Begriff von Wahrheit entwickeln können, um wirklich auszusagen, was in der Theologie ‹Irrtum› eigentlich bedeutet...», «Er hätte dies bei seinem Unternehmen tun müssen...», «Küng hätte (so will mir wenigstens scheinen) dabei ruhig...», «Er hätte die Wahrheit theologischer Sätze dann durchaus...», «Er wäre dann einerseits...», «Andererseits hätte Küng mit einem solchen Begriff der Satzwahrheit aber verständlich machen können...», «Von da aus hätte Küng nicht leugnen dürfen...», «Küng hätte dann allerdings auch etwas für seine eigene Fragestellung getan...» (R 373 f.). Und so weiter (vgl. auch R 377).

Das nenne ich mir, auch wenn ich als jüngerer Theologe von älteren und erfahreneren Kollegen und gerade von Rahner stets gerne Ratschläge entgegengenommen habe, eine reichlich merkwürdige Wunschzettel-Theologie. Merkwürdig in dem Moment, wo der Kritiker 1. mit dem vielen im Buch Gebotenen offensichtlich nicht fertig wird und zu seiner eigenen Entlastung gleich im zweiten Satz seines langen Artikels feststellt: «Die Materie, die Küng behandelt, und die Weise, wie er dies tut, sind an und für sich so, daß man ein mindestens ebenso großes Buch schreiben müßte, wollte man auf alles eingehen, worüber Küng spricht» (R 361); wo er 2. der vom Verfasser gestellten zentralen Frage, wie noch zu zeigen sein wird, ausweicht; und er 3. in bezug auf die dem Verfasser zugeschobenen Hausaufgaben selber zugeben muß, daß «eine *wirklich genügende* Theorie darüber, wie Irrtum einerseits und geschichtliche Endlichkeit, Inadäquatheit und Mißverständlichkeit eines menschlichen Satzes andererseits genau unterschieden werden können, nicht zur Verfügung steht, ja diese Unterscheidung ... in der kirchlichen Schultheologie sicherlich nicht gegeben ist» (R 369 f.), weiter somit ein «bedauerliches Ungenügen theologischer Gnoseologie und Hermeneutik innerhalb der katholischen Schultheologie» festzustellen ist (R 370; vgl. 373) und daß «in der traditionellen Schultheologie (von einigen Großen wie Augustinus, Thomas usw. abgesehen) wenig Vorarbeit geleistet ist» (R 374).

Trotz alledem also «hätte» der Verfasser in seinem nach Rahner inhaltlich schon so ausgelasteten Buch auch noch eine «Theorie des Irrtums» liefern müssen. Nun, von Irrtum ist ja im Buch von der ersten bis zur letzten Seite zum Unmut Rahners schon sehr viel die Rede. Und da muß ich nun sagen: So gerne ich bereit bin, meinem Nachbarn auf Bitte in der Not zu helfen, so ungern lasse ich mich von ihm auf sein eigenes Grundstück abkommandieren, um dort den Gartenweg vom Schnee freizuschaufeln, weil ich angeblich nur so die Straße erreichen könne. Einen eigenen Weg habe ich bereits mit exegetischer, historischer, philosophischer und theologisch-systematischer Mühe freigeschaufelt, auch wenn ich mich gerne auffordern lasse, noch Salz zu streuen und wenn nötig erneut zu schaufeln. Oder um es mit etwas weniger «rhetorischem Schwung» (R 361) zu sagen: ich denke gar nicht daran, die weder von der Schultheologie noch von Rahner selber erarbeitete «Theorie des Irrtums» zu liefern. Warum ist denn Rahner plötzlich so angelegentlich an einer ganz bestimmten «Theorie des Irrtums» interessiert? Er möchte, wie wir hörten, exakt sagen können, «wie Irrtum einerseits und geschichtliche Endlichkeit, Inadäquatheit und Mißverständlichkeit eines menschlichen Satzes andererseits genau unterschieden werden können» (R 369). Und zu welchem Zweck? Er möchte auf diese Weise für ein kirchliches «Lehramt» jene a priori unfehlbar wahren Sätze retten, die unter dem konzentrierten Feuer der exegetischen, historischen, philosophischen und theologischen Kritik sich anscheinend nicht halten lassen.

Um diese a priori unfehlbar wahren Sätze halten zu können, wäre Rahner bereit, unverhältnismäßig viel preiszugeben. Beinahe wie ein Kapitän in Seenot, der alles Gepäck über Bord gehen läßt, um die Barren aus angeblich reinem Gold zu retten. Er möchte – und er fordert, wie wir hörten, mindestens die katholische Theologie eindringlich dazu auf – ganz anders «über die Tatsache nachdenken, daß es in der Kirche und in ihrer Theologie sehr viel Irrtum gegeben hat und gewiß auch heute noch gibt» (R 375). Eine Tatsache, die man nicht – nicht mehr – «verharmlosen» darf. Denn: «Dieser Irrtum ist nicht immer sehr harmlos, er bezieht sich nicht bloß auf nebensächliche Fragen, die unter Theologen strittig sind, er greift vielmehr sehr oft und vielfältig und fast unausrottbar in das konkrete Leben der Christen ein. Dieser

Irrtum ist auch viel mehr, als man gewöhnlich denkt, amalgamiert mit Wahrheiten und Dogmen der Kirche, die dadurch in ihren praktischen Konsequenzen selbst bedroht und geschädigt werden» (R 375).

Nun wäre es selbstverständlich gut, über den Irrtum mehr nachzudenken, als ich dies im Rahmen meines Buchs tun konnte. Er gibt ja tatsächlich kaum gute neue philosophische oder erst recht theologische Monographien über den Irrtum [8]. Unvoreingenommen zu untersuchen, was genau den Irrtum zum Irrtum macht, was den an sich zweideutigen Satz eindeutig macht, was so in concreto den wahren Satz vom falschen Satz unterscheidet, könnte gerade für unsere Frage höchst wertvoll sein und dürfte, so ist zu erwarten, die Schwierigkeiten gegen a priori unfehlbare Sätze nur noch verschärfen. Also nichts gegen eine Theorie des Irrtums, verstanden als eine Reflexion über das Wesen von Wahrheit und Irrtum. Nur etwas gegen eine Theorie des Irrtums, die von allem Anfang an im Sinn Rahners mit einer Apologie für unfehlbare Sätze schwanger geht!

Hier ist gegen Vergröberungen und Mißverständnisse Rahners nochmals die Position des Verfassers zu bekräftigen:

a. Der Verfasser sagt keineswegs, 1. «daß Sätze Wahrheit nicht auszusa-

8 Das von *K. Rahner* herausgegebene Lexikon für Theologie und Kirche hat neben einem 12-Spalten-Artikel «Papst» (LThK VIII, 36–48; Lehramt und systematisch von *K. Rahner*) und einem 5-Spalten-Artikel «Unfehlbarkeit der Kirche» (LThK X, 482–487: von *A. Lang*) eine Spalte über «Irrtumslosigkeit» (ebenfalls von *K. Rahner*, LThK V, 770 f.) und nur je eine halbe Spalte über «Irrtum, moraltheologisch» (von *Ch. Robert*) und «Irrtum, kirchenrechtlich» (von *M. Kaiser*), aber keine Zeile über Irrtum theologisch oder philosophisch, und abgesehen von kanonistischer Literatur auch keine einzige andere bibliographische Angabe. Aufschlußreich ist ebenfalls, daß der Artikel «Irrtum, moraltheologisch» sich auf die möglichen Ursachen von Irrtümern und andererseits auf pastorale Regeln zur Überwindung des Irrtums beschränkt. Wenn man liest, wie da «schon beim Kind», aber offensichtlich nicht nur beim Kind, dem Irtrum paternalistisch-autoritär «abgeholfen» werden soll, wundert man sich nicht mehr, warum der erwachsene Katholik und die Kirche selbst solche Schwierigkeiten haben, sich mit dem Irrtum positiv abzufinden: «Die *Seelsorge* muß schon beim Kind abhelfen: 1. anleiten zur ruhigen, persönlichen Anwendung der Gebote auf den Einzelfall (Situation); durch den Hinweis, daß unüberlegtes Handeln ein Fehler ist; durch Anleitung zu logisch-klarem Schlußfolgern und zu Ehrfurcht vor den Geboten; 2. durch Einübung des richtigen Verhaltens in der Pflichtenkollision; 3. durch kindliches Vertrauen zur Kirche, die dem Menschen nicht nur allgemeine Satzungen, sondern praktische Anweisungen vermittelt (so in Fragen der Ehe, der Geschäftsmoral usw.). Dieses Vertrauen ist auf den Seelsorger und auf christliche Laien zu übertragen. Zurechtweisung des Irrenden ist strenge Pflicht des Vorgesetzten und Tat der Nächstenliebe bei allen» (LThK V, 769). – Im LThK nicht vermerkt, wenn auch relativ wenig ergiebig für unsere Thematik: *E. Mach*, Erkenntnis und Irrtum. Skizzen zur Psychologie der Forschung (Leipzig 1905, ⁴1920) (vor allem aus der Sicht des Naturwissenschaftlers); *J. E. Heyde*, Wege zur Klarheit. Gesammelte Aufsätze (Berlin 1960) (vor allem die Aufsätze aus den Jahren 1928 und 1933: Logik des Irrtums – Relativität der Wahrheit? S. 123–175); *K. Jaspers*, Von der Wahrheit (München 1958) (bes. Teil 3, 1: Wahrheit und Falschheit, S. 475–600).

gen vermögen», 2. «daß alle Sätze gleich wahr und falsch sind», 3. «daß sie nicht an der Wirklichkeit gemessen werden können, die auszusagen sie beanspruchen», 4. «daß Verständigung unmöglich ist» (U 131).

b. Der Verfasser bejaht vielmehr nachdrücklich, 1. daß der Glaube der Kirche ganz allgemein «angewiesen ist auf Sätze des Glaubens» (U 116), ja «auch auf *gemeinsame* Sätze des Glaubens» (U 117); 2. daß der Glaube der Kirche im besonderen «angewiesen ist auf zusammenfassende Bekenntnisse des Christusglaubens: auf abbreviativ-rekapitulierende Sätze (Glaubensbekenntnisse oder Glaubenssymbole)» (U 117); 3. daß der Glaube der Kirche schließlich sogar «angewiesen ist auf polemische Abgrenzungen gegenüber dem Unchristlichen: auf defensiv-definierende Sätze (Glaubensdefinitionen oder Glaubensdogmata)» (U 118).

Wiederum auch hier die Frage: Gibt es wirklich keine gemeinsame katholische Gesprächsbasis? Aber Rahner interessiert in diesem Zusammenhang allein das eine, was er anscheinend zum articulus stantis et candentis Ecclesiae catholicae zu machen gedenkt: die Kirche ist angewiesen nicht nur auf im obigen doppelten Sinn *verbindliche* Sätze des Glaubens, sondern darüber hinaus auf von vornherein *unfehlbare* Sätze des Glaubens. Was nun allerdings zu beweisen wäre.

Im Widerspruch zum katholischen Glauben?

In seinem Jubiläumsartikel zur Unfehlbarkeitsdefinition unmittelbar vor dem Erscheinen meines Buchs hatte Rahner den articulus stantis et cadentis Ecclesiae noch ganz anders bestimmt: «So wie der Christ Jesus Christus, den Herrn, als den absoluten Heilsmittler trotz seiner Geschichtlichkeit glaubt, so glaubt er auch in einer wesentlich eschatologischen Glaubenshoffnung, daß die Kirche der ihrer Verfassung wirklich immanenten Gefahr faktisch nicht erliegen wird. Für diese Hoffnung ist der einzig endgültige Grund nur Jesus Christus. Mit dieser Berufung auf den eigentlichen und letzten Glaubensgrund, Jesus Christus, sollen natürlich die erkenntnistheoretischen und erkenntnissoziologischen Probleme nicht schon als erledigt gelten, die auch dann noch bleiben. So z. B. die naheliegende Frage, ob dieser Glaubensgrund nicht nur die infallible Zustimmung zum einen Ganzen des Glaubens, eben zu Jesus Christus, hergibt, sondern auch die Infallibilität des einzelnen definierten Satzes als solchen garantiert und wie, in welchem Sinn und in welcher Weise dies dann geschieht.»[9]

9 A. a. O. 19.

Die Frage von infalliblen *Sätzen* erscheint hier bei Rahner als durchaus zweitrangig gegenüber der Infallibilität des «Glaubensgrundes» (= Jesus Christus) und der Zustimmung zum «Ganzen des Glaubens» (= Jesus Christus). Und zwar sekundär in einem solchen Ausmaß, daß er die Frage nach der «Infallibilität des einzelnen definierten Satzes als solchen» in seinem Jubiläumsartikel entläßt mit der Bemerkung: «Aber davon kann jetzt nicht gehandelt werden» (ebd.). Macht nicht dies schon deutlich, daß er in seinem Artikel gegen mein Buch die «Hierarchie der Wahrheiten» (R 375 nach dem Vatikanum II) auf den Kopf gestellt hat und sich jetzt an einem Punkt versteift, an dem er sich durchaus nicht versteifen müßte?

Rahner behauptet, meine These vom Gehaltensein der Kirche in der Wahrheit *trotz* aller möglichen Irrtümer im Detail (Infallibilität oder besser Indefektibilität der Kirche *trotz* fallibler Sätze) widerspreche «der ganzen katholischen Theologie mindestens seit der Reformation» und zugleich «der ausdrücklichen Lehre des Ersten und des Zweiten Vatikanum» (R 364). Im genannten Jubiläumsartikel hatte er sich sehr viel vorsichtiger geäußert. Dort war ihm nämlich an dem gelegen, woran auch mir gelegen ist: das Vatikanische Unfehlbarkeitsdogma – das einzige Dogma von der Unfehlbarkeit bestimmter Sätze – als «geschichtlichen Satz» darzustellen: «Zunächst einmal ist das Infallibilitäts*dogma*, bezogen auf den *Papst*, als expliziter Glaubenssatz sehr jungen Datums. Daran ändert sich auch nichts, wenn man sagt, die Unfehlbarkeit der Kirche als ganzer in ihrem Glauben, in der Schrift, in den Konzilien sei immer schon eine Überzeugung der Kirche gewesen. Denn nicht nur hat dann auch *diese* Überzeugung einen geschichtlichen Beginn, sondern darüber hinaus: Das *alte* Verständnis der Infallibilität der Kirche bezog sich doch nicht so sehr, nicht so explizit wie heute auf die unfehlbare Richtigkeit einer *neuen*, neu zu treffenden Entscheidung in einer strittigen Wahrheitsfrage, sondern auf den schon gegebenen bleibenden Besitz der überlieferten und im Glauben besessenen, in diesem Sinn ‹alten› Heilswirklichkeit in der Kirche. Und selbst wenn man sagt, auch die alten Konzilien hätten doch Entscheidungen gefällt, neue Sätze in neuer Begrifflichkeit formuliert, so muß doch gesagt werden, daß sie dies nicht mit dem Bewußtsein des Neuen, geschichtlich Schöpferischen getan haben, sondern mit dem Bewußtsein, nur das Alte anders zu formulieren, fast unter Leugnung, daß durch die neue Formulierung wirklich hinsichtlich der Wahrheitserkenntnis selbst etwas Neues passiert sei.»[10]

Tönt dies wiederum nicht sehr verschieden von den apodiktischen dogma-

10 A. a.O. 20.

tischen Aussagen in seinem neuesten Artikel zu meinem Buch, der nur wenige Monate später geschrieben wurde? Die Reaktion Karl Rahners hätte auch anders sein können: Er hätte meine Ausführungen als die konsequente Fortsetzung und Verschärfung dieser seiner eigenen Gedanken verstehen können. Denn in bezug auf den «geschichtlichen Satz» des Vatikanum I hat sich aufgrund eingehender Untersuchungen ergeben:

a. Katholische Tradition ist: die Infallibilität oder besser Indefektibilität oder Perennität der Kirche als solcher und nicht die Infallibilität bestimmter Amtsträger (vgl. dazu die Darlegungen nach Congar U 149–151).

b. Das Vatikanum II ist in seinen Aussagen über Unfehlbarkeit vollkommen abhängig vom Vatikanum I (vgl. U 54–69).

c. Das Vatikanum I seinerseits führt weder stichhaltige Schriftzeugnisse noch allgemeine ökumenische Traditionszeugnisse an, die eine Unfehlbarkeit von Sätzen begründen könnten (U 69–100).

d. Die entscheidende Frage, ob die der Kirche (bzw. Petrus) geschenkten Verheißungen bestehen bleiben könnten ohne die Voraussetzung a priori unfehlbarer Sätze ist im Vatikanum I (und II) gar nicht diskutiert worden. Man ging nämlich von der selbstverständlichen, unreflektierten Voraussetzung aus, daß die Infallibilität der Kirche ohne infallible Sätze gar nicht zum Tragen kommen könnte.

Ausdrücklich wurde im Buch die Frage gestellt, ob das Vatikanum I geirrt habe. Die historisch begründete Antwort war: «Besser wird man sagen: es war der Grundproblematik gegenüber blind. Statt die Grundproblematik aufzuarbeiten, überging es sie» (U 123). Das Vatikanum I (und zwar die antiinfallibilistische Minderheit ebenso wie die infallibilistische Mehrheit!) sah – und dies aus Gründen, die wir darlegten (U 123–127) – das Problem gar nicht. Was aber ein Konzil als Problem nicht gesehen hat, das hat es auch nicht entschieden! Und wo es keinen «Spruch» getan, da kann es auch keinen «Widerspruch» erfahren! Deshalb fällt die ganze Behauptung Rahners, die These meines Buchs sei im «Widerspruch» zur katholischen Theologie und den beiden vatikanischen Konzilien und somit im «Widerspruch zu einer definierten Glaubenswahrheit», in sich zusammen.

Aber Rahner ist offensichtlich der Meinung, *er* könne das beweisen, was das Vatikanum I nicht nur nicht bewiesen, sondern überhaupt nicht gesehen hat. Und tatsächlich haben denn auch die Beweise Rahners für unfehlbare Sätze mit den (nicht überzeugenden) Beweisen des Vatikanum I für die (damals nicht weiter reflektierte) Unfehlbarkeit des Papstes bzw. der Kirche kaum etwas zu tun. Früher hatte er noch kurzerhand aus der eschatologischen Endgültigkeit und Sieghaftigkeit der Wahrheit Gottes auf die Unfehlbarkeit bestimmter kirchlicher Lehrsätze geschlossen[11]. Ich habe zu dieser Ansicht, ohne Namen zu nennen, bemerkt, daß dies unmöglich geschehen kann, «ohne daß zugleich die eschatologische Vorläufigkeit und Bruchstückhaftigkeit der kirchlichen Wahrheit bis hin zu Irrtum und Sünde ernst genommen wird» (U 116). Während Rahner so früher vor allem theologisch-eschatologisch argumentierte, so argumentiert er jetzt auch in bezug auf unfehlbare Sätze beinahe ausschließlich, wenn auch aufgrund seines ursprünglichen philosophischen Ansatzes, transzendental, was selbstverständlich den Vätern des Vatikanum I nie in den Sinn gekommen wäre.

Man achte auf den Unterschied: Das Vatikanum I argumentierte aus der Schrift; Rahner führt keine Schriftzeugnisse an. Das Vatikanum I argumentierte aus der Tradition; Rahner rekurriert nirgendwo auf Zeugnisse der Überlieferung. Das Vatikanum I argumentiert für die Unfehlbarkeit aus dem besonderen Beistand des Heiligen Geistes; Rahner argumentiert primär aus der Notwendigkeit der praktischen Vernunft. Das Vatikanum I behauptet ausdrücklich eine spezifische Unfehlbarkeit des Papstes und grundlegend der Kirche; Rahner behauptet im Grunde die Unfehlbarkeit eines jeden Menschen und so in Konsequenz auch die der Kirche, des Papstes und der Konzilien.

Wollte man hier so dogmatisch wie Rahner ex cathedra urteilen, so ließe sich die Frage nach dem Widerspruch zum katholischen Glauben zurückgeben. Aber dies ist nicht die Absicht. Es sollte nur durch scharfe Kontrastbeleuchtung sichtbar gemacht werden, daß hier einmal mehr bei Rahner nicht Interpretation, sondern Uminterpretation geschieht, daß zwar die Formel beibehalten, der Inhalt aber stillschweigend ausgewechselt wird. Kurz: eine zwar nicht positivistische, wohl aber spekulative Dogmeninterpretation, die im Gegensatz steht zu einer wahrhaft geschichtlichen. Darauf ist zurückzukommen.

Unfehlbare Sätze?

Rahner sucht «die Notwendigkeit absolut bejahbarer Sätze» (R 370) zu begründen aus «jener letzten freien Grundentscheidung und Grundbefindlichkeit, in der man in der Wahrheit ist»: diese «letzte Grundentscheidung, die den Menschen (durch die Gnade Gottes) in die Wahrheit setzt», drücke sich «immer und notwendig» in «irgendwelchen wahren Sätzen (von natürlich noch einmal sehr verschiedener Reflexheit) aus» (R 370).

Man hätte von Rahner, der so ausführlich zu schreiben weiß, was andere

11 Vgl. z. B. *K. Rahner,* Artikel «Unfehlbarkeit» in: *K. Rahner–H. Vorgrimler,* Kleines theologisches Wörterbuch, 369 f.

«hätten» tun sollen, gerne ein ganz klein wenig mehr über diese Grundentscheidung gehört. Ist es so ganz selbstverständlich, daß «Wahrheit» von daher begründet wird? Ist die «praktische Vernunft» (R 371), von der hier so selbstverständlich die Rede ist, im Sinn Kants, der neuen Linken oder einer bestimmten Neuscholastik (der «Geist» des Menschen, der als Verstand und Wille durch seine Transzendentalität und so durch seine unausweichliche Verwiesenheit auf Gott gekennzeichnet ist) zu verstehen? Und lebt nun der Mensch in der Wahrheit «nur (?) durch wahre Sätze» (R 370) oder «objektiviert sich die in die Wahrheit setzende Grundentscheidung» – wie es auf der folgenden Seite auffällig anders heißt – «auch (!) irgendwie (!) in Sätzen» (R 371)?

Aus diesen sehr vagen und wenig konsistenten Aussagen ist dann Rahner unvermittelt bei der Behauptung, es gäbe «verbal formulierte Sätze, die als eindeutiger Ausdruck gewisser Grundentscheidungen (oder der einen Grundentscheidung des Daseins, darauf kommt es jetzt nicht an) erfahren und mit jenem absoluten Engagement (und damit *als* indiskutabel wahr) vollzogen werden, wie dies in dieser Grundentscheidung selbst geschieht» (R 371). Gerade der Sprung von jener «Grundentscheidung» (oder wie es jetzt plötzlich wiederum sehr viel vager heißt: «gewissen Grundentscheidungen») zu den «verbal formulierten *Sätzen*», die mit demselben «absoluten Engagement (und damit *als* indiskutabel wahr) vollzogen werden» müssen, leuchtet in dieser Form mindestens nicht ein. Rahner postuliert hier einfach, was zu beweisen wäre: danach erkenne ich «die Pflicht und die Berechtigung eines absoluten (?) Assenses zu diesem Satz (?) und ich setze ihn (den Satz?) von der Absolutheit der praktischen Vernunft (?) her als selber infallibel (?) wahr» (R 371). Rahner: «Solche Sätze gibt es» (R 372). Und beinahe drohend folgt: «Ich hoffe, daß Küng das nicht bestreitet». Sonst? Rahner: «Würde er es tun, könnte man sich mit ihm wie mit einem skeptischen Philosophen unterhalten» (R 372).

Nun, selbst auf die Gefahr hin, vor Rahner von einem immerhin getauften «liberalen Protestanten» auch noch zum «skeptischen Philosophen» abzusinken, muß ich schüchtern bekennen, daß es mir trotz allem einfach nicht eingehen will, inwiefern seine «praktische Vernunft» – es wäre dies ja in vielfacher Hinsicht so praktisch! – solche «infalliblen Sätze» zu produzieren vermag, die als *Sätze* einen «absoluten Assens» fordern. Vermutlich dürfte es anderen ebenso gehen, nachdem man's bei Rahner auch schon anders gelesen hat.

Früher hatte Rahner weniger von einer unbestimmten «praktischen Vernunft» als von der «existentiellen Erkenntnis» und dabei besonders von der «ungegenständlichen» Gotteserfahrung gesprochen. Von dieser hat er im Gegensatz zu der in seinem Artikel vorgetragenen Auffassung und in Übereinstimmung mit meinen sprachphilosophischen Reflexionen über den Satz «Gott existiert» (U 129–131) geschrieben: «Man beachte: es handelt sich nicht um eine begriffliche Vorstellung von Gott, um ein begrifflich gefaßtes Theorem über Gott, nicht um einen Satz (!) über Gott, der hergestellt wäre mit menschlichen Begriffen, die notwendig, wenn sie auch Gott meinen, erbaut sind aus dem Material endlicher und innerweltlicher Begriffe und Vorstellungen unter einer conversio ad phantasma, bei welcher begriffliche Gegebenheit und Gemeinheit Gottes natürlich genauso Irrtum (!) und Mißdeutung gegeben sein kann wie bei irgendeinem anderen Satz (!), bei irgendeinem andern Gegenstand einer freien Liebe.»[12] Also: in der Wahrheit gehalten *trotz* aller Irrtümer in den Sätzen!

Nun ist Rahner in seinem Beweis für unfehlbare Sätze ohne Grundangabe von den theoretisch-theologischen auf die ethisch-praktischen ausgewichen (vgl. R 370–372). Aber was für die theoretisch-theologische Perspektive gilt, gilt ebenso für die ethisch-praktische. Wie man von einer wahren «ungegenständlichen» Gotteserfahrung sprechen kann, die sich unter Umständen in irrigen Sätzen objektiviert, so von einer wahren «ungegenständlichen» ethischen Grundentscheidung, die sich in unter Umständen irrigen Sätzen durchhält. Der mögliche Irrtum liegt auch hier gerade im Urteil, im Satz. Von H. E. Hengstenberg werde ich darauf aufmerksam gemacht, daß das sittliche Urwissen (Urintuition, Urintention) um «sittlich gut» und «sittlich schlecht», daß die sittliche Grundentscheidung und Vorentscheidung (für oder gegen «Sachlichkeit» oder ähnlich), daß schließlich im Vollzug dieser Grundentscheidung auch das Gewissen in den Bereich der *ganzheitlichen* und *ungegenständlichen* Erkenntnis gehören und daß solcher Grundentscheidung und solchem Gewissen eine bestimmte «Unfehlbarkeit» oder «Untrüglichkeit» zugeschrieben werden kann. Aber diese Untrüglichkeit des Gewissens in bezug auf die Qualität der eigenen personalen Grundentscheidung und der durch diese aufgerichteten Grundhaltung ist eine Untrüglichkeit, die im Bereich des Urteilens wie auch des Wollens und Wertens den Irrtum nicht ausschließt, sondern mit ihm durchaus zusammengehen kann (Problematik des sogenannten «irrenden Gewissens»). Diese Untrüglichkeit des Gewissens ist somit auch nicht eine Satzwahrheit. Das Gewissen ist vielmehr so wie eine Magnetnadel ein Richtungsanzeiger für unsere Grundentscheidung und Grundhaltung: grundrichtig in der Ausrichtung auf Sinnerfüllung, aber doch Irrtümer im konkreten Urteilen, Entscheiden und Verhalten keineswegs ausschließend.

12 *K. Rahner*, Das Dynamische in der Kirche (Freiburg 1958) Kap. III: Die Logik der existentiellen Erkenntnis bei Ignatius von Loyola, S. 129.

Wie es anlagemäßige Willensschwächen und schuldhafte Wollensdefizienzen, wie es unverschuldete und verschuldete Wertungsirrtümer des Gefühlsvermögens gibt, so gibt es auch Defizienzen im Erkenntnisbereich. Die Richtung von Grundentscheidung und Grundhaltung stimmt dann noch immer, aber das Urteil kann falsch sein: Entweder weil dem Urteil unseres Intellekts unüberwindliche Hindernisse entgegenstehen (unverschuldeter Irrtum) oder weil es durch eine schlechte Vorentscheidung zur Trübung des Intellekts kommt (verschuldeter Irrtum) [13]. Vergleiche Rahner selber im Widerspruch zu seiner tranzendentalen Ableitung unfehlbarer Sätze: daß »grundsätzlich auch derjenige in der Wahrheit sein kann, der viele irrige Sätze bejaht und deren Widerspruch zu jener letzten freien Grundentscheidung und Grundbefindlichkeit, in der man in der Wahrheit ist, nicht bemerkt» (R 370). Also auch hier: ein Gehaltensein in der Wahrheit *trotz* aller Irrtümer in den Sätzen!

So ist es denn nicht weiter erstaunlich, daß das einzige Beispiel Rahners für einen angeblich unfehlbaren Satz – merkwürdigerweise hat er einen ethischen Satz gewählt, obwohl er anderswo ethische Dogmen besonders problematisch findet – nicht überzeugt, sondern vielmehr die Auffassung bestätigt, daß Sätze als solche vieldeutig und je nach Kontext wahr oder falsch sein können. Mit dem Blick auf die Lösung des Rassenproblems setzt Rahners «praktische Vernunft» den folgenden *Satz* als «infallibel wahr»: «Jeder einzelne Mensch ist in seiner Würde zu respektieren und als der Nächste zu lieben» (R 371). Selbstverständlich nichts gegen die Grundentscheidung und Grundhaltung des Respekts vor dem Menschen und der Liebe zum Nächsten, die hinter diesem Satz stehen, im Gegenteil! Aber muß ich deshalb auch schon diesen *Satz* unbedingt und in jedem Fall bejahen? Rahner selber muß zugeben, daß dieser Satz von der «Grundentscheidung zu solchem Respekt und solcher Liebe selbst verschieden» ist (R 371). Oder umgekehrt gefragt: Habe ich schon diesen Respekt und diese Liebe, weil ich diesen Satz unbedingt und in jedem Fall bejahe? Rahner selbst wagt nur ein «hoffentlich» (R 371). Es besteht somit auch hier ganz deutlich eine Differenz zwischen der wahren Grundentscheidung und der unter Umständen irrigen Satzwahrheit.

13 Vgl. *H.-E. Hengstenberg*, Grundlegung der Ethik (Stuttgart–Berlin–Köln–Mainz 1969) 11–16. 36 f. 64 f. 138–162. Siehe z. B. S. 16: «Dem Gewissen kommt in eben dem Sinne, wie wir es von der sittlichen Urintuition gesagt haben, Unfehlbarkeit zu, ja, beides hängt miteinander unlösbar zusammen. Allerdings gilt die Unfehlbarkeit des Gewissens, wie später zu zeigen ist, nur so weit, als das Gewissen *als* Gewissen in dem ihm eigenen Zuständigkeitsbereich betrachtet wird. Sie gilt nicht für jene rational geleiteten Aktualisierungen menschlicher Vermögen, die zwar vom Gewissen geleitet werden *sollen*, aber auch verdeutend gegen die Stimmen des Gewissens eingesetzt werden *können*, was im Falle des rational ‹manipulierten› Gewissens vorliegt.»

Rahner kommt also nicht darum herum zuzugeben, was für unsere Problematik entscheidend ist, daß auch dieser Satz vieldeutig und mißverständlich ist: Auch er kann ihn nicht «von allen Mißverständnissen abgrenzen, so daß er in meinem oder in einem anderen Bewußtsein von Mißdeutungen völlig sicher wäre und nicht gleichzeitig mit Meinungen über die Lösung des Rassenproblems koexistent sein könnte, die mit dieser Grundentscheidung und diesem Grundsatz an sich inkompatibel sind» (R 371). Also konkret zum Beispiel: Brauchte etwa ein amerikanischer Gemeindepfarrer jenen angeblich unfehlbaren Rahnerschen Satz nicht zugunsten der armseligen Schwarzen, die unter dem Mietwucher eines weißen Pfarreiangehörigen zu leiden haben; brauchte er ihn umgekehrt – und, wie ich denken würde, zu Unrecht – zugunsten dieses weißen Wucherers, der trotz allem die Pfarrei freigebig finanziell unterstützt und schließlich auch ein Mensch ist und bleibt, der nun einmal auch »in seiner Würde zu respektieren und als der Nächste zu lieben» ist: dann würde doch in dieser konkreten Situation der angeblich unfehlbare Satz ein Satz, dem der Assens zu verweigern ist, der in seinem Gebrauch falsch wird [14]. Was nur zeigt: Mit dem Satz «an sich» ist noch nichts gemacht. Es besteht immer die Möglichkeit der bewußten «Verdrehung» eines Satzes oder auch der system- und gesellschaftsbedingten strukturellen «Blindheit» gegenüber bestimmten Grenzen und Mängeln eines Satzes.

Dies war im Buch gemeint, wenn von den Sätzen als Menschensätzen ausgesagt wurde, daß sie hinter der Wirklichkeit zurückbleiben, daß sie immer mißverständlich sind, nur bedingt übersetzbar, ständig in Bewegung begrif-

14 Deshalb hat sich denn auch das kirchliche Lehramt gerade in den praktisch kontrollierbaren und verifizierbaren Sätzen (im Gegensatz etwa zu den Mariendogmen) wohl gehütet, in aller Form unfehlbare Definitionen zu machen. Vgl. dazu wiederum an anderer Stelle *K. Rahner* selbst: «Die konkrete Wirklichkeit, die sie als konkrete Imperative anzielen, ist dynamisch, im Wandel stehend und läßt offen, ob diese Sätze in ihrer Konkretheit (!) nicht eine Konkretheit der Wirklichkeit voraussetzen, die es nicht mehr gibt (!) oder am Schwinden ist (!), oder ob sie als *Ziel*normen eine Wirklichkeit voraussetzen, die erst noch werden muß. Aus diesen und vielen anderen Gründen sind sie (mindestens heute) nie (!) so, daß sie nicht vielfältig (!) interpretiert werden könnten. Und da viele (vor allem soziologische, psychologische usw.) Gründe eines solchen Interpretationspluralismus (!) nie (!) adäquat (!) reflektiert werden können, ist er auch in moraltheologischen Formulierungen nicht ganz (?) ausschaltbar.» Und Rahners bemerkenswerte Belege: «Es kann ferner nicht von ungefähr sein, daß das kirchliche Lehramt a) zu vielen lebenswichtigen und moraltheologischen Fragen nie eine eindeutige und dabei sachlich höchst bedeutsame, Kontroversen bereinigende Stellungnahme eingenommen hat, b) daß es, wo es (ohne zu definieren) lehrte, oft Begriffe verwendete, die, ohne daß es dabei bemerkt wurde, gar keine wirklich eindeutige konkrete Wirklichkeit meinten (z. B. bürgerliche Freiheit, Privateigentum, Revolution usw.), auf die es doch in der sittlichen Praxis gerade angekommen wäre, daß das Lehramt c) in solchen Fragen kaum einmal definierte (auch nicht im Zweiten Vatikanum oder in ‹Humanae vitae›)» (Zum Begriff der Unfehlbarkeit, a. a. O. 31).

fen, so leicht ideologieanfällig, und eben auch nie restlos zu klärende Sätze sind (U 129–131). Und wenn dann Rahner eine genaue Unterscheidung zwischen Endlichkeit, Bedrohtheit, Inadäquatheit, Mißverständlichkeit einerseits und Irrtum andererseits fordert (nicht leistet!), so ist in abstracto nichts dagegen einzuwenden; auch im Buch wird durchaus unterschieden (vgl. U 138). Natürlich kann ich Sätze unterscheiden, die die Wirklichkeit nur beschränkt, nur inadäquat, nur mißverständlich treffen, und andererseits solche, die die Wirklichkeit nicht treffen. Aber in concreto ist die Unterscheidung nicht so einfach, warum denn auch Rahner die mir abgeforderten «Grenzangaben» (R 369) selber nicht einmal anzudeuten vermag. In der Perspektive dieses Buches jedoch – und es ist ja nicht Rahners Buch – ist der andere Gesichtspunkt wichtiger: daß nämlich bei aller abstrakten Unterscheidung die geschichtliche Endlichkeit in concreto immer auch Irrtumsanfälligkeit besagt und daß deshalb eine von vornherein gegebene Unfehlbarkeit von Sätzen nicht in Frage kommen kann: «Sätze sind anfällig wie für Zwiesinn so auch für Unsinn, wie für Wirrtum so auch für Irrtum» (U 138).

Bedrohtheit, Inadäquatheit und Mißverständlichkeit einerseits und Irrtum andererseits lassen sich also in concreto bestenfalls unscharf trennen; die Übergänge sind tatsächlich fließend und auch Rahner kann hier mit keiner Unterscheidung helfen. In praxi ist gerade er ein Beispiel für das Gegenteil: Denn manche Denzinger-Sätze, die Rahners Interpretationskunst als nur unvollkommene, mißverständliche, eventuell irrtumsbedrohte Formeln hinzustellen weiß, wird ein anderer Theologe und jeder, der diese Art von Dialektik nicht mitmacht, für Irrtümer halten (vgl. auch die berüchtigten Distinktionen der traditionellen Apologetik, die die verschiedenartigen Irrtümer der Bibel in Inadäquatheiten, Unvollkommenheiten, Mißverständlichkeiten und Ungewolltheiten umzudeuten wußte).

Nach Rahners Postulaten – schlüssige Beweise haben sich keine gezeigt – darf eben mindestens in bestimmten Sätzen von vornherein kein Irrtum, nichts an Irrtum sein: nur schlimmstenfalls irrtumsbedrohte, aber auf keinen Fall irrige Sätze. Zwar gibt er zu, daß der in allem Menschlichen keineswegs harmlos und beinahe unausrottbar grassierende Irrtum «viel mehr, als man gewöhnlich denkt, amalgamiert (ist) mit Wahrheiten und Dogmen der Kirche» (R 375). Aber merkwürdigerweise wehrt er sich gegen die Konsequenz, daß dann eben auch die «Wahrheiten und Dogmen der Kirche» amalgamiert sind mit dem Irrtum! Wie ich es anhand der von Trient *verurteilten* «Rechtfertigung durch den Glauben allein» aufgewiesen habe: wo eben mindestens heute auch die katholische *Bejahung* der «Rechtfertigung durch den Glauben allein» möglich ist. Und die in «Unfehlbar?» vertretene Schlußfolgerung daraus war gerade im Hinblick auf die kirchlichen Definitionen dieselbe, der Karl Rahner als Herausgeber 1962 für «Strukturen der Kirche» ausdrücklich zugestimmt hatte: «Es ist eine Simplifizierung der Wahrheit zu meinen, jeder Satz in seiner verbalen Formulierung als solcher müsse eindeutig wahr *oder* falsch sein. Jeder Satz kann wahr *und* falsch sein – je nachdem, wie er gezielt, gelagert, gemeint ist.»[15]

Je nachdem, wie ein Satz gezielt, gelagert, gemeint ist – das heißt: in der *konkreten, geschichtlichen Situation* entscheidet sich, ob und wieweit ein Satz wahr ist! In abstracto, also abgelöst von der lebendigen Wirklichkeit, bleibt jeder theoretische und praktische Satz wie dargelegt zweideutig, vieldeutig. Wie nun wird der in abstracto wahre *und* falsche Satz eindeutig, mindestens relativ eindeutig? Wie wird er wahr oder falsch oder mindestens mehr oder weniger wahr, bzw. falsch? Dadurch, daß er in die *konkrete, geschichtliche Situation* (als dem bestimmten «Zeit-Ort» des Satzes) eines Sprechenden und Angesprochenen hineingesprochen wird oder ist: daß er dort die Wirklichkeit trifft oder nicht trifft (wahr oder falsch wird und ist), die Wirklichkeit mehr oder weniger trifft (mehr oder weniger wahr, bzw. falsch ist), die Wirklichkeit eindeutig oder nicht eindeutig trifft (eindeutig oder nicht eindeutig wahr, bzw. falsch ist). Es ist also eine schlimme Mißdeutung meiner Gedanken, wenn Rahner dem Verfasser die «für viele Leute verführerische, weil letztlich bequeme These» unterstellt, «für ihn seien alle einzelnen Sätze, wenn auch in verschiedener Dosierung, immer (!) gleichzeitig (!) wahr und falsch» (R 369).

In der konkreten Situation also – und insofern sind eben Theorie und Praxis von vornherein aufeinander bezogen – zeigt ein Satz, was er taugt, zeigt er sein wahres Gesicht. Je nachdem, wie der theoretische Satz «Gott existiert» in der konkreten und praktischen Situation des Sprechenden und Angesprochenen gezielt, gelagert, gemeint ist, wird dieser an sich vieldeutige und eben keineswegs von vornherein unfehlbare Satz wahr oder falsch (oder vielleicht auch mehr oder weniger wahr, bzw. falsch), wird er zum echten Glaubensbekenntnis oder zur verschleiernden Ideologie. Je nachdem, wie der praktische Satz «Jeder einzelne Mensch ist in seiner Würde zu respektieren und als der Nächste zu lieben» in der konkreten praktischen Situation des Sprechenden und Angesprochenen gezielt, gelagert, gemeint ist, wird auch dieser an sich vieldeutige und wiederum keineswegs von vornherein unfehlbare Satz wahr oder falsch (oder vielleicht auch mehr oder weniger wahr, bzw. falsch), wird er – wie in jenem Beispiel von Rassenkonflikt – entweder

15 Vgl. *H. Küng*, Strukturen der Kirche, 355; übernommen in: Unfehlbar? 140. Zu «sola fide» sachlich: Rechtfertigung, Kap. B 15.

zur gerechten Forderung (zugunsten der ausgebeuteten Schwarzen) oder zur heuchlerischen Entschuldigung (zugunsten des ausbeutenden Weißen).

So wird immer wieder neu deutlich: Von einer a priori gegebenen Unfehlbarkeit des Satzes kann keine Rede sein. An der Wirklichkeit ist der Satz so zu messen, ob und wiefern er wahr ist. Der Satz in der konkreten Situation sagt (oder sagt nicht) Wirklichkeit aus, deckt (oder deckt nicht) Wirklichkeit auf, ist (oder ist nicht) wahr. Und insofern wird gerade bei einem praktisch-ethischen Satz – wie dem Rahnerschen – noch mehr als bei einem theoretisch-theologischen Satz die *Praxis* darüber entscheiden, ob dieser Satz ein wahrer oder falscher Satz, ob er Wahrheit oder aber Irrtum, Heuchelei und Lüge ist. Die gute, wirklichkeitsgemäße Praxis kann unter Umständen einen «an sich» falschen Satz als Wahrheit retten, die schlechte, wirklichkeitswidrige Praxis unter Umständen einen «an sich» wahren Satz als Irrtum entlarven. In der Praxis verifiziert sich die veritas gerade des praktisch-ethischen Satzes!

Dies alles bedeutet: Rahners transzendentale Deduktion (oder eigentlich nur Affirmation) der von vornherein unfehlbaren Sätze muß als mißlungen bezeichnet werden. Eine «Absolutsetzung von solchen Sätzen» ist eben gerade deshalb, weil ich nie «aus meiner und ihrer Geschichtlichkeit herausgenommen werde» (R 371), unmöglich. Im übrigen muß man in ekklesiologischer Perspektive beifügen: Wäre diese in ihrem Ansatz doch wohl individualistisch zu nennende transzendentale Deduktion gelungen und könnte somit jeder Mensch – gewiß wie Rahner bezeichnenderweise in Klammer beifügt «durch die Gnade Gottes» (R 370) – unfehlbare Sätze machen und solche Sätze absolut setzen, dann entstünde sofort die Frage: Wozu noch einen unfehlbaren Papst (oder Episkopat)? Denn nach Rahner wäre ja «die Indefektibilität der Sätze der kirchlichen Glaubenslehre» zu verstehen – «was die Schultheologie oft übersieht» (zu Unrecht?) – als «eine Partizipation und Ableitung (allerdings nach Christus notwendiger Art) der gnadenhaften Indefektibilität des Glaubens als Grundentscheidung der Menschen in der Kirche» (R 373). Ist nicht die Konsequenz naheliegend: die vielen unfehlbaren Glaubenden machen den einen unfehlbar Definierenden überflüssig? Aber wie immer: Alles, was Rahner über solche unfehlbaren Sätze «auch im Bereich der Kirche» (R 372) affirmiert und dekretiert (vgl. R 373–376), fällt mit dem Zusammenbruch seiner transzendentalen Begründung für die unfehlbaren Sätze von (gläubigen oder ungläubigen) Individuen.

Der Verfasser scheint somit allen Grund zu haben, seine im Buch begründete Auffassung als bestätigt anzusehen: So sehr die Wahrheit der Kirche, wie schon immer betont, auf wahre Sätze angewiesen ist, so wenig ist sie auf von vornherein unfehlbare Sätze angewiesen. Vielmehr: Die Kirche wird – was durch die von Rahner herausgeforderten Präzisierungen noch deutlicher geworden ist – in der Wahrheit erhalten *trotz* aller Satzirrtümer. Und wie von den Sätzen des einzelnen, so gilt auch – bei allen biblischen Verheißungen – von den Sätzen der Kirche: Je nachdem, wie eine an sich vieldeutige und eben keineswegs von vornherein unfehlbare Definition in der konkreten geschichtlichen Situation der Kirche gezielt, gelagert, gemeint ist, wird dieser Satz wahr oder falsch (oder vielleicht auch mehr oder weniger wahr oder falsch). Der christologische Satz etwa von der homo-ousia («gleichen Wesens mit dem Vater») war als abstrakter Satz vieldeutig (das Wort stammte aus der Gnosis!); er wurde später auch als Satz gerade vom Hauptverteidiger Nikaias Athanasios relativiert zugunsten des Gegen-Satzes von der homoi-ousia («ähnlichen Wesens mit dem Vater» akzeptabel mit dem Zusatz «in allem»). In der konkreten, geschichtlichen Situation von Nikaia jedoch war dieser in abstracto vieldeutige Satz eindeutig wahr geworden in der Weise, wie er vom Konzil gezielt, gemeint war: nämlich als die scharfe Ablehnung einer Degradierung des göttlichen Logos zu einem Halbgott (man hat es in Jesus mit Gott selbst zu tun!) und jeglichen polytheistischen Momenten im Gottesbegriff (keine Rückkehr zu den Göttern!). Das heißt wiederum, daß dieser selbe Satz, der gewiß auch in unserer Zeit etwas zu sagen hat, keineswegs in jeder beliebigen neuen und sich stets wandelnden Situation nur wiederholt zu werden braucht, um unfehlbar wahr zu sein. Er kann vielmehr in einer anderen Situation durchaus falsch werden (etwa wenn derselbe Satz später und auch heute zum monophysitischen Überbetonung des gottheitlichen Moments in Jesus gebraucht wird).

Auch die Glaubenssätze der Kirche müssen also geschichtlich verstanden werden. Für den internationalen Theologenkongreß in Brüssel haben Rahner und ich gemeinsam als Richtlinie formuliert, was als Propositio 6 vom Kongreß verabschiedet wurde: «Die großen christologischen Bekenntnisse und Definitionen der Vergangenheit haben auch für die Kirche der Gegenwart eine bleibende Bedeutung. Doch sie können nicht außerhalb ihres historischen Kontextes interpretiert oder gar nur stereotyp wiederholt werden. Um Menschen verschiedener Zeiten und Kulturen anzusprechen, muß die christliche Botschaft immer wieder neu ausgesagt werden.» Auch hier zeigt sich somit gemeinsamer Boden, hier allerdings auch ein nicht geringer Unterschied.

Rahner lehnt die in der Neuscholastik übliche *positivistische* Dogmeninterpretation ab. Er will die kirchlichen Glaubenssätze nicht einfach wörtlich und buchstäblich nehmen, so wie Juristen ein Gesetz interpretieren und applizieren, ohne zu fragen, woher es kommt, wie es sich veränderte, ob es noch einen Sinn hat, wie man es besser formulieren könnte: ein Dogmenpositivismus, der formal dem Rechtspositivismus entspricht. Rahner macht in seiner ganzen Theologie größte Anstrengungen, um der neuen Situation von Kirche, Verkündigung und Theologie gerecht zu werden und dies eben durch seine *spekulative* Dogmeninterpretation. Aus Gründen der Orthodoxie soll, wie in der positivistischen Interpretation, der Wortlaut der Glaubenssätze beibehalten, ihr aber in denkerischer Neudeutung ein für die Menschen der neuen Zeit verständlicher, assimilierbarer Sinn erschlossen werden. Auf diesem Weg hat Rahner Bedeutendes erreicht; kein katholischer Dogmatiker dieses Jahrhunderts hat jedenfalls mehr dafür getan, um den starren Dogmatismus des neuscholastischen Systems durch Neuinterpretation aufzubrechen. Trotz allem ist dieses Unternehmen, wie nicht zuletzt Rahners Umgang mit dem Unfehlbarkeitsdogma beweist, keineswegs unproblematisch.

Man wird in Rahners Dogmeninterpretation die hohe dialektische Kunst, geschult an Thomas von Aquin, Maréchal, Hegel und Heidegger, zweifellos bewundern. Man wird auch die in dieser Dogmeninterpretation zum Ausdruck kommende Sorge um die Einheit und Kontinuität der Kirche im Glauben bejahen und teilen. Und es darf auch nicht vergessen werden: Gerade in Rahners großer Durchbruchszeit – der letzten Periode Pius' XII. und der Enzyklika «Humani generis» – war es die wohl einzige gerade noch tolerierte Methode, eine Formel dialektisch so zu interpretieren, daß sie für «Orthodoxe» und «Unorthodoxe» akzeptabel war. Rahners oft gequälte, gewundene und schwerverständliche Sprache dürfte zum Teil von daher mitgeformt worden sein. Erreicht wurde jedenfalls: Die Formel – für die «Orthodoxen» wichtig – blieb; der Inhalt – für die «Unorthodoxen» entscheidend – wurde optima fide umgegossen.

Doch kann heute auch der systematische Theologe nicht mehr übersehen, was katholische Exegeten und Historiker schon längst beklagten: In manchen Fällen wurden die Sätze und Formeln ungeschichtlich vergewaltigt und in ihr Gegenteil hinein interpretiert. Den alten Termini wurde im dialektischen Prozeß geschickt und gescheit ein neuer Sinn unterlegt, bis schließlich die alte Formel in einem neuen und erstaunlich modernen Glanz wiedererstrahlte. So hat es Rahner schon vor dem Konzil verstanden, etwa aus der

Primatsdefinition des Vatikanum I dialektisch eine verblüffende Kollegialität herauszulesen und – was im Vatikanum II viel genützt hat – das «ius divinum» des Episkopats ohne Rücksicht auf die historischen Schwierigkeiten der apostolischen Sukzession mit neuem Sinn aufzuladen und daraus verschiedenste wichtige praktische Konsequenzen zu ziehen. Und keiner hat besser als er das alte eng-exklusive Axiom »Außerhalb der Kirche kein Heil« so auszuweiten gewußt, daß die Formel zwar beibehalten wurde, aber nun doch das Gegenteil des ursprünglichen Axioms sagte: ein Universalismus, der alle gutwilligen Menschen als «anonyme Christen» in die Kirche einbezog. Beinahe jede Distanzierung vom ursprünglichen Sinn der Formel war durch diese Dialektik möglich geworden, solange nur die Formel als solche beibehalten wurde[16]. So ging es Rahner von Anfang an um bestimmte «unfehlbare Sätze» und ihre «Absolutsetzung».

Ohne dies in unserem Rahmen noch des näheren zu erläutern, ist jetzt deutlich geworden: Die bohrende Frage «Unfehlbar?» ist auf den Nerv der Rahnerschen Theologie gestoßen, und die Reaktion ist entsprechend. Obwohl Rahner sich seit seinen frühen Aufsätzen zur Geschichtlichkeit des Dogmas bekannt hat, hat er die Dogmen, von einigen Aufsätzen zur Bußgeschichte abgesehen, immer nur spekulativ und nicht historisch zu betrachten versucht. Wer ist zum Beispiel in der katholischen Theologie kühner als er mit den Dogmen von Realpräsenz und Transsubstantiation umgegangen und hat dabei gemeint, sie spekulativ assimilieren zu können, ohne im geringsten ernsthaft auf Exegese und historische Forschung eingehen zu müssen: «Ich schreibe vielleicht über die Transsubstantiation und weiß herzlich wenig über die Geschichte des Substanzbegriffs und über seine Problematik (obwohl ich weiß, daß es darüber Bücher gibt, die ich nicht gelesen habe und lesen werde, nicht aus Verachtung und Faulheit, sondern aus schlichtem Unvermögen). Ich schreibe vielleicht über die Trinität, und habe noch nicht einmal die Lehre von den Relationen bei Thomas oder Ruiz de Montoya über die Trinität studiert.»[17] Das eigene wissenschaftlich-unwissenschaftliche «Genus literarium», das Rahner in diesem aufschlußreichen Geleitwort mit betonter Bescheidenheit für seine Theologie in Anspruch nimmt, dürfte zugleich zuviel und zuwenig besagen.

Es geht hier nicht um eine umfassende Würdigung der theologischen Me-

16 Vgl. schon ohne Bezugnahme auf Rahner *H. Küng*, Wahrhaftigkeit. Zur Zukunft der Kirche (Freiburg–Basel–Wien 1968, [8]1970), Kap. B VIII: Manipulation der Wahrheit?

17 *K. Rahner*, Geleitwort zu: *Peter Eicher*, Die anthropologische Wende. Karl Rahners philosophischer Weg vom Wesen des Menschen zur personalen Existenz (Freiburg/Schweiz 1970), S. XII.

thode (oder gar des theologischen Werks) Karl Rahners, bei der man sehr viel weiter ausholen müßte. Ich möchte nur – vom vehementen Angriff Rahners auf meine katholische Rechtgläubigkeit und christliche Demut gezwungen und wie eingangs bemerkt mit schmerzlichen Gefühlen – ein wenig begreiflich machen, warum Rahner gerade in dieser für viele gewiß erstaunlichen Weise auf mein Buch reagiert hat, wenn auch *nicht* reagieren *mußte*. Er kann ja seine Methode, die uns allen so vieles erbracht hat, weiter üben und doch die meine (die nicht nur die meine ist) zugleich als katholisch akzeptieren, wie ich dies immer von meiner Seite her mit größtem Respekt für Rahner und seine Theologie zu tun versuchte. Ja, er kann meine Methode sogar ohne dialektische Künstelei als die legitime Konsequenz seiner eigenen verstehen: meine *geschichtliche* Interpretation der Geschichtlichkeit des Dogmas als die Konsequenz seiner *spekulativen* Interpretation der Geschichtlichkeit des Dogmas. Er kann mich somit meines Weges ziehen lassen, ohne – nachdem er einen so weiten Weg, mich und andere tragend, gegangen war – ihn auch noch selbst mitzugehen. Aber statt den Jüngeren zu segnen, versucht er ihn zu halten mit dem Ruf: Nicht weiter als ich, sonst fehlt uns der gemeinsame katholische Boden! Ja, was ist denn eigentlich dieser gemeinsame katholische Boden?

Der gemeinsame Boden

Rahners ganze Theologie kreist um die Dogmen, gründet auf dem Boden der Dogmen. «Genauere und für uns heute assimilierbare Interpretation» von «Dogmen» scheint für ihn weithin mit dem «Geschäft der Theologie überhaupt» ineinszufallen (R 377). Und tatsächlich, einem Laokoon gleich, hat Karl Rahner, nachdem er von der Philosophie zur Theologie gekommen war, durch sein ganzes Leben hindurch unter höchstem spekulativen Einsatz und mit allen Mitteln der Dialektik mit den Dogmen gerungen, um doch nie wahrhaft frei zu werden. Von diesem Bemühen kann man sagen, was man seit alten Tagen von manchen heroischen Taten der Heiligen sagte: admiranda, aber nicht unbedingt imitanda.

Ist denn das Geschäft der Theologie überhaupt wirklich die Interpretation von Dogmen? Schwankt die ganze Kirche, wenn einer ihrer Sätze schwankt, wie Rahner fürchtet? Kein ernsthafter christlicher Theologe wird um die kritisch-konstruktive Auseinandersetzung mit den Dogmen der großen christlichen Tradition herumkommen. Aber die Kirche Jesu Christi gründet trotz allem nicht auf den Dogmen. Die Dogmen haben, wie im Buch ausgeführt und wie auch von Rahner nicht grundsätzlich bestritten, eine defensive Hilfsfunktion. Sie sind Damm, nicht Fundament der Kirche. Die Kirche Jesu Christi gründet auf Jesus Christus selbst, wie er in der christlichen Botschaft, die im Neuen Testament (auf dem Hintergrund des Alten) ihren ursprünglichen Niederschlag gefunden hat, uns entgegentritt. Dieser Jesus Christus der ursprünglichen christlichen Botschaft ist der große kritische «Partner», der «einem selbst kritisch in einer spezifischeren Weise gegenübertreten» kann (R 365): das große kritische Gegenüber nicht nur für mich und Rahner als Theologen, sondern auch für die von Rahner hier herbeizitierte «römisch-katholische Kirche», die ich angeblich «nach eigenem Belieben konstruiere» und deshalb «eigentlich keinen Partner mehr habe» (R 365).

Nun, ich meine nicht weniger als Rahner in dieser sichtbar-unsichtbaren katholischen Kirche zu stehen (eine «römisch-katholische» Kirche ist für mich freilich eine contradictio in adiecto). Ich meine auch die Dogmen dieser Kirche nicht weniger als Rahner ernst zu nehmen und mich vielleicht in der geschichtlichen Interpretation, die sich die exegetische und historische Forschung nicht erspart, sogar noch ein wenig mehr um sie zu bemühen. Aber zuzugeben ist: In der katholischen Kirche, ihren Dogmen und ihrer Theologie ist für mich dieser Jesus Christus, wie ihn die ursprüngliche christliche Botschaft bezeugt, das kritische Gegenüber für die Theologie, für die Dogmen und für die Kirche! Und die *christliche Botschaft selbst* ist auch der gemeinsame christliche und katholische Boden, den ich allerdings auch Karl Rahner niemals abstreiten würde. Ich kann es nur nicht verstehen und doch aufgrund seiner ungeschichtlichen Methode nur zu gut verstehen, wie er so undifferenziert mit der Heiligen Schrift die konziliaren und päpstlichen Definitionen als «norma normans» bezeichnen kann (R 364 f.). Hier muß ich schon deutlich sagen: Für mich (und nicht nur für mich) ist die biblische Botschaft norma normans; die konziliaren und päpstlichen Definitionen aber sind von dieser ursprünglichen christlichen Botschaft her die norma normata [18]. Und ich meine, daß gerade dies die ursprüngliche große katholische Tradition ist, währenddem die andere Auffassung sich als letzter Ausläufer der gegenreformatorischen Theologie erweist – Rahner in umgekehrter Form bestätigend: «einer wenn auch weit verbreiteten und seit der Reformation bis zu Küng (?) herrschenden Meinung der Theologie» (R 365). Die Frage liegt nahe, ob nicht Rahners Theologie letztlich eben doch eine – «Denzinger-Theologie» geblieben ist.

Das eigentliche Geschäft der Theologie ist von daher gerade nicht, entweder positivistisch oder spekulativ oder auch geschichtlich die Dogmen zu interpretieren. Nie braucht der Theologe aus Dogmenangst nervös zu werden

18 Vgl. dazu *H. Küng*, Die Kirche (Freiburg–Basel–Wien 1967, [3]1969) Kap. A I, 2–3.

oder gar zu fürchten, ins Bodenlose zu versinken. Kirche und Theologie verlieren nicht den Boden unter den Füßen, wenn der eine oder andere ihrer Sätze sich nicht – oder nicht mehr – halten läßt. Kirche und Theologie stehen auf dem verkündigten Jesus Christus selbst, auf dem Evangelium, auf der ursprünglichen christlichen Botschaft. Diese Botschaft auch nach 2000 Jahren zu verstehen – sie ist, wie dargelegt, keineswegs einfach identisch mit bestimmten Sätzen der Schrift –, ist gewiß nicht ganz leicht. Das eigentliche Geschäft christlicher Theologie ist deshalb, die ursprüngliche christliche Botschaft mit allen Mitteln und Wegen der biblischen und theologischen Hermeneutik aus dem Damals für die Menschen ins Heute und Morgen hinein zu übersetzen. Ich darf vielleicht auch hier an unsere gemeinsame Richtlinie von Brüssel erinnern: «Die christliche Botschaft ist Jesus Christus selbst. Jesus Christus selbst, der Gekreuzigte und Auferstandene, ist das Kriterium für die Verkündigung und das Handeln der Kirche Christi!» (Propositio 4).

Und deswegen, meine ich, kommt mindestens heute (und, wie noch der Systematiker und Exeget Thomas von Aquin zeigt, schon früher) auch der systematische Theologe nicht darum herum, die Schrift als norma normans auch methodisch ganz ernst zu nehmen und somit einerseits die Exegese und andererseits die Dogmen- und Theologiegeschichte so gründlich wie irgendwie möglich zu studieren, sich in ihren Methoden auszukennen und ihre grundlegenden Resultate zu übernehmen und fruchtbar zu machen. Der Dogmatiker wird dann vielleicht etwas bescheidener werden und nicht zu allem und jedem ohne Rückfrage bei Exegese und Historie gleich bedenklich-apodiktisch Stellung nehmen können. Und er wird mehr intensiv um einzelne große Themen kreisen als extensiv alles dogmatisch beurteilen zu wollen. Aber dies alles wird der systematischen (und der praktischen) Theologie nur zugute kommen.

Verrät man ein Geheimnis, wenn man sagt, daß hier die durchgängigen Schwächen der Rahnerschen Theologie liegen? Vielleicht ist es nur noch nie so deutlich geworden wie auf den ersten beiden Seiten seiner «Kritik an Hans Küng». Da ist also ein Buch geschrieben worden, gewiß beschränkt und mangelhaft in vielfacher Hinsicht, aber doch konzentriert auf dieses eine Thema der Unfehlbarkeit. Und dafür sind in einem für katholische Dogmatik nicht ganz gewöhnlichen Ausmaß die mannigfaltigen Resultate sowohl der exegetischen wie der historischen Forschung – dabei gründend auf den langen Kapiteln von «Strukturen der Kirche» und «Die Kirche» – aufgenommen und kritisch verarbeitet worden. Die These des Verfassers gründet wesentlich in den positiven und (insbesondere bezüglich der exegetischen Grundlagen einer Satzunfehlbarkeit) negativen Ergebnissen der Exegese und Dogmengeschichte. Und da kommt nun Karl Rahner und erklärt dies alles kurzerhand als für die «eigentliche These» – und sogar für den Verfasser! – «nicht entscheidend» (R 361). Er greift die «Hauptthese», die er in der üblichen transzendentalen Weise zu widerlegen hofft, auf und erklärt: «wir... lassen alles andere an exegetischem und historischem Detail beiseite, das Küng zur Illustration seiner These und der Argumentation dafür hinzufügt» (R 361). Es ist decouvrierend, daß Rahner die gesamte exegetische und historische Begründung unserer Auffassung, die deren integrierenden Teil ausmacht, als «exegetische oder historische Details» beiseite schiebt. Und wenn jemand denkt, das sei nicht so wörtlich zu nehmen, so hört er es vor Rahners Eintritt in die Diskussion noch deutlicher: «wenn wir all das historische Beiwerk und die ganze ‹Orchestrierung› beiseite lassen» (R 364). Es ist wohl nicht mehr zu übersehen: Rahner meint, wie so manche andere Fragen so auch gerade diese für ihn grundlegende Frage nach der Unfehlbarkeit beantworten zu können ohne alle Rücksicht auf die exegetische und historische Forschung, ja muß man schon sagen, überhaupt ohne jeglichen ausdrücklichen Bezug auf das Neue Testament und die Dogmen- und Theologiegeschichte. Und dies alles, obwohl es sich ihm vom Buch her förmlich aufdrängte und ihn ja auch offensichtlich ärgerlich stimmte [19].

So glaubt Rahner für die Frage nach der Unfehlbarkeit sogar davon absehen zu können, «wie sich der Primat des Papstes im Lauf der Geschichte entwickelt hat, ob er eine Stütze im Neuen Testament besitzt, ob eine ‹unfehlbare› Lehrautorität des Papstes sich aus der Schrift beweisen lasse, welche biblische Begründung der Episkopat habe usw.» (R 361). Aber anders als im Geleitwort zu P. Eicher sagt er nicht etwa, daß er vielleicht von diesen exegetisch-historischen Fragen nicht genug weiß (was ja keine Schande ist, solange man es nicht als Tugend hinstellt). Vielmehr wirft er dem Verfasser vor – «ohne meine Meinung näher begründen zu können» (R 361) –, er «frisiere» die «historischen Details», und dies paradoxerweise für «den Leser, der sonst von diesen Dingen nicht viel weiß» und an den «sich Küng» – nach Rahner – «doch vor allem wendet» (R 361)! Und statt sich den gewichtigen theologischen Fragen zu stellen, die sich im Zusammenhang der Geschich-

19 Man erinnert sich, daß *K. Rahner* einen Entwurf «Zur Neuordnung der theologischen Studien» (in: Stimmen der Zeit 181 [1968] 1–21) vorlegte, in dem die Exegese keine Rolle spielt! Dagegen der Exeget *N. Lohfink* mit dem bezeichnenden Titel und Untertitel: «Text und Thema. Anmerkungen zum Absolutheitsanspruch der Systematik bei der Reform der theologischen Studien» (ebd. 120–126): «Aber eines gibt es (in Ihrem Reformentwurf), was alles andere diskreditiert. Sollte es Ihnen entgangen sein? Sie haben die Exegese vergessen» (S. 120). Dazu die nachträgliche Apologie Rahners: «Die Exegese im Theologiestudium. Eine Antwort an N. Lohfink» (ebd. 196–201).

te des päpstlichen Primats und insbesondere der wahrhaft «ungeheuerlichen Fälschungen der Pseudo-Isidorischen Dekretalen» ergaben – vor kurzem noch nannte sie der wohl beste Kenner der Materie, der Historiker Horst Fuhrmann im Gefolge von J. Haller den «größten Betrug der Weltgeschichte»[20] –, wirft Rahner mir vor, daß ich die genaue Zahl der total (115) oder teilweise (125) gefälschten Dokumente angebe, was er genauso bei dem auf der folgenden Seite gegen meine Überheblichkeit zitierten Congar hätte lesen können.

Daß hinter all dem «offenbar» nicht, wie Rahner mir ebenfalls ohne Beweis nachsagt, ein «im Grund rationalistisches Verhältnis zur Geschichte» (R 362 vgl. 363) steht, hätte er spätestens in den von ihm dann anscheinend als zu fromm («pietistisch») empfundenen Kapiteln über «Die Kirche auf dem Weg zur Wahrheit» und «Das Bleiben der Kirche in der Wahrheit» merken können. Weder «eine echte Selbigkeit der Kirche und ihrer Wahrheit in der wirklichen Geschichte» (R 362) noch eine echte Entwicklung der Kirche, ihrer Lehre und Verfassung habe ich je bestritten. Nur geht es mir gegenüber Rahners Abwehr der Geschichte darum, daß selbst in der Geschichte des päpstlichen Primats zu unterscheiden ist zwischen einer evolutio secundum evangelium (die zu fördern ist), einer evolutio praeter evangelium (die unter Umständen zu tolerieren, aber jedenfalls nicht zu verabsolutieren ist) und einer evolutio contra evangelium (gegen die mit allen legitimen Mitteln anzukämpfen ist)[21]. Mit dieser «Methode», für die nach Rahner «die Gegner Küngs» (R 362) noch keine Abhilfe gefunden haben, kann ich meinerseits die «verpflichtende Identität zwischen Vergangenheit und Gegenwart» (R 362) feststellen, von der Rahner behauptet, ich würde sie bestreiten. Daraus ergibt sich aber auch, daß diese Identität der Menschenkirche zugleich immer auch mit einer Nichtidentität gegeben ist. Mit Rahner könnte ich sagen: immer zugleich heilige Kirche und sündige Kirche. Ist dies alles der «Rationalismus», der «für die Argumentation des Buches grundlegend» (R 362) sein soll, wie Rahner meint?

Es geht mir in der Tat um mehr als das exegetische oder historische Detail, wiewohl ich mich, falls gezwungen, gerne aufs Detail einlasse. Es geht mir nach diesen Klarstellungen darum, ohne alle Zweideutigkeiten das Entscheidende für die weitere Diskussion festzuhalten:

1. Rahner hat sich der entscheidenden Frage, wie eine Satzunfehlbarkeit

20 Vgl. *H. Fuhrmann*, Neuerungen in Praxis und Theorie des römischen Primats. Concilium 7 (1971) Heft 4.

21 Vgl. *H. Küng*, Wahrhaftigkeit, Kap. B IV: Institutionelle Kirche – Hindernis für wahrhaftiges Christsein?

im Neuen Testament, in der ursprünglichen christlichen Botschaft, zu begründen sei, nicht gestellt. Und nachdem, wie nicht genügend betont werden kann, derjenige die Beweislast hat, der die Möglichkeit von unfehlbaren Sätzen behauptet, so darf mindestens bis auf weiteres an der begründeten Auffassung des Verfassers festgehalten werden, daß eine solche Satzunfehlbarkeit aus den Aussagen des Neuen Testaments nicht bewiesen werden kann [22].

2. Rahner hat sich der bedrängenden Frage, wie es in der Geschichte der Kirche schließlich zur Lehre der Satzunfehlbarkeit kam, nicht gestellt. Es darf somit an der Auffassung des Verfassers festgehalten werden, daß das im Neuen Testament und in der katholischen Tradition wahrhaft Begründete die Infallibilität oder besser Indefektibilität und Perennität der Kirche in der Wahrheit (trotz aller Satzirrtümer) ist [23].

3. Rahner versuchte eine Satzunfehlbarkeit durch eine transzendentale Deduktion abzuleiten, welche Ableitung jedoch hier als mißlungen erwiesen wurde. Es stellt sich somit an Rahner selber die Frage nach der Geltung dieser von J. Maréchal übernommenen und für eine philosophisch-theologische Anthropologie gebrauchten transzendentalen Methode. Dieser Methode haftet,

22 Wie leicht der katholische Theologe hier in einen Zirkelschluß gerät, hat Rahner in seinem Jubiläumsartikel selber bemerkt: «Für die Logik in der katholischen Theologie ist der Infallibilitätssatz ein seltsamer Satz. Sehen wir davon ab, daß er als reflexer Satz nicht immer bestanden hat, so kann man sagen: er ist der Satz, der, wenn er als geltend vorausgesetzt und angenommen wird, die *anderen* dogmatischen Sätze unfehlbar sicher macht; er selbst aber kann an sich nicht auf *die* Weise sicher sein, wie die Sätze, die als unfehlbar wahr durch ihn garantiert sind ... Das Infallibilitätsdogma ist ein einzelner, system-immanenter Satz, nicht die Grundlage des Systems selber ... Dieses Dogma ist nicht unfehlbar (d. h. nicht durch die infallible Autorität der Kirche quoad nos getragen), sondern macht nur andere Sätze unfehlbar ... Der Infallibilitätssatz kann nur angenommen werden, wenn das ‹System› (d. h. die grundlegenden Wirklichkeiten und Offenbarungswahrheiten des Christentums) erfaßt und angenommen wird, ohne eigentlich *logische* Berufung auf den Infallibilitätssatz als solchen ... Das bedeutet, daß man logisch ein glaubender Christ schon sein muß, ‹ohne› bereits die Infallibilität des Papstes (oder der Kirche, des Konzils) zu glauben» (a. a. O. 25 f.). Tatsächlich, ein seltsamer Satz! Und Rahner versucht denn auch in diesem Jubiläumsartikel gar nicht aufzuzeigen, wie der Infallibilitätssatz im «System», in den «grundlegenden Wirklichkeiten und Offenbarungswahrheiten» begründet ist. Diese Begründung im «System» hat er in der Kritik an meinem Buch versucht; aber dieses «System» ist offensichtlich etwas von der neutestamentlichen Botschaft recht Verschiedenes.

23 Daß hier die Berufung auf das Vatikanum I, aber damit auch die Berufung auf einen «Widerspruch» zum Vatikanum I (vgl. R 364) wenig hilft, hat Rahner in seinem Jubiläumsartikel noch deutlich gesehen: «Das Dogma des Ersten Vatikanums kann sich im Unterschied zu allen dogmatischen Sätzen nicht nochmals auf die Unfehlbarkeit des Papstes stützen. Sagt man, es berufe sich auf die Unfehlbarkeit eines Konzils, auf die der Kirche, so verschiebt man das Problem nur, weil auch dieser Satz nur aufgrund anderer geglaubter Sätze erreichbar ist, die nicht wiederum auf die Gültigkeit des Infallibilitätssatzes hin geglaubt werden» (a. a. O. 26).

mindestens wenn Rahner sie zur Stützung bestimmter Dogmen gebraucht, oft eine gewisse Beliebigkeit an. Und man fragt sich, ob Rahners Ingenium in manchen Fällen nicht auch die gegenteilige Ableitung hätte leisten können[24]. Das Fehlen der kritischen norma normans macht sich jedenfalls auf Schritt und Tritt bemerkbar.

4. Rahner versucht, mit den Irrtümern im kirchlichen Lehramt spekulativ fertigzuwerden: indem er nicht zugibt, daß es sich faktisch um einen Irrtum handelt (vgl. R 653); indem er versucht, unfehlbare und irreformable Entscheidungen als fehlbar und reformabel zu deuten (vgl. R 366–368); indem er zwischen reflex Vorgetragenem und unreflex Vorgetragenem (vgl. R 368), zwischen absolut gesetzten und notwendigen, aber nicht in gleicher Weise absolut gesetzten Sätzen (vgl. R 371), zwischen «Randdogmen» und der «letzten Substanz des christlichen Glaubens» (vgl. R 375) unterscheidet; indem er, ohne mit dem Irrtum zu rechnen, betont, daß jeder Glaubenssatz «grundsätzlich und notwendig nach vorn offen bleibt für eine weitere Interpretation» (nicht Korrektur) und so «die Geschichte der Interpretation auch des ‹infallibelsten› Satzes immer noch andauert» (R 373); indem er sich auf diese Weise ständig, ohne mit einem Irrtum zu rechnen, fragt, «ob, in welchem Sinn, in welchem Grad, unter welchen Bedingungen und mit welchen Vorbehalten (wenn man will) auch jene kirchenamtlichen Sätze, die als infallible Dogmen vorgetragen werden und doch sehr weit von der Mitte der ursprünglichen Wahrheit-Wirklichkeit abzuliegen scheinen, jenen Bezug zur ursprünglich wahren Wirklichkeit haben, die Voraussetzung und Grund ihrer ‹Infallibilität› ist» (R 374 f.); indem er schließlich von vornherein, wenn auch mit einer gewissen Vorsicht, darauf vertraut, daß sich bei einer genaueren Interpretation von der «echten Substanz des christlichen Glaubens» her «doch (!) wohl (!) immer (!) ein Sinn ergibt, der es einem echten Glauben nicht verwehrt (!), sie für infallibel zu halten» (R 375). Eine lange Reihe

24 Daß der transzendentalphilosophische Ansatz der Rahnerschen Theologie sich – auch abgesehen von der gegen Individualismus und Intellektualismus reagierenden «politischen Theologie» – sich wachsender Kritik ausgesetzt sieht, zeigen mit verschiedener Intensität und Blickrichtung die aufschlußreichen Arbeiten von *E. Simons,* Philosophie der Offenbarung in Auseinandersetzung mit «Hörer des Wortes» von Karl Rahner (Stuttgart–Berlin–Köln–Mainz 1966): zu unserer Thematik vgl. bes. S. 125–131; weiter *A. Gerken,* Offenbarung und Transzendenzerfahrung. Kritische Thesen zu einer künftigen dialogischen Theologie (Düsseldorf 1969): Auseinandersetzung mit Rahners anthropologischem Ansatz S. 11–75, zum Thema Satzwahrheit, anonymer Glaube und Personalität bes. S. 28–40. 73; und neuestens das bereits genannte umfangreiche Werk von *P. Eicher,* der Rahners philosophischen Denkweg in seinem geschichtlichen Zusammenhang, seinem Fortgang und in seiner Beziehung zur Theologie mitgeht und mit kritischen Betrachtungen begleitet (vgl. bes S. 388–415).

von Möglichkeiten[25], die aber an Rahner selbst doch die Frage stellen läßt, ob sich statt dieser doch heute kaum noch überzeugenden Interpretationskünste[26] (zur Rettung mindestens einiger weniger von vornherein unfehlbarer Sätze) nicht doch die geschichtliche Interpretation der geschichtlichen Glaubenssätze und Dogmen empfiehlt, welche die Inadäquatheiten, Unvollkommenheiten, Unrichtigkeiten und auch die Irrtümer so nehmen darf, wie sie fallen, ohne dabei das glaubende Vertrauen auf die Verheißung aufzugeben, daß Gottes Geist selbst dafür besorgt sein wird, daß die Gemeinschaft der Glaubenden trotz aller Irrtümer und durch alle Irrtümer hindurch (und auch ohne alle schlauen Interpretationen der Theologen) ihren Weg weitergeht und ihre Wahrheit weiterträgt.

Das Risiko

Auf diesem Weg haben auch die Theologen genug zu tun, um ihren Dienst an der christlichen Botschaft und den Menschen von heute zu erfüllen. Ob «die Küngsche Position apologetisch nützen» kann oder nicht (R 376), interessiert mich dabei allerdings wenig, da es mir nicht um Apologetik geht. Ob die aufgrund meiner Position geforderte «Glaubenszustimmung» vielleicht «leichter» oder, wie Rahner vermutet, auch «nicht leichter» ist als seine Art der Glaubenszustimmung zu unfehlbaren Sätzen (R 376; vgl. 377), hat mich nie gekümmert und steht von vornherein nicht in unserem Verfügen. Mir ging es nur darum, in dieser Schicksalsfrage für die katholische Kirche heute und die eine Christenheit so entschieden und bescheiden, wie ich es so schlecht und recht fertigbringe, der Wahrheit Zeugnis zu geben.

25 Rahner verzichtet darauf, hier als weitere Möglichkeit die merkwürdige These seines Jubiläumsartikels zu wiederholen, die in auffälligem Kontrast zu seiner «Absolutsetzung» des Satzes *und* der Verabschiedung aus dem «innerkatholischen Gespräch» steht: «Wir sind seit den letzten hundert Jahren in eine Situation geraten, in der eine neue Definition nicht mehr falsch werden kann, weil bei einer neuen Definition die *legitime* Interpretationsbreite so groß ist, daß sie keinen Irrtum mehr neben sich haben kann» (a. a. O. 29).

26 Einen doch wohl peinlichen Eindruck macht es, wie Karl Rahner auch noch in allerneuester Zeit «interpretierend» mit dem Erbsündendogma, der Verurteilung des Polygenismus, der Authentie des «Comma Johanneum» umgeht. Dabei werden einerseits Dogmen wie das tridentinische Erbsündendogma völlig uminterpretiert (Adam wird ersetzt durch eine «humanitas originans»), andererseits Lehren wie der Monogenismus, die Rahner noch vor wenigen Jahren mit Berufung auf römische Dokumente als theologisch sicher und unbedingt festzuhaltend mit allen Mitteln bewiesen hat, jetzt mit einigem Hin und Her als für den Glauben irrelevant aufgegeben werden. Vgl. *K. Rahner*, Exkurs Erbsünde und Monogenismus, in: *K.-H. Weger*, Theologie der Erbsünde (Freiburg–Basel–Wien 1970) 176–223, bes. 177–185. Dazu *H. Haag*, Die hartnäckige Erbsünde. Überlegungen zu einigen Neuerscheinungen (Fortsetzung), in: Theologische Quartalschrift 150 (1970) Heft 4.

Auch unter einigem Risiko! Das habe ich schon früh in meinen römischen Studienjahren im Pontificium Collegium Germanicum et Hungaricum gelernt. Rahner stellt es mir in seinem «Ausblick» (R 376) deutlich vor Augen mit der Frage: «Welches Verhältnis Küng zur Kirche und ihrem Lehramt einnehmen will oder logisch einnehmen muß, wenn er sein Buch doch nicht bloß als Anfrage, sondern als dezidiert verteidigte These versteht, ist hier nicht zu untersuchen» (R 376). Rahner weiß sehr wohl, daß es anderswo untersucht wird. Immerhin gesteht er mir zu, daß ich «die Kirche, die institutionell verfaßte Kirche» (für die ich mich in meiner theologischen Arbeit ständig und vielleicht zu sehr eingesetzt habe) «bestehen lassen und anerkennen» will (R 376). Gegen Ende seiner «Kritik an Hans Küng» erinnert er sich, daß mein Kampf dem Legalismus und nicht dem Gesetz, dem Juridismus und nicht dem Recht, dem Immobilismus und nicht der Ordnung, dem Autoritarismus und nicht der Autorität, der Einförmigkeit und nicht der Einheit gelte. Natürlich gebe es «einen legitimen Kampf gegen die falschen Ausgestaltungen jener Wirklichkeiten, die Küng grundsätzlich und – wie ich meine – inkonsequent zu seiner Grundthese zugibt» (R 376).

Aber lassen wir offen, wer hier konsequent ist. Bleibt noch immer Rahners Frage nach dem «Konfliktsfall, der gar nicht immer vermeidbar ist» (R 376). Ich hoffe, daß er auch, nachdem er von meinem ersten bis zu meinem (vorläufig) letzten Buch ständig drohte, auch dieses Mal wieder vermieden wird. An die Inquisition in ihren verschiedenen Formen – in Italien wurde die zweite Auflage des Buchs bereits unterbunden (es ist bereits in einem anderen Verlag herausgekommen) – habe ich mich nachgerade etwas, wenn auch keineswegs völlig, gewöhnt. Viel wird davon abhängen, ob einerseits die Kirchenleitungen wie bisher Kurzschlußhandlungen vermeiden, die zweifellos *allen* Beteiligten teuer zu stehen kämen, und ob andererseits auch meine Kollegen in der Theologie sich der nun einmal nicht mehr zu unterdrückenden Frage nach der Unfehlbarkeit mit etwas größerer Offenheit stellen, als dies Karl Rahner getan hat.

Aber Rahner möchte mehr wissen: «die Frage, die mir Küng immer zu umgehen scheint, wer im Konfliktsfall ... das letzte Wort einer mindestens zunächst praktischen Entscheidung, die aber unvermeidlich ihre theoretischen Implikationen hat, fällen soll, der Professor oder der Bischof» (R 376). Ob die Frage mit «der Professor oder der Bischof» von einem Professor nicht etwas zu einfach gestellt ist, lasse ich dahingestellt. Ich spreche allgemeiner von kirchlicher Leitung. Und hätte Rahner mein Buch aufmerksam bis zum Ende durchgelesen, hätte er gemerkt, daß ich dort die Frage nicht umgehe, sondern direkt angehe.

Ich bejahe auch dort mit Nachdruck die «vertrauensvolle Zusammenarbeit» (U 194) zwischen Leitungsdiensten und Lehrdiensten in der Kirche, zwischen Kirchenvorstehern und Theologen, eine Zusammenarbeit, an der es mir, der ich ja nicht aus der Sicht eines päpstlichen oder bischöflichen Hoftheologen spreche, immer noch schwer zu mangeln scheint. Bezüglich der verschiedenen Kompetenzen von Kirchenleitern und Theologen habe ich grundsätzlich festgestellt: «Durch das Wort sollen die Vorsteher die Kirche wirksam leiten: Leadership by proclamation. Über das Wort sollen die Theologen wissenschaftlich nachdenken: Scholarship by investigation. Die Vorsteher sollen nicht als Theologen agieren wollen, indem sie sich in die komplexen Probleme der theologischen Wissenschaft einmischen. Die Theologen aber sollen nicht Bischof spielen wollen, indem sie die schwierigen Fragen der Kirchenleitung selber entscheiden. Beide Seiten haben allen Grund, einander zu hören, zu informieren, zu kritisieren, zu inspirieren» (U 194).

Auf unsere Frage angewendet: Gerade die Auseinandersetzung mit Rahner dürfte gezeigt haben, daß es hier nicht so simpel um eine «Glaubensfrage» geht, sondern um ein «komplexes Problem der theologischen Wissenschaft». Die Kirchenleitung würde danach ihre Kompetenz überschreiten, wenn sie diese Diskussion mit irgendwelchen administrativen Maßnahmen steuern oder gar unterdrücken wollte.

Allerdings gibt es wie eine Not der Kirchenleitung (wo die Theologen unter Umständen subsidiär tätig werden müssen) so auch eine Not der Theologie: «Wenn die Theologen mit ihren eigenen Problemen nicht mehr fertig werden» und es «um Sein oder Nichtsein der Kirche des Evangeliums geht», dann sollen die Kirchenleiter subsidiär tätig werden (U 195). Aber dieser Status confessionis dürfte in unserer Frage wohl noch längst nicht gegeben sein und vermutlich auch nie kommen, gerade wieder unter der Voraussetzung, daß die theologische Diskussion verständnisvoll und selbstkritisch geführt wird. Und auch in einem solchen Notfall hätte die Kirchenleitung ihre Entscheidung in Zusammenarbeit mit allen gutwilligen Theologen zu treffen, eine Entscheidung «in kirchlicher Verbindlichkeit *und* situationsbedingter Vorläufigkeit und im klaren Bewußtsein, nemo infallibilis nisi Deus ipse!» (U 195). Also: weder der Professor noch der Bischof wird hier das letzte Wort haben. Das letzte Wort gehört dem, der der allein Unfehlbare ist und dessen Wort sich in der Geschichte und in der Kirche als Ganzer – sie ist wichtiger als alle ihre Bischöfe und Professoren – durchsetzen wird.

Leider konnte sich Karl Rahner nicht entschließen, meinen Vorschlag zu einem gemeinsamen «versöhnlichen Schlußwort» in derselben Nummer der «Stimmen der Zeit» anzunehmen. Er wollte allein das letzte Wort haben, obwohl dies sonst ein Urrecht des Angeklagten ist. Rahners Artikel hat ja durch seine nun entkräfteten Vorwürfe nicht wenig dazu Vorschub geleistet, daß manche Leute – erfreulicherweise jedoch nicht die deutsche Bischofskonferenz – zur Ketzerjagd bliesen. In seiner in maßvollerem Ton gehaltenen «Replik» (in der März-Nummer der «Stimmen der Zeit» 187 [1971] 145 bis 160) nun enthält sich Rahner aller persönlichen Verunglimpfungen meiner katholischen Rechtgläubigkeit und christlichen Haltung (sie hatten die Runde durch die Weltpresse gemacht). Er gesteht nun immerhin ein, daß er und ich möglicherweise – «das schien doch auch in Brüssel deutlich zu sein» – «in der eigentlichen Grundsubstanz des Christentums einig sind» (S. 147). Und er entwickelt von daher die Möglichkeit einer «‹operativen› Einigung»: daß nämlich unter bestimmten Bedingungen «im praktischen Effekt auch unter den Voraussetzungen der Küngschen Position Sinn und Ziel des Lehramtes erreicht wird, wie es im Ersten und Zweiten Vatikanum umschrieben und von mir verteidigt wird, jenes Ziel, das der Existenzgrund dieses Lehramtes ist: das Bleiben der vollen Botschaft des Evangeliums» (S. 147). Also *praktisch* kann ich nach Rahner doch katholisch sein, vermerke ich nicht ohne Dankbarkeit.

Aber es bleibt nach Rahner ein «theoretischer Dissens» (S. 148). Dies muß ja wohl aufgrund der von mir festgestellten *verschiedenen theologischen Methoden* so sein. Rahner kann «das schockierende Geständnis» («das aber für jeden, der meine Theologie kennt, doch wieder selbstverständlich ist»), nicht genug einhämmern: «Ich habe mich immer als einen ‹systemimmanenten› Theologen gefühlt und wollte nie etwas anderes sein ... Ich aber bin und bleibe als Dogmatiker ein ‹systemimmanenter› Theologe ... Ich wüßte somit nicht, warum ich nicht ein ‹systemimmanenter› Theologe bleiben sollte ...» (alles in einem Abschnitt auf S. 152). Hätte Rahner statt «systemimmanenter Theologe» geschrieben: «kirchlicher Theologe», hätte ich ihm ohne weiteres zugestimmt. Aber die katholische Kirche ist nun einmal – wie in «Die Kirche», «Wahrhaftigkeit» und «Unfehlbar?» ausführlich dargelegt – nicht identisch mit dem – wie auch Rahner sagt: «römischen» (S. 152) – System und seinen Sätzen. Dieses System ist in der heutigen Form entscheidend ein Produkt des 11. Jahrhunderts, hatte die Abspaltung der östlichen und dann auch der protestantischen Kirche zur Folge und ist heute trotz aller Fassade im

Niedergang begriffen, währenddem die katholische Kirche und ihre Verkündigung – infallibiliter! – weiterdauern wird.

Gerade um der katholischen Kirche willen müssen nicht nur bestimmte Institutionen und Konstitutionen, sondern auch bestimmte Propositionen und Definitionen dieses römischen Systems – und der wichtigste dieser römischen Lehrsätze ist der Lehrsatz der Unfehlbarkeit dieser Lehrsätze, welche Unfehlbarkeit unsere Frage ausmacht – einer konstruktiven Kritik unterzogen werden. Eine solche Kritik braucht ein Kriterium, wenn sie nicht willkürlich sein will; auch ich fürchte «die Beliebigkeit meiner eigenen Subjektivität» (S. 152), allerdings auch die der hohen Herren. Kriterium kann hier nur, wie Rahner mir mindestens grundsätzlich zustimmt, «Jesus und seine Sache» (S. 159) sein (vgl. S. 151: «die absolut normative Bedeutung Jesu Christi»). Aber methodisch kommt dies bei seiner spekulativen Theologie leider gar nicht zum Tragen. Methodisch ist seine Theologie statt Interpretin des Herrn der Kirche bewußt Dienerin des kirchlichen Systems: Sie bleibt methodisch im Circulus vitiosus der Denzinger-Theologie und will es auch bleiben. Faktisch weiß Rahner, wie insbesondere seine Ekklesiologie zeigt, mit der Schrift als der kritischen Norma normans non normata wenig anzufangen, sichert er sich gegenüber einem historisch-kritischen Ernstnehmen der «eigentlichen Urdaten des Christentums» (S. 157) durch die üblichen Ausreden der Schuldogmatiker ab. Er macht dafür «das aktuelle Glaubensbewußtsein der heutigen Kirche», «und zwar so, wie dieses sich in den einen absoluten Glaubensassens fordernden Lehrentscheidungen des ordentlichen oder außerordentlichen Lehramtes der Kirche ausspricht», zu der für ihn praktisch ausschlaggebenden «theologischen Instanz» (S. 149). Und es bleibt ihm gar nichts anderes übrig, als «dem kirchlichen Amt eine Art ‹Blankoscheck›» auszustellen, «gegen dessen mißbräuchliche Verwendung durch das Lehramt er keinen rechtlich oder logisch handhabbaren Vorbehalt mehr hat, wenn dieses Lehramt definiert» (S. 153).

In einer solchen Perspektive «hat die Partei» grundsätzlich «immer recht»: Wirkliche Irrtümer sind in Rom genauso ausgeschlossen wie in Moskau, und Korrekturen sind ebenso schwierig, wie die Enzyklika «Humanae vitae» (zu der Rahner in seiner Replik nichts Neues zu sagen weiß) beweist. Man braucht denn auch nur bestimmte Passagen Rahners von «der Kirche (der institutionell verfaßten Kirche!)» (S. 151) auf «die Partei (die Parteizentrale!)» zu übertragen, um den verborgen autoritär-totalitären Zug einer solchen Theologie sichtbar werden zu lassen, der auch heute noch virulent werden kann. Rahner – selber erfreulich human und solchen Konsequenzen wehrend – will natürlich kein Vertreter eines totalitären Katholizismus sein, dessen Vertreter heute durchaus folgerichtig wieder nach der – verfahrensmäßig verbesserten – Inquisition rufen. Aber es erfüllt einen doch ein wenig mit Schrecken – ich lese zur Zeit Solschenizyn –, wenn Rahner sich für die «Modernität» (S. 153) seiner Theologie allen Ernstes auf die «Hunderte von Millionen» beruft, die «in China die Mao-Bibel schwenken» (S. 153). Immerhin sind noch einige unserer katholischen Kollegen am Leben, die unter der Herrschaft Pius' XII. mit Berufung auf das Lehramt und seine Sätze zum Schweigen gebracht, diffamiert, inquiriert, interniert, abgesetzt und verbannt worden sind, also so etwas wie einen frommen «ersten Kreis der Hölle» erleben durften.

Vor diesem dunklen Hintergrund wird man es selbst heute noch zu schätzen wissen, wenn Rahner anders als die großen und kleinen Inquisitoren, die seine Verdikte mit Beifall zitieren, sich aufgrund der von ihm konstatierten möglichen «operativen Einigung» zur «‹Anfrage› an das Amt in der Kirche» durchringt, «ob es schon beim augenblicklichen Stand der Diskussion so genau wisse, wie es auf die ‹Anfrage› Küngs in der heutigen kirchlichen Situation zu antworten habe, damit der Wahrheit des Evangeliums sachgerecht und auch *wirksam* gedient werde» (S. 147). Vermutlich haben das der im Namen der italienischen Bischofskonferenz agitierende Kurialbischof Carlo Colombo (anscheinend der Manager der internationalen Kampagne gegen das Buch «Unfehlbar?») und seine «Glaubenskommission» (mit dem vom Vatikanum II her bekannten Bischof Carli von Segni) nicht gelesen, bevor sie ihre «Urteile» abgaben.

Bezüglich der sachlichen Problematik meines Buches gibt nun allerdings am meisten zu denken, daß Rahner auch in seiner Replik zwar erneut spekulatives Wunschdenken über angeblich unfehlbare Sätze übt (vgl. S. 151), aber keinen Beweis aus Schrift und Tradition für die garantierte Unfehlbarkeit von kirchlichen Sätzen zu liefern vermag. Ja, er schiebt den Beweis und damit die Beantwortung auf meine «Anfrage» ausdrücklich auf die Fundamentaltheologen ab: «Natürlich kann Küng fordern, daß dieses Selbstverständnis der katholischen Kirche und ihres Lehramtes auch fundamentaltheologisch nachgewiesen werde und nicht nur als Voraussetzung eines innerkatholischen dogmatischen Gesprächs von mir behandelt werde. Aber in dem Zusammenhang der Kontroverse mit Küng habe ich diese fundamentaltheologische Auffassung gewiß nicht wahrzunehmen. Sie zu erfüllen ist gewiß schwierig» (S. 151). Das heißt doch ganz deutlich: *Rahner drückt sich erneut um eine begründete Beantwortung der «Anfrage» herum.* Wie aber kann er, der sich mit dem ganzen Gewicht seiner theologischen Persönlichkeit in dieser Sache engagiert, die Beweislast anderen aufbürden wollen? Nenne er doch wenigstens den katholischen Fundamentaltheologen, der für ihn – ich selber kenne keinen – diesen Beweis überzeugend erbracht hat! Man bezeichne diese Frage als eine dogmatische oder eine fundamentaltheologische (nach meiner Ansicht lassen sich diese beiden Aspekte in einer begründeten Theologie und besonders Ekklesiologie überhaupt nicht trennen): Jedenfalls sollte sich hier ein Dogmatiker nicht so sendungsbewußt ins Wasser werfen, um die Kirche zu retten, wenn er nicht vorher bedacht hat, ob ihm in diesem fließenden Gewässer das Schwimmen nicht eventuell doch zu viel Mühe machen könnte. Mindestens kann man, nun schon mal im Wasser, sich nicht nachträglich mit Zeitmangel entschuldigen. Und wenn ich selber in dieser fundamentalen theologischen Frage eine Monographie vorgelegt habe, dann deswegen, weil sich nach meiner Meinung fundamentale theologische Fragen in Artikeln – seien sie noch so zahlreich – nicht gebührend beantworten lassen. Da können – nachdem auch das «Roma locuta» nicht mehr unbedingt gilt – selbst einseitige Schlußworte nicht helfen.

Summa: Wo liegt nach meiner Auffassung der «theoretische Dissens»? Nicht in der gemeinsamen katholischen Basis, nachdem – das ist meine Überzeugung – «wir in der eigentlichen Grundsubstanz des Christentums einig sind» (S. 147). Sondern in der *theologischen Methode*: Rahner ist bei all seinen bewunderswerten kühnen theologischen Vorstößen an die Neuscholastik, in der er geboren wurde, gekettet geblieben. Er ist bei allen begrüßenswerten positiven Ergebnissen seiner Theologie *methodisch gesehen* der letzte große Neuscholastiker. Neuscholastiker, weil er die unfehlbaren Sätze des Denzinger als A und O seiner Theologie versteht und nicht bereit ist, sie «an den eigentlichen Urdaten des Christentums, an Jesus und seiner Sache (zu) messen und darum unter Umständen auch auf Irrtum (zu) erkennen» (S. 157); groß, weil es ihm mit Hilfe seines Ingeniums und der transzendentalen Methode gelungen ist, dieser Theologie noch einmal Glanz zu verleihen (also nichts gegen die transzendentale Methode überhaupt, wohl aber gegen ihre Manipulation im Dienst des Systems); letzter, weil mehr als alles Frühere diese Unfehlbarkeitsdebatte die Schwächen solcher Systemtheologie vor den heute brennenden Fragen ans Licht gebracht hat.

Man schmälert die Verdienste der Rahnerschen Theologie nicht, wenn man ihre methodischen Grenzen sieht. Lieber hätte ich allerdings – das sei nochmals mit Nachdruck gesagt – wie schon im Buch «Unfehlbar?» darauf verzichtet, so deutlich darauf aufmerksam zu machen. Aber auch diese Diskussion hat schließlich ihre Grenzen. Verschiedene theologische Methoden hin oder her, einen der positiven Sätze der Rahnerschen Replik möchte ich mit dem Blick auf die Zukunft nachdrücklich bejahen: daß wir Theologen mit unseren verschiedenen Methoden allen Grund haben, «methodologisch *zu-*

*sammen*zuhalten», um «die eine Sache Christi» unserer Zeit gegenüber zu vertreten (S. 158). Und in diesem Sinn will auch mein «Postskriptum» kein Schlußwort sein. Es will nur dafür sorgen, daß die Diskussion nicht einseitig als beendet erklärt werden kann *.

* Dieses Postskriptum wurde geschrieben (nach Rahners «Replik») für die italienische, spanische und englische Veröffentlichung meiner Antwort. Rahner hatte bereits ein italienisches und ein spanisches Sammelbändchen gegen mein Buch organisiert und hatte damals schon keine Antwort des nicht nur in seiner wissenschaftlichen Position, sondern in seiner katholischen Orthodoxie und christlichen Haltung Angegriffenen zugelassen. Obwohl Rahner in seiner «Replik» (um meine «Duplik» in derselben Zeitschrift zu verhindern) in aller Form erklärt hatte, er wolle damit «die Kontroverse als solche zwischen uns beiden von meiner (Rahners) Seite aus beenden» (S. 145), betrieb er in seinem letzten Münsteraner Semester den Sammelband «Zum Problem Unfehlbarkeit. Antworten auf die Anfrage von Hans Küng» (Freiburg–Basel–Wien 1971), wie er in der Glaubenskommission der deutschen Bischofskonferenz besprochen worden war. Rahners Behauptung, sein Band sei «ohne einen amtlichen Auftrag von irgendeiner Stelle herausgegeben» (Vorwort) ist nur die halbe Wahrheit (auch Rom wurde rechtzeitig von diesem Unternehmen orientiert). Schreiben durften nur diejenigen, «bei denen ich (Rahner) eine kritische Stellung zu Küngs Buch erwartete» (ebd.). «Im übrigen aber ... konnten (die gefragten Autoren) schreiben, was sie wollten» (ebd.), was offensichtlich im weitesten Sinn ausgelegt wurde.

Befremdet hat mich an diesem in der neueren katholischen Theologiegeschichte beispiellosen Vorgehen weniger, daß unter obigen Umständen 15 Theologen gegen einen angetreten sind. Befremdet hat mich, daß Rahner meine «Antwort» auf seine (im Sammelband veröffentlichte) «Kritik» nicht aufnehmen wollte, wiewohl er sich in seiner «Replik» beständig darauf bezieht. Zutiefst betrübt aber hat mich, daß er mir in seinem Sammelband überhaupt jegliche Antwort trotz Bitten von verschiedenen Seiten verweigerte und statt dessen drei (sich offensichtlich widersprechende!) Bischofserklärungen abdruckte. Rahner scheint wenig Vertrauen in die Wahrheit der von ihm verteidigten Position zu haben, wenn er für deren Verteidigung auf solche autoritären Methoden angewiesen ist und trotz der gesammelten Heerschar auch nur die mindeste Antwort des Angegriffenen fürchtet. Daß Rahner sich nie dazu durchringen konnte, sich von der Verunglimpfung meiner katholischen Rechtgläubigkeit und christlichen Haltung, die in aller Welt weiter kolportiert wurde, öffentlich zu distanzieren, paßt leider in dieses Bild (wie betrüblich sich übrigens der gesamte Streit von außen ansieht, zeigen die Berichte des reformierten holländischen Theologen *G. C. Berkouwer* über «Het conflict Küng – Rahner», B IV).

Ist es selbstverständlich, daß man nach allem in den letzten zwei Jahren Vorgefallenen noch miteinander redet? Ich habe meinerseits alles getan, um die freundlichen menschlichen Beziehungen aufrechtzuerhalten. Als der Rundfunk um einen Kommentar zum Angriff Kardinal Höffners auf Karl Rahner bat, habe ich gerne Rahners eigene nun in Frage gestellte katholische Orthodoxie verteidigt (vgl. Dokumentation). Später habe ich ihn zu unserem Tübinger Unfehlbarkeitsseminar eingeladen; Rahner hat diese Einladung angenommen. Und wenn wir uns auch in jener erfreulich sachlich verlaufenen Seminardiskussion trotz aller Annäherungen der Standpunkte in der entscheidenden Frage kaum gefunden haben – Rahner vermochte wiederum keinen Beweis für garantiert unfehlbare Sätze zu erbringen – so jedenfalls besser bei einem anschließenden gemeinsamen freundlichen Abendessen im Tübinger «Museum». Damit möchte ich meinerseits «die Kontroverse als solche zwischen uns beiden von meiner Seite aus beenden».

Hubertus Halbfas

DOGMATISCHE MONOKULTUREN

Bereits der Plan zu Karl Rahners Sammelband «Zum Problem der Unfehlbarkeit. Antworten auf die Anfrage von Hans Küng» (1971) war durch KNA verbreitet worden, ebenso sein Erscheinen sowie der Kommentar, hier versammle sich kritischer Protest von Rang und Namen gegen Küngs «Unfehlbar?». 15 Beiträge umfaßt der Band, davon sind 13 Mitarbeiter Dogmatiker, die fast alle die gleichen Einwände variieren, monoton und ermüdend. In diesem dogmatischen Engpaß bleibt wohl jeder Leser auf der Strecke. Kaum gibt es ideologiekritische Ansätze, keine wissenssoziologischen, linguistischen oder geschichtssoziologischen Untersuchungsmethoden zum Thema. Statt dessen Glanz und Langeweile einer dogmatischen Theologie in gewohnter Monokultur. Sogar die Exegese wird aus dem Problemhorizont des Buches verbannt – trotz Schnackenburgs «Überlegungen nach dem 1. Johannesbrief». *Karl Rahner* erledigt das im Nebensatz, in dem er schlicht erklärt, die Frage, «wie sich der Primat des Papstes im Lauf der Geschichte entwickelt hat, ob er eine Stütze im NT besitzt, ob eine ‹unfehlbare› Lehrautorität des Papstes sich aus der Schrift beweisen lasse...» diese Frage «lassen wir beiseite». Punktum. Keine Begründung, keine Reflexion über die Zulässigkeit dieses Verfahrens. Doch solche Unabhängigkeit ist der Dogmatik wohl «von Haus aus» eigen – und zudem: macht man «Sammelbände» heute nicht durchweg so, daß man grad die Aufsätze sammelt, die man halt sammeln kann?

Die Beiträge lassen sich unterteilen in solche, die sich mit Hans Küngs Unfehlbarkeitsbuch originär befassen und solche, die einen offensichtlichen Schubladenbeitrag nachträglich (und meist nur vage) mit Küngs Thematik verknüpfen. Die konkret gezielten Aufsätze hinwieder könnte man sortieren in solche, deren (meist betagtere) Autoren in aller Kritik korrekte Zurückhaltung und Fairness walten lassen – das ist die Mehrheit – und andere defensores fidei, die mehr wütend gegen Küng anschimpfen und dabei auch gerne möglichst schmerzhafte moralische Tiefschläge versetzen. So *Joseph Ratzinger* nach «Jahren ungetrübter Zusammenarbeit» mit einer Serie wohlgezielter Hiebe. Er beschuldigt Küng der «militanten Sprache» im «Klima des Klassenkampfes», der «allzu billigen Ironie», der «Sprachzerstörung», «grober Sophistik», «aberwitzigen Spiels», des Verrats «der Grundform des Katholischen», hält Küngs «kämpferische Gebärden» aber doch «nur (für) einen Donner, dessen Hauptstärke darin liegt, daß er weithin vernehmbar ist».

Der Paderborner Dogmatiker *Heribert Mühlen* gibt sich noch weniger Mühe, seinen Ingrimm auf Hans Küng unter Fairneß-Masken zu verstecken. Mit offensichtlichem Wohlbehagen disqualifiziert er Hans Küng als «pseudowissenschaftlich», «unglaublich unsauber», «unwahrhaftig» in der Darstellung, als einen «Agitator», der «überreden, schockieren» will, «Fälschungen» betreibt, «oberflächlich» arbeitet und im Grunde der römischen Reaktion diene, weil er eine «Festung mit Papierkugeln einnehmen» wolle. Dabei böte gerade Mühlens Beitrag, in dem er Küngs Kritik an der traditionsreichen römischen Unfehlbarkeitspraxis mit lesenswerten Argumenten entgegenkommt, sachhaltige Berührungspunkte zur Küng'schen Thematik, wohingegen er exemplarisch demonstriert, wie man mit Bravour links überholen kann, um gleich wieder nach rechts einzuschwenken.

Insgesamt fällt in diesen Beiträgen auf, wie sehr die rational intendierten Argumente durch eine nicht zu verhehlende emotionale Erregtheit in Schwingung geraten. Wer z. B. die Einleitung zu Mühlens Beitrag liest (233–235) findet einen Musterfall für psycholinguistische Studien. Dieser Dogmatiker, der die «Wahrheitsfindung» einen «pneumatisch vermittelten, kollegialen und dialogischen Prozeß» nennt, schlägt Küng ein Arsenal abwertender Vokabeln um die Ohren, die von einer Affektivität zeugen, welche – wie immer – mehr über ihren Autor als über den Kritisierten verrät. Ganz klein soll der prominente Kollege dabei werden, darum prasseln die disqualifizierenden Tiefschläge unaufhörlich auf ihn ein. Mühlen wiederholt sich mehrfach in der Verurteilung «fast unglaublicher Schiefheiten», «Fälschungen», «Übertreibungen», der «Oberflächlichkeit» u. a. m. Dabei fällt besonders seine Anstrengung auf, Küngs wissenschaftliches Ansehen zu durchlöchern, indem er diesen als «unglaublich vordergründig, ... oberflächlich, ... verbissen aus Irrtum festhaltend» apostrophiert, ihn als unseriösen Theologen umschreibt, der sich seine Sachverhalte «selbst zurechtzimmert», «unqualifiziert vorgeht» und dabei zu allem Überfluß noch «die Pose des leidenden Propheten» miemt, um sich so selbst «um seine besten Hoffnungen» zu bringen. Der so richtende Kollege will dabei Hans Küng «die prophetische Gabe durchaus nicht streitig machen», jedoch dessen Charisma «mäßigen», wobei Mühlen lediglich «andeutet», «daß wir die folgende, nun wirklich harte Kritik an ihm als einen pneumatischen Vorgang verstehen möchten: in der Einheit eines und desselben Geistes, der jedem nach seiner eigenen Art zuteilt wie er will, und jede Geistesgabe ‹zum allgemeinen Besten› (1 Kor 12,7) verleiht». Mit solch erstaunlichen Kapriolen kann vermutlich nur der Theologe den literarischen Markt bereichern. Doch wenn zur Polemik geistliche Salbung hinzukommt, wird der Zungenschlag mit Sicherheit falsch und verrät in seiner Sprache, daß der vielberufene Geist der Wahrheit seinen Verwaltern und Anwälten entkommen ist.

Was sich bei Heribert Mühlen dem Leser geradezu aufdrängt, ist auch bei anderen Beiträgern zu finden, jedoch subtiler und besser versteckt. *Walter Brandmüller* z. B. weist Küng «ein gestörtes Verhältnis zur Geschichte» nach, da dieser «die elementaren Forderungen nach Sorgfalt und Gewissenhaftigkeit bei der Feststellung historischer Tatsachen grob mißachtet hat». Den Leser frappiert dabei der im gleichen Zusammenhang sich enthüllende psychologische Mechanismus, genau gesagt, der hier allem Anschein nach von Verdrängungen lebende Wahrheitsbegriff einer vermeintlichen Orthodoxie.

Brandmüller nämlich verfährt so: Er attestiert Küng einen gestörten Geschichtssinn und illustriert dieses Urteil mit etwa einem Dutzend Details. Beispielsweise widerlegt er Küngs Hinweis auf wissenschaftliche Fehlentscheidungen des «kirchlichen Lehramtes» über bibeltheologische Sachverhalte damit, daß «vom heutigen Stand theologischer Erkenntnis» jene Probleme des Jahrhundertbeginns kein «eigentlicher Gegenstand lehramtlicher Äußerungen» hätten gewesen sein können. «Infolgedessen konnte die Bibelkommission sich täuschen, Irrtümern anheimfallen – wie dies auch selbst großen Gelehrten nicht erspart bleibt – ohne daß man ihr *solcher* Irrtümer wegen Vorwürfe machen dürfte.» Im übrigen aber: «Diese defensive Haltung war der Kirche durch die Offensive einer ungläubig gewordenen Wissenschaft und eines christentumsfeindlichen Zeitgeistes aufgezwungen». Wenn Brandmüller mit dieser «Offensive einer ungläubig gewordenen Wissenschaft» das komplexe und durchaus uneinheitliche Phänomen Modernismus meint – und ein anderer «Gegner» kommt hier nicht infrage – ist sein Urteil skandalös. Alfred Loisy etwa, der führende Kopf des katholischen Modernismus, schrieb an Kardinal Merry del Val (19. 9. 07), er protestiere bis zum letzten Hauch seines Lebens gegen den (von Pius X. in «Pascendi» erhobenen) gehässigen Vorwurf einer böswilligen Absicht bei seinen biblischen Forschungen. In dem Maße wie das kuriale System mit Loisy, Tyrell, Buonaiutti und vielen, vielen anderen «fertig» wurde, ihre Thesen kurzsichtig verurteilte, deren Verfasser verketzerte und um ihr Lebensglück brachte, um sich dann doch unehrlich und auf Schleichwegen über die folgenden Jahrzehnte den Entwicklungszwängen anzupassen ohne all die schuldhaften Herrschaftsausübungen zu korrigieren, in dem Maße hätte heute ein Kirchenhistoriker in Annahme und Verarbeitung dieser Schuld der Wahrheit und Rehabilitierung jener früheren Theologen die Ehre zu geben. Wenn statt dessen Brandmüller verräterisch von der «Offensive einer ungläubig gewordenen Wissenschaft» spricht und verharmlosend sagt: «Aus diesem Grunde mußte man damals auch Beschränkungen der Freiheit bei der Veröffentlichung von Forschungsergebnissen um des Ganzen willen auf sich nehmen», dann dient diese Sprache ideologischen Interessen, aber nicht den Menschen und nicht der berufenen Wahrheit. Welcher Manipulator der Freiheit und Menschenwürde könnte den zuletzt zitierten Satz etwa nicht gebrauchen und in welchem Unfreiheitssystem fehlte er? Mag der Kirchenhistoriker Brandmüller in Küngs Buch noch so viele Detailfehler gefunden haben, sie bleiben Lappalien gegenüber Brandmüllers eigenen Konstrukten, denn schlimmer als in den – für leider noch viele andere – angeführten Sätzen kann ein Historiker sein eigenes «gestörtes Verhältnis zur Geschichte» nicht enthüllen.

Die zuletzt kritisierten Beiträge von Ratzinger, Mühlen und Brandmüller belegen in ihrer Sprache und Argumentationsweise Abwehrmechanismen, die sich in der kirchlichen Vergangenheit und Gegenwart besonders oft in einer (vielfältig kaschierbaren) Feindbereitschaft äußern. So verdrängt man durch Projektion, was im internen Bereich beunruhigt und gewinnt sogar den Vorzug, dies zur «Verteidigung des Glaubens» unternehmen zu können. Detaillierte linguistische Analysen würden noch weitergehend einen theologischeen Jargon bewußt machen können, der «die Wahrheit» interessenbezogen sieht und gegenüber kirchlicher Eigenmängeln wahrnehmungsschwach macht – ein Problem, von dem angesichts des gesamten Bandes gleich noch zu sprechen sein wird.

Zuvor muß gesagt werden, daß die Summe der Beiträge eine Liste Küngscher Fehler erstellt, die – milde gesagt – den Eindruck erwecken, daß Küng kein Szientifizist ist; daß ihn die Leidenschaft für ein bedrängendes Kapitel innerkatholischer Ideologiekritik zu einem Arbeitstempo hinriß, das eine Serie einzelner Thesen oder Details ungeprüft oder unpräzise hingehen ließ. Es werden ganze Litaneien Küngscher Ungenauigkeiten und Fehler benannt, wobei es am stärksten beeindruckt zu sehen, was von einem theologischen Versuch übrigbleibt, wenn sein sonst angesehener Autor damit eine Tabugrenze verletzte. So sehr in diesem apologetischen Eifer aber auch periphere Kritik geleistet wird, so sehr ergänzen sich eine Handvoll gewichtiger Beiträge in harter, sachlicher Kritik an zentralen Positionen des Buches. Eindrucksvoll etwa sind die Beanstandungen *Leo Scheffczycks* an der logisch-philosophischen Grundposition von Küngs «Unfehlbar?», zumal an seinen Hypothesen über die Wahrheit von «Sätzen». Hier überzeugen die Einwände und belegen, daß Küngs Ansatz mit seiner behaupteten «Problematik von Sätzen überhaupt» nicht trägt.

Damit ist freilich nur erwiesen, daß ein bestimmter Beweisgang der Unfehlbarkeits-Anfrage zu dürftig fundiert ist, aber nicht, daß die Lehre von der kirchlichen und päpstlichen «Unfehlbarkeit» theologischer Kritik überhaupt standhält. Man findet zwar viel Richtiges zum Thema «infallibler Sätze» im allgemeinen Bereich einer unmittelbaren oder empirischen Evidenz. Jedoch der Transfer dieser Einsicht in die Kategorie der Glaubenserfahrung und Glaubenswahrheit (und in deren bislang noch fehlende Untergliederungen in spezifische Gattungen mit spezifischen Wahrheitsqualitäten) wird mit Berufung auf den «Heiligen Geist» allzu billig ermogelt, da eine kritisch-theologische Begründung dieser «Unfehlbarkeit» aus der Bibel unterbleibt, während «Beweise» aus der Kirchengeschichte den fehlenden biblischen Rückhalt nicht ersetzen können.

Mehr als alles, was bislang gesagt wurde, verblüfft jedoch, daß der Band einerseits den Zusammenhang zwischen dem (biblische verstandenen) «in der Wahrheit sein» und wahren (infalliblen) Sätzen als *wesentlich* bezeichnet und andererseits die faktische Evangeliums- und Wahrheitsferne des kirchlichen Amtes innerhalb der Kirchengeschichte einfach ignoriert, als sei dies kein Einwand gegen die dogmatisierte «Unfehlbarkeit». So betont Scheffczyk «eine unauflösliche, notwendige Einheit von seinshaftem ‹Bleiben in der Wahrheit› und satzhafter Aussagewahrheit». Bei *Schnackenburg* heißt es: «Die ‹Lüge› ist nicht nur ein intellektueller Irrtum, sondern zugleich auch ein existentielles Versagen, ganz entsprechend dem Johanneischen ‹Wahrheitsbegriff›. Damit ist ein Korrektiv gegenüber rationaler Fehldeutung von Glaubenssätzen gegeben: Die Sätze dürfen nie isoliert für sich betrachtet werden, sondern müssen in die gesamte christliche Glaubenshaltung und -verwirklichung integriert werden.» Anders gesagt: die Wahrheit dogmatischer Sätze ist nie isoliert aus theologieimmanenten Systemen deduzierbar, sondern im Kontext ihrer kirchlichen und gesellschaftlichen Praxis zu beurteilen. Und weil diese Orthodoxie-Orthopraxie-Relation die entscheidende Wahrheitsfrage impliziert, wird verständlich, daß dieser Sammelband auf keiner seiner Seiten das Problem wahrnehmen kann, daß die offizielle Kirche und ihre Päpste massenhaft und in bewußter Systemkonsequenz Menschen verfolgen, verjagen, binden, foltern, verbrennen und in 1001 Modus subtil exkommunizieren ließen. In entsprechender Weise belegen die imprimierten Kirchengeschichten ebenso wie die kirchliche Praxis eine deprimierende «Unfähigkeit zu trauern». Deshalb wird bei diesem von Karl Rahner inszenierten Stelldichein der Dogmatiker möglich, was unter Christen unmöglich sein sollte, nämlich daß auf 376 Seiten von Theologen die «Wahrheits»frage gestellt werden kann, während menschliches Schicksal, das diesem theologischen Fragen stets bis in Elend und Tod hinein ausgeliefert war, völlig ausgeblendet bleibt.
Wem also dient solche Frage? Wem solche Wahrheit? Wem «Unfehlbarkeit»?

Walter Kasper

ZUR DISKUSSION UM DAS PROBLEM DER UNFEHLBARKEIT

Der Ausgangspunkt der Diskussion

Die nachkonziliare Diskussion hat sich immer mehr auf die Frage der Autorität und der Strukturen der Kirche konzentriert. Die ererbten Strukturen der Kirche erweisen sich in ihrer Immobilität immer mehr als ein Hindernis für einen sach- und situationsgerechten Dienst der Kirche in der dynamischen Welt von heute. Diese Diskussion hat durch das Buch von Hans Küng «Unfehlbar? Eine Anfrage»[1] ihren einstweiligen Höhepunkt erreicht. Küng greift das kirchliche «System» genau an dem Punkt an, an dem es sich gegenüber allen Infragestellungen am meisten immun glaubte: an seinem Anspruch auf Unfehlbarkeit. Er will die kirchlichen Amtsträger zwingen, sich nicht mehr länger hinter dogmatischen Unfehlbarkeitsansprüchen, die notwendige Entwicklungen blockieren, zu verschanzen, sondern sich dem Anspruch des Evangeliums und den Nöten der Menschen dieser Zeit offen zu stellen.

Daß dieser Herausforderung eine harte Diskussion folgen werde, war von vornherein zu erwarten. Küng selbst hat bewußt die literarische Form einer Streitschrift gewählt. Am entschiedensten hat ihm bisher Karl Rahner geantwortet. Er sieht zwischen Küng und sich keinen gemeinsamen Boden mehr und kann die Kontroverse um Küngs These nicht mehr als eine innerkatholische theologische Kontroverse betrachten. Verfolgt man jedoch die Auseinandersetzung zwischen Küng und Rahner [2] aufmerksam, dann wird man bald recht verwirrt. Trotz – oder gerade wegen – der geharnischten Artikel und der drastischen Sprache auf beiden Seiten fällt es schwer, den springenden Punkt dieser Diskussion herauszufinden. Auch Rahner sieht nämlich die Problematik der Lehre von der Unfehlbarkeit, auch er sucht – wenn auch in anderer Weise als Küng – nach einer Neuinterpretation, ja er läßt sich sogar auf eine mögliche operative Einigung mit Küng ein. Umgekehrt möchte auch Küng die mit der Lehre von der Unfehlbarkeit der Kirche gemeinte «Sache»

1 Zürich, Einsiedeln, Köln 1970.

2 *K. Rahner*, Kritik an Hans Küng. Zur Frage der Unfehlbarkeit theologischer Sätze, in Stimmen der Zeit 186 (1970) 361–377; *H. Küng*, Im Interesse der Sache. Antwort an Karl Rahner, in diesem Band; *K. Rahner*, Replik. Bemerkungen zu: Hans Küng, Im Interesse der Sache, in Stimmen der Zeit 187 (1971) 145–160.

nicht leichthin über Bord werfen, sondern einen konstruktiven Neuansatz versuchen (U 101, 141 ff.). Ist der Graben zwischen beiden Positionen also wirklich so unüberspringbar?

Ähnlich unbefriedigt ist man nach der Lektüre des jünst von K. Rahner herausgegebenen Sammelbands «Zum Problem Unfehlbarkeit, Antworten auf die Anfrage von Hans Küng»[3]. Manche Beiträge stimmen einfach traurig. Sie konzentrieren sich entweder auf für die Hauptfrage unerhebliche Einzelfragen, oder sie ergehen sich in unqualifizierter Polemik, ohne sich um ein wirkliches Verstehen der von Küng aufgeworfenen Problemstellung überhaupt zu bemühen. In vielen historischen Detailfragen sind sie gegen Küng zwar im Recht; aber ist damit auch schon die von Küng aufgeworfene Grundfrage aus der Welt geschafft? Bedauerlich ist es vor allem, daß entgegen den üblichen Gepflogenheiten Hans Küng nicht die Möglichkeit zu einer Antwort auf die gegen seine These erhobenen Einwände eingeräumt wurde. Dennoch wird man bei der unvoreingenommenen Lektüre vieler anderer in diesem Sammelband vereinigten Beiträge finden, daß sich hier keineswegs nur ausgemachte Erzreaktionäre gegen den freiheitlichen Geist in Kirche und Theologie zusammengerottet haben. Y. Congar, dem man wohl weder Kenntnis der kirchlichen Tradition noch kirchliche Gesinnung absprechen kann, anerkennt bei aller Kritik im einzelnen das Gewicht der historischen Argumente Küngs. H. Fries macht unmißverständlich auf die Problematik des Begriffs «unfehlbar» aufmerksam. K. Lehmann spricht von der Unvermeidlichkeit der Fragestellung, und J. Ratzinger stellt unumwunden fest: «Aus dem Gefängnis des römischen Schultypus herauszukommen, ist eine Aufgabe, von der auch nach meiner Überzeugung die Überlebenschance des Katholischen abhängt» (105). Worum geht also der ganze Streit?

Der Unterschied besteht zunächst in einem verschiedenen Ausgangspunkt. Die meisten Theologen, die sich kritisch zu Küng geäußert haben, möchten deutlicher als er unterscheiden zwischen der spezifisch römischen, besser: kurialen Schultheologie und der verbindlichen katholischen Lehre. Mit dieser Unterscheidung hat sich die aufgeschlossenere katholische Theologie seit längerer Zeit die Möglichkeit bewahrt, noch einigermaßen frei atmen zu können. Freilich ist sie mit dieser Unterscheidung immer wieder desavouiert worden. Sie ist im Grund eine höchst esoterische Geheimlehre von Theologieprofessoren geblieben, eine Lehre, welche die «normalen» Christen nicht kannten und nicht verstanden, um die sich die kirchlichen Amtsträger weitgehend

3 Quaestiones disputatae Bd. 54 (Freiburg, Basel, Wien 1971) (im folgenden nur mit Seitenzahl in Klammern zitiert).

nicht kümmerten und die darum dem einzelnen «armen Teufel» in der Kirche auch nicht helfen konnte. Wenn Küng deshalb diese Unterscheidung weitgehend ignoriert und dogmatische Lehre und kirchenamtliche Praxis mehr oder weniger identifiziert, dann baut er nicht, wie H. Vorgrimler ihm vorwirft, eine Phantomlehre und ein Scheingebäude auf, um es anschließend gleich wieder zu demolieren (328), dann greift er vielmehr die Theologie an, welche die amtliche Gestalt der Kirche – nicht nur in ihrer obersten Spitze – bestimmt. Muß man sich nicht fragen: Sind die abstrakten Unterscheidungen und dialektischen Interpretationskünste aufgeschlossener Theologen noch wahr, wenn sie mit der Wirklichkeit der Kirche nicht mehr übereinstimmen? So weist das Unfehlbarkeitsbuch von H. Küng nicht nur die Aporien der römischen Position auf, es macht auch die Krise der «progressiven» Theologie offenkundig.

Aus dieser kritischen Situation versucht Hans Küng herauszukommen. Sein konkretes Wahrheitsverständnis, das sich nicht mit abstrakten Unterscheidungen zufrieden gibt, sondern auf praktisiche Veränderungen hinauswill, entspricht einem gewandelten gesellschaftlichen und kirchlichen Klima. Vereinfacht kann man sagen: Was die politische Theologie im gesellschaftlichen Bereich intendiert, das versucht H. Küng innerkirchlich: die Einheit von Theorie und Praxis. Nicht was dogmatische Sätze an sich bedeuten, vielmehr wie sie gebraucht und verwirklicht werden ist hier die Frage. Die Wahrheit der Sprache entscheidet sich hier im Gebrauch der Sprache. Das Problem der Unfehlbarkeit ist damit neu gestellt.

Dieser neue Ansatz ist von vielen Kritikern kaum zur Kenntnis genommen worden. Viele Einwände stellen Mißverständnisse dar oder rennen offene Türen ein. Der folgende Beitrag möchte deshalb in erster Linie die Problemstellung klären und sie sachlich weiterzuführen versuchen. Es soll deshalb weder auf für die Hauptfrage nebensächliche historische Detailfragen eingegangen werden, noch wird beabsichtigt, einen kritischen Bericht über die bisherige Diskussion und die darin vertretenen Standpunkte zu geben. Es geht ausschließlich um das «Interesse der Sache».

Die offene Frage

Die ungewohnte Weise, in der H. Küng das Problem der Unfehlbarkeit stellt, war Anlaß zu den verschiedensten Mißverständnissen. Sagen wir deshalb zunächst, um was es nicht geht:

1. Küng leugnet nicht – wie ihm die meisten seiner Kritiker vorwerfen –, daß es wahre Sätze gibt, und er behauptet nicht, daß alle Sätze hinsichtlich

ihrer Wahrheit und ihres Irrtums gleichrangig sind. Er betont vielmehr: «Wir meinen nicht, daß Sätze Wahrheit nicht auszusagen vermögen, daß alle Sätze gleich wahr und gleich falsch sind, daß sie nicht an der Wirklichkeit gemessen werden können, die auszusagen sie beanspruchen, daß Verständigung unmöglich ist» (U 131). Wenn er – was ihm immer wieder vorgehalten wird – behauptet, jeder Satz könne wahr und falsch sein (Strukturen der Kirche, 355; Die Kirche, 407; U 138), dann ist das im Rahmen seines konkreten situationsbezogenen Wahrheitsverständnisses gemeint, wonach sich die Wahrheit eines Satzes in der praktischen Funktion, im Sprachgebrauch in der jeweiligen Situation entscheidet. Deshalb fügt er an einer anderen Stelle der von vielen inkriminierten These, jeder Satz könne wahr und falsch sein, hinzu: «... je nachdem nämlich, wie er gezielt, gelagert, gemeint ist» (U 140).

2. Küng leugnet nicht, daß der Glaube sich in Sätzen ausdrückt und daß diese Glaubenssätze einen verbindlichen Charakter besitzen. Er betont sogar ausdrücklich die Nützlichkeit und Notwendigkeit von abkürzend-zusammenfassenden Glaubenssätzen (Glaubensbekenntnisse oder Symbola) und von abgrenzend-definierenden Glaubenssätzen (Glaubensdefinitionen oder Dogmata). Was Küng als illegitim ablehnt, sind lediglich tendenziös-explizierende Sätze (U 116–122). Diese Unterscheidung ist zweifellos nicht sehr glücklich, weil auch das abgrenzende Definieren des Glaubens gegenüber einer Irrlehre eine Tendez besitzt und eine Explikation darstellt. Es ist zwar von Küngs Ansatz her folgerichtig, wenn er sich gegen Definitionen wendet, welche nicht der Not der Stunde, sondern der bloßen Freude am Definieren entspringen. Ob dies freilich für die von ihm genannten Dogmen zutrifft, ist eine Frage in der Küng nur behauptet, aber nichts beweist. Doch dies ist hier eine Nebensache.

Das Problem sind also nicht *wahre* Sätze und nicht *verbindliche Glaubenssätze* sondern allein *unfehlbare* Sätze. Sinn, Nutzen, und unter Umständen Notwendigkeit von verbindlichen Glaubenssätzen bejahen heißt für Küng noch nicht auch unfehlbare und unveränderliche Glaubenssätze bejahen. Wodurch unterscheiden sich aber wahre und verbindliche Sätze von unfehlbaren Sätzen? Unfehlbare Sätze sind nach Küng «Aussagen, die auf Grund einer göttlichen Verheißung als von vornherein garantiert irrtumsfrei zu betrachten sind: Sätze, Propositionen, Definitionen, Formulierungen und Formeln, die nicht nur de facto nicht irrig sind, sondern grundsätzlich gar nicht irrig sein können» (U 122). In dieser Unterscheidung von wahr und unfehlbar wie in der Definition, die Küng dem Begriff «unfehlbar» gibt, liegt das ganze Problem beschlossen. Worum geht es?

Es ist nicht leicht zu sagen, was Küng mit Sätzen, die von vornherein gar nicht falsch kein können und deshalb a priori irrtumslos sind, meint. J. Ratzinger gesteht rundweg, daß ihm der Sinn dieser Redewese bis zur Stunde nicht klargeworden ist (110). Die zutreffendste Interpretation gibt in diesem Punkt wohl O. Semmelroth (204–206). Vorn vornherein und insofern a priori irrtumslose Sätze sind solche Sätze, deren Irrtumslosigkeit auf Grund formaler Kriterien gesichert ist. Wenn der Papst etwa erklärt, daß er in einer Glaubensfrage als oberster Lehrer der Kirche letztverbindlich spreche, dann ist ein solcher Spruch nach der gängigen Theorie a priori irrtumslos, d. h. er bedarf keiner weiteren aposteriorisch-verifizierenden Nachprüfung in der Schrift und Tradition oder am Glaubensstand der Kirche. Ein solcher Spruch bürgt, wenn die dafür notwendigen formalen Bedingungen erfüllt sind, für sich selbst, material-inhaltliche Kriterien spielen dann keine Rolle mehr. Die formale Tatsache, daß der Papst so gesprochen hat, genügt, um die Wahrheit des Satzes von vornherein zu garantieren. Mit seiner These geht es H. Küng also u. a. um die Ablösung eines rein formalen Autoritätsverständnisses durch Sachautorität. Daß diese Sachautorität im Bereich des Glaubens anderer Art ist als die eines Experten in naturwissenschaftlich-technischen Fragen, ist selbstverständlich auch ihm klar (vgl. U 153 f). Es geht ihm durchaus um eine geistliche Bewahrheitung, um einen «Beweis des Geistes und seiner Kraft». Letztlich geht es um die Selbstevidenz und die Selbstdurchsetzungskraft des Evangeliums in der Kirche, denn «nemo infallibilis nisi Deus ipse». «Gott sorgt dafür, daß es immer wieder Glaube und Kirche gibt» (U 152).

Zunächst ist es relativ leicht mit den meisten Kritikern nachzuweisen, daß Küng damit den Begriff «unfehlbar» in einer Weise definiert, die der traditionellen Theologie und dem Vatikanum I fremd ist, und es ist erstaunlich, daß sich K. Rahner ohne weiteres auf diese Problemstellung eingelassen hat und seinerseits völlig selbstverständlich von unfehlbaren Sätzen spricht. Die Tradition und das Vatikanum I sprechen nämlich gar nicht von unfehlbaren *Sätzen*, und schon gar nicht beziehen sie Unfehlbarkeit und Unveränderlichkeit auf die *Formulierung* von Sätzen, sondern lediglich auf deren *Sinn* (DS 3020). Das Konzil spricht nicht von der Unfehlbarkeit von Sätzen, sondern vielmehr von der Unfehlbarkeit von ganz bestimmten *Akten* von Personen oder Instanzen (Papst, Konzil, Kirche). Mit der Bestreitung von unfehlbaren Sätzen ist also zunächst etwas geleugnet, was das Konzil in dieser Form gar nicht lehrt. Doch diese an sich richtige – und wie noch zu zeigen sein wird – wichtige Unterscheidung hilft zunächst nicht sonderlich viel weiter. Denn das Konzil und die Tradition leiten aus der Unfehlbarkeit solcher Akte die Irrtumslosigkeit der durch sie proklamierten Sätze ab. Küng dagegen behauptet: solche Sätze *können* irren, sie sind nicht a priori irrtumslos. In der Konsequenz leugnet Küng damit nicht nur a priori irrtumslose Sätze, sondern auch a priori unfehlbare Akte, die zu a priori irrtumslosen Sätzen führen.

Mit dieser Fragestellung spitzt Küng das Problem der Unfehlbarkeit auf höchst ungemütliche Weise zu, und es ist nur allzugut verständlich, daß sich fast alle Kritiker um diesen heiklen Punkt drücken und sich auf die ihnen von Küng zugespielte Frage gar nicht einlassen. Denn wie will man beweisen, daß die Unfehlbarkeit ganz bestimmten Akten garantiert ist, die von nicht unfehlbaren Akten klar und eindeutig abzuheben sind? Man muß der kurialen Theologie und Praxis, die es mit solchen Unterscheidungen nicht sonderlich ernst nimmt und mehr oder weniger alles unter einen sehr weit gespannten Mantel der Unfehlbarkeit bringen will, zumindest ein sicheres theologisches Gespür für die Unhaltbarkeit solcher Unterscheidungen zubilligen. Mit einem Minimalismus, der die unfehlbaren Akte und irreformablen Sätze auf möglichst wenige Fälle beschränken will, ist gar nichts gewonnen; im Gegenteil, damit wird die ganze Angelegenheit nur um so mirakulöser. J. Alfaro macht völlig zu Recht darauf aufmerksam, daß die Unfehlbarkeit auf einige privilegierte Momente, gleichsam auf Ausnahmefälle zu beschränken, letzten Endes zur Annahme außerordentlicher Erleuchtungen oder privilegierter Erfahrungen des Geistes zwinge und damit in einen unhaltbaren Illuminismus hineinführe (271 f.). Nicht Vergesetzlichung, sondern Enthusiasmus müßte man dann dem Vatikanum I zum Vorwurf machen. Bekanntlich war Luther scharfsinnig genug um dies zu sehen [4], während Minorität auf dem Vatikanum I, die die unfehlbaren Akte nur beschränken und an genau definierte Bedingungen knüpfen wollte, hier das eigentliche Problem übersehen hat.

So scharfsinnig Küng die Problematik der «durchschnittlichen» Lehre von der Unfehlbarkeit aufweist, so sehr vergröbert er die Position des I. Vatikanischen Konzils, wenn er schreibt: «Aber das ist nun einmal die Lehre des Vatikanum I: Wenn der Papst nur will, so kann er alles auch ohne die Kirche» (U 84). «Alle Bestimmungen auch des Vatikanum II hindern den Papst in keiner Weise, im Alleingang unfehlbare und natürlich erst recht fehlbare Proklamationen, wann und worüber er immer will, abzugeben» (U 83). Diese vergröbernde Interpretation bestreite ich mit H. Fries, K. Lehmann und vielen anderen Kritikern ganz entschieden [5]. Das Konzil hat die Unfehlbarkeit

4 *M. Luther*, Schmalkaldische Artikel, in: WA 50, 245.

5 Zur Interpretation des Vatikanum I vgl. den Beitrag des Vf., Primat und Episkopat nach dem Vatikanum I, in: Theologische Quartalschrift 142 (1962) 47–83; abgedruckt in: Glaube und Geschichte (Mainz 1970) 415–441 und in: De doctrina Concilii Vaticani primi (In Civitate Vaticana 1969) 383–409.

des Papstes (1.) ganz eindeutig auf Glaubensfragen beschränkt, und es hat sie (2.) an die Unfehlbarkeit der Kirche rückgebunden. Ausdrücklich erklärt das Konzil, der Papst sei dann unfehlbar, wenn er ex cathedra, d. h. als oberster Lehrer der gesamten Kirche letztverbindlich spricht, er besitze dann die Unfehlbarkeit, die Christus seiner Kirche gegeben hat (DS 3074). Die Frage ist freilich: wann spricht der Papst ex cathedra? Genügt es, daß er dies nur behauptet und beansprucht? oder spricht er nur dann ex cathedra, wenn er tatsächlich Mund und Stimme des Glaubens der Kirche ist? Diese Frage nach den Bedingungen einer ex-cathedra-Entscheidung ist vom Vatikanum I geflissentlich ausgeklammert worden. Das Konzil hat nicht nochmals definiert, wann und wie der Papst eine ex-cathedra-Entscheidung fällt. Hier liegt das ungelöste und in dieser Form auch unlösbare Problem der gesamten Unfehlbarkeitslehre. Die Theologie ist deshalb nicht gehalten anzunehmen, daß es ganz genau bestimmbare päpstliche Akte gibt, die gleichsam «ex opere operato» unfehlbar sind. Auch die höchst mißverständliche Aussage, päpstliche ex-cathedra-Entscheidungen seien aus sich («ex sese») und nicht auf Grund der Zustimmung der Kirche irreformabel, kann bei einer nüchternen historischen Interpretation diese Meinung nicht decken.

Die Folgerung aus dem Gesagten kann nur sein: Küngs Infragestellung von a priori unfehlbaren Akten und daraus folgenden a priori irrtumslosen Sätzen betrifft eine Frage, welche das Vatikanum I offengelassen hat. Trotz seiner einseitigen und übertriebenen Interpretation des Konzils ist Küng deshalb der Sache nach historisch im Recht, wenn er sich nicht in direktem Gegensatz zum Vatikanum I sieht. Auf die Frage, ob sich das Konzil geirrt habe, antwortete er nämlich vorsichtig und zweideutig: «Besser wird man sagen: es war der Grundproblematik gegenüber blind» (U 123). Küngs Anfrage – das will sein Buch in erster Linie sein – ist darum als Frage in einem innerkatholischen Dialog durchaus möglich. Sie ist geeignet, das Problem um einen entscheidenden Schritt weiterzuführen.

Unbefriedigende Antwort

Das Buch von H. Küng ist nicht nur eine Anfrage, es versucht auch eine Antwort. Es ist eine in eine Frage gekleidete These. Küng ist nämlich der Meinung, man könne die Lehre von der Unfehlbarkeit der Kirche trotz ihrer immensen Probleme der Sache nach nicht aufgeben, wenn man nicht gleichzeitig die Verheißung Christi, daß er immer bis ans Ende der Welt mit seiner Kirche sein werde, aufgeben will. Es gilt deshalb, «eine Kurzschlußlösung nach rechts oder links zu vermeiden» (U 101) und durch die Aufhebung der Alternativen auf einer höheren Ebene eine Überwindung des Dilemmas zu versuchen. Die Lösung Küngs lautet: «Die Kirche wird in der Wahrheit erhalten, *trotz* aller immer möglichen Irrtümer» (U 143). Es gibt «ein grundlegendes Bleiben der Kirche in der Wahrheit, das auch von Irrtümern im einzelnen nicht aufgehoben wird» (U 148). Küng interpretiert die Infallibilität (Unfehlbarkeit) der Kirche also als Indefektibilität (Unzerstörbarkeit) und als Perennität (Fortdauer) der Kirche. Er fügt jedoch ausdrücklich hinzu, daß es ihm dabei um eine Unzerstörbarkeit der Kirche und um eine Fortdauer der Kirche in der Wahrheit geht. «Sein und Wahrsein der Kirche können gar nicht voneinander getrennt werden. Ist die Kirche nicht mehr in der Wahrheit, so ist sie überhaupt nicht mehr Kirche» (U 148 f.).

Diese Lösung Küngs begegnet im wesentlichen zwei Mißverständnissen, hinter denen sich freilich zwei ernste Probleme verbergen:

1. Es ist ein Mißverständnis zu meinen, Küng beschränke die Unfehlbarkeit auf Gott und kenne (wenigstens der Sache nach) keine analoge Teilnahme der Kirche an der Wahrheit Gottes. Das Bleiben der Kirche in der Wahrheit setzt der Sache nach eine solche Teilnahme voraus. Man kann Küngs Theorie also nicht auf eine (früh-)barthianische Dialektik von Gott und Welt festlegen und einem katholischen Analogie- und Partizipationsdenken gegenüberstellen. Küng lehnt nur ab, daß man die Teilnahme der Kirche an der Wahrheit Gottes auf ganz bestimmte Akte und Sätze «festnageln» kann. Der einzelne Satz kann nach ihm irren, ohne daß dadurch das Bleiben der Kirche in der Wahrheit aufgehoben wird.

Hier setzt unsere kritische Nachfrage ein. In extremen Notfällen wo es um Sein oder Nichtsein der «Sache Christi» und damit der Kirche geht, soll die Kirche ja auch nach Küng «ein klares Wort sprechen, was da christlicher Glaube ist und was nicht» (U 195). Könnte sich jedoch die Kirche in einer solchen Situation, wo die Grundsubstanz des Christentums selbst in Frage steht, irren, könnte sie sich also von Christus distanzieren, dann wäre sie doch wohl nicht mehr die Kirche Christi, dann wäre sie auch nicht mehr indefektibel. Müssen also nicht wenigstens die entscheidenden grundlegenden Bekenntnisaussagen der Kirche bleibend in der Wahrheit gehalten sein? Etwas allgemeiner formuliert: Küng hat für seine Lösung zu wenig von Hegel gelernt und die Dialektik des Ganzen und der einzelnen Teile nicht beachtet. Zwar sind die einzelnen Teile, d. h. hier die einzelnen dogmatischen Sätze nur wahr, wenn und insofern sie im Ganzen «aufgehoben» sind (vgl. DS 3016); eine Theorie der Unfehlbarkeit kann also nicht von einzelnen a priori irrtumslosen Sätzen ausgehen; umgekehrt kann aber auch das Ganze, hier die Kirche, nicht in der

Wahrheit sein, wenn dieses Ganze nicht wesentliche und entscheidende einzelne Sätze in sich aufnehmen kann. Ist das nicht der Fall, verliert das Bleiben der Kirche in der Wahrheit seinen konkreten Ernst, man kann dann, wenn man will, immer ausweichen und muß sich nie konkret entscheiden. Das Christentum wird dann in letzter Instanz zu einem Mythos (vgl. 263 f). Deshalb gilt der Satz Luthers: «Tolle assertiones et Christianismum tulisti.»[6]

2. Es ist ein Mißverständnis zu meinen, Küng spiele das Bleiben in der Wahrheit gegen die Satzwahrheit und gegen verbindliche Glaubenssätze aus. Küngs drastische Sprache legt dieses Mißverständnis zwar an manchen Stellen nahe. Es gibt aber ganz eindeutige Aussagen, die erkennen lassen, daß es auch für ihn wahre und als wahr erkennbare Sätze gibt, die nicht gleichrangig neben anderen Sätzen stehen (vgl. U 131). Dennoch steckt hinter seinem pragmatischen Wahrheits- und Dogmenverständnis ein schwerwiegendes Problem. Auf Grund dieses Ansatzes kann nämlich Küng die Dogmen nur noch «als eine Maßnahme auf Zeit», als «eine situationsbedingte pragmatische Sprachregelung» (U 120) «in kirchlicher Verbindlichkeit und situationsbedingter Vorläufigkeit» (U 195) verstehen. Die Frage ist freilich: Wie kann eine nur vorläufige Formel «ein endgültiges Ja oder Nein» (U 120) fordern, wie kann sie zu einer «definitiven und obligatorischen Formel» (U 119) werden? Unbedingte Zustimmung ist doch nur gegenüber unbedingter Wahrheit verantwortbar. Alles andere wäre, wie J. Ratzinger und K. Lehmann mit Recht sagen, eine «totalitäre Zwangsmaßnahme» (115), «etwas grauenhaft Willkürliches, Absolutistisches und Gewalttätiges» (354). Deshalb setzt die Verbindlichkeit der Glaubenssätze deren Irrtumslosigkeit voraus.

An dieser Stelle werden die Grenzen eines rein funktionalen, pragmatischen und situationsbezogenen Wahrheits- und Sprachverständnisses offenkundig. Philosophisch geht es hier, wie L. Scheffczyk herausgestellt hat, um nichts weniger als um die Einheit von Satzwahrheit und Seinswahrheit (166 ff.) und um die ontologischen Implikationen geschichtlicher Aussagen. Theologisch geht es darum, daß uns – was Küng mit seiner eindrucksvollen Betonung des Primats des Evangeliums gegenüber der Kirche an sich durchaus sagen will, aber hinsichtlich des Dogmas nicht konsequent durchhält – in der Verkündigung nicht nur menschliches Pragma, sondern schlechterdings vorgegebene und unverfügbare Wahrheit begegnet. Wäre das Dogma nur noch situationsbedingte kirchliche Sprachregelung, dann wäre es keine Gestalt des freimachenden Evangeliums mehr, sondern tiefste Versklavung unter das Gesetz der jeweiligen Stunde. Hier steht in der Tat alles auf dem Spiel.

6 *M. Luther,* Der servo arbitrio, in: WA 18, 603.

Zusammenfassend: H. Küng wendet sich zu Recht gegen einen Dogmatismus, d. h. «eine undialektische und unkritische Isolierung und Verabsolutisierung» des Dogmas, bei der die Funktionalität und Sachgebundenheit einer Definition übersehen und mit dem «Dogma in Geschichte» nicht ernst gemacht wird (U 140). Zumindest latent besteht jedoch in seinem Buch die Gefahr, daß der absolut verpflichtende Ernst des Anspruchs des Evangeliums zugunsten vorläufiger pragmatischer Lösungen und eines u. U. recht konturenlosen Bleibens in der Wahrheit relativiert wird. Hans Küng will diese Konsequenz keineswegs. Sie liegt jedoch in der logischen Verlängerung mancher seiner Ansätze. Will man, was bei H. Küng der Fall ist, ein Christentum mit konkreten Verbindlichkeiten, dann muß man auch sagen: Einen letztverbindlichen Anspruch ohne letzten Wahrheitsanspruch kann und darf es um der Verantwortbarkeit des Glaubens willen nicht geben.

Weiterführende Gesichtspunkte

Will man aus dem Engpaß und aus den Aporien der traditionellen Unfehlbarkeitslehre wie aus der verfahrenen Diskussion über dieses Problem herauskommen, dann ist dies nur durch eine grundsätzliche Besinnung auf das theologische Wahrheitsverständnis möglich. Hier können nur zwei in diese Richtung weiterführende Gesichtspunkte angedeutet werden:

1. Theologische Wahrheit ist Zeugniswahrheit. Die Rede von unfehlbaren Sätzen wurde bereits als ein Mißverständnis herausgestellt. Unfehlbarkeit ist keine Qualität von Sätzen, sondern von Personen und Instanzen. Näherhin ist Unfehlbarkeit der Anspruch einer Person oder einer Instanz, mit dessen Hilfe sie bestimmte Aussagen von vornherein als gültig garantieren will[7]. Hier bürgt also die Person oder die Instanz für die Wahrheit einer Aussage. Hinter dem Begriff der Unfehlbarkeit kommt damit eine viel umfassendere Wirklichkeit zum Vorschein, nämlich, daß theologische Wahrheit immer Zeugniswahrheit ist. Sie begegnet uns nur im Akt bezeugenden Sprechens und kann nur auf Grund der Autorität des Zeugen anerkannt werden. So bezeugt sich Gott im Akt der Offenbarung selbst, wir glauben seinem Wort nicht auf Grund innerer Einsicht in das Gesagte, sondern auf Grund der «auctoritas ipsius Dei revelantis» (DS 3008). In ähnlicher Weise ist Jesus Christus in einem Ver-

7 Vgl. *E. Jüngel*, L'autorité du Christ suppliant, in: L'infaillibilité. Son aspect philosophique et théologique, hrsg. v. E. Castelli (Paris 1970) 201. Vgl. auch die Besprechung von *E. Jüngel*, Irren ist menschlich. Zur Kontroverse um Hans Küngs Buch «Unfehlbar? Eine Anfrage», in: Evangelische Kommentare 4 (1971) 75–80.

kündiger und Verkündigter, Zeuge und Bezeugter; er ist und bringt die Herrschaft Gottes, die er verkündet, in Person; seine «Sache» läßt sich nicht von seiner Person ablösen. Schließlich ist auch die Osterbotschaft nicht ablösbar von den Erst- und Urzeugen, nur über sie haben wir einen Zugang zum Auferstehungsglauben. Wenn deshalb die katholische Tradition festhält, daß es – freilich anders als bei Christus und den Aposteln – auch in der nachapostolischen Kirche *innerhalb* der gemeinsamen Zeugenschaft *aller* Christen qualifizierte Zeugen gibt, mit denen man in Glaubensgemeinschaft stehen muß, dann wahrt sie damit eine Grundstruktur der gesamten Heilsordnung.

Dieser Ansatz bei der theologischen Wahrheit als Zeugniswahrheit ist geeignet, uns von dem Schreckgespenst von einzelnen a priori irrtumslosen Akten und Sätzen zu befreien. Der Zeuge des Glaubens ist nämlich für die Gemeinschaft der Glaubenden da; sein Anspruch, unfehlbar die Wahrheit zu bezeugen, hat nur dann einen Sinn, wenn dieser Anspruch von anderen anerkannt wird. Die Unfehlbarkeit erreicht ihr Ziel nur dann, wenn auch ihre Erkenntnis und Anerkenntnis durch die andern selbst nochmals unfehlbar ist [8]. Deshalb kann die «infallibilitas in docendo» gar nicht ohne die «infallibilitas in credendo» sein. Eine Unfehlbarkeit des Papstes ohne die Unfehlbarkeit einer ihm zustimmenden Kirche wäre ein Unbegriff. Der Papst kann nur insoweit unfehlbar sein, als ihn die Kirche als den sprechenden Mund und Zeugen ihrer eigenen Unfehlbarkeit anerkennt. Würde sie ihm diese Anerkennung (nicht zu verwechseln mit der vom Vatikanum I abgelehnten nachträglichen Zustimmung zu einer Kathedralentscheidung, wodurch diese erst ihre juridische Verbindlichkeit erlangt) versagen, dann wäre der Papst im Extremfall häretisch oder schismatisch, dann wäre er gar nicht mehr Papst. Das Dogma von der Unfehlbarkeit des Papstes und jeder einzelne unfehlbare Akt des Papstes hat also nur einen Sinn als ein von der Kirche unfehlbar geglaubtes Dogma. Zumindest auf der pragmatischen Ebene sind die Päpste bei den beiden Kathedralentscheidungen von 1854 und 1950 auch entsprechend verfahren: sie haben sich zuerst versichert, was die Kirche glaubt. Was von der Definition von Dogmen gilt, gilt auch von deren Interpretation: sie sind nicht als isolierte a priori klare und irrtumslose Sätze wahr und verbindlich, sondern sie sind in der Weise wahr und verbindlich, in der sie in der kirchlichen Gemeinschaft verstanden werden.

2. Theologische Wahrheit ist geschichtliche Wahrheit. Dieser Gesichtspunkt hängt mit dem ersten eng zusammen. Denn als Zeugniswahrheit ist eine Glaubenswahrheit nur im geschichtlichen Akt des Bezeugens inmitten einer kon-

8 Vgl. *R. Panikkar*, Le sujet de l'infaillibilité. Solipsisme et vérification, in: L'Infaillibilité, 427 ff.

kreten Glaubenssituation «da». Dieser geschichtliche Aspekt des Dogmas ist vom Verfasser früher ausführlich behandelt worden[9]; deshalb sei es erlaubt, ihn hier in Form einer zusammenfassenden und mehr persönlichen Stellungnahme zur ganzen Unfehlbarkeitsdiskussion darzulegen.

An entscheidender Stelle seines Buchs hat Hans Küng meine Auffassung von der Unfehlbarkeit ausführlich zitiert und sich ganz mit ihr identifiziert (U 162 f.). Es heißt dort:

«Die Überwindung des kirchlichen Triumphalismus durch das Vatikanum II betrifft also auch das Wahrheitsverständnis der Kirche und fordert eine neue, tiefere Interpretation des so mißverständlichen Begriffs der Unfehlbarkeit. Dieser Begriff gehört wie kein anderer zu der noch unbewältigten Vergangenheit des Vatikanum I. Versteht man ihn recht, dann bedeutet er das Vertrauen des Glaubens, daß die Kirche durch den Geist Gottes trotz mancher Irrtümer im einzelnen grundlegend in der Wahrheit des Evangeliums gehalten wird. Unfehlbarkeit wäre dann dynamisch und nicht statisch zu verstehen: in und durch die Kirche vollzieht sich beständig der eschatologische Konflikt mit den Mächten der Unwahrheit, des Irrtums und der Lüge; nach der Überzeugung des Glaubens wird sich dabei die Wahrheit immer wieder durchsetzen und nie endgültig verloren gehen. So kann die Kirche auf Grund ihres Glaubens gerade im Konflikt um die rechte Erkenntnis der Wahrheit ein Zeichen der Hoffnung sein für die menschliche Gesellschaft. Sie muß durch ihr eigenes Beispiel bezeugen, daß es niemals sinnlos, wohl aber beständig notwendig ist, weiterzusuchen und weiterzugehen in der Gewißheit, daß die Wahrheit sich bewähren wird. Der Weg, den die Kirche selbst vom Vatikanum I zum Vatikanum II gegangen ist, ist ein Zeugnis dieser Hoffnung.»

Ich stehe zu diesen Sätzen nach wie vor. Sie stehen der Position von H. Küng sehr nahe. K. Rahner nennt deshalb Küng und mich in einem Atemzug (9). Trotzdem besteht ein entscheidender Unterschied: ich habe mein Verständnis der Unfehlbarkeit auf dem Hintergrund einer Verhältnisbestimmung von Sprache, Wahrheit und Wirklichkeit entwickelt, welche die Satzwahrheit und das Gehaltenwerden in der Wahrheit in innerer Zuordnung zueinander sieht. Das bedeutet, daß auch der einzelne dogmatische Satz als geschichtlicher und menschlicher Satz zwar mit Meinungen, Vorstellungshintergründen, Motiven usw. vermischt sein kann, die irrig sein können, daß er aber zumindest in der Weise an dem Gehaltenwerden der Kirche in der Wahrheit teilhat, daß er in seiner Grundausrichtung den Zugang zu dieser Wahr-

9 Dogma unter dem Wort Gottes (Mainz 1965); Geschichtlichkeit der Dogmen? in Stimmen der Zeit 179 (1967) 401–416.

heit nicht verunmöglichen kann, sondern – wenn auch in unter Umständen sehr defekter Weise – auf diese ihn je übersteigende Wahrheit hinweist. Während jedoch K. Rahner darauf Wert legt, daß die Infallibilität «auf die Wahrheit des einzelnen definierten Satzes als solchen bezogen ist» (9), vermag ich die Wahrheit des einzelnen Satzes nur im Zusammenhang aller dogmatischen Sätze, der Geschichte dieser Sätze, ihres Verhältnisses zur Schrift und zur gegenwärtigen Verkündigungssituation zu verstehen. Dieser Zusammenhang ist für mich nichts Statisches, sondern ein ständiger lebendiger Interpretationsprozeß, in dem ein Dogma jeweils nach vorn offen ist. Der einzelne Satz ist wahr, insofern er im Strom dieser Geschichte «mitschwimmt» und von dort her seinen Stellenwert und seine Sinnausrichtung erhält. Wird er aus diesem Gesamtzusammenhang herausgerissen, dann kann er tatsächlich sowohl wahr wie falsch sein.

Auf diese Weise glaube ich nicht nur der hoffnungslosen Engführung auf einzelne und isolierte a priori als irrtumslos garantierte Satzwahrheiten entgangen zu sein, ich glaube zugleich, daß dieses Verständnis dem biblischen Wahrheitsverständnis entspricht. Für den biblischen Wahrheitsbegriff ist es nämlich charakteristisch, daß die Wahrheit nicht nur gewußt, gesagt, gehört und gegebenenfalls verkannt, verhüllt, verleugnet werden kann, sondern daß sie geschieht. Wahrheit ist, was sich in der Geschichte bewährt und was sich in der Zukunft herausstellen wird. Dieses Wahrheitsverständnis streift haarscharf an den Pragmatismus und ist doch himmelweit von ihm verschieden. Ist es doch die Grundüberzeugung des Glaubens, daß es nicht das eigene Tun (Pragma) des Menschen ist, das sich in der Geschichte bewährt, dieses steht vielmehr immer unter dem Vorzeichen der Sünde, sondern des Handeln Gottes, das in Jesus Christus ein für allemal geschehen und in und durch die Kirche bleibend gegenwärtig ist. So vertraut die Kirche auf die eschatologische Bewahrheitung ihrer Glaubensbekenntnisse. Dogmen sind damit immer zugleich endgültig und vorläufig. Nur über eine solche Gesamtkonzeption eines theologischen Wahrheitsverständnisses kann man aus den Engpässen der Unfehlbarkeitslehre herauskommen. Nur so kann man verhindern, daß die gesamte Diskussion in einer Sackgasse endet.

Noch katholisch?

Verständlicherweise hat sich das öffentliche Interesse an der Diskussion um das Problem der Unfehlbarkeit weniger mit den Grundlagenfragen als mit der konkreten Frage befaßt: ist Küngs Lehre noch katholisch oder ist Küng

– ein Ketzer? Anlaß zu dieser Frage bestand nach dem scharfen Einspruch von K. Rahner, der keine gemeinsame kirchliche Diskussionsgrundlage mit Küng mehr sehen konnte (31 f.), nach den Erklärungen der deutschen, italienischen und französischen Bischofskonferenz und vor allem nachdem bekannt wurde, daß die römische Glaubenskongregation gegen Küng ein Verfahren eröffnet hat.

Mir scheint, daß K. Rahner und K. Lehmann mit ihren kritischen Artikeln alles andere getan haben, als daß sie Küng in Rom ans Messer geliefert hätten. Im Gegenteil, sie haben seine Position eher gestärkt. Durch seinen Sammelband hat Rahner eine Verurteilung Küngs durch Rom eher schwieriger als leichter gemacht. Einmal ist eine solche Verurteilung vom Standpunkt des Lehramts aus jetzt nicht mehr so dringlich erforderlich. Die Theologen haben gezeigt, daß sie die anstehenden Fragen unter sich selbst lösen wollen und können. Eine Komplizenschaft und eine gegenseitige Amtshilfe von Theologieprofessoren besteht offensichtlich nicht. Das Lehramt braucht also nicht von außen eingreifen. Eine direkte Stellungnahme des Lehramts ist durch diesen Sammelband zum zweiten aber auch sachlich schwieriger geworden. Ein bereits vor Küngs Buch erschienener und nunmehr in dem Sammelband abgedruckter Artikel Rahners zeigt, welche sachlichen Interpretationsschwierigkeiten und welch großen Interpretationsspielraum das I. Vatikanische Konzil zuläßt. Für Rahner ist dieser Spielraum so groß, daß er sich – trotz des bleibenden grundsätzlichen Dissenses – sogar zu einer möglichen operativen Einigung mit Küng verstehen kann. Der Sache nach sind sich beide Theologen viel näher, als es die harte Sprache auf beiden Seiten vermuten läßt.

Das zeigt auch ein dritter Gesichtspunkt: Die Lehre Küngs von der Unfehlbarkeit ist nicht so eindeutig, daß man die Frage mit der Verurteilung von ein paar aus dem Zusammenhang gerissenen Sätzen erledigen könnte. Besonders J. Ratzinger hat aufgewiesen, daß diese übliche römische Methode hier absolut nicht ausreicht, da sich das Buch von Küng entgegen dem ersten Eindruck bei genauerer Lektüre als recht «verwinkelt» herausstellt, mag man das nun als Dialektik, als Differenzieren, als salvatorische Klauseln, als Widersprüche, als Eile oder wie immer erklären. Küng läßt sich auf jeden Fall nicht auf ein eindeutiges Nein zum Vatikanum I festlegen. «Wer das Buch von Hans Küng genau liest, wird mit Verwunderung feststellen, daß hinter seiner dramatischen Sprache sich eine merkwürdige Unentschiedenheit in der Sache verbirgt» (116). Nach dem geltenden kanonischen Recht muß ein Widerspruch zur kirchlichen Lehre formell nachgewiesen werden. Dieser Nachweis ist bisher weder von Rahner noch von anderen erbracht worden.

Solange deshalb das Fragezeichen auf dem Buchumschlag ernst gemeint und ernst genommen wird, steht es niemand zu, die Tür zuzuschlagen (371).

Die Frage, wie das kirchliche Lehramt in dieser Situation handeln kann und soll, ist äußerst schwierig. Eine direkte lehramtliche Verurteilung wäre unter diesen Umständen nicht zu rechtfertigen. Es ist sogar die Frage, ob sie wirksam wäre. Die gegenwärtig geltende Verfahrensordnung der römischen Glaubenskongregation wird heute auch von vielen Katholiken als nicht fair und als nicht dem modernen Rechtsempfinden entsprechend abgelehnt. Deshalb könnten lehramtliche Maßnahmen statt zur Stärkung der römischen Autorität nur zu einem weiteren Autoritätsverlust führen. Das sollte das kirchliche Lehramt veranlassen, seine Methoden gründlich zu überdenken und sich zu fragen, wie es unter den heutigen Verhältnissen seiner pastoralen Verantwortung für den Glauben der Kirche wirksam nachkommen kann.

Die Alternative zu einer Verurteilung ist nicht, gar nichts zu tun. Am ehesten bietet sich die Form der biblischen Paraklese (Mahnung) an. Sie ist «ein Herbeirufen, Anrufen, Aufrufen, des weiteren ein Auffordern, Aufmuntern, Aneifern, Anfeuern, ein Bewegen, Bedrängen, Beschwören, ein Bitten, aber auch ein Ermutigen, Begütigen und Trösten» [10]. Sie verbindet also Autorität und Strenge mit menschlichem und christlichem Verständnis; sie ist die Grundform einer «geistlichen» Rede. Das Lehramt könnte etwa den Gläubigen das Problem erläutern, das alle Verbindende herausstellen, die verbindlichen Glaubensgrundlagen aufzeigen und kritische weiterführende Fragen stellen. Auf diese Weise könnte es die Gläubigen zu einem verantwortlichen mündigen Urteil befähigen. Die deutsche Bischofskonferenz hat im Unterschied zu den italienischen Bischöfen in ihrer Stellungnahme einen solchen neuen Stil versucht und dabei für ihre in der Sache feste, in der Form jedoch faire und theologisch qualifizierte Stellungnahme mit Recht Anerkennung gefunden. Rom wäre klug beraten, wenn es in gleicher oder ähnlicher Weise reagieren würde.

Fassen wir zusammen: Hans Küng hat in seinem Buch «Unfehlbar?» eine Frage gestellt, die innerkatholisch möglich ist und sogar hilfreich sein kann; er hat diese Frage aber in einer Weise beantwortet, die ernsthafte Bedenken hinsichtlich der konkreten Verbindlichkeit und der «Sachhaltigkeit» von Glaubensbekenntnissen aufwirft. Diese Fragen lassen sich weder durch kirchliche Verurteilungen noch durch theologische Polemiken lösen. Sie erfordern von der Theologie eine Grundlagenbesinnung auf ihr Wahrheitsverständnis,

10 *H. Schlier,* Die Eigenart der christlichen Mahnung nach dem Apostel Paulus, in: Besinnung auf das Neue Testament. Exegetische Aufsätze und Vorträge II (Freiburg, Basel, Wien 1964) 340.

von der Kirche ein Nachdenken darüber, ob ihre konkreten Strukturen und Methoden der Überzeugungskraft des Evangeliums in dieser Zeit gerecht werden. Würde die Diskussion um das Problem der Unfehlbarkeit dazu führen, dann wäre sie nicht umsonst und alles andere als zum Schaden der Kirche gewesen.

Magnus Löhrer

ZUR DISKUSSION UM DAS PROBLEM DER UNFEHLBARKEIT

Hans Küngs «Unfehlbar?» hat jedenfalls eine Wirkung erzielt: Es hat nicht wenige Theologen veranlasst, zu der von ihm gestellten Anfrage Stellung zu beziehen. Eine Anzahl solcher Äußerungen liegen in dem von Karl Rahner herausgegebenen Sammelband «Zum Problem Unfehlbarkeit» vor, der nicht nur die eigenen Beiträge Rahners und eine weitere Stellungnahme Lehmanns enthält, sondern auch zahlreiche andere Aufsätze verschiedener Theologen bringt, die die Anfrage bzw. die Thesen Küngs kritisch besprechen [1]. Nachdem ich selber eine der ersten größeren Besprechungen von Küngs Buch geschrieben habe [2], mag es am Platz sein, nach der Veröffentlichung dieses Sammelbandes nochmals auf die Frage zurückzukommen. Vielleicht ist es beim augenblicklichen Stand der Kontroverse schwierig, sich zu äußern, ohne sogleich nach einem Freund-Feind-Schema eingestuft zu werden. Ich kann nur sagen, daß ich grundsätzlich zu dem stehe, was ich in meiner ersten Besprechung geschrieben habe, auch wenn ich heute einige Bedenken stärker formulieren würde. Nach wie vor glaube ich, daß Küngs Anfrage ernst genommen werden muß.

Auch wenn es sich in dem von Rahner veröffentlichten Band durchwegs um kritische Stimmen handelt, ist die Beurteilung des Buches von Küng durch die einzelnen Autoren doch recht unterschiedlich. Sie reicht von einer weitgehenden Bejahung des Anliegens Küngs mit kritischen Vorbehalten bei Fries über eine kritische, aber, wie mir scheint, doch positive Auseinandersetzung bei Lehmann bis zu scharfer Polemik etwa bei Brandmüller und Mühlen. Es ist mir nicht bekannt, wie Küng – von der Auseinandersetzung mit Rahner und Lehmann abgesehen – auf diese Veröffentlichung reagiert hat oder reagieren wird. Man darf sich in der ganzen Kontroverse nicht allzusehr darüber aufregen, daß auf beiden Seiten harte Worte gefallen sind. Wer eine Kampfschrift verfaßt – und als diese muß man Küngs «Unfehlbar?» doch wohl ansprechen –, darf sich nicht darüber wundern, wenn sie auch polemischen Reaktionen ruft. Es dürfte aber doch im Interesse der Sache

1 *K. Rahner*, Zum Problem Unfehlbarkeit = QD 54 (Freiburg i. Br. 1971). Die Stellenangaben im Textteil beziehen sich auf dieses Werk.

2 Bemerkungen zu Hans Küng: Unfehlbar? Eine Anfrage: Schweizerische Kirchenzeitung 138, Nr. 38 (1970).

liegen, wenn die Phase polemischer Auseinandersetzung durch eine Phase sachlichen Gespräches abgelöst wird. Damit ist nicht gemeint, daß die bestehenden Divergenzen irenisch eingeebnet werden sollen. Aber erst das intensive sachliche Gespräch kann zeigen, ob und wo wirklich ein unüberbrückbarer Dissens besteht, wo man sich einigen kann und wo Mißverständnisse behoben werden können. Ob so eine wenigstens operative Einigung möglich ist, wie Karl Rahner vorsichtig meint (50 ff), mag einstweilen dahingestellt sein. Daß eine echte sachliche Annäherung mindestens denkbar ist, liegt nicht nur darin begründet, daß die in diesem Band zu Worte kommenden Theologen durchaus um die Problematik der Unfehlbarkeit und der Geschichtlichkeit des Dogmas wissen und sie auf ihre Weise nicht weniger als Küng zu denken versuchen, sondern auch in den durch den Charakter der Schrift Küngs bedingten Schwächen seiner Darstellung, die einer Vertiefung und Präzisierung der Ausführungen in verschiedner Hinsicht rufen. Ich stimme Lehmann zu, wenn er schreibt: «Es gibt in diesen Auseinandersetzungen viele Stadien, Stufen und Formen des Kontakts. Vielleicht gelingt doch noch das wirkliche Gespräch. Das große Fragezeichen auf dem Buchumschlag ... duldet keine vorschnelle Ruhe. Solange das Fragezeichen ernstgemeint und ernstgenommen wird, steht es niemandem zu, die Türe zuzuschlagen» (371).

Beim Lesen der verschiedenen Beiträge dieses Bandes stellt sich die Frage, auf welche Probleme sich das Gespräch mit Küng vor allem konzentrieren müßte. Es liegt in der Natur eines solchen Werkes und auch der vielen Fragen, die von Küng selber angerissen werden, daß die einzelnen Autoren je aus ihrer Sicht die verschiedenen exegetischen, dogmengeschichtlichen, kirchenhistorischen, philosophischen, hermeneutischen und dogmatischen Probleme berühren, die sich im Zusammenhang mit «Unfehlbar?» stellen. Das Eingehen auf solche Einzelfragen ist gewiß nicht müßig, vor allem dann nicht, wenn sie in einem engeren Zusammenhang mit der Argumentation Küngs stehen, doch dürfte ein Fortschritt im Gespräch nur dann zu erreichen sein, wenn man zu den Kernfragen vorstößt. Ich möchte hier auf einige dieser Fragen hinweisen, die mir von besonderer Bedeutung scheinen.

1. Die Interpretation des Vatikanums I

Zur Interpretation der Lehre der Unfehlbarkeit auf dem Vatikanum I wird mit mehr oder weniger Bezug auf Küngs Auslegung vor allem von Brandmüller, Congar und Fries Stellung genommen. Ich möchte hier die Frage der historischen Motivation der Konzilsdefinition ausklammern und nur eine methodologische Bemerkung anbringen. Es scheint mir, daß Küng die Aussagen dieses Konzils zu sehr im Licht einer maximalistischen Auslegungsgeschichte liest. Dieses Vorgehen ist insofern verständlich, als die maximalistische Interpretation nicht nur in der Theologie, sondern auch in der lehramtlichen Praxis der letzten hundert Jahre ihre Auswirkungen hatte, indem manche lehramtlichen Aussagen mit einer Quasi-Infallibilität versehen wurden, die ihnen nach einer gesunden theologischen Auslegung gar nicht zukommt. Diese Problematik scheint mir im Zusammenhang mit der Enzyklika «Humanae vitae» besonders greifbar zu sein. Nach allen Kriterien der theologischen Methodologie kann dieses Dokument nicht als Äußerung des unfehlbaren Lehramtes angesehen werden. Man wird aber kaum bestreiten können, daß es in einem Zusammenhang mit einer Tendenz zur Überinterpretation lehramtlicher, vor allem päpstlicher Dokumente steht, die ihrerseits wiederum durch eine zum Teil nicht reflexe, aber in der Praxis nicht weniger wirksame maximalistische Auslegung des Ersten Vatikanums bedingt ist. Küng sieht ohne Zweifel diese Zusammenhänge, und er hebt sie ins Licht, da es ihm in der ganzen Frage der Unfehlbarkeit um die konkrete kirchliche Praxis geht. Sein Vorgehen scheint mir dennoch problematisch zu sein. Man kann diese Zusammenhänge sehen und dennoch die tatsächlichen Aussagen des Vatikanums I, die doch viel zurückhaltender sind, als es bei Küng den Anschein hat (man vergleiche dazu Fries S. 221 bis 224), von einer sie übersteigenden und verunklärenden Wirkungsgeschichte unterscheiden. Daß dies bei Küng zu wenig geschieht (wie auch verschiedene von ihm angeführte Beispiele zeigen, bei denen leicht nachgewiesen werden kann, daß es sich nicht um Aussagen des unfehlbaren Lehramtes handelt), schwächt seine Argumentation ganz erheblich. Methodologisch müßte man doch drei Momente auseinanderhalten: 1. die maximalistische, wenn auch oft wenig reflexe Auslegung des Konzils, 2. die tatsächlichen Aussagen, so wie sie sich nach dem historischen Kontext in ihrer Tragweite eruieren lassen, 3. die mit dem Zeitenabstand deutlicher werdende Begrenztheit der Perspektive der Konzilaussagen, die es erlaubt, den Fragenkomplex heute in einer umfassenderen Perspektive neu aufzugreifen. Küng geht es in seiner positiven Deutung vor allem um dieses dritte Moment. Aber weil er die ersten beiden Momente zu wenig auseinanderhält, ist der Eindruck kaum zu vermeiden, daß er sich mit seiner Neuinterpretation in direkten Gegensatz zum Vatikanum I stellt, auch wenn er meint, man solle besser sagen, das Konzil hätte sich nicht geirrt, sondern sei der Grundproblematik der Unfehlbarkeit gegenüber blind gewesen[3]. Ich halte eine

3 *H. Küng*, Unfehlbar? (Einsiedeln–Zürich–Köln 1970) 123.

weiterführende Interpretation des Vatikanums I nicht für ausgeschlossen, aber ich meine, daß sie positiv und kritisch dem mehr Rechnung tragen müßte, was der Konzil tatsächlich gesagt hat. Es wäre schade, wenn ein solches Bemühen vorschnell als bequeme Apologetik disqualifiziert würde. Der Geschichte des Glaubens im positiven und negativen Sinn wird man kaum damit gerecht, daß man gordische Knoten mit raschem Streich durchhaut, sondern indem man sie in der Verantwortung für den Glauben heute aufzuarbeiten sucht. Küng ist Neuinterpretationen lehramtlicher Aussagen gegenüber zurückhaltend, weil er, manchmal nicht zu Unrecht, befürchtet, man würde Texte nachträglich sagen lassen, was sie nicht sagen. Aber ist seine Auslegung nicht auch eine Neuinterpretation, auch wenn sie nicht auf dem Vatikanum I, sondern auf weiter zurückliegenden und fundamentaleren Gegebenheiten basieren will? Weshalb sollte (und ich meine: müßte) eine Neuinterpretation nicht auch dem positiv und kritisch Rechnung tragen, was auf dem Vatikanum I definiert wurde?

2. Die Unfehlbarkeit der Kirche und ihre Konkretisierung in dogmatischen Aussagen

Im Gespräch mit Küng muß nicht lange davon die Rede sein, daß der Begriff «unfehlbar» mißverständlich und in verschiedener Hinsicht belastet ist. Dies wird auch von verschiedenen Autoren dieses Sammelwerkes (Congar: 184 ff.; Semmelroth: 198 ff.; Fries 216–232) offen zugegeben. Congar unterstreicht besonders den Begriff der Indefektibilität der Kirche, der der Gesamtheit der geschichtlichen Existenz des Volkes Gottes unter Einschluß aller Verdunkelungen und aller Irrtümer zukommt, wobei er den Begriff «unfehlbar» ganz bestimmten letztverbindlichen Akten des Lehramtes reserviert (193 f.). Fries möchte den Begriff der Unfehlbarkeit durch den Begriff der Letztverbindlichkeit ersetzen: «Statt dessen würde ich den Begriff unfehlbar durch den Begriff *wahr* und *Wahrheit* in Verbindung mit *Verbindlichkeit* ersetzen, die im Fall eines höchsten Engagements zur *Letztverbindlichkeit* werden kann» (227). Solche terminologischen Neuformulierungen haben wohl ihre sachliche Bedeutung, weil sie das mit Unfehlbarkeit wirklich Gemeinte deutlicher herausstellen und gegen Mißverständnisse absichern, während bei Küng der Begriff Unfehlbarkeit von einem maximalistischen Verständnis her allzu negativ aufgeladen wird, so daß die Konturen zwischen dem sachlich wirklich Gemeinten und einer übersteigernden Auslegung verschwimmen.

Von einer gewissen Bedeutung für das Gespräch ist auch der von Scheffczyk gemachte Hinweis, daß Unfehlbarkeit als solche formell nicht den Sätzen zukommt, die als solche nur wahr oder falsch, nicht aber unfehlbar-wahr sein können, sondern sich auf ein urteilendes Subjekt bezieht (162). Dabei muß allerdings, wie Lehmann mit Recht betont (367 ff.), gesehen werden, daß die Wahrheit von Sätzen im Zweifelsfall erhärtet werden muß und daß in diesem Sinn die Gewißheit von Aussagen eine Modifikation ihrer Wahrheit ist. In diesem Zusammenhang stellt sich wohl die entscheidende Frage: Gibt es nicht nur ein wahres (dies wird von Küng keineswegs bestritten), sondern auch ein letztverbindliches Sprechen der Kirche?

Küngs Argumentationsweise bereitet hier erhebliche Schwierigkeiten. Im polemischen Zusammenhang seiner Schrift liegt das Schwergewicht auf der Kritik des Verständnisses der Unfehlbarkeit im Sinn von a priori unfehlbaren Sätzen des kirchlichen Lehramtes. Er zieht für die Argumentation alles bei, was dem Beweisziel dient: historische Verweise auf Irrtümer des Lehramtes und grundsätzliche Überlegungen, die die Zweideutigkeit von Sätzen und die Unmöglichkeit von a priori infalliblen Sätzen zeigen sollen. Persönlich meine ich, daß diese grundsätzlichen Überlegungen besonderes Gewicht haben. Wenn von einem philosophischen Vorverständnis her die Frage grundsätzlich negativ entschieden ist, erübrigt sich auch hinsichtlich des kirchlichen Lehramtes ein Anspruch auf unfehlbare Aussagen. Es wäre deshalb für das Gespräch mit Küng von größter Bedeutung, wenn dieser Sachverhalt genauer geklärt würde.

Vor allem wäre zu fragen, ob nicht in der Konzentration auf «a priori unfehlbare Sätze» eine Verengung der Fragestellung vorliegt, die eine Lösung des Problems verbaut. Wird hier nicht der einzelne Satz von seinem konkreten Kontext isoliert und insofern zweideutig, als er je nach einem Kontext, der hinzugedacht wird, unter Umständen wahr oder falsch erscheinen kann? Eine solche Isolierung von Sätzen ist aber im dogmatischen Sprechen der Kirche nicht gegeben, da die einzelnen Aussagen kontextbezogen und von da her bestimmt sind. So ist es letztlich nicht entscheidend, ob von einem Konzil der Ausdruck homo-ousios gebraucht oder abgelehnt wird (und es muß hier gar kein Widerspruch bestehen), vielmehr kommt es darauf an, in welchem Sachzusammenhang und Kontext die Aussage erfolgt. Küngs Kritik an a priori unfehlbaren Sätzen scheint mir insofern Berechtigung zu haben, als sie sich gegen eine Denzinger-Theologie richtet, die mit solchen isolierten Sätzen operiert. Aber welcher ernsthafte Theologe betreibt heute noch eine solche Theologie? Die meisten der in diesem Sammelband zu Worte kommenden Theologen sind wohl – mit Recht – der Auffassung, daß man solche Sätze als solche, gerade wenn es sich um verbindliche Aussagen handelt, in einem veränderten Kontext auch anders formulieren muß, damit die gemeinte Sache richtig zum Ausdruck kommt.

Man kann nun mit Scheffczyk (150 bis 161) den Versuch unternehmen zu zeigen, daß Küngs Ansatz konsequenterweise zu einem grundsätzlichen Skeptizismus führt, in dem auch die eigene Position nochmals in Frage gestellt wird. Doch möchte ich bezweifeln, daß dieser Weg fruchtbar ist, weil ich nicht glaube, daß Küng selber diese Konsequenzen zieht. Fruchtbarer wäre es wohl, wenn man auf beiden Seiten im Gespräch von zwei gemeinsamen Voraussetzungen ausgehen würde, um dann in kritischer Diskussion weiter voranzuschreiten. Die beiden gemeinsamen Voraussetzungen scheinen mir zu sein: das Bleiben der Kirche in der Wahrheit, an dem Küng nicht weniger als seine Kritiker festhalten möchte, und die Anerkennung der geschichtlichen Bedingtheit der Wahrheit in der Kirche, die die Autoren dieses Bandes (im Gegensatz zu andern Theologen) nicht weniger als Küng festhalten möchten. Ist auf dieser Basis wirklich kein gemeinsames Gespräch möglich? Daß lehramtliche Sätze mißverständlich, zweideutig, gefährlich usw. sein können, wird doch auch von Rahner deutlich gesagt [4]. Freilich bleibt hier die Frage nach dem Unterschied zwischen Zweideutigkeit und Irrtum. Meinen hier die beiden Autoren genau das gleiche? Auch Rahner schließt jedenfalls die Möglichkeit des Irrtums hinsichtlich der Dogmen insofern nicht schlechthin aus, als er sagt: «Auch Dogmen können insofern ‹irrig› sein, als sie bleibend in der Geschichte stehend, konkret immer auch mit begleitenden Meinungen, Vorstellungsmodellen usw. amalgamiert sein können, die unter Umständen irrig sind; es kann sein, daß die in die Zukunft weitergehende, nicht unter der autonomen Steuerung des betreffenden Dogmas stehende Geschichte der darin verwendeten Begriffe dieses Dogma ‹irrig› werden läßt, wenn seine Begriffe von dem späteren Punkt dieser Begriffsgeschichte her verstanden werden, obwohl das betreffende Dogma in seinem ursprünglichen Sinn richtig bleibt; es kann auch ein Dogma von einem als ‹irrig› verstanden werden, der das Moment der in einem Dogma auch mitgegebenen Sprachregelung nicht versteht oder sich dieser, gewissermaßen schismatisch, nicht aber eigentlich häretisch, nicht fügt...» (63). Ratzinger scheint einen ähnlichen Sachverhalt zu meinen, wenn er davon spricht, «daß das Dogma in seiner durch alle Defekte der menschlichen Sprache hindurch erkennbaren *Grundausrichtung* (Unterstreichung von mir) wahr ist» (115). Schnackenburg spricht von der «Stoßrichtung» einer dogmatischen Formulierung (135). Vorgrimler unterstreicht die radikale

4 Vgl. *K. Rahner,* Was ist eine dogmatische Aussage?: Schriften zur Theologie V (Einsiedeln 1962) 57 f.

Wandelbarkeit eines Verständnishorizontes, der einer Neuinterpretation eines Dogmas rufen kann, wobei er freilich damit rechnet, daß das frühere Verstehen der Kirche unter seinen Voraussetzungen recht hatte, daß die frühere Kirche mit ihrem Sprechen eine bestimmte Wirklichkeit realisierte, die noch früher in der Kirche *so* nicht gegeben war und später *so* nicht mehr gegeben sein wird» (333). Wo die Dinge so differenziert gesehen werden, scheint mir die Problematik von «a priori infalliblen Sätzen» schon im Ansatz überholt. Entscheidend bleibt freilich – dies dürfte das gemeinsame Anliegen dieser Theologen sein –, daß die Grundausrichtung des früheren Dogmas auch in einer Neuformulierung zu bewahren ist, wenn die Aussage vom Bleiben der Kirche in der Wahrheit einen Sinn haben soll. Aber will Küng dies wirklich bestreiten? Ein grundsätzlicher Konsens würde immer noch im Hinblick auf das einzelne Dogma die Frage offen lassen, worin diese Grundausrichtung tatsächlich besteht, und diese Frage wird in mancher Hinsicht eine offene Frage bleiben, weil Glaubensaussage und Glaubensvorstellung mit dem damit gegebenen Moment theologischer Reflexion nicht adäquat geschieden werden können.

Vielleicht könnte hier das Gespräch auf der von Walter Kasper angegebenen Linie weitergeführt werden, den Küng im positiven Sinn zitiert [5] und der sich doch von ihm absetzt und – mit einem kritischen Vorbehalt zu Rahner – sich der Sicht der oben genannten Theologen annähert, wenn er schreibt: «Trotzdem besteht (im Vergleich zu Küng) ein entscheidender Unterschied: ich habe mein Verständnis der Unfehlbarkeit auf dem Hintergrund einer Verhältnisbestimmung von Sprache, Wahrheit und Wirklichkeit entwickelt, welche die Satzwahrheit und das Gehaltenwerden in der Wahrheit in innerer Zuordnung zueinander sieht. Das bedeutet, daß auch der einzelne dogmatische Satz als geschichtlicher und menschlicher Satz zwar mit Meinungen, Vorstellungshintergründen, Motiven usw. vermischt sein kann, die irrig sein können, daß er aber zumindest in der Weise an dem Gehaltenwerden der Kirche in der Wahrheit teilhat, daß er in seiner Grundausrichtung den Zugang zu dieser Wahrheit nicht verunmöglichen kann, sondern – wenn auch in unter Umständen sehr defekter Weise – auf diese ihn je übersteigende Wahrheit hinweist. Während jedoch K. Rahner darauf Wert legt, daß die Infallibilität, ‹auf die Wahrheit des einzelnen Satzes als solchen bezogen ist›, vermag ich die Wahrheit des einzelnen Satzes nur im Zusammenhang aller dogmatischen Sätze, ihres Verhältnisses zur Schrift und zur gegenwärtigen Verkündigungssituation zu verstehen. Dieser Zusammenhang ist für mich nichts Statisches, sondern ein ständig lebendiger Interpretationsprozeß, in dem ein Dogma je-

5 *H. Küng*, Unfehlbar? 162 f.

weils nach vorn offen ist. Der einzelne Satz ist wahr, insofern er im Strom dieser Geschichte ‹mitschwimmt› und von dort her seinen Stellenwert und seine Sinnausrichtung erhält. Wird er aus diesem Gesamtzusammenhang herausgerissen, dann kann er tatsächlich sowohl wahr wie falsch sein[6].» Es scheint mir nicht ausgeschlossen, daß man auf dieser Linie weiterkommen könnte. Küng müßte dann allerdings genauer als bisher das Verhältnis von Sprache, Wahrheit und Wirklichkeit oder – wie Scheffczyk es fordert – den Zusammenhang von Satzwahrheit und Seinswahrheit herausheben, und er müßte versuchen, positiv zu zeigen, wie sich kirchliche Unfehlbarkeit in dogmatischen Aussagen nun tatsächlich konkretisieren. Gibt es für ihn ein letztverbindliches Sprechen der Kirche, das bei aller Situationsbezogenheit und bei aller Offenheit für eine künftige Übersetzung in neue Verständnishorizonte doch in seiner Grundausrichtung maßgeblich bleibt?

Um die Sache an einem zentralen Beispiel zu verdeutlichen: Hat die Aussage des Konzils von Chalkedon in dem, was sie zentral meint, bei aller Kritik, die u. U. an der Formel als solcher angebracht werden kann, und bei aller Offenheit für eine Übersetzung in einen neuen Verstehenshorizont, dennoch eine bleibende Bedeutung für den christlichen Glauben? Oder ist es denkbar, daß die dort angegebene Grundrichtung, so wie sie sich aus dem Kontext der zeitgenössischen christologischen Diskussionen ergibt, auch falsch sein könnte? Oder im Blick auf Nikaia: Könnte es sein, daß die Kirche später einmal zur Einsicht kommt, daß tatsächlich Arius und nicht das Konzil recht hatte? Wenn dies angenommen wird, dürfte es ein letztverbindliches Sprechen der Kirche nicht mehr geben. Es wäre dann auch nicht mehr ersichtlich, wie Satzwahrheit und Seinswahrheit zusammenhängen, wie sich das Bleiben der Kirche in einer dogmatischen Aussage konkretisiert, und faßte man den Begriff des Dogmas noch so dynamisch und offen wie etwa Kasper. Man könnte auch nicht mehr sehen, wie es so etwas wie eine «proportionale Glaubensnorm» geben kann[7]. Aber will Küng eine solche Position wirklich vertreten, oder formuliert er nur weniger differenziert, was im Grunde genommen auch seine Gegner, soweit sie in diesem Band zu Wort

6 Zur Diskussion um das Problem Unfehlbarkeit: s. o. S. 85 f. In diesem Zusammenhang möchte ich nochmals auf die Analogie zum Problem der biblischen Inerranz hinweisen, auf die ich in meiner früheren Besprechung aufmerksam machte und die m. W. bis jetzt in der Diskussion nicht aufgegriffen wurde. Es scheint mir, daß die dynamische Sicht der Unfehlbarkeit die Kasper entwickelt, dem von mir anvisierten dynamischen Verständnis der biblischen Inerranz bzw. der Wahrheit der Schrift sachlich entspricht.

7 Vgl. dazu *E. Schillebeeckx,* Beiträge zu einer hermeneutischen und kritischen Theologie (Mainz 1971) 63–68.

kommen, zugeben[7a]? Eine Unklarheit müßte hier wohl für das Gespräch behoben werden. Ich verstehe so wenig wie Ratzinger (114 f.) und Lehmann (352 ff.), wie Küng im Hinblick auf (defensiv definierende) dogmatische Sätze sagen kann, daß sie ein endgültiges Ja oder Nein erfordern, gleichzeitig in diesen Sätzen aber nur eine situationsbedingte pragmatische Sprachregelung zu sehen scheint[8]. Wenn damit gesagt werden soll, daß sie als Sätze überholbar, übersetzbar, für neue Verständnishorizonte offen sind, ist dies ohne Zweifel richtig. Ebenso ist es richtig, daß die Aussagen stets situationsbezogen zu lesen sind. Aber ein endgültiges Ja oder Nein zu einem Glaubenssatz ist doch nur dann möglich, wenn die in ihm angezielte Sache bleibende Gültigkeit hat.

3. Die Unfehlbarkeit und das Amt

Wie wir bereits betont haben, kommt Unfehlbarkeit streng als solche nicht den Sätzen, sondern einem Subjekt zu, das beansprucht, unter ganz bestimmten Bedingungen letztverbindlich in Sachen des Glaubens sprechen zu können. Dieses Subjekt ist ohne Zweifel grundlegend die Kirche als solche. Es ist dann aber auch nach katholischem Verständnis die Kirche in ganz bestimmten Organen des kirchlichen Amtes. Ich möchte hier nur kurz auf ein Bedenken zurückkommen, das ich schon in meiner früheren Besprechung geäußert habe und das im vorliegenden Band in ähnlicher Weise von Ratzinger (106 bis 110) und Congar (191 ff.) vorgebracht wird. Küng gesteht dem Amt zwar zu, daß es in extremis in Sachen der Lehre «in kirchlicher Verbindlichkeit *und*

7a Nicht uninteressant ist in diesem Zusammenhang ein Vergleich mit dem Exkurs: «Der Weg zur klassischen Christologie», den Küng in: Menschwerdung Gottes (Freiburg 1970) 611–622 bringt. Der Vergleich ist um so interessanter, als die Veröffentlichung fast gleichzeitig mit «Unfehlbar?» erfolgte. Küng macht im Zusammenhang mit der alten Konzilsgeschichte auf «die fragwürdige Verbalinfallibilität konziliarer Sätze und Formeln in dieser Zeit» (S. 614) aufmerksam. Aber wenn er als Grund dafür angibt, daß verschiedene dogmatische Formeln unter Umständen faktisch dasselbe meinen, so hebt er etwas hervor, was wohl auch die Theologen dieses Sammelbandes zugeben. Um eine solche Verbal-Infallibilität einer Formel kann es doch gar nicht gehen! Was Küng sonst der Sache nach in diesem Rekurs schreibt, scheint mir durchaus akzeptabel zu sein. Er unterstreicht zwar stark die Fragwürdigkeit auch der Formeln von Nikaia und Chalkedon, aber anderseits betont er, daß man um den Gebrauch der Termini «Orthodoxie» und «Häresie» nicht herumkomme (S. 412), auch wenn in der Orthodoxie viel Irrtum und in der Häresie viel Wahrheit sein könne. Er betont die entscheidenden Grundanliegen, die die Kirche damals nach rechts und nach links verteidigen mußte (S. 614) und er sieht die Geschichte des christologischen Dogmas als Geschichte dieser notwendigen, wenn auch oft inadäquaten Verteidigung. Besteht hier wirklich ein unüberbrückbarer Dissens zwischen Küng und den in diesem Sammelband zu Worte kommenden Theologen? Persönlich scheint mir dies zum mindestens sehr zweifelhaft.

8 *H. Küng*, Unfehlbar? 120.

situationsbedingter Vorläufigkeit» sprechen kann[9]. Er betont auch ausdrücklich, daß es «innerhalb der apostolischen Nachfolge der gesamten Kirche ... eine besondere apostolische Nachfolge der Kirchenvorsteher oder Hirten (gibt), insofofern sie, ohne selber Apostel zu sein, die besondere apostolische Funktion der Kirchengründung oder Kirchenleitung weiterführen[10].» Hier wäre unter anderem zu fragen: Was meint genau «kirchliche Verbindlichkeit»? Ist sie mehr als eine temporäre Ad-hoc-Maßnahme? Kommt dem apostolischen Amt ein bestimmtes Lehrcharisma zu, das es ihm erlaubt, unter ganz bestimmten Bedingungen wirklich letztverbindlich zu sprechen? Die Sache scheint mir deshalb nicht ganz klar zu sein, weil Küng m. E. die Lehrfunktion zu sehr vom Hirtendienst loslöst. An anderer Stelle schreibt er: «Wo also manifestiert sich in diesen dunklen Epochen wirklich die Indefektibilität der Kirche? Nicht in der Hierarchie und nicht in der Theologie, sondern unter jenen zahllosen, meist unbekannten Christen – und es waren auch immer einige Bischöfe und Theologen darunter –, die auch in den schlimmsten Zeiten der Kirche die christliche Botschaft hörten und nach ihr in Glaube, Liebe, Hoffnung zu leben versuchten[11].» Hier ist sicher Richtiges und Wichtiges gesagt. Aber wird in der antithetischen Formulierung die entscheidende Aufgabe des kirchlichen Amtes nicht zu sehr verdunkelt? Küng hat früher in seinem Buch über die Rechtfertigung bei Karl Barth von einem bestimmten «Gefälle» einer Theologie gesprochen[12]. Muß man nicht sagen, daß es in «Unfehlbar?» zum mindesten ein Gefälle in der Richtung gibt, daß die Lehrfunktion des Amtes zu sehr beschnitten wird?

4. Der Theologische Zirkel

Die Frage nach dem Theologischen Zirkel – ich übernehme diese Formulierung von Paul Tillich[13] – ist die Frage nach dem Standort, von dem her,

9 Unfehlbar? 195.
10 Unfehlbar? 186 f.
11 Unfehlbar? 154.
12 *H. Küng*, Rechtfertigung (Einsiedeln 1957) 270.
13 *P. Tillich*, Systematische Theologie I (Stuttgart 1956) 15–18. Tillich verwendet den Ausdruck vor allem, um den verschiedenen Standort des Theologen im Vergleich zum Religionsphilosophen zu kennzeichnen. Für unsere Frage ist folgende Aussage erheblich: «Oder er (der Theologe) wird wirklich Theologe, ein Interpret seiner Kirche und ihres Anspruchs auf Einmaligkeit und Allgemeingültigkeit. Dann betritt er den theologischen Zirkel und sollte zugeben, daß er es wirklich getan hat.» S. 17. Der Begriff des Theologischen Zirkels bei Tillich scheint mir dem zu entsprechen, was Rahner «system-immanente Theologie» nennt, wobei freilich nochmals der Unterschied zwischen einem protestantischen und einem katholischen Verständnis eines solchen Zirkels zu beachten ist. Das protestantische Prinzip erlaubt es Tillich nicht, ein Lehramt im katholischen Sinn anzuerkennen.

und nach den Kriterien, nach welchen Theologie betrieben wird. Diese Frage wird in «Unfehlbar?» nicht ausdrücklich gestellt (Küng hat sie aber auf seine Weise im Buch über die Rechtfertigung berührt [14], wobei ich dem, was dort ausgeführt wird, im Prinzip durchaus zustimme), sie wurde aber in der Kontroverse zwischen ihm und Rahner der Sache nach aufgegriffen. Rahner ist der Meinung, man könne Küngs These nicht mehr als innerkatholische Kontroverse behandeln, weil keine gemeinsame Plattform des Gesprächs mehr gegeben sei (31 ff.). In einer Replik auf Küngs Antwort kommt er auf die Frage zurück, wobei er die nach ihm mögliche Plattform eines innerkatholischen Gesprächs folgendermaßen umschreibt: «Aber es ist nun einmal für jede katholische Theologie, die ich kenne und immer vorausgesetzt habe, nicht so, daß das heute in der Kirche sich aussprechende Glaubensbewußtsein dort, wo es einen absoluten Glaubensassens fordert, für mich erst *dann* und nur dann eine verpflichtende Bedeutung hat, wenn ich als einzelner Theologe mir oder andern den historischen Nachweis geführt habe, daß diese Glaubensforderung der heutigen Kirche vor der Schrift und der früheren Tradition bestehen kann. Das aktuelle Glaubensbewußtsein der heutigen Kirche ist für mich selber eine theologische Instanz und zwar so, wie dieses sich in den einen absoluten Glaubensassens fordernden Lehrentscheidungen des ordentlichen oder außerordentlichen Lehramts der Kirche ausspricht. Für mein theologisches Verständnis gehörte und gehört dies zu den Grundlagen einer katholischen Theologie» (53 f.). Von da her bezeichnet Rahner seine Theologie als eine Theologie innerhalb des «Systems» (58 ff.).

Es scheint mir nicht, daß Küng auf diese Frage schon genügend geantwortet hat, es sei denn, er sei der Auffassung, er stehe in Sachen theologischer Methodologie noch auf dem gleichen Boden wie im Buch über die Rechtfertigung. Dies ist aber nicht ohne weiteres ersichtlich. Wo liegen für Küng die entscheidenden Kriterien einer theologischen Argumentation? Man muß zugeben, daß die Zuordnung der einzelnen «loci» in der theologischen Methode eine schwierige Sache ist, weil man sie nicht einfach von einem einzelnen Punkt her entwerfen kann. Auch nicht vom Lehramt als einem «Superkriterium» her, weil sonst nebst anderem übersehen wird, daß das Lehramt unter dem Worte Gottes steht und von da her der Kritik vom normativen Zeugnis der Schrift her bedarf [15]. Ich weiß nicht, ob Küng als letztes Kriterium

14 Rechtfertigung 105–127.

15 Vgl. dazu meinen Beitrag: Überlegungen zur Interpretation lehramtlicher Aussagen als Frage des ökumenischen Gesprächs: Gott in Welt II (1964) 499–523, der seither von W. Kasper u. a. weitergeführt wurde. Vgl. *W. Kasper*, Dogma unter dem Wort Gottes (Mainz 1965).

der theologischen Arbeit einfach das Evangelium einsetzen möchte, von dem her alle Glaubensaussagen, auch die Aussagen der Schrift als einzelne, zu normieren sind. Die kritische Frage scheint mir dann aber zu sein, wie der einzelne Theologe dieses Kriterium handhaben kann. Welche Rolle spielt das aktuelle Glaubensbewußtsein der Kirche, das wiederum, nicht nur, aber auch, im Bezug zum kirchlichen Amt zu sehen ist? Kann der Theologe von diesem Glaubensbewußtsein gewissermaßen abstrahieren, um mit Hilfe seiner historisch-kritischen Methode zu entscheiden, welche Aussagen der Kirche vor dem Evangelium heute Geltung haben oder nicht? Würde dann aber nicht de facto der einzelne Theologe sich selber zur letzten Instanz in Sachen der Glaubens machen trotz aller Bereitschaft, die Küng ganz sicher zuzubilligen ist, der Stimme des Evangeliums in der Kirche «opportune importune» Geltung zu verschaffen? Diese Fragen sind ernst gemeint. Ich weiß tatsächlich nicht, wie Küng sie beantwortet. Für den weiteren Gang des Gesprächs dürfte aber diese Abklärung von grundlegender Bedeutung sein. Ich stimme einer kritischen Betrachtung des Lehramtes und seiner Äußerungen, auch der «unfehlbaren» Äußerungen, durchaus zu, aber ich meine, daß eine solche Kritik nur innerhalb des theologischen Zirkels erfolgen kann, in dem das aktuelle Glaubensbewußtsein der Kirche ein Moment ist, ohne das ich das Evangelium als Norm gar nicht handhaben kann.

Küngs «Unfehlbar?» präsentiert sich als Anfrage. Es ist eine Anfrage, die ernst genommen werden muß. Was hier im Anschluß an das von Rahner herausgegebene Sammelwerk gesagt wurde, hat ebenfalls zum großen Teil den Charakter von Fragen, die dieses Mal an Küng gerichtet werden. Wie mir scheint, kommt man in der gegenwärtigen Phase des Gesprächs nur vorwärts, wenn man gegenseitig frägt und bereit ist, aufeinander zu hören. In diesem Sinn möchte ich hoffen, daß die hier vorgetragenen Bemerkungen wenigstens einen bescheidenen Beitrag zur Weiterführung und zur Versachlichung des Gesprächs leisten.

B. ZUR BIBLISCHEN UND HISTORISCHEN PROBLEMATIK

Annie Jaubert

UNFEHLBAR? BEOBACHTUNGEN ZUR SPRACHE DES NEUEN TESTAMENTS

Diese Überlegungen sind von der Stelle in «Unfehlbar?» angeregt, worin H. Küng in bezug auf die Schrift sagt: «Wem also kommt Infallibilität zu: der Kirche oder der Bibel? Wie nicht der Kirche, so nicht der Bibel, sondern im strengen Sinn Gott allein und seinem Wort; seinem Wort, das in Jesus Fleisch geworden ist...» (S. 179).

Die folgenden Bemerkungen sind bei weitem nicht erschöpfend; sie gehen ganz einfach von Beispielen aus, beabsichtigen aber, eine eingehendere Analyse anzubahnen.

Eine erste Reihe von Reflexionen kreist um Jesus Christus selbst und seine Botschaft, wie sie uns aus den Evangelien bekannt sind. Eine zweite Reihe befaßt sich mit Krisen, wie sie die christliche Urgemeinde erlebt hat, und mit den Problemen, vor die gewisse Auffassungen über das Neue Testament uns stellen.

Das Zeugnis von Jesus Christus in tastenden Formeln

Es besteht kein Zweifel, daß wir deswegen immer auf die Schrift angewiesen sind, weil sie das vorzüglichste Mittel ist, um Jesus Christus kennenzulernen. In ihr wird das zentrale Wort, Jesus Christus selbst, eingeleitet oder zum Ausdruck gebracht. Es besteht jedoch ebenfalls kein Zweifel, daß die gesamte Schrift sich der Sprechweise des Menschen bedient. Selbst im Neuen Testament haben wir es mit literarischen Arten, mit Kategorien zu tun, die sich von den unsrigen von Grund auf unterscheiden. Wie können wir das Wort, das Jesus Christus selbst ist, durch menschliche Ausdrucksweisen hindurch vernehmen, die uns dieses Wort vermitteln? In welchem Sinn können wir sagen, es sei unfehlbar?

Wie wir wissen, geben uns die Evangelien Jesusbilder, die durch verschiedene Gemeinden hindurchgegangen sind und sich in unterschiedlichen Milieus niedergeschlagen haben; es sind Katechesen, die auf besondere Zuhörerkreise abgestimmt sind. Es ist im allgemeinen schwer zu unterscheiden zwischen dem, was Jesus sagt, und dem, was die Gemeinde sagt. Das Fahnden nach den «ipsissima verba» Jesu kann zu positiven, wenn auch ungewissen Resultaten führen; doch selbst materiell authentische Worte Jesu sind in einem gegebenen Kontext und in einer bestimmten Zeit anzusiedeln. Übrigens: wollte man annehmen, Jesus habe uns eine Schrift hinterlassen, die aus seiner eigenen Hand stammt, könnte dies geradezu eine Katastrophe bedeuten – eine Katastrophe, wenn wir an den Buchstaben dessen, was Jesus geschrieben hätte, geschmiedet wären; wenn wir wohl Worte, nicht aber einen Geist kanonisieren würden.

Selbst die Worte Jesu waren eine Menschenrede und somit begrenzt und der Sprache seiner Umgebung verhaftet. Das Gebet der Gebete, «Unser Vater im Himmel», dieses Gebet, das so klar scheint, kann von verschiedenen Lippen in verschiedenem Sinn gesprochen werden. Es ist eine jüdisch-rabbinische Formulierung, die Jesus übernommen hat. Doch wenn er eine ihm vorgegebene Sprache verwendet, erfüllt Jesus sie mit einem tieferen Sinn. Er läßt uns dieses Gebet im Verein mit ihm beten. In welchem Sinn läßt er es uns beten? In welchem Sinn sagt er selbst «Vater!»?

In der Art und Weise, wie Jesus sich an seinen Vater wendet, liegt etwas Einmaliges. Dieses besteht nicht bloß darin, daß er sagt «Mein Vater!». Der Gerechte, von dem im Buch der Weisheit die Rede ist, sagte ebenfalls, er habe Gott zum Vater (Weish 2,16), und zu jedem Jünger könnte man von Gott als von «Deinem Vater» (Mt 6,4.6.18) reden. Sondern es ist die Haltung Jesu, seine sohnhafte Existenzweise, die seine Jünger auffordern, tiefer in den Sinn dieser Worte einzudringen. Er setzt sie auf die Piste und uns mit ihnen.

Jesus Christus hat sich nie der Formel «Gottessohn» bedient. Was besagt diese? In einer hellenistischen Welt war sie eine nichtssagende Banalität; im Judentum bezog sie sich auf die treuen Israeliten (Weish 2,13; Hos 2,1) und auf den Messias (vgl. Ps 2,7). In welchem Sinn konnten die Dämonen, in welchem Sinn der Hauptmann diese Formel aussprechen? Wird sie auf Jesus angewandt, ist sie nicht verfehlt, aber begrenzt, unzureichend; sie bedarf einer eingehenden Erklärung; man könnte sich nicht an sie halten wie an eine feste Formel; sie hat die Rolle, uns in Gang zu bringen.

Was die Jünger mit Jesus erlebt haben, ist wichtiger als das, was zu ihnen gesagt worden ist. Ihr Weg war weniger durch formulierte Sätze vorgezeichnet als durch die Taten, die Verhaltensweisen Jesu, durch all das, was sie in das Mysterium seiner Person eintreten ließ. Jesus war ein Wort in Taten, ein Wort in Gesten. In der ganzen Bibel hat sich Gott mehr in Handlungsweisen als in Definitionen kundgetan.

Die eigentliche Sprache, die die Jahrhunderte durchquert, ist Christus in seinem Ausgeliefertsein am Kreuz. Dieser Akt bedarf der Worte, um ihn zu erklären (es gibt im Verlauf der Geschichte ganze Reihen von Gekreuzigten).

Das Wort ist auf das Ereignis, das Ereignis auf das Wort angewiesen. Doch ein nicht in Taten umgesetztes, nicht in Erlebnissen kundgetanes Wort ist ein desinkarniertes Wort, das den Menschen nicht zu packen vermag.

Das am stärksten durchgedachte Evangelium ist das des Johannes. Der Wahrheitsbegriff ist in diesem Evangelium vielgestaltig. Christus ist für es derjenige, der die Wahrheit sagt, er gibt sich aber auch als der aus, der die Wahrheit selbst ist: «Ich bin der Weg, die Wahrheit und das Leben.» Die «Wahrheit» ist zwischen den «Weg» und das «Leben», zwischen zwei Dynamismen hineingestellt. Wenn Johannes Jesus mit der Wahrheit identifiziert, so identifiziert er ihn nicht mit einer abstrakten Wahrheit, mit einer Wahrheit, die sich in einer Rede erschöpfen würde. Er versucht, das Mysterium der Person Jesu durch Formeln zum Ausdruck zu bringen, die sich gegenseitig ergänzen: «Ich bin das Licht der Welt...; ich bin der Weinstock...; der gute Hirt...» Letztlich schätzt er die Bildersprache viel mehr als jede andere Formulierung. Die zutreffendste – oder die am wenigsten unzulängliche – Sprechweise ist das Symbol in dem Sinn, wie der Gestus ihn suggeriert. Als Jesus am Jakobsbrunnen vor der Samariterin als Bittender auftritt, während er doch darnach lechzt, das lebendige Wasser zu spenden, läßt er da nicht – besser als durch jegliche Definition – in das Mysterium der Beziehungen zwischen Gott und dem Menschen eindringen?

Kurz, was Jesus von Gott offenbart, wird uns vermittels tastender Formeln gegeben, die auf den Weg versetzen, durch andere Formeln erklärt und vor allem in Gesten umgesetzt werden müssen. Die Art und Weise, wie sie erlebt und gelebt werden, ist das Targum. Und doch gibt es kein «Targum» ohne den Geist. «Wenn der Geist kommen wird», heißt es bei Johannes, «wird er euch in die ganze Wahrheit einführen.» Die Jünger haben nach dem Tode Jesu in einer Dynamik gelebt; sie sind «geführt», fortschreitend über Worte, Gesten, Taten aufgeklärt worden...; sie sind nicht an Formulierungen gefesselt worden, sondern traten Schritt für Schritt in ein Mysterium ein.

Die vorhergehenden Beispiele betrafen die Sprechweise der Evangelien, insofern diese das Mysterium Jesu und somit das Mysterium der Beziehungen zwischen Gott und dem Menschen auszudrücken suchen. Wir müßten uns nun besonders mit dem Bereich der Ethik befassen. Dieser Bereich tritt in unsern Gesichtskreis, weil die Infallibilität den Glauben *und die Sitten* betrifft (H. Küng ist vom Fall «Humanae vitae» ausgegangen).

Es gibt Vorschriften, die Jesus eigen sind, obwohl sie stets im Erdreich des Alten Testaments und des zeitgenössischen Judentums wurzeln. Das Gebot, das als entscheidend hervortritt, ist zweifellos das der Liebe zum Nächsten:

«Liebet einander, wie ich euch geliebt habe.» Das «wie ich euch geliebt habe» – eine Formulierung bei Johannes – betont, daß es hier um viel mehr geht (Analogie der göttlichen Liebe) als um das Gesetz der gegenseitigen Liebe, das schon die Juden kannten und das einfach ein menschliches Gebot sein könnte (viele sehnen sich nach Gemeinschaft unter den Menschen).

Haben wir aber einmal anerkannt, daß die Lehre Jesu wirklich in diesem Gebot gipfelt, so fragen wir uns: «Was hat das für unser konkretes Tun zu besagen?». Denn dann kommt es zu allerhand Konflikten: Soll man aus Liebe selbst die Wahrheit opfern? Wie weit darf man Konzessionen machen? Welchen Entscheid sollen wir treffen angesichts sozialer Ungerechtigkeit (Gewaltanwendung oder Gewaltlosigkeit)? Sollen wir die Seele lieben oder den Leib? Selbst die Inquisition konnte sich auf dieses Gebot berufen. Paulus verlangte von den Korinthern: «Ihr sollt einen solchen dem Satan übergeben zum Verderben für das diesseitige Leben, damit sein Geist gerettet werde am Tage des Herrn» (1 Kor 5,5). Kurzum, über dieses Gebot sind wir uns alle einig; sobald es aber darum geht, es konkret anzuwenden, gehen die Meinungen auseinander und das Gebot verschwindet am Horizont.

Hat Jesus denn nie die Handlungsweise bestimmt? Hier ein Beispiel dafür: «Wenn man dich auf die rechte Backe schlägt, halte auch die andere hin!» (Mt 5,39). Diesmal ist die Schwierigkeit umgekehrt. Wir wissen, daß dieses Geheiß orientalisches Gepräge trägt. Jesus selbst hat protestiert, als er von einem Knecht des Hohenpriesters geschlagen wurde (Joh 18,23). Wenn man über den buchstäblichen Sinn hinweggehen soll, um den eigentlichen Sinn des Gebotes zu bewahren, bedarf es somit einer Interpretation. Soll man dem Bösen nie widerstehen? Aber die polemischen Reden der Evangelien, beispielsweise die harten Verdammungsurteile über die Pharisäer (Mt 23,14 f.) zeigen, wie sehr ein moralisches Verhalten von einem bestimmten Rahmen, einem bestimmten Ort, einer bestimmten Zeit abhängt. Jede konkrete ethische Weisung, die nicht an die Gesinnung appellieren würde, wäre somit eine stets revidierbare Rede, nach deren Sinnrichtung zu suchen wäre.

Kurz, mag es sich nun um Anwendungsregeln oder um das zentrale Gebot der Bruderliebe handeln, wir sind auf eine offene Moral verwiesen, die sich nicht mit Festhalten am Buchstaben begnügen darf, sondern einem Horizont zustrebt, und deren Wege stets neu herauszufinden sind.

Die Bedingtheit christlichen Glaubens und Handelns in den Krisen des Urchristentums

Eine zweite Reihe von Bemerkungen betrifft das, was in der Urkirche vorgegangen ist. Auch hier kann man unterscheiden zwischen dem, was zum *Glaubensbereich*, und dem, was zum *ethischen* Gebiet gehört, obwohl die beiden Aspekte eng miteinander verknüpft sind.

a. Welche Lehre erteilt uns eine der großen Krisen zu Beginn des Christentums: die Parusieverzögerung? Es schien doch zur christlichen Botschaft zu gehören, daß die Wiederkunft Christi nahe bevorstehe.

Man kann natürlich sagen, die Markusapokalypse in Kapitel 13 spreche vom Ende Jerusalems in Bildern des Weltendes; bekanntlich handelt es sich hierbei um ein literarisches Genus. Wohlmeinende Theologen haben behauptet, das Neue Testament habe nie gelehrt, die Parusie stehe unmittelbar bevor. Wie dem nun auch sein mag, es kam zu einer Krise, von der im zweiten Petrusbrief die Rede ist: «Spötter werden sagen: ‹Wo bleibt seine verheißene Wiederkunft?› ... Nicht, daß der Herr seine Verheißungen hinauszögerte ..., sondern er läßt seine Langmut gegen euch walten, da nach seinem Willen niemand verloren gehen soll, sondern alle zur Besinnung kommen sollen» (3,3–9). Die Krise hat auch im ersten Klemensbrief (23,3) Spuren hinterlassen: einzelne haben an der Verheißung Gottes gezweifelt.

Die ersten christlichen Generationen haben für die Parusieverzögerung eine Erklärung gefunden, den Gedanken der Gnadenfrist: der Herr läßt noch eine Frist zur Reue. Später, seit der Zeit Justins, sind in der christlichen Gedankenwelt das Kommen Jesu und das Kommen des Reiches entflochten; man hat über die beiden Parusien eine Reflexion angestellt: Die erste Ankunft Jesu ist in Schweigen und Erniederigung geschehen, bei seiner Wiederkunft wird er als Richter im Glanz seiner Herrlichkeit kommen. Zu unserer Zeit haben viele Theologen über den Sinn der Heilsgeschichte seit dem Kommen Jesu nachgedacht. Kurzum, von Jahrhundert zu Jahrhundert haben sich die christlichen Denker bemüht, die «Verzögerung», die anfänglich noch unverständlich erschien, rational aufzuhellen.

Schließlich aber hat sich Paulus materiell geirrt, als er im ersten Thessalonicherbrief schrieb: «Denn das können wir euch mit einem Wort des Herrn sagen: Wir, die noch Lebenden, die bis zum Kommen des Herrn noch übrig bleiben, werden durchaus nicht im Vorteil sein gegenüber den Entschlafenen. Denn er, der Herr, wird beim Befehlsruf, bei der Stimme des Erzengels, beim Schall der Posaune Gottes vom Himmel herniederkommen; zuerst werden die

Toten auferstehen, die in Christus sind; dann werden wir, die lebend Zurückgebliebenen, zusammen mit ihnen entrückt werden auf den Wolken, dem Herrn entgegen in die Lüfte; und so werden wir immerdar mit dem Herrn vereint sein» (4,15–17).

Dieser Text ist für uns ein Denkanstoß. Wie war es – trotz des Gewichtes der prophetischen Überlieferung, die im Kommen des Messias die Ankunft des Gottesreiches sah; trotz der Gewißheit des Glaubens, daß Christus der höchste Gesandte des Vaters sei und daß nach ihm niemand mehr eine Ergänzung beizubringen habe – möglich, das Kommen Jesu und den Anbruch des Reiches nicht als gleichzeitige Vorgänge zu begreifen? Christus, das Alpha und Omega, war doch das Ende der Geschichte. Ihm hatte sich doch von Anfang an die Erwartung der Menschen zugewandt; wie konnte dann die Geschichte ruhig weitergehen, während er doch das Ziel der Verheißungen war und es keinen andern zu erwarten gab als ihn? Man sieht nicht, wie es den Urchristen möglich gewesen sein soll, in ihrer Gedankenwelt die beiden Parusien nicht miteinander zu assoziieren. Im Vergleich zu den jüdischen Kategorien liegt bei Paulus das Besondere, die Sinnspitze der Stelle in der Aussage: «Wir werden immerdar mit dem Herrn vereint sein.» Die räumliche und zeitliche Sprechweise bildet bloß die Verpackung.

Die Frage, die wir uns stellen müssen, ist somit eher die: War es möglich, um diese Sprechweise herumzukommen? War die angeblich falsche Schilderung nicht notwendig, damit das, wonach der Glaube sich ausspannte, von der betreffenden Generation erfaßt werden konnte?

Wir wollen nicht in Apologetik machen, aber es ist doch bemerkenswert, daß der christliche Glaube über solche Krisen hinweggekommen ist. Dies weist auf eine Lebenskraft hin, die imstande ist, die Schlacken der Sprechweise zu absorbieren und sich an den einzigen Lebendigen, an Christus zu klammern.

b. Wenn wir uns nun dem Bereich des Handelns zuwenden, so bestand die große Krise der Ursprungszeit der Kirche darin, daß man das Gesetz aufgab. Wir können uns heute kaum mehr Rechenschaft darüber geben, was für einen Umbruch dies darstellte, vor allem für die Juden palästinensischen Ursprungs, denn das Gesetz galt doch als Gotteswort. Wie durfte dieses Gesetz in Frage gestellt werden? Selbst die Juden der Diaspora, die im Kontakt mit dem Hellenismus standen und in den Vorschriften des Gesetzes einen verborgenen, den geheimnisvollen Naturgesetzen entsprechenden Sinn sahen, fühlten sich verpflichtet, am buchstäblichen Tenor der Gebote festzuhalten, erschienen diese doch als unrevidierbar.

Der Gehorsam gegenüber dem Gesetz verlangte manchmal, sein Leben zu opfern. Der Gerechte, von dem im Buch der Weisheit die Rede ist, wurde um seiner Gesetzestreue willen verfolgt (Weish 2,12.15). Zur Zeit der Makkabäer ließen sich Juden eher umbringen und foltern als von den Speisegesetzen abbringen. Und nun, zwei Jahrhunderte später, kommt Paulus daher und erklärt, diese Gesetze gälten nicht mehr.

Selbstverständlich glauben wir, die Lösung in der Hand zu haben: Nach der Überlegung, die Paulus anstellte, sind die Menschen vom Gesetz befreit, weil Christus nunmehr die einzige Ursache des Heils ist. Die Dinge liegen aber vielleicht nicht so einfach. Jesus selbst hatte unter dem Gesetz gelebt (auch wenn er es freizügig auslegte). Die Urgemeinde von Jerusalem hatte ursprünglich die Vorschriften des mosaischen Gesetzes nicht in Frage gestellt. Hätte man ohne den Schock der Evangelisation von Heiden, für die diese Vorschriften sinnlos waren, und ohne die Probleme, die sich mit der Tischgemeinschaft zwischen Heiden- und Judenchristen stellten, so scharf erkannt, daß Christus das Gesetz aufgehoben habe? Was wäre mit einem Christentum geschehen, das in Länder des Orients importiert worden wäre, wo Speisetabus herrschten?

Es brauchte viel Zeit, bis den ersten Christen klar bewußt wurde, daß das mosaische Gesetz bloß eine relative Geltung besitze. Paulus und sicherlich auch die Hellenisten waren hierin Petrus voran. Eine ganze Zeitlang, vor dem Gesicht mit den unreinen Tieren (Apg 9,12), vermochte das Gewissen des Petrus diese Relativität nicht wahrzunehmen. Die Vorschrift, «kein Blut zu genießen», der eine universale Geltung zugeschrieben wurde, weil sie schon Noach und somit der neuen, der Sintflut entstiegenen Menschheit gegeben worden war, ist bei den ersten Christen infolge des Aposteldekrets (Apg 15,29) wahrscheinlich lange Zeit beobachtet worden. Der um 175 verfaßte Brief der Christen von Lyon scheint diesen Brauch noch zu bezeugen *. Diesem Verbot wohnte ein tiefer religiöser Sinn inne: die Herrschaft Gottes über das durch das Blut versinnbildete Leben. War es aber notwendig, wie die Juden dies dachten, sich an den Buchstaben zu halten, um den Geist beizubehalten?

Nicht alle erfaßten es somit ohne weiteres, daß Bräuche, die seit langem als sakrosankt galten, abgeändert werden dürften. Begreiflicherweise war dies für solche, deren Vorfahren sich eher hatten töten als von ihnen abbringen lassen, ein richtiger Skandal. Zwei Jahrhunderte zuvor bestand die Glaubenstreue darin, sich für das Gebot umbringen zu lassen; zwei Jahrhunderte darnach bestand sie darin, das Gebot aufzugeben. Wir haben es hier nicht bloß mit einem Phänomen zu tun, das mit dem Übergang vom Judentum

* Eusebius, Kirchengeschichte V, 1, 26.

zum Heidentum zusammenhing. Während des ganzen Verlaufs der Geschichte können sich Menschen für Anliegen opfern, die für die nächste Generation nicht mehr gelten, und doch mußte man sich im damaligen Zeitpunkt für sie töten lassen. Und in jedem Fall wird diese Entwicklung unmittelbar mit der Entwicklung der Umwelt zusammenhängen.

Selbst Paulus, der doch den Grundsatz aufgestellt hat, daß wir durch Christus befreit sind, blieb in manchen Punkten der Problematik seiner Zeit und seines Milieus verhaftet. Nehmen wir zum Beispiel die Verschleierung der Frauen, die Paulus als eine von den judenchristlichen Kirchen herrührende «Überlieferung» zur Pflicht macht. Der von der modernen Welt ausgeübte Druck hat diese Vorschrift schließlich hinfällig gemacht, aber nicht ohne Widerstände. Für uns ist es klar, daß 1 Kor 11,3–16 auf den notwendigen Anstand während des Gottesdienstes (im Hinblick auf den erotischen Charakter der Haartracht) abzielt. Die Zielrichtung bleibt, nicht die Regel selbst.

Es gibt bei Paulus noch manche andere Stellen, die einer Relativierung bedürfen. So z. B. die Ausführungen von Röm 1,20–32 über den Götzendienst und die Laster der Heiden. Paulus verwendet hier eine naheliegende jüdische Argumentation, die in der Auseinandersetzung zwischen Juden und Heiden schon ganz zurechtgeschliffen worden war. Der Fortschritt auf dem Gebiet der Soziologie, der Psychologie und der Medizin hat die Perspektiven geändert.

Wenn wir somit feststellen, daß manche sittliche Anschauungen bei Paulus von einer zeitbedingten Problematik abhängen, fallen wir dann damit einem absoluten Relativismus anheim? Liegen denn in der Schrift, und namentlich in den Paulusbriefen, keine unveränderlichen Verhaltensregeln vor? Doch, ganz gewiß. Aber es sind eben «Grundsätze», die keine fertige Lösung bieten und sie auch nicht bieten können. Paulus verlangt von seinen Christen Bruderliebe (Grieche mit den Griechen, Jude mit den Juden zu sein), das Anstreben des gemeinsamen Wohls (des Wohls der Gemeinde; warum nicht des Wohls der ganzen Menschheit?); er heißt sie nach dem Geiste und nicht nach dem Fleische wandeln (Röm 8,1–17). Dem Geiste Christi entsprechend leben schließt alles übrige in sich, aber dies ist eben ein Geschenk, das über die Kräfte des Menschen geht und ihm von oben zukommt. Sofern man von «Vorschrift» («Lebet nach dem Geiste!») sprechen kann, so ist diese Vorschrift höchst unbequem; sie erheischt eine beständige Erneuerung und räumt mit den sichernden Stützen, den klarbestimmten sittlichen Anweisungen auf. Das Beispiel des Paulus zeigt, daß Richtlinien notwendig sind, aber auch, daß man in der geistgeschenkten Freiheit zu handeln hat.

Kann man von diesen verschiedenen Feststellungen aus einige Fragen zur Infallibilität stellen?

Wenn wir sagen, Jesus sei unfehlbar, betrifft dies dann die zwangsläufig unzureichende, weil menschliche Sprache der Evangelien, oder nicht vielmehr den Sachverhalt, daß Jesus in seinem Leben den Ruf, den Gott an ihn ergehen ließ, seine Sohnesberufung Gott und den Menschen gegenüber ohne Fehl erfüllt hat? Wir entnehmen diese Tatsache erstrangigen Texten, an die wir uns beständig halten müssen, die aber auch eine fortdauernde neue Aktualisierung erfordern.

Wenn schon die Sprache des Neuen Testaments den Grenzen des menschlichen Sprechens ihren Tribut leistet und als abhängig von der Problematik einer Epoche erscheint, wenn wir unablässig uns zum Geist des Evangeliums zurückfinden müssen, ohne an den Buchstaben gebunden zu sein, wie sollte dann nicht erst recht das gleiche gelten für die Sprache der Konzilien und der päpstlichen Verlautbarungen?

Zugeben, daß eine Sprechweise beschränkt ist, verlangt nicht, auf das Sprechen zu verzichten. Wenn man glaubt, daß Christus seiner Kirche beständig beisteht und daß diese Kirche die Botschaft ihres Herrn zu übermitteln hat, so muß sie wie er diese ausrichten in einer Gestensprache, worin das Erlebte-Gelebte und das Wort einander bestärken. Diese Sprache mag zeit- und umständebedingt sein, sie enthält doch eine Sinnrichtung. Wenn Gott mit krummen Linien gerade Linien zieht, so müssen Linien da sein, wenn auch krumme. Ist dann aber die Unfehlbarkeit nicht gleichsam ein Horizont, auf den alle krummen Linien zulaufen?

Übersetzt von Dr. August Berz

Dorothy Irvin

IRRTUM UND WAHRHEIT IN DER BIBEL

Auch die katholische Theologie hat sich, von manchen Rückzugsgefechten ihrer neutestamentlichen Exegese abgesehen, damit abgefunden, daß die Schrift von Irrtümern verschiedenster Art durchsetzt ist. Sie kann aber nicht immer der Versuchung widerstehen, diese Irrtümer als harmlose und nebensächliche Betriebsunfälle zu bagatellisieren. Damit erweist sich aber niemand einen echten Dienst. Denn je ernster wir diese Irrtümer nehmen, desto deutlicher lernen wir sehen, welcher Art und wieviel stärker die entscheidende Wahrheit ist, die aus der Schrift im ganzen, wie aus vielen ihrer Teile spricht. Es ist offensichtlich eine Wahrheit, die sich durch diese Irrtümer hindurch und trotz ihrer durchsetzt, die überzeugt und auch den heutigen Leser der Bibel zum Grund aller Wahrheit hinzuführen vermag. Dafür sollen die folgenden Ausführungen einen konkreten und anschaulichen Beleg liefern.

Irrtümer im Text

Wenngleich also die Bibel als ganze unserer Auferbauung dient, so kann dennoch kaum geleugnet werden, daß sie wirkliche Irrtümer enthält. Ebenso enthält sie Dinge, die wir tatsächlich in keiner Weise nachprüfen können, die aber so unwahrscheinlich sind, daß wir den starken Verdacht haben, sie seien unwahr, wie z. B. bei der Geschichte von Jona, der sich drei Tage lang im Bauch des Wals aufhielt.

Wollte jemand die Bibel wortwörtlich nehmen, so würde er sich wohl schwer tun zu entscheiden, welche Worte er wählen sollte. Sollte er die ältesten Manuskripte als die richtigen ansehen? Manchmal ist ein späteres Manuskript von einem nicht mehr existierenden sehr frühen Manuskript abgeschrieben worden, das einen besseren Text widergibt als das jetzt erhaltene früheste Manuskript. Sollte er die Ursprache wählen, sei es Hebräisch oder Aramäisch oder Griechisch? Manchmal gehen die Lesarten einer Übersetzung auf einen früheren und genaueren Originaltext zurück, als wir jetzt haben, weil sie die Irrtümer vermeiden, die sich im Laufe der Zeit in den Urtext eingeschlichen haben. Wenn er beschlösse, den hebräischen Originaltext als normativ anzusehen: welches Hebräisch sollte er wählen, das masoretische oder das samaritanische? Der samaritanische Pentateuch wird von den heutigen

Juden nicht als Standardtext angesehen, dennoch geben seine Lesarten in vielen Fällen einen besseren Sinn als die masoretischen. Seine besseren Lesarten sind auch oft früher. Natürlich ist der Text des samaritanischen Pentateuch stellenweise verändert worden, um die samaritanische Ansicht zu stützen. Aber ebenso ist der masoretische Text hier und da von den Masoreten abgeändert worden, um *ihren* Standpunkt zu unterstützen. Und manchmal können wir angesichts zweier verschiedener Lesarten nicht einmal sagen, welches die ursprüngliche oder richtige ist. Nach allem, was wir wissen, könnten *beide* Lesarten tendenziöse Veränderungen des Originals sein.

Die Anzahl der textlichen Irrtümer und Varianten im Standardtext der *Biblia Hebraica* geht in die Tausende, und manchmal ist die Weise, wie es zu einem Irrtum kam, so offenkundig, daß die Irrtümer nach Typen klassifiziert und benannt werden können: *Haplographie*, die entsteht, wenn ein Wort oder eine Silbe, die im Originaltext zweimal vorkommt, nur einmal abgeschrieben wird; oder *Dittographie*, wenn ein Wort zweimal abgeschrieben wird, das nur einmal erscheint. Dies geschieht oft, wenn das betreffende Wort auf zwei aufeinanderfolgende Wörter mit ähnlichem Auslaut – *homoioteleuton* – oder ähnlichem Anlaut – *homoioarcton* – folgt. Manchmal sind Wörter unkorrekt abgetrennt worden, indem z. B. der letzte Buchstabe eines Wortes zu dem folgenden Wort gezogen wurde. Dies führt zu Fehlern in der Ursprache sowie selbstverständlich dann auch zu Übersetzungsfehlern. Diese Fehler begegnen in Manuskripten des Alten und Neuen Testamentes genauso wie in allen alten von Hand abgeschriebenen Manuskripten. Dieser Textschwierigkeiten ist man sich bewußt gewesen, fast seit es Texte gibt, und es gibt in der Tat auch Textverbesserungen in der Schrift, die man die *tiqqûnê sôpherîm* nennt. Ferner entwickelten die Masoreten ein System, wonach sie Textschwierigkeiten durch Punktation verbesserten, wenn sie nicht wagten, einen offensichtlich verdorbenen, aber heiligen Text zu verändern.

Es ist nichts Neues, auf Dinge im Text der Schrift hinzuweisen, die entschieden Fehler sind, und dennoch sollte es getan werden, weil es nicht klar ist, wie Leute, die im Besitz dieses Wissens sind – wie jeder Theologe seit Jahrhunderten – an eine unfehlbare Bibel glauben können. Aus welcher Kombination verschiedener Lesarten besteht diese unfehlbare Bibel? Und was ist ein canonischer Text wert, wenn alte Manuskripte wie die Rollen von Qumran neu entdeckt werden, die abweichende Lesarten bieten? Vor allem aber: Wie leitet der Dogmatiker einen unfehlbaren und verbindlichen Gedankengang aus einem verdorbenen Text ab? Wie ergeht es einer Lehre, wenn solche Unstimmigkeit zwischen alten Texten an einer Stelle auftaucht, auf die sich die Dogmatik zum Beweis oder teilweisen Beweis dieser Lehre bezieht? Ein Beispiel dafür ist die Ankündigung der Jungfrauengeburt Jes. 7, 14 in der Übersetzung der Septuaginta. Dieser Vers kündigt nach dem ursprünglichen hebräischen Text keineswegs eine Jungfrauengeburt an. Er war in der jüdisch-christlichen Kontroverstheologie der ersten Jahrhunderte bedeutsam, jedoch wurde er allmählich von vielen Christen als Beweistext der Jungfrauengeburt aufgegeben.

Irrtümer im Inhalt

Über Irrtümer im Text und frühe Versionen der Bibel hinaus gibt es Irrtümer im Inhalt, die sowohl profaner wie theologischer Art sein können. Diese Stellen in der Bibel, die, als *naturwissenschaftliche* Aussagen verstanden, unglaubliche Fehler wären (wie z. B. die Schöpfung in sechs Tagen), sind seit langem wohlbekannt. Hier hat das Eingeständnis eines Irrtums seine Macht, die Gläubigen zu schockieren, schon seit dem vorigen Jahrhundert verloren. Frei von der Pflicht, die buchstäbliche Wahrheit der verschiedenen Schöpfungsberichte verteidigen zu müssen, waren die Exegeten nun fähig, die Erzählungen unvoreingenommen zu untersuchen, um festzustellen, was sie wirklich aussagen wollen. Irrtum ist wertvoll, denn wenn er zugegeben und geprüft wird, kann er zur Wahrheit hinführen.

Es gibt auch *historische* Irrtümer in der Bibel. In vielen Fällen ist es uns selbst nach eingehender Prüfung nicht klar, ob ein Vorfall, der im Alten oder Neuen Testament berichtet wird, tatsächlich historisch oder aber Legende oder reine Erfindung ist. Manchmal taucht eine alte Inschrift auf – eine Gedächtnisstele oder einige Tafeln aus nahöstlichen Hofarchiven –, die zu Bibelstellen über das gleiche historische Geschehen oder die gleiche historische Person in Konflikt stehen. Ein Beispiel dafür ist die Inschrift von Mescha, dem König von Moab, die in verschiedenen Einzelheiten von 2. Kön. 3, 4–27 abweicht. Dabei ist die Mescha-Stele beinahe sicher das historisch zuverlässigere Dokument. Entsprechende Beispiele solcher Irrtümer im Alten Testament entdeckte man aufgrund von Vergleichen mit historischen Urkunden aus Mesopotamien. Ein Vergleich solcher abweichender Quellen hat die Theologie der alttestamentlichen Autoren klarer hervortreten lassen, und wenn die alttestamentlichen Erzählungen historisch falsch sind, so sind sie doch theologisch unentbehrlich.

Unter die offenkundigsten Beispiele für Irrtümer in der Schrift fallen einige der *sittlichen* Vorschriften der Schrift sowie einige der sittlichen Werte, die sie als Ideale hinstellt. Wir wollen die bekannten Seltsamkeiten der

Gesetze, wie sie sich etwa in Ex. finden, hier übergehen und uns auf die ernsthaften und relevanten Beispiele beschränken. Viele Christen sehen heute die Vernichtung ganzer Völker im Krieg nicht mehr als etwas an, das Gott befehlen und gut heißen könnte. Vielfach glauben die Christen heute, Gott zu gehorchen, wenn sie nach einem Ende des Völkermords und der Angriffe auf die Zivilbevölkerung im Krieg rufen. Aber Jos 6 entspricht eher den Vorstellungen Leutnant Calleys vom Krieg als denen, die Jesus zum Ausdruck brachte. Indessen meinen die meisten christlichen Theologen und Ethiker so gut wie die nichtchristlichen, daß Jos. 6 in diesem Punkt unrecht hat. Gleichwohl kann man diesen Fall nicht anführen mit der Absicht, die Schrift als altmodisch zu bespötteln. Viele von uns kennen gewissenhafte Christen, die darin übereinstimmen, daß Josua wußte, wie man zugleich einen heiligen Krieg führen und Gott gehorchen könnte; diese Frage trennt heute viele christliche Gemeinden. Die katholische Lehre hat den Gedanken eines gerechten Krieges lange unterstützt, mit vielen Schriftstellen dafür und wenigen dagegen. Heutzutage würde es aufs Ganze wahrscheinlich als abwegig betrachtet werden, Gott wie in Psalm 137 dafür zu loben, daß er es möglich machte, die kleinen Kinder unserer Feinde zu töten, indem sie gegen eine Steinmauer geworfen wurden, so daß ihre Schädel zerbrachen. Kein noch so intensives Allegorisieren kann über die falsche Theologie an solchen Stellen der Schrift hinweghelfen.

Und doch findet sich theologische Wahrheit auch hier und in Jos. 6. Jos. 6 wurde von einem Hoftheologen geschrieben, um die militärische Expansion und Konsolidierung eines Königreiches zu rechtfertigen, das sich als unter Gottes Schutz stehend betrachtete, und moralisiert dabei auf die durchsichtigste Weise zum Zwecke politischer Propaganda. Dennoch ist sein Verständnis von Gott, für den die Nöte der schwachen Minderheit wichtiger sein können als die befriedigende Fortsetzung des angenehmen Lebens der Mächtigen, der den status quo umstürzt zugunsten jener, die an ihn glauben, für den die Vergangenheit keine Traurigkeit oder Bedrückung vorherbestimmt, die die Zukunft nicht hinwegnehmen könnte, kurz: bei dem alle Dinge möglich sind, ein Verständnis, das mit Recht normativ geblieben ist durch die Geschichte von Judentum und Christentum hindurch und das die Theologie immer wieder erneuerte. Das Beispiel von Jos. 6 können wir nicht annehmen; seine Theologie aber dürfen wir nicht ablehnen.

Aufs Ganze gesehen ist es äußerst schwierig, unbedingte moralische Ansprüche mit dem Hinweis auf die Bibel zu stützen. So wird Matth. 19 gezeigt, wie sich Jesus mit einer Schriftstelle auseinandersetzt, die einem stärker entwickelten sittlichen Empfinden zuwiderlief. Die Pharisäer erinnerten

Jesus daran, daß Moses einem Mann erlaubte, sich von seiner Frau zu trennen. Aber Jesus konnte das Gesetz in diesem Punkt nicht akzeptieren, vermutlich weil die geschiedene Frau in der Gesellschaft jener Zeit keine Mittel für ihren Lebensunterhalt hatte. Sie verlor die finanzielle Unterstützung ihres Vaters, wenn sie heiratete (und nur die Söhne erbten den Besitz des Vaters), und wenn sie von ihrem Mann fortgeschickt wurde, wußte sie nicht wohin, weil sie nichts besaß. Als mittellose Geschiedene war sie zu schlecht bezahlter Arbeit oder Prostitution gezwungen, um sich ihren Lebensunterhalt zu verdienen. Deswegen hielt Jesus die Scheidung für verkehrt. Obwohl die Ehescheidung vom Gesetz des Moses erlaubt war (in früher alttestamentlicher Zeit durfte die Ehefrau nämlich Güter besitzen), konnte Jesus nicht damit einverstanden sein. Paulus konnte angesichts der Probleme der frühen Kirche, die es vorher nicht gegeben hatte, seinerseits die Ansicht Jesu nicht akzeptieren. Obwohl er sich bewußt war, daß er mit der Ansicht Jesu nicht übereinstimmte – «ich sage es, nicht der Herr ...» –, erlaubte er die Scheidung doch zugunsten eines höheren Wertes, des Friedens, zu dem Gott uns aufruft (1 Kor 7, 12–15).

Wenn wir an eine unfehlbare Schrift glauben, haben entweder Moses und Paulus oder Jesus unrecht. Wie immer, wir finden in der Bibel keine absoluten Regeln der Moral. Wie Ernst Käsemann sagt: «Die Wahrheit des Evangeliums besteht nicht in Wahrheiten, die kasuistisch ausgelegt werden können.» Die Wahrheit, die wir in diesen gegensätzlichen Stellen finden – und es *ist* Wahrheit darin –, ist die Einsicht, die uns ein solcher Vergleich für das Verständnis der Schrift gewährt: die Methode, die die Wahrheit findet, indem sie eine Wahrheit der anderen Wahrheit gegenüberstellt; indem sie die eine Wahrheit des Irrtums überführt, um eine noch höhere Wahrheit mit umso größerer Gewißheit zu entdecken; indem sie sich mit der Schrift auseinandersetzt auf der Grundlage jener Werte, die die Schrift selbst uns gelehrt hat.

Der Irrtum der *eschatologischen Erwartung* ist an anderer Stelle dieses Bandes von A. Jaubert ausführlich dargelegt worden. Ich möchte nur hinzufügen, daß die Eschatologie irreführend sein kann, wenn sie uns von unserer Verantwortung für das, was wir aus unserer Vergangenheit gemacht haben, entbindet. Dennoch liegt eine tiefe theologische Wahrheit in der biblischen Vorstellung einer eschatologischen Erwartung, und diese besteht in der Spannung zwischen dem, was ist und was sein soll. Sie bietet uns ein Verständnis von Gott und der gottgewollten Gutheit der Dinge, das in den Vorstellungen der Zukunft, des tausendjährigen Reiches geboten wird. Historisch hat sich dies alles als falsch erwiesen; theologisch ist es wahr, weil es beruht auf dem von Gott gegebenen Mißfallen an dem, was an der Gegenwart verkehrt ist. Diese Wahrheit wird durch das Nicht-Eintreffen der letzten Dinge nicht zerstört, sondern verstärkt. Wer auf das Eschaton wartet, hat die Eschatologie nicht verstanden. Die Schrift gibt uns keine unfehlbare Antwort: A. Jaubert hat uns die unterschiedlichen Auffassungen aufgezeigt.

Folgerungen

Es mag kleinkariert erscheinen, so des langen und breiten bei den Irrtümern der Bibel zu verweilen, zumal viele von ihnen lange genug bekannt sind. Diese Liste von Irrtümern aller Art will die Bibel nicht abwerten. Es ist also nicht gemeint, daß die Bibel im Grunde wertlos sei, weil sie so viele Unstimmigkeiten und Irrtümer enthält. Diese Zusammenfassung von Irrtümern will nur zeigen, daß man nicht einfach auf einen Satz des Alten oder Neuen Testaments verweisen und sagen kann: «Schau, die Bibel sagt es. Also ist es wahr.» Es soll deutlicher geworden sein, daß eine Aussage der Bibel nicht einfach immer so genommen werden kann, wie sie da steht: denn in Wirklichkeit kann diese Aussage, wie so manche, falsch sein oder auch zweifelhaft oder eben wahr. Und wenn sie wahr ist, so ist ihre Wahrheit auch des Studiums wert; denn sie kann wahr sein und theologisch wichtig, auch wenn sie auf den ersten Blick nicht überzeugend oder gar unbedeutend erscheint.

Den früheren Theologen, die so ehrlich waren, die Irrtümer in der Schrift anzuerkennen und offen zu diskutieren, warf man zu ihrer Zeit vor, sie wollten den Glauben der Kirchenglieder zerstören. Man glaubte, daß sich in ihren Schriften häretische Tendenzen und unleugbare Böswilligkeit zeigten. Das war beispielsweise die Reaktion auf Bischof Colenso, Julius Wellhausen und Alfred Loisy. Heute noch werden sie von einigen in dieser Weise eingeschätzt. Gleichwohl hielten diese Theologen ihre Arbeit nicht für destruktiv. Sie meinten, man könne nur zur Wahrheit kommen, wenn man Irrtümer anerkennt und sich mit ihnen auseinandersetzt. Der christliche Glaube wurde für uns klarer durch die Irrtümer, die sie zugaben: die Fehlbarkeit von Paulus, der wollte, daß alle während der unbedeutend kurzen Zeit bis zur Wiederkunft Christi ledig bleiben sollten; Josuas «unmoralischer» Gott, der uns seine Unerschütterlichkeit lehrt; das Überdauern von Gottes auserwähltem, irrenden Volk, das guten Gewissens Psalm 137 betete.

Colenso und Loisy riskierten, von ihren Kirchen ausgeschlossen zu werden, als sie sich mit den Irrtümern in der Schrift und im Schriftgebrauch auseinandersetzten, zumal es mehr Zeit braucht herauszuarbeiten, was zutiefst wahr ist, als was einfach falsch ist. Textkritik, historische Kenntnisse und kritische Forschung machten es ihnen relativ leicht, Irrtümer herauszufinden. Doch die tiefere Wahrheit der Schrift konnten sie nicht so schnell umschreiben, und dieser notwendigerweise etwas negative Anstrich gab auch solchen Schriften einen Geschmack von Häresie, deren Inhalt, manchmal unter einem anderen Namen annehmbar gemacht, heute oft in der elementarsten und populärsten Form religiöser Bildung zum Gemeinplatz geworden ist.

Ist die Schrift also irrtumsfrei? Die Bibel kann nach wie vor für den christlichen Glauben eine letzte Normativität beanspruchen. Aber sie enthält Irrtümer, und der Satz von ihrer Irrtumsfreiheit (Inerranz) sollte aus dem Vokabular der christlichen Theologie gestrichen werden. Die Schrift ist also wahr, ohne im einzelnen Unfehlbarkeit beanspruchen zu können, und unter ihren Irrtümern leidet die Wahrheit Gottes letztlich keinen Schaden. Kann man nicht daraus schließen, daß auf analoge Weise auch verbindliche Glaubenssätze der Gegenwart gegen Irrtum nicht gefeit sind? Kann man nicht daraus schließen, daß unter solchen Irrtümern auch heute die Wahrheit Gottes letztlich keinen Schaden nehmen muß? Fügen wir noch hinzu, daß die klassischen Schriftstellen Lk 22, 32; Mt 16, 18; Mt 28, 20 und Joh 14, 16 die Last eines Unfehlbarkeitsbeweises nicht tragen. Dann kann man doch wohl katholisch sein, ohne an die Unfehlbarkeit eines kirchlichen Lehramtes zu glauben.

Brian Tierney

URSPRÜNGE DER PÄPSTLICHEN UNFEHLBARKEIT

Paradoxien der modernen Unfehlbarkeitstheologie

Dieser Aufsatz [1] will eine rein geschichtliche Untersuchung über die päpstliche Unfehlbarkeit vorlegen. Da aber die ganze Angelegenheit in jüngster Zeit zum Gegenstand hartnäckiger theologischer Auseinandersetzungen geworden ist, wäre es vielleicht unredlich, würde ich nicht eingangs angeben, welche Haltung ich zu der ins Auge zu fassenden Lehrsubstanz einnehme. Meine Ansicht ist die: Sobald man einmal über die Geschichte der Infallibilitätsdoktrin richtig im Bilde ist, wird sich – selbst unter Berücksichtung aller Theorien der Dogmenentwicklung – schwerlich die Auffassung halten lassen, die Lehre von der päpstlichen Unfehlbarkeit gehöre zum depositum fidei, das Christus seinen Aposteln vermacht hat. Und wenn die Infallibilitätsdoktrin nicht Bestandteil dieses depositum ist, gehört sie selbstverständlich auch nicht zum katholischen Glaubensgut.

Auf alle Fälle habe ich hier nicht vor, irgendeine neue Unfehlbarkeitstheologie vorzulegen, sondern ich will lediglich dartun, daß alle an der gegenwärtigen theologischen Kontroverse Beteiligten ihre Argumente zum Teil auf Fehldeutungen der Geschichte gründen. In Wirklichkeit ist die Lehre von der päpstlichen Unfehlbarkeit zum ersten Mal in den Jahren um 1300 aufgebracht worden und zwar von Männern, die verzweifelt bestrebt waren, die Gewalt der zeitgenössischen Päpste einzuschränken. Fast alle ersten Verfechter der Doktrin wurden als Häretiker verurteilt. Der erste römische Pontifex, der sich mit der Idee, daß die Päpste unfehlbar seien, zu befassen hatte, Johannes XXII., neigte dazu, die ganze Theorie als eine «verderbliche Verwegenheit» abzutun. Dies ist die verzwickte Situation, die zu erforschen ist, wenn wir über die Ursprünge der Infallibilitätsdoktrin im Bilde sein wollen. Zuerst müssen wir kurz einige Aspekte der modernen Unfehlbarkeitslehre beleuchten.

«Infallibilität in der geistlichen Ordnung und Souveränität in der weltli-

1 Der vorliegende Aufsatz bildet einen Auszug aus dem Buch «Origins of Papal Infallibility 1150–1350», das jüngst bei E. J. Brill in Leiden erschienen ist. Die Schlüsse, die in diesem Aufsatz etwas kühn gezogen werden, werden in dem genannten Buch in den Rahmen stützender Argumente und Belegstellen und in den Zusammenhang einer detaillierteren Erforschung der mittelalterlichen Auffassungen über Unfehlbarkeit, Souveränität und Tradition hineingestellt.

chen Ordnung sind zwei vollständig synonyme Wörter.» Diese Ansicht von Joseph de Maistre wurde von den verschiedenen Parteien, die an den Auseinandersetzungen des 19. Jahrhunderts beteiligt waren, zumeist als eine selbstverständliche Wahrheit – ja schier als eine Plattheit – angenommen. Die glühendsten Ultramontanen, die widerspenstigsten Inopportunisten und die unentwegtesten Opponenten des Dogmas von 1870 waren sich alle über diesen Punkt einig, daß man die souveräne Gestalt des Papstes als des Hauptes der Kirche stärke, wenn man ihn für unfehlbar erkläre. Louis Veuillot schrieb: «Wir müssen klar und deutlich die Autorität und Allgewalt des Papstes zur Quelle jeglicher geistlicher und weltlicher Autorität erklären. Die Proklamation des Dogmas von der Unfehlbarkeit des Papstes hat nichts anderes zum Ziel.» Am andern Ende des Spektrums nannte Döllinger einen frühen Entwurf des Infallibilitätsdekrets eine «Magna Charta des kirchlichen Absolutismus» und er beklagte es, daß die schließlich proklamierte Lehre die «souveräne Kaprize» des Papstes bestärkt habe. Das dogmatische Dekret selbst proklamierte die Unfehlbarkeit des Papstes und seine oberste Jurisdiktion über die Kirche als zwei aufeinander bezogene Aspekte einer einzigen Doktrin.

Doch der Ausspruch de Maistres ist in Wirklichkeit keine Plattheit, sondern vielmehr ein Paradox. Die Wörter «Infallibilität» und «Souveränität» haben nicht den gleichen Sinn. Es würde der Wahrheit eher entsprechen, wenn man erklärte, die Ideen, die sie zum Ausdruck bringen, seien innerlich nicht miteinander vereinbar. Zum Wesen der Souveränität (so wie der Begriff sowohl im 19. Jahrhundert als auch im Mittelalter verstanden wurde) gehört es, daß ein souveräner Herrscher nicht an die von seinem Vorgänger getroffenen Entscheide gebunden sein darf. Zum Wesen der Infallibilität (so wie die Lehre auf dem Ersten Vatikanischen Konzil formuliert worden ist) gehört es, daß die unfehlbaren Dekrete eines Papstes, weil definitionsgemäß unrevidierbar, für alle seine Nachfolger bindend sind.

Dieser Punkt bildet nicht einen bloßen Streit um Worte, sondern es sind damit tatsächliche Probleme der kirchlichen Macht gegeben. Wenn die Päpste stets in einem bedeutsamen Sinn des Wortes unfehlbar gewesen sind und wenn somit die offiziellen Aussagen, die sie als Häupter der Kirche über Dinge des Glaubens und der Sitte gemacht haben, stets irrtumsfrei und folglich irreformabel waren, dann ergeben sich daraus allerlei dubiose Konsequenzen. Selbstverständlich wären dann Päpste des 20. Jahrhunderts an eine ganze Reihe päpstlicher Dekrete gebunden, die die Antworten der römischen Kirche auf die religiösen und sittlichen Probleme früherer Zeiten darstellen. Es würde dann gelten, was Acton gesagt hat: «Die Verantwortung für die

Taten der begrabenen und bereuten Vergangenheit kehrte auf einmal und für immer zurück.» Die Religionsfreiheit zu verteidigen, wäre dann «irrsinnig», Häretiker zu verfolgen, lobenswert. Bei Gerichtsverhandlungen die Folter anzuwenden, wäre dann erlaubt, Zinsen zu nehmen für Darlehen wäre hingegen eine Todsünde. Der Papst würde dann kraft göttlichen Rechtes «nicht nur über die gesamte Kirche, sondern über die ganze Welt» herrschen. Kleine Kinder, die ungetauft sterben, würden dann in alle Ewigkeit in der Hölle bestraft werden. Und vielleicht würde sich die Sonne immer noch um die Erde drehen.

All dies ist selbstverständlich unmöglich. Niemand weiß dies besser als die modernen Infallibilitätstheologen. Wenn die früheren Päpste stets unfehlbar gewesen sind – wiederum müssen wir hinzufügen: in einem wirklich bedeutsamen Sinn des Wortes –, dann sind die gegenwärtigen Päpste hoffnungslos eingeengt in ihren Stellungnahmen zu all den andrängenden Moralproblemen des 20. Jahrhunderts: Krieg, Sexualität, wissenschaftlicher Fortschritt, Staatsgewalt, soziale Pflichten und individuelle Freiheiten. Die Existenz dieses Dilemmas läßt die sehr exzentrische Entwicklung der Infallibilitätsdoktrin während des letzten Jahrhunderts erklären. Seit dem Ersten Vatikanischen Konzil haben sich katholische Theologen verpflichtet gefühlt, für irgendeine Form der päpstlichen Unfehlbarkeit einzustehen. Wirkliche Unfehlbarkeit aber hat bedauerliche Implikationen. In den Jahren seit 1870 haben deshalb die Theologen viel Scharfsinn darauf verwendet, für den Papst so etwas wie eine Pseudoinfallibilität, eine Pickwicksche Infallibilität auszuklügeln.

Sie haben dies auf zwei Wegen fertiggebracht. Einzelne Theologen haben über den Sinn des Ausdrucks «ex cathedra», wie er sich im Dekret des Ersten Vatikanums findet, so endlose, haarspalterische, unbeantwortbare Fragen aufgeworfen, daß sie es für möglich halten, jede päpstliche Definition, die ihnen nicht in den Kram paßt, als «nicht-unfehlbar» abzutun. Andere Theologen haben – was vom Standpunkt eines Historikers aus mehr zu mißbilligen ist – so scharfsinnig hermeneutische Prinzipien ausgetüftelt, daß die unfehlbaren Definitionen von einst sie nie in Verlegenheit bringen können. Bei Anwendung dieser Prinzipien läßt sich jede Lehraussage, ungeachtet ihres tatsächlichen Wortlautes, so uminterpretieren, daß ihr Sinn dem entspricht, was nach Ansicht des heutigen Theologen diejenigen, die sie formuliert haben, damit gemeint haben sollten. Man wird an die Cheshire-Katze in «Alice im Wunderland» gemahnt. Die Substanz einer einstigen Aussage verschwindet, doch ihr Unfehlbarkeitsgrinsen bleibt. Die moderne Theologie der Infallibilität – oder Pseudoinfallibilität – ist natürlich in reichem, beeindruckendem Detail ausgearbeitet worden, doch die ihr zugrundeliegenden Prinzipien lassen sich, ohne daß man ihnen Gewalt anzutun braucht, in zwei einfache allgemeine Regeln (wir könnten sie die Tierneyschen Gesetze nennen) fassen. Es sind die folgenden: 1. Alle unfehlbaren Aussagen sind gewiß wahr, aber keine Aussagen sind gewiß unfehlbar; 2. Alle unfehlbaren Aussagen sind unrevidierbar, bis es einem paßt, sie zu ändern.

Historische Vorurteile

Zum Glück brauchen wir im Hinblick auf die Zielsetzung dieses Aufsatzes die Verlegenheiten der heutigen katholischen Apologetiker und Hermeneuten nicht im einzelnen zu verfolgen. Die Theologen der päpstlichen Unfehlbarkeit haben sich offensichtlich in eine ganz vertrackte Sackgasse hineingebracht. Doch ein Historiker kann Theologen ihre Arbeit nicht abnehmen; er kann ihnen nicht vormachen, wie sie aus ihrer Sackgasse herauskommen können; es mag vielleicht genügen, wenn er ihnen zu zeigen vermag, wie sie überhaupt in sie hineingeraten sind. Wir haben eingangs die Paradoxe der modernen Theologie geschildert, weil wir die Geschichte der Infallibilitätsdoktrin unmöglich verstehen können, ohne daß wir in etwa um diese Paradoxe wissen. Der entscheidende Punkt ist der: Einer ganzen Abfolge von Herrschern Infallibilität zuschreiben heißt die souveräne Gewalt jedes einzelnen Monarchen radikal schmälern (da so jeder Monarch an die unfehlbaren Dekrete seiner Vorgänger gebunden wird). Doch, so wunderlich dies auch scheinen mag, moderne Schwärmer für die Doktrin der päpstlichen Unfehlbarkeit haben stets gewünscht, die Macht des regierenden Papstes zu mehren – daher ihre Paradoxe und Ausflüchte. Die Infallibilitätshistoriker sind von den gleichen irrigen Voraussetzungen ausgegangen wie die Theologen. Sie haben stets angenommen, es habe nicht anders sein können, als daß die ersten Verfechter der Doktrin der päpstlichen Infallibilität glühende Verteidiger der absoluten Gewalt des Papstes waren. Sie sind zuweilen ein wenig darüber verduzt, daß sie in den Schriften der extremsten Papalisten des Hochmittelalters – bei Männern wie Gilbert von Rom, Jakobus von Viterbo, Augustinus Triumphus – nicht die Infallibilität definiert finden. Die Voraussetzungen, von denen Historiker für gewöhnlich an das Studium dieser Frage herangegangen sind, haben es ihnen verunmöglicht, überzeugend darüber Aufschluß zu geben, wie es zur ersten Formulierung dieser Doktrin gekommen ist.

Die Geschichte der Doktrin der päpstlichen Infallibilität ist von der neueren Forschung eher weniger beachtet worden; doch das Thema hat einen schönen Teil der Aufmerksamkeit in den Auseinandersetzungen von 1870 auf sich gelenkt. Damals bildeten sich zwei allgemeine Argumentationslinien heraus, die wir in ihren extremsten Formen anhand der polemischen Schriften von Manning und Döllinger [2] veranschaulichen können.

Manning behauptete, die Lehre von der Unfehlbarkeit des Papstes sei von der Kirche schon seit ihrer Gründung festgehalten worden. Unter den Schrifttexten hob er vor allem Lukas 22, 32 hervor. «Ich habe für dich (Petrus) gebetet, daß dein Glaube nicht versage.» Und er betonte, daß die Glaubensfestigkeit des römischen Bischofssitzes von den Kirchenvätern schon seit Irenäus anerkannt worden sei. Manning gab zu, daß keiner der Texte, die er aus den ersten fünfzehn Jahrhunderten der Geschichte der Kirche anführte, tatsächlich behaupte, der Papst sei unfehlbar. Aber sie bewiesen, daß die Kirche beständig aufgrund der Voraussetzung, daß dies der Fall sei, gehandelt habe. Die Lehre von der päpstlichen Unfehlbarkeit sei seit der Zeit des Konstanzer Konzils «im festen Besitz» der Kirche gewesen. Sie sei vor dem 15. Jahrhundert nie angefochten worden. Dies ist nach Manning der Grund, warum wir diese Lehre erst vom 15. Jahrhundert an offen ausgesprochen und verteidigt finden. Manning berief sich eigentlich auf ein argumentum e silentio. Er schrieb: «Der Gedanke, daß der Stuhl oder der Nachfolger Petri im Glauben versagen könnte, ist in diesen tausend Jahren (vom 5. bis zum 15. Jahrhundert) nicht zu finden.» Der Umstand, daß die Infallibilitätsdoktrin in der frühen Kirche nicht bestritten wurde, war für Manning ein Beweis dafür, daß sie allgemein akzeptiert wurde.

Für *Döllinger* hingegen bildete die Tatsache, daß sich die frühen Kirchenväter und Konzilien über die päpstliche Unfehlbarkeit ausschwiegen, einen unzweifelhaften Beweis dafür, daß diese Doktrin der Urkirche völlig fremd war. «Bis zur Erscheinung der Isidorischen Decretalen war also noch nirgends ein ernstlicher Schritt zur Einführung der Neu-Römischen Unfehlbarkeitstheorie geschehen. Die Päpste dachten noch nicht daran, ein solches Vorrecht sich beizulegen» (S. 81). Döllinger schrieb das spätere Aufkommen der Lehre Machenschaften und Fälschungen zu. Er hob besonders einen Text der pseudoisidorischen Machwerke um die Mitte des neunten Jahrhunderts hervor: «die römische Kirche bleibt bis zum Ende von jeder Makel des Irrtums unberührt» (S. 102). Durch solche Fiktionen irregeleitet, legten spätere Päpste und Kanonisten maßlos übertriebene Theorien über die päpstliche Ge-

2 *H. E. Manning,* The Oecumenical Council and the Infallibility of the Roman Pontiff (London 1969); *J. J. I. von Döllinger* (Janus), Der Papst und das Conzil (Leipzig 1869). Die Seitenangaben in Klammern beziehen sich auf das letztere Werk.

walt vor. Zumal Papst Gregor VII. mußte «das Privilegium der Unfehlbarkeit als das kostbarste Juwel seiner Krone hoch halten» (S. 119). Döllinger ging dem Einfluß der pseudo-isidorischen Machwerke durch die Canonessammlungen von Deusdedit, Anselm von Lucca und Burchard von Worms bis zum Decretum Gratiani nach. Gratians Kirchengesetzbuch war eine gewaltige Synthese, deren Erscheinen den Beginn einer neuen Aera in der Geschichte der Kirchenrechtslehre bedeutete. Döllinger bemerkte treffend: «Sein Werk hat alle älteren Kirchenrechtssammlungen verdrängt, ist das Handbuch und Magazin nicht nur für Kanonisten, sondern auch für die scholastischen Theologen geworden» (S. 154). Er scheint seinen Einfluß als völlig verderblich angesehen zu haben.

Nach Meinung Döllingers hatte sich die Lehre von der päpstlichen Unfehlbarkeit in der Kirchenrechtsliteratur um die Mitte des 12. Jahrhunderts fest durchgesetzt. Durch das 13. Jahrhundert hindurch blieb indes die dogmatische Theologie von der Theorie der Kanonisten unbeeinflußt, denn die Theologen schrieben in ihren technischen Traktaten kaum über Probleme der Papstgewalt. Nach Ansicht Döllingers war es Thomas von Aquin, der «die Lehre vom Papst und seiner Machtfülle förmlich in die Dogmatik, in die scholastische ärmlich, aufgenommen hat» (S. 91).

Es hätte wenig Sinn, wollten wir Schritt für Schritt all den langweiligen Argumenten der Polemiker des 19. Jahrhunderts nachgehen, die sich über die Bedeutung der frühkirchlichen Texte, welche die päpstliche Autorität betreffen, stritten. Wir müssen aber von Anfang an bemerken, daß keine der beiden stracks entgegengesetzten Positionen, die wir vorgestellt haben – und auch keine spätere Variation von ihnen –, über die geschichtlichen Ursprünge der Infallibilitätsdoktrin akzeptabel Aufschluß gibt. Mannings Version des argumentum e silentio mag so unwiderleglich erscheinen wie sie nicht überzeugend ist. Doch die frühe Kirche hat sich eigentlich nicht vollständig ausgeschwiegen. Die Schriftstelle, die am meisten zugunsten der päpstlichen Unfehlbarkeit angeführt wurde, ist Lukas 22, 32. Es fehlt nicht an Väterkommentaren zu diesem Text. Keiner der Kirchenväter interpretiert ihn in dem Sinn, daß die Nachfolger des Petrus infallibel seien. Man hat noch nie ein überzeugendes Argument vorbringen können, um zu erklären, weshalb sie nicht erwähnt haben sollten, daß dieser Text die Lehre von der päpstlichen Unfehlbarkeit enthalte, wenn sie ihn doch in diesem Sinn verstanden haben.

Der Haupteinwand gegen Döllingers Darstellung ist der, daß sie auf einer radikalen Mißdeutung der kanonischen Überlieferung der mittelalterlichen Kirche beruht. Döllinger wollte unbedingt beweisen, daß die Infallibilitätsdoktrin in den Machenschaften des neunten Jahrhunderts entstanden sei. Dadurch aber wurde er dazu verleitet, in seiner Interpretation kanonischer Texte sich gleichsam eines doppelten Rasters zu bedienen. Wenn er es mit echten Vätertexten zu tun hatte, gebrauchte Döllinger das argumentum e silentio stets im negativen Sinn. Da darin die Unfehlbarkeitslehre nicht ausdrücklich bejaht wurde, nahm er an, sie sei implizit geleugnet worden. Wenn er es aber mit gefälschten Texten zu tun hatte, war Döllinger geneigt, selbst da, wo die Unfehlbarkeit des Papstes nicht ausdrücklich behauptet wurde, sie als impliziert anzunehmen. Und mit dieser Interpretation hatte er sehr wahrscheinlich unrecht. Es ist keineswegs erwiesen, daß einer der Fälscher oder die Päpste und Kanonisten, die deren Texte übernahmen – die Männer also, die Döllinger als die Urheber der Infallibilitätsdoktrin ansah –, diese Lehre tatsächlich vertraten.

Keine päpstliche Unfehlbarkeit in der hochmittelalterlichen Kanonistik

Ein moderner Historiker kann nicht die Möglichkeit ausschließen, daß irgendein exzentrischer oder vorausahnender Papst oder Kanonist des neunten, zehnten oder elften Jahrhunderts in seinem Herzen insgeheim mit dem Dogma von 1870 geliebäugelt hat. Doch dies läßt sich keineswegs beweisen. Was sich beweisen läßt, ist dies, daß kein öffentliches Lehrdokument, das die Unfehlbarkeit des Papstes behauptet hätte, den Kanonisten des 12. und 13. Jahrhunderts übermittelt worden ist, in deren Werken zum erstenmal zahlreiche Texte zur Erforschung dieser ganzen Frage greifbar werden. Die Kommentatoren des Decretum Gratiani kannten alle wichtigsten Texte – die echten und die falschen –, die sich auf die Autorität des Papstes und die Indefektibilität der römischen Kirche bezogen. Sie brachten diese Texte nicht mit irgendeiner Infallibilitätsdoktrin in Verbindung. Es findet sich bei ihnen keine Andeutung, daß einer ihrer Vorgänger diese Doktrin aus ihnen herausgelesen hat. Wir möchten behaupten: Die Theologen des 13. Jahrhunderts hätten die Lehre von der päpstlichen Unfehlbarkeit gar nicht der kanonischen Tradition der Kirche entnehmen können, da diese Theorie in den Schriften der Kanonisten überhaupt nicht vorhanden war.

Dennoch müssen wir das Denken der mittelalterlichen Kanonisten untersuchen, weil dies der notwendige Ausgangspunkt zu einer Erforschung der Ursprünge der Infallibilitätsdoktrin ist. In diesem wichtigen Punkt hat Döllinger nämlich richtig gesehen. Bei den Theologen der Frühscholastik finden sich sozusagen keine Erörterungen über die Struktur der Kirche. Im 12. Jahrhundert wurde das ganze Studienfeld, das wir Ekklesiologie nennen, als eine

Provinz der Kirchenrechtslehre betrachtet. Wenn wir also wissen wollen, welche Auffassung die Kirche des Mittelalters über ihre Natur und Struktur im Jahrhundert vor dem Auftauchen der Lehre von der päpstlichen Unfehlbarkeit hatte, müssen wir uns zunächst den Schriften der Dekretisten und Dekretalisten [3] zuwenden.

Es geht uns in unserer Darlegung nicht darum, die weitreichenden Ansprüche zu verharmlosen, die die Kanonisten in der Periode von 1150 bis 1250 in bezug auf die Rechte des Papstes in der Sphäre der kirchlichen Gesetzgebung aufstellten. Sie betonten, daß die Autorität des Römischen Stuhls das Recht in sich schließe, über strittige Glaubensfragen ein Urteil zu fällen, und es stimmt, daß dieser Anspruch des Papsttums eine entscheidende Grundlage für spätere Theorien der päpstlichen Unfehlbarkeit bot. In den kanonistischen Schriften des 12. und 13. Jahrhunderts ist jedoch die Idee der päpstlichen Jurisdiktion von der Idee der Unfehlbarkeit der Kirche streng getrennt. Was die Kanonisten des Mittelalters betrifft, läßt sich keineswegs behaupten, sie hätten die Lehre von der Unfehlbarkeit des Papstes als erwiesen angenommen, es aber nicht für notwendig befunden, sie zu artikulieren, da sie nie umstritten gewesen sei. Hier ist für ein argumentum e silentio kein Raum. Die Kanonisten schwiegen sich über diese Frage nicht aus. Sie diskutierten immer wieder über das Problem, wie sich der untrügliche Glaube der Kirche aufrechterhalten lasse, und kamen dabei beständig zum Schluß, daß der Papst allein keine ausreichende Garantie für die Stabilität dieses Glaubens bieten könne. «Es wäre zu gefährlich, wollten wir unseren Glauben dem Urteil eines einzelnen Mannes anvertrauen», schrieb einer von ihnen. Die Kanonisten vertraten nicht den Standpunkt, es sei ein unfehlbares Haupt notwendig, um den Glauben der Kirche aufrechtzuerhalten. Vielmehr hielten sie dafür, daß die göttliche Vorsehung die Gesamtkirche stets davor bewahren werde, in die Irre zu gehen, auch wenn ihr Oberhaupt sich vielleicht noch so irre.

Die Kanonisten wurden zum Teil durch die Natur des Quellenmaterials, das ihrer Wissenschaft zugrunde lag, veranlaßt, diese Haltung einzunehmen. Im großen Kompendium, worin Gratian kanonische Texte aus jedem Zeitalter der kirchlichen Vergangenheit zusammengestellt hatte, fanden sie keine Aussage, daß die einzelnen Päpste unfehlbar seien, wohl aber waren darin mehrere Fälle von Päpsten angeführt, die in Glaubenssachen gefehlt und

3 Die folgende Erörterung über das Denken der Kanonisten des Mittelalters stützt sich auf Texte, die publiziert sind in meinem Buch: Foundations of the Conciliar Theory (Cambridge 1955) und in: Pope and Council. Some New Decretist Texts, in: Mediaeval Studies 19 (1957) 197–218.

geirrt haben. So fügte Gratian in das Decretum einen Text ein, der besagte, die Immunität des Papstes gegenüber einem menschlichen Urteil erstrecke sich nicht auf Fälle, in welchen er offensichtlich vom Glauben abweiche. Der besondere Fall, der die meiste Aufmerksamkeit der Dekretisten auf sich zog, betraf Papst Anastasius II. (496–498). Dieser war ein verhältnismäßig tadelloser Papst. Er regierte zur Zeit, als die Kirchen Roms und Konstantinopels voneinander getrennt waren durch das Akazianische Schisma, das aus einer späten Spielart der monophysitischen Häresie, welcher der griechische Patriarch Akazius zu Gevatter stand, entstanden war. Beim Versuch, die Häretiker wieder zurückzugewinnen, ging Anastasius so weit, daß er nach dem Urteil seiner Gegner selbst von der Häresie angesteckt wurde. Nach dem Tod des Papstes vermerkten sie im Liber Pontificalis, er sei «durch Gottes Willen dahingestreckt» worden. Gratian fügte diese Stelle in das *Decretum* ein und sie wurde durch das Mittelalter hindurch allgemein als geschichtlich zutreffend und kirchenrechtlich autoritativ angenommen. Die mittelalterlichen Kanonisten wußten nichts von Papst Honorius (625–638), der sich wirklich schwer irrte, als er sich mit den tiefgründigen Einzelheiten der monotheletischen Kontroverse befaßte, und dessen Fall in den Auseinandersetzungen des 19. Jahrhunderts um die Unfehlbarkeit des Papstes zu nicht enden wollenden Diskussionen Anlaß gab. Im Ideenkampf des Mittelalters diente Anastasius als eine Art Stellvertreter des Honorius (Dante versetzte ihn denn auch gebührlicherweise ins Inferno).

Obwohl die Dekretisten des Mittelalters um Fälle von irrenden Päpsten wußten, so hatten sie doch auch das ganze Corpus von (echten und gefälschten) Texten vor sich, aus dem später die Theorie der päpstlichen Unfehlbarkeit konstruiert werden sollte. Das Dekret «Pastor aeternus» von 1870 ging von der Primatsverheißung an Petrus in Matthäus 16, 18 aus («Dir werde ich die Schlüssel des Himmelreiches übergeben») und griff dann zum Argument, daß dieser Primat notwendigerweise ein unfehlbares Magisterium in sich schließe, wofür Lukas 22, 32 angeführt wurde («Ich habe für dich gebetet, daß dein Glaube nicht versage»). Die genau gleiche Nebeneinanderstellung von Texten findet sich im Decretum in Dist. 21 ante c. 1. «Pastor aeternus» stellte die Formel des Papstes Hormisdas («Auf dem apostolischen Stuhl ist die katholische Religion allezeit unversehrt bewahrt worden») als einen Beweis dafür hin, daß die Unfehlbarkeit des Papstes von der Kirche stets gelehrt worden sei. Gratian hatte diese Formel in das Decretum eingefügt, zusammen mit andern Texten, wonach die römische Kirche nie «vom Pfad der apostolischen Überlieferung» abgewichen sei. Den ultramontanen Theologen des 19. Jahrhunderts schien es selbstverständlich, daß ein Katholik, der diese Schriftstellen und kirchenrechtlichen Texte annimmt, auch die Lehre von der Unfehlbarkeit des Papstes akzeptieren müsse. Die Dekretisten des Mittelalters zeigen, wie auf dem Fundament der gleichen Stellen eine ganz andere Ekklesiologie aufgebaut werden könnte.

Der Schlüssel zum Verständnis dieser Ekklesiologie der Dekretisten liegt in ihrer konservativen, patristisch inspirierten Exegese von Lukas 22, 32. Die Theoretiker der päpstlichen Unfehlbarkeit nahmen seit dem Spätmittelalter allgemein an, das Gebet Christi für Petrus habe gewährleisten wollen, daß der Glaube der Nachfolger des Petrus, der Päpste, nicht fehlgehe. Die Dekretisten wußten noch nichts von einer solchen Interpretation. Die große «Summa» Huguccios zum *Decretum* (um 1190), die eine Zusammenstellung der dekretistischen Lehrmeinungen in den fünfzig Jahren zuvor bietet, enthält einen typischen Kommentar:

«*Daß dein Glaube nicht versage* ist im Sinn von «schließlich und endgültig» zu verstehen, denn obwohl er eine Zeitlang versagte, wurde er (Petrus) nachher stärker im Glauben. Oder es wird in der Person des Petrus die Kirche verstanden, im Glauben des Petrus der Glaube der Gesamtkirche, die nie als ganze versagt hat und auch nicht versagen wird bis zum Tag des Gerichtes.»

Für Huguccio und seine Zeitgenossen wird mit den Worten von Lukas 22, 32 nicht einmal Petrus selbst die Gabe der Unfehlbarkeit verliehen, geschweige denn seinen Nachfolgern. Sie bemerken öfters, daß der Glaube des Petrus wirklich «eine Zeitlang versagt» habe, wobei sie für gewöhnlich an seine Verleugnung Christi nach dem Letzten Abendmahl denken. Sie erinnern zuweilen auch daran, daß Petrus sich in seiner judaisierenden Haltung geirrt hat und daß Paulus ihm diesbezüglich einen Verweis erteilen mußte. Nach ihrer Interpretation verhieß Christus dem Petrus nicht Irrtumsfreiheit in der Leitung der Kirche, sondern vielmehr die Gnade des Ausharrens im Glauben bis ans Ende. Selbst wenn Lukas 22, 32 auf die Nachfolger des Petrus, die Päpste, angewandt worden wäre, hätte die Stelle kaum die Grundlage zu einer Theologie der päpstlichen Unfehlbarkeit abgegeben haben können, solange sie in diesem Sinn verstanden wurde.

Tatsächlich aber wandten Huguccio und seine Zeitgenossen die Stelle nicht auf die Nachfolger des Petrus an. Sie hielten zwei Deutungen für möglich. Die Worte Christi ließen sich entweder auf Petrus allein beziehen oder in einem weiteren Sinn interpretieren. Doch in diesem Fall beziehen sie sich nicht auf die künftigen Päpste, sondern auf den Glauben der Gesamtkirche. Dies ist die allgemeine Lehre der Dekretisten. Man begegnet ihr in ihren Werken immer wieder und sie wurde in die allgemein akzeptierte «Glossa ordinaria» des Johannes Teutonicus aufgenommen.

Überdies, wenn die Dekretisten schrieben, die Gesamtkirche oder der Glaube der Kirche werde nicht «versagen», so dachten sie nicht an «Unfehlbarkeit» im modernen Sinn des Wortes, sondern lediglich an Indefektibilität. Man nahm an, die Zusage Christi an Petrus besage bloß dies, daß die Kirche stets überleben werde und daß der wahre Glaube selbst in einem Zeitalter der Massenapostasie wenigstens in einem schmalen Rest stets weiterbestehen werde. Dies wird in einem weiteren Kommentar Huguccios (zu Mt 16, 18) noch deutlicher zum Ausdruck gebracht:

«*Die Pforten der Hölle,* Laster und Todsünde ... werden nie dermaßen überwiegen, daß es keine guten Menschen in der Kirche mehr geben wird, hat doch Christus zu Petrus als zu einem Sinnbild der Kirche gesagt: ‹Ich habe für dich gebetet, Petrus, daß dein Glaube nicht versage ...› Oder es sind unter ‹Pforten der Hölle› Häresien und Schismen zu verstehen ..., die ebenfalls nie so sehr die Übermacht die Kirche gewinnen werden, daß sie diese gänzlich verderben würden.»

Ähnlich schrieb Johannes Teutonicus in seiner «Glossa ordinaria» (ad Dist. 19 c. 7): «Die Kirche kann nicht zunichte gemacht werden, denn der Herr hat für sie gebetet, daß sie nicht versage.»

Die Auffassung der Kanonisten über den Sinn von Lukas 22, 32 war maßgebend für ihre Interpretation der Formel des Papstes Hormisdas und weiterer Texte, die behaupten, die römische Kirche habe sich nie geirrt. Ihre für sie typische Erklärung war, daß Sätze, die von einem sich nicht irrenden «Apostolischen Stuhl» oder einer irrtumsfreien «römischen Kirche» reden, nur dann gelten, wenn man sie nicht auf den Papst allein, sondern auf die ganze Gemeinde der Gläubigen bezieht. Huguccio schrieb zu einem solchen Text (der von Gratian einem Papst Eusebius zugeschrieben wurde):

«*(Die apostolische Kirche) hat sich nie geirrt*: Dagegen gibt es einen Einwand, der Anastasius betrifft. Doch vielleicht handelt es sich (bei dem, der diesen Ausspruch getan hat) um einen früheren (Papst). Oder er spricht vielleicht, und dies ist wahrscheinlicher, vom Glauben der Gesamtkirche, die nie irregegangen ist. Denn obwohl sich der römische Papst zuweilen geirrt hat, so ist damit nicht gesagt, daß es die römische Kirche gewesen sei, die ja nicht aus einem allein, sondern aus sämtlichen Gläubigen besteht, denn die Kirche ist die Gesamtheit der Gläubigen; falls sie nicht zu Rom existiert, so existiert sie in den Regionen Galliens oder wo immer es Gläubige gibt. Die Kirche könnte zwar zu bestehen aufhören, doch dies wird nie der Fall sein, denn es wurde zu Petrus und in der Person des Petrus der gesamten Kirche gesagt, daß ihr Glaube nicht versagen werde.»

An einer andern Stelle schrieb Huguccio: «Wo immer gute, gläubige Christen sind, da ist die römische Kirche.» Solche Ansichten wurden von den Kanonisten allgemein geäußert. Ein anonymer französischer Kanonist bemerkte, daß die irrtumsfreie «römische Kirche» die «Gesamtkirche» sei, und ein anonymer englischer Kanonist sagte, daß die Kirche sich nicht gleichzeitig «in ihrem ganzen Leib» irren könne. Laurentius schrieb: «Obwohl der Papst, der wegen Häresie verurteilt werden kann, in die Irre gegangen ist, ist die römische oder katholische Kirche, die als die Gemeinde der Katholiken verstanden wird, nicht in die Irre gegangen.» Desgleichen Alanus: «Selbst wenn der Papst dem Irrtum verfiele, dauerte der Glaube der Kirche, welche die Gemeinde der Katholiken ist, weiter.» Ein Dekretist hielt die Behauptung, daß die römische Kirche sich nicht irren könne, für so unglaubwürdig, daß er den Gedanken äußerte, der betreffende Text sei vielleicht von einem Gegenpapst geschrieben worden. (Er fiel indes wieder in die übliche Lehre zurück, daß in diesem Zusammenhang der Ausdruck «römische Kirche» als die ganze Körperschaft der Gläubigen zu verstehen sei.) Zuletzt möchten wir einen Text von Johannes Teutonicus anführen, der die beiden Denksträhnen, die wir besehen haben, miteinander verzwirnt hat: einerseits die Unterscheidung zwischen dem Papst, der irren, und der Gemeinde der Gläubigen, die nicht irren kann, und andererseits die Interpretation von Lukas 22, 32 im Sinn einer Garantie für die Indefektibilität der Gesamtkirche:

«Ich frage: Von welcher Kirche wird hier gesagt, daß sie nicht irren kann? ... Es ist gewiß, daß der Papst irren kann, vgl. Dist. 19 Anastasius und Dist. 40 Si papa. Ich antworte: Die Gemeinde der Gläubigen wird hier die Kirche genannt ... Und diese Kirche kann nicht nichtsein ..., denn der Herr selbst hat für die Kirche gebetet, Dist. 21 § 1 v. ‹Ich habe für dich gebetet ...›»

Offensichtlich haben sich die Kanonisten des Mittelalters in einem ganz anderen Denkklima bewegt als in dem der ultramontanen Theologen des 19. Jahrhunderts. Die Kanonisten glaubten, daß Päpste irren können und zwar in ihrer offiziellen Eigenschaft als Oberhirten der Kirche (wie das bei Anastasius der Fall war). Selbstverständlich leugnet die moderne Theologie nicht, daß ein Papst irren kann. Doch wenn moderne katholische Theologen von Irrtümern Kenntnis zu nehmen haben, die von Päpsten als Oberhäuptern der Kirche promulgiert worden sind, so unterscheiden sie zwischen offiziellen unfehlbaren Aussagen und offiziellen nicht unfehlbaren Aussagen. Die Kanonisten des Mittelalters kannten diese Unterscheidungen nicht. Sie gaben sich damit zufrieden, zwischen dem Papst, der irren kann – und zwar, so weit sie wußten, in allen seinen Aussagen –, und der Gesamtkirche, deren Glaube nie versagen kann, zu unterscheiden. Sie kamen nie auf Ideen, die der modernen Infallibilitätsdoktrin entsprochen hätten. Die zeitgenössischen Theologen wichen in ihren viel knapperen Kommentaren von der Lehre der Kanonisten nicht ab. Kurzum, die Kirche des 12. Jahrhunderts war nicht des Glaubens, daß der Papst «jene Unfehlbarkeit besitzt, mit der der göttliche Erlöser seine Kirche ... ausgerüstet haben wollte».

Der heterodoxe Ursprung

Der wirkliche Ursprung der Lehre von der Unfehlbarkeit des Papstes ist merkwürdig. Die Idee, daß der Papst «im Besitz der Infallibilität» sei, kam zuerst gegen Ende des 13. Jahrhunderts auf im Verlauf eines verwickelten Disputs, der die franziskanische Lehre über die evangelische Armut betraf. Die neue Theorie stammte von Petrus Olivi (um 1248–1298), einer wichtigen, doch rätselhaften Gestalt in der Geschichte des mittelalterlichen Denkens. Während seiner ganzen Laufbahn als Theologieprofessor wurde Olivi wiederholt der Häresie angeklagt, während er sich selbst immer wieder als einen loyalen, rechtgläubigen Katholiken bezeichnete. Obwohl er das erste Argument zugunsten der päpstlichen Unfehlbarkeit formuliert hatte, wurde er posthum verurteilt, weil er die Autorität der römischen Kirche mißachtet und zurückgewiesen habe. Einige seiner Werke strotzen von wirren apokalyptischen Spekulationen, andere enthalten bloß konventionelle scholastische Gedankengänge. Nach seinem Tod identifizierten ihn seine Anhänger mit dem siebenten Engel der Apokalypse; seine Feinde bezeichneten ihn als Antichristen. Die heutigen Theologen streiten sich darüber, ob er im Grunde orthodox oder heterodox gewesen sei.

Olivi legte seine neue Theorie, daß der Papst unfehlbar sei, in einer – wahrscheinlich 1280 verfaßten – Quaestio vor, die das Problem stellte: «Ist dem römischen Papst in Dingen des Glaubens und der Sitte von allen Katholiken als einem untrüglichen Maßstab (tamquam regule inerrabili) zu gehorchen?»[4]. Olivi gab auf diese Frage eine bejahende Antwort. Er schrieb, es sei unmöglich, daß Gott uns zum Gehorsam gegenüber dem römischen Papst verpflichte und es dabei zulasse, daß der Papst im Glauben irre. Hier ging Olivi noch über die moderne Infallibilitätsdoktrin hinaus. Die modernen Theologen lehren, daß Katholiken vielen Vorschriften des Heiligen Stuhls nachzukommen haben, die zwar gelten, aber nicht unfehlbar, sondern

4 Herausgegeben von *M. Maccarrone* in: Una questione inedita dell' Olivi sull'infallibilità del papa, in: Rivista di storia della chiesa in Italia 3 (1949) 309–343.

möglicherweise irrig sind. Doch Olivi übersah nicht, daß Qualifikationen und Präzisierungen anzubringen sind, wenn man den genauen «Inerranzmodus» bestimmen will, der dem Papst zuzuschreiben ist. Seine Quaestio endet mit einer Seite dicht zusammengedrängter Unterscheidungen, die von höchster Bedeutung sind, um seine Theorie über die Autorität des Papstes zu verstehen.

Erstens, schrieb Olivi, müsse man zwischen verschiedenen Arten von Irrtümern unterscheiden. Ein Irrtum könne rein persönlich oder «lehramtlich» sein, d. h. er könne eine bloß private Meinung darstellen oder als eine öffentliche Lehre vorgelegt werden, die den Glauben anderer angeht. Auch seien einzelne Irrtümer mit dem echten Glauben völlig unvereinbar, während andere bloß Gegenstände des menschlichen Wissens berührten, die für die Glaubenswahrheiten von geringem Belang seien. Und schließlich könne ein Papst hartnäckig im Irrtum verharren oder gewillt sein, sich berichtigen zu lassen.

Zweitens schlug Olivi vor, zwischen dem Römischen Stuhl und dessen Inhaber zu unterscheiden. Eine Institution könne bloß dem Namen und Anschein nach der Römische Stuhl sein oder sie könne dies in Tat und Wahrheit sein. Das gleiche gelte vom Papst.

Und schließlich besah Olivi den Sinn des Begriffs «Irrtumslosigkeit». Der Papst oder der Römische Stuhl könne entweder absolut oder bloß bedingt «irrtumsfrei» genannt werden. So ließe sich z. B. eine Bedingung hinzufügen, indem man sagen würde, der Papst könne solange nicht irren, als er der wahre Papst und das wahre Oberhaupt der Kirche bleibe (und das gleiche ließe sich vom Römischen Stuhl sagen). Unter dieser Bedingung könne selbstverständlich weder der Papst noch der Römische Stuhl in einer Glaubenssache hartnäckig irren, jedenfalls nicht so, daß ein Irrtum «lehramtlich» vorgelegt würde, denn die Gesamtkirche könne nicht irren und so auch nicht mit einem irrenden Oberhaupt eins sein.

Das Neue an der Lehre Olivis wurde von der neueren Theologie nur wenig wahrgenommen. Alle Autoren, welche die Frage überhaupt besehen haben, haben sich verleiten lassen durch die weitverbreitete, jedoch gänzlich unbegründete Annahme, die Lehre von der Unfehlbarkeit des Papstes sei im 12. und 13. Jahrhundert allgemein angenommen worden. Selbst Michele Maccarrone, der als erster Olivis Quaestio über die Unfehlbarkeit veröffentlicht hat, hielt deren zentrale These für wenig originell. In der Einleitung zum Text Olivis bemerkte er, die Lehre von der päpstlichen Unfehlbarkeit sei in den Jahren um 1270 in weiten Kreisen diskutiert worden und der griechische Kaiser Michael Paläologus habe in seinem Glaubensbekenntnis, auf dem Konzil von Lyon, seinen Glauben an das «unfehlbare Lehramt des römischen Papstes» bekannt. Nach Maccarrone haben überdies Thomas von Aquin und Bonaventura diese Lehre vertreten. Auch die kanonistische Literatur des vorausgehenden Jahrhunderts habe die Infallibilitätsdoktrin, die in der Kirche «allezeit festgehalten und vorausgesetzt» worden sei, allgemein proklamiert. Alle diese Ansichten sind offensichtlich falsch. Das Glaubensbekenntnis des Michael Paläologus enthält keine Stelle, die sich auf irgendein «unfehlbares Lehramt» des Papstes beziehen würde. Auch findet sich diese Lehre in den Werken Thomas' oder Bonaventuras keineswegs. Und die ganze Idee der päpstlichen Infallibilität war der Denkweise der Kanonisten fremd. Somit besteht für einen Dogmenhistoriker das eigentliche Problem in der Frage, wieso Olivi sich überhaupt je veranlaßt fühlte, solch eine radikale neue Theorie erstmals zu formulieren.

Olivis Lehre über die päpstliche Autorität hing aufs engste mit seiner Einstellung zu der Armutslehre des hl. Franziskus von Assisi und mit der Anerkennung dieser Lehre durch die römische Kirche zusammen. Um sein Denken zu verstehen, müssen wir deshalb kurz einige Probleme des Franziskanerordens und namentlich einige Entwicklungen des franziskanischen Joachimismus zu Lebzeiten Olivis ins Auge fassen. Franziskus hatte seine Jünger dazu angehalten, im Stand der evangelischen Armut zu leben, und Papst Gregor IX. hatte eine juristische Definition dieser Lebensweise gegeben, als er 1231 erklärt hatte, die franziskanische Armut erfordere – im Gegensatz zu älteren Formen monastischer Armut –, weltliche Güter «weder privat noch gemeinschaftlich» zu besitzen. Sämtliche Franziskaner nahmen diese Formel als eine authentische Definition der Intentionen des hl. Franziskus an. Doch zur Zeit Olivis spaltete sich der Orden in zwei im Widerstreit stehende Gruppen. Die Partei der «Kommunität» war der Ansicht, das einzige wirklich wesentliche Element im Gelübde apostolischer Armut sei der prinzipielle Verzicht auf Eigentumsrechte. Die von Olivi angeführten «Spiritualen» hingegen traten heftig dafür ein, daß das wirkliche Armsein – die Praxis strenger Genügsamkeit im Alltagsleben – ebenso wichtig sei.

Man könnte meinen, es habe sich dabei bloß um einen ordensinternen Disput der Franziskaner um einen Punkt ihrer Disziplin gehandelt. Doch für Olivi (und für viele seiner Zeitgenossen) war Franziskus von Assisi nicht bloß ein großer, liebenswürdiger Heiliger. Vielmehr war er für sie eine apokalyptische Gestalt, die von Gott die Sendung erhalten hatte, seine Offenbarung an die Menschen zu vervollständigen und so eine neue Aera der Weltgeschichte zu inaugurieren. Olivi spannte seine Interpretation der eschatologischen Rolle des hl. Franziskus in einen heilsgeschichtlichen Rahmen, den er dem kalabrischen Visionär Joachim von Fiore entliehen hatte.

Im Zeitenschema, dessen sich Olivi bediente, wird die ganze Geschichte des Menschengeschlechts in zwei Epochen geteilt, die im großen und ganzen dem Alten und dem Neuen Testament entsprechen. Jede Epoche zerfällt zudem in sieben Zeitalter, die mit den sieben Schöpfungstagen und den sieben Engeln der Apokalypse in Zusammenhang gebracht werden[5]. Für Joachim hatte der sechste Engel eine spezielle Bedeutung. Er glaubte, mit der Eröffnung des sechsten Siegels der Schriftrolle des Lammes lüfte sich der Schleier der buchstäblichen Schriftauslegung und werde den Menschen zum ersten Mal der wahre geistliche Sinn des Evangeliums geoffenbart. Olivi gab diesen unbestimmten Weissagungen einen konkreten Sinn, indem er Franziskus von Assisi mit dem Engel des sechsten Siegels und seine Lehre über die heilige Armut mit der Endoffenbarung des geistlichen Sinns der Schrift identifizierte[6]. So hatte die franziskanische Armutslehre für ihn kosmische Bedeutung. Diese Lehre richtig zu verstehen und richtig zu definieren sei für die Theologie von entscheidender Wichtigkeit. Würde die wahre Lehre des hl. Franziskus allgemein angenommen, so würde eine neue Aera der Kirche herbeigeführt, die in der Wiederkunft Christi gipfeln würde.

Doch vor dieser ihrer Vollendung hat die Kirche nach Ansicht Olivis einen erbitterten Kampf zu bestehen zwischen der wahren Kirche, die sich an die Lehren des hl. Franziskus hält, und den Kräften eines «mystischen Antichristen», in dessen Dienst ein Pseudopapst steht, der diese Lehren angreift. Ein besonderer Zug dieses Joachimismus Olivis liegt in der Betonung der Rolle des künftigen falschen Papstes. Dieser Papst werde «gegen die evangelische Regel ein Komplott schmieden». Vom Papstthron aus werde eine falsche Lehre proklamiert werden. Fast die ganze Welt lasse sich in die Irre führen. Doch am Schluß werde der schmale Rest der wahren Kirche triumphieren. Dann werde schließlich die Kirche in die Endära, in das siebente Zeitalter eintreten, in eine Epoche des Friedens, des Glückes und der Ruhe.

Den neueren Theologen bereitete es Mühe, die joachimistischen Vorhersagen Olivis über einen zukünftigen Pseudopapst, der fast die ganze Kirche irreleiten werde, mit seinen häufigen Beteuerungen unbedingter Loyalität

5 Joachim steht in besserem Andenken in bezug auf seine trinitarische Einteilung der Geschichte in ein Zeitalter des Vaters, in ein Zeitalter des Sohnes und in ein Zeitalter des Heiligen Geistes. Er bediente sich jedoch ebenfalls des oben erwähnten Schemas «Zweimal sieben». Vgl. neuestens *M. Reeves,* The Influcence of Prophecy in the Later Middle Ages (Oxford 1969).

6 Die hier erörterten joachimitischen Texte Olivis sind veröffentlicht in *J. J. I. von Döllinger,* Beiträge zur Sektengeschichte des Mittelalters (München 1890). Die Identifizierung des hl. Franziskus mit dem Engel der Apokalypse beruhte darauf, daß Franziskus die Wundmale eingeprägt erhielt, so wie der Engel des sechsten Siegels «mit dem Zeichen des lebendigen Gottes bezeichnet» wurde.

gegenüber dem Römischen Stuhl in Einklang zu bringen. Einzelne haben die Vermutung geäußert, Olivi sei schizophren gewesen. Livarius Oliger z. B. bemerkte, die eine Hälfte des Denkens Olivis sei «scharfsinnig und tiefgründig» gewesen, während die andere Hälfte «mystisch, abstrus, heillos vom Joachimismus umstrickt» gewesen sei. Andere Autoren vertreten die Ansicht, die Haltung Olivis gegenüber dem Papsttum habe sich in den letzten Jahren seines Lebens, als er die joachimitische *Lectura* über die Apokalypse schrieb, von Grund auf geändert. Sie vermissen den Zentralpunkt des ganzen ekklesiologischen Systems Olivis. In Wirklichkeit aber war Olivis exzentrische Lehre über die päpstliche Unfehlbarkeit von eben der idiosynkratischen Vision der Heilsgeschichte inspiriert, von der seine exzentrischen joachimitischen Phantastereien eingegeben waren.

Der unmittelbare Anlaß, der Olivi dazu trieb, seine Quaestio über die päpstliche Unfehlbarkeit zu formulieren, war die Promulgation der Bulle «Exiit» durch Papst Nikolaus III. im August 1279. Olivi begrüßte diese Bulle mit wärmstem Beifall, denn in «Exiit» approbierte Papst Nikolaus nicht nur – wie seine Vorgänger dies schon getan hatten – die franziskanische Lebensweise, sondern er bestätigte zudem den von den Franziskanern gehegten Glauben, daß ihre Art der Armutspraxis der wahre Weg zur Vollkommenheit sei, den Christus der Erstaposteln aufgezeigt habe, als die offizielle Lehre der römischen Kirche. «Wir erklären, daß der auf diese Weise nicht bloß einzeln, sondern gemeinschaftlich geübte Verzicht auf Eigentum in allen Dingen ... verdienstlich und heilig ist und daß Christus, als er den Weg zur Vollkommenheit aufzeigte, dies durch sein Wort lehrte und durch sein Vorbild bekräftigte.» «Exiit» erklärte auch, die Franziskanerregel sei unmittelbar vom Heiligen Geist inspiriert. Schließlich vergaß die Bulle bei der Definition der franziskanischen Armut nicht, sowohl die Art der Verwendung der Güter als auch den Verzicht auf Eigentumsrechte zu erwähnen («... sie sollten über Dinge nicht im Übermaß oder reichlich verfügen können»). Olivi betrachtete «Exiit» als eine vollständige Rechtfertigung seiner eigenen Lehren. Kaum war die Bulle erschienen, wahrscheinlich schon in den nächsten paar Monaten, verfaßte er seine neue Lehre über die Unfehlbarkeit des Papstes.

Olivis Begeisterung für «Exiit» ist leicht verständlich. Wozu aber noch die Infallibilitätsdoktrin? Warum konnte sich Olivi nicht damit zufriedengeben, von neuem die bestehende kanonische und theologische Lehre zu bekräftigen, daß der Papst ein über die Kirche gesetzter autoritativer Richter ist? Schließlich hatte auch Bonaventura es für notwendig befunden, die päpstliche Gewalt zu betonen, als er behauptete, daß die Erlasse der Päpste eine unanfechtbare Rechtfertigung der franziskanischen Armutslehre darstellten. Er hielt es jedoch nicht für notwendig, eine Lehre auszuarbeiten, wonach der Papst unfehlbar ist. Der Unterschied im Denken der beiden großen Franziskaner läßt sich durch die Sonderansichten des Joachimismus Olivis erklären. Bonaventura rechnete nie mit der Möglichkeit, daß ein römischer Papst versuchen könnte, den Glauben der Kirche in die Irre zu leiten. Olivi hingegen faßte diese Möglichkeit immer wieder ins Auge. Er war von der Furcht besessen, ein solches Unheil stehe bevor. Von seinem Gesichtspunkt aus war es daher entscheidend wichtig, daß die päpstlichen Dekrete, die bereits erlassen worden waren, um den Glauben zu definieren – die Entscheide der echten, rechtgläubigen Päpste –, nicht nur als autoritativ für die Gegenwart, sondern als unrevidierbar für alle Zeiten angesehen werden müssen.

Die Lehrentscheide, die besonders gewahrt werden sollten, waren für Olivi selbstverständlich diejenigen, welche die franziskanische Armut betreffen, denn er dachte, das kommende Reich des Antichristen und des falschen Papstes werde dadurch charakterisiert sein, daß sie diese Lehre verwerfen. Der falsche Papst werde in erster Linie deswegen als solcher auszumachen sein, weil er die Lehre von der apostolischen Armut angreife. «Der falsche Papst wird deswegen ein Pseudopapst sein, weil er gegen die evangelische Lehre über Armut und Vollkommenheit in häretischer Weise verstoßen wird.» Die Kräfte des Antichristen würden gerade gegen die Lehre ankämpfen, die Nikolaus III. in der Bulle «Exiit» proklamiert hatte.

Olivi stand nicht allein da mit seiner Befürchtung, daß ein künftiger Papst sich gegen die franziskanische Lehre über die evangelische Armut wenden werde. Unter den radikaler eingestellten Franziskanern gegen Ende des 13. Jahrhunderts war diese Angst weit verbreitet. Schon 1274 kam in Italien das Gerücht (ein falsches Gerücht, wie es sich herausstellte) auf, Papst Gregor X. sei entschlossen, allen Medikantenorden die Pflicht aufzuerlegen, Eigentum zu besitzen. Das Recht dazu wurde ihm von einer Gruppe von Spiritualen aus der Mark Ancona (diese Gruppe geriet später unter den Einfluß Olivis) entschieden bestritten. Ihre Anführer erklärten, ein derartiges Dekret wäre «nicht nur unrichtig, sondern verwerflich; es würde zum Abfall führen; es stehe nicht in seiner Macht und sei so unmöglich.»

Dies war genau die Position Olivis. Wir möchten zum Schluß nur noch bemerken – und dies ist zum Verständnis des Denkens Olivis höchst wichtig –, daß dies nicht eine Position war, die sich innerhalb des traditionellen Rahmens der kanonischen Lehre über die päpstliche Souveränität vertreten ließ.

Nach der Theorie der Kanonisten konnte kein Papst an ein Dekret eines seiner Vorgänger gebunden sein, da, wie ihre Souveränitätslehre unmißverständlich erklärte, «par in parem non habet imperium (Ein Gleichgestellter hat keine Gewalt über einen Gleichgestellten).» Für sie wäre es unmöglich gewesen, einen Pseudopapst schon bloß deshalb als einen «falschen» Papst auszumachen, weil er sich entschließt, zum Problem der franziskanischen Armut eine andere Haltung einzunehmen als seine Amtsvorgänger. Nach Auffassung der Kanonisten hatte ein künftiger Papst das volle Recht dazu. Selbst Bonaventura hatte ohne weiteres zugegeben, daß es einem Papst freistehe, den Entscheid seines Vorgängers über den Sinn der vollkommenen Armut zu ändern (obwohl ihm nie eingefallen wäre, daß diese Vollmacht des Papstes sich eines schönen Tages gegen die Franziskaner wenden könnte). Olivi erklärte, jeder Papst sei gebunden «an die Gebote Gottes ... und die authentischen Dogmen des katholischen Glaubens, die in der Heiligen Schrift niedergelegt sind und von der katholischen Kirche festgehalten werden.» Dies entsprach voll und ganz der Tradition. Das Neue an Olivis Position war dies, daß nach seiner Ansicht die einzelnen päpstlichen Definitionen (weil unfehlbar) Bestandteile des «authentischen Dogmas» der Kirche werden konnten. Und dies hinwieder erklärt seine Auffassung über die Beziehung zwischen den Päpsten und der Franziskanerregel. Nach Olivi war diese Regel durch einstige Entscheide des Römischen Stuhls beglaubigt worden, konnte aber nicht durch künftige Entscheide derselben Autorität geändert werden. Von der kanonistischen Souveränitätstheorie her gesehen ist eine derartige Behauptung schlechterdings absurd. Unter der Voraussetzung der päpstlichen Unfehlbarkeit wird sie aber verständlich und vernünftig, da nach dieser Theorie die Dekrete früherer Päpste, welche die franziskanische Lebensweise als mit der Lebensweise Christi und der Apostel übereinstimmend anerkannten, sich so auffassen lassen, daß sie ein «authentisches Dogma» aufstellen, das für spätere Päpste bindend bleibt.

Jetzt tritt auch zutage, welche Bedeutung die Unterscheidungen haben, die Olivi am Schluß seiner Quaestio über die Unfehlbarkeit anbrachte. Wenn Olivi schrieb, die Kirche könne nicht mit einem irrenden Oberhaupt eins sein, so meinte er damit nicht, daß der Papst, der den Römischen Stuhl einnimmt, nicht irren könne, sondern er wollte damit besagen, ein Papst, der offensichtlich irre, sei nicht als das rechtmäßige Oberhaupt der Kirche zu betrachten. Somit decken sich die Vorhersagen über einen künftigen falschen Papst in den joachimistischen Schriften Olivis genau mit der in dieser Quaestio über die Infallibilität vorgelegten Unterscheidung zwischen einem Mann, der «nur dem Namen und Anschein nach Papst» ist, und einem echten Papst, der Oberhaupt der wahren, nicht in die Irre gehenden Kirche ist. Wenn die Gläubigen auf der Hut sind, können sie einen falschen Papst daran erkennen, daß dieser die Lehren seiner Vorgänger verwirft – da die Lehren echter Päpste unfehlbar wahr sind. Daraufhin dürfen sie ihn absetzen. Olivi wollte die Möglichkeit vermindern, daß künftige Inhaber des römischen Stuhls dem Gottesvolk Schaden zufügen. Deshalb bestand er auf der Infallibilität – und infolgedessen Unrevidierbarkeit – von Lehrentscheidungen, die von früheren Päpsten getroffen worden sind. Die neue Theorie der Unfehlbarkeit des Papstes ging darauf aus, die Gewalt künftiger römischer Oberhirten einzuschränken, nicht aber sie von allen Einschränkungen zu entbinden. Natürlich zeigten sich die damaligen Päpste nicht geneigt, eine so unbequeme Lehre zu übernehmen.

Weitere Entwicklungen

Nachdem Petrus Olivi seine Theorie der päpstlichen Unfehlbarkeit erstmals definiert hatte, trat während vierzig Jahren in der Entwicklung der Lehre irgendwie eine Pause ein. Dies ist um so merkwürdiger, als zu dieser Zeit eine Masse weiterer Schriften über die Gewalt des Papstes erschien, wozu eine neue Reihe von Konflikten zwischen der geistlichen und der weltlichen Autorität in der christlichen Gesellschaft Anlaß gab. In den zahlreichen Traktaten jener Periode, die mit Titeln wie «De potestate ecclesiastica» oder «De potestate papae» versehen sind, tritt die Ekklesiologie erstmals als ein besonderer Zweig der Theologie in Erscheinung. Doch die zeitgenössischen Theologen beeilten sich nicht, Olivis neue These anzugreifen oder zu verteidigen. Sie begnügten sich anscheinend damit, sie zu ignorieren als eine unerhebliche, ausgefallene Meinung eines Autors, der bald nach seinem Tod als exzentrischer Wirrkopf angesehen wurde.

Dann aber lebte, in den Jahren nach 1320, das ganze Problem unerwartet wieder auf. Etwas Unglaubliches geschah: Die Situation, mit der Olivi gerechnet hatte, trat wirklich ein. Ein Papst gelangte an die Macht, der gewillt war, die franziskanische Lehre über die absolute Armut Christi und der Apostel als häretisch zu verurteilen. Die Reaktion der maßgebenden Franziskaner bestand darin, daß sie immer ausgefeiltere Theorien über die Unfehlbarkeit des Papstes entwickelten, um zu beweisen, daß das Dekret «Exiit» Nikolaus' III. ein unrevidierbares Dogma aufgestellt habe, das von einem späteren Papst nicht annulliert werden könne. Die Krise setzte 1322 ein, als Papst Johannes XXII. zu einer allgemeinen theologischen Debatte über die Armut Christi aufforderte. Die zu einem Generalkapitel zu Perugia versammelten Franziskaner erklärten empört, die Lehre über die evangelische

Armut sei bereits feierlich definiert worden, bilde einen Bestandteil des wahren Glaubens der Kirche und dürfe deshalb nicht neu in Erwägung gezogen werden. «Wenn ein Papst widerruft, was von einem oder mehreren andern Päpsten in Glaubenssachen entschieden worden ist..., gerät die Kirche ins Wanken und wird der Glaube in Zweifel gezogen», erklärte ein franziskanischer Wortführer. Papst Johannes XXII. machte daraufhin dem Ordensgeneral der Franziskaner seinen Standpunkt klar: er betrachte derartige Proteste als anmaßend der Form und häretisch dem Inhalt nach.

Auf alle die franziskanischen Argumente, die so offen die Frage nach der Unrevidierbarkeit päpstlicher Lehrentscheide aufwarfen, antwortete der Papst in der Bulle «Ad Conditorem»[7] in der kühlen Sprache juridischer Souveränität:

«Wenn derjenige, der Canones festlegt, wahrnimmt, daß die Bestimmungen, die er oder seine Vorgänger erlassen haben, sich mehr zum Nachteil als zum Vorteil auswirken, so ist er zweifellos befugt, dafür zu sorgen, daß sie sich nicht mehr nachteilig auswirken können...»

An diesem Punkt der Kontroverse scheint Johannes XXII. die involvierten Probleme noch für sehr einfach angeschaut zu haben. Die Idee, irgendwelche Entscheide seiner Vorgänger seien unrevidierbar, kam dem Papst einfach als Bedrohung seiner souveränen Autorität vor. Er hatte damit selbstverständlich nicht ganz unrecht. Das Oberhaupt einer alten Kirche ist entweder ein unfehlbarer Lehrer mit der Vollmacht, unrevidierbare Lehren zu promulgieren, oder ein souveräner Herrscher mit der Macht, die Entscheide seiner Vorgänger zu widerrufen. Vielleicht würde in einer vernünftig geordneten Kirche das einzelne Oberhaupt weder als souverän noch als unfehlbar angesehen. Ganz gewiß aber kann er nicht gleichzeitig souverän und unfehlbar sein. Sofern er das Dilemma überhaupt wahrnahm, war Johannes XXII. selbstverständlich gewillt, sich für die Souveränität zu entscheiden.

Im November 1323 übte Johannes die Macht aus, die er für sich beansprucht hatte. In einem feierlichen dogmatischen Dekret («Cum inter nonnullos») erklärte er die Behauptung, daß «Christus und die Apostel weder einzeln noch gemeinsam irgend etwas besessen» hätten, für häretisch. Dies bewog einen nicht dem Namen nach bekannten Franziskaner am Hof Ludwigs des Bayern, eine neue Formulierung der Lehre von der Unfehlbarkeit des Papstes vorzuschlagen – selbstverständlich in der Absicht, zu beweisen, daß Papst Johannes in Häresie gefallen sei, weil er einem unfehlbaren Dekret eines seiner Vorgänger widersprochen habe. Diese neue Theorie, die in der Sach-

7 Die verschiedenen Bullen Johannes' XXIII., die hier angeführt werden, finden sich in: *E. Friedberg* (Hrsg.), Corpus Iuris Canonici II (Leipzig 1879), col. 1224–1236.

senhausener Appellation des Kaisers 1324 vorgelegt wurde, wies das Unterscheidungsmerkmal auf, daß sie die Infallibilitätsdoktrin spezifisch auf die Natur der «Schlüssel des Himmelreiches» gründete, die Christus dem Petrus verheißen hatte. Eine alte Überlieferung der Kirche – die auf Beda Venerabilis zurückgeht – war der Ansicht, die Schlüssel Petri seien zweifach gewesen und hätten in einem «Schlüssel des Wissens» und in einem «Schlüssel der Macht» bestanden. In Schriften früherer Zeiten gebrauchte man den Begriff «Schlüssel des Wissens» bloß in Ausführungen über die allgemeine priesterliche Vollmacht «zu binden und zu lösen», an der Petrus mit allen Priestern zusammen Anteil hatte. Der unbekannte Franziskaner der Sachsenhausener Appellation behauptete nun – und dies war etwas Neues –, der «Schlüssel des Wissens» Petri verleihe den Päpsten die Befähigung, in Angelegenheiten des Glaubens und der Moral untrügliche, unrevidierbare Aussagen zu machen.

«Was die Römischen Päpste durch den Schlüssel des Wissens in Fragen des Glaubens und der Moral einmal definiert haben, ist unabänderlich ... es kann nicht von irgendeinem Nachfolger in Zweifel gezogen werden ... es bleibt wahr für alle Ewigkeit»[8].

Diese Theorie über den «Schlüssel des Wissens» schlich sich schließlich in die rechtgläubige katholische Theologie ein, und in den Debatten über die Definition von 1870 machte Kardinal Manning sie sich mit Inbrunst zu eigen[9]. Papst Johannes XXII. hingegen verurteilte in seiner Bulle «Quia quorundam» diese frühe Formulierung der Infallibilitäts- und Irreformabilitätsdoktrin als ein Werk des Teufels, des «Vaters aller Lügen». Die franziskanische Theorie über den «Schlüssel des Wissens», so legte der Papst dar, finde in der theologischen und kanonischen Überlieferung der Kirche keine Stütze. Ihre Befürworter, erklärte er, ließen sich von «verderblicher Verwegenheit» treiben, sonst würden sie sich nicht für eine so «unheilvolle Lehre» einsetzen.

In den Jahren unmittelbar nach 1324 wurde die Theorie der Unfehlbarkeit des Papstes weiterhin hauptsächlich von dissidenten Franziskanern vertreten. Der weitaus größte von ihnen war Wilhelm von Ockham. Er verteidigte angelegentlich die Lehre vom «Schlüssel des Wissens», wie sie in der

8 *J. Schwalm,* Die Appellation König Ludwigs des Baiern von 1324 (Weimar 1906) 28.

9 *H. E. Manning,* The Oecumenical Council and the Infallibility of the Roman Pontiff (London 1969) 90 und 147. «Wenn ich die Lehre, die, wie ich vermute, nun ultramontan nennen muß, doch – wie alle Schulen des Christentums es tun – eher katholisch nennen möchte, richtig verstehe, so besagt sie: Die höchste und letzte Gewalt sowohl in der Jurisdiktion wie im Glauben, die clavis jurisdictionis und die clavis scientiae sind zuerst und für immer dem Petrus übergeben worden und in ihm ... seinen Nachfolgern.»

Sachsenhausener Appellation dargelegt worden war, suchte aber zudem die Lehre der päpstlichen Unfehlbarkeit auf eine viel breitere Grundlage zu stellen. Die Position, für die er sich entschied, wurde in seinem ersten größeren polemischen Werk klar dargelegt:

«Was die römischen Päpste in Dingen des Glaubens und der Moral einmal definiert haben – ob nun kraft des Schlüssels des Wissens oder kraft des Schlüssels der Gewalt oder kraft der päpstlichen Autorität oder irgendwelcher anderer Vollmacht –, steht so unabänderlich fest, daß ein Amtsnachfolger es nicht in Frage stellen oder das Gegenteil behaupten darf.»[10]

Ockham spielte in der Entwicklung der Lehre der päpstlichen Unfehlbarkeit eine Hauptrolle. Und daß diese Tatsache in all den umfangreichen neueren Werken über seine Ekklesiologie nie festgestellt worden ist, bildet nur einen weitern Hinweis darauf, daß die ganze Frühgeschichte der Infallibilitätsdoktrin unter dem Einfluß neuerer theologischer Vorurteile andauernd mißverstanden worden ist. Selbstverständlich ging es Ockham nicht darum, die Gewalt des Papstes zu steigern, sondern er bediente sich unablässig der neuen Theorie der päpstlichen Unfehlbarkeit, um die alte Realität der päpstlichen Souveränität zu untergraben. Seine Beweisführung war ganz darauf zugespitzt, zu beweisen, daß Johannes XXII. ein Häretiker und infolgedessen nicht wahrer Papst sei, weil er einen unrevidierbaren Entscheid eines seiner Vorgänger abgelehnt habe. Infallibilität kann in der katholischen Ekklesiologie ein zersetzender Begriff sein, wenn alle ihre Implikationen rigoros und unverfroren herausgearbeitet werden. Ockham bewies dies durch das ganze Corpus seiner ekklesiologischen Schriften hindurch mit feinstem Scharfsinn. Wir können hier nicht allen Windungen seines Denkens nachgehen. Die Einzelheiten sind sehr verwickelt. Doch sein zentrales Argument macht einen bestechend einfachen Eindruck. Es läßt sich leicht in moderne Begriffe fassen. Wenn ein katholischer Theologe glaubt, daß ein wahrer Papst infallibel (in einem bedeutsamen Sinn des Wortes) sei, und wenn er glaubt, daß der derzeitige Inhaber des päpstlichen Stuhls in einer feierlichen, offiziellen Erklärung in Sachen des Glaubens oder der Sitte geirrt habe (so wie viele der Ansicht sind, Paul VI. habe sich in «Humanae vitae» geirrt), dann bleibt dem betreffenden Theologen nichts anderes übrig, als den derzeitigen Inhaber des päpstlichen Stuhls als einen falschen Papst zu bezeichnen. Die Logik ist unanfechtbar. Doch nur wenige moderne Theologen werden durch sie in Verlegenheit gebracht, weil nur so wenige von ihnen an eine Lehre der päpstlichen Unfehlbarkeit glauben, die wirklich etwas zu bedeuten hat.

10 *J. G. Sikes* etc. (Hrsg.), Opus nonaginta dierum: Guillelmi de Ockham opera politica II (Manchester 1963) 835.

Die Ursprünge der Infallibilitätsdoktrin liegen im verworrenen joachimitischen Radikalismus, in den Verirrungen der franziskanischen Armutstheologie und in der gesamten ambivalenten Beziehung zwischen dem Franziskanerorden und dem Papsttum. Angesichts dieses Hintergrundes ist es verständlich, daß die Päpste des Mittelalters von dieser Theorie nichts wissen wollten. Schließlich fanden päpstlich eingestellte Theologen, daß die Idee der Unfehlbarkeit des Papstes eine nützliche Waffe in ihrem Kampf gegen den Gallikanismus und Protestantismus abgeben könnte. Doch dazu kam es erst im 16. und 17. Jahrhundert, als die Ursprünge der Lehre in Vergessenheit geraten waren.

Wie gesagt, kann ein Historiker den Theologen ihre Arbeit nicht abnehmen, und wir wollen ihnen hier nicht ins Handwerk pfuschen. Theologen müssen sich jedoch darüber im klaren sein, daß das Infallibilitätsproblem eine ganze geschichtliche Dimension hat. Das Erste Vatikanische Konzil entschied nicht einfach, der Papst sei unfehlbar. Es erklärte, das Infallibilitätsdogma gehöre zum «alten, beständigen Glauben der Kirche», und indem das Konzil diesen Glaubenssatz promulgiere, «halte es sich an die Überlieferung, die von Anbeginn des christlichen Glaubens an auf uns gekommen sei». Einzelne Theologen sind zwar zu der Einsicht bereit, daß die Theologie in Gefahr gerate, «in unfruchtbarer Isolierung zu verwelken», wenn sie nicht mit etwelcher geschichtlicher Glaubwürdigkeit ausgestattet werden könne. Was die Lehre der Unfehlbarkeit des Papstes betrifft, so ist dieser erstrebenswerte Stand der Dinge noch nicht erreicht.

Alle landläufigen katholischen Erörterungen über die Infallibilität betonen mehr die Kontinuität als den Wandel in der diesbezüglichen Lehre der Kirche; höchstens geben die Autoren zu, daß diese Lehre im Lauf der Zeiten «herangereift» sei. Für einen Historiker ist es jedoch kaum möglich, das Aufkommen der Lehre der päpstlichen Unfehlbarkeit als die langsame Entfaltung einer Wahrheit anzusehen, die von der Kirche allzeit angenommen wurde. Statt dessen gewahrt er, daß – aus Gründen, die verwickelt, doch historisch verständlich sind – gegen Ende des 13. Jahrhunderts ziemlich plötzlich eine neue Doktrin ausgetüftelt wurde. Es war nicht so, daß die Lehre zwangsläufig auftauchte, weil sie schon immer vorausgesetzt worden wäre. Sie wurde schier zufällig erfunden, weil es zu einer ungewöhnlichen Verkettung geschichtlicher Umstände kam, die diese Doktrin für eine Sondergruppe franziskanischer Polemiker zweckdienlich machte. Der darauffolgende Wachstumsprozeß bestand darin, daß beim Papsttum immer mehr der Gedanke aufkam, die Vorteile, welche die Infallibilitätslehre für die Polemik biete, würden aufs Ganze besehen die Nachteile leicht überwiegen.

Die Päpste waren vielleicht schlecht beraten, als sie zu diesem Urteil gelangten. Die Unfehlbarkeit ist ein zweischneidiges Schwert. Diejenigen, die dieser Doktrin zu Gevatter standen, waren keineswegs gesonnen, sie zur Mehrung der Macht der Päpste zu gebrauchen. Und moderne Theologen, die versucht haben, sich des Unfehlbarkeitsbegriffs zur Erhöhung der päpstlichen Macht zu bedienen, waren gezwungen, sie auf Arten und Weisen zu interpretieren, die ans Lächerliche grenzen. Heutzutage sind es die Verfechter der Lehre der päpstlichen Unfehlbarkeit, die am fleißigsten daran arbeiten, diese Doktrin zu verharmlosen. Es sind die Verteidiger der Doktrin, die uns weismachen wollen, die unmißverständlichen Worte «irreformabel *ex sese*» besagten eigentlich: «Alle päpstlichen Definitionen lassen eine Uminterpretierung zu.» Bei solchen Freunden, möchte man annehmen, hat die Lehre der Unfehlbarkeit des Papstes kaum Feinde nötig. Doch die Theologen bestehen nach wie vor darauf, daß die nichtssagende Lehre, die sie während des letzten Jahrhunderts erfunden haben, stets einen authentischen Bestandteil des katholischen Glaubens gebildet habe und daß die ganze Struktur der katholischen Wahrheit ins Wanken geriete, wenn man diese Doktrin aufgäbe.

In Wirklichkeit aber gibt es keinen überzeugenden Beweis dafür, daß die päpstliche Unfehlbarkeit schon vor dem 13. Jahrhundert Bestandteil der theologischen oder kanonischen Überlieferung der Kirche gewesen ist. Die Doktrin ist erstmals ausgeheckt worden von ein paar dissidenten Franziskanern, weil es ihnen dienlich war, sie zu erfinden. Schließlich wurde sie, nach anfänglichem starkem Widerstand, vom Papsttum übernommen, weil es den Päpsten dienlich erschien, sie zu akzeptieren. Die Lehre der Unfehlbarkeit des Papstes ist niemandem mehr dienlich – am allerwenigsten dem Papst. Sie bildet ein Ärgernis für protestantische und orthodoxe Christen. Das Papsttum hat die Doktrin aus Schwäche übernommen. Vielleicht wird sich die Kirche eines Tages stark genug fühlen, ohne sie auszukommen.

Übersetzt von Dr. August Berz

Claude Langlois

DIE UNFEHLBARKEIT – EINE NEUE IDEE DES 19. JAHRHUNDERTS

Wenn ich als Historiker zum Buch von Hans Küng «Unfehlbar? Eine Anfrage» Stellung nehmen soll, so sind zunächst einige Vorbemerkungen zu machen.

Erstens will mein Beitrag keineswegs eine historische Kritik eines theologischen Werkes sein und auf Fehlsichten, Vereinfachungen oder gar Unrichtigkeiten aufmerksam machen, die da oder dort unterlaufen sein mögen.

Ebensowenig geht es darum, wenn auch nur summarisch die Geschichte der Theologien nachzuzeichnen, die im Lauf der Jahrhunderte zur Unfehlbarkeit der Päpste Stellung genommen haben. Wollten wir uns hingegen ausschließlich auf das Erste Vatikanum konzentrieren, so würde die Antwort, die der geschichtliche Befund uns gibt, allzusehr eingeengt.[1]

Welche Richtung sollen wir also einschlagen? Beim aufmerksamen Lesen des Buches von H. Küng bestärkte sich in uns die Überzeugung, daß in der Art und Weise, wie Theologen – wenigstens einzelne – an ihre Arbeit herangehen, in doppelter Hinsicht eine Unterschätzung der Geschichte liegt. Erstens: Weil man sich in das Universum von Lehren hineinstellen will, für die einzelne Ereignisse ein paar Anhaltspunkte bieten – wie zum Beispiel, was unser Thema betrifft, der Honoriusfall, das Konzil von Basel... oder «Humanae Vitae» –, wird die Vergangenheit plattgewalzt, so daß sie kein Relief mehr aufweist und die Einmaligkeit der geschichtlichen Situationen nicht mehr voll zur Geltung kommt. Darum widerstrebt es dem Historiker, von den Ansprüchen Gregors VII. auf die Prätentionen Pius' IX. zu schließen, da sich zwischen dem einen und dem andern Fall das Kulturniveau, die Lage des Papsttums in Europa usw. so sehr verändert haben, und er geht lieber von der Ungleichartigkeit der beiden Geisteswelten aus als von der beständigen Weiterdauer eines einzigen Systems.[2]

Ein weiterer Punkt mahnt ihn ebenfalls zur Vorsicht. Wir wollen der theologischen Arbeit keineswegs ihre spezifische Eigenart absprechen, sondern nur

1 Wir sehen hier von einer Bibliographie über unser Thema ab, da bibliographische Angaben leicht in Fachzeitschriften eingesehen werden können. Vgl. z. B. Y. Congar, Bulletin d'ecclésiologie. II. Quelques moments d'histoire: Rev. Sc. phil. et théol. 55 (1971) 665–708.

2 M. de Certeau, L'histoire religieuse du XVIIe siècle. Problèmes de méthodes: Rech. sc. relig. 57 (1969) stellt (S. 250) die Frage: «Handelt es sich im Mittelalter, im 17. Jahrhundert und im 19. Jahrhundert um den gleichen Typus von ‹Religion›?».

darauf aufmerksam machen, daß sie unter dem Geschichtsmaterial, dessen sie sich bedient, mehr oder weniger eine Auswahl trifft. Wenn die Unfehlbarkeitsfrage wesensgemäß in den Zuständigkeitsbereich einer Geschichte der Ekklesiologien gehört [3] und es bei ihrer Erforschung aller Aufmerksamkeit bedarf, um die genauen Grenzen wahrzunehmen, die das Erste Vatikanische Konzil der Ausübung der päpstlichen Infallibilität gesetzt hat, darf man dann, um auch nur das Endergebnis, den Konzilsentscheid, zu verstehen, das philosophische, politische, kulturelle Ambiente außer acht lassen, das diese Idee verbreitet und schließlich aufgezwungen hat? [4] Darf man die Augen verschließen vor der außerordentlichen Macht der ultramontanen Strömung, von der die Unfehlbarkeit ein – wenn auch nicht das einzige – konstitutives Element ist? Darf man auch davon absehen, nach dem Sinn dieser Lehre für die Christen zu fragen, die sie alsbald zu einem Zentralpunkt ihres Christentums gemacht haben?

Entgegen einer ausschließlich theologischen Sicht, die für gewöhnlich erst auf dem Weg über mindestens zwanzig Jahrhunderte dazu gelangt, ihren jetzigen Standort zu beziehen, behaupten wir schlankweg, das kulturelle Ereignis [5], das das plötzliche Hochspielen der Infallibilitätsidee darstellt, sei eine neue Entwicklung, die sich erst im 19. Jahrhundert vollzogen hat. Dieser Prozeß ging in zwei Etappen vor sich: die erste hängt mit den Umwälzungen der Französischen Revolution zusammen; die zweite vollzieht sich zu gleicher Zeit wie die großen Umstellungen – Industrierevolution, Demokratisierung des politischen Lebens, Aufkommen und Sieg des nationalen Denkens –, die um die Mitte des 19. Jahrhunderts Europa ihren Stempel aufprägen.

Ideologisierung des theologischen Unfehlbarkeitsbegriffs

Der Gedanke der päpstlichen Unfehlbarkeit ist, wie der Glücksbegriff, im 19. Jahrhundert eine neue Idee. Sie läßt sich nur vom Erlebnis der Revolution sowie von der Selbstinterpretation her erklären, zu der diese sogleich den Anstoß gab.[6] Diese Behauptung rigoros zu beweisen, würde zuviel Zeit beanspruchen, um so mehr, als gewisse neuere, noch ungewohnte Aspekte der

3 Vgl. den wichtigen Sammelband: L'ecclésiologie au XIXe siècle (Cerf, Paris 1960).

4 Die vollständigste Darstellung bleibt die hervorragende Studie von R. Aubert, La Pontificat de Pie IX (Bloud et Gay, 1963).

5 Vgl. Nr. 18 (1972) der Zeitschrift «Communications», die dem «Evènement» gewidmet ist, insb. die Aufsätze von Edgar Morin, Emmanuel Le Roy Ladurie und Pierre Nora.

6 Sehr interessante Anmerkungen finden sich in A. Gerard, La Révolution française, mythes et interprétation, 1789–1970 (Flammarion, Paris 1970).

Geschichtsschreibung dabei zu beachten wären. Wir begnügen uns deshalb damit, einige Anhaltspunkte zu bieten:

1. Erstens haben wir uns eine Periode zu vergegenwärtigen, die etwas mehr als die Revolutionszeit umfaßt: ungefähr die Zeit zwischen 1770 und 1820, die von Bernard Plongeron als die zweite Aufklärungsgeneration definiert wird.[7] Diese Menschen, die mit den Auswirkungen der Schriften der Philosophen und sodann bald mit den revolutionären Umstürzen konfrontiert sind, suchen irgendwie eine politische Theologie der Revolution zu definieren. Dieses schwierige Unterfangen wird von Laien, oft jansenistisch angehauchten Parlamentariern unternommen, die in den politischen Theologien stark sind, mehr aber noch von Priestern, ja selbst Bischöfen. Mit der Revolution sieht sich der exilierte und der konstitutionelle Klerus durch ein und dieselbe Notlage – Forderung des Treueides gegenüber den verschiedenen Revolutionsregimen, Gefährdung der Gültigkeit der Sakramente, Laisierung des Standesamtsregisters, Einführung der Ehescheidung ... – gezwungen, eine neue Praxis festzulegen. Er tut dies in Versammlungen, in informellen Konferenzen mit Bischöfen und Theologen oder auf Synoden (Provinzialsynoden von exilierten Bischöfen oder Nationalsynoden von konstitutionellen Bischöfen), die, wie Bernard Plongeron bemerkt, eine eigentliche Schule der Kollegialität darstellen.[8] Doch dieses ganze Sprühen von Ideen, diese verheißungsträchtige Umstellung kommt bald zum Erlahmen, infolge des Willens, die Ordnung wieder herzustellen, und noch mehr deswegen, weil die Kleriker, die sich zu dieser Erneuerungsbewegung veranlaßt sehen, als Schismatiker verschrien werden. Dies gilt nicht nur von den «konstitutionellen», sondern auch von den im Exil weilenden Bischöfen, welche die anläßlich der Unterzeichnung des Konkordats von ihnen verlangte Demission verweigern und bald die Taktik anwenden, mit andern Bischöfen gemeinsame Sache zu machen, um gegen den Willen Roms zu kämpfen.

2. Ein weiterer wichtiger Aspekt ist das «römische Wunder». Hierbei spielt die Persönlichkeit Pius' VII. eine hervorragende Rolle. Entscheidender als die peinlichen Umstände seiner Wahl nach dem Tod Pius' VI., den viele bereits als den letzten Papst ausgaben, ist in bezug auf unser Thema die eigenartige Tatsache, daß Napoleon von seinem Italienfeldzug an bis zu Fontainebleau – nicht zu vergessen das Konkordat, die Kaiserkrönung und dann die Haft zu Savona – ihn zu seinem Hauptpartner und -gegner zugleich gemacht hatte,

7 B. Plongeron, Recherches sur l‹Aufklärung› catholique en Europe occidentale, 1770–1830: R.H.M.C. XVI (1969) 555–605, und vor allem: Théologie et politique au siècle des Lumières. 1770–1820, daktylograph. theologische Dissertation, Institut Catholique, Paris 1972.
8 Ders., Conscience religieuse en Révolution (Paris 1969) 232.

der in seiner Schwäche eine lächerliche Gestalt darstellte, schließlich aber nach der Niederlage des Kaisers triumphierte. Diese Unbesieglichkeit der katholischen Kirche, wofür die Wecheselfälle ihres Oberhauptes den Inbegriff bildeten, hat viel dazu beigetragen, die Rolle des Papstes zu stärken, zweifellos noch mehr als die zu Beginn des 19. Jahrhunderts unterzeichneten Konkordate, die eine glanzvolle Bestätigung dafür waren, daß allein der Papst sich als Repräsentant der Kirchen der verschiedenen Staaten ausgeben darf, und auch mehr als das Wiedererstehen des Kirchenstaates.[9]

3. In dieser doppelten Perspektive wird der ideologische Apparat in Szene gesetzt, der der päpstlichen Unfehlbarkeit eine neue Dimension, eine neue Durchschlagskraft gibt. Einige Männer haben dazu beigetragen, in erster Linie Lamennais und vor allem Joseph de Maistre, bei denen der Schlüssel zur Interpretation dieser neuen Ideologie liegt.

Joseph de Maistre verkörpert diese Ideologie am meisten. Warum aber sprechen wir von *Ideologie* und nicht von Theologie? Mit Recht haben einige Historiker[10] schon früher oder neuerdings den Theoretikern des kontrarevolutionären Denkens den Theologentitel abgesprochen. Daß es sich um Ideologie handelt, springt besonders deutlich in die Augen, wenn wir sehen, wie de Maistre den Unfehlbarkeitsbegriff in seinem 1819 veröffentlichten Werk «Du Pape» verwendet.

Schon von den ersten Zeilen an bestimmt er, was das Neue an seinem Unternehmen ausmacht: «Die Unfehlbarkeit in der geistlichen Ordnung und die Souveränität in der weltlichen Ordnung sind zwei vollständig synonyme Begriffe.»[11] Er verwendet denn auch beständig das eine Wort für das andere. Seine Sicht – wie übrigens die der Traditionalisten – beruht eben auf der Politisierung eines theologischen Begriffs und letztlich auf der Weigerung, zwischen der natürlichen Ordnung und der übernatürlichen Ordnung zu unterscheiden. Darum die Aphorismen, mit denen gleich von Spielbeginn an aufgetrumpft wird: «Die theologischen Wahrheiten sind nichts anderes als allgemeine Wahrheiten, die im religiösen Bereich geoffenbart und vergöttlicht worden sind, so daß man nicht eine davon angreifen kann, ohne damit ein Weltgesetz anzugreifen»; «Wohlgemerkt: Wenn wir behaupten, daß *die Kirche unfehlbar* ist, so beanspruchen wir damit kein besonderes Privileg für sie, sondern verlangen bloß dies, daß sie sich des Rechts erfreuen darf, das

9 L.-J. Rogier, G. de Bertier de Sauvigny, J. Hajjar, Siècle des Lumières, Révolutions, Restaurations (Seuil, Paris 1966); vgl. vor allem die Karte S. 328–329.

10 Beispielsweise B. Plongeron in seiner theologischen Dissertation sowie R. Triomphe in seiner großen These über de Maistre. Älter ist: C. Latreille, Joseph de Maistre et la Papauté (Paris 1906) 78 f.

11 aaO. nach der kritischen Edition von J. Lovie und J. Chetail.

allen möglichen Souveränitäten gemeinsam ist, die alle notwendig als unfehlbar handeln.»[12] Es handelt sich hier also nicht um eine Unfehlbarkeit, die religiösen Gesellschaften eigen ist, welche auf einer Gründungsurkunde beruhen, sondern um eine Infallibilität als Souveränitätsattribut, wie sie in jeder politischen Gesellschaft zu finden ist.

Die direkte und indirekte Nachkommenschaft von Joseph de Maistre ist allzu wichtig, als daß wir vom Versuch absehen dürften, aus dieser initialen Zielvorstellung einige Folgerungen zu ziehen.

Ein Kartesianer wie der Philosoph Bordas-Demoulin hat treffend beobachtet, wozu diese Verkettung von Souveränität und Infallibilität führt: Das Christentum wird um seinen göttlichen Charakter gebracht.[13] Zudem, müßte man hinzufügen, kommt es zu einer Unterschätzung seiner Geschichtlichkeit, ohne die es unmöglich ist, anders zu denken. Sie führt bei diesen Verächtern der individuellen Vernunft auch zur Propagierung eines neuen Rationalismus. «Ich bin mehr und mehr davon überzeugt», schreibt Lamennais 1815, «daß man aus einigen Vernunftsprinzipien die erstaunlichsten Dogmen des Christentums ableiten kann.»[14] Und de Bonald spricht ihm das nach. Namentlich bei de Maistre geht es offenbar darum, einen Begriff zurückzugewinnen, den die Reformation häretisiert und die Revolution laizsiert hatte, ohne daß man sich über die Änderungen und Anreicherungen Rechenschaft gibt, die er sowohl durch den Rousseau des «Contrat social» als auch durch die Revolutionspraxis erfahren hatte.

Dabei stellt man aber die Begriffe vollständig auf den Kopf in einer kontrarevolutionären Sicht, die auch mit dem verschwommenen Ökumenismus der Heiligen Allianz gleichläufig ist. Das Organisationssystem, das die Traditionalisten vorschlagen, liegt ja auf der gleichen Ebene wie das von ihnen geschmähte ihrer Gegner: auf der Ebene einer politischen Doktrin, und somit wird es zwangsläufig deren Fährnissen ebenfalls unterliegen. Der Papst wird gleichzeitig zum Gewährsmann und Prototyp eines ideologischen Systems. Nachdem infolge der Revolution die verschiedenen Autoriäten zum Wanken gebracht worden sind, erscheint der Papst als die Autoritätszuflucht. In einer nach dem Erscheinen des Syllabus veröffentlichten Schrift stellt sich Emile Keller ganz in diese Linie und wäre es auch nur durch den Titel seiner Broschüre: «L'encyclique de 8 décembre 1864 et les principes de 1789» («Die Enzyklika vom 8. Dez. 1864 und die Prinzipien von 1789»). «Wo ist die

12 ebd.
13 C. Latreille aaO. 321.
14 F. de Lamennais, Correspondance générale, Tome I, herausgegeben von L. Le Guillou (A. Colin, Paris 1971) 223: Brief 125 an Madame Champy vom 21. Jan. 1815.

nicht bloß theologische, sondern auch politische und praktische Wahrheit? (...) Liegt sie in diesen mysteriösen Orakeln von 1789? (...) Zwischen diesen beiden Parteien, zwischen diesen beiden Infallibilitäten haben wir die Wahl zu treffen.»[15]

Wollte man indes de Maistre auf diese betont kontrarevolutionären Aspekte verkürzen, so liefe das darauf hinaus, ein neues Denken schwer zu verstümmeln, und zwar nicht nur in bezug auf die Art, mit der er die päpstliche Autorität situiert. War er nicht einer der ersten, der die Wichtigkeit des Revolutions*ereignisses* erfaßt und dargetan hat, wie dieses schon durch seine Existenz die Vergangenheit von Grund auf entwertet? Somit ist er der Meinung, daß im Jetzt, in der unmittelbaren Gegenwart nach der Wahrheit über das Papsttum zu suchen sei, aber indem man diese Gegenwart in eine entschieden evolutionistische Perspektive hineinstellt. Deshalb werden so unterschiedliche Denker wie Saint-Simon und Auguste Comte offen heraussagen, was sie Joseph de Maistre verdanken.[16] Zur gleichen Zeit wie Hegel entwickelt diese Schule eine Philosophie der Geschichte, die zwar unvergleichlich weniger originell und durchgedacht ist als die des deutschen Philosophen, aber doch auf die Entwicklung des ultramontanen Katholizismus einen entscheidenden Einfluß ausgeübt hat. Die Unfehlbarkeit des Papstes, so ist de Maistre ebenfalls zu entnehmen, liegt in der Richtung, welche die Geschichte einschlägt.

Eine Analyse des Denkens von Lamennais könnte zu identischen Schlüssen führen, zu denen zwei weitere Elemente kommen, die – wenn auch weniger bewußt – gleichfalls in diesen ideologischen Komplex integriert sind. Zum ersten stellt Lamennais die päpstliche Unfehlbarkeit in eine etwas andere Perspektive hinein. Im Herzpunkt seiner organizistischen Synthese[17] stellt sich das Problem der *Gewißheit*. Obwohl diese auf der allgemeinen Vernunft gründet, gilt sie erst dann, wenn sie durch die römische Unfehlbarkeit validiert wird. «Somit ist die unfehlbare Autorität des Papstes die Norm des individuellen Urteils in Glaubensdingen, so wie sie auch der Pfeiler des gesellschaftlichen Lebens ist.»[18] Doch hier wurzelt auch die Tragödie Lamennais'. Mit Hilfe der Psychoanalyse ließe sich zweifellos die Faszination erklären, die Rom auf ihn ausübt, das beständige Gemisch von Schmeichelei und Provokation ihm gegenüber, die unerträgliche Situation, die das Schweigen Roms schafft, die Aufforderung an den Papst, seine Meinung auszusprechen, und

15 Prélot, Le catholicisme libéral (A. Colin, Paris 1969); das Zitat findet sich S. 259.
16 C. Latreille aaO. 300 f.
17 Vgl. die Dissertation von J.-R. Derré und L. Le Guillou.
18 L.-J. Rogier aaO. 424 f.

schließlich die Zurückweisung der Worte der Verurteilung, denen die «Paroles d'un croyant» («Worte eines Gläubigen») entsprechen.

So ist der Ultramontanismus unverständlich ohne diese beiden Männer und ihre Nachkommen, und vor allem ohne das, was sie repräsentieren, das *Heraufkommen eines tragischen Ultramontanismus*, aber in einer traditionellen Perspektive bei de Maistre, der das kollektive Drama der Revolution durchforscht, während er bei Lamennais in ein romantisches Suchen eingebettet ist und unwiderruflich ein individuelles Schicksal besiegelt.

Die ultramonatane Welle (ca. 1840–1870)

Von 1840–45 an setzt sich in der katholischen Kirche der Stoß des Ultramontanismus siegreich durch – ein nur zum Teil beschriebenes und letztlich schlecht bekanntes Phänomen, dessen Komponenten keineswegs klar erfaßt und dessen Ursachen nicht genau ausgemacht sind. Vor allem aber wird dessen offensichtliche Neuheit nicht wahrgenommen, scheinen doch dem Vokabular nach alte Streitigkeiten – zwischen den Gallikanern und den Ultramontanen in Frankreich – weiterzugehen, so daß man sich an die Peripherie der katholischen Welt – beispielsweise mit Msgr. Bourget nach Québec – versetzen muß, um den Wandel, der vor sich geht, besser wahrzunehmen. Der Konvertit Newman bezeugt im April 1870 den Wandel, der sich jüngst vollzogen hatte: «Die Tradition Irlands, die Tradition Englands ist nicht auf seiten der päpstlichen Unfehlbarkeit. Sie wissen, wie neu ultramontane Anschauungen in beiden Ländern sind; so auch in Frankreich, ebenso in Deutschland.»[19]

Welche Formen also nimmt um die Mitte des 19. Jahrhunderts dieser neue Ultramontanismus an? Roger Aubert hat die ausgeprägtesten Charakterzüge treffend präzisiert: «Indizierung von Werken mit gallikanischen oder febronianischen Tendenzen; in der Lehre die immer stärkere Betonung der päpstlichen Prärogativen (...); wiederholtes Insistieren darauf, daß die Bischöfe ihre Kontakte mit Rom vervielfachen; häufigere Eingriffe der Nuntien in das Leben der Landeskirchen; Ermunterung der Priester, die trotz der Zurückhaltung ihrer Bischöfe für die römischen Ideen eintreten; Bemühen, den Einfluß Roms bei der Bischofswahl zu stärken.»[20] All dies sind Aspekte, die mehr durch ihre Massierung als durch ihre Neuheit eine Rolle spielen. Es handelt sich mehr um eine systematischere Verwendung eines Sets von Instrumenten,

19 Brief vom 12. April 1870 an P. Dr. Whitty: J. H. Kard. Newman, Briefe aus der katholischen Zeit seines Lebens II (Mainz 1931) 194.
20 Vatican I (Orante, Paris 1964) 30.

über die Rom schon vorher verfügte. Das Neue an der Situation ist anderswo zu suchen.

1. Zunächst liegt sie im Wandel des religiösen Verhaltens. Der Ultramontanismus begnügt sich keineswegs mit der Verstärkung der römischen Zentralisation und dem Triumph einer Ekklesiologie. Er schließt eine neue Terminologie in sich, stützt sich auf eine liturgische Erneuerung, propagiert neue Frömmigkeitsformen, spielt eine wichtige Rolle in der Wiederaufnahme der Evangelisation und auferlegt schließlich eine neue Philosophie, den Neuthomismus. Gewiß gehen alle diese Umstellungen weder zu gleicher Zeit noch auf die gleiche Weise noch in allen Ländern vor sich. So setzt sich die Moraltheologie des Alphons von Liguori während der ersten Hälfte des 19. Jahrhunderts in Frankreich widerstandslos durch, während Leo XIII. am Ende des Jahrhunderts den Neuthomismus aufsehenerregend für verbindlich erklärt.[21]

Ein Problem, von dem nicht sehr oft die Rede ist, der Sieg des Liguorismus in Frankreich, wo er von 1830–40 an zur Grundlage der Unterweisung in der Moraltheologie gemacht wird, läßt uns zwei paradoxe Aspekte des neuen theologischen Kurses unterscheiden: erstens, wie das Noonan in seinem Werk über die «Empfängnisverhütung» treffend dargelegt hat[22], seine Modernität im Vergleich zum früheren Rigorismus, sodann aber ebenfalls seine, besonders auf seinen Erfolg zurückgehende Tendenz, zu einem Korpus infallibler Rezepte zu erstarren, wie das die Antwort auf eine Frage bezeugt, die 1831 der Sacra Poenitentiaria gestellt worden ist. Auf die Anfrage, ob ein Beichtvater ruhigen Gewissens sein dürfe, wenn er sich fraglos der Meinung von Liguori anschließe, selbst «ohne die Elemente und Gründe zu bedenken, von denen seine verschiedenen Meinungen abhängen», wird ohne jede Einschränkung mit ja geantwortet.[23]

Ein ganz anderes Bild ergibt sich in bezug auf das Obsiegen der römischen Liturgie in Frankreich nach dem Kampf, den Dom Guéranger im Sturmesschritt geführt hatte, oder auch in bezug auf die glanzvolle Bestätigung der

21 Ein Brief von Mantalembert an Msgr. de Parisis (12. März 1846) zeigt, wie sich einzelne dieser Umbrüche bewußt waren: «Drei Revolutionen gehen gegenwärtig in Frankreich vor sich: 1. Die Umwandlung des Rigorismus in den Liguorismus (...); 2. die Umwandlung des gallikanischen Servilismus in den ultramontanen Liberalismus (...); 3. die Umwandlung der jansenistischen, individuellen Liturgie in die eine, römische Liturgie (...). Die erste dieser drei Revolutionen ist abgeschlossen; die zweite ist gewiß, obgleich noch nicht universell; die dritte wird ebenfalls vor sich gehen, noch vor einem Vierteljahrhundert» (zitiert in: C. Guillemart, Pierre-Louis Parisis [Paris 1916] I, 198).

22 Empfängnisverhütung. Geschichte ihrer Beurteilung in der kath. Theologie im kanonischen Recht (Mainz 1969) 394–396.

23 aaO. 502.

Definition der Unbefleckten Empfängnis, die durch den Erfolg der Marienerscheinungen zu Lourdes gekrönt wurde.

2. «Wie die meisten großen Bewegungen in der Geschichte der Kirche ist die ultramontane Strömung des 19. Jahrhunderts von der ‹Basis›, vom Denken des gläubigen Volkes ausgegangen.»[24] Selbst wenn man wünschen möchte, daß diese Behauptung stärker untermauert wäre, scheint sie doch durch und durch zu stimmen. Der Ultramontanismus stützt sich auf eine Basis im Volk, deren Komponenten genauer zu bestimmen wären; er wird von Minderheiten propagiert, die in der Kirche einen abhängigen Status haben wie der Klerus der Pfarrverweser in Frankreich, oder überhaupt keinen Status wie die Journalisten, deren berühmtester, wenn auch nicht einziger Repräsentant Louis Veuillot ist.

3. So läßt sich die Ambiguität des römischen Komplexes erklären, und zwar um so mehr, als sich der Ultramontanismus nicht auf diese spezifisch religiösen Aspekte beschränkte. Es sind mindestens drei weitere Elemente beigemischt, die sich unablässig überschneiden. Erstens die immer stärker betonte Weiterführung der kontrarevolutionären Ideologie; zweitens die mehr oder weniger bewußte Übertragung der frustrierten royalistischen Gesinnung auf die Person des Papstes, besonders in Frankreich; drittens ein Phänomen der Personifizierung der Gewalt in eben dem Zeitpunkt, da die Massen in Europa eine Rolle im politischen Leben der Nationen zu spielen beginnen. Man muß sich dabei erinnern, daß Pius IX. – mit Johannes XXIII. – wenigstens bei den Katholiken zweifellos der populärste Papst war, den die Kirche je gehabt hat.[25]

4. Schließlich dürfen wir nicht vergessen, daß dieser Ultramontanismus eine Reaktion auf einen Aggressionsprozeß gegen die Kirche darstellt: Aggression der positiven Geschichtswissenschaft; Aggression der Theorie Darwins; Angriffe der Staaten, die in bezug auf alles, was das Unterrichtswesen, die Tolerierung der nichtkatholischen Kulte, die Kirchengüter usw. betrifft, ihren Laizisierungsprozeß weiterführen, und schließlich – was in den Augen der Katholiken alle anderen Attacken zusammenfaßte – der direkte Angriff auf den Kirchenstaat im Namen eines triumphierenden Nationalismus, der vor 1848 zögerte, mit Rom ins Einvernehmen zu kommen, und sodann, nach der Einigung Italiens, im Verein mit der Bourgeoisie von Piemont der Angriff auf das Papsttum selbst. Es ist der Papst des Syllabus, der als unfehlbar proklamiert wird. Die Verteidigungsreaktion ist offensichtlich.

24 R. Aubert aaO. 276.
25 ebd. 292–294.

Das ist, summarisch gezeichnet, das Bild des Komplexes von Ereignissen, die den Rahmen des Ersten Vatikanums bilden. Der unfehlbaren Souveränität des Volkes, die während der Revolution proklamiert wurde, entsprach für de Maistre die Unfehlbarkeit des Papstes; der vom Positivismus proklamierten Unfehlbarkeit der Wissenschaft wird fünfzig Jahre später die religiöse Unfehlbarkeit des Oberhauptes der Kirche entgegengestellt. Mag auch der Gegner wiederholt seinen Standpunkt wechseln, die Ausrichtung bleibt dennoch polemisch. Gewiß sind wir in theologischer Hinsicht noch weit von der dogmatischen Erklärung entfernt. Das ist offensichtlich. Ist dies jedoch nicht der Strom, der das Ereignis getragen, ja herbeigeführt hat, selbst wenn das Konzilsergebnis eine Definition war, die von allem, was man als Schlacken ansehen kann, geläutert und auf einen besonderen Aspekt reduziert worden war, der sich allein assimilieren ließ vom theologischen Denken?

Und zudem dürfte der Theologe daran interssiert sein, gerade in seiner Reflexion dieses Auseinanderklaffen, wenn nicht diese Verzerrung miteinzuberechnen, denn auf eben diese Weise wurde diese Lehre zur Würde eines definierten Glaubenssatzes erhoben, zum großen Teil auf dem Umweg über ihre Isolierung und somit Säkularisierung.

Bedeutung der Unfehlbarkeit

1. Unfehlbarkeit und Status der Geschichtswissenschaft im kirchlichen Diskurs: Es wäre von großem Interesse, die auseinandergehenden Ansichten Döllingers [26] und Newmans in einem keineswegs völlig imaginären Dialog zu konfrontieren. Wie bei Lamennais spielen viele Gründe mit, die es erklären, weshalb der deutsche Historiker schließlich die Zustimmung verweigert hat. Im wesentlichen jedoch stützt sich die Position Döllingers auf historisch umstrittene Fälle (Papst Liberius, Papst Honorius), die zu den Pflichtübungen der herkömmlichen Kontroverse gehören. Das Neue liegt daran, daß Döllinger, gestützt auf eine erneuerte Geschichtswissenschaft, den Unfehlbarkeitsbegriff als einen Widerspruch zur Geschichtlichkeit zurückweist [27] – eine Haltung, in der sich irgendwie schon ähnliche Positionen während der Modernismuskrise

26 B.-D. Dupuy veröffentlichte als Anhang zu J.-H. Newman, Lettre an duc de Norfolk (Desclée de Brouwer, 1970) einen Briefwechsel Newmans, worin wiederholt vom Fall Döllinger die Rede ist; vgl. auch V. Conzemius, I. v. Döllinger – Lord Acton. Briefwechsel 1850 bis 1890. I (München 1963); II (München 1965); III (München 1971).

27 V. Conzemius, Aspects idéologiques de l'évolution de Döllinger et du vieux catholicisme: L'ecclésiologie au XIXe siècle, 247–279, und sein neueres Werk: Katholizismus ohne Rom (Einsiedeln 1969).

abzeichnen. Man findet sie explizit zu Beginn des 20. Jahrhunderts bei einem französischen Historiker, für den geschichtliches Wissen und dogmatische Wahrheiten zwei unvereinbare Welten darstellen: «Die von der Geschichte bewiesene Fehlbarkeit und die von gewissen Päpsten beanspruchte und vom Vatikanischen Konzil dekretierte Unfehlbarkeit bestehen miteinander. Das ist ein Mysterium, und das Vatikanische Konzil hat es nur unter der Bedingung zur Glaubenspflicht machen können, daß es die eigentliche Natur der ex-cathedra-Entscheidung nicht definiert hat.»[28] So wird die Geschichtswissenschaft mit ihrer neuerworbenen Autorität als Grundwissenschaft zur Konkurrentin, ja zur Gegnerin[29], und zwar um so mehr, als die Argumentation sich großenteils auf dieses Terrain verlagert hat.

Sehr verschieden davon ist die Haltung Newmans, dessen Stellungnahme sich explizit auf die Position Döllingers bezieht. Er versucht, den neuen Status zu definieren, den die Theologie einer geschichtlichen Betrachtungsweise zuerkennen kann, der sie jeglichen Imperialismus abspricht. So gelingt es ihm, dem Dilemma zu entrinnen.

«Was mich betrifft, so gestehe ich ohne weiteres, daß keine Lehre der Kirche durch historische Beweise rigoros bewiesen oder dominiert werden kann. Die Beweise gehen mehr oder weniger darauf aus, die Lehre der Kirche darzutun; oft gelingt ihnen dies beinahe vollständig; in andern Fällen reichen sie bloß hin, die Richtung zu zeigen; manchmal läßt sich bloß das sagen, daß keine Beweise für das Gegenteil vorliegen; zuweilen scheinen diese Beweise sogar auf einen gegenteiligen Schluß hinauszulaufen, was einer Erklärung ruft; doch in allen Fällen bleibt genügend Spielraum, um im Wort der Kirche den Glauben auszuüben. *Wer nur deshalb an die Dogmen glaubt, weil er sie durch seine Vernunft der Geschichte entnommen hat, ist kaum ein Katholik. Der wahre Katholik glaubt innerhalb des dogmatischen Gebrauchs, den die Kirche von der Geschichte macht,* und die Kirche hat auch andere Hilfsmittel zur Verfügung, um sich von ihnen leiten zu lassen: die Schrift, die Überlieferung, der kirchliche Sinn (*phronema*) und ein gewisses Urteilsvermögen, das seinen Ursprung in einer Gabe Gottes hat.»[30]

Die Antwort Newmans läßt die Debatte offen, zeigt aber treffsicher den neuen Typus von Rationalismus, der in der engen Perspektive Döllingers sich aufzuzwingen suchte.

28 C. Latreille aaO. 196.

29 Die Definition des Unfehlbarkeitsdogmas soll nach einem Wort, das Manning zugeschrieben wird, «der Sieg des Dogmas über die Geschichte» gewesen sein (zitiert von V. Conzemius im angeg. Aufsatz in: L'ecclésiologie . . ., 250).

30 Lettre an duc de Norfolk aaO. 342.

2. *Die Unbefleckte Empfängnis, der Syllabus, die Unfehlbarkeit als das Bezugsdreieck eines neuen Katholizismus:* Wenn wir die Bedeutung der 1870 definierten Unfehlbarkeit besser verstehen wollen, müssen wir uns auch der dialektischen Relationen mit Ereignissen bewußt sein, die unmittelbar vorausgehen: die Definition der Unbefleckten Empfängnis im Jahre 1854 und die zehn Jahre später, 1864 erfolgte Veröffentlichung des Syllabus.

Eine erste Reihe von Überlegungen müßte sich mit der Tatsache befassen, daß wir mit der Definition der Unbefleckten Empfängnis und der Assumptio vor den beiden Fällen stehen, in denen der Papst, ohne daß eine Kontestation möglich gewesen wäre, ex cathedra gesprochen und damit von seiner Gewalt, unfehlbar zu definieren, Gebrauch gemacht hat. Dieser Zusammenhang ist sicher nicht zufällig, und man kennt den Platz, den der Marienkult damals in der katholischen Frömmigkeit einnahm. Kann man noch weiter gehen und einen Vergleich anstellen zwischen diesen beiden «privilegierten» Kreaturen, denen feierlich ein Charakter zuerkannt wird, der sie von den gewöhnlichen Sterblichen wegrückt, und auf den neuen – wenn nicht übersteigerten – Stellenwert aufmerksam machen, den sie im Katholizsmus einzunehmen beginnen, was nicht heißen will, die protestantische Deutung des Phänomens – Papolatrie, Mariolatrie – reiche hin, um eine neue Akzentsetzung zu erklären, die in eine ganze Theologie der Inkarnation eingebettet ist.

Daß die Definition der Unbefleckten Empfängnis und der Syllabus einander nahestehen, ist offensichtlich. Vorerst historisch, weil Pius IX. gerade den zehnten Jahrestag der Definition gewählt hat, um den Syllabus zu veröffentlichen. Sodann auch der Absicht nach: Wie die Botschaften der Erscheinungen zu La Salette, Lourdes und Fatima bezeugen [31], schwimmt die Marienverehrung im gleichen Fahrwasser der Anprangerung moderner Irrtümer wie der Syllabus.

Wichtiger sind die Zusammenhänge, die zwischen dem Syllabus und der Definition der Unfehlbarkeit bestehen. Sie sind vielfältig. So hätte das Konzil ursprünglich den Text des Syllabus zur Grundlage seiner dogmatischen Arbeit nehmen sollen.[32] Nach dem Sinn des Papstes wäre es darum gegangen, «das im Syllabus skizzierte Werk der Lehrdarlegung zu vervollständigen und zu bekräftigen.»[33] Auf alle Fälle wird nach 1870 Pius IX. in der katholischen Literatur von anständigem theologischem Niveau sowie in den katholischen

31 Eine erste geschichtliche Sicht der Marienerscheinungen findet sich im Aufsatz von C. Savart, Cent ans après: les apparitions mariales en France au XIXe siècle, un ensemble?: Rev. Hist. Spir. (1972) 205–220.

32 H. Rondet, Vatican I (Lethielleux, Paris 1962) 43.

33 R. Aubert aaO. 311.

Bildungswochen[34] als der Papst des Syllabus und der Unfehlbarkeit vorgestellt. Und für zahlreiche sehr wenig theologisch denkende Neo-Ultramontanisten erfreuen sich die vom Syllabus verurteilten Sätze des zweifelhaften Privilegs, unfehlbar zu sein – eine Behauptung, für die selbst manche Theologen ohne allzu große Hemmungen einzutreten wagten.[35]

Die Frage ist von entscheidender Wichtigkeit, denn der Zusammenhang zwischen Syllabus und Unfehlbarkeit scheint ein bezeichnendes Beispiel zu sein für die Zwielichtigkeiten, die von der Konzilsdefinition trotz ihrer Einschränkungen nicht behoben wurden. Seit dieser Definition nämlich kommen zwei diametral entgegengesetzte – was nicht besagen will, daß sie konkret nicht nebeneinander bestehen könnten – Interpretationstypen in bezug auf die Verlautbarungen des Papstes auf. Der eine ist maximalistisch und fordert gegenüber jedem päpstlichen Akt Gehorsam, der andere ist minimalistisch und weist jede Intervention Roms zurück, weil praktisch keine davon den Charakter der Unfehlbarkeit aufweise.[36]

Zudem ist die Vollmacht, die Wahrheit zu sagen, in der Kirche monopolisiert. Bereits der Syllabus bahnte einen Wandel an, indem er eine bunte Vielfalt von Einzelinterventionen zusammenbüschelte, um ihnen allgemeine Geltung zu geben. Die Äußerungen des Papstes erstrecken sich fortan auf die gesamte Kirche. Ja, sie haben die Tendenz, mehr und mehr zum einzigen maßgebenden Wort mit universaler Geltung zu werden und die biblischen Texte zu überstrahlen. Doch eine solche Situation zieht schwerwiegende Verzerrungen nach sich. Weil die Rede des Papstes sich vornimmt, zur gleichen Zeit über unterschiedlichste Themen zu allen eine einzige Sprache zu sprechen, ist sie gezwungen, sich zu spezifizieren, sich in die Abstraktion zu flüchten; sie erlangt ihre Vollkommenheit, indem sie einen geschlossenen Kreis bildet. Da sie Totalität anstrebt, wird sie unverständlich, ja schockierend; sie hätte die Berufung, ein befreiendes Wort zu sein, kann aber wie ein Albtraum auf einem lasten; sie will überall den Irrtum bannen, wird aber oft wie ein magischer Text aufgenommen. Sie ist – um eine berühmte Unterscheidung Dupanloups zu übernehmen – eine *These*, der gegenüber es in einer ersten Etappe Pflicht der Bischöfe ist, sie zu erklären, wenn nicht sie in eine *Hypothese* umzuwandeln. Daraus ergibt sich zumindest eine schwerwiegende Konsequenz: eine immer größere Dissoziierung zwischen der vom Papst in Beschlag ge-

34 Vgl. die noch unveröffentlichte Arbeit von Sempéré: La Semaine catholique de Toulouse. Thèse du 3e cycle (Toulouse 1971).

35 Eine gute Darlegung der verschiedenen Positionen findet sich im Dict. Théol. Cath. XIV, Art. Syllabus, col. 2916–2922.

36 Vgl. z. B. die Stellungnahme von W. Dirks, vorgelegt und kommentiert in: H. Küng, Unfehlbar? (Einsiedeln 1970) 110 f.

nommenen Lehräußerung und der vom Klerus so gut als möglich ins Werk gesetzten pastoralen Praxis.

Kann man diese unzusammenhängenden, für gewisse Leute vielleicht gewagten, wenn nicht waghalsigen Ausführungen abschließen? Es ist offensichtlich, daß sich auf diesen Grundlagen ein ganzer intransigenter Katholizismus [37] aufgebaut hat und daß dieser sich nicht auf eine rein defensive Haltung reduzieren läßt, da er in seinem Schoß reale Erneuerungsmöglichkeiten geweckt hat, wozu zweifellos auch all das gehört, was schließlich zum Zweiten Vatikanischen Konzil führen konnte. Darum wird er verschieden interpretiert: Stellt er einen letzten Versuch dar, *einen* gewissen Typus des Katholizismus wiederherzurichten, oder die Ankündigung *einer* neuen Form des Christentums? Die einzige Lehre, die sich der Geschichte entnehmen läßt, sofern diese eine solche bietet, ist sicherlich die, daß es zu nichts taugt, wenn man eine Wirklichkeit umgestalten will, solange man nicht alle ihre Dimensionen zur Kenntnis genommen hat, aber auch, daß es verwegen sein kann, einen wesentlichen Aspekt zu ändern und dabei zu denken, die andern Aspekte könnten in ihrer früheren Geltung belassen werden.

Man kann die Tragweite der Unfehlbarkeit nicht verstehen, ohne daß man genau zu bestimmen versucht, wieso die katholische Kirche im 19. Jahrhundert dazu gebracht worden ist, sich auszudrücken, sich zu definieren, sich gegensätzlich abzuheben von den zivilen Gesellschaften, die auf dem Weg zur Laizisierung waren, aber eben zu einer Laizisierung, die stets einen entschieden kämpferischen ideologischen Aspekt in sich schloß: die Ideen von 1789, das Nationalitätenprinzip, die Demokratie und dann bald der Klassenkampf. Jedes dieser Organisationssysteme schöpft seinen Dynamismus nur aus einer globalisierenden Ideologie, welche die Religionsgesellschaft ausschließt, wenn sie auch der Religion einen gewissen Spielraum läßt, indem sie sich religiöse Elemente assimiliert oder sich selbst als neue Religion ausgibt.

In diesem Zusammenhang wird die Kirche veranlaßt, sich als eine parallele, antithetische Gegengesellschaft zu definieren, was ihr Vorgehen so sehr erschwert. So sucht im Gegensatz zum Begriff der Souveränität des Volkes der Begriff der rigorosen Hierarchie sich durchzusetzen, die aber durch die Praktiken eines Cäsarismus von quasi-plebiszitärem Typus verseucht ist. Die Unfehlbarkeit des Papstes ist gleichzeitig zu verstehen als eine Kristallisation der Ekklesiologie gegenüber den politischen Philosophien, als eine pathetische

37 Vgl. die neuerdings erfolgte Richtigstellung von J.-M. Mayeur, Catholicisme intransigeant, catholicisme social, Démocratie chrétienne: Annales Economies Sociétés Civilisations (1972) 2, 483–499.

Proklamation des ewigen Bestehens in dem Zeitpunkt, da die materielle Basis ihrer Macht zerbricht, und schließlich als der ungeschickte, aber feste Ausdruck einer skandalösen Andersheit.

Begreiflicherweise weiß unsere Epoche mit diesem Typus eines intransigenten Katholizismus, der zwischen 1850 und 1950 vorgeherrscht hat, nichts mehr anzufangen. Man versteht, daß die Katholiken sich ein anderes Modell nehmen. Der Historiker möchte nur eine Bemerkung machen, um vor einer ganzen Geschichtsschreibung zu warnen, die weismachen möchte, daß ansehnliche Minderheiten – wie die liberalen Katholiken – im Gegensatz zu diesem entstellten Katholizismus eine Überlieferung aufrechterhalten hätten, die nun am Dahinschwinden wäre. Man definiert den Katholizsmus dieser Periode, dessen Unterschiedlichkeiten und Spannungen man keineswegs bestreitet, in erster Linie durch diesen Verweis auf die Intransigenz und deren verschiedene Komponenten. Damit stellt sich eine Frage: Wie kann es einer kirchlichen Gesellschaft, die sich durch ihre Dauer durch die Zeit hindurch definiert, gelingen, Identität und Andersheit miteinander in Übereinklang zu bringen? Oder auch: Wie kann sie einen tief von seiner Zeit geprägten Typus des Katholizismus radikal abwerten und dabei eine ganz gleiche – und zwangsläufig prekäre – Einfügung in die Zeit predigen?

Doch hier nähert sich der Historiker den äußersten Grenzen seines Zuständigkeitsbereichs. Wir sind vom Ereignis der Revolution ausgegangen. Die Proklamation der Unfehlbarkeit auf dem Ersten Vatikanum erscheint als die Herbeiführung eines Gegenereignisses, das ebenfalls gründend, konstituierend und irreduzibel ist, selbst wenn es kausale Erklärungen zuläßt, und das vielleicht seine Wahrheit in sich selbst hat. Deshalb das wachsende Unverständnis, das es hervorruft, sofern man nicht seine Dimensionen ermißt, von ihm Abstand gewinnt und es in eine Geschichte einfügt.

Übersetzt von Dr. August Berz

C. ZUR GESELLSCHAFTLICHEN PROBLEMATIK

Raymund Schwager

WAHRHEIT UND GESELLSCHAFT

Urteile sind oft rasch gefällt. Billiges Lob und ungerechter Tadel fallen um so leichter, je mehr persönliche Gefühle angesprochen werden. Das jüngste Buch von Professor *Hans Küng* [1] über die päpstliche Unfehlbarkeit hat das Zeug in sich, um zum Auslöser einer hitzigen und oberflächlichen Diskussion zu werden. «Endlich sagt da einer, was schon lange klar ist», oder: «Da kommt der Wolf im Schafspelz heraus; jetzt greift der falsche Prophet sogar die heiligen Dogmen an». So und ähnlich mag leicht geurteilt werden.

Eine annähernd gerechte Beurteilung eines Werkes setzt voraus, daß der geistige Hintergrund, aus dem heraus es geschrieben wurde, und der menschliche Raum, in den hinein es sprechen will, richtig eingeschätzt werden. Diese Voraussetzungen sind heute schwer zu fassen. Sie sind sehr vielfältig geworden und kaum auf einen Nenner zu bringen. Aus der unübersehbaren Menge der Einzelerkenntnisse und aus der großen Zahl der anstehenden Probleme sticht jedoch eine Frage besonders hervor: das noch ungelöste Verhältnis von Wahrheit und Gesellschaft. Das Buch von Küng behandelt nicht direkt diesen Fragenkomplex. Es will und muß aber in diesem geistigen Zusammenhang gesehen werden.

Eine anstößige Theorie

Wer nur im traditionellen katholischen Denken geschult wurde, kennt kaum eine entscheidende Bedingung der Wahrheit durch die Gesellschaft. Gewiß gibt es auch in diesem Denken viele Wahrheiten, welche die Gesellschaft betreffen. Durch den Individualismus des 19. Jahrhunderts wurde dies zwar etwas verdunkelt. Aber bereits vor Jahrzehnten hat Henri de Lubac diese vernachlässigte Seite in seinem Werk «Katholizismus als Gemeinschaft» (2) wieder sehr deutlich herausgestrichen. Er hat dabei gezeigt, welche kirchlich-gesellschaftliche Bedeutung die Wahrheit hat, nicht jedoch, wie die Gestalt der Wahrheit durch gesellschaftliche Strukturen bedingt wird. Diese Problematik wurde in neuerer Zeit durch die Wissenssoziologie erarbeitet. Einen der überzeugendsten Entwürfe in dieser Richtung haben vor kurzem Peter

1 *Hans Küng*, Unfehlbar? Eine Anfrage (Zürich–Einsiedeln–Köln 1970).
2 *Henri de Lubac*, Katholizismus als Gemeinschaft (Zürich–Einsiedeln–Köln 1943) (Übersetzung von: Catholicisme, Les aspects sociaux du dogme).

Berger und Thomas Luckmann durch ihr gemeinsames Werk «Die gesellschaftliche Konstruktion der Wirklichkeit» (3) vorgelegt. Sie zeigen, wie alles, was der Mensch als wirklich erfährt und was er für wahr hält, gesellschaftlich konstruiert wird.

Nach dieser Theorie ist der Mensch trotz vieler biologischer Vorgegebenheiten nicht ausdeterminiert. Er ist wesensmäßig offen. Im unübersehbar vielfältigen Bereich möglicher Erfahrung findet sich der Mensch zurecht, indem er Gewohnheiten und Institutionen ausbildet. Sobald «habitualisierte Handlungen durch Typen von Handelnden reziprok typisiert werden» (4), findet eine erste Institutionalisierung statt. Dazu gehört ein entsprechendes Wissen, das alles umfaßt, «was jedermann weiß, ein Sammelsurium von Maximen, Moral, Sprichwörtern, Werten, Glauben, Mythen und so weiter» (5). Dieses vielfältige Einzelwissen wird dann in größere Sinneinheiten und schließlich in ganze Weltanschauungen zusammengefaßt. Der einzelne Mensch wächst von Kindheit an in dieses vielfältig institutionalisierte Wissen hinein. Es wird ihm so zu einer zweiten Natur, die all sein weiteres Denken bedingt.

Berger und Luckmann vertreten damit keineswegs einen totalen Relativismus. Sie unterstreichen, daß der Mensch gerade wegen seiner grundsätzlich offenen Natur in keinem Wissenssystem voll aufgeht. Es bleibt ein Rest an spontaner Erfahrung, der die vorgezeichneten Wissensbahnen immer wieder überschreitet. Daher kann jedes Wissen überholt und in Frage gestellt werden. Da sich jedoch kein Wissenssystem widerstandslos überholen läßt, bilden sich überall gegen die bedrohenden Kräfte Legitimationstheorien aus. Diese werden ihrerseits von entsprechenden Institutionen getragen.

Diese ganz kurz skizzierte Theorie von der gesellschaftlichen Konstruktion der Wirklichkeit hat deshalb eine große Überzeugungskraft, weil sie die Vielfalt der unter Menschen vorhandenen Religionen, Weltanschauungen und Philosophien zu erklären und die unangenehme Situation zu überwinden vermag, daß jeder seine eigene Ansicht für allein wahr und alles andere für falsch hält. Läßt sich diese Theorie aber auch auf das kirchliche Wahrheitssystem übertragen? Gegen solche Versuche werden selbstverständlich gleich die heftigsten Einwände erhoben. Es wird gesagt, die Wahrheit der Kirche stamme aus einer göttlichen Offenbarung. Sie sei folglich keineswegs gesellschaftlich bedingt und könne auch nicht jenem Wandel unterworfen sein, dem alle gesellschaftlichen Konstruktionen notwendigerweise ausgesetzt seien.

3 *Peter Berger, Thomas Luckmann,* Die gesellschaftliche Konstruktion der Wirklichkeit Frankfurt/M. 1969).

4 Ebd. 58.

5 Ebd. 70.

Trotz dieser kategorischen Aussagen drängen sich ganz unerwartet viele Übereinstimmungen zwischen der Theorie von der gesellschaftlichen Konstruktion der Wirklichkeit und den konkreten Strukturen der Kirche und ihres Lehrsystems auf. Sind solche Übereinstimmungen Zufälle? Hat nicht die Kirche manches als Wahrheit verteidigt, was sich später als gesellschaftliche Konstruktion erwiesen hat? Wie hat sie sich zu den Naturwissenschaften, zum Kirchenstaat, zur Demokratie, zur Religionsfreiheit, zur kritischen Erforschung der biblischen Schriften etc. verhalten? Sie hat überholte Aussagen und Verhaltensweisen verteidigt, als würde durch deren Aufgabe der Glaube selbst bedroht. Sie hat ihren Glauben immer mit vielen schützenden Hilfskonstruktionen umgeben, wobei sie oft erst nach langem Ringen und vielen Fehlgriffen unterscheiden konnte, was Hilfskonstruktion und was Glaube war. Hat sie diese Unterscheidung überhaupt je genügend genau vollzogen?

Das Bedenken der langandauernden Spaltungen unter Christen zwingt uns, in dieser Frage noch einen Schritt weiterzugehen. Weshalb konnten Menschen in Punkten, welche die katholische Kirche während Jahrhunderten als glaubensentscheidend hielt, anderer Meinung sein und trotzdem echte Christen bleiben? – Solange man in den getrennten Christen vorwiegend Dummköpfe oder verstockte Häretiker sah, brauchte man sich nicht viele Gedanken darüber zu machen. Sie waren ja nur Scheinchristen. Man projizierte so viel Schlechtes in sie hinein, daß sie für die eigene Überzeugung zu keinem echten Problem wurden. Sobald man aber anerkennt, daß sie nicht dümmer und bösartiger waren als die Gläubigen in den eigenen Reihen, muß ihr Verschiedensein erklärt werden. Wieso konnten diese Christen während Jahrhunderten die Heilige Schrift meditieren und trotzdem nicht zur gleichen Überzeugung kommen? Für diese unangenehme Frage bietet sich keine bessere Lösung an als der Hinweis auf die gesellschaftliche Bedingheit ihrer Überzeugungen. Die getrennten Christen lebten in kirchlich-gesellschaftlichen Verhältnissen, in die sie meistens von Kindheit an hineinwuchsen. Ihr Denken wurde dadurch so vorgeformt, daß sie die Schrift nur noch durch das entsprechende Okular zu sehen vermochten. Selbst der gescheiteste Verstand und der ehrlichste Wille genügten meistens nicht mehr, um über diese Bedingtheiten hinauszuwachsen.

Wenn wir aber bei den getrennten Christen solche Vorprägungen feststellen, müssen wir dann nicht ehrlich weiterfragen und ganz ernsthaft damit rechnen, daß wir selbst in ähnlicher Weise vorgeformt sind? Diese Frage macht die meisten überzeugten Katholiken rasch unruhig. Sie wird deshalb gern verdrängt. Trotzdem hat die Kirche seit dem letzten Konzil die Bereitschaft gefunden, gesellschaftliche Vorprägungen und selbst Verformungen, wenigstens in manchen sekundären Fragen, mutig einzugestehen. Ihre Glaubensformulierungen hält sie aber weiterhin für unantastbar. Weshalb zieht sie hartnäckig diese Grenze? Sie ist wohl der Überzeugung, ihr Glaube stürze sonst zusammen. Ist es aber möglich, bei den getrennten Christen Verformungen bis in die Glaubensformulierungen hinein vorauszusetzen und sie bei sich selbst grundsätzlich auszuschließen? Eine solch unterschiedliche Beurteilung setzt voraus, daß die Kirche entweder – trotz gegenteiliger Behauptungen – die andern weiterhin für dümmer und bösartiger hält oder sie stützt sich auf Theorien, die am meisten den Verdacht erwecken, Legitimationskonstruktionen für bestehende Institutionen zu sein. Sie hat sich auf alle Fälle in eine Lage hineinmanövriert, in der sie für ihr Verhalten schwerlich eine ehrliche und befriedigende Antwort geben kann. Muß sie krampfhaft darin verbleiben?

Küng hat sich in seinem Buch, das der unmittelbare Anlaß zu diesen Überlegungen ist, mutig und ohne jede diplomatische Verschleierung der Frage nach der Bedingtheit von Glaubensformulierungen gestellt. Er spricht in eine Problematik hinein, an der sich die Kirche – wenn sie nicht jede Glaubwürdigkeit verlieren will – unmöglich vorbeidrücken kann. Wenn dieser ganze Hintergrund gesehen wird, kann unmöglich gesagt werden, Küng habe zu einer Bombe gegriffen, nachdem er alle Patronen der Kritik verschossen hätte. Sein Buch artikuliert ein Unbehagen, das nicht bloß in seinem Kopf, sondern in der ganzen gesellschaftlichen Situation der Kirche sich breit macht. Mit diesen Hinweisen sollen nicht alle einzelnen Überlegungen von Küng verteidigt, wohl aber sein Anliegen aufs entschiedenste unterstützt werden.

Gewiß hat Küng der Kirche keinen leichten Dienst erwiesen. Er mutet ihr viel zu. Der Widerstand gegen seine Überlegungen erwächst nicht bloß aus Beschränktheit und Bosheit. In der Auseinandersetzung brechen vielmehr jene inneren Spannungen auf, die durch einen langen Prozeß vorbereitet wurden. Nachdem die Kirche seit der Zeit der Renaissance die Kraft verloren hatte, die abendländische Gesellschaft in ihrem spontanen Prozeß der Institutionalisierung und Legitimierung dauernd weiterzuprägen, wurde sie langsam immer mehr in die Defensive gedrängt. Sie konnte sich in dieser beschränkten Stellung nur halten, indem sie die ihr verbliebenen Mitglieder immer mehr vom Wert und von der Unveränderlichkeit ihrer Aussagen und ihrer Institutionen zu überzeugen suchte. Sie mußte ihre Legitimierung immer weiter verstärken und sie schließlich fast auf die höchste nur mögliche Spitze treiben. Ihre Mitglieder wurden dabei so gesellschaftlich geformt, daß sie ein Maximum von

Glaubenssicherheit von den geheiligten Srukturen erwarteten. Eines wurde dadurch übersehen: je stärker und beharrlicher bestehende Institutionen legitimiert werden, um so größer wird der Bruch, wenn trotzdem neue Entwicklungen eintreten. Auf ein Maximum an äußerer Sicherheit und Legitimation folgt notwendig ein Maximum an innerer Unsicherheit. Viele einzelne Gläubige werden dadurch in eine schwere Prüfung geführt. Diese kann ihnen aber nicht erspart werden. Wird die Auseinandersetzung weiter aufgeschoben, wird sie später nur virulenter.

Wegzeichen für die Zukunft

Küng bietet durch seine Überlegungen kein Zaubermittel. Wird sein Vorschlag angenommen, dann werden zunächst die Schwierigkeiten nur noch größer. Geheiligte Formeln üben eine große psychologische Wirkung aus. Läßt ihre bindende und verpflichtende Kraft nach, dann werden viele bis jetzt eingedämmte Kräfte frei. Diese müssen sich dann zunächst an die neue Freiheit gewöhnen.

Dazu kommen grundsätzliche Bedenken. Das Eingeständnis, geheiligte kirchliche Formulierungen könnten sehr einseitig oder aus heutiger Sicht gar falsch sein, führt zu einer mindestens teilweisen Anerkennung der Theorie von der gesellschaftlichen Konstruktion der Wirklichkeit in kirchlichen Fragen. Wie soll sich das Christentum unter solcher Voraussetzung in Zukunft erhalten können? – Es wird auf einem ungewohnten Weg gehen müssen. Folgende Überlegungen sollen aber zeigen, daß dieser Weg trotzdem mit Vertrauen beschritten werden darf, ja gegangen werden muß:

a) Das katholische Christentum hat seit jeher daran festgehalten, daß Kirche und Offenbarung nicht zu trennen sind. Früher führte man diese Verbindung vorwiegend auf einen positiven Willensentscheid Gottes zurück. Heute zeigt sich, daß die Beziehung zwischen Wahrheit und Gesellschaft sich auch notwendig aus der Natur des Menschen ergibt. Die neue Einsicht sollte darum nicht ängstliche Überraschung auslösen, sondern zu einem vertieften Verständnis der bisherigen Lehre führen. Dazu ist nur nötig, daß man in der Kirche nicht eine starre Institution, sondern ein wanderndes Volk sieht, das sich unter der Wirkung des Geistes und in Erinnerung an Jesus Christus dauernd seine vielfältigen Institutionen schafft. Die gesellschaftliche Bedingtheit der Wahrheit führt dazu, daß die Kirche mehr als bis jetzt in ihrer gesellschaftlichen Erscheinung das ausdrücken muß, was sie in ihrem Glauben bekennt.

b) In unserer Epoche erscheint die Wahrheitsstruktur der wissenschaftlich-technischen Welt als der stärkste Gegner der christlichen Wahrheit. Diese Welt beruht auf der gesellschaftlichen Übereinkunft, daß jene Gegebenheiten in besonderer Weise wahr sind, die sich durch wiederholte, scharfe Beobachtungen und, wenn möglich, durch genaue Messungen nachprüfen lassen (Verifikationsprinzip). Zwar können die Ergebnisse solcher Messungen unmöglich mit einzelnen gesellschaftlichen Strukturen in Zusammenhang gebracht werden. Insofern ist die Theorie von der gesellschaftlichen Konstruktion der Wirklichkeit keineswegs als Abbildtheorie zu verstehen. Als wahr verstandene Aussagen enthalten Elemente, die sich nicht aus der Gesellschaft deduzieren lassen. Trotzdem fallen Wahrheit und Gesellschaft nicht beziehungslos auseinander. Die Ergebnisse von Beobachtungen und Messungen können nämlich erst dann einen Anspruch auf Wahrheit erheben, wenn sie irgendwie verstanden, d. h. in einen größeren Zusammenhang eingeordnet werden. Dieser Zusammenhang selbst kann nicht wiederum Ergebnis einer Messung sein. Er ist durch gesellschaftliche Konstruktionen mitbedingt. Die Integration des Verifikationsprinzips löst die Verbindung zwischen Wahrheit und Gesellschaft nicht auf, sie ändert aber insofern diese Beziehung, als ein ausgesprochen dynamisches Element in die Wahrheitserkenntnis eingeführt wird.

Das Verifikationsprinzip wird zum Anlaß für eine dauernde Korrektur der bisherigen Ergebnisse und zum Ferment für eine ständige Neubesinnung über den theoretischen Zusammenhang. In allen früheren Gesellschaften wurden Beobachtungen, die mit dem bestehenden System nicht übereinstimmten, wegdisputiert oder mindestens in ungefährliche Ecken abgedrängt. Für die wissenschaftlich geprägte Gesellschaft hingegen waren zum erstenmal gerade solche Ergebnisse besonders interessant. Man begann direkt nach Erkenntnissen zu suchen, die neue Zusammenhänge aufzudecken vermochten. Dank dieses dynamischen Elementes konnte die wissenschaftlich-technische Einstellung zur Wirklichkeit einen Sieg erringen, wie ihn kein Wahrheitssystem vorher gekannt hatte. Die christliche Sicht der Wirklichkeit wurde dabei verdrängt. Sie droht in Zukunft noch mehr an die Wand gedrückt zu werden. Dieser Gefahr kann das Christentum nur entgehen, wenn es selbst ein dynamisches Prinzip ins Zentrum seiner gesellschaftlichen Übereinkunft zu stellen vermag. Dazu braucht es gar nicht ein dem Evangelium fremdes Element zu suchen. Die Not der Stunde muß nur vielen Christen die Augen neu öffnen. Die Evangelien bergen nämlich zwei äußerst dynamische Elemente in sich; ein negatives: der Ruf zum ständigen Umdenken; und ein positives: die ‹utopischen› Forderungen der Bergpredigt, die immer über alles Erreichte hinausdrängen. Eine Gesellschaft, die diese Elemente wirklich ernst nähme, käme von selbst in eine ungeheure Dynamik hinein. Sie bräuchte sich nicht mehr in Defensivarbeit zu erschöpfen. Die Kirche hat es in der Vergangenheit jedoch vorgezogen, die unruhestiftenden Forderungen der Bergpredigt in den Hintergrund zu drängen und dafür auf die stabilisierenden Faktoren der dogmatischen Formulierungen und der hierarchischen Ordnung zu vertrauen. Sie hatte dadurch für lange Zeit innere Ruhe gewonnen, aber dafür viel Lebenskraft verloren. Heute wird ihr sogar noch die innere Ruhe genommen. Um wieder eine lebendige Gesellschaft zu werden, müßte sie nur die Akzente von neuem so setzen, wie sie in den Evangelien gesetzt werden: der Glaube an die Bergpredigt müßte in ihr immer stärker und lebendiger sein als das Vertrauen auf feste dogmatische Formulierungen.

c) Die Einsicht in die gesellschaftliche Konstruktion der Wirklichkeit zeigt, daß keine Wahrheitssicht ohne sehr viele geschichtliche und veränderliche Elemente möglich ist. Unter dieser Voraussetzung ist gerade die Forderung nach Unveränderlichkeit, in der die Kirche bis jetzt ihre Auszeichnung sah, höchst verdächtig geworden. Nur ein Glaube, der einen solchen Reichtum und solche Lebenskraft besitzt, daß er immer neue gesellschaftliche Formen zu schaffen fähig ist, kann heute mit echter Überzeugung den Anspruch vertreten, mehr zu sein als eine der vielen möglichen Konstruktionen.

Die Heilige Schrift, als privilegierteste Quelle des christlichen Glaubens, zeugt von einem solchen Reichtum. Sie kann unmöglich auf eine einheitliche Konstruktion reduziert werden. Sie ist vielmehr ein Gefüge von sehr verschiedenartigen Aussageformen und Inhalten. In ihr wurde festgehalten, wie Israel während einer langen Geschichte seinen Gott Jahve und wie die Jünger und ersten Gemeinden ihren Herrn und Meister in sehr verschiedenen individuellen und gesellschaftlichen Situationen erfahren haben. Die Schrift enthält fast ein Maximum an vielfältigen Aspekten beim Ringen um die eine Doppelfrage: Wie verhält sich Gott zu den Menschen? Wie soll der Mensch antworten? Für einen rationalistisch denkenden Menschen war darum die Schrift immer unbefriedigend, weil sie in kein übersichtliches System übersetzt werden kann. Es gab auch Theologen, die nie richtig begreifen konnten, wieso Gott nicht ein unmißverständliches Dogmatik- und ein eindeutiges Moralbuch inspiriert hatte. Von unserer heutigen Situation her erweist sich aber gerade das «biblische Durcheinander» als vertrauenerweckendes Zeichen. Bei allem Zielen auf einen einheitlichen Gehalt bietet sie uns einen höchsten Reichtum von verschiedenen Aussagen. Durch die sehr verschiedenen Texte wird der einzelne und die kirchliche Gemeinde dauernd zur höchsten Identifikation mit dem Jesus des Glaubens eingeladen und zugleich zur ständigen Distanzierung von allen sich verfestigenden Ausdrucksformen aufgefordert. Diese Doppelhaltung der Schrift dürfte auch die adäquateste Antwort der Kirche auf die Herausforderungen der Gegenwart sein.

d) Wenn das Christentum mehr sein will als eine Religion unter vielen andern und mehr als eines der möglichen Wahrheitssysteme, dann muß es eine ihm spezifisch eigene Selbstidentität besitzen. Es muß sich in der Art, wie es im Wandel der Geschichte mit sich selbst identisch bleibt, von anderen Systemen unterscheiden. Nach dem Zeugnis der Schrift beruht diese Identität wesentlich in der Wirkung des göttlichen Geistes, der den einzelnen und die christliche Gemeinde innerlich belebt. Wie sich dieses innere Wirken nach außen manifestiert, hat Jesus von Nazareth selbst vorgelebt. Der Übergang von ihm zur christlichen Gemeinde geschah nicht bruchlos, sondern durch den Tod hindurch. Das christliche Lebensgesetz ist das Gesetz des Weizenkornes. Die Selbstidentität des christlichen Glaubens birgt den tödlichen Bruch in sich. Wenn die Kirche ihrem Glauben treu bleiben will, darf sie demnach in keinem Fall eine bruchlose Identität und Tradition anstreben. Sie kann nur sie selbst bleiben, wenn sie in ihrem Fleisch immer wieder stirbt. Der Tod vieler ihrer gesellschaftlichen Konstruktionen muß darum keineswegs zu ihrer Selbstauflösung führen. Wenn sie wirklich glaubt, findet sie gerade durch solche Brüche hindurch sich selbst in geläuterter Form.

Darum dienen auch nicht jene Christen in Wahrheit der Kirche, die sie vor allen «tödlichen» Erfahrungen bewahren wollen. Solche Christen gleichen eher jenem Petrus, der Jesus von seinem Weg ins Leiden und in den Tod zurückhalten wollte. Die Antwort auf solche Versuche lautet: «Hinweg von mir, Satan! Du bist mir zum Ärgernis, denn du sinnst nicht was göttlich, sondern was menschlich ist» (Mt 16, 23).

Wort Gottes und menschliche Sprache

Das Werk von Hans Küng dürfte nur im eben skizzierten gesellschaftlichen und kirchlichen Hintergrund richtig zu verstehen sein. Bevor nun im Kommenden auf einige seiner Überlegungen direkt eingegangen wird, erinnert man sich mit Vorteil an das, was die Exegese bereits erarbeitet hat. In diesem Bereich stellen ja auch katholische Forscher seit langem Überlegungen an, die man bis jetzt vom Dogma meistens noch säuberlich fernhielt.

Die kritische Forschung hat ergeben, daß die verschiedenen biblischen Autoren ganz als Menschen einer bestimmten Epoche gesehen werden müssen. Die Inspiration hob sie nicht über ihre Zeit oder gar über ihr Menschsein hinaus. Sie waren beschränkt wie andere Menschen und standen unter vielen historisch bedingten Vorurteilen. Diese Ergebnisse der Forschung stürzen nicht alles Bisherige auf den Kopf. Sie rücken aber doch gebieterisch Sachverhalte ins helle Bewußtsein, die früher nur ziemlich dumpf gespürt wurden. Es zeigt sich mit größter Klarheit, daß das Wort Gottes mit dem Buchstaben der Schrift nicht unmittelbar identifiziert werden kann. Das Wort Gottes läßt gerade deshalb die ganze menschliche Eigenart eines Schriftstellers bestehen, weil es überhaupt in kein menschliches Gebilde voll eingeschlossen werden kann. Es ist keine abgeschlossene und damit vergangene Größe. Sein Wirken beschränkt sich nicht auf einen Punkt der Zeitachse. Zwar hat es in den biblischen Schriften einen ganz privilegierten Ausdruck gefunden; trotzdem ist es immer neu in der Gegenwart wirksam. Es läßt sich an keinem «Ort» ausschließlich lokalisieren, sondern offenbart sich als Erinnerung aus der Vergangenheit, als Anspruch in der Gegenwart und als Verheißung für die Zukunft. Nur im Wirkfeld dieser drei Vektoren tritt es dem Menschen entgegen. Seine machtvolle Autorität manifestiert sich dabei vorwiegend in der Dimension der Gegenwart. In Erinnerung an das Geschick Jesu zeigt sich nämlich die Notwendigkeit, die auf jedem menschlichen Leben ruht, nicht mehr als blindes Schicksal, sondern als verborgen-offenkundiger göttlicher Wille. Diese Notwendigkeit wird zu einem wesentlichen Element des autoritativen Wortes Gottes. Echt christliche Tradition ist daher weit mehr als ein bloßes Weitertragen von «geheiligten Formulierungen». Die biblischen Schriften müssen vielmehr von den sich wandelnden geschichtlichen Voraussetzungen her ständig auf ihre zentrale Botschaft hin neu befragt und neu interpretiert werden, um in der Kraft des je gegenwärtigen Wortes Gottes als Verheißung für die Zukunft wirksam zu sein.

Von diesem Verständnis des Wortes Gottes her bereitet eine gewisse Relativierung einzelner dogmatischer Formulierungen keine besonderen Schwierigkeiten. Sie ist sogar gefordert. Soll das Wort Gottes richtig verstanden werden, dann muß die menschliche Aussage selbst zum Ausdruck bringen, daß sie vorläufig ist. Fehlt dieser ständige Hinweis auf ihre eigene Begrenzung und auf die Transzendenz des Wortes Gottes, dann wird unter der Hand die biblische oder kirchliche Aussage leicht als absolut gesetzt und damit «vergötzt». Eine kritische Befragung dogmatischer Formulierungen ist damit kein Werk, das «Heiliges schändet». Eine solche Befragung ist vielmehr in der Sorge, das *Wort* Gottes als Wort *Gottes* zu fassen, gerade gefordert.

Die kritische Frage von Hans Küng

Im skizzierten Verstehenshorizont können die scharfen Fragen, die Hans Küng an die kirchliche Lehre über die Unfehlbarkeit des Papstes stellt, ohne affektiven Schock verarbeitet werden. Eine Auseinandersetzung mit seiner Argumentation, die nicht zum vornherein unter dem Diktat einer autoritativen Formel steht, ist möglich.

Küng stützt seinen Angriff gegen die Lehre des Ersten Vatikanischen Konzils vor allem durch den Hinweis, die dogmatischen Aussagen über die Unfehlbarkeit des Papstes seien nicht bewiesen. Er zeigt auf, daß das Konzil keine eigentliche Argumentation entwickelt hat, und er stellt in Abrede, daß die ständige Berufung auf das Felsen-Wort in Mt 16, 18 das hergibt, was sie hergeben soll. Diese Abrede ist bei Küng etwas kurz geraten. Sie ist aber nicht unbegründet. Die Ergebnisse anderer Forscher bestätigen dies. Der sehr römisch gesinnte *J. Ludwig* schreibt zwar: «Das Dogma vom römischen Primat [6] kulminiert also nicht erst 1870, sondern schon 450.»[7] Er kann aber nur nachweisen, daß man in Rom früh anfing, das Felsen-Wort auf die römischen Bischöfe anzuwenden. Er muß selber zugeben, daß die überwiegende Mehrheit der Kirchenväter diese Exegese nicht geteilt hat. Die Meinungen waren vielmehr sehr verschieden. Die einen interpretierten den Fels als Christus, andere als die Kirche und wieder andere als den Glauben des Petrus. – Im Frühmittelalter war die Situation nicht anders. *Yves Congar*, einer der besten Kenner der mittelalterlichen Lehre über die Kirche, schreibt: «Man wußte selbstverständlich, daß der römische Sitz die sedes Petri ist, aber man bezog das ‹super hanc petram› selten auf die Person des Petrus, und selbst wenn man von Petrus und von Mt 16, 18 auf den Bischof von Rom überging, sagte man von ihm nicht, daß er das Fundament der Kirche ist.»[8] Ferner: «Das Papsttum war damals außerhalb von Rom kein Teil der dogamtischen Auffassung von der Kirche. Keine Lehrschrift über die Kirche räumt ihm einen solchen Platz ein.»[9] Die Situation änderte sich erst, als man anfing, die biblischen

6 Die Frage des Primats und der Unfehlbarkeit sind ganz eng miteinander verwoben. Eine Unfehlbarkeit ohne juridischen Primat bliebe wirkungslos. Umgekehrt kann der im römischen Sinn verstandene Primat nicht von der Unfehlbarkeit getrennt werden, weil dieser sich ganz wesentlich in der Autorität des Papstes über die Konzilien äußert. Wenn heute dogmatische Formulierungen wesentlich auch als Sprachregulierungen verstanden werden, dann wird dadurch die Verbindung zwischen den Fragen des Primats und der Unfehlbarkeit nur noch deutlicher.

7 *Joseph Ludwig*, Die Primatworte Mt 16, 18–19 in der altkirchlichen Exegese (Münster 1952) 95.

8 *Yves Congar*, L'Ecclésiologie du haut Moyen-Age. Les éditions du Cerf (Paris 1968) 158.

9 Ebd. 161.

Texte auf dem Hintergrund römischer Rechtsbegriffe zu interpretieren. *W. Ullman* schreibt in seinem Werk «Die Machtstellung des Papstes im Mittelalter» dazu: «Das päpstlich-hierokratische Schema ist ein großartiger Versuch, die biblische und ganz besonders die paulinische Lehre in Regierungsbegriffe zu übersetzen. Die Mittel zur Durchführung dieser Regierung waren die des Rechtes, das ‹römisch› in jedem Sinn des Begriffes war. Die claves regni coelorum – ‹die Schlüssel zum Königreich des Himmels› – wurden umgewandelt in die claves juris, die ‹Schlüssel des Gesetzes›.»[10] Diese Umwandlung wurde aber nur in der westlichen Kirche angenommen, und selbst dort nicht vollständig. Bis ins 15. Jahrhundert gab es starke gegenteilige Tendenzen, und bei der Reformation spaltete sich die westliche Kirche gerade auch über dieser Frage. Es steht also fest, daß sich das Erste Vatikanische Konzil bei seiner Interpretation von Mt 16, 18 keineswegs auf eine überzeugende Tradition stützen konnte.

Die heutige kritische Interpretation gibt nicht mehr her. Es ist vielmehr etwa folgendes zu sagen. Die Erzählung von Mt 16, 13–20 findet sich in sehr ähnlicher Form auch bei Mk 8, 27–30 und Lk 9, 18–21. Bei diesen letzteren Evangelisten endet sie aber mit dem Bekenntnis des Petrus und dem Verbot Jesu, darüber zu reden. Nur Matthäus schiebt die Verheißung an Petrus dazwischen. Dieser Umstand zeigt, daß das Wort vom Felsen aus der theologischen Verarbeitung der Überlieferung, die zum Matthäus-Evangelium geführt hat, zu erklären ist. Diese Theologie will zeigen, daß sich bereits im vorösterlichen Leben des Jesus von Nazareth die Kirche als Gemeinde, die unter dem neuen Gesetz steht, abzuzeichnen begann. Die Vermutung liegt damit sehr nahe, daß die Verse Mt 16, 18–19 nicht auf den vorösterlichen Jesus zurückgehen, sondern auf die nachösterliche Offenbarung, die sich in der theologischen Konzeption des Matthäus ausdrückt. Wie die Verse im Evangelium gemeint waren, zeigt vor allem ein Vergleich mit den Aussagen über das neue Gesetz.

Matthäus verwendete die Technik der Gegensatz-Formulierungen. Für ihn ist das neue Gesetz einerseits die höchste Vollendung des alten, anderseits stellt er es in scharfen Gegensatz zu diesem. Die Verse 5, 17–18 lauten: «Meint nicht, daß ich gekommen sei, das Gesetz oder die Propheten aufzulösen. Ich bin nicht gekommen, aufzulösen, sondern zu erfüllen. Denn wahrlich ich sage euch: Bis der Himmel und die Erde vergehen, wird nicht ein einziges Jota oder Strichlein vom Gesetz vergehen, bis alles geschehen ist.»

10 *W. Ullmann*, Die Machtstellung des Papstes im Mittelalter (Graz–Wien–Köln 1960) 652–653.

Gegen diese Worte steht aber nicht nur die Tatsache, daß die heidenchristlichen Gemeinden bald weite Teile des alttestamentlichen Gesetzes als überholt betrachteten, Matthäus selbst schließt an das Wort von der Erfüllung gleich ein sechsfaches: «Ihr habt gehört, daß zu den Alten gesagt ist ... Ich aber sage euch ...» an (5, 21–48). Die Kontinuität wird durch den Gegensatz kontrapunktiert. Ganz ähnlich verfährt Matthäus mit seinen Aussagen über das Amt, und zwar nicht zufällig. Zum Gesetz gehört ja notwendig ein Amt. Im Alten Testament sagt ein Orakel Gottes vom Hohenpriester: «Ich will ihm auch den Schlüssel des Hauses David auf die Schultern legen; und wenn er auftut, so wird niemand schließen, und wenn er schließt, wird niemand auftun» (Is 22, 22). Matthäus führt dieses alttestamentliche Amtsverständnis auf die Kirche und auf Petrus hin weiter. Im Vers 16, 19 nimmt er das Wort von den Schlüsseln auf. Er kontrapunktiert diese Aussage aber gleich, indem er anschließend eine Erzählung bringt, in der Jesus zu Petrus sagt: «Hinweg von mir, Satan! Du bist mir ein Fallstrick, denn du sinnst nicht, was göttlich, sondern was menschlich ist» (16, 23). Später wird der Kontrapunkt noch allgemeiner, wenn Matthäus schreibt: «Ihr dagegen sollt euch nicht Rabbi nennen lassen: denn einer ist euer Meister, ihr alle aber seid Brüder. Nennet auch niemand auf Erden euren Vater, denn einer ist euer Vater, der himmlische. Auch sollt ihr euch nicht Lehrer nennen lassen, denn einer ist euer Lehrer, Christus» (23, 8–10). Matthäus versucht also durch Gegensatz-Formulierungen auf das hinzuweisen, was sich in keine Sprache voll einfangen läßt. Zur richtigen Interpretation seiner Aussagetechnik ist es daher entscheidend, daß einzelne Sätze nicht isoliert werden. Bei ihm greift eine Aussage ganz scharf korrigierend in die andere ein. Damit wird keine feste, sondern nur eine schwebende Mitte erreicht. Zwischen Extremformulierungen bleibt ein weiter, freier Raum.

Die ungenügende Beweiskraft von Mt 16, 18 ist – für sich allein genommen – kein hinreichender Einwand gegen die Lehre von der Unfehlbarkeit des Papstes. Wie Küng selber aufzeigt, haben die Konzilsväter ihre Lehre nicht aus der erwähnten Bibelstelle deduziert. Sie fanden vielmehr die entsprechende Überzeugung in sehr weiten Kreisen der römischen Kirche vor. Kann dieses tatsächliche Vorhandensein der Lehre ein entscheidender Grund für ihre Richtigkeit sein?

Die Herausbildung des römischen Primates und der Lehre von der Unfehlbarkeit war ein reichlich komplexer Vorgang. Sehr viele theologische und außertheologische Momente haben dabei mitgespielt. Einige davon sollen kurz erwähnt werden. Die Autorität des römischen Bischofssitzes wurde von Anfang an durch die Überzeugung gestützt, daß die beiden Apostelfürsten Petrus und Paulus in Rom gestorben waren. Dazu kam, daß Rom als die Hauptstadt des Reiches ganz selbstverständlich eine besondere Bedeutung hatte. Vom 4. Jahrhundert an setzte in der Christenheit eine sehr große Reliquienverehrung ein. Rom hatte dabei wegen seiner vielen und kostbaren Reliquien eine besondere Bedeutung. Es entwickelte sich eine spezielle Petrusfrömmigkeit, die eine starke affektive Bindung an den römischen Sitz förderte. Gleichzeitig suchten die römischen Bischöfe sehr konsequent ihren Einfluß auszuweiten. Wie im Osten Antiochien, Alexandrien und Konstantinopel um eine Sonderstellung rangen, so suchte im Westen Rom seine Autorität möglichst weit auszudehnen. Auch in der Auseinandersetzung mit den Häretikern gewann der römische Sitz eine besondere Bedeutung. Wenn immer möglich suchte man sich durch die Autorität von Rom zu stützen. Seit dem Untergang des weströmischen Reiches gewann der römische Sitz zudem in steigendem Maße auch politische Bedeutung. Im sehr wechselvollen Spiel der Kräfte und in Zeiten eines Machtvakuums konnte er als einzige stabile Institution seine Stellung ausbauen. Theologisch-politische Ideen halfen mit. Seit dem beginnenden Mittelalter bildete sich im Westen die Auffassung von der einen christlichen Gesellschaft aus. Diese Gesellschaft mußte ein festes, alles überragendes geistliches Haupt haben. Nur der römische Bischof kam dafür in Frage. Die Fälschungen der pseudo-isidorischen Dekretalien und die Fälschung der konstantinischen Schenkung unterstützten diese geschichtstheologische Konstruktion. Im Hoch- und Spätmittelalter förderten zudem viele Fürsten die römische Autorität, um gegen die Macht des römischen Kaisers deutscher Nation ein Gegengewicht zu erhalten. Seit der Reformation wurde im römisch gebliebenen Teil der westlichen Kirche das Papsttum auch deshalb besonders verteidigt, weil es von protestantischer Seite aufs entscheidenste angegriffen wurde. Nach der Französischen Revolution verband sich diese Verteidigung mit der Ablehnung all jener Ideen, die durch die Aufklärung verbreitet worden waren. Für die Lehre von der Unfehlbarkeit war zudem, wie Küng mit Recht betont, die Meinung entscheidend, der Glaube könne sich ohne unfehlbare Sätze nicht richtig erhalten.

Die Dogmen über das Papsttum hatten sich also dank eines bunten Knäuels sehr verschiedenartiger Motive herausgebildet. Um die Berechtigung dieser Entwicklung zu beurteilen, hätte das Konzil durch eine eingehende Arbeit die theologischen Gründe von zeitbedingten Faktoren und von unchristlichen, machtpolitischen Ambitionen unterscheiden müssen. Das Erste Vatikanische Konzil hat diese Arbeit nicht geleistet. In der damaligen Situation wäre sie auch kaum zu realisieren gewesen. Nicht nur die politischen und geistesgeschichtlichen Umstände waren ungünstig. Auch die theologischen Ansichten über die Strukturen der Kirche waren damals sehr einseitig.

In einem Vorbereitungsschema zum Ersten Vatikanischen Konzil hieß es: «Die Kirche Christi ist jedoch nicht eine Gemeinschaft von Gleichgestellten, in der alle Gläubigen dieselben Rechte besäßen. Sie ist eine Gemeinschaft von Ungleichen, und das nicht nur, weil die einen Kleriker und die andern Laien sind, sondern vor allem deshalb, weil es in der Kirche eine göttliche Vollmacht gibt, die den einen zum Heiligen, Lehren und Leiten gegeben ist, den andern nicht.»[11] Leo XIII. schrieb an den Erzbischof von Tours: «Es steht fest und ist ganz eindeutig klar, daß es in der Kirche zwei ihrer Natur nach wohl unterschiedene Stände gibt: die Hirten und die Herde, das heißt die Führer und das Volk. Der erste dieser beiden Stände hat die Funktion, die Menschen im Leben zu lehren, zu regieren und zu lenken und die erforderlichen Regeln aufzustellen; der andere hat die Pflicht, sich dem ersten zu unterwerfen: ihm zu gehorchen, seine Anordnungen auszuführen und ihm die Ehre zu erweisen.»[12] Pius X. drückte sich 1906 kaum anders aus: «Allein das Kollegium der Hirten hat das Recht und die Autorität ..., zu lenken und zu führen. Die Mehrheit hat kein anderes Recht, als sich führen zu lassen und als folgsame Herde ihrem Hirten zu folgen.»[13] Die pastoraltheologischen Handbücher der damaligen Zeit unterstrichen die Bedeutung der kirchlichen Hierarchie noch einseitiger, so daß *H. Schuster* in einer Übersicht über diese Literatur nur sagen kann: «Es ist nicht die Aufgabe dieser Untersuchung, zu fragen, ob mit solchen Behauptungen nicht gar der Boden der christlichen Lehre verlassen ist.»[14]

Bei solchen Voraussetzungen hätte die Kirche des letzten Jahrhunderts – selbst wenn sie es versucht hätte – kaum die sachliche Distanz gehabt, um die Frage des Primats und der Unfehlbarkeit in ihrer ganzen Vielschichtigkeit zu sehen und richtig abzuwägen. Man muß darum nicht nur der Feststellung von Küng zustimmen, daß das Erste Vatikanische Konzil seine Lehre nicht begründet hat, sondern darüber hinaus sagen, daß damals ein echter Begründungsversuch psychologisch fast unmöglich war. Steht damit nicht die ganze Lehre von der Unfehlbarkeit auf tönernen Füßen? Was ohne eine genügende Begründung gelehrt wird, kann doch ebenso leicht in Frage gestellt werden. Küng geht mit seinen Überlegungen in diese Richtung. Er ist konsequent. Er möchte die Lehre von der Unfehlbarkeit des Papstes fallen lassen und dafür

11 *J. Neuner* und *H. Roos*, Der Glaube der Kirche in den Urkunden der Lehrverkündigung (Regensburg 1938), Nr. 369.

12 Zitiert bei *F. Klostermann*, Desiderate zur Reform des Laienrechtes. Theologisch-Praktische Quartalschrift, Linz, 115 (1967) 341.

13 Ebd.

14 Handbuch der Pastoraltheologie I, hrsg. von *F. X. Arnold*, *K. Rahner*, *V. Schurr*, *L. Weber* (Freiburg i. Br. 1964) 73.

nur von der Indefektibilität oder Unzerrüttbarkeit der Kirche sprechen. Seine entsprechenden Ausführungen haben viel Überzeugendes an sich. Auf eine wohl sehr wichtige Frage geht er allerdings zu wenig ein. Wie konnte die römische Kirche im letzten Jahrhundert ihren Glauben in feierlichster Form und mit höchstem Nachdruck in eine dogmatische Formulierung hinein investieren, wenn heute davon nur ein unglücklicher Irrtum übrig bleibt? Solange diese heikle Frage nicht einigermaßen beantwortet ist, führen alle Schwierigkeiten, die Küng mit Recht gegen die Unfehlbarkeitslehre aufzeigt, nur zu einer perplexen geistigen Situation, aber nicht zu einer befriedigenden Lösung. Der allgemeine Hinweis, daß Konzilien irren können, genügt dafür nicht. Wo man glaubt, einen solchen Irrtum feststellen zu können, muß doch deutlich gemacht werden, wie sich eine zeitbedingte Vorstellung mit der Glaubensüberzeugung vermischt hat. Die Kritik kann dann nicht einfach lauten, das Konzil habe sich geirrt. Es muß vielmehr eine Entwirrungsarbeit geleistet werden. Wie eine solche in bezug auf das Unfehlbarkeitsdogma aussehen könnte, soll hier versuchsweise kurz skizziert werden.

Über die neutestamentlichen Kirchen- und Amtsstrukturen ist in letzter Zeit von den Exegeten viel gearbeitet worden. Es beginnt sich auch bereits eine gewisse Übereinstimmung in den Resultaten abzuzeichnen. *G. Hasenhüttl* sieht im Charisma das entscheidende Ordnungsprinzip der Kirche.[15] *J. Fuchs* kennzeichnet das Selbstverständnis des neutestamentlichen Gemeindeamtes durch folgende Worte: «Charisma, Funktion, Diakonie, Leitung, Kollegialität und Paradosis.»[16] Ferner weist er nach, daß die Kirchenämter keine reine Neuschöpfung der christlichen Gemeinde waren, sondern daß «zunächst völlig unreflektiert bestimmte Prototypen aus der profanen Umwelt übernommen» wurden. «Die Kirche hat also in ihren Anfängen bereits das getan, was sich in ihrer Geschichte immer wieder feststellen läßt; sie ordnet sich weitgehend in die gesellschaftlichen Gegebenheiten der Zeit ein.»[17] *E. Käsemann* unterstreicht die Bedeutung des Charismas und zeigt, daß in den neutestamentlichen Schriften verschiedene, ja gegensätzliche Amtsvorstellungen ihren Ausdruck fanden.[18] *R. Pesch* schreibt unter dem Titel «Nicht Herrschaft, sondern Dienst»: «Noch am Ausgang der neutestamentlichen Zeit ist die Pluralität christlichen Gemeindelebens und der zugehörigen Gemeinde- und Amtsverfassung groß. Das Neue Testament gibt uns keine Handhabe,

15 *G. Hasenhüttl*, Charisma, Ordnungsprinzip der Kirche. (Freiburg i. Br. 1969).
16 *J. Fuchs*, Das Selbstverständnis des Gemeindeamtes im Neuen Testament. In: Una Sancta 3 (1969) 199.
17 Ebd. 192.
18 *E. Käsemann*, Exegetische Versuche und Besinnungen I. (Göttingen 1965^4) 109–134.

eine einzige besondere Entwicklung zu kanonisieren; es macht uns aber Mut, die den heutigen Gemeinden aufgegebenen Entscheidungen zu neuen Lebensformen frei und verantwortungsvoll, zeitgemäß und überzeugend zu treffen. Die Amtsstrukturen neutestamentlicher Gemeinden können für heutige Regelungen der kirchlichen Dienste nur modellhaft Hilfe bieten. Verpflichtend bleibt aber die von Jesus selbst grundgelegte Struktur des Gemeindeamtes: die Diakonie.»[19]

Aus diesen Ergebnissen wird eines klar. Das Neue Testament kennt keine geschlossene und eindeutig umrissene Kirchen- und Amtsstruktur. Es drängt immer wieder auf die Grundforderung der Diakonie hin und bietet verschiedene Ausformungen und Verständnisweisen dieses Dienstes. Die Urkirche hatte eine große Freiheit in der Gestaltung ihres gemeinschaftlichen Lebens, und sie hat auch den kommenden Generationen die Freiheit gelassen, in Treue zur Grundforderung des Dienstes und entsprechend den Bedürfnissen der jeweiligen Zeit neue Strukturen zu entwickeln. Die Kirche hat diese Freiheit in ihrer langen Geschichte auch tatsächlich benützt. So gab es im Laufe der Jahrhunderte verschiedene Modelle des Verhältnisses von Konzil und Kirche.[20] Ebenso hat sich die Stellung des römischen Bischofs und der östlichen Patriarchate gewandelt.[21] Die gleiche Freiheit besaß die Kirche auch noch 1870. Sie konnte daher die höchste Vollmacht über sie, die «plena potestas», auf feierlichste Weise dem Papst zuerkennen.

Wie frei ist die Kirche?

Mit der Anerkennung dieses Primats war die Lehre von der Unfehlbarkeit sehr eng verbunden. Dogmatische Formulierungen können ja nach heutiger Auffassung auch im weiten Maße als Sprachregulierungen interpretiert werden.[22] Da keine menschliche Aussage das Wort Gottes adäquat fassen kann,

19 *R. Pesch*, Nicht Herrschaft sondern Dienst. In: Publik. (Frankfurt a. M.), 7. August 1970, S. 21.

20 Vgl. *A. Grillmeier*, Konzil und Rezeption. In: Theologie und Philosophie, 45 (1970) 321–352.

21 Vgl. die 9. Resolution des Theologen-Kongresses in Bruxelles, 12. bis 17. September 1970: Das Neue Testament weist Typen christlicher Gemeinde und Grundprinzipien ihrer Organisation auf, die je nach Verfassern, Orten und Zeiten verschieden sind. Im Laufe der Geschichte haben sich von dieser Grundlage her verschiedene Formen entwickelt, die jeweils ihre Vor- und Nachteile haben: Papsttum, Patriarchate, konziliäre Kirchenleitung u. a. Diese historische Feststellung lädt dazu ein, die heutige Verschiedenheit der Formen zu achten und ihre gegenseitige Ergänzung anzustreben.

22 Vgl. *K. Rahner*, Der Pluralismus in der Theologie und die Einheit des Bekenntnisses in der Kirche. In: Concilium 5 (1969) 467–468.

sind grundsätzlich immer verschiedene Ausdrucksweisen möglich. Um aber Verwirrung und Uneinigkeit zu vermeiden, hat die Kirche in gewissen umstrittenen Fragen ihre Gläubigen immer wieder auf eine Ausdrucksweise verpflichtet. Wie sie für das menschliche Verhalten Gesetze erlassen konnte, so hat sie auch das Sprechen in bestimmten Punkten geregelt. Es war darum nur natürlich, daß auf dem Ersten Vatikanischen Konzil mit der Anerkennung des Primats dem Papst auch die Vollmacht zugesprochen wurde, den Sprachgebrauch der Gläubigen innerhalb sehr bestimmter Grenzen festzulegen. Die zusätzliche Präzisierung, der Papst sei «aus sich, nicht aber durch die Zustimmung der Kirche» unfehlbar, wurde gerade als eine solche rechtliche Abgrenzung verstanden.[23] Das Erste Vatikanische Konzil glaubte, den auf die Kirche einstürmenden Schwierigkeiten auf diese Weise am besten begegnen zu können. Ob es dabei die Lage richtig eingeschätzt hat, kann man mit Grund bezweifeln. Man kann ihm aber nicht vorwerfen, es habe ohne Recht so gehandelt. Die Lehre vom Primat und von der Unfehlbarkeit zeigt nur, wie groß die der Kirche gegebene Freiheit ist.

Mit diesem Resultat ist allerdings das entscheidendste Problem noch nicht geklärt. Die damaligen Konzilsväter hatten ja nicht die Überzeugung, ihre Aussagen über den Papst aus freier Ermächtigung zu erlassen. Sie wollten nur festhalten, was sie als durch die Offenbarung vorgegeben betrachteten. Hatten sie sich in dieser Überzeugung geirrt? Um diese Frage zu lösen, ist ein eingehenderes Verständnis von der menschlichen Freiheit nötig. Ein Beispiel kann uns vielleicht dafür ein geeignetes Denkmodell bieten.

Ein echter Künstler schafft seine Werke aus seiner schöpferischen Freiheit heraus. Er ist durch keinen Menschen und durch keine Vorlage letztlich gebunden. Seine gestaltende Freiheit kann die Gegenstände stark, ja sogar ganz verändern. Trotzdem ist sein Werk nicht der Beliebigkeit anheimgegeben. Was er frei schafft, das muß er so schaffen, und wenn das Werk gelungen ist, dann mußte es so herauskommen. Obwohl frei geschaffen, war es in ihm vorgebildet. Das vollendete Werk wirkt entsprechend auf den Künstler zurück. Es prägt ihn. Gerade weil es aus seiner innersten Freiheit heraus entstanden war, offenbart es ihm, was ihm vorgegeben war.

Diese kurze Analyse vermag bereits zu zeigen, daß Freiheit und Vorgegebenheit sich nicht gegenseitig auszuschließen brauchen, sondern vielmehr zusammengehören und einander bedingen. Wie der Mensch als ganzer sich im Dasein als gegeben vorfindet und trotzdem frei ist, so können auch seine ein-

23 Vgl. *P. de Vooght*, Les dimensions réelles de l'infaillibilité papale, in: L'Infaillibilité, son aspect philosophique et théologique, hrsg. von *E. Castelli*. (Paris 1970) 132.

zelnen Akte aus Freiheit und Vorgegebenem zugleich entspringen. Auf die damit angedeutete, sehr heikle Problematik brauchen wir hier nicht näher einzugehen. Uns beschäftigt die Frage, ob auch im Leben der Kirche ein ähnliches Gesetz festgestellt werden kann. Beispiele sollen uns weiterhelfen.

Die Geschichte des Bußsakramentes ist für die gestellte Frage besonders aufschlußreich. Während der ersten zwei Jahrhunderte gab es in der Kirche keinen gesonderten und fest institutionalisierten Bußritus. Danach kannte die Kirche lange Zeit nur die öffentliche Buße, bei der vor allem die Tat des Büßenden im Vordergrund stand und die Rolle der Kirche sich im fürbittenden Gebet und in der abschließenden Versöhnung zeigte. Als diese Institution langsam zerfiel und die Praxis des geheimen Sündenbekenntnisses sich durchzusetzen begann, wandte sich die kirchliche Hierarchie zunächst gegen die neue Übung. Noch zu Beginn des 9. Jahrhunderts versuchten verschiedene Lokalkonzilien im fränkischen Reich die öffentliche Bußpraxis wieder herzustellen. Doch sie drangen nicht durch. Dafür wurde noch im gleichen Jahrhundert der entscheidende Schritt zur Anerkennung der Ohrenbeichte vollzogen, und bald kannte die Kirche nur noch diesen Ritus.[24] Das Konzil von Trient betrachtete einige Jahrhunderte später den von der Kirche selbst geschaffenen Ritus der Ohrenbeichte schließlich als so vorgegeben, daß es sogar in einem dogmatischen Text gegen das, was wir heute aus sicheren Quellen wissen, sagen konnte, die Ohrenbeichte sei – in der vom Konzil beschriebenen Form – in der Kirche von Anfang an praktiziert worden.[25]

Ein ebenso sprechendes Beispiel zum gleichen Sachverhalt bieten uns die Evangelien des Neuen Testamentes. Wie man der Forschung der letzten hundert Jahre entnehmen kann, werden nur verhältnismäßig wenige Worte der Evangelien mit einiger Sicherheit auf Jesus selbst zurückgeführt. Die sprachliche Prägung eines großen Teils der Jesus-Worte geht in der uns überlieferten Form auf die liturgische und missionarische Tätigkeit der jungen Christengemeinden zurück. Diese Worte hat die Urkirche aber nicht als ihre eigenen Worte überliefert. Sie hat sie vielmehr Jesus in den Mund gelegt und damit die in ihr entstandenen Aussagen als ihr vorgegeben erfaßt und als solche weitertradiert. Ähnlich geschah es bei einigen neutestamentlichen Briefen. Obwohl gewisse in späteren Jahrzehnten entstanden, wurden sie einzelnen Aposteln zugeschrieben. Sie waren das Werk einzelner Kirchenmitglieder. Sie wurden aber nicht als solche aufgenommen, sondern traten der Kirche als Lehrschriften der Apostel gegenüber. Was in einer bestimmten Stunde aus einer großen

24 Nach einer polykopierten Darstellung von *J. Moingt*, Lyon-Fourvière.
25 D 916/1706.

Freiheit des Geistes geschaffen wurde, nahm die Form eines vorgegebenen Textes an. Dieser Vorgang war im einzelnen zwar sehr komplex. Viele Elemente spielten mit. Die gegenseitige Bedingung von frei und vorgegeben wird jedoch bereits durch diese kurzen Hinweise deutlich sichtbar.

Ein ähnliches Geschehen läßt sich nun bei der Lehre von der päpstlichen Unfehlbarkeit feststellen. Der Primat von Rom hat sich im Laufe der Kirchengeschichte durch eine Reihe äußerst unterschiedlicher Motive herausgebildet. Jede erreichte Entwicklungsstufe wurde aber von den kommenden Generationen der Kirche nicht als beliebig empfunden, sondern als vorgegeben aufgenommen. Entsprechend betrachtete das Erste Vatikanische Konzil das Ergebnis der ganzen Entwicklung nicht als freie Schöpfung, sondern als von Anfang an gegebene Lehre.

Die Freiheit der Antwort

Die eben gemachten Feststellungen brauchen allerdings eine entscheidende Ergänzung. Die Kirche ist nicht unbegrenzt frei. Sie hat nicht die Freiheit für jede beliebige Umgestaltung, sondern die Freiheit der Antwort. So war es bereits am Anfang. Die Verkündigung und das Geschick des Jesus von Nazareth haben die Jünger in ihrer tiefsten Existenz getroffen. Sie haben die Worte Jesu nicht wie Sammler aufgenommen, wohl aber haben sie aus ihrer innersten Betroffenheit heraus im Laufe einiger Jahrzehnte eine freie Antwort [26] auf den ergangenen Anruf formuliert. – Ähnlich verhielt sich die Kirche bei der Gestaltung des Bußsakramentes. Aus der Grunderfahrung heraus hat sie im Laufe der Jahrhunderte entsprechend den wandelnden Bedürfnissen die Formen des Sakramentes entworfen. Dabei hatte sie etwa auf folgende Grundgegebenheit zu antworten: Die Christen bleiben auch nach der Taufe Sünder. Sie bedürfen der Buße und der Umkehr. Da sie als Gläubige eine Gemeinschaft bilden, hat die Umkehr nicht bloß im Herzen jedes einzelnen, sondern auch vor der Kirche zu erfolgen.

26 Ohne diese Freiheit in der Antwort könnte das Neue Testament nicht das Evangelium der Freiheit sein, sondern wäre nur ein verbessertes Gesetz. Ähnlich bei *W. Kasper*: «Der Glaube an den Primat des Bischofs von Rom ist also im Grunde nichts anderes als der Glaube, daß die konkrete Kirche und ihre Einheit, so wie sie ist, sich konkret verwirklicht, ein theologisch mögliches Modell darstellt ... Der Primat des römischen Bischofs ist also insofern eine Glaubensaussage, als sich die kirchliche Gemeinschaft zu dieser konkreten Form ihres Kircheseins entscheidet, und als sie überzeugt ist, darin das petrinische Modell in einer der heutigen Situation der Kirche angemessenen Weise zu verwirklichen». Kirchliche Lehre / Skepsis der Gläubigen, *F. Haarsma, W. Kasper, F. X. Kaufmann.* (Freiburg 1970) 80.

Trotz dieser näheren Bestimmung der Freiheit der Kirche als Freiheit in der Antwort bleibt aber wahr, daß sich Vorgegebenheit und Freiheit nicht ausschließen, sondern gegenseitig bedingen. Einerseits findet nämlich die Freiheit der Kirche gerade in der Antwort auf das Wort Gottes in eminenter Weise ihr eigenes Wesen. Andererseits drückt sich diese Freiheit darin aus, daß manches, was die Kirche aus dem Anruf des Wortes Gottes heraus an Konkretem geschaffen hat, den Gläubigen einer bestimmten Epoche als vorgegeben erscheinen, sich späteren Generationen aber als freie Gestaltung erweisen kann. Dieser Sachverhalt dürfte nur deshalb früher oft übersehen worden sein, weil die Kirche in vielen Einzelpunkten ein erstaunlich kurzes Gedächtnis hatte.

Das Übersehen der Freiheit zugungsten der Vorgegebenheit ist im Grunde allerdings kein erstaunlicher Vorgang. Er ergibt sich fast spontan aus der dem Menschen eigenen Freiheit. Was dieser nämlich frei und schöpferisch gestaltet, steigt bei ihm nicht aus einem lichten und vollbewußten Raum auf, sondern wird vielmehr in einem dunklen und unbewußten Grund geboren. Das eigenste Wesen ist dem Menschen oft fremd. Was daraus entsteht, wird darum von ihm als anderes und damit spontan als Vorgegebenes empfunden. Wenn dann noch die Erfahrung des Schaffens vergessen wird und sich dem rückschauenden Blick nur noch die verfestigten und übrig gebliebenen Ergebnisse zeigen, dann gewinnt das Vorgegebene leicht derart die Oberhand, daß es als einzig entscheidender Faktor erscheint. Die Geschichte der Freiheit geht dadurch vergessen.

Ähnliches gilt für die Kirche. Was sie in Erinnerung an die biblische Botschaft und in Auseinandersetzung mit den Bedürfnissen einer Epoche frei gestaltet, wächst aus vielfältigen dunklen Gründen. Dabei ist es nicht bloß das verborgene Wesen des Menschen, das auf diese Weise arbeitet. Die Kirche glaubt, daß der göttliche, nie voll faßbare Geist durch dieses Wesen hindurch wirkt. Was sie selber gestaltet, tritt ihr darum in erhöhtem Maße als anderes und damit auch als Vorgegebenes gegenüber. Sie ist daher noch mehr geneigt, ihre wichtigsten Entscheidungen nur als die Formulierung von etwas Vorgegebenem zu betrachten. Die lebendigste Erinnerung ist nötig, um sich aus dieser Starre zu lösen und um die Vermittlung der Freiheit sichtbar zu machen.

Ausformulierung eines Grundanrufs

Dank der eben skizzierten Sicht der Freiheit dürfte es nun möglich sein, sowohl den Definitionen des Ersten Vatikanischen Konzils als auch der Kritik von Hans Küng an der Lehre der Unfehlbarkeit gerecht zu werden. Der

Aufweis, daß die dogmatischen Aussagen zur Unfehlbarkeit des Papstes von der Schrift und Tradition her zu wenig begründet sind, macht deutlich, daß es bei diesen Aussagen nicht um unabdingbare Forderungen des Wortes Gottes geht. Sie sind vielmehr die konkreten Ausformulierungen eines Grundanrufes. Wegen der geschichtlichen Umstände war damals vielleicht kaum eine andere Antwort möglich. Trotzdem waren die Definitionen des Ersten Vatikanischen Konzils eine freie Antwort in jenem weiten Raum, der durch das Wort Gottes eröffnet wird.

Das Dogma von der Unfehlbarkeit des Papstes konnte im letzten Jahrhundert ein echter Ausdruck des Glaubens sein. Es mußte damals auch als vorgegebene Lehre empfunden werden. Gemessen an der ganzen Geschichte der Kirche war es aber die Frucht einer freien Tat. Es ist darum nicht für alle Zeit verpflichtend. Gerade dann, wenn es versuchen würde, die Freiheit der kommenden Kirche zu unterbinden, würde es sich selbst in sein Gegenteil verkehren. Vom Ausdruck einer freien Antwort würde es zu einem pervertierten Wort Gottes. Sobald sich also zeigt, daß die Formulierungen des Ersten Vatikanischen Konzils wegen der veränderten geschichtlichen Voraussetzungen einseitig und hinderlich werden, verlangt die Treue zum Wort Gottes, daß eine den gewandelten Umständen entsprechende neue freie Antwort gefunden wird. Damit ist gewiß noch sehr wenig gesagt, wie die Kirche in unserer Zeit ihre Freiheit gebrauchen soll. Wohl aber wird klar, daß das Tor weiter offensteht, als man bisher gewöhnlich zugegeben hat.

Josef Nolte

KIRCHENSYSTEM UND LEHRTHEORIE

Kriteriologische Erwägungen

Wer noch vor wenigen Jahren im innerkatholischen Bereich eine kritische Anfrage nach der Haltbarkeit des Unfehlbarkeitsdogmas hätte vorbringen wollen, wäre vielleicht auf ein Bedenken gestoßen, welches Norbert Wiener folgendermaßen formuliert: «Eine Untersuchung der Effektenbörse würde wahrscheinlich die Effektenbörse völlig durcheinander bringen!»[1] Dieser Zustand ist, was das innere Milieu der katholischen Kirche (Lehramt, Lehrstandswahrung, Glaubensregelung ...) betrifft, inzwischen ohne solche kritischen Untersuchungen eingetreten. Der Theologe kann das vorfindliche «Durcheinander» des kirchlichen Steuerungsapparates nur zur Kenntnis nehmen und zu deuten versuchen. Er braucht es nicht erst zu erzeugen, wiewohl wütende Wachsamkeit einer erregten Orthodoxie ihm dies unterstellen mag. Der Theologe kann ferner in einem ungeschuldeten und ungesicherten Optimismus (sozusagen auf eigene Rechnung und auf das Risiko hin, in Niemandsland zu geraten) Auswege aus der gegenwärtigen Unfehlbarkeitskrise suchen.[2] Dabei gilt es, schroff und bewußt als petitio principii formuliert, vorauszusetzen, daß die Zeit des neukatholischen Unfehlbarkeitsdogmas vorüber ist.[3] Nachträgliche Verteidigung und angestrengtes Erhaltenwollen, wodurch die gegenwärtig anhaltende innerkatholische Infallibilitätsdebatte bestimmt ist, nützen dem Dogma nicht mehr.

Das Ziel der folgenden Erwägungen besteht denn auch nicht darin, eine Relativierung, Entdogmatisierung oder eine sonstige Ermäßigung zum Zwecke der sublimen Rettung und modernistischen Anpassung des Dogmas vorzuschlagen, sondern es kommt darauf an, in Ablösung der Infallibilitäts-

1 *Ders.*, Kybernetik. Regelung und Nachrichtenübertragung, in: Lebewesen und Maschine. Zitiert nach rde 295/96 (Hamburg 1969) 202.

2 Das eben tut *Hans Küng*, Unfehlbar? Eine Anfrage. (Zürich–Einsiedeln–Köln 1970). Er hat hierfür jedoch bisher mehr Prügel als Dank bezogen. Nachzulesen bei *Karl Rahner* (Herausgeber), Zum Problem Unfehlbarkeit. Antworten auf die Anfrage von Hans Küng (Freiburg–Basel–Wien 1971).

3 Noch kurz vor seinen rätselhaften Ausfällen auf Hans Küng hatte *Karl Rahner*, Zum Begriff der Unfehlbarkeit in der katholischen Theologie, in: Stimmen der Zeit, 186 (1970) 22 erklärt: «Es wird in der voraussehbaren Zeit keine wirklich neuen Definitionen mehr geben: die vor uns liegende künftige Situation macht eine Ausübung der definierenden infalliblen Lehrvollmacht, in der Weise, wie man sie früher dachte, unmöglich.»

hypothese Elemente einer sachgemäßeren Kriteriologie des Christlichen freizulegen. Mit Kriteriologie ist hier eine Reflexion auf die Kriterien theologischer Rede gemeint. Kriteriologie ist demnach ein das Verifikationsverfahren theologischer Rede konkreter bedenkender Kunstausdruck für den gebräuchlicheren Begriff Hermeneutik.

Dabei soll zunächst der historisch-systematische Ort, das heißt die soziale Wirklichkeit der Unfehlbarkeitstheorie festgestellt werden (I), weil darin sowohl die Schlüssel der gegenwärtigen Unfehlbarkeitskrise (II) als auch bereits Perspektiven einer Neuorientierung der Kriteriologie zu finden sind (III). Der Weg, welcher angesichts dieser Aufgabenstellung einzuschlagen ist, vernachlässigt auf weite Strecken bewußt die hergebrachten Fundorte theologischer Aussagen (Bibel, Lehramt, Tradition, theologische Literatur) und wendet sich statt dessen einer bewußtseinsgeschichtlichen und eher systemtheoretischen Betrachtung des Themas zu.[4] Es ist zu vermuten, daß auf diese Weise die grundlegenden sozialen Bedingtheiten und Bedürfnisse, welche zur Unfehlbarkeitsdefinition geführt haben, begreifbarer werden.

I. Historisch-systematische Überlegungen zum Ort des Unfehlbarkeitsdogmas

Historisch-systematisch werden diese Überlegungen deshalb genannt, weil die historische Wandelbarkeit des Kirchenverständnisses und die Problemzusammenhänge bei der Aussystematisierung des neukatholischen Kirchenbildes die beiden vornehmlichsten Argumentationsfiguren bilden. Historisch den Ort, das heißt die Bedingungen und Bedürfnisse der Kirchenorganisation angeben, welche zur Unfehlbarkeitsdefinition führen, heißt nicht, sich in die (sehr vernachlässigte) Historiographie des Vaticanum I zu begeben[5]; sondern gestattet ist vielleicht auch eine Art «Ganzheitsbetrachtung», welche nach der Funktion,

4 Systemtheoretische, kybernetische oder organisationssoziologische Untersuchungen zum Phänomen Kirche sind selten. In der älteren Literatur wird das Problem gesehen bei *Nikolaus Monzel,* Struktursoziologie und Kirchenbegriff (Bonn 1939). Neuerdings auch bei *Joachim Matthes,* Kirche und Gesellschaft. Einführung in die Religionssoziologie, rde 312/13 (Hamburg 1969, 92–139, Kirche als soziales System; gesellschaftliche Systeme von Religion. Wichtige Voraussetzungen bei *Norbert Wiener,* Kybernetik, besonders 191–202, in: Information, Sprache und Gesellschaft. *Wolfgang Wieser,* Organismus, Strukturen, Maschinen, in: Zu einer Lehre vom Organismus. (Hamburg 1959).

5 Die früheren Werke von *Johannes Friedrich,* Geschichte des Vatikanischen Konzils, Band I–III. (Bonn 1867–1887), *Theodor Granderath,* Geschichte des Vatikanischen Konzils, Band I–III (Freiburg 1903–1906), *Butler-Lang,* Das Vatikanische Konzil, 2. Auflage. (München 1961), sind tendenziös gehalten und mehr im Hinblick auf ihr reiches Quellenmaterial von Bedeutung. Jetzt maßgeblich *Roger Aubert,* Vatikanum I (Mainz 1965).

Intention und Struktur der Infallibilitätsdefinition im Hinblick auf das Kirchensystem fragt.

Die *Funktion* des Unfehlbarkeitsdogmas ist im Verhältnis zur neuzeitlichen Kirchenausbildung regelmäßig als «Systemabschluß» und als «Krönung» der Kirchenidee beschrieben.[6] Zwar bleibt die Beschreibung dieses Befundes noch an der Oberfläche der geschichtlichen Vorgänge, verweist aber dennoch bereits in die Richtung eines Zusammenhangs von Infallibilitätsdogma und Kirchensystematisation.[7]

Eine Funktionsbestimmung ist am ehesten erreichbar, wo von dem neuzeitlichen Selbstverständnis der Kirche als «Lehr-, Heils- und Rechtsanstalt» ausgegangen wird. Die Infallibilitätshypothese stellt in diesem Bezugsfeld eine Reflexion auf die Art und Weise kirchlicher Lehre und kirchlichen Lehrens dar. Insofern diese Reflexion geordnet und bekanntgemacht wird, kann man die Infallibilitätsdefinition eine «Lehre von der Lehre» oder kurz eine «Lehr-Theorie» nennen. Im Hinblick auf die öfter angeklungenen kybernetischen Aspekte könnte auch von einer kirchlichen «Steuerungs-Theorie» die Rede sein. Dabei steht solcher Steuerungs- beziehungsweise Lehr-Theorie nicht komplementär noch eine Lehr-Methode gegenüber, sondern das Infallibilitätspostulat ist Lehr-Theorie und Lehr-Verfahren zugleich.

Die nähere Ausgestaltung dieser «Lehre von der Lehre» zeigt auf Schritt und Tritt einen formalisierbaren Zusammenhang mit den «Trieben und Neigungen» (Hegel) des neukatholischen Kirchensystems, wonach die Kirche sich nicht lediglich als Lehranstalt, sondern überdies als societas visibilis et perfecta versteht.[8] Gerade aus der Vollkommenheit und Sichtbarkeit der Kirche[9] folgern Theologie und Konzil analog zu zeitgenössischen Systemtheorien der Rechtswissenschaft[10] die Notwendigkeit eines «inkorrigiblen»

6 So etwa *Jacob Burckhardt,* Weltgeschichtliche Betrachtungen: «... fand die Kirche für nötig, ihre Ansprüche auf dem Vatikanischen Konzil zu systematisieren; der schon lange vorhandene Syllabus wurde in seinen Hauptzügen zum Kirchengesetz; die Infallibilität krönte das ganze System».

7 Dieser Zusammenhang ist den Bischöfen des Vaticanum I und der vorgängigen Konzilspublizistik voll bewußt. Vergleiche *Cuthbert Butler/Hugo Lang* 127, 280, 324, 327. Dort *Manning:* «... Unfehlbarkeit das logische Endergebnis des katholischen Systems».

8 Der Begriff ist vorbereitet bei *Kardinal Bellarmin, Controversiae II* und findet sich im Schema «De ecclesia Christi», ausgegeben an die Konzilsbischöfe am 21. Januar 1870. Mansi 51, 539–553.

9 In der Übertreibung anschaulich das einflußreiche Werk von *Donoso Cortes,* Der Staat Gottes. Eine katholische Geschichtsphilosophie (1852, Nachdruck der deutschen Ausgabe von 1932: Darmstadt 1966) 20. Ferner *Cuthbert Butler/Hugo Lang,* 102, 280, 328.

10 Vergleiche *Ferdinand Elsener,* Der Codex iuris canonici im Rahmen der europäischen Kodifikationsgeschichte, in: *Müller, Elsener, Huizing,* Vom Kirchenrecht zur Kirchenordnung (Einsiedeln 1968).

Kriteriums einer «irreversiblen» Letztinstanz, welche eben «irreformable» Sätze festzuhalten befähigt sein soll. Dem amtlichen Träger dieser Letztinstanz wird entsprechend dem Sprachgebrauch des 18. und 19. Jahrhunderts «Unfehlbarkeit» zugesprochen.[11]

Für die Lehrsätze, welche von der so errichteten infalliblen Letztinstanz unter bestimmten formalen Voraussetzungen definiert werden, folgert die Ekklesiologie des 19. Jahrhunderts jene «Unverirrlichkeit» (Möhler), welche in älterer Terminologie eher Gewißheit (certitudo) oder Sicherheit (securitas) heißt.[12] So gesehen, erfüllt die Unfehlbarkeitshypothese die Aufgabe einer Glaubenssicherung, einer Verifikation[13] oder (in einem Neologismus der neuthomistischen Fundamentaltheologie gesprochen) die Aufgabe einer amtlichen «Kriteriologie» des Christlichen.

Konsequenterweise beansprucht diese offizielle Lehrtheorie der Kirche ein uneingeschränktes Kontrollrecht über die kirchliche Lehrentwicklung. Kommunikationstheoretisch ausgedrückt: mit dem Infallibilitätspostulat sichert sich die Amtskirche ein Informationsmonopol und beherrscht alle Sendersektoren innerhalb der Kirche. Dabei zieht sie die ehedem verstreuten Kompetenzen der Definition, Interpretation und Sanktion der Glaubenslehre an sich und institutionalisiert sie in einem extrem behördlichen Lehramt (magisterium ordinarium).[14] Dieses soll mit Hilfe fester Lehrbeanstandungsverfahren die Reinheit der Lehre wahren.[15] Der Theologie bleibt nach solcher Lehrtheorie nur ein magisterium scientificum, dem die vorgängige Propaganda und die nachträgliche Verteidigung kirchlicher Lehrentscheidungen obliegt.[16] Kein Wunder, wenn nach diesem offiziellen Verifikationsmodell die Kriteriologie in den Horizont einer totalen Ekklesiologie gerät und das kirchliche Lehramt zum ausschlaggebenden Fundort (locus theologicus) theologischer Rede wird.

11 Eine durchgängige Begriffsgeschichte liegt nicht vor. Für das Mittelalter *Piet de Vooght*, Esquisse d'une enquête sur le mot infaillibilité durant la periode scholastique, in: L'Infaillibilité de l'Eglise (Chevetogne 1962); für die neuere Debatte *Yves Congar*, Infallibilität und Indefektibilität. Zum Begriff der Unfehlbarkeit, in: Zum Problem der Unfehlbarkeit, 174–195.

12 Schöne Hinweise bei *Eberhard Jüngel*, Irren ist menschlich, in: Evangelische Kommentare (1971) 75–80.

13 Das sieht in anderem Zusammenhang *Karl Lehmann*, Von der Beweislast für unfehlbare Sätze, in: Zum Problem der Unfehlbarkeit, 367–70. Vgl. *Karl Rahner*, Zum Begriff der Unfehlbarkeit, 26: «Dieses Dogma ist nicht unfehlbar (das heißt nicht durch die infallible Autorität der Kirche quod nos getragen), sondern macht nur andere Sätze unfehlbar.»

14 Vergleiche *Edgar Bartz*, Die lehrende Kirche. Ein Beitrag zur Ekklesiologie (Trier 1959).

15 *Johannes Neumann*, Zur Problematik kirchlichen Lehrbeanstandungsverfahren, in: Theologische Quartalschrift 149 (1969) 259–281.

16 Sehr wichtig *Max Seckler*, Die Theologie als kirchliche Wissenschaft nach Pius XII. und Paul VI., in: Theologische Quartalschrift 149 (1969) 209–234.

Wenn die Funktion der Unfehlbarkeitshypothese in der amtlichen Absicherung beziehungsweise Beglaubigung des Glaubens besteht, kann weiterhin nach der (ausdrücklichen oder unausdrücklichen) *Intention* solcher Glaubensabsicherung gefragt werden. Ein Blick auf die bewußtseinsgeschichtliche Situation um 1870 sowie eine Reflexion auf die allgemeinen Bedürfnisse und Bedingungen des Kirchensystems legen den Schluß nahe, daß die durch die Vorgänge der neuzeitlichen Kritik und Umwälzungen im Raum der Kirche entstandenen Störungen und Instabilitäten behoben werden sollen. Damit wäre eine Stabilisierung des Kirchensystems und ein Bemühen um Integration die herausragendste Intention des Unfehlbarkeitsdogmas.[17] Systemtheoretisch ausgedrückt: die Unfehlbarkeitsdefinition zielt auf die Erreichung des größtmöglichen Gleichgewichts, der vollkommenen Homöostasie des Kirchensystems. Von daher ist es nur folgerichtig, wenn die Kirchenleitung alle denkbaren Regulationsvorgänge und Schaltungen innerhalb einer nahezu als Maschine vorstellbaren Kirche auf sich vereinigt und in einer unverhältnismäßig angewachsenen «Scheu vor Störung» verharrt.

Die an den Bedürfnissen und Interessen einer Kirchensystematisation ausgerichtete infallibilistische Lehrtheorie hat ihrerseits wiederum die besondere *Struktur* vatikanischer Kirchlichkeit zur Folge. Diese richtet sich aus an den zur Behebung der Systemstörung gewählten Wertmaßstäbe. Im Falle der neukatholischen Kirchenstruktur leiten sich dann vom Ziel der Stabilität notwendig die führenden Werte der Einheit, Geschlossenheit und Sicherheit ab und verdrängen den ursprünglichen Wertkanon von Wahrheit, Offenheit und Freiheit.[18] Am Ideal der Störungslosigkeit und Regelmäßigkeit werden die kirchlichen Selbstvollzüge der jüngeren Vergangenheit ausgerichtet wie eine systemtheoretisch und sozialgeschichtlich vorgehende Kirchengeschichtsschreibung zeigen könnte. Im Zuge dieser Entwicklung liegt es, wenn für die Theologie ein bestimmtes Verfahren und die Verpflichtung auf ein festes

17 Vergleiche die durchdringende Befüchtung, welche Bischof Ginouilhac von Grenoble auf dem Vaticanum I äußerte. Referat nach *Johannes Friedrich*, III 1, 332/3: «Er zeigte dann, daß das Konzil, ... sich auf einen neuen und ausgangslosen Weg drängen lassen würde: neu, weil nach den Traditionen der Kirche dogmatische Verdammungen nur gegen eigentliche Häresien verfügt werden ... ausgangslos, weil die Kirche, einmal auf diesen abschüssigen Weg gedrängt, logischerweise nicht mehr einhalten könnte, bis sie nicht eine vollständige dogmatische Philosophie, deren Schlüsse als Glaubensartikel aufgerichtet würden, formuliert hätte.»

18 Vergleiche *Franz König*, Religionswissenschaftliches Wörterbuch (Freiburg 1956), Seite 898: «... Unfehlbarkeit nichts anderes als eine die geschichtliche Faktoren lenkende Vorsehung zum Schutz des Glaubensbewußtseins.» Von den zahllosen Zeugnissen der Konzilszeit sei die Erklärung der deutschen Bischöfe herausgegriffen: «Auf diesem unfehlbaren Lehramt der Kirche beruht die ganze Sicherheit und Freudigkeit unseres Glaubens.» *Cuthbert Butler/Hugo Lang*, 455.

System vorgeschrieben wird, und wenn Theorie und Methode der kirchlichen Kriteriologie einseitig an juridischen Denkmodellen ausgerichtet sind. Die Sprache ist hier eine Verräterin: der Glaube begegnet als «lex credendi», die Bischöfe sind «iudices fidei», die «Lehrbehörden» unterhalten eine «Lehrjustiz» und «Glaubenspolizei».[19] Die aus den systemtheoretischen Ansätzen der Rechtsbegründung und Rechtsdarstellung entliehenen Begriffe der Rechtseinheit und Rechtssicherheit werden zur Glaubenseinheit und Glaubenssicherheit umgemünzt.

Für eine erste Bewertung erscheint (in verhaltenstheoretischen oder auch biokybernetischen Analogien gesprochen) solche Stabilisierung und Integration des Kirchensystems mittels einer infallibilistischen Kriteriologie als ein Anpassungsvorgang großen Ausmaßes. Solche Anpassung entspringt dem durchgängig in allen Organisationen und Systemen vorfindlichen «Trieb» nach Selbsterhaltung und Überdauern.

Dieser Anpassungsvorgang wird von der nachträglichen Apologetik in der Regel nicht gesehen. Stattdessen werden völlig widerhistorisch und beliebig neueschatologische Interpretamente und pseudodialektische Empfindungen an die Unfehlbarkeitslehre herangetragen.[20] Die Anpassungstendenz ist jedoch im Hinblick auf die konkrete historische Situation leicht erweislich, da auch die sonst unterschiedenen rationalistischen, romantischen und positivistischen Einflüsse auf das Konzil sich in diesem Punkt begegnen[21] und allesamt dem reaktionären Streben nach Stabilität entsprechen.[22]

So gesehen hat der von der Konzilskritik und manchen Konzilsbischöfen selber in seiner Epochalität fast als Staatsstreich empfundene Anpassungsvorgang[23] nicht (wie dies von konstitutionalistisch-konservativer oder auch von protestantischer Seite oft gesagt wird) einen revolutionären Charakter, sondern ist bei näherem Zusehen eher eine Mutation des Katholizismus, welche von einer reaktionären Scheinmodernität geprägt ist. In einem Pessimismus

19 Alle apostrophierten Ausdrücke bei *Josef Matthias Scheeben*, Handbuch der katholischen Dogmatik, erstes Buch: Theologische Erkenntnislehre (Freiburg 2. Aufl. 1959).

20 So verordnet *Karl Lehmann*, Von der Beweislast, in: Zum Problem Unfehlbarkeit, 324: «1. Jede verantwortliche katholische Theologie muß eine Aussage über die Unfehlbarkeit ... von der eschatologischen Qualifizierung der christlichen Offenbarung und damit, wenn auch abgeleitet, des Grundwesens der Kirche her, ins Auge fassen».

21 Zusammenfassende Literatur ist nicht vorhanden. Für den Rationalismus aufschlußreich *Eugen Bieser*, Das Wahrheitsproblem in der Glaubensbegründung, in: Hochland 61 (1969) 1–12; für den Idealismus *Ernst Bloch*, Hegel und die Gewalt des Systems, in: Über Methode und System bei Hegel (Frankfurt 1971).

22 *Jacob Burckhardt*, Weltgeschichtliche Betrachtungen, 125, spricht einprägsam von einem «bedenklichen Eingehen der Orthodoxien auf die Solidarität der konservativen Interessen».

23 Vergleiche *Friedrich* I, 159, *Friedrich* III, 495; *Theodor Granderath* III, 216; *Cuthbert Butler/Hugo Lang*, 330.

der Stärke begibt sich die Kirche daran, die Macht nach innen und außen nun ganz systematisch von oben her zu organisieren.

II. Aspekte der gegenwärtigen Infallibilitätskrise

Wenn die bisherigen Überlegungen über den Zusammenhang zwischen der perfekten Aussystematisierung der Kirche und dem Aufbau einer infallibilistischen Lehrtheorie zutreffen, wenn also die Unfehlbarkeitshypothese bis jetzt die Stelle einer amtlichen Kriteriologie zum Zwecke der Systemerhaltung eingenommen hat und von daher Sicherheit und Geschlossenheit zu den beherrschenden Wertmustern wurden, so muß angesichts des gegenwärtigen Wandels, welcher durch ein «Versickern» des Dogmas in allen Bereichen, Schichten und Rängen der Kirche gekennzeichnet ist,[24] nach den Gründen solchen Wandels gefragt werden. Dabei ergeben sich entsprechend der bisherigen Argumentation wichtige Aspekte teils aus der historischen Veränderbarkeit (1), teils aus der Systematisationsproblematik selber (2). Darüber hinaus führt die theologische Neubesinnung in der Gegenwart vor die christlichen Grenzen einer infallibilistischen Kriteriologie (3).

(1) Die oft zu vernehmende Argumentation, der rapide Schwund des Unfehlbarkeitsdogmas sowie die darin sichtbarwerdende Identitätskrise des Neukatholizismus hänge mit einer allgemeinen Autoritätskrise zusammen, ist ungenau und als Ausrede in Gefahr, sowohl die Gelegenheiten einer Einsicht in die Krise als auch ihrer Behebung zu verspielen. Die Mystifikation des gegenwärtig vor sich gehenden Wandels zur «göttlichen Prüfung» leistet ein übriges, daß die notwendige Analyse umgangen und eine vorzeitige Hoffnung auf die «Besserung der Lage» ausgestreut wird.

Als zutreffender erweist sich der Versuch, die Unfehlbarkeitskrise mit der weltweiten Emanzipationsbewegung der sechziger Jahre in Verbindung zu bringen. Man wird, ohne die Eigenkräfte der innerkirchlichen Reform verkennen zu wollen, auch den im Vaticanum II in Angriff genommenen Innovationsversuch der Kirche im Gefälle dieser von den Anstrengungen eines kritischen Bewußtseins getragenen Emanzipationsbewegung sehen können. Im Bezugsfeld dieser Bemühungen ist es verständlicher, wenn die Kirche auf

24 Nach der Emnid-Umfrage: «Was glauben die Deutschen?» (München 1968) Seite 42 sind 44 Prozent der praktizierenden Katholiken der Meinung: «Der Papst kann nicht unfehlbar sein, denn er ist ein Mensch». Vergleiche auch die vorsichtig-kritischen Anfragen der bischöflichen Autoren *Francis Simons*, Infallibility and the Evidence (Springfield 1968) und *B. C. Butler*, The Church and the Infallibility (London 1962).

dem Vaticanum II einigermaßen plötzlich und ruckweise sich auf die schiefe Bahn der Veränderung begibt und wenigstens vorübergehend eine Zeit hoffnungsvoller Aufregung entsteht.[25]

Der bisher beobachtete Parallelismus von Kirchensystem und Lehrtheorie müßte dann notwendig die Konsequenz haben, daß dem im Wandel begriffenen Selbstverständnis des Kirchensystems auch eine Umorientierung der Lehrtheorie folgt. Wo statt dessen (wie dies gegenwärtig geschieht) eine willkürliche Stillegung der innerkirchlichen Selbstüberprüfung gerade im entscheidenden Bereich der Lehrtheorie erzwungen wird, gibt sich die von so vielen Hoffnungen begleitete Kirchenreform denn doch als pseudomodernes Anpassungsmanöver zu erkennen und drohen die besagten Reformhoffnungen in Kürze zur Episode zu werden.[26] In jedem Fall wird die Unfehlbarkeitsfrage zum Prüfstein für die Redlichkeit und Tragfähigkeit des von der Kirche eingeleiteten Umbaus der eigenen Grundlagen.

(2) Neben der geschichtlichen Sachlogik, wonach eine Umorientierung des Kirchensystems den Abbau einer infallibilistischen Lehrtheorie nachsichzieht, vermag auch eine systemtheoretische Argumentation die immanente Grenze der Unfehlbarkeitshypothese aufzuzeigen.

Die innerkirchlichen Systemstörungen und Organisationsschäden, über die gegenwärtig viel gesprochen wird, hängen womöglich weniger mit einer äußeren Bedrohung als mit der Funktionsschwäche der eigenen Steuerungstheorie zusammen. Denn zum einen führt die Beschränkung innerhalb des kirchlichen Kommunikationskreislaufs, welcher durch die bisherige Lehrtheorie einseitig kopflastig geworden ist, zu einer Selbstisolierung der Steuerungsspitze.[27] Koordination und Kooperation zwischen allen Gliedern der Kirche entfällt auf dem Gebiet der Lehre gänzlich. Stattdessen entsteht eine von der übrigen Kirche abgeschnittene Kaste von Lehrherren (ecclesia docens), welche streng von den «Gläubigen» (ecclesia audiens) getrennt ist. Ferner bringt eine mangelnde Rückkoppelung der Kirche an die konkret

25 Von den Dokumenten des Vaticanum II ist besonders die dogmatische Konstitution *«Über die Kirche»* Anlaß weitreichender Reformhoffnungen gewesen. Dort wird gegenüber der alten Definition der Kirche (societas visibilis et perfecta) ein neuer «offener» Systemansatz (populus dei peregrinans) sichtbar. Zur Unfehlbarkeitstheorie ist von Interesse, daß eine gewisse Entkrampfung des Dogmas im Modus der breiten Streuung angedeutet ist. Vergleiche «Die Konstitution über die Kirche», Nummer 12: «Die Gesamtheit der Gläubigen ... kann im Glauben nicht irren».

26 Dazu die rechtzeitigen Befürchtungen von *Gerd Hirschauer*, Der Katholizismus vor dem Risiko der Freiheit, Nachruf auf ein Konzil (München 1966).

27 Vergleiche *Andrew Greeley*, Die Leitung in der Kirche der Zukunft, in: Die Zukunft der Kirche. Berichtband des internationalen Theologenkongresses 1970 (Mainz 1971) Seite 129 bis 139.

historische Praxis einerseits und an ihre normativen Ursprünge anderseits einen starken Wirklichkeitsverlust und Theoriemangel mit sich.[28] Vor allem vernachlässigt eine infallibilistische Steuerungstheorie die biokybernetische Einsicht, daß die Bewegungs- und Anpassungsvorgänge in höheren Organismen prinzipiell indeterminierbar sind. Stattdessen zeigt sich eine auf Unfehlbarkeit zielende Lehrtheorie gerade jener deterministischen Grundhaltung des späteren 19. Jahrhunderts verhaftet, welche auf allen Gebieten Dogmen und ewige Gesetze für die Zukunft glaubte programmieren zu können.

Ironisch gewendet müßte eine auf Selbsterhaltung und Störungsfreiheit bedachte Steuerungstheorie gerade die vatikanische Unfehlbarkeitskonstruktion vermeiden, da nach systemtheoretischer Erkenntnis die erstrebte Ultrastabilität eher durch multistabile, autonome Suborganismen erreicht wird.[29]

Weiterhin könnte für soziale Systeme angemerkt werden, daß auf die bisherige enorme Übertreibung von Sicherheitsvorkehrungen notwendig eine Phase der Ermüdung folgt und von daher der Ausgriff auf eine infallibilistische Steuerungstheorie der vollkommenen Integration und Stabilisierung eines Systems auf lange Sicht immer wieder im Wege stehen muß.[30]

(3) Zu dieser – was die unvorhersagbare Ambivalenz des historischen Wandels angeht – eher bangen und – was die systemtheoretischen Aspekte betrifft – mehr ironischen Argumentation tritt als eindeutigere Hoffnung die zunehmende Rückverpflichtung auch der katholischen Theologie auf ihre normativen Ursprünge.[31] Diese Rückverpflichtung wird zum empfindlichen Störfaktor für das vatikanische Kirchensystem und damit auch für dessen Steuerungstheorie. Das Evangelium selbst wird in den gegenwärtigen Anstrengungen der Theologie zum beunruhigenden Kriterium der Kirche und deckt die christlichen Grenzen einer infallibilistischen Kriteriologie auf. Wo das proprium christianum in Selbstverleugnung (Mt 10, 38) und Selbstentäußerung (Phil 2, 7) gesehen wird, kann nicht gleichzeitig «Natürlichkeit» von Selbsterhaltung und Anpassung das beherrschende Regulativ in der Kirche sein.

28 Vergleiche *Wolfgang Wieser*, Organismen, 76–88.
29 Ders. ebd., 52–60.
30 Das tut schon auf dem Vaticanum I der Mainzer Bischof *von Ketteler*, wenn er argwöhnt, daß «wie das Streben im Staate alle freiheitlichen Formen aufzuheben und die absolute Monarchie herzustellen, gerade den Untergang der Monarchien herbeiführe, auch in der Kirche die Übertreibung der päpstlichen Gewalt ... großes Unheil stiften werde. Absolutismus corruptio populorum». Referat nach *Cuthbert Butler/Hugo Lang*, 325/6.
31 Siehe etwa *Josef Blank*, Das Evangelium als Garantie der Freiheit (Würzburg 1970); ebenso *Johann Baptist Metz*, Befreiendes Gedächtnis Jesu (Mainz 1970).

III. Anstöße zu einer metainfallibilistischen Kriteriologie

Die bisherigen historisch-systematischen Überlegungen konnten vielleicht zeigen, daß die neukatholische Unfehlbarkeitskonstruktion in geschichtlicher Hinsicht trotz aller nachträglichen Virulenz überholt und systemtheoretisch als unzweckmäßig zu betrachten ist. Ferner deutete sich der Befund an, daß die Intentionen der Unfehlbarkeitstheorie mit den Intentionen des Christlichen in Widerspruch geraten und von daher die Frage nach der «Orthodoxie» durchaus auch im umgekehrten Sinne an die Kirche gestellt werden kann. Damit ist jedoch erneut in radikaler und epochaler Weise die Frage nach einer sachgemäßen Verifikation des Christlichen, die Frage nach einer metainfallibilistischen Kriteriologie aufgebrochen.

Es bedarf keiner besonderen Erwähnung, daß eine solche Kriteriologie nicht im Handstreich eines einzelnen Theologen zu erreichen ist, sondern daß es jeweils neuer und gemeinschaftlicher Anstrengungen seitens der Theologie bedarf, dieses zentrale Thema nicht aus dem Auge zu verlieren, so sehr eine befangene Kirchlichkeit einerseits oder auch eine sich selbst genügende Wissenschaftlichkeit anderseits hier den Blick verstellen mag.

Dabei ist das Bemühen um eine sachgemäße Kriteriologie selber nicht unproblematisch und an bestimmte Voraussetzungen gebunden (1). Abschließend soll in Abhebung von der infallibilistischen Lehrtheorie der Rahmen einer metainfallibilistischen Kriteriologie abgesteckt werden (2).

(1) Das Problem einer Verifikation des Christlichen ist vielschichtig und unter veränderten Titeln oft gestellt. Zunächst bestehen schwer ausräumbare, teils skeptische, teils gläubige Bedenken (welche auch miteinander zu gläubiger Skepsis verschränkt sein können) gegenüber jeder Art von Rückversicherung und Verifikation des Christlichen. Das Christliche ist sich nach solcher Auffassung selber genug; sein Erweis und seine Beglaubigung liegen in ihm selbst; einer äußeren Verifikation bedarf es nicht.[32] Diese wird als Vitalitätsschwund, latenter Unglaube oder (in einer gegenwärtigen Volte dieser alten Argumentation) als Legitimationszwang betrachtet. In solchem wiederkehrenden Rigorismus mag manches durcheinander gehen. Gleichwohl ist der Hinweis ernstzunehmen, daß es ein übermäßiges Verlangen nach Sinnstiftung und ein ideologisches Bedürfnis nach Grundlegung um jeden Preis gibt.[33]

32 Ein schönes «kriteriologisches» Zeugnis aus der Zeit des Vaticanum I findet sich in der Rede von Bischof Stroßmayer gegen Kardinal Capalti: «Ich glaube, daß im Protestantismus ... eine Menge Menschen existiert, die noch Jesum Christum lieb haben». Referat nach *Cuthbert Butler/Hugo Lang*. S. 249.

33 Darüber ausführlich *Josef Nolte*, Dogma in Geschichte. Versuch einer Kritik des Dogmatismus in der Glaubensdarstellung (Freiburg 1971), besonders 150–177.

Darüber hinaus muß eingeräumt werden, daß eine reduktive Kriteriologie, wie sie hier in bewußter Vehemenz vorgeschlagen wird, durchaus in der Gefahr einer sekuristischen Sinnsuche stehen kann. Wo das Inhaltlich-Christliche erneut als Prinzip fixiert und nicht als offene Perspektive zur Bewährung ausgesetzt wird, liegt es nahe, daß solches «Christliche» wiederum zum Gesetz und zur Verdinglichung wird. Damit läge aber nur eine vergleichsweise harmlose Umdeutung und Ermäßigung des alten Infallibilismus vor.

Spätestens an dieser Stelle wird das (oben erwähnte) Niemandsland sichtbar, auf welche sich eine fundamentale Kriteriologie des Christlichen zubewegt. Denn die hier in Frage stehende signatura christiana ist weder durch einen blütenweißen Biblizismus noch durch einen notgetauften Säkularismus zu ermitteln. Kriteriologisch gesprochen: nicht Bibel, Tradition, Papst oder Praxis bilden das Kriterium der Christlichkeit, sondern es gilt das Eigene des Christlichen in dessen eigener Weise zu sagen.

(2) Von diesen Voraussetzungen her können in Abhebung von einer verkirchlichten Verifikationstheorie die Rahmenvorstellungen einer metainfallibilistischen Kriteriologie skizziert werden. Ausgegangen werden kann dabei nochmals von den bedenklichen «Vorzügen» der bisherigen Lehrtheorie. Die sozial-konkrete (lehramtliche) und relativ zeitadäquate (spätneuzeitliche) Ausgestaltung der neukatholischen Lehrtheorie enthält, abgesehen von dem öfters erwähnten Anpassungscharakter, erhebliche sachliche Mängel. Vor allem gibt der zentrale Vorwurf des Formalismus die Richtung einer Überwindung der infallibilistischen Lehrtheorie an. Eine bloß formale Amtsgarantie, eine letztlich an amtliche Definitionsprozeduren gebundene Verifikation wäre abzulösen durch eine materielle Kriteriologie des Christlichen, welche ihr entscheidendes Kriterium in der «Sache» Jesu, in seinem Verhalten und seiner Verkündigung gewinnt.[34] Theologisch gesehen verzahnt sich eine solche materiale Kriteriologie des Christlichen mit dem Traktat einer christlichen Christologie. Eine solche kriteriologisch orientierte Christologie hätte zu einem weit angelegten Übersetzungsversuch von Johannes 14, 6 zu führen und die normative Komplexität und Perspektivität der Sache Jesu als Methode, Kriterium und Praxis des Christlichen darzustellen.

Dieser Austausch eines formalen (gleichsam automatischen) Verifikationsverfahrens gegen eine materiale Kriteriologie hat von der «Sache» her eine Umstrukturierung des kirchlichen Wertekatalogs zur Folge. An die Stellen von Einheit, Geschlossenheit und Sicherheit treten in einem stets neu zu prä-

34 Wichtig *Klaus Schäfer*, Rückfrage nach der Sache Jesu, in: In Sachen Synode (Düsseldorf 1970) 150–169.

zisierenden Sinn die Perspektiven der Freiheit, Offenheit und Wahrheit, welche vor aller nachträglichen Theoriebildung des Christlichen in der «Sache» Jesu einbeschlossen liegen.

Wenn es sich so verhält, ist das Christliche weder im formalgesicherten Satz zu Hause noch in einer historisierenden Reproduktion anzutreffen. Sondern als Offenheit, welche andauernde Öffnung, als Wahrheit, welche jeweils neue Bewährung, und als Freiheit, welche ständige Befreiung aus verschuldeten und unverschuldeten Zwängen verlangt, stellt sich die sachliche Verbindlichkeit und «materiale Autorität» des Christlichen ein.[35]

Wenn gegenüber dieser Umrißzeichnung einer metainfallibilistischen Kriteriologie eine interessierte oder wohlmeinende Apologetik versichert, eben darum ginge es letztlich auch in den «unglücklichen Formulierungen» des Unfehlbarkeitsdogmas, dessen Zweck es ja sei, das depositum Christi zu hüten, – so ist zu antworten, daß in solchem Falle andere Verfahren und Zeichen kirchlichen Sprechens und Handelns verlangt werden müssen als die vatikanische Unfehlbarkeitskonstruktion. Solche Verfahren und Zeichen werden nicht am Kreuz-Zeichen der Entäußerung und des Selbstverzichts kirchlicher Macht vorbeikommen, soll die Sache Jesu nicht lediglich behüteter Hort (depositum), sondern eine die Welt durchdringende Perspektive werden.[36]

Diese Erwägungen über den Zusammenhang von Kirchensystem und Lehrtheorie hatten den Sinn, den gegenwärtig ausgetragenen innerkatholischen Unfehlbarkeitsstreit verstehbarer zu machen. Dabei scheint, um auf die petitio principii von vorn zurückzukommen, der Verzicht auf eine in der Unfehlbarkeit gipfelnde Lehrtheorie nur eine Frage der Zeit zu sein. Haltbar oder begründbar ist diese Art von Kriteriologie nicht mehr. Sie kann allenfalls aus den Bedürfnissen eines tiefsitzenden Sekurismus fernerhin noch virulent werden. Doch «ein Bedürfnis, so dringend es auch sey, kann nicht das Unmögliche möglich machen».[37]

35 Eine neue Besinnung auf die «materiale Autorität» schlägt *Heinrich Bacht* vor: Vom Lehramt der Kirche und in der Kirche, in: Catholica 25 (1971) 144–168.

36 Vergleiche *Eberhardt Jüngel*, L'autorité du Christ suppliant, in L'infaillibilité, 201–208.

37 *Friedrich Wilhelm Josef von Schelling*, Philosophische Briefe über Dogmatismus und Kritizismus, Werke I (München 2. Auflage 1958) 210.

Andrew M. Greeley

KONSENS UND UNFEHLBARKEIT
Soziologische Perspektiven

Soziologen können sich selbstverständlich nicht zu der theologischen Frage äußern, auf welchem Weg der Heilige Geist in der Kirche wirkt, um in der Christengemeinde einen Konsens zustande zu bringen. Hingegen können Soziologen etwas darüber sagen, wie normalerweise in menschlichen Organisationen ein Konsens zustande kommt. Solche soziologische Feststellungen dürften Theologen nützliches Rohmaterial liefern, das ihnen bei ihren Erörterungen zur Verfügung steht. Zudem können soziologische Feststellungen den Theologen gewisse äußere Grenzen aufzeigen, die von der theologischen Spekulation nicht überschritten werden dürfen, da diese sonst in Gefahr gerät, der Kirche ihre menschliche Seite als Organisation abzusprechen.

Erfordernisse für einen Konsens

Wie mir scheint, sind fünf Dinge erfordert, wenn eine Organisation – gleich welcher Art – zu einem Konsens gelangen soll:

1. Vor allem muß in der betreffenden Organisation ein Leiter vorhanden sein, vorzugsweise ein überragender, klar geprägter, kraftvoller Leiter, nach dem sich die Mitglieder der Organisation ausrichten, von dem sie sich anregen und führen lassen.

2. Der Leiter muß «einstehen» für die Werte der Mitglieder der Organisation, besonders für diejenigen Werte, die allen Mitgliedern, wie unterschiedlich diese auch sein mögen, gemeinsam sind und die eben deshalb, weil sie Gemeingut sind, die Organisation zusammenhalten. Durch Wort und Tat, durch seine Haltung und sein Wirken, durch das, was er ist, und durch das, was er tut, bestärkt der Leiter die grundlegenden gemeinsamen Werte der Organisation.

3. Der Leiter muß fähig sein, die richtigen Fragen zu stellen. Er muß auf die gemeinsamen Werte hinweisen, die alle Mitglieder der Organisation teilen. Er muß imstande sein, die Meinungsverschiedenheiten, die in der Organisation bestehen, so klar und so drohungslos als möglich zu artikulieren. Und schließlich muß er in den Fragen, die er stellt, in Richtungen weisen, in denen Differenzen in eine Harmonie gebracht oder wenigstens in einer gesunden

Spannung ausbalanciert werden können. Es ist nicht nötig, daß der Leiter selber das Problem löst oder die Antworten auf seine Fragen gibt, sondern er soll durch die Art und Weise, wie er die Fragen stellt, auf die Richtung hinweisen, die die Diskussion einschlagen muß, wenn eine Lösung für das Problem gefunden werden soll.

4. Der Leiter muß solche Antworten auf seine Fragen zurückweisen, die den gemeinsamen, von allen Mitgliedern der Gruppe geteilten Werten widerstreiten oder die wesentlichen Werte größerer Untergruppen der Organisation beeinträchtigen. Wenn eine unbefriedigende Antwort an ihn gelangt, muß der Leiter imstande sein, entweder zu sagen: «Diese Antwort widerspricht all dem, wofür wir uns einsetzen», oder dann: «Ein Drittel (oder ein wie großer Teil es dann sein mag) unserer Leute kann mit einer solchen Antwort nicht leben.» Es ist nicht nötig, daß dann der Leiter selber eingreift und das Problem löst, das der Organisation zu schaffen macht. Dies könnte ungeeignet und gefährlich sein, da es denkbar ist, daß er mit einer Lösung daherkommt, mit der neun Zehntel der Organisation es nicht aushalten können im Leben. Vielmehr soll er die Frage an die Organisation zurückspielen und von ihr verlangen, daß sie eine neue Lösung vorschlägt, die ihre grundlegenden Werte wahrt und für alle wichtigeren Untergruppen ihrer Mitglieder annehmbar ist.

5. Der Leiter muß eine möglichst große Beteiligung am Zustandekommen des Konsenses anstreben. Er weiß: Falls eine wichtige Untergruppe seiner Organisation von den Beratungen, die dem Konsens vorausgehen, ausgeschlossen bleibt, wird sie dem für alle geltenden Entscheid ablehnend gegenüberstehen; deshalb wird er alles tun, was in seiner Macht steht, damit jede Untergruppe seiner Organisation an der Beschlußfassung beteiligt ist. Er ist sich klar bewußt: Sobald eine Gruppe sich ausgeschlossen fühlt, steht kaum zu erwarten, daß sie den allgemeinen Konsens akzeptiert. Ein Leiter, der etwas erreichen will, sucht die Beteiligung an der Urteilsfindung möglichst zu fördern, nicht unbedingt aus philosophischen oder ethischen Grundsätzen, obwohl er solche haben mag, sondern einfach deshalb, weil er weiß, daß man eine menschliche Organisation nicht am Leben erhalten kann, wenn ein größerer Teil der Mitglieder sich von den ausschlaggebenden Urteilsfindungsprozessen ausgeschlossen fühlt.

6 .Wenn der Leiter schließlich den zustandegekommenen Konsens verkündet, so ist diese feierliche Bekanntmachung nicht einfach eine Ratifikation einer bereits getroffenen Entscheidung und auch nicht die Hinzufügung eines Elementes, das dem Konsens vorher noch abging. Vielmehr ist sie ein wirkkräftiges Symbol dafür, daß der Konsens zustandegekommen ist. Die Tatsache, daß der Leiter der Organisation diese nun feierlich und öffentlich auf

den neuen Konsens verpflichtet hat, wandelt den Konsens von einer impliziten, noch unoffiziellen Position zu einer nun formellen und in gewissem Sinne unwiderruflichen Stellungnahme um.

Konsens in der Gesellschaft

Es ließe sich leicht zeigen, wie Universitätsautoritäten, Direktoren großer Körperschaften, Truppenführer und selbst Trainer von Sportgruppen auf diese Weise vorgehen; ich werde jedoch das Zustandekommen eines Konsenses daran veranschaulichen, wie die Leiter der amerikanischen Republik in den letzten drei Jahrzehnten wichtige Änderungen in der Haltung zur Rassenfrage in den Vereinigten Staaten herbeigeführt haben.

1942 fanden sich bloß 30 % der Amerikaner mit der nicht nach Rassen getrennten Schule ab. 1956 waren 49 %, 1963 63 %, 1970 74 % und 1972 86 % mit der nicht nach Rassen getrennten Schule einverstanden. Der Prozentsatz derer, die für die Aufhebung der Rassentrennung eintreten, hat sich also innerhalb dreier Jahrzehnte nahezu verdreifacht.

Es ist aufschlußreich, uns zu fragen, welche Rolle die Präsidenten der Vereinigten Staaten gespielt haben, um diesen außerordentlichen Gesellschaftswandel zu erleichtern, einen Wandel, der die Vereinigten Staaten vielleicht zu der am wenigsten rassistisch eingestellten von allen großen Gesellschaften der Welt machen wird.

1. Vor allem haben alle Präsidenten seit Franklin Roosevelt – die einen mit größerer Begeisterung als die andern – durch ihre persönliche Einstellung und ihr hatnäckiges Bemühen keinen Zweifel darüber gelassen, daß sie an keine Rassentrennung glauben und eine solche nicht akzeptieren. Selbst ihre schlimmsten Feinde hätten keinen dieser Männer bezichtigen können, an einer nach Rassen getrennten Gesellschaft festzuhalten.

2. Ferner machten diese Leiter wiederholt klar, daß ihre gegnerische Einstellung zur Rassentrennung auf den allgemeinen politischen und ethischen Grundsätzen des amerikanischen Credo basiere, das verlangt, daß allen die gleichen Möglichkeiten offenstehen – auf Grundsätzen, die wenigstens auf theoretischer Ebene vom Norden und Süden, vom Osten und Westen, von reich und arm, jung und alt, Stadt- und Landbewohnern geteilt werden. Nach Meinung dieser politischen Führer war die Rassentrennung unrichtig, weil «unamerikanisch».

3. In den letzten anderthalb Jahrzehnten ist die amerikanische politische Führerschaft immer fester darauf bestanden, daß trotz aller Unterschiede,

trotz aller Schwierigkeiten und trotz noch so großer Meinungsverschiedenheiten über das Vorgehen bei der Aufhebung der Rassentrennung die amerikanische Gesellschaft einfach eine Lösung für das Integrationsproblem herauszufinden habe. Die Leiter empfahlen verschiedene Pläne und brachten im Kongreß verschiedene Gesetzesvorlagen ein. Einige davon wurden angenommen, andere nicht. Viel wichtiger aber als der Erfolg oder Mißerfolg gewisser Einzelgesetze war in den Augen der Präsidenten der Vereinigten Staaten die Notwendigkeit, vom amerikanischen Volk andauernd zu verlangen, sich mit der Tatsache auseinanderzusetzen, daß die Rassenfrage eine Antwort erheische und daß man an der amerikanischen Gesellschaft solange keine Freude haben könne, als sie die Rassentrennung und jede Ungerechtigkeit nicht völlig beseitigt habe. Einzelne Präsidenten trieben die Lösung tatkräftiger voran als andere, und einzelne übten zu gewissen Zeiten einen stärkeren Druck aus als zu andern Zeiten, aber es ist in den letzten dreieinhalb Jahrzehnten nie vorgekommen, daß ein Präsident der Vereinigten Staaten den Gedanken geäußert hätte, man müsse sich mit der Rassenfrage nicht mehr befassen.

4. Die Präsidenten Amerikas fanden sich nie mit halben Maßnahmen ab. Der Slogan «getrennt, doch gleichberechtigt» war für sie ein unerträglicher Kompromiß, und wenn auch gewisse Verzögerungen der Aufhebung der Trennung eine bedauernswerte politische Notwendigkeit waren, gab es nie den leisesten Hinweis darauf, daß ein Präsident der Meinung gewesen wäre, die amerikanische Gesellschaft dürfe sich mit etwas weniger zufriedengeben als mit der vollständigen Integration. Andererseits waren sich die Präsidenten stets bewußt, daß sie nicht einfach durch Anwendung physischer Gewalt eine Rassenintegration erzwingen könnten, die gewisse Mitglieder der Gesellschaft um keinen Preis annehmen wollten. Es war ein schwieriges, heikles Balancespiel nötig, denn die Leiter mußten stets so stark vorwärts drängen, daß der Fortschritt nicht zum Stillstand kam, und doch nicht einen so harten Druck ausüben, daß die Gesellschaft in Sprünge ging.*

5. Die amerikanische politische Führerschaft hat manchmal mit Erfolg und manchmal weniger erfolgreich, manchmal tatkräftig und manchmal weniger hartnäckig versucht, so viele Amerikaner als möglich in den Urteilsfindungsprozeß einzuspannen, der vor sich ging, als die Gesellschaft Amerikas die Rassentrennung zunächst langsam und sodann schneller zu beseitigen begann. Schließlich gingen in kritischen Stunden die Präsidenten der Vereinig-

* Neuere Daten des nationalen Meinungsforschungszentrums der Universität Chicago weisen darauf hin, daß sich diese Strategie in weitem Maß bezahlt gemacht hat. Die noch nicht fünfundvierzigjährigen Bewohner der Südstaaten halten nun in ihren Haltungen zur Rassenfrage virtuell mit den Bewohnern der Nordstaaten Schritt.

ten Staaten an den Rundfunk und das Fernsehen und verkündigten zugleich ein zu erreichendes Programm und einen nationalen Entscheid, den sie getroffen sahen, sobald eine gegebene Form der Rassenintegration sich in der amerikanischen Gesellschaft durchgesetzt hatte. Die berühmte Fernsehansprache von Präsident Lyndon Johnson nach den Krawallen von Selma war wohl eine klassische Manifestation dieser symbolischen Proklamation eines Wendepunktes – und vielleicht die Sternstunde von Johnson als Präsident der Vereinigten Staaten.

Diese Analyse will keineswegs weismachen, daß Amerika bezüglich der Rassenfrage ein sauberes Gewissen haben könne. Im Gegenteil ging der Prozeß zu langsam vonstatten, und es besteht immer noch eine unhaltbare Rassentrennung in der amerikanischen Gesellschaft, besonders was das Wohnungswesen betrifft. Was jedoch die meisten Amerikaner von heute angeht, so scheint aus den uns vorliegenden Daten sich zu ergeben, daß unsere Meinungsverschiedenheiten nun mehr das Problem betreffen, *wie* die Integration herzustellen ist (in der Meinung hierüber sind Weiße von Weißen, Schwarze von Schwarzen ebenso getrennt wie Weiße von Schwarzen), als die Frage, *ob* die vollständige Integration überhaupt angestrebt werden soll. Nach den Daten des nationalen Meinungsforschungszentrums der Universität Chicago ist in ein paar Jahrzehnten ein dramatischer Wandel vor sich gegangen, der bei all seinen Unvollkommenheiten immer noch eine sehr erfolgreiche Ausübung der Führungsrolle darstellt.

Doch dieses Beispiel bezweckt nicht, die Rassenpolitik amerikanischer Präsidenten zu beleuchten, sondern will vielmehr veranschaulichen, wie Leiter vorgehen, um einen Konsens zustandezubringen, einen Konsens im wahren Sinn des Wortes und zugleich der gegebenen Wirklichkeit entsprechend, die einen Konsens erfordert und impliziert. Wesensgemäß muß ein Konsens erlangt, nicht aber aufgezwungen werden, und jeder Versuch, einen Konsens zu erzwingen, statt ihn auf gütlichem Weg zu erreichen, bewirkt das Gegenteil. Nicht nur wird es zu keinem Konsens kommen, sondern es wird eher eine noch bedenklichere Uneinigkeit geschaffen.

Konsens in der Kirche

Wenn der Soziologe gefragt wird, was aus dieser Analyse sich in bezug auf die Frage ergibt, auf welchem besonderem Wege wohl der Heilige Geist eingreifen wird, um einen Konsens in der Kirche zu bewerkstelligen, so muß er als Soziologe zunächst sagen, daß es nicht seine Sache ist, die Wege vorzuschreiben, auf denen der Heilige Geist zu wirken hat. Dann aber wird er alsbald hinzufügen: Wenn der Heilige Geist die menschliche Natur der Kirche respektiert, so darf man vernünftigerweise annehmen, daß er sich nicht viel anders, als dies in den vorhergehenden Abschnitten beschrieben worden ist, in den Prozeß einer Urteilsfindung einschalten wird. Nach Meinung des Soziologen wird die besondere Leitung durch den Heiligen Geist höchstwahrscheinlich sich der sieben Schritte bedienen, die wir eben skizziert haben. Vermutlich wird die besondere Führung des Heiligen Geistes darin bestehen, daß er dafür sorgt, daß die Kirche überragende, klar geprägte, kraftvolle Leiter besitzt. Sodann wird er dafür beorgt sein, daß der Leiter der Organisation in Wort und Tat energisch für die Werte eintritt, die allen Christen gemeinsam sind und die Christengemeinden zusammenhalten.

Und was sehr wichtig ist: Der Geist wird den Leiter der Kirche antreiben, die richtigen Fragen zu stellen – Fragen, die sich klar auf die gemeinsamen Werte beziehen und die bestehenden Meinungsverschiedenheiten in entscheidender Weise darlegen –, und dann die Richtung aufzuzeigen, in der wir arbeiten müssen, um diese Differenzen zu beseitigen oder wenigstens fähig zu sein, mit ihnen zu leben. Der Heilige Geist muß dem Leiter den Mut und die Weitsicht schenken, die es braucht, um einen Konsensversuch zurückzuweisen, der seiner grundlegenden Sicht der Kirche widerstreitet oder auf eine Weise unternommen wird, die einige Christen zurückstößt. Der Leiter der Kirche wird alles tun, was in seiner Macht steht, damit der Klerus und die Laienschaft sich möglichst stark am Urteilsfindungsprozeß der Kirche beteiligen, weil er weiß, daß diejenigen, die von diesem Prozeß ausgeschlossen sind, nicht das Gefühl haben, daß es sich um ihren Entscheid handelt, und sich ihm darum kaum begeistert oder überhaupt nicht unterziehen werden.

Schließlich wird unter der Leitung des Heiligen Geistes der Leiter merken, wann es an der Zeit ist zu verkünden, daß tatsächlich ein Konsens existiert.

Wenn Theologen mich fragen, was vom soziologischen Standpunkt aus die wichtigste Tätigkeit eines religiösen Führers sei, so muß ich antworten: Das wichtigste für einen Leiter ist es, daß er weiß, wie und wann er die Fragen zu stellen hat. Vom soziologischen Gesichtspunkt aus bedarf es der göttlichen Führung nicht sosehr dann, wenn Antworten zu geben sind, sondern vielmehr dann, wenn Fragen zu stellen sind.

Würde mir ein Theologe sagen, die besondere Leitung des Heiligen Geistes – vielleicht Infallibilität genannt – wirke sich besonders dann aus, wenn der Papst einen Wandel verlangt und Fragen stellt, die absolut notwendig sind, um einen Konsens zu schaffen, so wäre ich als Soziologe entzückt. Ich würde sogar noch weiter gehen und sagen, daß allein schon das Weiterbestehen der katholischen Kirche als einer menschlichen Organisation durch alle die langen Jahre der Verwirrung, des Aufruhrs, der Unkompetenz und Ungeschicklichkeit hindurch beweist, daß zu gewissen Zeiten gewisse Päpste unter einer besonderen Führung gestanden haben müssen, wenn sie die entscheidenden Fragen artikulierten, mit denen sich die Kirche auseinanderzusetzen hatte, und dann verlangten, entsprechende Lösungen zu finden.

Was Infallibilität besagt, ist eine Frage, die der Soziologe nicht zu beantworten vermag, obwohl er vielleicht auf der Zuschauertribüne steht und mit gespanntem Interesse zuhört, wenn die Theologen diskutieren. Man mag es ihm aber nachsehen, wenn er höflich seine Skepsis äußert und sich nicht viel davon verspricht, daß man darzulegen versucht, wie der Heilige Geist auf die Führerschaft der Kirche einwirkt, dabei aber nicht alle sechs Schritte im Prozeß der Herstellung des Konsenses in Erwägung zieht. Infolge seiner Überzeugung, daß es viel wichtiger ist, Fragen zu stellen als Antworten zu liefern, wird der Soziologe zudem zu der Ansicht neigen, daß eine Erklärung der Infallibilität, der es vor allem um Antworten und fast nicht um Fragen geht, kaum völlig zufriedenstellend ist. Sie mag soweit ganz stimmen, wird der Soziologe sagen, aber eine derartige Erklärung scheint nicht die komplexe gesellschaftliche Wirklichkeit der Herstellung eines menschlichen Konsenses zu treffen.

Übersetzt von Dr. August Berz

D. ZUR THEOLOGISCHEN PROBLEMATIK

Anton Antweiler

FRAGEN ZUR ERKLÄRUNG DER DEUTSCHEN BISCHOFSKONFERENZ*

Die folgenden Fragen sind der «Erklärung» entsprechend gegliedert. Zu Beginn der Einleitung und der Textabschnitte 1–5 wird zunächst der Text der «Erklärung» in Schrägschrift, die besonders analysierten Stellen in Steilschrift wiedergegeben. Daran schließen sich die Fragen. Die Abschnitte über «Sprachliches» und «Allgemeine Mängel» bringen einen Überblick über den ganzen Fragenkomplex.

Einleitung

Text: In dem Buch von Hans Küng «Unfehlbar? – Eine Anfrage» werden hinsichtlich der Möglichkeiten einer verbindlichen Aussage des Glaubens *in der Kirche prinzipielle Fragen aufgeworfen, in denen* zum Teil Grundelemente *des katholischen Verständnisses von Glaube und Kirche* berührt werden. Einige *dieser* Grundelemente scheinen *der Deutschen Bischofskonferenz in dem erwähnten Buch* nicht gewahrt. *Auch nach* weiteren Äußerungen *des Verfassers und nach einem im Auftrag der Bischofskonferenz mit ihm geführten* Gespräch *sind diese Bedenken nicht ausgeräumt. Es ist nicht Aufgabe der Bischöfe, zu den* fachtheologischen Streitfragen *Stellung zu nehmen, die durch das Buch neu zur Debatte stehen. Die Deutsche Bischofskonferenz sieht es aber als ihre Pflicht an, auf* unverzichtbare Gegebenheiten *zu verweisen bei deren Leugnung eine Theologie nicht mehr als katholisch bezeichnet werden kann.*

Fragen:

a) Zur Behauptung: «Einige Grundelemente... scheinen... nicht gewahrt».

1. Frage: Warum heißt es nicht «werden nicht gewahrt»? Sind sich die

* Die Erklärung, datiert vom 30. Januar 1971, erschien im Kirchl. Amtsblatt für die Diözese Münster 105 (1971) Nr. 4, S. 36 und in der Schweiz. Kirchenzeitung 139 (1971) Nr. 7, S. 102–103.

Die folgende Studie untersucht die Sprache einer lehramtlichen Stellungnahme. Sie ist in ihrem literarischen Genus ungewöhnlich. In der Sprachanalyse werden jedoch erhebliche theologische Probleme artikuliert. Aus diesem Grund stellen wir den Beitrag der öffentlichen Diskussion zur Verfügung.

Bischöfe ihrer Meinung nicht sicher oder sind die Bischöfe nicht einer Meinung?

2. Frage: Was ist mit «scheinen» gemeint? Es kann bedeuten «anscheinend», d.h. es sieht so aus, als ob sie nicht wahrten, in Wirklichkeit aber doch tun; oder «scheinbar», d.h. es sieht so aus, als ob sie wahrten, in Wirklichkeit aber nicht. Vermutlich meinen die Bischöfe «scheinbar».

b) Zur Behauptung: «Einige Grundelemente».

Frage: welche? etwa die in der «Erklärung» Abschn. 1–5 folgenden?

c) Zur Behauptung: «Grundelemente werden zum Teil berührt».

1. Frage: welcher Teil der Aussagen berührt Grundelemente und welcher Teil nicht?

2. Frage: was an diesem «Teil» stimmt und was stimmt nicht?

d) Zur Behauptung: «Möglichkeit*en* einer verbindlichen Aussage des Glaubens».

1. Bemerkung: «Möglichkeiten *einer* Aussage» ist sinnlos; es muß heißen: «Möglich*keit* von verbindlich*en* Aussag*en*», vgl. Text.

2. Frage: sind die Aussagen verbindlich, weil sie wahr sind oder weil sie zu Kennzeichen des katholischen Glaubens erklärt worden sind?

e) Zur Behauptung: «Unverzichtbare Gegebenheiten».

1. Frage: welche? etwa die in der «Erklärung», Abschn. 1–5 folgenden? Vgl. oben b.

2. Frage: sind damit Tatsachen, also Gegenstände oder Ereignisse, gemeint, die von Menschen unabhängig sind, oder Aussagen über Tatsachen oder Wünsche an die Zukunft?

f) Zur Behauptung: «fachtheologische Streitfragen».

1. Frage: welche?

2. Frage: wo sonst als in der Theologie ist «Klärung», also nicht «Entscheidung», möglich?

3. Frage: was an Nichttheologischem beanspruchen die Bischöfe?

4. Frage: ist die Frage nach der Unfehlbarkeit auch oder nur «fachtheologisch»? Zu welchen Teilen?

5. Frage: wenn vorwiegend fachtheologisch: ist damit nicht dem Gewicht der Frage und dem Ernst des Fragers Unrecht getan und die Frage falsch eingeordnet?

g) Zur Behauptung: «Weitere Äußerungen».

Frage: welche?

h) Zur Behauptung: «Gespräch».

Frage: wann? mit wem? worüber? von wem veranlaßt? mit welchen

Ergebnissen? Was behauptet Küng, und was die Gegenseite? Welche Gründe oder Gesichtspunkte bringen die Gegner vor?

Textabschnitt 1

Text: 1. Der Glaube an das in der Bibel bezeugte und im Credo von der Kirche zum Bekenntnis gebrachte Wort Gottes *setzt voraus, daß es auch hier trotz der Vieldeutigkeit und der geschichtlichen Wandelbarkeit menschlicher Sprache prinzipiell* die Möglichkeit von Aussagen gibt, die

a) wahr und als wahr erkennbar sind *und*
b) deren Sinn im Wechsel geschichtlicher Denkweise und Aussagen derselbe und in seiner Geltung unaufhebbar bleibt.

Fragen:

a) Zur Behauptung: «Der Glaube an das in der Bibel bezeugte und im Credo von der Kirche zum Bekenntnis gebrachte Wort Gottes».
   1. Frage: fügt das Bekenntnis dem in der Bibel Bezeugten etwas hinzu oder besagt es mit anderen Worten dasselbe? Wenn nicht dasselbe: in welchem Umfang nicht? Vgl. 2 d.
   2. Frage: welches Credo ist gemeint? das apostolische, das nikänokonstantinopolitanische, das tridentinische, das vatikanische, das depositum fidei, das Pauls VI.?
   3. Frage: erschöpft sich der Glaube im Credo?

b) Zur Behauptung: «Der Glaube setzt auch die Möglichkeit wahrer und als wahr erkennbarer Aussagen prinzipiell voraus».
   1. Frage: gibt es denn im Glauben Aussagen, die «als nicht wahr und nicht als wahr erkennbar» bezeichnet werden müssen? Oder sollte nur behauptet werden, daß es im Glauben «wahre» Aussagen gibt, die nicht als wahr erkannt werden können? Vermutlich ist das zweite gemeint, gewiß aber nicht gesagt.
   2. Frage: soll das «auch» besagen, daß der Glaube neben «nicht als wahr erkennbaren Aussagen» eben als «wahr erkennbare Aussagen» voraussetzt oder aber, daß der Glaube solche Aussagen voraussetzt, wie sie es anderswo gibt? Im ersten Fall wird behauptet, daß der Glaube nicht nur Geglaubtes, sondern auch Erkennbares umschließt, im zweiten Fall, daß der Glaube sich neben anderen Verhaltensweisen sehen lassen kann.
   3. Frage: welche sind wichtiger: die als wahr erkennbaren oder die nicht

als wahr erkennbaren? Wenn die ersten: wie kann dann der Glaube die Grundlage sein? Wenn die zweiten: wozu sind dann die ersten wichtig?

4. FRAGE: ist eine wahre Erkenntnis nur denen als wahr erkennbar, die beanspruchen, sie anderen als wahre Aussage verbindlich machen zu können oder zu sollen?
5. FRAGE: ist eine Glaubensaussage schon oder nur deswegen wahr, weil sie als unmittelbar oder mittelbar zum Glaubensgut, besonders zur Bibel gehörig, nachgewiesen ist?

c) ZUR BEHAUPTUNG: «im Wechsel geschichtlicher Denkweisen und Aussagen bleibt der Sinn derselbe und in seiner Geltung unaufhebbar».

1. FRAGE: wie erkennt man den unwandelbaren Kern und woran erkennt man ihn als wahr?
2. FRAGE: wie ist dieser Kern unwandelbar übergeschichtlich ausdrückbar?
3. FRAGE: wenn von Anfang der Kirche an unwandelbare und unaufhebbare Aussagen: welche?
4. FRAGE: wenn erst nacheinander erkannt: also doch geschichtsabhängig.
5. FRAGE: ist der Sinn einer Aussage sprachlich ausdrückbar, der vom Weltbild und Selbstverständnis des Menschen unabhängig ist?
6. FRAGE: behält sich «die Kirche» vor, den Sinn [oder Kern] jeweils neu zu bestimmen? welches Gewicht hat das Neue?

Textabschnitt 2

Text: 2. Die dem Offenbarungswort Gottes eigene Verbindlichkeit *findet ihren konkreten Ausdruck in dem* Credo der Kirche, *mit dem diese* antwortend *die in der Bibel bezeugte Offenbarung* aufnimmt. *Obgleich der Glaube der Kirche immer* neu zu überdenken *ist und insofern bis zum Ende der Geschichte unabgeschlossen bleibt, schließt er* ein unverwechselbares Ja und ein unverwechselbares Nein *ein, die beide unvertauschbar sind. Anders ist ein* Bleiben der Kirche in der Wahrheit Jesu Christi *nicht möglich.*

Fragen:

a) ZUR BEHAUPTUNG: «Das Offenbarungswort Gottes».

1. FRAGE: sollte man nicht deutlich machen, daß das Offenbarungswort Gottes nur mittelbar zugänglich ist?
2. FRAGE: welche Wahrheit hat Jesus, der eigentliche Offenbarer des Neuen Bundes, geoffenbart?

b) ZUR BEHAUPTUNG: «Die dem Offenbarungswort Gottes eigene Verbindlichkeit».

1. FRAGE: wovon geht die Verbindlichkeit aus? davon, daß die Aussage als wahr erkannt ist (1, Text b) oder als von Gott ausgehend nachgewiesen ist (2, Text) oder daß die Aussage als wahr von einem Amtsträger auferlegt ist (3, Text)?
2. FRAGE: wie kann eine solche Wahrheit verbindlich gemacht werden, wenn ihre Annahme freisteht oder gnadenhaft geschenkt wird?
3. FRAGE: ist die Verbindlichkeit innerlich oder äußerlich gemeint? wenn innerlich: wie kann ein Amtsträger das bewirken?

c) ZUR BEHAUPTUNG: «Credo der Kirche».

FRAGEN: siehe 1 a.

d) ZUR BEHAUPTUNG: «Die Kirche nimmt antwortend auf».

1. FRAGE: wenn Antwort = Echo, wieso kann Echo oder Nicht-echo anrechenbar sein?
2. FRAGE: wenn antwortend = weiterführend: wieso sind dann Bibel und Offenbarung endgültig?
3. FRAGE: wenn nicht von Anfang an endgültig, was gilt dann?

e) ZUR BEHAUPTUNG: «neu überdenken».

1. FRAGE: weshalb denn, wenn es einen unwandelbaren und unaufhebbaren Kern (1, Text c) gibt? überdenken in bezug auf Wahrheit oder Anwendbarkeit?
2. FRAGE: was oder wer gibt den Anstoß zum «neu überdenken»?

f) ZUR BEHAUPTUNG: «unverwechselbares Ja und unverwechselbares Nein zum Glauben der Kirche».

1. FRAGE: hängen Ja oder Nein von der Erkenntnis der Wahrheit oder von der Bereitschaft zur Hinnahme ab?
2. FRAGE: ist «Nein» in jedem Falle verwerflich oder erniedrigend?
3. FRAGE: schließt ein «Nein» zu einer vorgeblichen Wahrheit ein «Ja» zu einer christlichen Lebensführung in jedem Fall aus?
4. FRAGE: schließt das «Ja» auch das Wandelbare an Glaube und Kirche ein? d. h. können «Ja» und «Nein» auch nebeneinander bestehen?

g) ZUR BEHAUPTUNG: «Bleiben der Kirche in der Wahrheit Jesu Christi».

1. FRAGE: Welche Wahrheit hat Jesus gebracht? Oder ist Wahrheit als Weisung zu verstehen?
2. FRAGE: kann man in der Wahrheit Jesu Christi nur innerhalb der katholischen Kirche bleiben? vgl. 5, Text: «Kirchen».
3. FRAGE: ist die Wahrheit Jesu Christi die einzige, nach der sich die Kirche zu richten hat?

4. FRAGE: haben nicht auch Irrtum (Parusie) und Fälschung (Constitutum Constantini, ...) der sichtbaren Kirche beträchtlich geholfen?

Textabschnitt 3

Text: 3. Es ist Recht und Pflicht der Kirche, angesichts der in den jeweiligen geschichtlichen Situationen neu auftauchenden Fragen einerseits gründlichem Bedenken des Glaubens Raum zu geben, *andererseits aber, wo es nottut, sein* unverwechselbares Ja und Nein *auf diese Fragen hin* verbindlich neu zum Ausdruck zu bringen. *Formulierungen, die der Klärung des Credo und damit sachlich der Auslegung des von der Schrift gemeinten Zeugnisses dienen und von der Kirche wirklich* mit letzter Verbindlichkeit *vorgetragen werden, heißen «Dogma»*.

Fragen:

a) ZUR BEHAUPTUNG: «Es ist Recht und Pflicht der Kirche, angesichts der in den jeweiligen geschichtlichen Situationen neu auftauchenden Fragen gründlichem Bedenken des Glaubens Raum zu geben».
   1. FRAGE: wer ist Kirche? die Gläubigen, die Amtskirche? der Papst? die Theologen? die «Engagierten»?
   2. FRAGE: wer verpflichtet wen? zu «Pflicht».
   3. FRAGE: wer erlaubt wem? zu «Recht».

b) ZUR BEHAUPTUNG: «in den jeweiligen geschichtlichen Situationen».
   FRAGE: wer bewirkt sie? welchen Anteil hat die Kirche?

c) ZUR BEHAUPTUNG: «unverwechselbares Ja und Nein».
   1. FRAGE: Ja *und* Nein, oder Ja *oder* Nein?
   2. FRAGE: Ja und Nein des Glaubens oder des (der) Gläubigen?
   3. FRAGE: Ja oder Nein ist nur möglich bei vorgegebener Antwort nach dem Dualsystem; bei den meisten Fragen ist das nach dem heutigen Verfahren der Wissenschaft, besonders der Theologie, nicht möglich; z.B.: wann ist Jesus geboren? welche Beziehungen bestehen zwischen den göttlichen Personen? worin besteht die Erlösung? welche Bedeutung hat das Vatikanum II?

d) ZUR BEHAUPTUNG: «verbindlich neu zum Ausdruck bringen».
   1. FRAGE: was ist neu? nur der Ausdruck, nicht auch die Sache? ist es möglich, Ausdruck und Sache zu trennen? vgl. 1 c.
   2. FRAGE: für wen verbindlich? ist Verbindlichkeit für diejenigen möglich oder notwendig, die einsehen (1, Text b)?

3. FRAGE: wozu verbindlich? für das ewige Heil des Gläubigen? für die Zugehörigkeit zur katholischen Kirche? für den Fortbestand der sichtbaren Kirche?

4. FRAGE: inwieweit verbindlich? auch gegen intellektuelle Redlichkeit? schließt intellektuelle Redlichkeit sittlichen Niedergang oder mangelnden Glaubenswillen oder ewige Verwerfung ein, wenn sie sich gegen «die Kirche» richtet?

e) ZUR BEHAUPTUNG: «letzte Verbindlichkeit».

1. FRAGE: ist das mehr als «verbindlich zum Ausdruck bringen»?

2. FRAGE: ist mit letzter Verbindlichkeit die theoretische Zustimmung zu einem Satz oder die Folgsamkeit gegenüber den Folgerungen aus einem Satz gemeint oder beides?

f) ZUR BEHAUPTUNG: «das von der Schrift gemeinte Zeugnis».

1. FRAGE: ist das von der Schrift «gemeinte» Zeugnis umfassender oder anders als das in der Schrift ausgesagte?

2. FRAGE: gibt es also in der Bibel keine Dogmen?

3. FRAGE: kann man für die Wahrheit eines Satzes «Zeugnis ablegen» oder nur für eine Gesinnung?

4. FRAGE: geht die «letzte Verbindlichkeit» von Gott, von der Struktur der Wirklichkeit, von der Einsicht in die Wahrheit, von den kirchlichen Amtsträgern aus? oder von der Erfüllung des Lebens dessen, der glaubt?

Textabschnitt 4

Text: 4. *Das Dogma empfängt* die ihm eigene Verbindlichkeit *nicht vom Ausgang der theologischen Diskussion oder von der Zustimmung einer Mehrheit in der Kirche, sondern von* dem der Kirche gegebenen Charisma, das einmal ergangene Wort *in der Kraft seiner Wahrheit* festzuhalten und *untrüglich* auszulegen. Die Sorgen für das Bleiben der Kirche in der Wahrheit des Evangeliums *durch verbindliche Glaubensaussagen ist in besonderer und eigener Weise dem Amt in der Kirche aufgegeben.* – Die Aufnahme (*Rezeption)* einer solchen dogmatischen Aussage in der Kirche *kann als Zeichen ihrer Übereinstimmung mit dem maßgebenden Ursprung wichtig sein,* begründet *aber* weder ihr Wahrsein noch ihre Autorität.

Fragen:

a) ZUR BEHAUPTUNG: «die dem Dogma eigene Verbindlichkeit».

1. FRAGE: wird «der Glaube» (3, Text) auf den in Dogmen formu-

lierten eingeschränkt, oder werden die Dogmen nur als Beispiel benutzt?

2. FRAGE: haftet die Verbindlichkeit des Dogmas an dem, was es sagt, oder an dem, was «die Kirche» daraus gemacht hat, nämlich Unterscheidungsmerkmal zu sein?

b) ZUR BEHAUPTUNG: «das der Kirche gegebene Charisma».

FRAGE: wem eignet es, d. h. was ist «Kirche» (vgl. 3 a 1, Sprachliches)?

c) ZUR BEHAUPTUNG: «das einmal ergangene Wort festhalten und auslegen».

1. FRAGE: wer hat «das Wort» gesprochen: Gott (AT) Jesus (NT), die Apostel, die Frühkirche bis etwa 300?

2. FRAGE: wieso «einmal»? wenn *ein*mal: wenn das gesamte Gotteswort: wieso einmal (etwa 1000 Jahre Abfassungszeit für die Bibel)? wenn «einmal» = «früher und endgültig abgeschlossen»: weshalb nicht einmal und endgültig verstehbar?

3. FRAGE: wie kann man «festhalten» was der Auslegung bedarf? Ist Auslegung auch «Gottes Wort»?

4. FRAGE: wenn Auslegung notwendig: wieso ist das ergangene Wort klar, «Offenbarung»?

d) ZUR BEHAUPTUNG: «Sorge für das Bleiben der Kirche in der Wahrheit des Evangeliums durch verbindliche Glaubensaussagen».

1. FRAGE: besteht «die Wahrheit des Evangeliums» aus den Worten Jesu? wieviel davon geht auf Jesus zurück? oder aus allen Schriften des NT?

2. FRAGE: besteht «die Wahrheit des Evangeliums» aus (bis dahin unbekannten) Erkenntnissen für den Verstand oder aus Weisungen für die Lebensführung?

3. FRAGE: genügen «verbindliche Glaubensaussagen», um die Kirche zusammenzuhalten und auszubreiten?

e) ZUR BEHAUPTUNG: «die Aufnahme einer solchen dogmatischen Aussage in der Kirche ... begründet weder ihr Wahrsein noch ihre Autorität».

1. FRAGE: begründet denn die Verkündigung das Wahrsein?

2. FRAGE: was nützen Wahrsein und Autorität, wenn sie nicht angenommen werden?

f) ZUR BEHAUPTUNG: «der maßgebende Ursprung».

FRAGE: wer oder was ist das? Gott, Jesus, Apostelkollegium, Urkirche? Nach 5, Text: «vorab» die ökumenischen Konzilien und der Papst; und «nachher»?

Textabschnitt 5

Text: 5. Nach der gemeinsamen und klaren Lehre der römisch-katholischen Kirche und der Kirchen des Ostens kommt die Vollmacht zu solchen letztverbindlichen Aussagen vorab den ökumenischen Konzilien als einer Repräsentation des Gesamtepiskopates *zu. Mit dem Ersten und Zweiten Vatikanischen Konzil und der von diesen beiden Konzilien* konkretisierten Überlieferung *bekennt die katholische Kirche darüber hinaus, daß die Ausübung dieser Vollmacht auch dem Bischof von Rom als dem Nachfolger des hl. Petrus und Haupt des Bischofskollegiums zusteht.* Die Bedingungen solchen vollmächtigen Sprechens *sind aus der Überlieferung der Kirche gegeben und von den beiden Vatikanischen Konzilien umschrieben.*

Fragen:

a) Zur Behauptung: «Ökumenische Konzilien als Repräsentation des Gesamtepiskopates».
   Frage: nicht der Gesamtkirche? ist Bischof = Bistum?

b) Zur Behauptung: «konkretisierte Überlieferung».
   1. Frage: «konkretisiert» = konzentriert?
   2. Frage: wodurch wurde die Konkretisierung bewirkt?
   3. Frage: wie weit reicht dieser Vorgang zurück?
   4. Frage: war sie für den Glauben ergiebig?

c) Zur Behauptung: «die Bedingungen solchen vollmächtigen Sprechens des Papstes».
   1. Frage: bestehen für die Konzilien keine Bedingungen?
   2. Frage: sind die Konzilien nicht ohnmächtig dem Papst gegenüber?
   3. Frage: inwieweit sind diese Bedingungen hier anwendbar?

Mit den Abschnitten 1–5 schließen die Fragen ab, die dem Text der «Erklärung» zugeordnet sind. Zwei weitere Abschnitte versuchen, das Ganze zu überblicken.

Sprachliches

a) Abstraktes für Konkretes:
   Amt (4, Text) für: Amtsträger
   Wahrheit Jesu Christi (2, Text) für: Botschaft
   Glaube (3, Text) für: Gläubige:

b) Unschärfen:

Möglichkeiten einer Aussage (Einleitung, Text) – Möglichkeit von Aussagen (1, Text).

geschichtliche Wandelbarkeit (1, Text): entweder Geschichtlichkeit oder Wandelbarkeit

Wahrheit Jesu Christi: eine? ein System? = Weisung?

Credo (1, 2, 3, Text): welches? siehe 1 a.

Kirche (Einleitung, 1, 2, 3, 4, 5, Text): vieldeutig, vermutlich: Gesamtheit der röm.-kath. Gläubigen (Einleitung, 1, 2, Text; 3 a 1; 4, 5, Text), katholische Kirchenleitung (3 a), schismatische Kirchen (5, Text); sind die evangelischen Kirchen keine «Kirchen»?

Wort (4, Text): ein einzelnes? eine umgrenzte Gesamtheit? wenn ja: welche?

Evangelium (4, Text): = 4 Evangelien? = NT? = Lehre der Kirche?

Gegebenheiten (Einleitung Text): Tatsachen oder Aussagen oder Ansprüche oder ein Gemisch davon?

Grundelement (Einleitung, Text): sachlich oder zeitlich oder beides?

Glaube (Einleitung, 1, 2, 3, Text): Akt oder Inhalt?

Wahrheit: als Eigenschaft (4, Text), als Aussage (2, Text).

Allgemeine Mängel

a) Es wird nicht erkennbar, daß die Kirche nicht Selbstzweck, sondern um des einzelnen willen da ist, daß sie nicht endgültig, sondern vorläufig ist.

b) Immer wird von ορθοδοξια, freilich nicht mit diesem Wort, nie von ορθοπραξια gesprochen.

c) Nirgendwo wird ausdrücklich und am Schluß (5, Text) nur knapp erkennbar, daß es um die Unfehlbarkeit des Papstes geht. Statt dessen wird vom Bischof von Rom gesprochen, und statt unfehlbar werden andere Wörter gebraucht: «als wahr erkennbar», «unwandelbar», «unaufhebbar» (1, Text); «unverwechselbares Ja – unverwechselbares Nein» (2, 3, Text), «unvertauschbar» (2, Text), kurz: eindeutig; «verbindlich zum Ausdruck bringen, verbindlich vortragen» (3, Text); «untrüglich auslegen» (4, Text). Die beiden ersten Gruppen von Austauschwörtern sind sachbezogen: eine Erkenntnis kann wahr und eindeutig sein; die beiden letzten sind personbezogen: jemand trägt verbindlich vor, legt untrüglich aus.

Zu Recht wird damit gesagt, daß die Unfehlbarkeit einer Person (oder Institution 5, Text) nur dann sinnvoll ist, wenn diese Person (oder Institution) etwas aussagt, was «wahr und als wahr erkennbar» (1, Text a) ist. Wenn aber etwas als wahr erkennbar ist, braucht es nicht unfehlbar verkündet zu werden: die Wahrheit spricht für sich selbst. Zur Unfehlbarkeit braucht nicht zu gehören, daß der Verkünder einer wahren Aussage berechtigt ist, andere zu verpflichten, diese Aussage anzunehmen und sich danach zu richten. Das geht über den Bereich der Erkenntnis hinaus und gehört in den Bereich des Verhaltens oder der Aufnahme- und Bleibebedingungen für eine Gemeinschaft. Das ist dann nur nebenher eine Frage der Erkenntnis, hauptsächlich aber eine Frage der Entscheidung.

Damit wird deutlich, daß in der üblicherweise so genannten Unfehlbarkeit zweierlei miteinander verbunden ist, das auseinanderzuhalten ist, wenn man die Unfehlbarkeit recht verstehen will.

d) Nirgendwo wird gesagt, was Küng Falsches sagt und weshalb es falsch ist; nirgendwo auch, was die Bischöfe demgegenüber als wahr oder richtig behaupten und weshalb sie das Behauptete für wahr oder richtig halten. Sie weisen auch nicht nach, inwiefern das Falsche widerlegt werden kann – was notwendig ist, damit nicht Behauptung gegen Behauptung steht.

e) «Einige Grundelemente scheinen nicht gewahrt» (Einleitung, Text). Welche sind das? Wenn man annehmen soll, daß diese in 1–5, Text, abgehandelt sind, so umschließen sie auch eine erkenntnistheoretische oder erkenntnismetaphysische Voraussetzung, die nicht exklusiv zum katholischen Glaubensgut gehört, nämlich die, daß eine Aussage wahr und als wahr eerkennbar sein kann (1, Text a). Dann ruht also dies, daß eine verbindliche Aussage des Glaubens möglich ist, auf einem außertheologischen und außerbiblischen Fundament.

f) Der entscheidende Mangel ist im zweiten Satz der Einleitung ausgesprochen und wird erst zum Schluß deutlich: «einige Grundelemente scheinen nicht gewahrt». Nur scheinen? Man hätte darlegen müssen, ob in dem «scheinen» «scheinbar» oder «anscheinend» steckt (vgl. Einleitung a, 2). So lange das nicht geschieht, ist eine Widerlegung sinnlos. Weshalb sagt man nicht: «einige Grundelemente werden verkannt oder mißachtet»? Will man sich Irrtum oder Rückzug vorbehalten? Wie können die Bischöfe sich für verpflichtet halten einzugreifen, wenn sie nicht wissen, an welcher Stelle es geschehen soll und ob es sich verlohnt? Tun sie es vorsichtshalber, nach dem Grundsatz: lieber zu viel als zu wenig?

Küngs Einwand ist klar: die Kirche ist auf Unfehlbarkeit im bisherigen Verstande nicht angewiesen. Im einzelnen behauptet er:

«Die Irrtümer des kirchlichen Lehramtes sind zahlreich und schwerwiegend» (25).

«Die Begründung des Unfehlbarkeitsdogmas aus Schrift und Tradition ist offenkundig ebenso dürftig wie brüchig» (98).

«Daß der Glaube auf infallible Sätze angewiesen sei, ist nicht bewiesen» (122).

«Sätze bleiben hinter der Wirklichkeit zurück ..., sind mißdeutbar (129) ..., sind nur bedingt übersetzbar ..., sind in Bewegung (130) ..., sind ideologieanfällig» (131).

«Nimmt eine Theologie, nimmt eine Kirche die Dialektik von Wahrheit und Irrtum ernst, so ist sie auch im Umgang mit Dogmen vor Dogmatismus geschützt» (140. 141).

«Die Kirche wird in der Wahrheit erhalten, trotz aller immer möglichen Irrtümer» (143).

«Untrüglichkeit (statt Unfehlbarkeit) – besagt ein grundlegendes Bleiben der Kirche in der Wahrheit, das auch von Irrtümern im einzelnen nicht aufgehoben wird» (148).

Demgegenüber behauptet die «Erklärung», daß es «wahre und als wahr erkennbare Sätze» gibt (1 Text a), deren «Sinn unaufhebbar derselbe bleibt» (1, Text b), ohne das zu erläutern oder zu begründen, obwohl das der Kern der Frage ist. Ebenso wird die Frage nach Wahrheit und Erkenntnis auf die Ebene von Autorität und Entscheidung hinübergeschoben, wodurch eine Klärung unmöglich gemacht wird. Auf schon geschehene und noch mögliche Irrtümer geht die «Erklärung» nicht ein, obwohl dadurch erst die Reichweite der Frage erkennbar würde.

g) Die vorgelegten Fragen zur «Erklärung» sollten deutlich machen, wie viele Voraussetzungen erfüllt sein müssen, wenn die Behauptungen der «Erklärung» gelten sollen, und außerdem hervorheben, daß katholischer Glaube nicht so einfach ist, wie man ihn oft darstellt, und daß, wer Bedenken vorbringt, nicht von vornherein als böswillig oder unverständig angesehen werden darf, besonders dann nicht, wenn er auf einige dieser Voraussetzungen hinweist, wie Küng es getan hat. Zu fragen, ob Küng weit genug gegangen ist, ist eine andere Frage, die den gesteckten Rahmen sprengt.

h) Zum Schluß: der Inhalt der «Erklärung» ist genauso ungreifbar und ungesichert wie der des Dogmas von der Unfehlbarkeit.

Hans-Eduard Hengstenberg

WAHRHEIT, SICHERHEIT, UNFEHLBARKEIT

Zur «Problematik» unfehlbarer kirchlicher Lehrsätze

«A priori unfehlbare Sätze» im Bereich kirchlicher Lehre wollen wir solche Sätze nennen, die von vornherein nicht irrig sein *können*, sofern sie ihr ausreichendes Wahrheitskriterium schon darin haben, daß sie von einer kirchlichen Instanz unter zu definierenden Bedingungen verkündet werden. Es war wohl unvermeidlich, daß im Zuge der Differenzierung des Problembewußtseins, die mit der Aufarbeitung von Vaticanum II im katholischen Raum eintrat, auch die Unfehlbarkeit des kirchlichen Lehramts neu reflektiert wurde.[1] Im Folgenden wird nicht die Behauptung aufgestellt, daß es unfehlbare Sätze im soeben definierten Sinne nicht gebe. Es geht vielmehr darum, aus philosophischer Sicht darauf hinzuweisen, daß die Annahme, es gebe unfehlbare Sätze im besagten Sinne, zu gewissen Aporien führt.[2] Dies tun wir im Folgenden, um dann Überlegungen anzuschließen, die die Auffassung nahelegen, daß ein Fortfall a priori unfehlbarer Sätze das Selbstverständnis der Kirche als Hort der Wahrheit nicht verdunkeln, sondern eher erhellen würde.

Logische Vorüberlegungen

Angenommen, es gibt solche Sätze. Dann kann man die Klasse bilden: «Alle a priori unfehlbaren Sätze.» Aber ein Satz *über* alle a priori unfehlbaren Sätze kann dann nicht wiederum ein a priori unfehlbarer Satz sein. Denn wäre dies der Fall, dann wäre der Satz über alle a priori unfehlbaren Sätze kein Satz über alle a priori unfehlbaren Sätze, da diese ja durch den neuen unfehlbaren Satz vermehrt worden wären. Die Aussage über alle a priori unfehlbaren Sätze kann also nicht zu der Menge dieser Sätze gehören, über die ausgesagt wird. «Eine Aussage über alle Elemente einer Menge kann nicht selbst Ele-

1 Vgl. z. B. *K. Rahner* Zum Begriff der Unfehlbarkeit in der katholischen Theologie. Einige Bemerkungen anläßlich des 100-Jahr-Jubiläums des Unfehlbarkeitsdogmas vom 18. Juli 1870, in: Stimmen der Zeit (1970), Heft 7 (Juli); *H. Küng*: Unfehlbar? – eine Anfrage (Zürich–Einsiedeln–Köln 1970). Wir sind zu der Formulierung «A priori unfehlbare Sätze» durch Küng angeregt worden.

2 Von einer «Aporetik» in bezug auf Vaticanum I hat schon *K. Rahner* gesprochen: Zum Begriff der Unfehlbarkeit in der Katholischen Theologie, a. a. O. 18, 20.

ment dieser Menge sein.»[3] Wenn also überhaupt ein Satz über alle a priori unfehlbaren Sätze möglich sein soll, dann kann er nicht seinerseits a priori unfehlbar sein.

Das gilt dann aber auch für Sätze, die über die für alle a priori unfehlbaren Sätze geltenden *Bedingungen* aussagen; nennen wir sie Bedingungssätze. Dann kann mithin kein Satz von der Form «Alle a priori unfehlbaren Sätze haben für ihr Zustandekommen zur Bedingung, daß ...» a priori unfehlbar sein. Mit dem Hinfallen der a-priori-Unfehlbarkeit von Bedingungssätzen wäre aber die Existenz von a priori unfehlbaren Sätzen praktisch unsicher geworden. Denn man könnte nicht unfehlbar sicher sagen, wo und wann beziehungsweise ob überhaupt im Einzelfall eine Satzunfehlbarkeit solcher Art vorliege.[4]

Man mag uns einwenden, unser Bedingungssatz «Alle a priori unfehlbaren Sätze haben für ihr Zustandekommen zur Bedingung, daß ...» sei ungenau. Bei Sätzen des außerordentlichen Lehramts seien die Unfehlbarkeitsbedingungen andere als bei solchen des ordentlichen Lehramts.[5] Darauf wäre zu antworten, daß es doch Bedingungen geben muß, die bei allen a priori unfehlbaren Sätzen gleich sind. Es ist also doch berechtigt, die allgemeine Klasse «Alle a priori unfehlbaren Sätze» aufzustellen; und für deren allgemeine Bedingungen wären nach obiger Überlegung keine a priori unfehlbaren Sätze möglich. Es bleibt also die besagte praktische Unsicherheit über das Vorliegen a priori unfehlbarer Sätze.

Aber selbst wenn man dieses Argument nicht gelten lassen will, wäre Folgendes zu sagen. Ich kann mehrere Klassen aufstellen:

1. «Alle a priori unfehlbaren Sätze des außerordentlichen Lehramts.»
2. «Alle a priori unfehlbaren Sätze des ordentlichen Lehramts.»

Dann gilt für jede dieser Klassen, daß sich unfehlbare Sätze über ihre Be-

3 *Adam Schaff* Einführung in die Semantik (Frankfurt a. M. 1969) 36.

4 *K. Rahner* hat diese Schwierigkeit gesehen, wenn er in seinem o. a. Artikel «Zum Begriff der Unfehlbarkeit in der Katholischen Theologie ...», a. a. O. 25, schreibt, der Infallibilitätssatz im Sinne des Unfehlbarkeitsdogmas (Vat. I) sei «der Satz, der, wenn er als geltend vorausgesetzt und angenommen wird, die *anderen* dogmatischen Sätze unfehlbar sicher macht; er selbst aber kann an sich nicht auf *die* Weise sicher sein, wie die Sätze, die als unfehlbar wahr durch ihn garantiert sind». Nur muß man doch fragen: wenn er nicht auf «die» Weise sicher ist, in *welcher* Weise dann? Und: wie *kann* er die anderen Sätze unfehlbar sicher machen?

5 *H. Küng* zeigt, daß die traditionelle katholische Dogmatik den Anspruch auf Unfehlbarkeit des Lehrens keineswegs auf die feierlichen Lehrverkündigungen beschränkt; vgl. Unfehlbar? 51 ff., 54 ff.

dingungen nicht innerhalb ihrer befinden können, denn dann wären diese unfehlbaren Bedingungssätze Aussagen über alle Elemente dieser Klasse und zugleich Elemente dieser Klasse, was unmöglich ist.

Das gilt dann auch für jene Sätze, die der Papst in eigener und alleiniger Verantwortung als unfehlbar verkündet (ohne auf den Konsens der übrigen Kirche angewiesen zu sein). Wir hätten die Klasse: «Alle vom Papst in eigener Verantwortung verkündeten unfehlbaren Sätze.» Als Bedingung gilt hier bekanntlich, daß die Verkündigung ex cathedra erfolgt. Aber die Aussage dieser Bedingung kann sich laut oben nicht unter den vom Papst in eigener Vollmacht verkündeten unfehlbaren Sätzen befinden.

Man wird vielleicht sagen, hier springe das Konzil ein. Papst und Konzil waren sich darüber einig, daß die Ex-cathedra-Verkündigung notwendige und hinreichende Bedingung für die Unfehlbarkeit der Papstsätze sei. Aber damit ist die Schwierigkeit nur verschoben. Wir könnten zwar die Klasse bilden: «Alle vom Konzil unter Zustimmung des Papstes verkündeten unfehlbaren Sätze.» Aber eine unfehlbare Aussage über die Bedingung der Unfehlbarkeit solcher Konzilssätze ließe sich wieder nicht innerhalb dieser Konzilssätze finden. Es ließe sich also nicht unfehlbar sicher sagen, wo und wann beziehungsweise ob überhaupt im Einzelfall das Konzil unfehlbar spricht, also auch nicht, ob die Aussage «Der Papst spricht unfehlbar, wenn er ex cathedra entscheidet» unfehlbar ist.

Die Relation von Wahrheit und Sicherheit

Wir legen auf die obigen logischen Erwägungen kein allzu großes Gewicht. Viel wichtiger ist das Folgende. Wenn tatsächlich a priori unfehlbare Sätze im eingangs bezeichneten Sinne wegfielen, dann würde damit die Wahrheit von wahren Sätzen innerhalb der Kirche nicht im geringsten angetastet, ist doch die Wahrheit eines Satzes unabhängig davon, ob sein Urheber unfehlbar ist. Denn die Wahrheit eines Satzes beziehungsweise des ihm zugrunde liegenden Urteils hängt einzig ab von der Übereinstimmung mit der beurteilten Sache; möge die betreffende Wahrheit eine natürliche oder übernatürliche sein. Der Vollzieher eines wahren Urteils geht in die Wesensbestimmung der Wahrheit des Urteils überhaupt nicht ein. Auch ein fehlbares (irrtumsfähiges) Subjekt kann objektiv und unanfechtbar wahre Urteile fällen und diese irrtumsfrei satzhaft formulieren. Umgekehrt wäre ein Satz, der das Prägemal der Unfehlbarkeit seines Urhebers trüge, nicht wahrer als ein solcher, der seine Wahrheit einer Zufallsentdeckung verdankt. Wahrheit ist keine Bestimmung, das heißt keine anhangende Eigenschaft des Urteils,[6] sondern eine Relationskategorie, besteht sie doch in der adaequatio intellectus et rei.[7] Das Urteil wird durch das tatsächliche Verhalten des Gegenstandes wahr gemacht. Die Beziehung des Urteils zum Urheber ist nur Bedingung für die Realisierung des Urteils beziehungsweise des Satzes, sie geht aber nicht als qualifizierendes Moment in die Beziehung des Urteils zum Gegenstand beziehungsweise Sachverhalt ein, das heißt, sie ändert nichts an der Wahrheit des wahren beziehungsweise der Falschheit des falschen Urteils.

Damit ist nicht geleugnet, daß die Beziehung eines hier und jetzt ausgesprochenen Satzes zu seinem sprechenden Urheber eine sehr große Bedeutung haben kann für die praktische Wirksamkeit dieses Satzes (und seiner Wahrheit oder Falschheit), seine Geschichtsmächtigkeit. Aber das ist ein anderer Gesichtspunkt, der uns jetzt nichts angeht. Wir haben es jetzt nur mit der *Wahrheit* von Urteil beziehungsweise Satz zu tun; und da gilt das soeben Gesagte. Wir leugnen auch nicht, daß für das Zustandekommen der Wahrheit eines Urteils beziehungsweise Satzes die Wahrhaftigkeit des Urhebers Vorbedingung sein kann. Aber auch dies geht uns jetzt nichts an, denn Wahrhaftigkeit ist nicht gleich Wahrheit.

Wir müssen also sagen: ein unfehlbarer Urheber eines Urteils beziehungsweise Satzes kann seiner Aussage in Anbetracht ein und derselben Sache nicht mehr Wahrheit erteilen als ein fehlbarer, sondern nur eine größere, eventuell «absolute» Sicherheit des Für-wahr-Haltens auf seiten des Adressaten der Aussage. Aber weder das Für-wahr-Halten noch die Sicherheit des Für-wahr-Haltens ist mit der Wahrheit identisch. Für wahr halten kann man auch etwas Falsches; und umgekehrt verliert eine wahre Aussage dadurch, daß ich sie für falsch halte, nicht ihre Wahrheit. Und was die Sicherheit angeht, so kann sie bei mir im Hinblick auf die Wahrheit einer mir zugesprochenen Aussage völlig fehlen, ohne daß diese auch nur das geringste an ihrer Wahrheit einbüßte.

Gewiß ist die Sicherheit im Erkenntnisbereich ein großer Wert, aber dieser Sicherheitswert ist immer geringer als der Wahrheitswert. Und was diesen Wahrheitswert betrifft, so ist er nicht im geringsten abhängig vom Grade der Sicherheit, mit der ich dieser Wahrheit zustimme. Er hängt ganz allein ab von der Seinshöhe des Gegenstandes, von dem mir etwas Wahres ausgesagt wird. Und in Betreff des Erkenntniswertes auf seiten des vernehmenden Subjekts ist zu sagen, daß eine unsichere, vielleicht gar von Zweifeln bedrohte

6 Vgl. *A. Pfänder* Logik, (2. Aufl. 1929) 211 f.
7 *A. Pfänder*, a. a. O. 220 ff.

Akzeptation einer sehr hohen Wahrheit immer noch viel mehr Erkenntniswert besitzt als eine sichere, vielleicht sogar «absolut» sichere Hinnahme einer banalen Wahrheit. Es besteht sogar das Gesetz, daß Höhe der Wahrheit einerseits und (natürliche) Sicherheit ihrer Akzeptation auf seiten eines endlichen Subjekts andererseits im umgekehrten Verhältnis zueinander stehen. Das erklärt sich daraus, daß hohe Wahrheiten eine entsprechend hohe Gestimmtheit und Bereitschaft auf seiten des Adressaten voraussetzen. Das Subjekt muß sich für diese Wahrheit erst aufschließen, innerlich aufbereiten, mit all seinen Vermögen des Intellekts, Willens und Gefühls sich innerlich auf den Empfang der Wahrheitsbotschaft antwortend einstellen. Das ist auch der Grund dafür, daß die natürliche Akzeptations- und Antwortkraft eines endlichen Subjekts gegenüber einer echten Offenbarungswahrheit nicht ausreicht. Es muß ihm eine übernatürliche Hilfe gegeben werden, damit es an dieser Offenbarungswahrheit in angemessener Weise teilhaben kann. Das ist der gnadenhaft geschenkte Glaube als «eingegossene Tugend» im Sinne der traditionellen Theologie.

Aber dies ist kein «blinder», sondern ein *sehender* Glaube. Die Offenbarungswahrheit «leuchtet» hier wirklich «ein». Man könnte dies bezeichnen als ein glaubendes Erkennen und erkennendes Glauben. «Daß wir durch den Glauben in den Kategorien Christi, des Gottmenschen, denken», drückt Th. Soiron aus.[8] Hier sind Wahrheitswert, Erkenntniswert und Wert der Sicherheit vereint. Jedoch bleibt die unumstößliche Rangordnung. Den ersten Rang besitzt der Wahrheitswert, den zweiten der Erkenntniswert auf seiten des vernehmenden Subjekts und erst den dritten die subjektive Sicherheit, mit der sich das menschliche Subjekt im Besitz der Wahrheit und Glaubenserkenntnis weiß. Ja, die subjektive Sicherheit kann bis auf ein Minimum schwinden, ohne daß überhaupt die beiden ersten, vorrangigen Werte auch nur angetastet sind. Es ist sogar im (gar nicht so seltenen) Grenzfall möglich, daß sich jemand selbst für ungläubig hält und psychologisch in sich selbst gar keine Resonanz auf die ihm zugesprochene Glaubenswahrheit empfindet. Dieses Erlebnis der «Trockenheit» kann sich bis zum subjektiven Erlebnis einer Verzweiflung steigern. Und doch kann es sein, daß die gehorsame Annahme dieser «Nacht der Seele» als Durchgang die Vorbedingung dafür ist, daß sich dem Menschen die Glaubenswahrheit in ihrer ganzen Fülle erschließt und daß er nun erst zu jener glaubenden Erkenntnis und jenem erkennenden Glauben gelangt, der dem hohen Gegenstand des Glaubens mehr angemessen ist als vorher, weil der Mensch nun von egozentrischen Erwartungen und

8 *Thaddäus Soiron* Glaube, Hoffnung und Liebe (Regensburg 1934) 54 f.

falschem Eigeninteresse seines kleinen Ich befreit und zur reinen Gottesliebe frei gemacht wird.[9] Man könnte sagen, im desolaten Durchgangsstadium, wo alle subjektive *Sicherheit* der Erkenntnis geschwunden ist, glaubt «es» dennoch in ihm weiter. In Wahrheit ist freilich dieses «Es» kein Es. Der Apostel Paulus hat es gesagt: Der Geist Gottes betet selbst in uns und springt für unsere menschliche Schwachheit ein.

Die Gefahr verabsolutierter Sicherheit

Die Umkehrung der oben benannten Rangordnung «Wahrheit – menschliche Erkenntnis der Wahrheit – Sicherheit des Erkenntnis- und Wahrheitsbesitzes» ist ein Signum der abendländischen Geistigkeit seit Descartes. Der Sicherheitswert wurde an die erste Rangstelle gerückt. Das ist ein Kennzeichen des Rationalismus. Es könnte nun der Verdacht entstehen, daß man, wenn man allzusehr in erster Linie in Glaubensdingen auf a priori unfehlbare Sätze im eingangs definierten Sinne abstellt, nur einen Gegenschlag gegen diesen Rationalismus vollführt, der ungewollt doch dem bekämpften anderen Extrem verhaftet bleibt im Sinne des Nietzscheschen Satzes: «Wer verfolgt, folgt.» Verabsolutierung der Sicherheit hier wie dort. Das hieße, man wäre im kirchlichen Bereich, um einen Ausdruck Guardinis zu gebrauchen, zu einer «Häresie nach rechts» gelangt; zu einem Fideismus, der sich von jenem, den man bestimmten Richtungen des Protestantismus vorwirft, nur dem Inhalt, aber nicht dem Wesen nach unterscheidet. Das verlangt eine nähere Erläuterung:

Wir haben oben zu zeigen versucht, daß die Annahme a priori unfehlbarer Sätze, das heißt solcher, die ihr ausreichendes Wahrheitskriterium schon darin haben, daß sie unter definierten Bedingungen von einer kirchlichen Instanz promulgiert sind, in eine Aporetik hineinführt. Sehen wir von dieser Aporetik ab, so ist immer noch folgende Gefahr zu signalisieren: Wenn auch die Erkenntnissicherheit ein großer Wert ist, dann kann doch die Verabsolutierung dieses Wertes den Wert der Wahrheits*erkenntnis* gefährden und damit indirekt auch die Sicherheit, die man doch garantieren wollte. Denn es wurde gezeigt, daß der Mensch sich für hohe und höchste Wahrheiten beziehungsweise den Gegenstand dieser Wahrheiten personal öffnen und aufschließen muß, um zu einer wirklichen Teilhabe an Gegenstand und Wahr-

9 Dies ist bekanntlich ein Kernpunkt der aszetischen Lehre Fénelons. Vgl. *Robert Spaemann* Reflexion und Spontaneität – Studien über Fénelon (Stuttgart 1963) 19 ff., 38 ff., 62 ff., 73–79, 96 ff., 101 ff. u. a.

heit im erkennenden Glauben und glaubenden Erkennen zu gelangen; ein Moment solchen sehenden Glaubens, das heißt der Gnosis im recht verstandenen Sinne (die nichts mit Gnostizismus zu tun hat),[10] ist für den integren christlichen Glauben unerläßlich. Nimmt nun der Gläubige einen von der Kirche verkündeten Glaubenssatz lediglich im oben bezeichneten Sinne «fiduzialgläubig» an, dann wird gerade der Weg zur echten Gnosis und zum echten Glaubens*leben* abgeschnitten. Man schluckt den Glaubenssatz wie eine bittere Pille. Das ist aber gerade nicht die gemäße Antwort auf den Glaubensanspruch, der von Christus und seiner Kirche ausgeht; und es widerstreitet offensichtlich der Würde dessen, *an* den man glauben soll. Leicht verschiebt sich auch der Gegenstand des Glaubens: man glaubt an den «Satz» und nicht mehr an denjenigen, von dem der Satz doch künden soll: Christus. Ein solcher Fiduzialglaube gegenüber irreformablen Sätzen steht aber immer in Gefahr, in offenen Unglauben und Glaubensprotest umzuschlagen; und dies besonders gerade dann, wenn Selbstkritik und Aufrichtigkeit wachsen. Wir sind der Auffassung, daß hier eine der Wurzeln der modernen Glaubenskrise liegt.

Schwierigkeiten einer beschränkten Unfehlbarkeit

Noch einmal zur Unfehlbarkeit zurück! Da die Wahrheit keine «Eigenschaft» des Urteils ist, die an ihm haftet wie die Farbe an einem Gegenstand, sondern eine Relationskategorie im oben erläuterten Sinne, so hätte auch das Kennmal der Unfehlbarkeit, wenn ich es mir an einem Urteil beziehungsweise Urteilssatz haftend dächte, nichts mit dem Wesen der Wahrheit zu tun. Das wurde bereits geklärt. Worauf es uns jetzt ankommt, ist die Folgerung, daß Unfehlbarkeit überhaupt keine Urteilskategorie ist, das heißt kein kategoriales Moment am Urteil *als* Urteil, sondern eine *Personalkategorie. Jemand* ist unfehlbar. Von einem unfehlbaren Urteil oder Satz zu sprechen ist, strenggenommen, eine kategoriale Fehlaussage. Dies gehört mit zur Aporetik a priori unfehlbarer Sätze, die eingangs dargelegt wurde.

Unfehlbar im Sinne der Unfehlbarkeit als Personalkategorie ist Gott. Er *ist* die Wahrheit. Sein und Erkenntnis sind bei ihm eins und schließen daher a priori Irrtum aus. Gewiß, wenn wir die Stimme Gottes im irdischen Raum so vernehmen könnten wie die eines Mitmenschen, dann müßten wir sagen: was Gott hier spricht, ist absolut sicher wahr. Es fragt sich nur, ob solches Ereignen möglich ist und ob es nicht ein «kategoriales Eingreifen» Gottes in

10 Eine Phänomenologie dieser recht verstandenen Gnosis hat *Georg Koepgen* gegeben: Die Gnosis des Christentums (Salzburg 1939).

die eigengesetzlichen Zweitursachen bedeuten würde.[11] Sicher ist jedenfalls, daß alle Sätze, die wir im kirchlichen Raum lehramtlich als verbindlich vernehmen, von endlichen Personen stammen. Hier ist nun aber die Bezeichnung Unfehlbarkeit nicht nur deshalb schwierig, weil, wie oben gezeigt, Urteile und Sätze von ihrer kategorialen Eigenart her nicht im strengen Sinne unfehlbar genannt werden können, sondern vor allem deshalb, weil wir endlichen Personen schwerlich Unfehlbarkeit zuzusprechen vermögen. Gewiß ist es denkbar, und das ist ja auch wohl das letzte Argument für den Unfehlbarkeitscharakter feierlicher kirchlicher Lehrverkündigungen, daß der Heilige Geist den Stellvertreter Christi mit einem besonderen Charisma ausrüstet und ihn bei Ex-cathedra-Entscheidungen vor jeglichem Irrtum schützt und ihn unter diesen bestimmten Bedingungen und Augenblicken unfehlbar macht. Aber es muß doch gesagt werden, daß eine solche Begründung kirchenamtlicher Unfehlbarkeit, besonders heute, dem Menschen große Schwierigkeiten macht, ohne daß man ihm deshalb Mangel an Glaubensbereitschaft vorwerfen könnte:

1. Wir haben gesagt, daß hohe Wahrheiten, insbesondere übernatürliche Offenbarungswahrheiten, wenn sie erkannt beziehungsweise glaubend erkannt und erkennend geglaubt werden sollen, beim Adressaten ein personales Sichöffnen aus Freiheit erfordern. Der Mensch kann all seine Kräfte des Gemütes aufschließen und für ihren Empfang bereitstellen; er kann aber auch dieselben Kräfte so in den Griff nehmen und in Bewegung setzen, daß sie dem Empfang der Wahrheiten und dem «Einleuchten» des sich Offenbarenden widerstreiten. Wir haben dies die Vorentscheidung genannt.[12] Die schlechte Vorentscheidung läßt die Wahrheit nicht ein und muß daher Irrtum gebären. Ohne die gute Vorentscheidung kommt es hohen Gegenständen gegenüber nicht zur vollen Erkenntnis und Offenbarungswahrheiten gegenüber nicht zum glaubenden Erkennen und zum erkennenden Glauben. Der Mensch kann nur die gute oder die schlechte Vorentscheidung vollziehen; er kann sie aber auch nicht nicht vollziehen (ein Ausweichen vor der Entscheidung wäre schon schlechte Entscheidung). So steht diese Art der Entscheidungsfreiheit an der Wurzel unseres höheren Erkenntnis- und Glaubenslebens; das heißt im positiven Fall an der Wurzel des erkennenden Glaubens und glaubenden Erkennens, im negativen an der Wurzel des verkennenden Unglaubens und

11 Ein solches «kategoriales Handeln» Gottes in der Welt lehnt *K. Rahner* mit Recht ab, vgl.: Die Hominisation als theologische Frage, in: Das Problem der Hominisation (*Overhage-Rahner*) (Freiburg i. Br. 1961) 81, 82 ff. Zur gleichen Problematik vgl. *H. E. Hengstenberg* Evolution und Schöpfung (München 1963) 28 ff., 73 f., 82 ff., 84 ff., 87 f., 140 ff.

12 Von der Vorentscheidung haben wir bereits in unserem Buch gehandelt: Die Macht des Geistigen in seiner Ohnmacht, (Münster i. W. 1931), zuletzt besonders ausführlich in unserer «Grundlegung der Ethik» (Stuttgart 1969) (s. Sachreg.).

ungläubigen Verkennens und des entsprechenden verschuldeten Irrens in Glaubensdingen.

Denke ich mir nun einen Träger des kirchlichen Lehramts, der durch sein Charisma und den Heiligen Geist, wenn auch nur auf Zeit und unter bestimmten raumzeitlichen Bedingungen, unfähig zum Irrtum gemacht würde und der unter den bestimmten Bedingungen gar nicht anders könnte, als gegenüber den seiner Lehrentscheidung unterfallenden Gegenständen glaubend zu erkennen und erkennend zu glauben, so müßte ich mich fragen, ob bei diesem Amtsträger für die Dauer seiner Amtswaltung nicht etwas dem Menschen Wesentliches abgezogen wäre, nämlich die Entscheidungsfreiheit, die soeben in der Sonderform der Vorentscheidung dargelegt wurde. Sobald ich ihm aber die Fähigkeit der Vorentscheidung zuspreche, muß ich ihm auch die Fähigkeit zur negativen Entscheidung zusprechen; denn die gute Vorentscheidung ist nur unter Voraussetzung der Möglichkeit ihres Gegenteils, der schlechten, möglich. Wenn aber Möglichkeit der schlechten Vorentscheidung, dann auch die Möglichkeit des aus ihr resultierenden Irrens. Solange der Mensch im status viatoris ist, kann keine noch so hohe Gnade, kein noch so hohes Charisma die Möglichkeit des Abfallens ausschließen. Das «non posse peccare» gilt nur für den status comprehensionis; das gleiche müßte man dann auch wohl für das «non posse errare» sagen.

Etwas anders sieht die Sache aus, wenn man von jener Erkenntnisdefizienz ausgeht, die wir den *unverschuldeten* Irrtum nennen. Auch wenn ich die gute Vorentscheidung in der Tiefe meiner Person vollzogen habe und haltungsmäßig «in der Wahrheit bin», kann es vorkommen, daß der Betätigung meines Intellekts in bezug auf eine Sache unüberwindliche Hindernisse entgegenstehen, die ich selbst nicht zu verantworten habe. Die Güte der Grundhaltung wird durch solcherart Irrtümer nicht betroffen. Nun ist es durchaus denkbar, daß durch die göttliche Vorsehung dem Inhaber des kirchlichen Lehramts solche Hemmnisse der sachgerechten Funktion seines Intellektes ferngehalten werden. Es ist leichter verstehbar als die zuerst besprochene Möglichkeit, weil es sich ja jetzt nicht um die Suspendierung der Freiheit, der Vorentscheidung, handelt. Dennoch wäre auch die A-priori-Ausschaltung des unverschuldeten Irrtums schwer verständlich. Denn das unverschuldete Irren gehört nun einmal zum Wesen des Menschen im diesseitigen Raum, es gehört zum Wesen seines Auf-dem-Wege-Seins. Es läßt sich nachweisen, daß das Voranschreiten im Bereich der Erkenntnisse dem Menschen nur durch Irrtümer hindurch möglich ist. Man kann nicht einmal sagen: leider. Denn es kann gezeigt werden, daß für den Menschen manche Erkenntnisse nicht anders als durch (unverschuldete) Irrtümer hindurch erwerbbar sind. Und in vielen Fällen muß man sagen: der Mensch wäre in bezug auf einen bestimmten Gegenstand nicht zu der Fülle der Erkenntnis, die ihm schließlich wurde, gelangt, wenn er nicht in bezug auf denselben Gegenstand zuvor ganz bestimmte Irrtümer durchlaufen hätte. Es gibt auch fruchtbare Irrtümer. Dies ist ein Phänomen, das eine gewisse Analogie zu dem der «glücklichen Schuld» besitzt.

2. Noch eine andere Schwierigkeit ergibt sich, wenn man die bekannte Auffassung von der Unfehlbarkeit des kirchlichen Lehramts nachvollziehen will. Das ist der eigentümlich temporäre und akzidentelle Charakter der personalen Unfehlbarkeit, die dem kirchlichen Amtsträger zugesprochen wird. Unter bestimmten Bedingungen, in bestimmten Situationen und auf bestimmte Zeit ist er unfehlbar; vorher war er es nicht, nachher wird er es wiederum nicht sein. Das gilt besonders für den Stellvertreter Christi selbst. Wenn er die entsprechenden Bedingungen für die feierliche Verkündigung seiner Lehrentscheidung herstellt und ex cathedra spricht, ist er unfehlbar. Wenn er ins Private zurücktritt, fällt diese Unfehlbarkeit wieder von ihm ab. Nun ist aber Unfehlbarkeit eine Personalkategorie! Ist es aber denkbar, daß etwas einer Person Eigenes ihr zu gewissen Zeiten angehört, zu anderen wieder nicht? Wenn zum Beispiel die Entscheidungsfreiheit wesentlich zur endlichen Person gehört, dann gehört sie ihr immer und unverändert an, wenn sie auch nicht immer und unter allen Umständen praktisch aktualisierbar ist. Auf die Unfehlbarkeit als Personalkategorie angewandt, ist dem kirchlichen Amtsträger die personale Unfehlbarkeit grundsätzlich immer eigen, nur kann er sie nicht immer und unter allen Umständen aktualisieren.

Da dies aber offenbar, nach dem Gang der Dogmengeschichte zu urteilen, nicht haltbar ist und da man auf den Ausweg kam, die Unfehlbarkeit dem Amtsträger nur für bestimmte Zeiten und Bedingungen zuzusprechen, was aber nach obigen Überlegungen mit Rücksicht auf den Charakter der Unfehlbarkeit als Personalkategorie ebenfalls kaum haltbar ist, wäre es dann nicht richtiger, in bezug auf die Ex-cathedra-Situation die Unfehlbarkeit dem Heiligen Geist allein zuzusprechen und nicht dem Papst? Ist der Papst hier, wenn von Unfehlbarkeit die Rede ist, nicht vielmehr nur Instrument der Unfehlbarkeit des Heiligen Geistes? Man wird vielleicht antworten, so sei es mit dem Unfehlbarkeitsdogma auch gemeint. Aber dann muß man sich doch eines etwas genaueren Ausdrucks befleißigen, wenn man bei den wahrhaft Glaubenswilligen nicht Ärgernis erregen will. Jedenfalls erscheint die Aussage nicht angemessen, der Papst «besitze» die Unfehlbarkeit,[13] eher könnte man sagen, die Unfehlbarkeit besitze ihn.

13 Im Text der Definition der Unfehlbarkeit auf dem Vaticanum I scheint in der Tat davon die Rede zu sein, daß der römische Bischof unter den angegebenen Bedingungen, wenn

Wenn man aber bereit ist, die Unfehlbarkeit allein Gott, dem Heiligen Geist zuzusprechen, dann muß man auch so konsequent sein, eine «Brechung» anzuerkennen zwischen dem lautlosen Sprechen des Heiligen Geistes und dem satzhaft verlautbarten Sprechen des Papstes in definierenden Sätzen; so wie das Licht im Durchgang durch ein Medium gebrochen wird. Das führt uns zurück zu der Problematik a priori unfehlbarer Sätze (wobei wir jetzt von der Ungenauigkeit absehen, die darin liegt, die Unfehlbarkeitskategorie, die doch eine Personalkategorie ist, überhaupt auf «Sätze» anzuwenden).

Unerschütterlich trotz Irrtümer

Überblickt man alle diese Schwierigkeiten, so kann folgende Überlegung nicht von vornherein abwegig sein: selbst wenn man auf die Annahme a priori unfehlbarer Sätze im eingangs definierten Sinne und die Annahme einer notwendigen Irrtumsfreiheit kirchlicher Lehrverkündigungen verzichtete, so würde nach dem, was gesagt wurde, ein solcher Verzicht die Wahrheit in der Kirche, ihr In-der-Wahrheit-Sein nicht aufheben; und für Wesen und Heilsauftrag der Kirche wären «a priori unfehlbare Sätze», da die Wahrheit nicht an solche gebunden ist, nicht unbedingt erforderlich. Das hat bereits H. Küng gesagt.[14]

Um dies nun unter Bezugnahme auf das überlieferte Kirchenbild näher zu erläutern, muß noch einmal auf die Vorentscheidung zurückgegriffen werden. Es wurde schon gesagt: wenn ich die gute Vorentscheidung vollzogen und damit die wahrheitsoffene Haltung in mir aufgerichtet habe, dann kann diese Haltung als In-der-Wahrheit-Sein nicht durch unverschuldete Defizienzen meiner intellektuellen Funktionen, die zu unverschuldeten Irrtümern führen, aufgehoben werden (das gleiche gilt natürlich für unverschuldete, vielleicht sogar angeborene Defizienzen anderer Vermögen wie Wille und Gefühl).[15] Denn Lauterkeit und Offenheit der Haltung, die den Gläubigen dem Sein, das ihn anspricht, also Christus und seinem mystischen Leibe, glaubensmäßig aneint, werden durch solche unverschuldete Defizienzen nicht verletzt.

auch auf Grund des göttlichen Beistandes, die Unfehlbarkeit «besitzt»; vgl. diesen Text nach Küng, U 80.

14 Vgl. Unfehlbar? 122 ff., 141 f., 143–157. – Wir verdanken Küng manche Einsicht. In einigen Formulierungen stimmen wir ihm freilich nicht zu, z. B., wenn er (Im Interesse der Sache, Stimmen ... 1971/2, 110) schreibt: «Die gute, wirklichkeitsgemäße Praxis kann unter Umständen einen ‹an sich› falschen Satz als Wahrheit retten, die schlechte, wirklichkeitswidrige Praxis unter Umständen einen ‹an sich› wahren Satz als Irrtum entlarven.»

15 Des näheren vgl. hierzu *H. E. Hengstenberg* Grundlegung der Ethik (Stuttgart 1969), 156–160.

Das kann man mutatis mutandis auf die Kirche übertragen, und Küng hat das in seiner Weise bereits getan.[16] Durch die Gegenwärtigkeit Christi in der Kirche[17] und den providentiellen Beistand des Heiligen Geistes werden immer und jederzeit genügend Glieder in der Kirche existieren, die durch gute Vorentscheidung, Wahrhaftigkeit, Seinsoffenheit und Glaubensteilhabe dergestalt in der Wahrheit sind, daß sie bereit und fähig sind, die Wahrheit in der Kirche zu schützen, zu bewähren und – oft durch Irrtümer hindurch – zu mehren. Daß hierbei der Primat des Papstes eine unersetzliche und unantastbare Funktion hat, wird nicht geleugnet. Die Zahl der In-der-Wahrheit-Seienden wird ausreichen, um das In-der-Wahrheit-Sein der Kirche *durchständig* zu erhalten, durch die Geschichte hindurch bis zum Eschaton. Dieses persistierende In-der-Wahrheit-Sein der Kirche kann nicht durch eventuelle zeitweilige Satzirrtümer im einzelnen in Frage gestellt werden, genausowenig, wie das In-der-Wahrheit-Sein des einzelnen Christen durch unverschuldete Irrtümer, die ihm unterlaufen, in Frage gestellt wird. Dieses Durchstehen in ihrem In-der-Wahrheit-Sein und in ihrer souveränen Vollmacht, in die Wahrheit zu führen, ist der Kirche *verheißen*. Und daß sie *unerschütterbar* durchsteht und daß ihr Durchstehen auch durch zeitweilige Satzirrtümer nicht tangiert werden kann, das ist wohl im wesentlichen das, was Küng die *Indefektibilität* der Kirche nennt.[18]

Noch ein Vergleich mit der Vorentscheidung wirkt hier erhellend: wie der einzelne Mensch in seinem Gewissen *untrüglich*, wenn auch in ungegenständlicher Weise, um den Richtungscharakter seiner Vorentscheidung weiß,[19] so wissen auch die die Kirche wirklich und letztlich Tragenden im Heiligen Geist um den Charakter der Richtung, in der sie sich als Kirche und in der Kirche bewegen: es ist die Bewegungsrichtung in der Wahrheit und auf immer mehr Wahrheit zu; und um diese Bewegungsrichtung wird unertrüglich gewußt. Das ist das Selbstverständnis der Kirche als Hort der Wahrheit. In-

16 Vgl. Unfehlbar? 151–157, im Zusammenhang mit Küngs «Im Interesse der Sache» (s. o. Stimmen der Zeit 1971/2, 106 f.).

17 Die Gegenwärtigkeit als existentielle Kategorie – im Unterschied zur zeitlichen Gegenwart als bloßem Schnitt zwischen Vergangenheit und Zukunft – ist von großer geschichtsphilosophischer und geschichtstheologischer Bedeutung. Vgl. zur Kategorie der Gegenwärtigkeit im allgemeinen, *H. E. Hengstenberg* Autonomismus und Transzendenzphilosophie (Heidelberg 1950), lt. Sachreg.; *ders.* Der Leib und die letzten Dinge (Regensburg 1955), Sachreg.; *ders.* Philosophische Anthropologie, 3. Aufl. (Stuttgart 1966), Sachreg.; zur Gegenwärtigkeit im heilsgeschichtlichen Sinne unseren Artikel «Klarstellungen zum Begriff der Geschichtlichkeit», in: Erbe und Auftrag, Benedikt. Monatsschrift, 47. Jg. (1971), H. 5. Die Gegenwärtigkeit wird auch von *Küng* herangezogen, vgl.: Was ist Kirche? (Freiburg i. Br. 1967) 63–65, 93, 109 f. u. a.

18 Unfehlbar? 148 ff., 151–157.

19 Vgl. *H. E. Hengstenberg* Grundlegung der Ethik, 138–160.

defektibilität und Untrüglichkeit der Richtung in der Wahrheit und auf Wahrheit zu, das wären dann die Kennmale einer neu interpretierten Unfehlbarkeit, die einschließt, daß die Kirche aus ihrem In-der-Wahrheit-Sein, auf die Dauer, alle Irrtümer überwindet.

Es muß aber hinzugefügt werden, daß die Kirche als Ganzheit, als Leib Christi, nicht nur mit dem unverschuldeten Irrtum fertig wird, sondern auch mit dem verschuldeten Irrtum, der innerhalb ihrer Glieder auftreten mag. Denn die Kirche ist der ontische Ort für die felix culpa; und durch Umsinnen, Reue und Buße wird auch der verschuldete Irrtum dazu gebracht; die korrelative Wahrheit freizugeben, und zwar «herrlicher», als es sonst hätte geschehen können. Übrigens ist die Aussage, daß die Kirche in ihrem In-der-Wahrheit-Sein indefektibel sei, selbst ein Glaubenssatz. Der oben wiedergegebene Versuch einer Neuinterpretation der kirchlichen Unfehlbarkeit inthronisiert also keinerlei Rationalismus.

Somit scheint es, als wäre es nicht nötig, den Beistand des Heiligen Geistes so zu interpretieren, als müsse und wolle der Heilige Geist alle irrigen Sätze im Bereich kirchlich-amtlicher Lehrverkündigung von vornherein verhindern; zumal der Irrtum als Durchgang zur Wahrheit ja eine so positive und unersetzliche Bedeutung für die Vollendung der Endfülle der Wahrheit besitzt. Man muß beachten, daß es keinen Irrtum ohne darin eingeschlossene Erkenntnis gibt. Wo einer in bezug auf einen Gegenstand irrt, da hat er immer schon bis zu gewissem Grade im Sein des Gegenstandes Fuß gefaßt. Wo der Gegenstand überhaupt nicht in den Blick des Subjekts gebracht ist, da kann man gar nicht von Irrtum reden, sondern nur von schlichtem Nichterkennen.[20]

20 Sowohl Küng als auch Rahner beklagen in ihrer Kontroverse in den Stimmen der Zeit (Dez. 1970–März 1971), daß ihnen keine Lehre vom Wesen des Irrtums zur Verfügung stehe. Wir können auf diese Problematik hier nicht näher eingehen, möchten nur auf das immer noch gültige Werk von *Balduin Schwarz*: Der Irrtum in der Philosophie (Münster i. W. 1934) verweisen und unsererseits wenigstens eine provisorische Definition des Irrtums geben. Irrtum liegt dort vor, wo wir etwas für etwas halten, was es nicht ist, oder einen Sachverhalt für bestehend halten, der nicht besteht, bzw. einen Sachverhalt für nicht bestehend halten, der tatsächlich besteht. Für die ganze Problematik der Unfehlbarkeit ist es aber unerläßlich, im erkenntnistheoretisch-logischen Betracht drei Ebenen zu unterscheiden. Die erste ist die des primären Intuitus, in dem unser Geist dem Seienden noch vor aller distinguierenden ratio begegnet. Auf dieser Stufe lautet der einschlägige Gegensatz: *Erkenntnis/Irrtum*, wobei zu beachten ist, daß es Irrtum ganz ohne Erkenntnis nicht gibt. – Erst auf der zweiten Stufe tritt die unterscheidende ratio in Kraft, so daß es zu Erkenntnissen kommt, die in echten, prädizierenden Urteilen ausgedrückt werden können. Hier herrscht der Gegensatz *wahr/falsch*. Und zwar so, daß ein Urteil entweder wahr oder falsch ist, ein Drittes gibt es hier nicht. Solche Urteilswahrheiten sind zeitlos gültig. – Auf der dritten und letzten Stufe kommt der Ausdruck der logischen Urteile in formulierten sprachlichen Sätzen. Hier allerdings, und hier allein, ist es möglich, daß sich wahr und falsch mischen; ein Satz, nicht ein Urteil, kann unter Umständen wahr *und* falsch sein. Hier,

Vielleicht könnte man sogar die Formulierung wagen, daß der größere Gott derjenige ist, der es mit dem Irrtum in der Kirche aufnimmt, indem er ihn zuläßt und die Irrenden unter dem Beistand des Heiligen Geistes dazu ermächtigt, im Durchgang durch den Irrtum zur Endfülle der Wahrheit zu gelangen, die diese Fülle nicht sein würde ohne Zufügung jener Wahrheitselemente, die in den Irrtümern eingeschlossen waren, am Ende aber in die frei machende Wahrheit hinein befreit werden. Dies schließt einen eschatologischen Aspekt ein. Damit besitzen wir auch den «Blick nach vorn», der falsch verstanden zum unerleuchteten Progressismus führt, richtig verstanden aber integrierendes Moment der christlichen Hoffnung ist.

Verunsicherung der Gläubigen?

Ein Stachel bleibt zurück: die Sorge um die Erkenntnis- und Glaubenssicherheit. Müssen obige Darlegungen nicht zu einer Verunsicherung des Gläubigen in Glaubensdingen führen? Dazu ist folgendes zu sagen:

1. Obwohl die Gegenstände des Glaubens unwandelbar und die sie betreffenden Wahrheiten objektiv und über alle geschichtlichen Veränderungen erhaben sind, gibt es auf seiten der Glaubenden in ihrer endlichen Subjektivität keine absolute Sicherheit ihres Rechtglaubens und ihres entsprechenden Erkennens. Ein gewisses Moment der «insecuritas» im Sinne von Peter Wust (Ungewißheit und Wagnis) gehört zum Wesen christlichen Glaubenslebens. Eine absolute Sicherheit im Bereich des Glaubensvollzugs und Glaubenserkennens ist innerhalb der Christenheit nur von Randpositionen vertreten worden. Dazu gehört zum Beispiel die These von der absoluten Heilsgewißheit des einzelnen. Man muß nur sehen, daß mit der subjektiven Insecuritas die Objektivität der Wahrheit nicht betroffen ist.

2. Man muß festhalten, daß es einen unmittelbaren, im eingegossenen Glauben Bestand habenden Seinskontakt des Gläubigen mit dem gibt, *an* den er glaubt. Diese An-Einung hat zwar die Verkündigung von Glaubenssätzen an den zum Glauben Aufgerufenen zur Bedingung, transzendiert aber diese

auf der Ebene der Satzformulierungen, kommt auch ein neues Gegensatzpaar, das auch in Küngs «Unfehlbar?» oft im Spiel ist, zur Auswirkung: *real sinnvoll/real widersinnig*. Der satzmäßige Ausdruck von etwas, was logisch zeitlos wahr ist (2. Stufe), kann dennoch in einer bestimmten Situation versagen und daher real sinnwidrig werden (z. B. ein politischer Aufruf am falschen Ort, zur falschen Stunde), ohne damit seinen logischen Wahrheitsgehalt zu verlieren. – Diese drei Ebenen sind in der Kontroverse zwischen Küng und Rahner noch nicht oder nicht immer klar unterschieden.

Sätze und geht in deren formeller Aneignung nicht auf. Es ist das, was wir oben die recht verstandene glaubenspraktische Gnosis nannten. Eben wegen dieses Transzendierens der echten Gnosis gegenüber Sätzen kann das existentielle echte Glauben auch nicht grundsätzlich durch Fehler in promulgierten Glaubens*sätzen* aufgehoben werden. Wir möchten das an einem Beispiel demonstrieren: heutige theologische Besinnung wird sich kaum noch mit jener Interpretation der heiligen Wandlung in der Messe begnügen, die mit den scholastischen Begriffen Substanz und Akzidenz operiert (womit nicht behauptet sei, daß diese Begriffe überhaupt keinen Sinn mehr hätten!). Hier sind offenbar in der kirchenamtlichen «Religionspädagogik» Fehler gemacht worden, die dem Heilsgeheimnis nicht gerecht wurden. Aber sind dadurch wahrhaft Glaubensbereite daran gehindert worden, im Herzen zu verstehen, worum es bei der Hineinnahme der irdischen Gaben in das Wesen und die gottmenschliche Existenz Christi geht? Die recht verstandene glaubenspraktische Gnosis gleicht Unebenheiten in der Lehrverkündigung aus. Warum sollte sie nicht auch satzhafte Irrtümer ausgleichen können? Der Geist weht, wo er will. Ohne die besagte Gnosis als Teilhabe könnten auch noch so irreformable und korrekte Glaubens*sätze* keinen Glauben entzünden.

3. Es wird in der Kirche immer fundamentale Glaubenssätze geben, die kraft ihrer Übereinstimmung mit dem Glaubensgegenstand unbezweifelbar, unabänderlich und eindeutig wahr sind, ob sie nun mit dem Prägemal «unfehlbar» versehen werden oder nicht. Hierin scheinen uns auch Rahner und Küng in ihrer Kontroverse einig zu sein. Insofern ändert sich durch die zur Diskussion gestellte Neuinterpretation der Unfehlbarkeit nichts. Aber diese Neuinterpretation könnte doch eine Klimaänderung herbeiführen, und zwar zur recht verstandenen Freiheit des Christenmenschen hin.

4. Echten, wahren und unerschütterlichen christlichen Glauben gab es schon vor dem Vaticanum I.

Das Obige wurde nach Art von «Erwägungen» dargelegt. Das heißt, wir erheben für unsere Thesen nicht den Anspruch auf Endgültigkeit; das stünde uns um so weniger an, als wir theologische Laien sind. Wir wollten nur dazu beitragen, Orientierungslinien zu ziehen, von denen aus es vielleicht möglich ist, Fragen neu zu formulieren und vielleicht auch neu zu beantworten. Daß ein solches Neusagen der Unfehlbarkeit, selbst wenn es sich nur darum handeln sollte, das Alte neu zu sagen, in unserer heutigen Situation dringend erforderlich ist, wird kein engagierter Christ bezweifeln.

Hermann Häring

ZUR VERIFIKATION VON GLAUBENSSÄTZEN

Kirchlichkeit als Norm der Theologie?

Solange sich die Theologie als Wissenschaft versteht, muß sie ihre Aussagen und Voraussetzungen darauf prüfen, ob und inwiefern sie wahr, falsch oder sinnlos sind. Kann aber die Theologie ihre eigenen Voraussetzungen rational bewältigen? Die Frage ist innerhalb und erst recht außerhalb der Theologie hinreichend oft gestellt worden und hat zumal in unserem Jahrhundert eine nicht leicht übersehbare Fülle von Antworten bekommen [1]. P. Tillich etwa weist eindrücklich auf den Verstehenszirkel schon des «Religionsphilosophen» hin, dessen theo-logische Vorstellungen in einem, wie er sagt, «mystischen Apriori» wurzeln, «einem Erkennen von etwas, das die Kluft zwischen Subjekt und Objekt transzendiert». Seine Kategorien «beruhen auf einem Identitätspunkt zwischen dem erfahrenden Subjekt und dem Unbedingten, das im religiösen Erlebnis oder im Welterlebnis erfahren wird»[2]. Der christliche Theologe nun «fügt dem ‹mystischen Apriori› das Kriterium der christlichen Botschaft hinzu». So aber wird der Theologe «Interpret seiner Kirche und ihres Anspruchs auf Einmaligkeit und Allgemeingültigkeit. Dann betritt er den theologischen Zirkel und sollte zugeben, daß er es wirklich getan hat[3]. Er soll also seine Karten offenlegen und so eine Klärung seiner Denkvoraussetzungen ermöglichen.

Was es heißt, dem «mystischen Apriori» das Kriterium der christlichen

1 Auf die vielen, gerade im deutschen und angelsächsischen Sprachraum begangenen Diskussionswege kann im Rahmen dieser gerafften und thesenartig zusammenfassenden Ausführungen nicht eingegangen werden. Die Anstöße der existentialontologischen Hermeneutik haben in der Theologie schon eine weitgehende Rezeption gefunden. Das Gespräch mit der modernen Linguistik kommt allenthalben in Gang. Eine gute Hinführung zu dieser Problematik bieten: *Karl-Otto Apel*, Heideggers philosophische Radikalisierung der «Hermeneutik» und die Frage nach dem «Sinnkriterium» der Sprache, in: O. Loretz und E. Strolz (Hrsg.) Die hermeneutische Frage in der Theologie (Freiburg 1968), 86–152; *Hans Arens*, Sprachwissenschaft. Der Gang ihrer Entwicklung von der Antike bis zur Gegenwart (Freiburg/München, 2. Aufl. 1969); *Frederick Ferré*, Language, Logic and God (London–Glasgow 1962); *Jean Ladrière*, Rede der Wissenschaft – Wort des Glaubens (München 1972). Wichtig sind ferner: *Walter Kasper*, Dogma unter dem Wort Gottes (Mainz 1965); *Edward Schillebeeckx*, Glaubensinterpretation. Beiträge zu einer hermeneutischen und kritischen Theologie (Mainz 1971); *Eberhard Simons/Konrad Hecker*, Theologisches Verstehen. Philosophische Prolegomena zu einer theologischen Hermeneutik (Düsseldorf 1969).

2 *Paul Tillich*, Systematische Theologie I (Stuttgart, 3. Aufl. 1956) 16.

3 *Tillich*, a. a. O. 16.

Botschaft hinzuzufügen, wird uns im folgenden noch beschäftigen. Im Rahmen der Kontroverse um «Unfehlbar?» ist diese Stelle zunächst jedoch von Interesse, weil M. Löhrer in ihr eine Entsprechung zu dem sieht, was K. Rahner vom «systemimmanenten» Theologen sagt[4]. M. Löhrer hebt darauf ab, daß das «aktuelle Glaubensbewußtsein der Kirche ein Moment ist, ohne das ich das Evangelium als Norm gar nicht handhaben kann»[5].

Doch hängt bei einem Vergleich von K. Rahner und P. Tillich für H. Küng doch wohl alles an dem Unterschied, auf den M. Löhrer selbst in seiner Anmerkung hinweist, daß «freilich nochmals der Unterschied zwischen einem protestantischen und einem katholischen Verständnis eines solchen Zirkels zu beachten ist»[6], wobei der Begriff des «Katholischen» noch eigenen Nachdenkens wert wäre[7].

Für K. Rahner nämlich ist das aktuelle Glaubensbewußtsein eine theologische Instanz, aber doch «so, wie dieses sich in den... Lehrentscheidungen des ordentlichen oder außerordentlichen Lehramts der Kirche ausspricht» (A 53). Gerade gegen diese Identifizierung wehrt sich aber P. Tillich, der der katholischen Dogmatik vorwirft, sie benütze «solche überlieferten Lehrentscheidungen, die Rechtskraft erlangt haben (de fide), als die wahre Quelle der systematischen Theologie. Mit oder ohne nachträgliche Beweise setzt sie dogmatisch voraus, daß diese Lehren, deren Geltung durch das Kirchenrecht garantiert ist, im wesentlichen mit der biblischen Botschaft übereinstimmen». P. Tillich sieht schließlich darin den «Grund für die dogmatische Sterilität der römisch-katholischen Theologie»[8].

Gewiß kann sich der Denkstil katholischer Theologie von P. Tillich in der berechtigten Ablehnung aller biblizistischen Tendenzen bestätigt wissen. Aber auch wenn er die Norm der Theologie «als eine Schöpfung kollektiver Erfahrung der Kirche» beschreibt, so bleibt doch nach ihm die Schrift neben anderen nicht nur die grundlegende(!) Quelle der Theologie: «Inhalt(!) der Norm ist aber die biblische Botschaft. Kollektive wie individuelle Erfahrungen sind die Medien(!), durch die die Botschaft aufgenommen, gefärbt, ausgelegt wird», wobei die Norm selbst «Kriterium» auch dieser Erfahrungen bleibt[9]. In einer solchen Kriteriologie aber wird der in-

4 *Magnus Löhrer* (vgl. die Bibliographie dieses Bandes III), in diesem Band S. 99, Anm. 13; vgl. *Karl Rahner*, Zum Problem Unfehlbarkeit. Antworten auf die Anfrage von Hans Küng (Freiburg 1971) 58 (= A 58).

5 *Löhrer*, a. a. O. 101.

6 *Löhrer*, a. a. O. 99, Anm. 13.

7 Vgl. die entsprechenden Ausführungen von *Hans Küng* in diesem Band; ferner: *Hermann Häring*, Katholizität in einer ökumenischen Zeit, in: Zeitwende 42 (1971) 375–382.

8 *Tillich*, a. a. O. 47.

9 *Tillich*, a. a. O. 65.

haltliche Rückgriff auf die Schrift in keiner Phase überholt, tritt doch erst derjenige Theologe, wie wir gesehen haben, in den «theologischen Zirkel» ein, der sich vom «Kriterium der christlichen Botschaft», und nicht einfach vom «aktuellen Glaubensbewußtsein der Kirche» angegangen weiß. Wer diese theologische Erkenntnisstruktur in aller Klarheit zur Geltung bringt, sollte nicht schon deshalb des Biblizismus verdächtigt werden.

Natürlich muß die biblische Botschaft, wenn sie nicht zum gegenwartsfernen Buchstaben erstarren will, auf die gegenwärtige, sich stets wandelnde Glaubenserfahrung von einzelnen oder einer Gruppe bezogen bleiben. Doch wird sich die Glaubenserfahrung nicht zum Herrn über diese Botschaft aufschwingen können, um schließlich doch bei sich zu bleiben. Denn die biblische Botschaft läßt sich zwar idealtypisch und gemäß dem glaubenden Vorverständnis des Theologen als die Summe oder Mitte der ursprünglichen Zeugnisse von Jesus Christus umschreiben (Gesetz und Evangelium, Rechtfertigung, Freiheit der Kinder Gottes, Neues Sein in Christus), bleibt aber dennoch auf konkrete Ereignisse, auf die Gestalt einer Person, auf Auslegungen und Texte angewiesen. Der Theologe hat eine geschichtlich eindeutig gebundene, im Verstehensprozeß stets neu zu gewinnende Norm erhalten, weil deren Inhalt dem Gedanken des Subjekts aposteriorisch, äußerlich und (in seiner historischen Faktizität) durchaus akzidentell ist. Seine Objektivität kann nie rein erscheinen, aber auch nie voll in das Verstehen integriert werden [10].

Es muß also im konkreten Ablauf der Theologiegeschichte immer wieder damit gerechnet werden, daß neue Weisen der Normfindung, neue, an der biblischen Botschaft gewonnene Glaubenserfahrungen individueller oder kollektiver Art gegen ein gängiges oder vom Lehramt als kirchlich deklariertes Glaubensbewußtsein Protest erheben und mit dem Anspruch auftreten, die christliche Botschaft, oder doch wenigstens den Glauben der Kirche «christlicher», «reiner» und unverdeckter zur Geltung zu bringen. Wer sich undifferenziert vom aktuellen Glaubensbewußtsein der Kirche leiten läßt, landet (ähnlich wie der Biblizismus) im reinen Konservativismus oder auch in einem orientierungslosen, letzlich egozentrischen Progressismus, die sich beide in der Idee der Entwicklung auf triumphale Weise verschlingen können.

So ist die Kirchlichkeit der Theologie zumindest ein verfängliches Kriterium, denn man kann es auswerten zur vorbehaltlosen Bestätigung des in der Kirche offiziell Gelehrten, des in der Kirche auch immer wuchernden Aberglaubens oder des in der Kirche herrschenden sozialen Systems. Richtig ver-

10 Vgl. *Emilio Betti,* Allgemeine Auslegungslehre als Methodik der Geisteswissenschaften (Tübingen 1967) 216–219.

stehen läßt es sich nur als Hinweis darauf, daß sich die Theologie immer auch auf die Erfahrung derer verwiesen weiß, in denen die Begegnung mit der biblischen Botschaft, der Glaube an Jesus Christus und die vorbehaltlose Brüderlichkeit je neu gelingt. Dann aber bemißt sich die Kirchlichkeit auch einer bewußt katholischen Theologie an ihrer Christlichkeit, dann muß sie sich ausweisen als legitime Auslegung der biblischen Botschaft und hinführen zu einem Lebensvollzug, der uns im Namen Jesu abverlangt und ermöglicht ist. Wie aber läßt sich eine solche Theologie als Auslegung der biblischen Botschaft verifizieren? Diese Frage ist hier zu beantworten. Sie wird im folgenden in drei Fragen unterteilt:

Ist Wahrheit verifizierbar?
Ist christliche Wahrheit verifizierbar?
Sind Glaubenssätze verifizierbar?
Daraus sollen schließlich Folgerungen gezogen werden.

Ist Wahrheit verifizierbar?

1. Zur Verifikation von Urteilen und Aussagen

Gemäß einer klassischen Grundunterscheidung gehen wir vom Begriff der «logischen» oder *kategorialen Wahrheit* aus, die mit einer klassischen Formulierung als «adaequatio intellectus et rei», in der modernen Semantik als die Übereinstimmung einer Aussage («Zeichenreihe») mit dem zu bezeichnenden Sachverhalt umschreibbar ist. Die Frage also lautet zunächst: Wie ist die Wahrheit von Urteilen oder Aussagen verifizierbar?

Erstens: Das Vorstellungsmodell der «logischen» Wahrheit geht aus von einer Polarität von Subjekt und Objekt, von Sachverhalt und einer ihn beschreibenden Aussage. Urteil und Aussage haben dabei eine *konstatierende Funktion*. Die Sprache wird zum Zeichen für ein anderes, Wahrheit geschieht durch die Angleichung des erkennenden Subjekts an das Objekt. Dementsprechend gilt eine Aussage als wahr, falsch oder (wenn eine Verhältnisbestimmung überhaupt möglich ist) sinnlos. Da sich aber jede Aussage behaupten, bezweifeln oder leugnen läßt, und da Wahrheit nur dann Sinn hat, wenn sie den Anspruch ihrer Verbindlichkeit deutlich machen kann, ist von der Frage nach der Wahrheit das Problem der *Wahrheitsvergewisserung* nicht ablösbar. Es gehört zum unabdingbaren Ethos jeder rational verantworteten Wissenschaft (also auch der Theologie), sich dieser Aufgabe zu stellen; das unmittelbare Wissen ist durch kritische Reflexion zu vermitteln und als gesichertes Wissen mitzuteilen.

Zweitens: Dieser Wahrheitsvergewisserung dient die Forderung nach der Verifikation von Aussagen. Das *Verifikationsprinzip* geht davon aus, daß jede Behauptung, die mit dem Anspruch der Wissenschaftlichkeit aufgestellt wird, durchschaubar, begründbar, also verifizierbar sein muß. Es verlangt also nach Methoden, die über die Wahrheit oder Falschheit einer (hypothetischen) Aussage entscheiden. Diese Forderung kann auch für die Theologie nicht nachdrücklich genug erhoben werden.

Um aber einer Begriffsverwirrung zu entgehen, muß man die Tatsache in Rechnung stellen, daß die Frage und der Begriff der Verifikation, basierend auf dem englischen Empirismus (D. Hume, J. St. Mill), vom logischen Positivismus des 20. Jahrhunderts entwickelt wurde. Verifikation kann danach nur empirisch oder analytisch, also durch (experimentell herstellbare) Erfahrung oder durch Deduktion aus unmittelbaren Evidenzen erfolgen, vermag also die Unmöglichkeit der Metaphysik (und Theologie) zu demonstrieren, deren Aussagen nicht verifizierbar, also sinnlos sind. Dieser philosophie- und und theologiekritische Grundansatz ist oft nicht zu überhören, wenn die Theologie zur Verifikation ihrer Aussagen aufgerufen wird. Doch ist er nicht notwendig damit verbunden. Denn einerseits hat die Sprachphilosophie durch die wachsende Einsicht in eine Vielfalt von Sprachebenen und entsprechender Sinnkriterien die Zahl der Verifikationsmöglichkeiten stets ausgeweitet. Andererseits gilt auch für den logischen Positivismus der Grundsatz, daß jede Verifikationsmethode dem zu verifizierenden Objekt entsprechen muß. Es gilt also, die jedem Erkenntnis- und Objektraum gemäßen Möglichkeiten der Verifikation zu erkennen und von anderen zu entflechten.

Drittens: Die *Naturwissenschaften* setzen einen Erkenntnis- und Objektraum voraus, der empirisch beherrschbar und unabhängig von der Ausage des (be)urteilenden Subjekts selbst durch entsprechende Methoden objektiv verfügbar wird. Eine naturwissenschaftliche Aussage ist also in dem Maße verifizierbar, als der von ihr beschriebene Sachverhalt unmittelbar beherrschbar wird. Man könnte von Methoden der objektivierten, der *äußeren Verifikation* sprechen. Ob die Naturwissenschaften ihre Methoden der äußeren Verifikation selbst hinreichend objektivieren, ihre logischen Voraussetzungen voraussetzungslos aufholen, die zwischen Aussage und Sachverhalt gemäß einem Sinnkriterium vermittelnde Metasprache befriedigend konstruieren können, sei hier nicht untersucht. Vermutlich müssen auch sie thetisch auf gewisse Voraussetzungen zurückgreifen.

Die *Human- und Handlungswissenschaften* dagegen, die von geschichtlichem oder soziokulturellem Interesse geleitete Textinterpretation, die Philosophie und die Theologie haben es mit Formalobjekten zu tun, die nicht wertfrei, nicht unabhängig von Vorentscheidungen, Interessen und Verstehensbedingungen des Subjekts ausgesagt werden können, weil dessen Selbsterfahrung notwendig in sie verwoben ist. Sie sind also nicht objektivierbar, von außen beherrschbar. Damit sind Verifikationsprozesse innerhalb dieser Verstehensräume nicht ausgeschlossen. Sie vollziehen sich als ständige Korrektur zwischen Erfahrungswerten, Vorverständnis und Einzelaussage, als stets neues Pendeln zwischen Text und Auslegung, als laufende Differenzierung und Präzisierung nach den Gesetzen der logischen Kohärenz, oder indem unerlaubte Übergriffe auf andere Wissensgebiete zurückgenommen werden. Eine solche Aussage ist also in dem Maße verifizierbar, als ihre Entsprechung zu den ihr gegebenen Voraussetzungen aufgezeigt oder nicht widerlegt werden kann. Man könnte von Methoden der *inneren Verifikation* sprechen. Der nicht mehr verifizierbare Überschuß des mit dem Formalobjekt gegebenen und aufgrund unmittelbarer Erfahrung vorausgesetzten Verstehenszirkels ist namhaft zu machen. Läßt er sich auch rechtfertigen? Dies führt zu einem nächsten Schritt.

2. Zur Selbstverifikation der Wirklichkeit

Die Frage verlagert sich von der Wahrheit der Urteile und Aussagen zur Wahrheit der Wirklichkeit selbst, gemäß der klassischen Grundunterscheidung also auf die «ontologische» oder *transzendentale Wahrheit*, verstanden nicht nur als die passive Erkennbarkeit und Geistbezogenheit der Wirklichkeit («omme ens est verum»), sondern im existentialontologischen Sinne als die sich selbst eröffnende, Sinn stiftende, «entbergende» und den Menschen angehende Offenheit des Seins selbst. Wieder müssen einige Bemerkungen genügen:

Erstens: Das Prinzip der Verifikation setzt eine Dualität von Subjekt und Objekt voraus. Bezwungen (aber nicht überwunden) wird sie durch die beherrschende Aktivität des erkennenden Subjekts. Doch findet dieser Erkenntniszugriff seine Grenze wenigstens an der *Subjektverwobenheit* gewisser Wirklichkeitsbereiche: des Menschen im Ganzen, seiner Geschichte, dessen, was ihn unbedingt angeht. Der Mensch und seine Geschichte sind nur bedingt, Gott aber als die voraussetzungslose Wahrheit des Seins selbst ist nicht verifizierbar.

Zweitens: Existentialontologische Analysen haben gezeigt, daß sich die Wahrheit des Seins, der Sinn der Wirklichkeit und der Ort des Menschen dem hörenden und vernehmenden Subjekt eröffnen. Der Mensch lebt aus einer ursprünglichen Wirklichkeitserfahrung, in der die Dualität von Subjekt und Objekt (noch) nicht aufgebrochen sind. Der Versuch, sich der Wahrheit einer solchen Erfahrung im Sinne des Verifikationsprinzips zu vergewissern, würde ihre Unmittelbarkeit zerstören, ist also unmöglich. Doch ist er auch unnötig, da die unmittelbare Wirklichkeitserfahrung ihre konkrete Wahrheitsgewißheit in sich trägt. Daß sie die Freiheit des Menschen herausfordert und als «Vorentscheidung» namhaft gemacht werden kann, spricht nicht gegen ihre Rationalität. Denn eine solche Entscheidung ist *ihrer selbst gewiß*, – wenn man den Ausdruck aufnehmen will: sie «verifiziert» sich selbst.

Drittens: Die Sprache ist mehr als ein System vom konstatierenden Zeichen. Sie ist das bevorzugte und präzise Medium der sich eröffnenden Wahrheit. Sie vergegenwärtigt und schafft Wirklichkeit, hat eine performative Kraft (ich danke, fordere, verspreche, indem ich sage, daß ich danke, fordere, verspreche). Wirklichkeit und ihre Erfahrung werden dem Partner gegeben, zum Nach- und (gleich ursprünglichen) Mittvollzug ausgesetzt. Wo solche Mitteilung gelingt und zur gemeinsamen Erfahrungswirklichkeit in Raum und Geschichte wird, teilt sich die (nicht beweisbare) Wahrheitsgewißheit selbst mit. Die ursprüngliche Wirklichkeitserfahrung, die Wahrheit des Seins ist nicht beweisbar, aber *kommunizierbar*. Die Übereinstimmung im Dialog wird zum geschichtlichen Kriterium des Mitgeteilten, die Wahrheit des Wirklichen lebt vom Erfolg ihrer Überzeugungskraft.

Viertens: Ihre unmittelbare Kraft, Erfahrungen zu erschließen, hat die Sprache nur in ihrer Gegenwart, im Zusammenhang eines *konkreten Lebensvollzugs*. Er (und nicht der Satz) ist der Ort der Wahrheit. Die objektivierte und verdinglichte Sprache eines historischen Textes bedarf der Auslegung, die ständig zwischen historischer (und verifizierbarer) Rekonstruktion und gegenwärtigem (und überzeugendem) Neuvollzug schwankt. Korrektur und tieferes Verstehen bedingen sich. Die Wahrheitsgewißheit selbst tritt in diesen geschichtlichen Prozeß ein. Eine endgültig oder unfehlbar wahre Auslegung geschichtlich erfahrener Wahrheit ist unmöglich.

Fünftens: Scharf tritt die Dialektik von Korrektur und tieferem Verstehen in der (philosophischen) *Rede von Gott* hervor. Gott kann zur Sprache gebracht werden, aber er ist zugleich durch einen entgrenzenden Komparativ definiert. Jede positive Aussage von Gott muß im Augenblick ihrer Objektivierung korrigiert, entgrenzt und neu ausgelegt werden. Die via eminentiae ist von der via negationis begleitet. Wird die Negation übersehen, dann sinkt der Gottesbegriff zur Projektion der eigenen Vorstellungen ab; wird die Position ausgelöscht, so versinkt die Gotteserfahrung in der Erfahrung seiner Abwesenheit, sie gerät zur Sinnlosigkeit überhaupt. Höchste Wahrheitsgewißheit geht mit höchster Ungesichertheit Hand in Hand. Eine Erfahrung, die sich dem Menschen am unmittelbarsten und unfehlbarsten aufdrängen müßte, ist mit der größten Unsicherheit und Ohnmacht belastet. Die Rede von Gott kann zu tiefster Gemeinsamkeit, aber auch zum schärfsten Streit führen. Sollte die Gotteserfahrung in dieser Dialektik verharren müssen, oder kann Gott nicht konkrete und menschlich überzeugende Wirklichkeit werden? Dies führt zum nächsten Schritt.

Ist christliche Wahrheit verifizierbar?

In einer doppelten Erkenntnisstruktur bewegt sich die Wahrheit des christlichen Glaubens, wie wir oben aufgezeigt haben. Der Glaubende geht von der Überzeugung aus, daß *Gott in Jesus* als dem Christus erfahrbar geworden ist. Geschichte wird an die unmittelbare Wahrheitserfahrung gebunden, die Wahrheit soll geschichtlich anschaulich werden. Die Sache Jesu erhält die formale Bestimmung eines unbedingten Anspruchs, Gott dagegen wird material als der Gott Jesu Christi, als der Gott der Liebe, der Armen, als der Gott, der für die Menschen da ist, bestimmt. Diese Identifikation von Gott und Jesus macht die Grundentscheidung christlichen Glaubens und das entscheidende Apriori aller christlichen Theologie aus. Ist es aber verifizierbar? Auf die wichtigsten Gesichtspunkte soll hingewiesen werden.

Erstens: Die Identifikation der Sache Jesu mit der Sache Gottes, in welchen theologischen (mythischen, kosmologischen, metaphysischen oder anthropologischen) Formeln sie auch angesagt wird, gehört in den Bereich jener Wahrheit, die mich unbedingt angehen will. Adäquat kann sie nur im verkündenden oder bekennenden, je gegenwärtigen Wort mitgeteilt werden und bleibt ihrer eigenen Überzeugungskraft ausgesetzt. *Gewißheit bringt sie selbst* mit sich und vermag sie andern mitzuteilen.

Eine Art äußerer, geschichtlicher Verifikation ist nur durch den Erweis ihrer geschichtlichen Kraft möglich, also auch dadurch, daß sie konkurrierenden Gottesbildern und geschichtsmächtigen Idolen ihre Kraft nimmt, seien sie mythischer, theokratisch-politischer oder vital erfahrbarer Natur. Zugleich wird durch die Identifikation von Gott und Jesus ein Netz innerer Verifikationsprozesse in Gang gesetzt, auf die kurz hingewiesen sei.

Zweitens: Der Glaube bekennt in Jesus Gott. Damit versteht der Glaubende Gott als die Mittel dessen, was in Jesu Wort, Verhalten und Geschick zum Vorschein kam. Diese Vorentscheidung aber fordert kritische Rückfragen heraus: Ist, und inwiefern ist die Sache Jesu wirklich fähig, den Menschen unbedingt zu treffen, ihm seinen Sinn zuzuweisen, seine Gottesfrage überzeugend zu beantworten? Braucht es Jesus wirklich, um Gott zu erfahren? Gott wird zum inneren, je gegenwärtigen *Kriterium Jesu.* Daß diese innere Verifikation gelingt, kann nicht apriorisch vorausgesetzt werden. Die Gewißheit des Glaubens an Jesus hat diese Probe immer neu zu bestehen.

Drittens: Der Glaube bekennt mit Gott die Sache Jesu. Er sieht in Jesus das erfüllt, was er von Gott erwartet; für ihn ist Gott durch Jesus definiert. Dadurch aber wird auch sein Gottesverständnis einem kritischen Verifikationsprozeß ausgesetzt. Das, was Jesus getan, gewollt und erfahren hat, dieses profane und geschichtliche Geschehen, wird zum Maß dessen, was Gott «sein» soll: Ist die Gotteserfahrung, das Gottverständnis eines Menschen oder einer Gruppe wirklich vereinbar mit dem Gotteszeugnis Jesu? Oder verehren sie in Wirklichkeit einen toten Gott? Bedarf es überhaupt eines Gottes, um sich von Jesus ganz bestimmt sein zu lassen? Jesus wird zum geschichtlichen *Kriterium der Gotteserfahrung.* Auch das Gelingen dieser geschichtlichen Verifikation und die geschichtlich konkretisierte Gottesbewußtheit des Glaubenden können nie als gesichert gelten.

Viertens: Die Legitimität des christlichen Glaubens hängt davon ab, daß Jesus so ernst genommen wird, wie er wirklich war. *Historische Redlichkeit* ist die Voraussetzung für einen christlichen Glauben. Nicht nur die Aufgaben der historischen Rekonstruktion (Jesu Taten, Wirkungen, Tod) und geschichtlich verantwortbaren Auslegung (was wollte Jesus?, ist er «für uns» gestorben?) sind gemäß den Methoden kritischer Geschichtsinterpretation zu bewältigen. Tatsachen, die dem Glauben als unangemessen erscheinen könnten, müssen wachgehalten werden (ein zürnender, irrender, mit Dirnen verkehrender, gesetzesberecherischer Jesus); allen theologischen Überlastungen, die sich historisch nicht halten lassen, ist zu begegnen (Frage des Messiasbewußtseins, bestimmte Jesusworte und Wunder). Hier kommt der Glaube an eine äußerste Grenze stark objektivierbarer Verifikation, die oft nicht ohne Grund als tödliche Konfrontation und Destruktion empfunden wurde. Die Glaubensgewißheit hat an dieser Auseinandersetzung teil und wird von der Frage bedrängt, ob ein toter und von Gott verlassener Mensch zum Zeugen für Gott werden kann.

Fünftens: Weil sich der christliche Glaube auf Jesus beruft, ist er ursprungsbezogen. Er lebt nicht nur aus verschiedensten Strömen der theologischen *Tradition*, sondern ist vor allem auf die Zeugnisse der *Schrift* verwiesen. Ihre außerordentliche Bedeutung muß nicht aus einer apriorischen Glaubensposition erklärt werden. Denn die Dokumente der Schrift sind (a) die einzigen Quellen, aus denen noch eine historische Rekonstruktion der Sache Jesu möglich ist. Sie sind (b) Quellen, in denen sich die Urerfahrungen des Glaubens auf eine Weise widerspiegeln, die durch keine anderen Dokumente mehr hinterschritten wird. In der Geschichte der Kirche haben sie sich (c) durchgängig als zentrale und fundamental überzeugende Glaubensdokumemte erwiesen. Die Sachkritik im einzelnen bleibt dennoch notwendig und bei einem hermeneutisch verantworteten Vorgehen möglich.

Sechstens: Christliche Wahrheit versteht sich nicht primär als Lehre, sondern als eine Lebenswirklichkeit, die in Jesus *erfahrbar* geworden ist. Alles kommt darauf an, daß Jesus nicht nur im Wort bezeugt, sondern durch die Tat belegt und zur personalen Lebensform gemacht wird. Der christliche Glaube ist deshalb zugleich streng gegenwartsbezogen. Seine Wahrheit ist nicht subjekt- und situationsunabhängig, sondern konkret. Der Gott Jesu Christi – das ist ein Erfahrungssatz des Glaubens – ermöglicht die Freiheit zur vorbehaltlosen Liebe. Seine sinnstiftende und Zukunft eröffnende Kraft erweist sich darin, daß wir seinem Willen in der *«Nachfolge» Jesu* entsprechen können. Gottes Wille also wird verifizierbar als die Sache Jesu, d.h. aber als Freiheit zur Liebe, als Befähigung zum vorbehaltlosen Dienst, zu Brüderlichkeit und Solidarität. Gott wird nur in der Liebe zum Menschen verifizierbar. Dieser Grundsatz umfaßt die gesamte oben aufgezeigte Kriteriologie und macht sie erst glaubwürdig und sinnvoll.

Dieses Kriterium ist konkret und total. Es umfaßt Verstehen und Tun, es übersteigt die Diastase von äußeren und inneren Kriterien, von frei gesetzter Vorentscheidung und zwingendem Beweis. Es ist von entscheidender Bedeutung, wo es um das öffentlich zu verantwortende Recht des Glaubens, um die Legitimität seiner Grundentscheidung, um die Rechtfertigung seines Erfolges geht. Aus der Erfahrung dieser Liebe und Freiheit schließlich, die sich auf Jesus beruft, und nicht aus Argumenten der formalen Orthodoxie oder rational geketteter Beweisgänge erhält der Glaube seine Gewißheit. Es ist eine *konkrete Gewißheit,* weil sie im konkreten Lebensvollzug beheimatet ist, in dem die Wahrheit Wirklichkeit wird. Christliche Wahrheit ist verifizierbar als Liebe unter Berufung auf Jesus. Damit aber kann endlich die Frage nach der Verifikation von Glaubenssätzen beantwortet werden.

Sind Glaubenssätze verifizierbar?

Unter Glaubenssätzen verstehen wir hier Lehrsätze des christlichen Glaubens, die mit dem Anspruch der Verbindlichkeit vorgetragen werden. Es sind «Sätze», also inhaltlich eng umgrenzte Einzelsetzungen und -aussagen, die sich in der Regel auch grammatikalisch in einem Satz niederschlagen («Jesus ist wahrer Gott und wahrer Mensch»). Nicht bestritten wird, daß solche

Sätze aus dem Kontext einer bestimmten Lehre entstanden sind und ursprünglich so verstanden wurden. Doch sind sie im Verlaufe ihrer Wirkungsgeschichte meist selbst zum Kriterium weiterer Lehrbildung geworden. Das gilt gerade dann, wenn solche Sätze (und nicht ein ganzes Lehrgewebe) für verbindlich erklärt wurden. Damit wurden sie faktisch *isoliert*, als Fragmente verstanden, in denen das Ganze des Lehrstücks brennpunktartig und doch auch unmittelbar aufscheint. Der Interpret ist auf den Wortlaut solcher Formeln zurückgeworfen, wenn ihm die Verletzung eines solchen verbindlichen Satzes vorgeworfen wird. Dies gilt gerade dann, wenn die Verbindlichkeitserklärung (wie beim Vatikanum I) nach dem Modell eines richterlichen Spruches konzipiert ist.

Glaubenssätze sind ferner «Lehr»sätze, treten also mit dem Anspruch auf, einen Sachverhalt auf allgemeingültige Weise zu beschreiben, oder doch wenigstens auf eine Formel zu bringen, der die ganze Kirche zustimmen kann. So unterscheiden sie sich vom spontanen Bekenntnis, dem bezeugenden Glaubensgespräch und der Predigt, die in eine bestimmte Situation hineinformuliert sind. Nicht bestritten wird, daß solche Sätze oft genug aus vorformuliertem Predigt-, Bekenntnis- oder Liedgut stammen, von dort her erklärbar sind und dort auch weiterhin einen legitimen Ort finden können. Aber die Funktion dieser Formeln hat sich verlagert in eine *abstrahierte*, theoretisierte und logisch fixierte Glaubensexplikation. Sie sind von einer Situation in eine andere, von einer Epoche in eine andere transportabel geworden und haben so ihre kontinuitätsschaffende Überzeitlichkeit durch Mißbräuchlichkeit, Vieldeutigkeit und einen Zug ins Gesetzliche bezahlt. Als «Dogma» oder als schriftlich fixiertes «Bekenntnis» (der Doppelsinn des Wortes ist bezeichnend) haben sie eine zentrale Lehrfunktion erhalten.

Glaubenssätze werden mit dem Anspruch der «Verbindlichkeit» vorgetragen, beanspruchen also eine normative Kraft und einen *erhöhten Gewißheitsgrad*. Begründet wird der Anspruch bestenfalls mit materialen Sachargumenten (die Gottheit Jesu etwa wird dann damit begründet, wo und wie in Jesus die Sache Gottes erfahrbar geworden ist). Dann bleibt der Satz in seinem konkreten Sinn umrissen und hat am Gewißheitsgrad der Sachbegründung teil. Meist aber wird der Anspruch durch den Verweis auf andere Autoritäten, sei es die formalisierte (und apriorisch verstandene) Autorität der Schrift, der Tradition, oder der Kirche und des Lehramts begründet. Nicht bestritten wird, daß der Rückgriff auf die Schrift, die Tradition und die Kirche mit ihren in Sachen der Lehre engagierten Institutionen ein entscheidendes Gewißheitskriterium bieten. Aber es muß auch gesehen werden, daß dieser Schritt oft rein formal geschieht. Weder wird dann untersucht, mit welchem inneren Recht sich hier oder dort ein Glaubenssatz durchgesetzt hat, noch wird dem formalisierten Autoritätsargument eine material-inhaltliche Begründung beigefügt, noch wird der Satz daraufhin untersucht, welche befreiende Kraft er auf die gegenwärtige Situation auszustrahlen vermag. Das Problem der sachlichen Verifikation wird aber dadurch nicht überwunden, sondern um so schärfer gestellt, denn aus dem inneren Verhältnis der Wahrheit zu ihrer kommunikativen Gewißheitskraft ist ein Unternehmen äußerer Versicherung geworden. Gilt dies nicht aufs schärfste gerade für jenen Satz, der dem kirchlichen Lehramt die Kompetenz der Verbindlichkeit selbst mit einem letztverbindlichen Satz und unter rein formalen Bedingungen zusichern will? Wieder müssen einige Bemerkungen genügen:

Erstens: Ein christlicher Glaubenssatz bezieht seine Überzeugungskraft im letzten nicht aus sich selbst. Letztlich und umfassend und auf eine Weise, die auch der Nichtchrist nachvollziehen kann, ist ein Glaubenssatz am konkreten Kriterium christlicher Wahrheit überhaupt zu messen. Christliche Wahrheit, so sagten wir, sei verifizierbar als Liebe unter Berufung auf Jesus. Dies schließt Kriterien der Theorie und der Praxis ein. Bezüglich der *Praxis* gilt: Entweder der Satz dient in keiner Weise der Erfahrung und Ermöglichung menschlich befreiter Liebe. Dann ist er als Glaubenssatz wert- und sinnlos. Oder aber er schadet der Erfahrung und Ermöglichung der Liebe, dann wird er als Glaubenssatz inakzeptabel, gemessen an der letzten Sinnausrichtung des Christlichen geradezu falsch, auch wenn er sich (illegitimerweise) auf Jesus berufen sollte.

Dieses Kriterium der Orthopraxie reicht, wie wir sehen werden, nicht hin, um die Christlichkeit eines theologischen Satzes zu bestimmen. Aber es kann nicht umgangen werden. Es fordert, daß der theoretische Satz an Hand der Praxis der Liebe geprüft wird, daß das Interesse und die konkreten Konsequenzen eines jeden Lehrsatzes mit in die theologische Reflexion einbezogen werden. Dieses äußerst komplexe und noch kaum ausgefaltete Kriterium muß in aller Behutsamkeit konkretisiert werden und darf nicht zu ungeschichtlicher und kurzschlüssiger Anwendung kommen. Es muß den Wechsel geschichtlicher Konstellationen berücksichtigen, ist also selbst geschichtlich, und darf Mißbräuchlichkeit (der es unbedingt zu wehren gilt) nicht mit Verkehrtheit identifizieren.

Viele, und gerade die zentralen christologischen und soteriologischen Glaubenssätze lassen sich rechtfertigen. Wo aber klar werden sollte, daß ein vermeintlicher Glaubenssatz den besonderen Interessen einer bestimmten Gruppe dient, Machtverhältnisse festschreibt und die Freiheit der Kinder Gottes beschneidet, muß seine Legitimität entschieden bezweifelt werden. Es ist damit zu rechnen, daß vor allem Sätze der Ekklesiologie und (naturgemäß) der Ethik davon betroffen sind.

Im Kriterium der Orthopraxie schlägt der christliche Glaube die Brücke zu allen außerchristlichen Positionen, denen es um den Menschen in seiner Freiheit und Brüderlichkeit geht. Es gibt dem Glaubenden das Recht, den Namen Gottes zu beanspruchen, es gibt ihm die Pflicht, vor der Lehre den Menschen, vor seiner Kirche die Not der Welt zu sehen. Nur meint der christliche Glaube – und das unterscheidet ihn von allen Humanismen sonstiger Herkunft –, daß er zu diesem Tun in Jesus Christus befähigt worden ist. Der Glaubende liebt, indem er sich auf Jesus beruft.

Zweitens: Deshalb läßt sich das Kriterium der sich auf Jesus berufenden Liebe nicht auf das Problem der Orthopraxie einengen, sondern umschließt die Ebene des glaubenden An-Denkens an den Ursprung des Glaubens in Jesus. *Theorie* und Praxis unterliegen einer gegenseitigen Verifikation.

Die Frage der «historisch-theoretischen» Verifikation aber verlagert die Problematik wieder auf den Verifikationsprozeß, den wir oben schon besprochen haben. Jeder Glaubenssatz wird daran zu messen sein, wieweit er sich selbst und die durch ihn strukturierte Lehre auf die *Sache Jesu* hinführt, wieweit er wirksam wird als Anleitung zum Bekenntnis zu Jesus, als Hinführung zum Glauben an Gott und dessen Treue zum Menschen. Entweder der Satz bedarf nicht der Berufung auf Jesus, weil er aus sich einsichtig ist oder allgemein menschlicher Erfahrung entspricht. Dann ist der Satz nicht illegitim, aber er kann nicht als formeller «Glaubens»satz verstanden und behandelt werden. Oder der Satz führt von der Sache Jesu weg, dann wird er als christlicher Satz falsch. Die Theorie von der Hierarchie der Wahrheiten sollte nicht nur zur Integration und Erhaltung vieler peripherer Glaubenssätze führen. Das hieße sie mißbrauchen. Sie fordert vielmehr dazu heraus, im System der Glaubenslehre eindeutige Prioritäten zu setzen, das Bessere zum Kritiker des Guten werden zu lassen, und ermächtigt gegebenenfalls dazu, solche Lehren auszuscheiden, die ihre christliche Funktion in der Glaubenserfahrung verloren haben.

Drittens: Christlicher Glaube ist gegenwartsbezogen und lebt aus der Begegnung des heutigen Menschen mit der Sache Jesu, aus einer je neuen Glaubens- und Welterfahrung. Mit ihr muß die Sache der Theologie immer neu formuliert werden. Human- und Geschichtswissenschaften, die Analyse von Kulturen und Sprachstrukturen ermöglichen und erzwingen Korrektur und Differenzierung. Neue politische und soziale Horizonte machen es unmöglich, die Sprache der Tradition oder der Schrift zu repetieren. Neue Systeme und Lehrsätze, neue Bekenntnisse, Imperative und Hoffnungen wachsen. Sind sie legitim?

Mit Recht wird die Theologie an diesem Punkt auf ihre *Kirchlichkeit* verpflichtet. Doch beinhaltet dies zwei Stoßrichtungen: Zum ersten sind die Theologie und ihre Lehrsätze darauf zu prüfen, ob sie die Glaubens- und Sinnfragen der Menschen aufnehmen, ob sie die Glaubens- und Sinnerfahrungen der Christen zur überzeugenden Darstellung und theoretischen Entfaltung bringen. Glaubenssätze müssen der überzeugenden und gemeinschaftsstiftenden Kraft ihrer Wahrheit, also dem wahrheitsfindenden Gespräch der Glaubenden ausgesetzt werden. Der Theologe kann sich dann als Gesprächspartner und Sprecher einer Gemeinde verstehen, die die praktische Kontinuität der Nachfolge lebt und im christlichen Lebensvollzug, dem eigentlichen Ort christlicher Wahrheit, Glaubensformeln auf ihre Orthopraxie hin überprüft, indem sie sie rezipiert, ablehnt oder beiseitelegt. Ein Glaubenssatz, der seine konkrete Überzeugungskraft eingebüßt oder gar nie gewonnen hat, kann schwerlich als verbindlicher Ausdruck des Glaubens gewertet werden.

Zum zweiten aber ist der Theologe darauf verpflichtet, die geschichtlich-theoretische Kontinuität zum Ursprung des Glaubens sicherzustellen, den Glauben vom immer mitwuchernden Aberglauben scheiden zu helfen. Das Kriterium der kirchlichen Rezeption ist auf den Ursprung des Glaubens selbst hin zu relativieren. Ein wiederum relatives, weil ebenfalls gegen den Aberglauben nicht gefeites Kriterium, das (wie man aus der katholisch-protestantischen Differenz ersieht) gerade unter dem Gesichtspunkt der Theologiekritik schwer einzuordnen ist, wird durch die Verankerung eines Glaubenssatzes in der *Tradition* bereitgestellt. Damit werden fundamentale ökumenische Aspekte berührt; denn eine breite Tradition erhöht die Voraussetzungen für ein interkonfessionelles Gespräch. Aber nur aus engster Vertrautheit mit der Geschichte der Theologie lassen sich sachgemäße Schlüsse ziehen.

Dagegen gilt ohne allen Zweifel, daß kein Glaubenssatz Geltung beanspruchen darf, dessen sachliche Legitimität nicht aus der Begegnung der Sache Jesu mit dem heutigen Menschen einsichtig gemacht werden kann. Konkret aber ist (laut einem oben besprochenen, immer neu zu bewährenden Erfahrungssatz der Kirche) die Sache Jesu ursprünglich nur im und durch das Glaubenszeugnis der Schrift erreichbar. Also: Kein Glaubenssatz kann Geltung beanspruchen, dessen sachliche Legitimität nicht aus der auf Jesus hin hermeneutisch verantworteten *Schrift* einsichtig gemacht werden kann. Wichtig ist, daß dieser Grundsatz nicht in das Verfahren biblizistischer Schriftbeweise absinkt. Wichtig ist aber ebenso, daß die vertsändliche Angst vor einem starren und sterilen Biblizismus nicht in das Gegenteil einer hermeneutischen Standpunktlosigkeit führt, die zu keiner konkreten Aussage mehr fähig ist, weil sie es der Schrift, der Tradition und der Gegenwart, dem

Kirchenvolk wie dem offiziellen Lehramt in gleicher Weise rechtmachen will.

Viertens: Glaubenssätze also leben von ihrer eigenen, im konkreten Lebensvollzug christlicher Liebe erprobten Überzeugungskraft (Rezeption) und müssen sich an der Sache Jesu als ihrem Ursprungsort verifizieren lassen. Dennoch bleibt für die Kirche oder eine kirchliche Gemeinschaft in Zeiten äußerer Bedrohung oder inneren Zerfalls oft keine andere Möglichkeit, als sich auf ihre Mitte zu besinnen und ihre Haltung zu bestimmten Fragen in aller Deutlichkeit herauszustellen. Dies ist die Stunde, in der Glaubenssätze mit dem Siegel äußerer Verbindlichkeit bestätigt werden können oder müssen. In der Regel wird diese *Verbindlichkeitserklärung* von den offiziellen Repräsentanten der Kirche (Konzil, Synode) ausgesprochen. Doch sind auch für diesen Fall die besprochenen Bedingungen zu beachten: Nicht nur die ursprungsbezogene Wahrheit, die sachgemäße Formulierung und orthopraktische Konsequenz dieses Satzes sollte unbestritten sein. Der Satz sollte auch wirklich die Kraft haben, aus sich (und nicht erst durch mühselige Interpretation) zu überzeugen, die Gemeinsamkeit des einen Glaubens erfahrbar zu machen und so die bedrohte Einheit zu schützen. Jede rein äußerliche und formaljuridisch nur erstellte Verbindlichkeitserklärung lebt nicht aus der Vollmacht Jesu Christi, die allein überzeugen und Gewißheit verschaffen kann. Denn der Grund der Gewißheit ist allein Jesus Christus selbst.

Folgerungen

Die Theologie hat ihre Aussagen und die Aussagen ihrer Kirche vor dem Forum der Öffentlichkeit und des Verstehens rational zu verantworten, also methodisch zu verifizieren. Doch ist dies weder ihr einziges Geschäft, noch unterliegt die Sache des Glaubens ausschließlich ihrem Urteil. Die theologische Lehre lebt aus einem Verstehensüberschuß, der im konkreten Vollzug des Glaubens beheimatet ist und nie adäquat in ein Lehrsystem überführt werden kann. Nur dort kommt der Glaube voll zu Wort, wo die christliche Rede eine konkrete Situation bestimmt und in sie eingeht, wo der personale Bezug von Adressat und Empfänger aktiviert wird, wo die aus dem Verhalten ersichtliche Wahrhaftigkeit des Redenden und die unverstellte Aufnahmebereitschaft des Hörenden als konkrete Interpretamente christlicher Rede unausgesprochen, aber ungeschmälert zum Zuge kommen, wo Formulierungen und Akzente, Eingrenzungen und Erwartungen aus den Erfahrens-, Verstehens- und Absichtsstrukturen der Partner ihren präzisen und unwiederholbaren Sinn erhalten. Nur im konkreten Glaubensvollzug ist deshalb die ungebrochene Glaubensgewißheit zu Hause und mitteilbar. Die Lehre aber erhebt zwar Anspruch auf Allgemeingültigkeit, bleibt aber darauf angewiesen, daß sie den Kontakt zur ursprünglichen und befreienden Überzeugungskraft des vollzogenen Glaubens nicht verliert. Ohne diesen Bezug verliert die Theologie ihre Voraussetzung, ihr befreiendes Leben, ihre «Wahrheit» im biblischen Sinne, der nicht der Irrtum, sondern allenfalls die «Lüge» oder der Tod (als die Sinnlosigkeit und Absurdität allen Redens) gegenübertritt.

Es ist daher verständlich, wenn mancherorts mit großem Nachdruck auf die Lebensbezogenheit, die spirituelle Tiefe und auf den alle apriorische Rationalität sprengenden Reichtum einer legitimen Theologie hingewiesen wird. Denn ohne sie stehen Sterilität, Fachsimpelei und tödlicher Systemzwang ins Haus. Der Theologe bleibt, wenn er überzeugend reden will, angewiesen auf den ständigen, durch keine Machtstrukturen und durch keine gegenwartsfremde Sprache verzerrten Dialog mit der Gemeinschaft derer, die glauben. Eine Wahrheit nämlich, die Leben, Gewißheit und brüderliche Gemeinschaft eröffnet, erweist sich nur im Gespräch. Die Kreativität der Theologie erwächst allein aus dem vollzogenen Glauben an Jesus Christus.

Gerade deshalb ist es illegitim, die innertheologischen Verifikationsprozesse auch nur an bestimmten bevorzugten Orten zu blockieren. Denn die Glaubenslehre lebt nicht nur vom Verstehensüberschuß des Glaubensvollzugs, sie bleibt auch auf ihn hin relativiert. Glaubenslehre verkündet, hofft und bekennt nicht. Sie hat vielmehr der Verkündigung, der Hoffnung und dem Bekenntnis zu dienen, indem sie feststellt, was (und wie) verkündigt, gehofft und bekannt wird. Ihrer konstatierenden Wahrheit also steht der Irrtum gegenüber. Und sie kann einen Satz, der in seiner ursprünglichen Situation sein Recht hatte, jetzt aber eine situationsüberhobene Allgemeingültigkeit beansprucht, unter bestimmten Bedingungen der Ambiguität oder des Irrtums überführen. Daß der Satz eine ursprüngliche Überzeugungskraft besaß, kann gegen diese Falsifikation nicht ins Feld geführt werden.

Im Gegenteil, die konkrete Situations- und Ursprungsbezogenheit des christlichen Glaubens macht die abstrakte Wahrheit der theoretischen Glaubenssaussage geradezu zu einem Risiko. Erwähnt haben wir das Risiko, das der Theologie durch die stets neue Verifikation an der Sache Jesu erwächst. Wir haben hingewiesen auf das Risiko, das für Glaubensformeln durch ein ständig sich wandelndes Gottesbild entsteht. Angedeutet wurde der selten vollständig gelingende Versuch, die Kontinuität einer Glaubensaussage durch die Geschichte der Kirche hin herzustellen. Und schließlich bleibt das Risiko der wachsenden und wieder zerfallenden Rezeption, das Risiko eines Satzes, der unter veränderten Bedingungen vielleicht dem praktischen Kriterium der Liebe widersprechen wird. All diese Faktoren weisen darauf hin, daß eine Aussage um so schlechter abgesichert werden kann, je unmittelbarer sie den Menschen angehen, bestimmen oder erhellen will. Sie kann nur bezeugt werden, auf ihre Gewißheit muß sich der Hörende einlassen. Ja selbst ein so fundamentaler Erfahrungssatz wie die These von der (recht verstandenen) Normativität der Schrift bleibt stets neuer Bewährung ausgesetzt. Und wer (mit innertheologischem Recht) davon überzeugt ist, daß sich um die christliche Botschaft immer neue Gemeinden finden werden, kann auch dies nur hoffend zum Ausdruck bringen.

Das Ergebnis der Überlegungen braucht nicht mehr eigens auf das Problem der Unfehlbarkeit angewendet werden. Verschiedentlich wurde in der Kontroverse darauf hingewiesen, daß die Unfehlbarkeitstheorie des I. Vatikanums weder mit einem geschichtlichen noch mit einem dialogischen noch mit einem Wahrheitsverständnis vereinbar ist, das auf das Verhältnis von Theorie und Praxis Rücksicht nimmt. Die Unfehlbarkeitstheorie macht für die definierten Sätze im Grunde nicht nur den Rückgriff auf die Sache Jesu überflüssig. Sie kann sich logisch nicht aufholen, da sie ihre eigenen Voraussetzungen unfehlbar setzen muß. Sie führt zu einem erkenntnistheoretischen Solipsismus, da der Träger der Unfehlbarkeit auf die Assistenz des Hl. Geistes rekurriert. Sie übersieht, daß sich Gewißheit nicht jurisdiktionell beischaffen läßt. Die Unfehlbarkeit kann sich deshalb schwerlich als Dienst am Glauben verstehen, da sie den Gewißheitscharakter des Glaubens verkennt. Statt die Unfehlbarkeitstheorie zu verteidigen, stünde es der Theologie deshalb besser an, die Sache Jesu konsequent auszulegen, die Sinn- und Daseinsfrage des heutigen Menschen unverzerrt aufzugreifen und im Gespräch mit allen Gruppen der Kirche zu neuen Formen christlichen Redens und Tuns zu finden.

Otto Hermann Pesch

KIRCHLICHE LEHRFORMULIERUNG UND PERSÖNLICHER GLAUBENSVOLLZUG

Man kann heute kaum zum Thema *Dogma* sprechen oder schreiben, ohne gereizte Stimmung auszulösen. Und dies ist nicht erst «im Jahre 2 nach Küng» so [1], sondern schon seit geraumer Zeit. Wer auch in der Kirche kritisches Fragen und Nachdenken selbstverständlich findet, will sich nicht länger ein einfaches «Roma locuta, causa finita» gefallen lassen. Wer, umgekehrt, um einen unverfälschten und unwandelbaren, verläßlichen Glauben sich Sorge macht, verwahrt sich gegen kritische Rückfragen, sofern sie die feierlich verkündete «Lehre der Kirche» nicht vorbehaltlos annehmen. Oder es ergibt sich eine dritte Situation: Redner und Hörer, Autor und Leser sind sich im Grunde über das Dogma als eine erledigte Sache schon einig, und nun erwarten und erhalten sie von einander nichts weiter als Bestätigung ihrer schon bestehenden Meinung und allenfalls neue Ermunterung, endgültig zu zerfetzen, was vom Dogma noch übrig geblieben ist. Man müßte schon ein ultrakonservativer Theologe sein und es mit einem ganz einfältigen, von allen aktuellen Fragen verschonten Publikum zu tun haben, um noch einmal jene Stimmung des Triumphes über die im Dogma unwiderruflich niedergelegte, dem Wandel der Zeiten und Menschen trotzende, ehern-feste Glaubenswahrheit zu erleben, an der kein Jota und kein Häkchen geändert werden kann und die im voraus schon die Antwort auf alle künftigen Fragen einschließt.

Wenn wir hier über «Kirchliche Lehrformulierung und persönlicher Glaubensvollzug» nachdenken, so soll das «und» zwischen beiden Begriffen schon andeuten, daß wir uns beidem zu widersetzen haben: dem Gereiztsein *und* dem Triumphgefühl, so schwer das auch sein mag. Es gibt die kirchliche Lehrformulierung, ihr Recht, ihre – zuweilen durchaus unentbehrliche – Funktion. Für den, der begriffen hat, daß er nur in und mit der Kirche zum Glau-

1 Küngs Buch: Unfehlbar? Eine Anfrage, erschien bekanntlich 1970. – Ich darf auf meine beiden thematischen Beiträge zur Auseinandersetzung um Küngs Buch verweisen: Vom Bleiben der Kirche in der Wahrheit, in: Klerusblatt (München) 51 (1971) Nr. 5, 64–67; Unfehlbarkeit im Disput. Ein Streit zwischen Karl Rahner und Hans Küng, in: Wort und Antwort 12 (1971) Heft 3, 82–88. – Im Hintergrund des folgenden Beitrages stehen zahlreiche Vorträge zum Thema, die ich in den vergangenen Jahren bei theologischen Fortbildungsveranstaltungen für Priester gehalten habe. Es wurde nicht versucht, gewisse Elemente eines «Redestils», die sich aus dieser Herkunft erklären, auszumerzen und aus dem Beitrag ein reines Schreibtischprodukt zu machen.

ben kommt, kann diese grundsätzliche Feststellung keinem Zweifel unterliegen, und auch in der «Küng-Debatte» hat sie nie ernsthaft zur Diskussion gestanden. Und es gibt den persönlich-einsamen Vollzug des Glaubens, der sich nicht einfach neben dem Bekenntnis der Kirche ereignet und der doch mehr ist als Aneignung einer dogmatischen Formel, mehr als Einfügung in ein kollektives Bekenntnis anhand einer gemeinsamen Formulierung. Weder Ärger noch Triumph werden der Sache gerecht, die hier zur Debatte steht.

Um unseren Überlegungen die nötige ruhige Sachlichkeit zu sichern, müssen wir zu allem Anfang ein Hindernis aus dem Weg räumen: die Neigung, den Begriff «Dogma» in einer Weise zu verstehen, die einseitig von der modernen Entwicklung des Dogmenbegriffes herkommt, ja eigentlich nicht viel mehr besagt als die formalen Inhalte des auf dem Ersten Vatikanischen Konzil verkündeten «Generaldogmas» von der Unfehlbarkeit des päpstlichen Lehramtes[2]. «Dogma» wäre demnach ein Satz, der als von Gott geoffenbarte Lehre vom Papst als dem obersten Lehrer der Kirche mit Anspruch auf das Charisma der Unfehlbarkeit der ganzen Kirche verpflichtend zu glauben vorgelegt wird. Wir brauchen kaum noch zu beweisen, daß dies eine sehr verkürzte und verzeichnete Wiedergabe der Lehre des Ersten Vatikanums ist[3]. Aber wir können kaum leugnen, daß uns auch bei besserer Information zumeist derartiges bei dem Wort «Dogma» zunächst einfällt. Daran heften sich dann, je nach Vorentscheid, gereizter Ärger über soviel im Namen Christi ausgeübte geistige Tyrannei oder Triumph über soviel Eindeutigkeit und Sicherheit im Glauben. Unsere Überlegungen würden entschieden zu kurz geraten, wenn wir uns auf diesen Dogmenbegriff festlegen ließen. Deswegen wurde das Thema mit Bedacht nicht formuliert: *Dogma* und Glaubensvollzug, sondern: *Kirchliche Lehrformulierung* und Glaubensvollzug.

Auch die andere Hälfte der Themenformulierung verdient noch eine Vorbemerkung: *persönlicher Glaubensvollzug.* Unbestritten und oft wiederholt ist die Feststellung, daß das Dogma dem Glauben – dem persönlich zu vollziehenden Glauben – *dienen* soll. Ebenso häufig ist die Verwahrung gegen die Unterstellung, das Dogma sei nichts als ein doktrinäres Kommando des Lehramtes, dem sich alle Gläubigen blind zu fügen hätten. So wahr nun der Glaube kein bloß intellektueller Akt der Zustimmung zu bestimmter Lehre ist, so wahr ist die Frage des Dogmas nicht nur als erkenntnistheoretische

2 DS 3073–3075.

3 Wenn die Debatte um Küngs Buch *ein* Ergebnis gezeitigt hat, dann dieses. Hilfreiche Darstellung und Interpretation der Lehre des Ersten Vatikanums außerhalb des unmittelbaren Kontextes der Küng-Debatte: *H. Fries,* Ist der Papst allein unfehlbar? Ein umstrittener Satz des Ersten Vatikanischen Konzils (1869/70), in: Wort und Antwort 9 (1968) 65–72; 112–118; *U. Horst,* Umstrittene Fragen der Ekklesiologie (Regensburg 1971) 137–157.

Frage abzuhandeln. Ob das Dogma seine Bedeutung hat oder ein Unding ist, entscheidet sich daran, ob der persönliche Glaube eine Hilfe an ihm haben kann. Wenn vorausgesetzt wird, daß die kirchliche Lehrformulierung ihr Recht und ihre Funktion hat, kommt zuletzt in Sachen Dogma alles entscheidend nicht nur darauf an, wie es formuliert wird, sondern auch, wie der Glaubende mit ihm umgeht. Diese Einsicht steht aber, wenn wir recht sehen, in einem deutlichen Mißverhältnis zu der durchschnittlichen Art, die Frage nach dem Dogma abzuhandeln. Ganz bewußt möchten wir daher das Feld der theologischen Epistemologie überschreiten und uns auf das pastoraltheologische Feld begeben – was freilich nicht geschehen kann, ohne immer wieder auf epistemologische Überlegungen zurückzugreifen.

Das Schwergewicht unserer Überlegungen wird daher auf der Frage liegen, wie der Christ, der die Kirche als die Heimat seines Glaubens versteht, mit der kirchlichen Lehrverkündigung in Vergangenheit und Gegenwart verantwortlich umgeht, anders ausgedrückt: wie er zu einer solchen Art der Zustimmung findet, die einerseits weiß, daß er sich seinen Glauben nicht selber sagt, sondern ihn aus der kirchlichen Lehrüberlieferung empfängt, und die anderseits durch sachgemäße Kritik dazu beiträgt, daß die kirchliche Lehrformulierung Dienst am Glauben *bleibt* und nicht zum doktrinären Kommando wird.

Diesen Überlegungen sollen einige Bemerkungen zum Sinn und zur Tragweite kirchlicher Lehrformulierung überhaupt vorausgehen. Dabei können wir im Kontext der aktuellen Debatte kaum etwas Neues sagen[4]. Aber eine Zusammenfassung der wichtigsten Einsichten in Form einiger kurz erläuterter Thesen mag nützlich sein. Zumindest erlaubt sie uns, innerhalb der Vielfalt der Gesichtspunkte, unter denen die Diskussion um das Dogma geführt wird, bestimmte Akzente zu setzen im Hinblick auf die Fragen, die uns hier hauptsächlich beschäftigen. Damit ist der Gang unserer Überlegungen gegeben.

4 Vgl. die Bibliographie zur Unfehlbarkeits-Debatte in diesem Band. Aus der vorausgehenden Literatur sei verwiesen auf *W. Kasper*, Dogma unter dem Wort Gottes (Mainz 1965); *K. Rahner*, Kirchliches Lehramt und Theologie nach dem Konzil, in: Schriften zur Theologie, Bd. VIII (Einsiedeln 1967) 111–132; *U. Horst*, Sinn und Funktion des Dogmas in der Kirche, in: Die Neue Ordnung 22 (1968) 401–415; (abgedruckt in: Umstrittene Fragen der Ekklesiologie, 119–136); *ders.*, Lebensnorm – Glaubensnorm. Überlegungen zur gläubigen Wahrheitsfindung, in: Wort und Antwort 10 (1969) 65–70; *M. Seckler*, Die Theologie als kirchliche Wissenschaft nach Pius XII. und Paul VI., in: Th Q 149 (1969) 209–234; *R. Kösters*, Dogma und Bekenntnis bei Gerhard Ebeling. Zur kontroverstheologischen Problematik des Begriffs der kirchlichen Lehre, in: Catholica 24 (1970) 51–66.

1. These: Was wir heute Dogma nennen, hat an seinem Ursprung die Gestalt einer liturgischen Bekenntnisformel.

Von Anfang an hat in der Kirche der Glaube im Zusammenhang mit «Dogma», mit «Lehre» gestanden. Das Gegenteil zu behaupten ist nur möglich, wenn man klare Zeugnisse des Neuen Testamentes ausblendet. Denn wenn, wie der christliche Glaube bekennt, Christus und sein Werk das endgültige Heilshandeln Gottes sind, nach dem, im Gegensatz zum Alten Bund, kein grundsätzlich neues Heilshandeln Gottes über sein Handeln Christus hinaus mehr zu erwarten steht, dann muß folgerichtig im Neuen Testament, verglichen mit dem Alten, die lehrhafte Seite des Glaubens und der Verkündigung verstärktes Gewicht bekommen. In einem bestimmten Sinne muß man jetzt immer wieder dasselbe sagen, nämlich Tod und Auferweckung Jesu Christi. Das bedeutet aber: Man muß schon aus ganz praktischen Gründen feste, einprägsame Lehr- und Bekenntnisformeln schaffen, in denen das eine und selbe, immer wieder neu zu Sagende verbindlich festgehalten und aller überschäumenden Phantasie Einhalt geboten wird. Daher finden wir schon in den ältesten Schriften des Neuen Testamentes, den authentischen Paulusbriefen, mehrfach alte Glaubensbekenntnisse zitiert, etwa Röm 1, 3f, 1 Kor 15, 3–7, Phil 2, 6–11, um nur die berühmtesten zu nennen, Formeln, die bekanntlich bis in das Ende der dreißiger Jahre zurückreichen, also nur wenige Jahre nach dem Kreuzestod Jesu, der Erscheinung des Auferstandenen und der Entstehung der Kirche formuliert wurden. Am Ja zu diesen Bekenntnisformeln, die im Gottesdienst gesungen, bei der Taufe gesprochen worden sein mögen, hing die Zugehörigkeit zur Kirche, hing der christliche Glaube [5]. Nicht irgendein Popanz von «Frühkatholizismus», wie die erste Zeit der Bekenntnisbildung in der Kirche von evangelischen Kritikern nicht selten vorwurfsvoll genannt wird, sondern die Sache des Glaubens selbst, der eine gekreuzigte und auferstandene Jesus Christus schafft die Zusammengehörigkeit von Glaube und

5 Dabei hat die Urkirche allerdings eine größere Variabilität zugestanden, als man wohl heute in der Kirche erwarten dürfte. Man ermesse die Spannung zwischen einer christologischen Formel, die um Kreuz und Auferstehung zentriert ist, wie Röm 1,3 f., und einer Formel, die das Kreuz überhaupt nicht und die Auferstehung nur in anderer Terminologie nennt, wie im ursprünglichen Bestand des Hymnus Phil 2,6–11 – V. 8c ist Interpolation des Paulus! Oder man ermesse die Spannung zwischen Christus als Ende des Gesetzes bei Paulus und Christus als Erfüller des Gesetzes bei Matthäus. Man müßte die extremen Positionen der heutigen christologischen Diskussion zusammenbringen, um eine vergleichbare Spannung zu haben.

kirchlicher Lehrformulierung. Bekanntlich betonen denn bereits die Pastoralbriefe die entscheidende Bedeutung unverfälschter Weitergabe des überkommenen Lehrgutes (vgl. z.B. 2 Tim 2, 14–26; 4, 1–5), machen ebenso wie das Johannesevangelium und die Johannesbriefe (vgl. z. B. 1 Joh 4, 1–6), ja wie schon Paulus (Galaterbrief, Phil 3!) Front gegen Irrlehrer, die keineswegs zum «Dialog» eingeladen, sondern verdammt werden. Lange vor dem ersten «Dogma» im technischen Sinne einer Konzilsentscheidung oder gar einer päpstlichen Definition gibt es «das Dogma» als unentbehrlichen Grund der Verkündigung und des Glaubens.

Nachdem dies alles deutlich genug gesagt ist, muß aber auch das andere betont werden: An seinem Ursprungsort ist das Dogma *Bekenntnisformel*, und zwar zum Zwecke gemeinsamen Bekennens in der gottesdienstlichen Versammlung. Das gilt auch für die späteren Glaubensbekenntnisse, besonders für das Apostolikum und für die Formulierungen der ersten Konzilien. Sie alle beginnen mit den Worten: «Wir bekennen...», sie sind Aussage des Glaubens in der Form des Gebetes und wurden – nicht zuletzt aus didaktischen Gründen – in die Liturgie übernommen. Erst in späterer Zeit entwickelte sich das Dogma zur rein theoretisch formulierten Lehraussage.

Der Weg dahin ist sehr aufschlußreich. Er beginnt – erstaunlich, aber wahr – mit dem Konzil von Chalkedon (451), auf dem die Lehre von der Gottmenschheit Jesus Christi ihre abschließende, höchst paradoxe Formulierung fand[6]. Das vorausgehende Konzil von Ephesos (431) hatte kein neues Glaubensbekenntnis verfaßt, sondern auf das des Konzils von Nikaia (325) zurückgewiesen. In Chalkedon aber verlangten die kaiserlichen Kommissäre im Auftrag des Kaisers, daß die Väter ein neues Bekenntnis formulierten, denn der Kaiser versprach sich davon eine Beruhigung der politisch gefährlich werdenden innerkirchlichen Streitigkeiten. Die Bischöfe sträubten sich. Sie wollten nicht das inzwischen ehrwürdig gewordene Bekenntnis von Nikaia diskreditieren, zumal sie der Meinung waren, dieses habe ja zur Sache bereits alles Erforderliche gesagt. Die kaiserlichen Kommissäre aber gaben nicht nach und zwangen die Bischöfe, neu zu formulieren. Die Bischöfe rächen sich fast sophistisch für den erlittenen Zwang: Sie formulieren – aber nur den speziellen Fragepunkt, der gerade zur Debatte stand, kein neues Symbolum. Sie machen gleichsam eine Vorbemerkung, eine «nota praevia» darüber, wie die Lehre von Christus, die das Konzil von Nikaia

6 DS 301–303. Im folgenden stützen wir uns auf *A. Grillmeier*, Die theologische und sprachliche Vorbereitung der christologischen Formel von Chalkedon, in: Das Konzil von Chalkedon. Geschichte und Gegenwart, hrsg. von *A. Grillmeier* und *H. Bacht*, 3 Bde. (Würzburg 1951–1954, Nachdruck 1962), Bd. 1, 5–202.

verkündet hatte, richtig zu verstehen sei[7]. So kommt durch den Zusammenstoß innerkirchlicher und politischer Interessen das erste Dogma zustande, das nicht mehr *das* (ganze) «Dogma» sagt, sondern nur *einen* Fragepunkt klärt – ein Dogmenbegriff, den man fortan im Plural gebrauchen kann. Zum erstenmal steht am Anfang nicht mehr: «Wir bekennen...», sondern nur noch: «Wir *lehren*, es sei zu bekennen...» Bald wird das «es sei zu bekennen» auch wegfallen, das Dogma als einzelne Lehre der Kirche übrigbleiben. Zwar hat das Vierte Laterankonzil (1215) noch einmal in großartiger Weise den Rückweg anzutreten versucht, indem es zuerst ein ganzes Glaubensbekenntnis formulierte und erst am Schluß auf Einzelprobleme der zeitgenössischen Diskussion einging[8]. Aber das hat nicht verhindern können, daß «Dogma» schließlich der von der Kirche vorgelegte einzelne Glaubenssatz wurde, seit dem Trienter Konzil zudem noch negativ formuliert: «Wenn einer sagt... (nämlich das Gegenteil des Dogmas), dann: Anathema sit.»

Die komplizierter werdenden Probleme der kirchlichen Verkündigung haben diese Entwicklung unvermeidlich gemacht – auch wenn man einzelne Entwicklungen als solche unnötig finden mag. Wir werden noch zu bedenken haben, welche Konsequenzen für den Umgang mit dem Dogma der alten Kirche daraus zu ziehen sind. Auf keinen Fall wollen wir hier einer «Alte-Kirche-Romantik» das Wort reden, die am liebsten die Formen kirchlicher Lehrverkündigung auf die ersten Konzilien oder gar auf das Neue Testament zurückschrauben möchte. Um so wichtiger ist es allerdings, gerade angesichts der Entwicklung zum «Dogma» im engeren Sinne doch nie aus dem Auge zu verlieren, daß der ursprüngliche Ort der kirchlichen Lehre das *Glaubensbekenntnis im Gottesdienst* ist, nicht der Unterricht für den fragenden Verstand.

Zugleich damit wird ein anderes deutlich und verständlich: Das Wichtige am altkirchlichen Dogma ist die Existenz der Formel selbst und damit die Möglichkeit des *gemeinsamen* Bekenntnisses, nicht die Instanz, die sie erläßt. Entscheidend ist, daß die Gemeinde in der Formel ihren Glauben wiedererkennt – nach der Instanz, die die Formel prägt, wird zunächst gar nicht gefragt. Erst die größer werdende Kirche ist gezwungen, nach der zuständigen Instanz zu fragen und Verfahren der Lehrentscheidung zu entwickeln. Aber noch das erste Ökumenische Konzil von Nikaia (325), auf dem sich die Väter erstmals bewußt werden, die *ganze* Kirche in ihrer Lehre zu vertreten

7 Der Vorgang ist sachlich tatsächlich jener umstrittenen «Nota praevia» vergleichbar, die nachträglich der Konstitution des Zweiten Vatikanischen Konzils über die Kirche vorangestellt wurde, um den Konziltext gegen Mißverständnisse, die einige Väter befürchten zu müssen glaubten, abzusichern.

8 DS 800–802 das Bekenntnis, 803–808 die dogmatischen Zusatzfragen.

und demgemäß zu verpflichten, ist keine Idee der Bischöfe, sondern des an der Einigung der streitenden Schulen politisch interessierten Kaisers Konstantin.

Der Akzent auf der verbürgenden Instanz, mit dem Ersten Vatikanum so sehr in den Vordergrund gerückt, ist also ursprünglich ebenso wenig vorhanden wie der einseitig lehrhafte Zug des Dogmas. Noch bei Thomas von Aquin, über jeden Verdacht der Illoyalität gegenüber dem Papst erhaben[9], ist das gedankliche Gefälle das der alten Kirche: Man braucht eine feste Formel (Symbol) wegen der Einigkeit im Glaubensbekenntnis, und man braucht jemanden, der diese Formel letztinstanzlich überwachen muß, und das muß der sein, der auch sonst die Verantwortung für die ganze Kirche trägt, also – für Thomas selbstverständlich – der Papst[10]. Es ist also nicht umgekehrt: Es gibt den Papst, und unter seinen vielen Vollmachten gibt es auch eine, das Symbol zu ordnen und zu erlassen. *Dieses* Gefälle der Aussagen entspringt antireformatorischem Papstenthusiasmus, der das Wesen der Kirche vom Amt des Papstes her zu bestimmen geneigt ist[11]. Darüber mag man denken, wie man will, jedenfalls darf uns das die theologisch richtig ansetzende Frage nach dem Wesen und der Funktion des Dogmas nicht verstellen. Das eigentliche – auch epistemologische – Problem des Dogmas ist die feste Formel als solche, nicht die Frage, wer sie verbürgt. Die letztere Frage ist eine Frage nach der Kirchenverfassung, und selbst vorausgesetzt, daß wir dazu eine klare Willensäußerung Jesu hätten und erkennen könnten[12], so ist diese Frage doch sekundär gegenüber der nach der festen Formel als solcher. Denn diese Frage reicht in die Tiefe der Grundfrage hinein, was überhaupt «glauben» heißt, wie sich in den nächsten Thesen zeigen wird.

9 Vgl. Hans Küng, Unfehlbar?, 94–96. Es ist mir fraglich, ob Küngs Urteil über Thomas in diesem Zusammenhang historisch gerecht ist. Daß Thomas Opfer der Pseudo-Isidorischen Dekretalien ist, bedarf keiner Frage. Durchaus offen ist aber in der Forschung die Frage, ob die zunehmend papalistischer werdende Ekklesiologie der Thomistenschule sich in diesem Punkte zu Recht als Erbe des Aquinaten versteht. Vgl. *O. H. Pesch*, «Das heißt eine neue Kirche bauen». Luther und Cajetan in Augsburg, in: Begegnung. Beiträge zu einer Hermeneutik des theologischen Gesprächs (Festschrift H. Fries), hrsg. von *M. Seckler, O. H. Pesch, J. Brosseder, W. Pannenberg* (Graz–Wien–Köln 1972) 645–661 und die dort in Anm. 35 und 41 angeführten Aufsätze von *U. Horst*. Vor allem dürfte Küng den größeren Zusammenhang der Lehre vom Glauben bei Thomas unterbelichtet haben. Der Artikel STh II–II 1,10 ist zentral für Küngs Fragestellung, aber nicht innerhalb des thomanischen Traktates über den Glauben.

10 STh II–II 1,9–10.

11 So etwa in der berühmten Definition der Kirche durch Robert Bellarmin, die die Kirche als die unter der Leitung des Papstes und der Bischöfe geeinten Gläubigen bestimmt.

12 Natürlich haben wir eine solche Willensäußerung Jesu nicht. Vgl. *H. Küng*, Die Kirche (Freiburg/Br. 1967, 57–127); *U. Horst*, Umstrittene Fragen der Ekklesiologie, 11–21; 66–95.

2. These: Das Dogma ist, negativ betrachtet, eine von der Kirche geprägte Bekenntnis- oder Lehrformel, mit der die Kirche in einer durch neue Denkanstöße und Fragen kritisch gewordenen Situation des Glaubensbewußtseins die Grenzen dessen absteckt, was innerhalb der Kirche vertreten werden kann.

Was die These meint, ist eigentlich geläufig. Immer wieder kann man den Hinweis hören oder gibt ihn selbst, daß die Kirche die meisten Dogmen formuliert, verkündet oder eingeschärft habe, um einer aufgekommenen oder drohenden Häresie beizukommen. *Das Dogma ist eine Krisenmaßnahme der Kirche.*

Weniger geläufig ist, daß sich dieser Charakter des Dogmas auch bis in die Formulierung selbst hinein zur Geltung bringt, und zwar dadurch, daß man mit der positiven Festlegung äußerst zurückhaltend ist. Man steckt wirklich nur Grenzen theologischen Redens ab, aber man entwickelt keine theologische Theorie. Natürlich gebraucht man Worte und Begriffe aus der dem Entscheid vorausgehenden theologischen Auseinandersetzung. Aber man kann sehen, wie diese Worte und Begriffe in der Lehrformulierung fast wie Chiffren gebraucht werden, während das ganze begriffliche Hinterland der Worte und damit die ganze theologische Auseinandersetzung gerade *nicht* übernommen wird. Man kann das gerade an den immer wieder als Modellfall von «Dogma» herangezogenen Dogmen der alten Konzilien sehen, aber auch bei dem viel beredteren Konzil von Trient und sogar bei den umstrittenen marianischen Dogmen ist es nicht anders. Das Bekenntnis von Nikaia setzt einfach und ohne Erklärung hin: «Gott von Gott, Licht vom Licht, gleichwesentlich mit dem Vater.» Das Erste Konzil von Konstantinopel (381), das den arianischen Streit abschließt, nimmt die theologisch den ganzen Streit entscheidende Unterscheidung zwischen «ousia» (Wesen) und «hypostasis» (Person), die eine Leistung der drei großen Kappadozier Basilius d. Gr., Gregor von Nyssa und Gregor von Nazianz ist, nicht in das verbesserte und erweiterte Symbol auf[13]. In Chalkedon wiederholt man hinsichtlich der Person Christi auf einer neuen Stufe der Terminologie nur die altkirchlichen Antithesen des 2. Jahrhunderts, deren Klänge die Formel einleiten und abschließen[14]. Das Konzil von Trient will keine theologische Diskussion mit

13 Die Worte «ousia» und «hypostasis», in der Schlußbemerkung von Nikaia immerhin noch (als synonym) erwähnt, fehlen in Konstantinopel ganz, abgesehen von der aus Nikaia übernommenen Verbindung «homoousios».

14 Die Entwicklung der Lehre von Christus hatte im 2. Jahrhundert damit begonnen, daß man den Vers Joh 1,14: «Das Wort ist Fleisch geworden», durch verstärkende Zusätze

den Reformatoren führen, sondern zu den Punkten, in denen die Reformation Unruhe und Unsicherheit geschaffen hatte, die katholische Lehre formulieren[15]. Und selbst die marianischen Dogmen von 1854 und 1950 ziehen zwar das Facit aus einer langen Diskussion, halten sich aber aus allen theologischen Spekulationen im Detail heraus[16].

Es werden also in der Tat nur Sprachregelungen getroffen, die den gemeinsamen Boden der Verständigung sichern sollen. Die theologischen Verstehensbemühungen werden gerade nicht vorentschieden. Das geschieht gewiß oft mehr aus taktischen und politischen Rücksichten als mit theologischer Bewußtheit[17], aber es geschieht, und es ist oft geradezu providentiell, wie die unvermeidliche taktische Rücksicht hier mit der theologisch-hermeneutischen Einsicht zusammenstimmt.

3. These: Das Dogma ist, positiv betrachtet, das Resumée einer neuen Erfahrung der Kirche im Umgang mit der zum Verstehen aufgegebenen Heilsbotschaft zu einer bestimmten geschichtlichen Stunde, hat darum unmittelbare Bedeutung für den persönlichen Glauben nur für die Dauer dieser geschichtlichen Stunde.

Indem man die negative Aufgabe versieht, die geistigen Grenzpfähle aufzustellen (2. These), sagt man notwendigerweise auch positiv etwas – anders ist es gar nicht möglich. Bleiben wir beim Beispiel des Konzils von Chalkedon: Indem das Konzil die aus der vorangehenden Diskussion stammenden Begriffe «physis» (Natur) und «hypostais» (Person) übernimmt und in ihnen das gottmenschliche Geheimnis Christi beschreibt, sagt es: Man kann das Geheimnis der Person Christi mit Grundbegriffen der hellenistischen Philoso-

kommentiert, im übrigen aber ohne Erklärungsversuch die ganze Spannung des Gegensatzes Wort–Fleisch unabgeschwächt beibehielt: Der eine Jesus Christus ist fleischlich und geistig, gezeugt und ungezeugt, wahrer Mensch und wahrer Gott, sowohl aus Maria als auch aus Gott, usw. Instruktive Textbeispiele bei Grillmeier (vgl. Anm. 6) – man vergleiche damit aufmerksam die Formel von Chalkedon.

15 So der in einem Brief des Kardinals Farnese vom 25. 2. 1547 an die Konzilsväter ausgesprochene Auftrag. Näheres bei *A. Stakemeier,* Das Konzil von Trient über die Heilsgewißheit (Heidelberg 1947) 72–76.

16 Noch im letzten Augenblick hat Pius IX. vor der Verkündung des Dogmas von der unbefleckten Empfängnis Mariens eine Klausel gestrichen, die die Erbsündlosigkeit Mariens mit der philosophischen Lehre von der «Eingießung der Seele in den Körper» in Verbindung brachte, so daß der heutige Wortlaut (DS 2803) nur die vorauswirkende Macht der Gnade Christi herausstellt. – Und bei der Definition der leiblichen Aufnahme Mariens in den Himmel hat Pius XII. eine Formulierung gewählt, die von allen, damals heiß diskutierten Einzelheiten absieht (DS 3903).

17 Vgl. *M. Seckler,* Über den Kompromiß in Sachen der Lehre, in: Begegnung (vgl. Anm. 9), 45–58.

phie bezeichnen, und das heißt: Man kann mit dem Kopf eines Griechen Christ sein und Christus bekennen. Ja, es sagt einschlußweise noch mehr: Diese christologische Sprechweise ist eine Art Verlängerung von Joh 1, 14 und den einfachen Formeln des 2. Jahrhunderts. Johanneisches und griechisches Christentum sind verwandt.

Von einem so auf seinen gedanklichen Gehalt befragten Dogma sagt nun die These zunächst: Es ist *Resumée* einer Erfahrung der Kirche, also etwas *Nachträgliches.*[18] Zuerst ist immer die Begegnung des Glaubens mit einer geistigen Welt, in der er lebt und leben soll. Am Anfang steht daher immer der Versuch, zu verarbeiten, durchzudenken, in neuer Sprache zu reden – auch und gerade bei denen, die später das Nein der Kirche hören müssen, weil sie zu weit gegangen sind. Erst zuletzt, meist erst, wenn die Situation krisenhaft wird, kommt es zur verbindlichen Formelbildung, die das eine ausschaltet, das andere einbringt, indem sie es «zusammenfaßt».

Das Dogma ist dann ferner ein Resumée einer *Erfahrung der Kirche* im Umgang mit der Heilsbotschaft zu einer bestimmten geschichtlichen Stunde der Kirche. Damit ist eben dies gemeint, daß im Dogma nichts anderes «resumiert» wird als eben das, was zu einer bestimmten Zeit durch die Begegnung des Evangeliums mit einer bestimmten geistigen Welt aufgrund von längerer Auseinandersetzung spruchreif geworden ist. Das Dogma resumiert, was sich in vorheriger innerkirchlicher gläubiger Meinungsbildung abzeichnet. Diese Meinungsbildung – man könnte von der Formung eines kollektiven Glaubensbewußtseins sprechen – vollzieht sich überall, wo Christen miteinander über ihren Glauben nachdenken und sprechen. Sie geschieht natürlich in qualifizierter Weise, wo die verantwortlichen Repräsentanten der Kirche, etwa in der Bischofsversammlung (Konzil, Synode) das tun – und das um so mehr, je umfassender sie sich bemühen, alle Stimmen zu hören, die in der Kirche laut werden. Grundsätzlich und strukturell ist der Vorgang derselbe. Auch wenn es dabei oft in der Form des Kampfes und des offenen Meinungsstreites zugeht, ändert das nichts an der grundsätzlichen Struktur des Vorgangs. Daß dies immer unter der Prägung durch eine ganz bestimmte geschichtliche Stunde geschieht, ist ganz selbstverständlich. Was liefert denn sonst das Material und den Anlaß der weitergehenden Meinungsbildung, wenn nicht der Anstoß, um nicht zu sagen: die Inspiration der geschichtlichen Stunde? Was sich nun in dieser geschichtlichen Stunde und unter ihrem Einfluß an Möglichkeiten denkenden Glaubens an die überlieferte Botschaft zeigt, wird im Dogma in der beschriebenen Weise resumiert.

18 Zum folgenden vgl. bes. *U. Horst*, Umstrittene Fragen der Ekklesiologie, 119–136.

Bis hierhin dürfte die These kein Problem bieten und keine Unruhe schaffen. Aber dürfen wir daraus die Folgerung ziehen, daß das Dogma *unmittelbare* Bedeutung für den persönlichen Glauben nur hat für die Dauer der geistesgeschichtlichen Stunde, die es formulierte? Die Konsequenz dürfte in der Tat unvermeidlich sein, ist aber bei genauerem Zusehen weniger aufregend, als man zunächst befürchten möchte. Zunächst: Selbstverständlich behält das Dogma immer eine *mittelbare* Bedeutung für den Glauben, sofern es den – oftmals durchaus kurvenreichen – Weg *des* Glaubens zeigt, der auch mein Glaube ist. Davon wird noch zu reden sein. *Unmittelbar* an einem Dogma interessiert aber *kann* nur die Zeit sein, die es formuliert, denn das Dogma ist ja, wie gesagt, das Resumée *ihrer* Glaubenserfahrung in Begegnung mit dem Denken und Fragen der eigenen Zeit, die das Formulierungsmaterial für das Resumée bereitstellen. Ist diese Zeit, diese Erfahrung, diese Problemspannung vorüber, dann *kann* das Dogma nicht länger *unmittelbar* dem persönlichen Glauben dienen, weil dieser sich in der neuen Lage nicht mehr so ausdrücken wird, wie früher. Er wird ganz von selbst anders sprechen, die Begegnung mit der Zeit wird zu anderen Ansätzen führen – vielleicht bis zu einem neuen Resumée in einem neuen Dogma. Das alte Dogma wird dadurch nicht außer Kraft gesetzt, es wird nicht einmal einfach «übertroffen». Wollte man es sich so denken, so wäre das genau so unsinnig, wie wenn man sagen wollte, ein an einer zweiten Wegscheide aufgestelltes neues. Richtungsschild nach einer Stadt setze ein früheres, an einer ersten Wegscheide aufgestelltes Schild außer Kraft oder überbiete es. Alte und neue Formel haben grundsätzlich gleiches Recht vor der Sache des Glaubens – wenn man doch einen Wertvergleich durchführen will, dann unter anderen Gesichtspunkten als denen des Alters[19]. Eine neue Erfahrung des Glaubens kann sich nicht selbst für unwirklich halten unter Berufung auf das alte Dogma. Wenn es zum Beispiel zutrifft, daß sich uns die Frage nach dem Geheimnis Christi nicht mehr stellt in den Zentralbegriffen des Konzils von Chalkedon, nämlich «Natur» und «Person», dann kann man diese Tatsache und die Frage an die kirchliche Verkündigung, die in ihr beschlossen ist, nicht durch einen Hinweis auf die Formel von Chalkedon aus der Welt schaffen. Die dogmatische Formel der Vergangenheit kann nicht im voraus alle möglichen Erfahrungen und Fragen der Zukunft bewältigen. Es bleibt nichts anderes übrig, als in der neuen Erfahrung einen neuen Sprechversuch des Glaubens zu wagen.

Die Spannung zu Formeln der Vergangenheit kann dabei unerträglich

19 Vgl. w. unten.

groß werden. Das für «Maximalisten» in Sachen unwiderrufliches Dogma wohl konsternierendste Beispiel ist der Wandel der kirchlichen Auslegung des Satzes «Außerhalb der Kirche kein Heil»[20]: Im Decretum pro Jacobitis des Konzils von Florenz von 1442, einem zweifelsfrei dogmatisch-definitorischem Dokument, wird mit kaum noch erträglicher Schärfe formuliert, niemand, der nicht zur katholischen Kirche gehört, könne dem höllischen Feuer entgehen, und hätte er selbst sein Blut für Christus vergossen[21]. Wieviel man auch zur Erklärung dieses Satzes vom Kontext und von der historischen Situation her sagen mag, der Wortlaut als solcher – auf den sich ja «Maximalisten» zurückzuziehen pflegen, wenn sie mit historischen Argumenten in die Enge getrieben werden – ist schlechterdings nicht mehr verständlich angesichts einer damals schon 1200jährigen kirchlichen Lehrüberlieferung von der Bluttaufe. Als 1952 der amerikanische Jesuit Feeney, diesmal unter Berufung auf die Enzyklika «Mystici Corporis», aber mit dem Konzil von Florenz im Rücken, mit dieser Lehre Ernst machte, wurde er vom Sacrum Officium gemaßregelt[22] – von den Texten des Zweiten Vatikanums über das Heil der Nicht-Christen ganz zu schweigen[23]. Jede Deutung dessen, was unfehlbares Lehramt und unwiderrufliches Dogma heißt, muß diesem jederzeit im «Denzinger» oder im «Neuner-Roos» nachprüfbaren Befund standhalten. Schon von hier aus zeigt sich, daß die Abfolge der stets neuen Sprechversuche des Glaubens, die wir im weitesten Sinne «Dogmengeschichte» nennen, zwar ein Prozeß ist, dessen Ende wir gar nicht absehen können, aber kein Prozeß ständiger Vervollkommnung und ständigen Fortschritts, sondern durchaus auch der Abirrungen, der Sackgassen, des Rückwegs zu alten und neuen Ausgangspunkten.

4. These: Auch abgesehen von der geschichtlichen Bedingtheit jeder dogmatischen Formel ist kein menschliches Wort je imstande, die Fülle der Wahrheit Gottes anders als nur gebrochen wiederzugeben.

Diese These ist heute eine Binsenwahrheit, die man in jedem Handbuch der Dogmatik nachlesen kann. Wir wollen zwar nicht zuviel behaupten, aber

20 Vgl. dazu *U. Horst*, a. a. O. 170–186.
21 DS 1351.
22 Vgl. dazu *A. Hoffmann*, Die Heilsnotwendigkeit der Kirche nach einer authentischen Erklärung des Hl. Offiziums, in: Die Neue Ordnung 7 (1953) 90–99. Der Text findet sich DS 3866–3873.
23 Vgl. besonders die Erklärung über das Verhältnis der Kirche zu den nichtchristlichen Religionen. Aber schon das Ökumenismus-Dekret ist mit dem Decretum pro Jacobitis nicht zu vereinbaren.

heute dürfte man schwerlich einen katholischen Theologen finden, der eine wie auch immer verstandene Unwiderruflichkeit des Dogmas gleichsetzt mit der Behauptung, eine dogmatische Formulierung sage erschöpfend alles, was zur Sache zu sagen ist. Das zu behaupten hieße ja in der Tat, daß menschliches Denken und Reden sich getraue, den unbegreiflichen Gott zu begreifen.

Immerhin folgt aus dieser These in Verbindung mit den beiden vorhergehenden etwas Entscheidendes für die Wesenbestimmung des Dogmas: Wegen der doppelten Begrenztheit des Dogmas durch die Bindung an eine bestimmte geschichtliche Stunde und die Angewiesenheit auf menschliche Sprache und ihre Grenzen ist das Dogma im Hinblick auf die Wahrheit des Glaubens nie einfachhin «das Beste, was wir sagen können». Sogar im Rahmen seiner Grenzen muß es keineswegs die unübertreffliche Formulierung der Sache sein.

Noch mehr: Schon seit einiger Zeit gibt man zu bedenken, daß die Verkündung eines Dogmas und mit ihr die Art der Formulierung, unbeschadet der Wahrheit des positiv Ausgesprochenen und des Beistandes des Heiligen Geistes, mit Sünde verbunden sein kann[24]. Oder will man bestreiten, daß sich in die Formulierung und die Verkündung eines Dogmas auch Vorwitz, Ehrfurchtslosigkeit, Prestigebedürfnis, Machtwille, politische Ziele innerhalb und außerhalb der Kirche, Trägheit des Geistes und des Herzens, Blindheit für das Gebot der Stunde und dergleichen mehr einschleichen können? Die oftmals gegenüber Andersdenkenden schlicht beleidigende Sprache alter und auch noch neuzeitlicher dogmatischer Formulierungen ist auch für den, der die Geschichte nicht nur an den Maßstäben des 20. Jahrhunderts mißt, keineswegs nur amüsant, sondern auch beschämend. Es mag immer noch sein, daß dieser Gedanke, obwohl er immer häufiger laut wird und auch in bezug auf konkrete Dogmen durchgedacht wird, hier und dort noch fremd erscheint. Aber es gibt keinen theologischen Einwand, der ihn verbietet.

Wenn nicht alles täuscht, hat hier Hans Küngs Buch und die anschließende Diskussion im Problembewußtsein einen Schritt weitergeführt. Wenn die *Gnade* des Heiligen Geistes, die immer bei der Kirche und in ihr gegenwärtig ist, bei der Verkündung eines Dogmas einen *moralischen* Fehler nicht ausschließt, warum soll die *Wahrheit* Christi, in der derselbe Geist die Kirche bewahrt, nicht auch einen *intellektuellen* Fehler, einen Irrtum bei der Verkündung eines Dogmas zulassen können, ohne daß dies ein Einwand gegen seine Präsenz in der Kirche wäre? Wer das grundsätzlich und ausnahmslos bestreitet, steht dann jedenfalls vor der Aufgabe, zu erklären, wie eine For-

24 Vgl. z. B. *K. Rahner*, Was ist eine dogmatische Aussage?, in: Schriften zur Theologie, Bd. V., 54–81, hier: 56–59; *W. Kasper*, Dogma unter dem Wort Gottes, 137.

mulierung, die gegebenenfalls unter Sünde zustandekam, nicht auch in ihrem intellektuellen Gehalt davon betroffen sein soll. Umgekehrt scheint es völlig einleuchtend, daß ein sündiges Handeln, wenn es bei der Formulierung einer Lehre die Feder führt, die Formulierung verdirbt, im Endergebnis falsch macht, mag auch eine richtige Intention zu erkennen sein. Wenn man es für möglich hält, daß bei der Verkündung eines Dogmas auch Sünde im Spiel sein kann, dann wird der Einfluß solcher Sünde sich nicht darauf beschränken, *daß* überhaupt ein Dogma verkündet wird – die Frage der sogenannten «Opportunität» – sondern auch das *Was* und *Wie* der Aussage in Mitleidenschaft ziehen.

Von dieser Überlegung aus würde der Weg geradeaus dahin führen, unfehlbare Dogmen für ein Unding zu halten. Wir meinen aber – ohne die ganzen erkenntnistheoretischen und sprachphilosophischen Basisprobleme hier untersuchen zu können –, daß die Frage, so gestellt, zumindest ein untergeordnetes Problem, wenn nicht gar zu kurz gestellt ist. Denn eine Antwort kann nur gegeben werden, wenn zuvor geklärt ist, was hier «Wahrheit» beziehungsweise «Irrtum» besagen soll. Ist Wahrheit nichts als theoretische Richtigkeit und Irrtum nichts als theoretische Falschheit eines Satzes, dann muß, wer den Irrtum im Dogma für ausgeschlossen hält, die Einflußmöglichkeit der Sünde auf den Willen der Formulierenden beschränken und vom Intellekt ausschließen, und wer den Irrtum für möglich hält, muß sagen, was eine Wahrheit ist, in der man bleiben kann, obwohl man im einzelnen irrt. Beides ist auf der rein erkenntnistheoretischen Ebene schwer zu sagen und vor allem: es läßt die besondere Eigenart des Dogmas außer acht, einem *ganzmenschlichen*, personalen Vollzug des Glaubens zu dienen[25]. Wir dürften weiterkommen, wenn wir uns auch hier auf die pastoraltheologische Dimension der Frage nach Dogma und Unfehlbarkeit besinnen. Auch wenn es salomonisch klingt: Die Frage nach der theoretischen Richtigkeit ist bei einem *Glaubenssatz* nicht so entscheidend wie die Frage nach seinem Gebrauch. Es gibt Dogmen, die inhaltlich uns heute sehr problematisch sind, deren Gebrauch aber sehr viel Gutes – für Glauben und Kirche! – bewirkt hat. Die rigoristische Formel «Außerhalb der Kirche kein Heil» etwa hat ungeheure emotionale Energien für die Mission mobilisiert, und noch ist nicht abzusehen, ob die neue Verhältnisbestimmung zwischen Kirche und Nicht-Christen auf dem Zweiten Vatikanum dieselben Energien freisetzt. Umgekehrt hat mancher durchaus richtige Glaubenssatz in seinem Gebrauch Spaltung und Ver-

25 Vielleicht ist hier das schwierigste Verständigungsproblem in der Kontroverse zwischen Küng und Karl Rahner. Vgl. *Pesch*, Unfehlbarkeit im Disput (s. Anm. 1), 86–88.

härtung zur Folge gehabt. Wichtiger als die Frage, ob ein Dogma irrig sein kann, scheint die andere Frage, was zu *tun* ist, wenn der *Eindruck* aufkommt, ein Dogma könne irrig sein, und was dann von dem, der es verkündet, verlangt werden darf und muß. Verständlicher wird all dies, wenn wir uns verstehen könnten auf eine

5. These: Die Dogmengeschichte ist kein Prozeß kontinuierlich fortschreitender, immer vollkommener Formulierung der Glaubenswahrheit.

Noch während des Zweiten Vatikanischen Konzils konnte man zuweilen hören, das Konzil erfülle eine durch die früheren Konzilien noch nicht gelöste dogmengeschichtliche Aufgabe. Die altkirchlichen Konzilien hätten die Lehre von Gott und Christus endgültig klargestellt, das Trienter Konzil habe die Gnadenlehre geklärt. Übrig bleibe die Klärung der Lehre von der Kirche. Diese Aufgabe sei vom Ersten Vatikanum angepackt worden und harre nun auf dem Zweiten Vatikanum ihres Abschlusses. Man fragte sich angesichts solcher Äußerungen, ob das Zweite Vatikanum dann wohl das letzte Konzil der Kirchengeschichte sein würde und wir nun endlich den Schatz der Glaubenswahrheit lückenlos beisammen hätten und uns getrost in unseren Bemühungen um das Glaubensverständnis zur Ruhe setzen könnten. Niemand wird das im Ernst annehmen, aber es wäre eigentlich unausweichlich, wenn man sich die Geschichte der Dogmen und der Konzilien in der beschriebenen Weise als Prozeß ständiger Vervollkommnung vorstellt.

Indes, ebenso wenig wie die Kirchengeschichte ist die Dogmengeschichte ein Prozeß unaufhaltsamen Fortschritts [26]. Das Fortschrittsmodell taugt nicht zur Deutung der Geschichte. Es kann nur dazu führen, sich ein aus irgendwelchen Gründen gewünschtes Geschichtsbild zu konstruieren und für das, was dazu nicht paßt, bestimmte Jahrhunderte (das «finstere» 10. Jahrhundert, das Spätmittelalter), bestimmte Persönlichkeiten (Arius, Friedrich II., Luther, Karl Marx), bestimmte geistige Bewegungen (Laienbewegungen des Mittelalters, Humanismus, Rationalismus) zu Sündenböcken abzustempeln. Das Verfahren ist ebenso unglaubwürdig, wie es leider beliebt ist. Schuld daran ist die eigentlich nicht recht erklärliche Neigung, sich die Geschichte der Kirche als kontinuierlichen Fortschritt vorzustellen.

Nun soll gewiß nicht geleugnet werden, daß es in der Kirchengeschichte und jetzt speziell in der Dogmengeschichte Fortschritt gibt. Aber es gibt den Fort-

26 Vgl. *I. W. Frank,* Das trojanische Pferd in der Kirchengeschichte, in: Wort und Antwort 9 (1968) 106–111.

schritt immer nur auf der Linie *eines* bestimmten Ansatzes. Auf der Linie vom Joh 1, 14 zum Beispiel ist die Formulierung des Konzils von Chalkedon ein Fortschritt an Deutlichkeit gegenüber der von Nikaia und erst recht gegenüber den einfältigen Formeln des 2. Jahrhunderts. Selbstverständlich bedeutet das Konzil von Konstantinopel von 381 mit seinem erweiterten Glaubensbekenntnis einen Fortschritt gegenüber dem Konzil von Nikaia. Selbstverständlich ist die mit aristotelischen Begriffen formulierte Tanssubstantionslehre der Hochscholastik ein Fortschritt gegenüber der unpräzisen Verwendung des Wortes «transsubstantiatio» beziehungsweise der Begriffe «Substanz» und «Akzidenz» in der frühscholastischen Kontroverse um Berengar von Tours [27]. Aber die Dogmengeschichte als *Ganzes* ist nicht ein ständiger Fortschritt. Sie ist vielmehr eine Geschichte immer neuer Ansätze, die nur selten von einander ableitbar sind, vielmehr durch neue, unerwartete geistige Situationen erzwungen werden – oft nicht ohne schmerzlichen Bruch mit dem, was vorher war. Man vergegenwärtige es sich an dem klassischen Fall Martin Luther: Heute, nach 450 Jahren, beginnen wir zu ahnen, daß bei diesem Mann ein neuer Ansatz theologischen Denkens aufbrach, der seine christliche Legitimität hat, *obwohl* er damals faktisch nicht zu verkraften war und zum Bruch der Kircheneinheit führte [28].

Wenn diese Überlegungen richtig sind, kommen wir nicht umhin, den Gesamtbestand der aus der Geschichte der Kirche überlieferten Dogmen mit neuen Augen anzuschauen. Der Vorstellung, alle uns vorliegenden dogmatischen Definitionen lückenlos miteinander begrifflich verrechnen zu können, müssen wir uns verschließen. Um noch einmal an das verwirrendste Beispiel zu erinnern: Das Decretum pro Jacobitis und die Lehre des Zweiten Vatikanischen Konzils über das Heil der Nichtchristen sind nicht mit einander zu vereinbaren, es sei denn, man entschlösse sich zu völlig unglaubwürdigen Ausflüchten, bei denen die Worte nicht mehr sagen dürfen, was sie sagen. Vielmehr müssen wir es uns so denken: Jede kirchliche Lehrformulierung ist an *ihrem* Ort der – mit aller menschlichen Schwäche und Sündhaftigkeit und, je nach Verständnis, Irrtumsfähigkeit belastete – Versuch, das Geheimnis des

27 Vgl. *E. Schillebeeckx*, Die eucharistische Gegenwart. Zur Diskussion über die Realpräsenz (Düsseldorf ²1968) bes. 7–12. Dort weitere Literatur.

28 Vgl. *O. H. Pesch*, Luthers Theologie – Vergangenheit oder Zukunft?, in: *W. Seibel–O. H. Pesch*, *Luther* heute (Kevelaer 1969) 22–38; *ders.*, Abenteuer Lutherforschung. Wandlungen des Lutherbildes in katholischer Theologie, in: Die Neue Ordnung 20 (1966) 417–430, bes. 423–425; *ders.*, Luthers theologisches Denken – eine katholische Möglichkeit?, in: Die Neue Ordnung 23 (1969) 1–19; *ders.*, Die Frage nach Gott bei Thomas von Aquin und Luther, in: Die neue Ordnung 24 (1970) 1–20; *ders.*, Ketzerfürst und Kirchenlehrer. Wege katholischer Begegnung mit Martin Luther (Stuttgart 1971); *ders.*, «Das heißt eine neue Kirche bauen» (vgl. Anm. 9). In allen Arbeiten weitere Literatur.

von Gott uns in Christus geschenkten Heils neu auszusprechen und zu verantworten in der Begegnung mit den Fragen der Zeit und dem Denken der Zeit, mit den Schwerpunkten und Akzenten – und daher auch Einseitigkeiten –, die sich aus der Forderung der Stunde und den nicht manipulierbaren Verstehensbedingungen der Menschen dieser Zeit ergeben.

Aufs Ganze gesehen ist die Dogmengeschichte also gleichsam die Gesamtheit einer Anzahl von Wegweisern oder Wegmarkierungen, die an bestimmten Punkten des Geschichtsweges der Kirche für ein begrenztes Wegstück die Richtung weisen. Diese Wegweisung gilt so lange, bis die Richtung an einer neuen strittigen Wegscheide neu angegeben werden muß. So wenig ich nun zum Beispiel den Weg nach Hamburg weiß, wenn man mich in einen Geräteschuppen führt, wo sämtliche Wegweiser nach Hamburg wohlgeordnet beisammenstehen, so wenig weist mir eine von ihrem geschichtlichen Ort abgelöste Zusammenstellung dogmatischer Formulierungen (zum Beispiel im Denzinger) den Weg, wie ich in Verantwortung vor der heutigen geschichtlichen Stunde glauben soll [29]. Die Dogmengeschichte und die Dogmen selbst sind nur dann (und auch dann nur mittelbar) eine Hilfe für den persönlichen Glauben, wenn ich den *Glaubensweg der Kirche,* den sie markieren, mir zeigen lasse, diesen Weg genau kennen lerne und dann aus dem gegangenen Weg die Richtung für die nächsten Schritte entnehme – vielleicht nur für ein ganz kurzes Stück, an dessen Ende ich wieder vor neuen Fragen stehe. *Wenn* man ein Modell zum Verständnis der Dogmengeschichte sucht, dann kann es nicht etwa das wachsende Arsenal naturwissenschaftlicher Erkenntnisse oder technischer Möglichkeiten sein, sondern vielleicht die sich wandelnde Art, wie die Jahrhunderte und Jahrtausende je anders, aber mit gleichem Recht von denselben Grundgegebenheiten des menschlichen Lebens reden, vom Leben und Sterben, von Freude, Liebe und Leid. Ein Liebesgedicht der Sappho ist etwas anderes als das Hohelied des Alten Testamentes, das Liebesgedicht eines spätrömischen Dichters, ein Minnegesang des Mittelalters, ein Liebesroman der Renaissance oder ein moderner erotischer Schlager. Und doch reden sie alle vom selben menschlichen Phänomen. So reden wir heute zwangsläufig – auch noch bei größter Treue zum Wortlaut der Dogmen – unter dem Druck heutiger Fragen mindestens in der Verkündigung und im unmittelbaren religiösen Gespräch anders von Christus, von der Erlösung, von Gott, als die Theologen des 5. Jahrhunderts oder die Marktweiber von Alexandrien, die darüber diskutierten, ob Maria der Titel «Gottesmutter» (theotokos) zukomme. Aber

29 Dieses treffende Bild spricht sich in den letzten Jahren ein wenig herum. Ich konnte seinen Urheber nicht feststellen.

wir reden von demselben Christus, demselben Gott und seiner Gnade, von dem alle Dogmen der Vergangenheit geredet haben. Übrigens: Auch noch das herkömmliche «intellektualistische» Offenbarungs- und Dogmenverständnis ist vielleicht *eine*, zu ihrer Zeit durchaus gültige Art, von der Glaubenswahrheit zu reden, Wenn uns die Lösung von diesem Verständnis, die heute unvermeidlich scheint, besonders schwer fällt, so liegt das daran, daß wir es hier mit der letzten Station des Glaubensverständnisses vor unserer Gegenwart zu tun haben und in der Regel in ihr aufgewachsen und erzogen worden sind.

6. These: Die Einheit der Dogmengeschichte gründet nicht in einem sich gleichbleibenden, zeit- und geschichtsüberlegenen, alles zusammenfassenden «Supersatz», sondern in der Bindung des Lebens an den einen, in Christus an uns handelnden Gott, in welchen Formeln sich diese Bindung auch immer ausdrücken mag.

Damit ist in der Tat gesagt, daß Einheit und Kontinuität der Dogmengeschichte zuletzt keine theoretisch nachrechenbare Sache sind. Der Versuch, die Kontinuität der kirchlichen Verkündigung durch begriffliches Nachrechnen sichern und geradezu nachweisen zu wollen, ist eine subtile Art von Rationalismus. Wird er mit dem Anspruch unternommen, dem Glauben geradezu sein Fundament zu verschaffen, so ist das eine Art von Kleinglaube, der naturgemäß durch jede kleinste störende Tatsache der Dogmengeschichte in äußerste Unruhe zu versetzen ist. Wirklicher Glaube aber wird die Führung des Heiligen Geistes gerade auch *in* allen Brüchen menschlicher Formulierungsbemühungen erkennen und bejahen und – gerade daraufhin von aller Beklemmung und Angst vor der Geschichte des Dogmas frei werden, ja geradezu am Dogma Freude gewinnen, weil es Erscheinungsform eines zur Reife gekommenen Glaubens ist, der jederzeit die Verantwortung vor der geschichtlichen Stunde und ihren Verstehensbedingungen hochherzig übernimmt, selbst unter dem Risiko der Unzulänglichkeit, der Zeitbedingtheit, der Aussicht auf Ungenügen für die fernere Zukunft.

Hier können wir zu dem zweiten Kreis von Fragen übergehen, die uns nun beschäftigen müssen: Wie soll der Glaube *heute* fruchtbar mit dem in der *Vergangenheit* formulierten Dogma umgehen?

Haben wir die Überlegungen des ersten Teiles in Thesen zusammenfassen können, so werden wir das folgende in Form einiger Aufgaben (positiver und negativer Art) zu formulieren haben.

1. Aufgabe: Das Dogma darf nicht als «Axiom», als Grund- und Ausgangssatz der theologischen Arbeit angesehen und benutzt werden – jedenfalls darf man niemanden dazu zwingen.

Diese erste – negative – Aufgabe ist nur scheinbar schockierend. Sie wird im Gegenteil fast selbstverständlich, wenn wir an unsere bisherigen Überlegungen, insbesondere an die 2. These zurückdenken und außerdem beherzigen, daß das theologische Nachdenken, also die tagtägliche Arbeit des Theologen an der Aufgabe, dem Denken seiner Zeit glaubwürdig und verständlich, «treffend» im wörtlichen Sinne das Evangelium auszurichten, etwas anderes ist als die Formulierung eines Dogmas oder einer offiziellen kirchlichen Stellungnahme in Fragen der Lehre. Wie soll das treffende Reden vom Evangelium geschehen können durch einfache Rezitation eines unter ganz anderen geistesgeschichtlichen Voraussetzungen formulierten Dogmas?

Wenn wir von allemeinen Überlegungen ins Detail gehen und unseren Umgang mit den alten Dogmen einmal aufmerksam beobachten, werden wir feststellen, daß wir, ohne viel zu fragen, stets im Sinne der formulierten ersten Aufgabe vorgehen: Wenn wir zu jemandem über den Glauben reden, beginnen wir nie mit dem Zitat des Dogmas. Vielmehr erkunden wir zunächst die «Verkündigungssituation», sehen zu, wo der Hörer die Botschaft braucht, suchen sie ihm auszusagen in einer Sprache, die er verstehen kann ... Bestenfalls am Schluß weisen wir daraufhin: So hat die Kirche immer schon geglaubt – und belegen es mit einem Zitat des Dogmas und gegebenenfalls mit historischem und systematischem Kommentar. Noch das konventionellste Handbuch der Dogmatik verfährt so: Zunächst wird in einer (wenigstens der Absicht nach) dem heutigen Leser angepaßten Sprache der anzueignende theologische Lehrsatz ausgesprochen. Das Dogma fungiert – wenn auch an bevorzugter Stelle unmittelbar nach oder gar vor den Schriftbeweisen – in der Rolle des *Beweismittels.* Zugespitzt gesagt: Am Schreibtisch kann der Theologe sich vielleicht zum Hüter der Orthodoxie ernennen und die dogmatische Formel an den Anfang von allem stellen, sie zum Ausgangs- und Zielpunkt machen. Aber – gottlob – das Reden über den Glauben mit konkreten Menschen, das Mitdenken mit *ihnen* ändert ohne viel Federlesens immer wieder das Gefälle und die Reihenfolge der Fragen. Diese Beobachtung mag eine gewisse «Beruhigung» sein, falls die Formulierung unserer ersten Aufgabe als zu waghalsig erscheint. Aber kommen wir zu den Sachgründen!

Wenn unsere 2. These richtig ist, dann müssen wir das Dogma zunächst einmal hinnehmen als Zeugnis der *Kirchengeschichte*. Es ist ja eine Krisenmaßnahme – unter Umständen mit sehr viel politischem Hintergrund. Als solche steckt sie den betretbaren Boden ab, sichert Grenzen, trifft eine Sprachregelung für das Bekenntnis. Wir haben es an Einzelheiten der altkirchlichen Dogmen skizziert, und dasselbe gilt noch für das Trienter Konzil und für das Erste Vatikanum. – obwohl man dort ansonsten viel beredter ist als früher. Steht es aber so, dann *kann* niemals der ganze Reichtum der theologischen Verstehenbemühungen, die im «Resumée» des Dogmas zusammenlaufen, in die Formulierung eingehen. Das Dogma ist eben deshalb kein theologischer Entwurf. Es ist nicht gleichsam ein Malbuch mit Konturen, das der Theologe nur noch bunt auszumalen hätte. Daher ist das Dogma auch kein «Axiom», kein Ausgangssatz der theologischen Arbeit, der lediglich zu kommentieren wäre. Ein Dogma *kann* auch das einmal sein. Gerade das Dogma von Chalkedon ist in dieser Weise ungeahnt fruchtbar geworden, indem viele Theologen vieler Jahrhunderte bis heute es zum Ausgangspunkt des theologischen Nachdenkens machten, seine Begriffe und Formeln abhörten und ausarbeiten[30]. Aber fruchtbar wurde die chalkedonische Formel nicht, *weil* sie Dogma ist, das heißt nicht kraft ihrer ekklesiologischen Funktion, sondern wegen des in ihr investierten Gedankengutes, genauer: wegen der scharfen Paradoxie, in der sie redet und in der das Geheimnis Christi so zur Sprache kommt, daß es nie rationalistisch aufgelöst wird, sondern bleibend zu denken gibt. Der Normalfall ist das nicht. Das theologisch viel ausführlichere Trienter Konzil ist zum Beispiel in seiner Rechtfertigungslehre nur und erst dann theologisch fruchtbar geworden, als man es – historisch möglicherweise zu unrecht – auf dem Hintergrund der Theologie des Thomismus las und interpretierte[31]. Die theologische Fruchtbarkeit des Tridentinums wäre also Fruchtbarkeit des Thomismus in der beanspruchten Deckung durch das Trienter Konzil, und der Vorsprung des Thomismus vor den anderen mittelalter-

30 Vgl. vor allem den 3. Bd. des w. o. in Anm. 6 genannten großen Sammelwerkes über das Konzil von Chalkedon.

31 Vgl. dazu *H. A. Oberman*, Das tridentinische Rechtfertigungsdekret im Licht spätmittelalterlicher Theologie, in: Zeitschrift für Theologie und Kirche 61 (1964) 251–282; *E. Schillebeeckx*, Das tridentinische Rechtfertigungsdekret in neuer Sicht, in: Concilium 1 (1965) 452–454. Jüngst hat *H. Rückert* die historische Beweisführung bei Oberman bestritten: Promereri. Eine Studie zum tridentinischen Rechtfertigungsdekret als Antwort an H. A. Oberman, in: Zeitschrift für Theologie und Kirche 68 (1971) 162–194.

lichen Schulen in der Neuzeit beruht zum großen Teil auf diesem Zusammenhang.

Dogmen als verpflichtenden Ausgangspunkt des theologischen Denkens anzusehen und auswerten heißt also in der Regel ihre innerkirchliche Funktion überfordern. Dogmen sind nicht «Axiome», sondern gleichsam eine «Wasserwaage», die *nachträglich* an das Ergebnis der theologischen Arbeit zu Kontroll- und anderen Zwecken herangehalten wird. Die theologische Arbeit selbst dagegen kommt aus anderen Impulsen in Gang: aus der Begegnung des vom überlieferten Evangelium geschaffenen Glaubens mit den Fragen und Verstehensbedingungen der Zeit.

Der Fehler, Dogmen als «Axiome» zu benutzen, ist in der Theologie nicht immer vermieden worden. So sind für Thomas von Aquin die Glaubensartikel des Apostolischen Glaubensbekenntnisses die «principia» der theologischen Wissenschaft, und diese hat die Aufgabe, jene in die «Konklusionen» zu entfalten, sie durch «Schlußfolgerungen» zu kommentieren.[32] Das *kann* man als theologisches Programm natürlich durchführen, aber *muß* es nicht um des Glaubens willen allein auf *diese* Weise tun. Der Wortlaut des Dogmas bekommt dabei jedenfalls eine andere Funktion, als sie das Dogma als solches hat. Gottlob übrigens hat sich Thomas faktisch nicht an dieses Konzept gehalten, man müßte seine Theologie sonst als großen Krampf ansehen [33].

2. *Aufgabe: Das Dogma ist anzunehmen als Zeugnis der Geschichte des Glaubens, der auch der unsrige ist.*

Diese Aufgabe entspricht der 3. These. Heutiger Umgang mit dem Dogma bedeutet: Wir müssen es zu einer «Solidarität» mit den Menschen bringen, die zu ihrer Zeit und mit den Mitteln ihrer Zeit so um das Verständnis des Handelns Gottes an uns und unserer Hingabe an Gott gerungen haben, wie wir es tun. Sammlungen dogmatischer Formeln werden völlig steril, wenn wir nicht in der Lage sind, Menschen dahinter zu sehen. Auch Sünder! Man denke etwa an den Patriarchen Kyrillos von Alexandrien, den starken Mann auf dem Konzil von Ephesos (431). Schon zwei Jahre nach dem Konzil kann er eine Unionsformel mit seinen Gegnern von der antiochenischen Schule zugeben, die die Lehre von den zwei Naturen in Christus anerkennt [34] – er der

32 Vgl. *Thomas von Aquin,* STh I 1,2. 8; II–II 1,6–8.
33 Die ca. 6000 Artikel der STh als bloßen Kommentar zum Apostolischen Glaubensbekenntnis anzusprechen – und wäre es auch nur im weitesten Sinne – dürfte mindestens sehr gewaltsam sein.
34 DS 271–273.

Kämpfer für die «mia physis», die eine Natur in Christus, in der Gottheit und Menschheit vereint sind. Wie soll man da die Schärfe seiner «Anathematismen» von 431 [35] rechtfertigen, die zur Verurteilung und Verbannung des Patriarchen Nestorios führten, wenn zwei Jahre später die «häretische» Auffassung zumindest schon diskutabel ist – ganz zu schweigen davon, daß nur zwanzig Jahre später die Formel des Kyrillos durch das Konzil von Chalkedon als nicht mehr zulässig erklärt wurde?[36]

Nur auf dem Wege solcher Solidarität der Glaubenden, die im Umgang mit dem Dogma zu realisieren ist, kann deutlich und glaubhaft werden, warum und in welchem Sinne ein Dogma verpflichtet: Es verpflichtet kraft und im Maß der Gemeinsamkeit des einen Glaubens durch allen Wandel der geistigen Situationen hindurch. Diese Gemeinsamkeit hat man nicht in einer Formel ein für allemal, sondern nur in dem nie endenden Prozeß, die überlieferte Formulierung der Botschaft zur Begegnung mit den geistigen Impulsen der eigenen Zeit zu bringen. Daher ergibt sich die

3. Aufgabe: Im Umgang mit dem überlieferten Dogma ist unsere eigene Situation nicht als Störung zu betrachten, sondern als geistige Aufgabe anzunehmen.

Vor dieser Aufgabe sich drücken und der Kirche den verbitterten Vorwurf machen, sie verstehe nicht mehr zu reden und habe nur die alten Formeln, das ist kein verantwortlicher Umgang mit dem Dogma. Das Dogma ist sowohl an seinem Ursprung als auch in seiner weitergehenden neuen Aneignung und Verarbeitung Sache der Gesamtkirche, wie die Glaubensverkündigung auch. Jeder Christ hat an der Formulierung heutiger Glaubenserfahrung mitzuarbeiten durch das eigene Denken und durch die Erfahrungen, die jeder an seinem Ort im Leben macht. So wirken grundsätzlich alle mit an der Urteilsbildung in der Kirche angesichts der Forderung der heutigen Stunde. Nur so bleibt der Glaube in der Selbigkeit des *Lebens* mit dem Glauben der Alten und nicht in der toten Selbigkeit der rezitierten Formel. Und nur so wird die Voraussetzung dafür geschaffen, daß – wenn das nötig werden sollte [37] – eines Tages auch die Summe *unserer* Glaubenserfahrung eingebracht wird in ein neues Dogma im technischen Sinne des Wortes.

35 DS 250–263.
36 Auch dies ein Beispiel, wie sehr Vorsicht am Platz ist mit der Behauptung, es gäbe keine Revision dogmatischer Formulierungen, die mehr sei als nur Ergänzung oder Präzisierung.
37 Die Tatsache, daß das Zweite Vatikanum kein formelles Dogma verkündet hat, obwohl Anträge vorlagen, macht hier nachdenklich. Sollte die Lehrverkündigung in der strengen Form des Dogmas eine Notwendigkeit früherer Zeiten gewesen sein, aber nicht mehr der

Dogma als Sache der Gesamtkirche: Das schließt natürlich auch ein herzhaftes Ja ein zu einem Antagonismus der Kräfte und Meinungen. Wo Urteilsbildung getrieben wird, da wird auch gekämpft und darf gekämpft werden bis an die Grenzen, die die Liebe zieht. Etwas von solchem Antagonismus, den es allzu lange nicht geben zu dürfen schien und den es deshalb nur getarnt gab, erleben wir heute offen – die einen bestürzt, die anderen erleichtert. Jedenfalls müssen wir uns darauf einstellen und dürfen keine Anstrengung des Begriffes scheuen, im Maß der eigenen Kräfte an dieser kämpferischen Urteilsbildung teilzunehmen. Nur so wird im übrigen auch empirisch greifbar (und bleibt nicht nur theologische Behauptung), daß das Dogma Sache der Gesamtkirche ist und daß der, welcher ein Dogma verkündet, ausspricht, was *die Kirche* glaubt und denkt.[38]

4. Aufgabe: Der ursprüngliche Ort des Dogmas im liturgischen Bekenntnis stellt die Aufgabe, gerade heute darauf zu achten, daß die theologische und zuletzt dogmatische Formulierung in einer unserem Denken angepaßten Bekenntnissprache geschieht.

Ohne Verzicht auf wissenschaftliche Präzision müßte doch die dogmatische Sprache heute mehr denn je vom «Fach-Chinesisch» Abschied nehmen. Das Zweite Vatikanum ist schon mit gutem Beispiel vorangegangen. Wie sehr es möglich ist, ganz moderne Sprechweisen von Christus, die nicht an der Sprache des Konzils von Chalkedon Maß genommen haben, in einer Sprache zu formulieren, die Sprache des gottesdienstlichen Bekenntnisses sein kann, zeigen die holländischen Versuche neuer Hochgebete der Messe, die eben deshalb kein kirchenamtliches Verbot um ihre Sympathien bringen konne, weil man spürt, daß hier auch in der Liturgie und gerade in ihr so von Christus geredet wird, wie wir auch an ihn glauben und den Zugang zu seinem Geheimnis suchen [39].

unseren? Wollte man sich auf dem Konzil angesichts der Unüberschaubarkeit heutigen geistigen Lebens die Möglichkeit offen halten, unbehindert auf noch unbekannte neue Fragen der Zukunft einzugehen?

38 Im «Wort der deutschen Bischöfe zur Enzyklika Humanae vitae» ist, über das vorausgehende «Lehrschreiben an alle, die mit der Glaubensverkündigung beauftragt sind» hinaus, diese neue Art der innerkirchlichen Urteilsbildung, u. U. auch in Absetzung von früher formulierter kirchlicher Lehre, erstmalig vorsichtig anerkannt worden». Vgl. *O. H. Pesch*, Über die Verbindlichkeit päpstlicher Enzykliken, in: Ehe in Gewissensfreiheit, hrsg. von *A. Görres* (Mainz 1969) 23–36: 35 f.

39 Es wäre eine lohnende Aufgabe, einmal die implizite Christologie dieser Versuche herauszuarbeiten und sie zu vergleichen einerseits mit der üblichen Christologie der Dogmatik-Handbücher und anderseits mit den christologischen Entwürfen der Gegenwart.

5. Aufgabe: Der Erkenntniswert des Dogmas ist nur zu suchen im Zusammenhang mit der vor-theoretischen Wirklichkeit des lebendigen Glaubens an den in Christus an uns handelnden Gott.

Man könnte nach den bisherigen Überlegungen mit einem gewissen Recht fragen: Welchen Erkenntnisgewinn gibt denn das Dogma noch, angesichts all der Einschränkungen, die wir machen mußten? Wir müssen in mehreren Stufen antworten.

a. Vielleicht ist in bestimmten Grenzen das Dogma als gemeinsame, alle Meinungen auf einen Nenner bringende Formel möglich oder gar nötig [40]. Vor allem in der alten Kirche war es nötiger, als wir uns wohl noch vorstellen können. So sollten zum Beispiel die chalkedonischen Antithesen den von der stoischen Philosophie geprägten Geistern *und* den Antistoikern gemeinsam das Bekenntnis zu Christus ermöglichte. Aber je länger die Geschichte andauert, je mehr geistige Situationen die Kirche in sich beheimaten muß, desto schwieriger wird es, die alle vereinende Formel zu finden. Auf alle Fälle kann sie nur ganz «formalistisch» sein. Was läßt der Satz: «Jesus ist Gott und Mensch» eigentlich wirklich *begreifen*? Wissen wir denn, was Gott-sein heißt? Oder was haben wir begriffen – Leben weckend begriffen –, wenn wir mit Karl Rahner den Inhalt des Glaubens auf die Abstrakte Formel bringen: Das ferne, schweigende Geheimnis hat sich uns als das nahegekommene Geheimnis mitgeteilt [41]? Wir könnten tatsächlich den Versuch machen, in allen Dogmen die gemeinte Sache zu lösen von ihren begrifflichen Einkleidungen, die uns vielleicht fremd geworden sind. Das Ende wäre immer diese oder jene abstrakte Formel. Diese brächte ohne Zweifel eine bleibende Grundstruktur der Aussagen des Glaubens und damit die Kontinuität in der Vielfalt der konkreten Entwürfe zur Darstellung, sie wäre für viele geistige Situationen nachsprechbar, und das hat seine Bedeutung und seinen Wert. Aber den entscheidenden Sinn des Dogmas würden solche abstrakstrakten Formeln gerade nicht erfüllen: Sie würden gerade nicht in der konkreten Situation, für konkrete Menschen ein gemeinsames Bekenntnis ermöglichen und einen Weg verstehenden Glaubens weisen. Mit Leerformeln kann man nicht leben und bekennen, sie machen durch ihre Abstraktheit und Zeitlosigkeit die Sache gerade *nicht* lebendig gegenwärtig. Daher muß man urteilen:

b. Nur *in* konkret-inhaltlichen Sätzen ist die Sache des Glaubens lebendig

40 Vgl. den in Anm. 17 genannten Aufsatz von *M. Seckler.*

41 Vgl. *K. Rahner*, Über den Begriff des Geheimnisses in der katholischen Theologie, in: Schriften zur Theologie, Bd. IV, 51–99: 98.

da, nur *in* geschichtlich bedingten und perspektivisch begrenzten Formeln kann sie geschichtsmächtig werden. Die Unterscheidung von «Sache» und begrifflicher, sprachlicher «Einkleidung» hat ihre große Gefahr, weil sie die Vorstellung nahelegt, man könne die Sache auch ohne die Einkleidung haben. Wir kommen nicht daran vorbei, ein konkretes Credo zu sprechen, auch und gerade wenn wir wissen, daß unsere Worte nur ein Stammeln sind vor der Wirklichkeit, die wir bekennen. Aber wie nun, wenn wir ohne Selbstvergewaltigung die *alten* konkret-inhaltlichen Sätze eventuell nicht mehr vollziehen können – oder jederzeit mit solch einer Situation rechnen müssen[42]? An dieser Zuspitzung kommt nun heraus, wie wir allein den bleibenden Erkenntniswert der überlieferten Dogmen uns erschließen können:

c. Die Gesamtheit der Formeln weist einen *Weg*, wie wir schon sagten. Diesen Weg kann ich zurückgehen und überblicken. Nach vorwärts gibt er mir eine Richtung an für das Denken und die Selbstformulierung des Glaubens in der eigenen Zeit. *Das genügt*. Hier müssen nun die neuen Versuche der Sprachregelung gemacht werden, ohne zu fragen, was die Zukunft daraus machen, wie sie darüber denken wird. Im Denken sich an den Schnittpunkt zwischen dem aus der Geschichte (in dogmatischen Formulierungen, aber nicht nur in solchen) auf uns zukommenden Wort der Heilsbotschaft und dem Denken unserer Zeit zu stellen – das heißt gegenwärtiger Umgang mit dem alten Dogma. Man müßte einmal an großen Themen der Theologie durchexerzieren, wie das möglich ist, noch mehr, wie es immer schon geschehen ist, ohne daß man es sich reflex bewußt gemacht hat. Etwa am Verständnis der Sünde, der Erbsünde, der Gnade, des Glaubens, der Lehre von den theologischen Tugenden. Das ist hier nicht möglich – aber es ist möglich und instruktiv. Die Aufgabe heißt dann jedenfalls: Geschichte, Geistesgeschichte und Theologiegeschichte studieren – wer dazu nicht bereit ist, sollte sich nicht zum Thema «Dogma» äußern. Die Aufgabe heißt: sich faszinieren lassen von diesem Ringen um den Glauben auch und gerade in einer uns fremden geistigen Welt. Die Aufgabe heißt: auf diese Menschen, die die alten Dogmen formuliert haben, lauschen – und dann darauf lauschen, was die Tradition im eigenen, glaubenswilligen Geist in Bewegung bringt. Und dann gilt es, auszusprechen versuchen, was sich dabei eröffnet an Wegen des Verstehens. Es handelt sich dabei letztlich um einen Vorgang jenseits bloß rationalen Schlußfolgerns, einen Vorgang, der nicht selten Ähnlichkeit mit dem künstlerischen Einfall

42 Dieses Problem war unlängst Gegenstand einer Tagung der Katholischen Akademie in Bayern und der Evangelischen Akademie Tutzing, deren Referate vorliegen in: *P. Brunner – G. Friedrich – K. Lehmann – J. Ratzinger*, Veraltetes Glaubensbekenntnis? (Regensburg 1968).

hat, der aber nie darauf verzichten kann, sich immer wieder in Begriffen, Worten und Sätzen auszudrücken. Oder nun umgekehrt: Das Dogma beruht zuletzt immer auf einer vorintellektuellen Schicht des gläubigen *Lebens,* des persönlichen Anhangens an Gott, eben des Glaubens, sofern er *mehr* ist als Formulieren und Bejahen dogmatischer Sätze. Der Erkenntniswert, die Erkenntnis- und Verstehenshilfe des Dogmas für den Glauben reicht so weit, als es diese lebendige Glaubenserfahrung erhellt und ermöglicht, denn nur vor dem Hintergrund dieses Lebens wird verstanden, was das Dogma meint und wovon es spricht. Es ist hier nicht anders wie auch sonst im Verhältnis von Theorie und Erfahrung: *Sätze* über den Tod etwa versteht nur, wer schon irgendwie *erfahren* hat, was Sterben ist.

Wir haben nun alle gedanklichen Elemente beisammen, um uns der delikatesten Aufgabe verantwortlich zu stellen:

6. Aufgabe: Bei der Verkündung eines neuen Dogmas (oder der Einschärfung eines alten) ist die allgemeine Zustimmung zu dem, «was die Kirche glaubt», selbstverständlich aufgrund der Rückbindung des persönlichen Glaubens an die Gemeinschaft der vor mir schon Glaubenden. Die Integration des (neuen) Dogmas in den gläubigen Lebensvollzug dagegen ist unerzwingbar wie der Glaube selbst.

Die Handbücher der Maroltheologie pflegen bei der Behandlung der «göttlichen Tugend des Glaubens» zu fragen: Wann muß man einen ausdrücklichen Glaubensakt vollziehen? Unter den bei der Antwort aufgezählten Fällen ist an hervorragender Stelle dann zu lesen: Wenn ein neues Dogma verkündet wird [43]. Wie nun aber, wenn das beim besten Willen nicht geht ohne Selbstvergewaltigung? Man pflegte bisher durchschnittlich sehr kühl zu antworten: Dann mußt du es eben auf die Selbstvergewaltigung ankommen lassen – das Wort Gottes wird Dir das ja wohl wert sein! Muß es bei dieser Auskunft angesichts dessen, was wir zum Wesen des Dogmas überlegten, einerseits, und im Licht der Einsichten in das Wesen des Glaubens, die uns die Theologie der Gegenwart vermittelt hat, anderseits, sein Bewenden haben? Vielleicht ist folgender Lösungsversuch bedenkenswert:

Wie jederzeit, so wird der in der Kirche glaubende Christ auch bei der Verkündung eines neuen Dogmas dem *Glauben der Kirche im Ganzen* zustimme. Anders ausgedrückt: Er wird glauben und bekennen, daß die Kirche stets in der Weise in der Wahrheit gehalten wird, daß sie Kirche Christi ist. Und

43 So noch jüngst *B. Häring,* Das Gesetz Christi, Bd. 2 (Freiburg/Br. [8]1966) 66.

er wird diese Zustimmung bei der Verkündung eines Dogmas auch bewußt geben müssen, denn die Verkündung eines Dogmas wendet sich an den bewußten Glauben. Unter dieser Voraussetzung aber ist es nicht Untreue gegenüber der Kirche und ihrer Lehre, wenn ein Glied der Kirche einem *einzelnen* Dogma gegenüber die Integration der konkreten Formel in den persönlichen Glaubensvollzug zurückstellt, wo sie ihm, jedenfalls in diesem Augenblick, aus ernsten Gründen intellektueller und spiritueller Redlichkeit unmöglich ist.

Konkret und im Blick auf einen der dornigsten Fälle: Angesichts des Dogmas von der Aufnahme Mariens in die ewige Verherrlichung wird der Christ, der bewußt zur Kirche gehören will, innerlich bejahen müssen: Ich glaube, daß auch in diesem Dogma und mit diesem Dogma die Kirche in der Wahrheit Christi bleibt; ich glaube, was sich von dieser Wahrheit Christi in diesem Dogma ausspricht. Es muß ihm aber gestattet sein, festzustellen, daß er persönlich eventuell mit dieser konkreten Formel nichts anfangen kann, weder intellektuell – er hat vielleicht große dogmengeschichtliche und theologische Probleme mit ihr –, noch in seiner Frömmigkeit – er ist vielleicht kein großer Marienverehrer, und die Kirche verlangt ja auch von ihm in keiner Lehrentscheidung, daß man es sein *müsse*. Man kann nicht von Amts wegen entscheiden, eine solche Unfähigkeit, mit einer konkreten dogmatischen Formel etwas anzufangen, könne nur an bösem Willen, mangelnder Glaubensbereitschaft oder Dummheit liegen und nicht auch lautere Gründe haben. Anders ausgedrückt: Es muß auch angesichts konkreter Dogmen die Möglichkeit und das Recht zu einer Art «fides implicita in fide Ecclesiae», zu einem unausdrücklichen, im Glauben der Kirche «eingefalteten» persönlichen Glauben geben können, der zwar all sein Nicht-Mit-Können mit dem sich im Dogma aussprechenden Resumée der Glaubenserfahrung der Kirche gläubig im Glauben eben dieser Kirche birgt, welcher Glaube mehr ist als die konkreten ausdrücklichen Formeln, der sich aber nicht zu jener geistigen Gewaltanwendung gegen sich selbst entschließen muß, die die undurchschaubare Gnadenführung Gottes am Menschen vorentscheiden möchte. Dieses Verhalten genügt als gläubige Loyalität gegenüber der Lehrautorität der Kirche – die ja nie die Gnadenhaftigkeit des Glaubens aufheben kann.

Im Zuge der aktuellen Diskussion um die Unfehlbarkeit des päpstlichen Lehramtes scheint man die Frage noch einmal einen Schritt vorwärts treiben zu müssen. Bis jetzt hatte der Grund für die mangelnde Integration des Dogmas auf seiten des Gläubigen gelegen: Er war es, der nicht mitkam, während die Kirche in ihrem Glaubensbewußtsein ihm voraus war. Wie, wenn der Grund auf seiten des Dogmas selbst läge? Wie, wenn es nicht nur so steht, daß eine alte, früher verständliche und hilfreiche Formel heute unverständlich geworden ist und «übersetzt» werden muß oder daß eine neue Formel noch nicht im ersten Augenblick von allen angeeignet werden kann, wenn vielmehr das – alte oder neue – Dogma bereits an seinem eigenen historischen Platz verfehlt, falsch, also ein Irrtum war oder ist? Darf der Christ in der Kirche nur seine eigene Unfähigkeit, folgen zu können, für möglich halten oder nicht auch den Irrtum in der Sache? Ist die Unfähigkeit zur Integration des Dogmas in den Glaubensvollzug nur verzeihlich, oder kann sie auch sachlich begründet sein?

Es scheint, daß die Frage, so gestellt, wiederum zu kurz gerät. Wir haben uns zu erinnern, daß die Frage des Dogmas nicht rein erkenntnistheoretisch entschieden werden kann [44]. Die Frage nach einem Irrtum im Dogma kann also nicht entschieden werden ohne Blick darauf, wie es gebraucht wird, welche Interessen man damit verfolgt, welche praktischen Konsequenzen für das kirchliche Leben man daraus zieht. In diesem Sinne kann noch das richtigste Dogma falsch werden. Und es geben heute auch konsequente Verteidiger des Ersten Vatikanums zu, daß der Gebrauch dieses Dogmas in zahllosen Einzelheiten der Praxis der römischen (und nicht nur der römischen) Kurie nicht durch das Dogma selbst gedeckt ist.

Für den persönlichen Glauben wichtiger ist aber die andere Seite. Wir haben stärkstens betonen müssen [45], daß das Dogma Sache der Gesamtkirche ist. Dann muß aber auch die Feststellung der eventuellen – wie auch immer verstandenen – Irrigkeit eines Dogmas Sache der Gesamtkirche sein – Resumée einer neuen kollektievn Glaubenserfahrung wie das Dogma auch. Der *einzelne* Glaubende muß sich daher aus Gründen der Sache stets fragen, wie er in einem solchen Fall an die Gewißheit kommt, eine kirchliche Lehrformulierung sei falsch. Daraus folgt noch nicht, daß er unrecht haben muß, wohl aber, daß er es nicht allein entscheiden kann.

Soweit der persönlich-individuelle Glaubensvollzug zur Debatte steht, bleibt es also dabei, daß der Christ in der Kirche ein Recht hat, den Einbezug einer Glaubensformel in seinen Glaubensvollzug zu suspendieren oder besser: in der beschriebenen Weise zu «generalisieren», wenn es ihm anders aus ernsten Gründen unmöglich ist. Die Unfehlbarkeitsdebatte bedeutet insoweit ein neues Element, als sie ermutigt, die Gründe solcher Unmöglichkeit zu reflektieren und das Ergebnis dieser Reflexion zu sagen, der Diskussion auszusetzen, in die öffentliche Meinungsbildung einzubringen. Nur so kann auch

44 Vgl. w. o., 4. These.
45 Vgl. w. o., 3. Aufgabe.

die Revision kirchlicher Lehrformulierungen Sache der Gesamtkirche bleiben, muß dogmatische Festigkeit nicht individualistische und nur zu leicht emotionale Willkür provozieren.

Daß es auf genau diese Weise Revision von Dogmen in der Kirche gegeben hat – Revision, nicht nur «Ergänzung» oder «Präzisierung» –, sollte nicht mehr bezweifelt werden. Das Schicksal des Satzes «Außerhalb der Kirche kein Heil» und die Revision der christologischen Formel innerhalb von 20 Jahren sind nur zwei eindrucksvolle Beispiele unter einer größeren Zahl. Zu denken geben in diesem Zusammenhang auch andere Tatsachen: Es gibt feierlich verkündete Dogmen, die in der Kirche vergessen wurden – zum Beispiel das Dogma des Zweiten Konzils von Nikaia über die Bilderverehrung aus dem Jahre 787 [46]. Es gibt Lehren, die heute als Dogma angesehen werden, aber lange Zeit in der Kirche unbekannt oder vergessen waren – so etwa die Canones des Zweiten Konzils von Orange (529) [47], seit der Karolingerzeit vergessen und erst kurz vor dem Tridentinum wiederentdeckt, wodurch sie einen großen Einfluß bei der Redaktion des Erbsünden- und des Rechtfertigungsdekretes ausübten. Es gibt kirchliche Lehrformulierungen, die zum Zeitpunkt ihrer Verkündung ihren Sinn und ihre Zielrichtung, verglichen mit dem Ursprung, völlig gewandelt hatten – so zum Beispiel die Transsubstantiationslehre [48] und sogar die Lehre von der Unfehlbarkeit des päpstlichen Lehramtes [49]. Wie soll es angesichts dieser Geschichte illegitim und unkirchlich sein, auch gegenüber formulierten Dogmen Fragen zu haben, auf Diskussion zu bestehen und zu erproben, ob die Formel tatsächlich der Glaubenserfahrung der Kirche standhält?

Vom Träger des Amtes muß das Ja zu dieser Freiheit des Fragens gefordert werden. Ihre Verweigerung wäre nur zu begründen, wenn man weder das Wesen des Dogmas noch seine Geschichte ernst nähme – und damit indirekt alle Vorwürfe bestätigte, das Dogma sei nichts anderes als ein heterogenes Glaubensgesetz. Das Wort der Deutschen Bischöfe zur Enzyklika Humanae vitae sagt über die Modalitäten, wie solche Freiheit zu gebrauchen ist, alles mit wünschenswerter Klarheit [50] – man müßte es nur, aus allen genannten Gründen, auch auf direktes Dogma ausdehnen. Der alte Satz, daß etwas erst Dogma ist, wenn es von der Kirche rezipiert ist, bekäme so ein ganz neues und im Grunde wieder das alte Gewicht und wäre befreit von jedem Ver-

46 DS 600–603.
47 DS 370–397 (+ 398–400: Konfirmation durch Papst Bonifaz II.!).
48 Vgl. das in Anm. 27 genannte Buch von *Schillebeeckx.*
49 Vgl. den Beitrag von *B. Tierney* in diesem Band.
50 Vgl. w. o. Anm. 38.

dacht des Formalismus, der die Zustimmung der Kirche lediglich in ein Konzilsvotum oder in eine Briefaktion verlegt.

Das alles ist nun doch noch einmal eine *These!* Wer hier das Ende aller Lehrdisziplin befürchtet, möge folgendes bedenken:

Die These beruht auf der Voraussetzung, daß die Formel nicht einfach *die* Wahrheit der Sache ist. Wollte man die These leugnen, so wäre die Differenz zwischen Formel und Sache eingeebnet. Die Sache des Glaubens wäre in der Formel total verfügbar, so daß sie außerhalb ihrer nicht ergriffen werden könnte, auch in Zukunft nicht. Das wiederum hieße: Eine zukünftige neue Erfahrung der Kirche wäre nicht mehr möglich, die Zukunft wäre, dem Anspruch nach, im vorhinein bewältigt. Es hieße ferner: Die Gnadenhaftigkeit des Glaubens wäre unter die Kontrolle der definierenden Kirche gebracht. Denn wenn nur die bedingungslose Übernahme der Formel bis in den persönlichen Glaubensvollzug hinein dem legitimen Anspruch des Dogmas gerecht würde, dann wäre alles andere Widerstand gegen die Gnade. Außerdem hieße eine Leugnung der These alle früheren Widerstände gegen alte Formeln, die – bis ins Zweite Vatikanum hinein – zu neuen Formulierungen geführt haben, desavouieren. Kurz: Mit dem Moment, wo der Pluralismus der Denkweisen in der Kirche als legitim angesehen wird, *muß* die starre alte moraltheologische Forderung fallen. An ihre Stelle tritt eine neue Forderung, die

7. Aufgabe: Die Kirche lieben.

Die Kirche, die Reformen verschleppt, die ihre besten Kräfte seit langem fordern; die ihre lautersten Theologen unter Sonderzensur stellt oder gar vor moderne Abarten der Inquisitionstribunale zitiert; die alles andere zu beabsichtigen scheint als das, wozu sie da ist: die Menschen zur Freiheit der Kinder Gottes einzuladen; die Kirche, von der man gesagt hat, ihr hervorstechendstes Merkmal sei ihre heraushängende Zunge, mit der sie ständig hinter der Zeit herlaufe.

Diese Kirche also lieben, auch die lehrende. Ein kritisch verbittertes *Gegenüber* zur Kirche wird es nie zum frohen Umgang mit dem Dogma bringen, keine Freiheit *in* der Bindung an das Dogma erreichen. Nur wenn wir mittragen, das Dogma der Kirche als die *eigene* Sache betrachten, weil es, wie unzulänglich auch immer, von *unserem* Glauben Zeugnis ablegt, wird das Dogma aufhören, eine Last zu sein, ja, es wird einen neuen, nicht mehr «triumphalistischen» Stolz wecken auf diese Kirche, die sich in ihm ausspricht.

Die Aufgabe im Nachdenken über den Glauben und in seiner Verkündigung wird dadurch schwerer und leichter zugleich. Schwerer, denn wer mitreden will, wird sich mehr auf den Erwerb sauberer Geschichtskenntnisse verlegen müssen als vielleicht früher. Ohne Dogmengeschichte kann man den Stellenwert eines Dogmas nicht beurteilen und wird immer entweder zum Leichtsinn oder zum Rigorismus neigen. Leichter, denn viele unglaubwürdige Harmonisierungsversuche, komplizierte Distinktionen und Ausflüchte werden unnötig. Das Reden vom Glauben – vom Glauben in der Kirche! – wird den Eindruck größerer Wahrhaftigkeit erwecken.

Davon, ob man in der Kirche den neuen Stil innerkirchlicher Meinungsbildung und auch innerkirchlicher Auseinandersetzung, der mit all dem verbunden ist, beherrschen lernt, wird es abhängen, ob es in der Kirche nur zu einer billigen Sehnsucht nach Freiheit vom «Dogmenzwang» kommt, oder ob durch altes Dogma und neue Lehrformulierung hindurch die wahre Freiheit der Kinder Gottes möglich wird, die das Geschenk des Glaubens ist.

Franz Böckle

UNFEHLBARE NORMEN?

Nach H. Küng ist bisher in keiner Weise «bewiesen», daß es bei der Ausübung des kirchlichen Lehramtes a priori unfehlbare Sätze geben könne. Er bezweifelt, daß es Aussagen gibt, die aufgrund einer göttlichen Verheißung *schon durch den bloßen Ausweis formaler Kriterien* als garantiert irrtumsfrei zu betrachten sind. Ich habe weder die Aufgabe noch die Absicht, zu dieser These direkt Stellung zu nehmen. Wenn man die bisherigen kritischen Auseinandersetzungen kompetenter Theologen genau verfolgt, so läßt sich erkennen, daß Küng mit der Frage nach den a priori unfehlbaren Sätzen letztlich die Frage nach den Bedingungen der Möglichkeit unfehlbarer Akte im Zeugnis der Kirche stellt, und daß gerade diese entscheidende Frage weder durch das Erste noch durch das Zweite Vatikanische Konzil eine eindeutige Klärung gefunden hat.[1] Die Diskussion um Küngs provokative Bestreitung unfehlbarer Sätze hat aber auch gezeigt, wie viele Mißverständnisse die Reduktion der Unfehlbarkeitslehre auf die Alternative eines simplen Ja oder Nein zur Frage, ob es solche Sätze überhaupt geben könne, hervorruft. Der Begriff eines a priori unfehlbaren Satzes impliziert so viele Voraussetzungen, daß eine eindeutige Stellungnahme kaum, jedenfalls nur nach gründlicher Klärung all dieser Vorfragen erfolgen kann. Das gleiche Postulat stellt sich für unsere gezielte Frage nach der Möglichkeit unfehlbarer sittlicher *Normen* mit erhöhter Dringlichkeit. Bereits der Normbegriff ist umstritten (I.); erst recht wird der Offenbarungscharakter materialer sittlicher Normen diskutiert (II.), so daß erst im Anschluß an diese Fragen geprüft werden kann, was die Bezeichnung «unfehlbar» im Zusammenhang mit «Normen» überhaupt für einen Sinn hat (III.).

Der umstrittene Normbegriff

Der Normbegriff findet in der Moraltheologie eine vielfältige Verwendung. In den traditionellen Handbüchern steht der Begriff vor allem im Zusammenhang mit der Frage der Letztbegründung sittlichen Handelns im Sein. Als höchste Norm (suprema seu ultima norma moralitatis) in der Seinsord-

1 Vgl. W. Kasper, Zur Diskussion um das Problem der Unfehlbarkeit, in: St. d. Z. 96 (1971) 368.

nung gilt Gott selbst, näherhin das göttliche Wesen als Einheit göttlichen Erkennens und Wollens. Nächste Norm (norma proxima) ist der Mensch in seiner Abbildhaftigkeit, respektive seine entsprechend ausgerichtete praktische Vernunft (recta ratio). Der so begründete normative Anspruch wird objektiv ausgeformt und vermittelt durch Gebote und Verbote des Sittengesetzes in seinen verschiedenen Auffächerungen und subjektiv konkretisiert durch das Gewissensurteil. In der neueren moraltheologischen Literatur findet der Normbegriff mehr und mehr Verwendung für das, was die Tradition Gebote und Verbote nannte. *Normen* sind dann *sittliche Weisungen, die konkretes menschliches Handeln allgemein verbindlich regeln.* Es sind praxisnahe Handlungsregeln, die einen letztlich theonom begründeten Anspruch verbindlich auslegen und dementsprechend intersubjektive Geltung beanspruchen. Verbindlichkeit oder Geltung sind dabei Begriffe, die im Zusammenhang mit unserer Thematik geklärt werden müssen. Die Diskussion, die gegenwärtig sowohl in der praktischen Philosophie (Ethik) wie auch innerhalb der Moraltheologie lebhaft geführt wird, geht von zwei verschiedenen, sich ergänzenden Ansätzen aus.

1. *Kulturgeschichtliche Analysen* weisen auf ein gegenseitiges Bedingungsverhältnis zwischen bestimmten Gesellschaftsformen, der in ihnen vorherrschenden Normbegründung und den entsprechenden Formen normativer Vermittlung hin. Sittlichkeit läßt sich als inhaltlicher Anspruch in verschiedener Weise vermitteln. Dementsprechend wird der Begriff «Norm» als eine Art Gattungsbegriff verstanden, der verschiedene Normarten subsummiert.[2] Als solche gelten beispielweise Sitten, Gesetze, Konventionen, Moden, aber auch die heute viel genannten Entscheidungskriterien. Durch alle diese Formen soll das freie menschliche Verhalten der Gesellschaftsmitglieder in einer bestimmten allgemeinen Weise reguliert werden. Dabei zeigt sich zum Beispiel, daß in einer geschlossenen Gesellschaft, die sittliche Ansprüche durch tradierte Werte begründet, das Verhalten der Glieder vornehmlich durch Sitte und Konventionen geregelt wird. «Sitte» bezeichnet dabei ein kollektives Überzeugtsein, das auf überlieferter Erfahrung und tradierten Wertmaßstäben beruht.[3] Erfahrung und Tradition wirken als selbstverständliche Gestaltungs-

2 Vgl. H. Popitz, Soziale Normen, in: Europ. Arch. f. Soziol., Bd. 2 (1961) H. 2, 185–198; ferner die in Kürze erscheinende Habilitationsschrift von W. Korff, Norm und Sittlichkeit, Untersuchungen zur Logik der normativen Vernunft, (Masch. Bonn 1972) bes. S. 156–176.

3 Vgl. hierzu grundsätzlich: F. Tönnies, Die Sitte (Frankfurt 1909); M. Weber, Soziologische Grundbegriffe (1921), in: M. Weber, Ges. Aufsätze zur Wissenschaftslehre ³1968, 567 f. u. 570 f.; G. Heilfurth, Sitte, in: Wörterbuch der Soziologie (Hrsg. W. Bernsdorf) ²1969, 931–933.

prinzipien bis in die Einzelheiten des alltäglichen Lebens hinein. Sitte ist gewissermaßen «eingelebt» (M. Weber), sie trägt ihre Legitimation gleichsam an sich selbst. Sie läßt sich leicht in apodiktischen Geboten und Verboten formulieren. Entsprechend liegt die sittliche Problematik für den einzelnen nicht so sehr in der *Suche* nach dem Gebotenen als vielmehr in dessen treuer Erfüllung durch Angleichung an die Vorschriften. Ganz anders stellt sich demgegenüber die Beanspruchung des Menschen dar in der offenen Gesellschaft, wie sie heute unsere Lebenswirklichkeit prägt. Unser Selbstverständnis ist bestimmt durch die Offenheit für ständig neue Informationen und eine entsprechende Änderung unseres Verhaltens. Wir können das konkret Gebotene nicht mehr unbesehen den «mores» entnehmen. Wir sind in einem unvergleichlich höheren Maß zur sittlichen Beurteilung des konkreten Handelns herausgefordert. Dies ergibt sich bereits aus der Tatsache, daß unsere Einsichten und Möglichkeiten zur Lebens- und Umweltgestaltung viel reicher geworden sind. Wichtiger freilich als die Vielfalt der Komplikationen dürfte die Tatsache sein, daß anstelle der Sitte in der Form der «Mode» eine neue Art normativer Außenlenkung getreten ist. Mit dem Geltungsanspruch der Mode setzt sich eine soziale Verhaltenspraxis durch, die sich nicht mehr von tradierten Inhalten bestimmen läßt, sondern «auf eine höchst plurale Weise den Reizwert des Neuen, des Überzeugend-Aktuellen und Kreativen» verkörpert.[4] Im Gegensatz zur «Sitte» eröffnet «Mode» einen viel größeren Spielraum für Formen und Möglichkeiten persönlicher Differenzierung. Sie schafft dadurch beim einzelnen die Vorstellung der Selbstentscheidung, hebt diese aber nicht selten durch ihren Reizwert manipulativ wieder auf. Der einzelne lebt gewissermaßen wie in einem Selbstbedienungsladen in der Imagination der freien Selbstentscheidung, in Wirklichkeit gerät er gerade dadurch in seinen Entscheidungen unter eine schwer durchschaubare Beeinflussung. Wenn die Moraltheologie mit ihrem sittlichen Anspruch ihre Adressaten ansprechen will, muß sie mit diesen Gegebenheiten rechnen. Sie muß eine normative Vermittlung wählen, die den Gläubigen hilft, inmitten eines pluralen Angebotes zu einer eigenständigen sittlichen Entscheidung zu kommen.[5] Hierzu genügt es nicht, durch traditionelle Forderungen, die als «absolut» ausgegeben werden, die Entscheidungssituation einzugrenzen. Hier sind Hinweise notwendig, die die entscheidenden Gesichtspunkte und die in Frage stehenden verbindlichen Werte einer Entscheidungssituation einsichtig machen und die verantwortliche Abwägung der Güter ermöglichen.

4 Vgl. W. Korff, a. a. O. 168.

5 Vgl. F. Böckle, Freiheit und Gewissen, in: W. Zauner u. H. Erharter (Hrsg.), Freiheit-Schuld-Vergebung (Wien 1972) 55 f.

2. *Von einer systematischen Analyse normativer Sätze aus* versucht man darum zu prüfen, ob und wieweit die Moraltheologie und ihre Verkündigung einen solchen Wandel normativer Vermittlung überhaupt mitvollziehen kann. Dabei geht es vor allem um das rechte Verständnis der Allgemeinverbindlichkeit ethischer Sätze.[6] Allgemeinverbindlich regeln heißt nämlich per se weder für alle Zeiten in gleicher Weise (universell) regeln noch bedeutet es so regeln, daß ein bestimmtes Verhalten unabhängig von jeder möglichen Bedingung und damit ausnahmslos (absolut) als geboten oder verboten gelten müßte. Das schließt nicht aus, daß man ethische Sätze bilden kann, die ausnahmslos gelten und das Handeln für jeden Fall verbindlich bestimmen. Was sind das aber für Sätze? Zunächst sicher alle jene Imperative, die analytisch-tautologischen Charakter haben. «Du sollst nicht ungerecht handeln», «nie ungerecht töten» usw. heißt in anderer Form doch bloß «ungerecht töten, ist immer ungerecht». Solche Tautologien sind gewiß evident und absolut, aber sie bilden kein Regulativ für konkretes Handeln. Ähnliches gilt für den Satz: «Jeder einzelne Mensch ist in seiner Würde zu respektieren und als der Nächste zu lieben», ein Satz, demgegenüber K. Rahner einen absoluten Assens für gefordert und berechtigt hält.[7]

Wir möchten aber wissen, was Respektierung der Menschenwürde, was Nächstenliebe, was ungerecht töten usf. heißt. Ist z.B. die Todesstrafe widersittlich? Ist der gezielte Schuß eines Polizisten auf einen fliehenden Verbrecher widersittlich? Ist die Tötung eines Embryos widersittlich? Ist Selbsttötung widersittlich? Auf solche Fragen sollte die Ethik eine allgemein verbindliche Antwort geben. Und es ist dann die entscheidende Frage, ob ein entsprechendes normatives Urteil, das nur synthetisch sein kann, bedingten oder unbedingten Charakter habe. Grundsätzlich muß man mit B. Schüller dazu wohl sagen: Solche normativen Sätze können nur bedingungslos und ausnahmslos gültig sein, «wenn sie ein Gut zu verwirklichen gebieten, das erwiesenermaßen nie mit einem anderen wichtigeren und darum vorzugswürdi-

6 Vgl. vor allem die Beiträge von B. Schüller, Zur Problematik allgemein verbindlicher ethischer Grundsätze, in: Theol. und Philos. 45 (1970) 1–23; ders., Typen ethischer Argumentation in der katholischen Moraltheologie, ebd. 526–550; ders. Zur Rede von der radikalen sittlichen Forderung, in: Theol. und Philos. 46 (1971) 321–341; ferner J. Fuchs, Der Absolutheitscharakter sittlicher Handlungsnormen, in: H. Wolter (Hrsg.) Testimonium Veritati (= Frankfurter Theologische Studien 7) (Frankfurt 1971) 211–240.
Diese moraltheol. Diskussion ist zu sehen vor dem Hintergrund eines breit angelegten, wesentlich durch die analytische Sprachphilosophie angeregten Bemühens um eine intersubjektiv verbindliche ethische Argumentation. Vgl. M. Riedel, Rehabilitierung der praktischen Philosophie, Bd. I (Freiburg 1972).

7 Vgl. K. Rahner, Kritik an Hans Küng, in: ders. (Hrsg.), Zum Problem Unfehlbarkeit, Quaest.disp. Bd. 54 (Freiburg 1972), 40.

gen Gut konkurrieren kann».[8] Der Logik dieser These ist kaum zu widersprechen; und es ist auch leicht zu verstehen, daß unter kontingenten Gütern ein solches Gut nicht benannt werden kann. Darum basieren *alle* ethischen Normen, die das zwischenmenschliche Verhalten betreffen[9], letztlich auf einem Vorzugsurteil. Sie sind reflex bewußt gemachte und dann formulierte Anwendungen der Vorzugsregel: «Vor zwei miteinander konkurrierende, einander ausschließende Werte gestellt, hat der Mensch zu prüfen, welcher von beiden den Vorzug verdient und den handelnd zu verwirklichen.»[10] Es handelt sich also in der Sache – wenn auch nicht immer in der sprachlichen Formulierung – um hypothetische Imperative.[11] Sie gebieten oder verbieten eine Handlung nicht um ihrer selbst willen, sondern weil diese – entsprechend einer allgemeinen vernünftigen Abwägung der Güter – unter den allgemein erkennbaren Bedingungen den vorzüglicheren Wert realisiert.[12] Die traditionelle Moraltheologie hat um den bedingten Charakter ihrer ethischen Weisungen immer gewußt. In den Handbüchern werden die meisten dieser Sätze in die Kategorie der «moralitas conditionata» eingeordnet.[13] Im zwischenmenschlichen Bereich werden nur zwei davon ausgenommen: das Verbot der Falschaussage und das Verbot jedes der Zeugung widersprechenden Geschlechtsaktes. Hier spricht man von einer «moralitas absoluta», respektive von einer «malitia intrinseca absoluta». Jenseits aller ideologischen Streitigkeiten über den «widernatürlichen» Charakter dieser genannten Akte[14] setzt sich heute immer mehr die Überzeugung durch, daß auf jeden Fall auch die Falschaussage und die aktive Zeugungsverhinderung kontingente Werte

8 B. Schüller, Zur Problematik, 4.

9 Wir sprechen hier nur vom zwischenmenschlichen Bereich; Forderungen, die das Grundverhältnis des Menschen zu Gott betreffen (Glaube, Hoffnung, Liebe), sind durch das absolute Gute bestimmt und fallen daher hier außer Betracht. Vgl. die den gleichen Sachverhalt anzielende Unterscheidung von «Weltethos» und «Heilsethos» bei A. Auer, Autonome Moral und christlicher Glaube (Düsseldorf 1971).

10 B. Schüller, Zur Problematik, 3.

11 Zur Analyse des Verpflichtungscharakters hypothetischer Imperative vgl. K. Cramer, Hypothetische Imperative?, in: M. Riedel (Hrsg.), a. a. O. 159 ff.

12 Die Güter, respektive die Übel, zwischen denen eine Wahl zu treffen ist, haben, vorgängig zur Wahl, «präsittlichen» Charakter. Die Wahl vollzieht sich daher nicht zwischen zwei sittlich bösen Handlungen, einer bösen und einer weniger bösen. Der sittliche Charakter der Handlung konstituiert sich erst in der Wahl innerhalb des Feldes der abzuwägenden Güter.
Vgl. B. Schüller, Zur Problematik, 9, und J. Fuchs, a. a. O. 231.

13 Vgl. z. B. J. Mausbach–G. Ermecke, Katholische Moraltheologie, Bd. I (Münster [9]1959) 240; O. Schilling, Handbuch der Moraltheologie, Bd. I (Stuttgart 1952) 178.

14 Zur Frage «Natur als Norm» vgl. A. Müller, St. H. Pfürtner, B. Schnyder (Hrsg.), Natur und Naturrecht. Ein interfakultatives Gespräch (Köln 1972); ferner: Naturgesetz und christliche Ethik (= Münchener Akademie Schriften Bd. 55) (München 1970).

verletzen, die mit konkurrierenden Werten in eine Güterabwägung gebracht werden müssen, daß wir es also auch hier mit einer moralitas conditionata zu tun haben.[15]

Es kann hier nicht meine Aufgabe sein, diese moraltheologische Prinzipienfrage weiter zu entfalten. Auf dem Hintergrund der thomasischen Lehre vom natürlichen Sittengesetz bedeutet diese Einsicht eigentlich keine umstürzende Neuheit. Thomas ist wohl der Überzeugung, daß der Mensch bei vernünftigem Nachdenken die Selbst- und Arterhaltung als gut erkennen muß, aber alle konkreten Vorschriften zur Sicherung dieser Güter nehmen notwendigerweise so viel kontingente Bedingungen auf, daß sie nicht einfach schlechthin gelten, sondern als «im allgemeinen (ut in pluribus) gültig» betrachtet werden müssen.[16] Im Hinblick auf unser konkretes Thema ergibt sich aus den bisherigen Überlegungen zur Normproblematik:

a) Die «Allgemeingültigkeit» sittlicher Normen – soweit sie nicht tautologischen Charakter haben – besagt bei genauerer Analyse ein «Im-allgemeinen-gültig-Sein», d. h. die Normen sind gültig, soweit sie das Allgemeine ausdrücken und soweit sie die notwendigen Bedingungen umfassend und zutreffend berücksichtigen.

b) Eine lehramtliche Sicherung einer solchen Norm könnte deren hypothetischen Charakter nur aufheben, wenn sie einen kontingenten Wert zu einem absoluten Wert deklarieren würde. Eine bloße Prioritätenerklärung vor anderen bekannten Werten hebt die Kontingenz nicht auf. Diese Feststellung erscheint beinahe trivial; sie besagt aber immerhin, daß durch eine lehramtliche Bestätigung und Verkündigung als solche sittliche Normen keinen Absolutheitscharakter erhalten, d. h. daß sie deswegen nicht zu ausnahmslos und unter allen Umständen gültigen Normen werden. Dabei setzen wir voraus, daß auch durch eine mögliche Offenbarung die formallogische Struktur sittlicher Normierung ebensowenig wie von menschlicher Rede überhaupt verändert wird. Darauf ist nun noch näher einzutreten.

15 Richtig formuliert könnte die Norm daher etwa lauten: «Der Gebrauch empfängnisverhütender Mittel ist unerlaubt, es sei denn, die Vermeidung einer Empfängnis sei sittlich gerechtfertigt und die Enthaltsamkeit dem Wohl des Ehepaares abträglich»; oder: Man darf nicht «ohne rechtfertigenden Grund dem Mitmenschen das Übel des Irrtums und Getäuschtseins» zufügen (B. Schüller, Zur Problematik, 4 f.).

16 Vgl. zur Entfaltung dieses Gedankens im Zusammenhang mit der Lex-naturalis-Lehre bes. STh I–II, 94, 4 und 5.

Die Frage nach dem Offenbarungscharakter sittlicher Normen gehört gegenwärtig zu den meist diskutierten Problemen katholischer Moraltheologie. Sie verbirgt sich hinter der Diskussion um das materiale Proprium einer christlichen Ethik.[17] Ist der Christ durch das Zeugnis der Offenbarung zu anderen material-ethischen Forderungen gerufen als jedermann sonst? Daß uns die Bibel und die christliche Tradition vor eine Reihe konkreter sittlicher Forderungen stellen, ist unbestritten. Sind diese Forderungen aber nicht allesamt auch einer vernünftigen, sittlichen Reflexion zugänglich; ja müssen sie es nicht sein, um überhaupt durch ihren Gehalt *sittlich* verpflichten zu können? Was hat aber dann die Tatsache der Bezeugung dieser Normen in der biblischen und kirchlichen Tradition für eine Bedeutung? Ändert die bloße Tatsache des Bezeugtseins den Charakter ihrer Geltung? Werden die Aussagen vielleicht aus der Zeitgebundenheit herausgehoben, und gewinnen sie als geoffenbarter Ausdruck des Willens Gottes eine überzeitliche Geltung für den Glauben? Oder werden kontingente Werte durch das Offenbarungswort zu absoluten Werten? Wir stehen damit vor der Kernfrage. Die Antwort verlangt eine behutsame Differenzierung.

1. *Auszuschließen ist ein theologischer Positivismus, der die dauernde oder gar absolute Geltung sittlicher Normen schon aus der bloßen Tatsache herleitet, daß sie in Schrift und Überlieferung verbindliche Geltung hatten.* Wenn dieses Faktum allein genügen würde, so wären heute noch manche Forderungen zu erheben, die außer einigen Sektierern niemand mehr ernst nimmt. Abgesehen davon scheint dieser Grundsatz im Hinblick auf sittliche Normen auch von der Sache her fragwürdig. Sittlich handeln heißt verantwortlich handeln. Und dies fordert ein Handeln *aus Einsicht.* Mit dieser Forderung nach Einsicht ist nicht gemeint, daß der Handelnde in jedem Fall die Sachgründe für ein bestimmtes Tun durchschauen müsse, um überhaupt verant-

17 Vgl. K. Demmer, Glaubensgehorsam als Verpflichtung zur Wirklichkeit, in: Cath. 21 (1967) 138–157; J. Kraus, Um die Wissenschaftlichkeit der Moraltheologie, in FZThPh 13/14 (1966/67) 23–47; K. E. Løgstrup, Das Proprium des christlichen Ethos, in: Zeitschr. f. evang. Ethik 11 (1967) 135–147; C. van Ouwerkerk, Säkularität und christliche Ethik, in: Concilium 3 (1967) 397–416; H. Rotter, Naturrecht und Offenbarung, in: St. d. Z. 92 (1967) 283–292; B. Schüller, Zur theol. Diskussion über die lex naturalis, in: ThPh 41 (1966) 481–503; ders. in: ThPh 45 (1970) 526–550; J. Fuchs, Gibt es eine spez. christl. Moral?, in: St. d. Z. 95 (1970) 99–112; A. Auer, Autonome Moral und christlicher Glaube (Düsseldorf 1971); F. Böckle, Was ist das Proprium einer christlichen Ethik?, in: Zeitschr. f. evang. Ethik 11 (1967) 148–158; ders., Heutige Legitimität einer theologischen Materialethik, in: Natur und Naturrecht (Anm. 14), 304–318.

wortlich handeln zu können. Es kann genügen, daß er sich von einer sachkompetenten Autorität, die über diese Einsicht verfügt, führen läßt. Wenn aber ein Sachbezug überhaupt nicht positiv einsehbar wäre, oder wenn jemand überhaupt keine Einsicht hätte, in das, was er sachlich tut, dann könnte er dafür auch keine Verantwortung übernehmen. Sein sittlicher Entscheid würde sich auf einen bloßen Akt formalen Gehorsams reduzieren. Die in solchem Gehorsam vollzogene Tat wäre zwar indirekt im Gehorsamsakt sittlich verantwortet, formal könnte sie aber nicht als eigener sittlicher Akt gelten. Ein sittlicher Akt muß als solcher grundsätzlich einsehbar und verstehbar sein. Entsprechend müssen aber auch die Normen, durch die unser verantwortliches Verhalten zum Menschen und zur Welt direkt geregelt werden soll, grundsätzlich der vernünftigen, menschlichen Einsicht offenstehen.[18] Das schließt nicht aus, daß einzelne Werte, die eine Norm bestimmen, durch den Offenbarungsglauben eine besondere Begründung erfahren; sie müssen aber in ihrer Werthaftigkeit für dieses Tun selbst einsehbar sein. Daraus ergibt sich folgerichtig, daß die Geltung einer sittlichen Norm als solcher nicht allein auf einen autoritativen Akt, auch nicht auf das bloße Faktum des Bezeugtseins in Schrift und Tradition zurückgeführt werden kann, die Norm muß in der Sache selbst einsichtig sein. Man muß sich daher fragen, was genauerhin gemeint ist, wenn man in der traditionellen Moraltheologie von «geoffenbarten sittlichen Forderungen» spricht. Keinesfalls sind damit – wenn wir von der religiös-sakramentalen Praxis absehen – irgendwelche Forderungen gemeint, zu denen der Zugang von der bloßen Vernunft her verschlossen wäre. Die gängige Auffassung besagt vielmehr, daß die Moral der Offenbarung Vernunftmoral sei, die gerade auf diese Weise sanktioniert werde.[19] Es ist

18 Vorschriften, durch die der Vollzug religiöser Akte vorgeschrieben wird (Eucharistie- und Taufbefehl, Verpflichtung zur Beichte aller Todsünden), zählen wir nicht zu den sittlichen Normen (mores) im engern Sinn. In der Tradition hat freilich der Begriff «mores» auch eine weitere Bedeutung. In diesem Sinn gehören jene Vorschriften zu den «traditiones ... ad mores pertinentes» (DS 1501), ja möglicherweise waren sie in der Doppelform «tum ad fidem, tum ad mores» des Trienter Konzils allein gemeint (vgl. J. Murphy, The Notion of Tradition, Milwaukee 1959, Appendix III: «Faith and Morals» at Trent, 292–300). Das schließt nicht aus, daß der Ausdruck «fides et mores» bei den Kanonisten u. Theologen des XII. u. XIII. Jhdt.s eine weitere Bedeutung hatte (vgl. Y. Congar, Die Tradition und die Traditionen I. [Mainz 1965] 194, Anm. 7), und sich nachtridentinisch wieder ein Bedeutungswandel vollzog (vgl. M. Bévenot, «Faith and Morals» in the Councils of Trent and Vatican I., in: The Heythrop Journal 3 [1962] 15–30, bes. 16 f.).

19 Das gilt, wie eine genaue Interpretation der Quaestionen über die lex divina (STh I–II 98 ff.) in ihrem Zusammenhang mit der lex naturalis deutlich zeigen würde, für Thomas von Aquin. Das gilt – wir stützen uns hier auf die Angaben der vor dem Abschluß stehenden Dissertation von A. Riedl – für die Spätscholastik (D. Soto, F. Suarez), ist vorherrschende Meinung um die Mitte des 19. Jahrhunderts und wird ebenso nach dem Vatikanum I. nicht bestritten. Als ein besonders deutliches Zeugnis für das Ende des 18. Jahr-

von da her gesehen richtig, wenn heute betont wird, das Proprium einer christlichen, d. h. offenbarungstheologisch begründeten Ethik liege nicht in irgendeiner materialen Norm, die *exklusiv* nur für einen gläubigen Christen Geltung haben könnte.[20] Dies scheint vom Verständnis der Sittlichkeit selbst her, also gleichsam a priori, ausgeschlossen zu sein. Diese Annahme wird auch durch entsprechende exegetische und kulturgeschichtliche Untersuchungen gleichsam a posteriori bestätigt. Rein nach dem materialen Gehalt betrachtet, lassen sich weder im Alten noch im Neuen Testament sittliche Normen finden, die sich nicht außerbiblisch aufweisen ließen.[21] Dies gilt auch für eine Reihe hochethischer Forderungen Jesu, die man lange Zeit für spezifisch jesuanisch gehalten hat. Sie lassen sich tatsächlich nicht nur und nicht erst bei Jesus finden.[22] Wichtiger als diese Bestätigung erscheint mir in unserem Zusammenhang die grundsätzliche Einsicht, daß Glaubenssätze und offenbarungstheologisch bezeugte sittliche Normsätze[23] in je anderer Weise der vernünftigen Reflexion des Menschen unterliegen.

Für beide Kategorien gilt, daß sie nur in menschlichen Begriffen und Denkformen zu fassen sind, insofern unterliegen sie auch beide einer allgemeinen Bedeutungsoffenheit menschlicher Sprache und Begriffe. Darüber hinaus gibt es aber – zumindest nach dem traditionellen Verständnis von Offenbarung – auch Unterschiede. Während Glaubenssätze auch die Annahme von Wahrheiten (Geheimnissen) fordern, die ohne Offenbarung gar nicht erkannt werden könnten und deren Einsicht auf die Nichtbeweisbarkeit eines Widerspruchs beschränkt bleibt, ist für die Geltung sittlicher Normen nach dem Ge-

hundert sei die «Dissertatio theologica inauguralis de genuina idea moralis christianae» des Trierer Moraltheologen Petrus Josephus Weber (1778) zitiert: «Nonne Matth. XXII. pro basi moralis christianae duo illa magna praecepta amoris, quae ipsissima et prima sunt iuris naturae principia sunt posita? vide S. Augustinus Enarrat. in Ps. 56. et S. Chrysostomus Expos. in Ps. 147. 110. Atque ex hac iuris naturae cum revelatione concordia fluit, illud theologorum celebratissimum principium, nullam aservatore nostro legem rogatam esse, quae non sit iuris naturalis, exceptis his, quae pertinent ad fidem et Sacramenta» (S. 19).

20 «Die traditionelle Lehrmeinung, derzufolge der Christ von keinen anderen material-ethischen Forderungen betroffen wird, als jedermann sonst, scheint ihre zeitweilige Krise überstanden zu haben und bei einer wachsenden Zahl neuerer Moraltheologen ihre frühere Anerkennung zurückzugewinnen. Man hat den Eindruck, in dieser Hinsicht finde zur Zeit für die Lehre vom natürlichen Sittengesetz ein Rehabilisationsprozeß statt.» So B. Schüller, Typen ethischer Argumentation in der katholischen Moraltheologie, 526.

21 Vgl. A. Auer, a. a. O. 55–122. Es handelt sich bei dieser heute kaum bestrittenen These nur um den vergleichbaren *materialen Gehalt*. Über die Bedeutung des Gesamtzusammenhangs, in dem die Forderungen eingebaut sind, wird gleich noch zu reden sein.

22 Vgl. R. Schnackenburg, Biblische Ethik II, in: Sacramentum Mundi I (1967) 546; ebenso A. Auer, a. a. O. 85 u. 92.

23 Gemeint sind Normsätze in dem weiter oben (S. 281) erläuterten Sinn als praxisnahe Handlungsregulative mit allgemeiner Geltung.

sagten eine positive Einsehbarkeit gefordert. Hier gibt es einen Unterschied in der Art der Analogik, der nicht als bloß graduell zu bezeichnen ist, sondern durch das Objekt und die Funktion der beiden Arten von Sätzen einen qualitativen Unterschied bedingt.[24] Während Glaubenssätze Aussagen über Gott und die Beziehung des Menschen zu Gott machen, die *univok gar nicht zu fassen* sind, *müssen Normsätze*, die konkretes menschliches Handeln regulativ bestimmen wollen, *univoken* (was nach dem früher Gesagten nicht heißt «absoluten») *Charakter* haben. Mit anderen Worten: es gibt Mysterien des Glaubens, es kann aber keine mysterienhafte sittliche Handlungsnorm geben, deren Richtigkeit im zwischenmenschlichen Handeln nicht positiv einsehbar und eindeutig bestimmbar wäre. Sie wäre sonst ein reiner Befehl Gottes, aber keine sittliche Norm. Das eigentliche und fundamentale Geheimnis des biblischen Glaubens ist die für den Menschen unwahrscheinliche, ja, «unglaubliche» Tatsache, daß Gott den Menschen liebt.[25] Diese Wahrheit ist nur im Glauben und nur «analogice» zu fassen, was nicht heißt, daß sie nicht existentiell zu verstehen sei. In diesem Verstehen hat sie nun allerdings eine anthropologische Bedeutung, die entscheidende ethische Konsequenzen hat, die das eben Gesagte zwar nicht aufheben, die aber doch deutlich werden lassen, daß wir mit dem formalen Unterschied zwischen Glaubenssätzen und sittlichen Normsätzen erst *einen*, wenn auch notwendigen Aspekt berührt haben. Nicht weniger beachtenswert bleibt der zweite Aspekt.

2. *Offenbarungsglaube und konkretes Ethos stehen in der biblischen und in der theologischen Tradition in einem engen Zusammenhang.* Für das biblische Normverständnis ist die theonome Legitimation aller Normativität

24 Vgl. K. Rahner, Zum Begriff der Unfehlbarkeit in der katholischen Theologie, in: ders. (Hrsg.), Zum Problem Unfehlbarkeit, (Quaest. disput. Nr. 54) (1971) 25. – Rahner sieht in dieser Differenzierung eine «in sich wichtige und nirgends bedachte grundsätzliche Frage der (logischen) ‹Klassen› von Glaubenssätzen». Eine Untersuchung würde aber wohl zeigen, «daß der Unterschied zwischen scheinbar handfesten und konkret in ihrem Sinn verifizierbaren moraltheologischen Sätzen einerseits und anderen, «metaphysischen» Glaubenssätzen andererseits, nicht so groß und eindeutig ist, wie man zunächst zu denken geneigt sein mag». Zur Begründung sagt er auch, «solche moraltheologische Sätze wollen und müssen Sätze des Glaubens sein», denn sie «sind erst sie selbst, wenn ihre Bezogenheit auf das absolute Mysterium mitrealisiert wird». Daran ist soviel richtig, daß die durch den normativen Satz inhaltlich bestimmte Handlung ihre sittliche, d. h. unbedingte Verpflichtung (Sollenscharakter) und ihren Heilsbezug erst aus der transzendentalen Verwiesenheit des menschlichen Freiheitsvollzugs als solchem erhält. Darüber wird gleich ausführlicher zu reden sein. Mit dieser Gemeinsamkeit zwischen dogmatischen moraltheologischen Sätzen kommt aber das *Spezifische* normativer Sätze noch nicht in Blick. Dieses liegt in ihrer regulativen Funktion für *kategoriales* Handeln. Und hier ist im Bezug zur Wirklichkeit eine eindeutige Einsehbarkeit erfordert.

25 Vgl. H. U. von Balthasar, Glaubhaft ist nur Liebe (Einsiedeln 1963).

menschlichen Handelns eine Selbstverständlichkeit, d. h. Normen sind Ausdruck des Willens Gottes und deshalb verbindlich. Dabei ist es gleichgültig, wie die einzelnen Normen konkret historisch zustande gekommen sind, sei es endogen, durch Normschöpfung oder Normfindung, oder aber exogen, auf dem Weg einer Rezeption fremder, paganer Normenbestände. Diese ihre theonome Legitimierung wird auch dadurch nicht in Frage gestellt, daß sie sich als solche heterogen und plural darbieten. Die biblische Normenwelt ist in der Tat keineswegs aus einem Guß und zunächst durchaus nicht die Entfaltung eines einzigen Gedankens. Ihre Einheit gründet allein in ihrer Theonomie. Das soll nicht heißen, die theonome Legitimation sei den biblischen Normen nur äußerlich angehängt. Der Glaube an Gottes geschichtliche Heilstat spielt auch bei der materialen Ausprägung sittlicher Normen eine bedeutsame Rolle. Im Alten Testament wirkt der monotheistische Gottesglaube in Verbindung mit dem Erwählungs- und Bundesgedanken stimulierend und selektiv auf die Normbildung ein. Im Neuen Testament ist es die im Glauben an den erhöhten Herrn gedeutete Botschaft von Gottes Herrschaft und Reich, die die sittlichen Forderungen mitbestimmt. Dazu kommt in der apostolischen Parainese, die vornehmlich Taufparainese ist, der Begründungszusammenhang mit Taufe und Bekehrung. Wir verzichten hier auf konkrete exegetische Hinweise; sie wurden anderswo dargelegt.[26] Uns interessiert das Ergebnis. Wir fragen, *welche Einwirkungen der Glaube auf die normativen Aussagen haben kann.* Es wurde bereits darauf hingewiesen, daß, nach dem bloß materialen Gehalt betrachtet, in der Bibel wohl keine sittlichen Vorschriften zu finden sind, die man nicht auch außerbiblisch aufweisen könnte. Das zeigt ihre Intelligibilität; das löst nicht die Frage nach der Eigentümlichkeit einer christlichen Ethik. Da ethische Werturteile grundsätzlich verstehbar sein müssen, gilt die Intelligibilität für jede Ethik. Das Eigentümliche christlicher Ethik ist darum nicht in der Exklusivität einzelner Normsätze zu suchen, sondern schon eher *in einem spezifischen Zusammenhang,* der durch den Glauben begründet wird und den einzelnen (intelligiblen) Normsätzen einen bestimmten Stellenwert gibt. Man könnte dann eventuell von einem *gruppenspezifischen Ethos der Christen* und einer entsprechenden Ethik sprechen. Im einzelnen läßt sich sagen:

a) *Durch die positive theonome Legitimation des Sollensanspruchs wird alles normativ vermittelte Handeln in den großen Zusammenhang eines transzendental sittlichen Freiheitsvollzugs heineingeholt.*[27] Dieser Freiheitsvoll-

26 Vgl. F. Böckle, Theonome Autonomie, in: J. Gründel, F. Rauh, V. Eid (Hrsg.), Humanum (Düsseldorf 1972) 28 ff.

27 Vgl. J. Fuchs, Moraltheologie und Dogmatik, in: Gregorianum vol. 50 (1969) 689–716. Zur

zug als *ganzer* ist von dem ihm im Glauben eröffneten Ziel her bestimmt. Dadurch ist er von einem *unbedingten* Anspruch betroffen. Ja man wird sagen müssen, daß ein solch *unbedingter* (kategorischer) Sollensanspruch überhaupt nur durch eine theonome Legitimation zwingend begründet werden kann.[28] Ein immanenter Humanismus kann im Prinzip logisch nur zu einer hypothetischen Forderung führen.[29] Neueste Versuche wollen im Apriori der menschlichen Kommunikations- respektive Argumentationsgemeinschaft einen notwendigen und hinreichenden Grund für die Stimmigkeit und den Zusammenhang ihres Argumentierens finden.[30] Auf der Erfahrungsebene scheint der Anspruch auf Respektierung der Argumente jedes Teilnehmers auch als *unbedingte* Forderung jedes Teilnahme*willigen* einsichtig. Formallogisch bleibt sie allerdings hypothetisch, weil formal immer noch gilt: «wenn *Teilnahmewille*, dann Respektierung der Argumente». Dies macht uns deutlich, daß es eben für den Erfahrungsbereich des Menschen keinen Ansatz gibt, der *logisch-absolut* wäre. Das ist die philosophische Einsicht in das Nicht-zur-

Dogmatik der transzendentalen Sittlichkeit betont Fuchs mit Recht, daß die Moraltheologie, da, wo sie «mehr oder weniger ausschließlich» über die «kategoriale Eigenart» des Einzelaktes reflektiert, in Gefahr ist zu übersehen, «daß im Aktvollzug der *Selbstvollzug der Person* sich ereignet und daß dieser Selbstvollzug ein *übernatürlich-christlicher* ist. In diesen beiden Elementen liegt aber das Tiefste der christlichen Sittlichkeit». S. 698 f.

28 Im gegenwärtigen Bemühen um die Rehabilitierung der praktischen Philosophie (Ethik) spielt das Problem einer Letztbegründung des Sollensanspruchs eine wichtige Rolle. Eine ultimative Antwort auf die ethische Frage (*was* sollen wir tun? Und *warum* sollen wir es tun?) läßt sich wohl ohne Anthropologie nicht geben. Dabei bleibt die Frage offen, ob die Anthropologie selbst imstande ist, «mit ihren eigenen methodologischen Mitteln ihr eigenes Problem, das Problem des Menschen, ultimativ zu lösen». T. Styczen, Ethik und Anthropologie in methodologischer Sicht, in: Theol. u. Glaube 62 (1972) 232.

29 Schon G. E. Moore hat Kant vorgeworfen, in seiner Begründung des kategorischen Imperativs einem naturalistischen Fehlschluß unterlegen zu sein. Dieser Vorwurf wird neuestens von K.-H. Ilting bestätigt (K.-H. Ilting, Der naturalistische Fehlschluß bei Kant, in: M. Riedel, a. a. O. 113–130). Kant vermag wohl zu erklären, warum der Anspruch auf Anerkennung, der mit dem Kategorischen Imperativ verbunden ist, den Normadressaten als etwas Nötigendes erscheint; die Argumentation Kants enthält aber «keine Rechtfertigung der Forderung, daß jedes Vernunftwesen den Kategorischen Imperativ als eine allen gemeinsame Grundnorm anerkennen sollte» (S. 123). Dies kann wohl nur aus einem Akt der Übernahme von Verantwortung geschehen. «Das Problem einer universalen Verpflichtung durch das moralische Gesetz läuft also auf die Frage hinaus, ob wir mit Recht annehmen, daß jedes Individuum, das zur Anerkennung des Moralgesetzes aufgerufen wird, durch ‹die Tat› erklärt hat, es wolle als Mitglied jener Gemeinschaft von Vernunftwesen angesehen werden, deren Grundnorm das Moralgesetz ist» (S. 129).

30 Vgl. O. Schwemmer, Philosophie der Praxis. Versuch zur Grundlegung einer Lehre vom moralischen Argumentieren, Frankf. 1971. Das Moralprinzip kann nicht als konstitutive Leistung des Einzelbewußtseins verstanden werden. Es bildet gleichsam das Apriori der Kommunikationsgemeinschaft. Es kann – wie alle Prinzipien – nur «aufgrund der Teilnahme an der gemeinsamen Praxis, in der sie aufgestellt werden, einsichtig gemacht werden» (S. 195).

Verfügung-Haben eines absoluten Sinnes.[31] Die theologische Reflexion nimmt in ihrer Deutung des Meschen als Kreatur diese philosophische Erklärung in ihre Überlegungen auf. Wenn sie dabei die Vernunft als kreatürlich zu verstehen sucht, ändert sich damit nichts an der Struktur der Vernunft. Sie bestätigt positiv die anthropologische Annahme, daß der Mensch sich selbst weder als Individuum noch als Kollektiv verabsolutieren darf. Im Rahmen dieser Kontingenzerfahrung hat er seinen Freiheitsvollzug zu verwirklichen.[32] Theonome Legitimation des Sollensanspruchs bedeutet daher nicht irgendeine Absolutsetzung kategorial-sittlichen Verhaltens und der es regelnden Normen, sondern als Aussage über die unbedingte Beanspruchung im Ganzen des sittlichen Lebens gerade den *Vorbehalt* gegen jegliche Verabsolutierung des Kategorialen. Die Annahme der Kontingenz im gläubigen Bekenntnis menschlicher Kreatürlichkeit wird sich dann freilich auf die konkreten Werturteile bei der Normbildung auswirken, doch sind dies eben Konsequenzen, die auch von der anthropologischen Kontingenzerfahrung her zumindest als sinnvoll erscheinen.

b) *Durch die definitive Vollendungszusage Gottes, wie sie uns in Jesus Christus bezeugt wird, bekommt das sittliche Handeln einen spezifischen Bezug zum Heil.*

Damit ist *einerseits* gesagt, daß dem sittlichen Handeln *als solchem* keine heilskonstitutive Bedeutung zukommt. Das uns verheißene Heil ist genausowenig unsere Leistung wie die Vollendung der Welt durch unser menschliches Engagement aus ihr selbst heraus entwickelt werden kann. Dieser Vorbehalt, diese Relativierung unseres Denkens und Tuns gehört zu den Grundaussagen der

31 Vgl. H. Lübbe, Theorie und Entscheidung. Studien zum Primat der praktischen Vernunft (Freiburg 1971), bes.: Zur Theorie der Entscheidung, 7–31.
Konsequenterweise müßte man dann auf eine logische Letztbegründung des sittlichen Anspruchs verzichten und sich mit einer pragmatischen Legitimation begnügen. Der Anspruch scheint ultimativ weder aus «Werten an sich» noch aus einer formal-logischen Analyse der Moralsprache noch aus einer transzendental-philosophischen Bewußtseinstheorie begründbar zu sein. Versuche dazu zeigen erhebliche Schwierigkeiten. Vgl. I. Craemer-Ruegenberg, Über methodische Schwierigkeiten bei der Auslegung von moralischen Werturteilen, in: M. Riedel (Hrsg.), a. a. O. 133–158.

32 Der unbedingte Anspruch, den der Mensch in seiner Freiheit erfährt, muß in kontingenten Einzelakten vollzogen werden. Dabei bleibt das konkrete innerweltliche Tun in seiner Intelligibilität auf den totalen Sinn menschlicher Vernunft hin offen. «Der sittliche Vollzug einer Einzelhandlung qualifiziert den ganzen Menschen, insofern er als Subjekt dieser Handlung sich selbst als Person aktuiert und sich in seiner Bedingtheit annimmt oder nicht annimmt. Durch die sittliche Einzelhandlung kommt die menschliche Person von ihrer Berufung zum Sich-entscheiden in Freiheit und zum Entschieden-sein in Freiheit.» (J. Fuchs, Moraltheologie und Dogmatik, a. a. O. 699.) Die Absolutheit in der Beanspruchung kommt also nicht aus der Einzelhandlung, sondern aus der Beanspruchung des kontingenten Menschen durch den absoluten Gott.

Soteriologie. *Anderseits* ist aber damit das sittliche Handeln keineswegs aus dem Heilsbezug ausgeklammert. Ihm eignet eine spezifische «Trägerfunktion», d. h. es ist gerade der Einsatz unserer Freiheit, durch den wir unsere Erfüllung mitbereiten, genau wie es diese unsere menschliche Geschichte ist, in der wir auf die verheißene Vollendung zugehen. Wegen dieses Bezugs zum Heil beansprucht die Kirche auch ihre Lehrkompetenz über alles sittliche Handeln.[33] Wir müssen darum hier die Frage klären, in welcher Weise der in Christus offenbare Sinn menschlicher Existenz für das sittliche Verhalten maßgebend sein kann, d. h. ob und wieweit das menschliche Verhalten durch seinen in Christus eröffneten Heilsbezug «christlich» modifiziert werde.

Zunächst darf als unbestritten gelten, daß dem sittlichen Freiheitsvollzug als ganzem im Glauben an Jesus Christus der tragende Grund und der umfassende Sinn erschlossen wird.[34] Das Evangelium von Kreuz und Auferstehung enthüllt des Menschen Grundsituation. Es weist auf die Wurzel des Bösen, auf den Grund seiner Selbstentfremdung hin und zeigt den allein möglichen Weg der Überwindung. Die ständige Erinnerung der urkirchlichen Parainese an das, was Gott durch Jesus Christus am Menschen getan hat und immerfort tut, weist entsprechend hin auf den tragenden Grund und das Leitmotiv des sittlichen Lebens der Christen. Es wird eine grundlegende Entscheidung (metanoia, Umkehr) gefordert, die als «fundamentum et radix» (DS 1532) die ganze sittliche Existenz bestimmt. Die so «in Christus» gewonnene neue Existenz gibt dem ganzen Leben eine unterscheidende Richtung. «Christliches Leben kann, im Sinn der Gnade, des Glaubens und der Liebe, nur ein Leben aus der Fülle und darum ein Leben der Dankbarkeit sein: eucharistia».[35] Diese «Unterstellung der ganzen gläubigen Existenz unter die Weisung des erhöhten Herrn (Joh 8,12)»[36] als Mit- und Nachvollzug seines Weges berührt in erster Linie den transzendentalen Freiheitsvollzug. J. Fuchs spricht zu Recht von einer «christlichen Intentionalität», von einem «Sich-entschieden-Haben»[37] und «Entschieden-Bleiben», das nun freilich auch eine

33 Dies ist zumindest das wichtigste Argument in den moraltheol. Handbüchern, vgl. Mausbach–Ermecke, Bd. I (Münster [8]1954) 116; Noldin–Schmitt, [30]I, 8; Hörmann, Hdb. d. christl. Moral (Innsbruck 1958) 84–86.

34 Wir sprechen hier nur vom expliziten Glaubensvollzug und klammern das Problem aus, wieweit dieser in Christus erschlossene Grund in jedem menschlichen Feiheitsvollzug eingeschlossen sein kann.

35 H. U. v. Balthasar, Merkmale des Christlichen, in: ders., Verbum Caro, Skizzen zur Theologie I (Einsiedeln 1960) 179. Balthasar stellt das christliche Leben unterscheidend dem natürlichen Leben gegenüber, dieses «kann nur, im Sinn des platonischen Eros, ein Leben der Bedürftigkeit und der Bedürfnisbefriedigung sein. Es strebt unaufhörlich und unersättlich zur Fülle hin.»

36 R. Schnackenburg, Biblische Ethik, in: Sacramentum Mundi I (Freiburg 1967) 547.

37 J. Fuchs, Gibt es eine …, a. a. O. 102.

Konkretisierung verlangt in überlegten kategorial-sittlichen Entscheidungen.

Als zweites ist darum zu fragen, ob diese kategorial-sittlichen Entscheidungen durch ihren Bezug zum so verstandenen transzendental sittlichen Akt *inhaltlich* modifiziert werden. Nach dem bisher Gesagten dürfte bereits klar sein, daß die Modifikation keine Aufhebung der kategorialen Eigenstruktur des Sittlichen (Kontingenz und Intelligibilität) bedeuten kann. Die christliche Moral ist «in ihrer kategorialen Bestimmtheit und Materialität grundsätzlich und substantiell ein Humanum, also eine Moral echten Menschseins»,[38] wie könnte sie sonst überhaupt für zwischenmenschlich sittliches Handeln normativ sein? Das schließt aber nicht aus, daß bestimmte kategoriale Werte durch die christliche Glaubenseinsicht besonders geprägt werden. Sie wären dann einzeln, in ihrer Materialität betrachtet, nicht «exklusiv christlich», sie könnten aber wegen ihrer Zuordnung zur theologischen Anthropologie einen unverkennbaren und unverlierbaren Bestandteil eines «unterscheidend christlichen» Ethos bilden.[39] Kurz gesagt: *das Dispositionsfeld der zur Normbildung* wie zur sittlichen Entscheidung notwendigen *Güterabwägung* wird durch die Glaubenseinsicht modifiziert. Dahinter steckt unter Umständen ein langer dynamischer Erkenntnisprozeß, bei dem Glaube und allgemeine menschliche Erkenntnis letztlich untrennbar zusammenwirken. Es kommt dabei zu einer fortschreitenden Konkretisierung von theologischen Aussagen über Gott, zu Aussagen über den Menschen und schließlich zu eindeutigen Wertprädikaten. Nehmen wir beispielsweise als Ausgangspunkt die Glaubensaussage, daß Gott jeden Menschen liebt und trotz der Sünde zum Heil

38 J. Fuchs, ebd., 103.

39 In einem gewissen Sinn ist es also richtig zu sagen, der Inhalt der christlichen Moral sei menschlich und nicht unterscheidend christlich (vgl. A. Auer, Autonome Moral ..., 161, in: Interpretation der Aussagen von J. Fuchs, Gibt es ..., a. a. O. 100–105). Richtiger freilich müßte es heißen: der Inhalt der christlichen Moral ist menschlich *und*, ohne «erkenntnismäßig aus ‹menschlichem› Verstehen» (vgl. J. Fuchs, Gibt es ...) herauszufallen, unterscheidend christlich.

Daß die Intelligibilität und damit die grundsätzliche Zuordnung zum allgemeinen menschlichen Verstehen zur Eigenart ethisch normativer Sätze, der kategorialen sittlichen Werte in thematisch-reflexer Form (A. Auer, a. a. O. 176) gehört, darin sind wir mit A. Auer völlig einer Meinung. Unsere Fragestellung sieht jedoch insofern über diese Aussage – in der uns das eigentliche Anliegen von J. Fuchs, B. Schüller, W. Kerber u. a. zu liegen scheint – hinaus, als u. E. damit nur *ein*, allerdings bedeutsamer, Aspekt der Problematik der inhaltlichen Bestimmung des «unterscheidend Christlichen» erfaßt ist.

Im übrigen liegt unsere Differenz zu A. Auer mehr im *Begriff* «unterscheidend christlich» als in der Sache. Denn, was die christliche Glaubenseinsicht nach Auer kritisch und stimulativ beim Weltethos bewirkt, schafft doch eine «gruppenspezifische» – wenn auch nicht grundsätzlich nur für Christen intelligible – Moral auch mit ganz bestimmter *inhaltlicher* Prägung.

beruft. Dieser deskriptive Satz ist als *Aussage über Gott* nur analog zu verstehen. Aber auch seine anthropologische Konsequenz, d. h. die deskriptive Aussage, was die Tatsache göttlicher Erwählung und Rettung *für den Menschen* bedeutet, wird unmittelbar in analogen Begriffen beschrieben. Die apostolische Verkündigung spricht in den bekannten Heilsindikativen von dem «in Christus» oder «im Geist» erneuerten Menschen. Die theologische Reflexion kommt mit dem Begriff der «virtutes infusae» über dieses analoge Sprechen auch nicht hinaus. Der Bezug zum Handeln bleibt darum in dem mit der eingegossenen Tugend verbundenen Gedanken einer übernatürlichen Qualifizierung natürlicher Handlungspotenzen nur im sehr allgemeinen. Er berührt wie der allgemeine Hinweis auf die Gottes- und Nächstenliebe den transzendental-sittlichen Akt, die christliche Intentionalität. Zur konkreten sittlichen Verwirklichung so begründeter Existenz bleiben wir auf die Ausformung eines «ordo caritatis» verwiesen.[40] Dabei müssen zwar nun die Glaubenseinsichten über den Menschen beachtet werden. Sie können aber nur soweit inhaltlich bestimmend in eine Präskription eingehen, als sie in einem *eindeutigen* Wertprädikat zum Ausdruck kommen. So müßte beispielsweise gesagt werden, daß jedem einzelnen Menschen ein personaler Wert eigen sei, der ihm unabhängig von seiner Mitgliedschaft in irgendeinem denkbaren Sozialsystem zukommt und darum von keinem Sozialsystem abgesprochen werden darf.[41] Diese Einsicht ist «menschlich» verstehbar und (zumindest heute) keine exklusive Einsicht von Christen.[42] Sie ist aber – wie die gegenwärtige Diskussion zeigt[43] – keineswegs zwingend. Für eine christliche Ethik ist sie nicht nur unverzichtbar, sie akzentuiert auch deutlich den ordo carita-

40 Vgl. B. Schüller, Zur Problematik, 8.

41 Die Soziologen sprechen von der «transzendenten Menschenwürde» und grenzen sie gegenüber der «immanenten Menschenwürde» ab. Bei der immanenten Menschenwürde erscheint der Mensch «als Repräsentant der existierenden ‹Menschheit›, resp. ‹der Gemeinschaft aller existierenden Sozialsysteme›». Vgl. W. Siebel, Soziologie der Abtreibung (Stuttgart 1971) 230.

42 Die Frage, ob diese Erkenntnis entscheidend auf die Wirkgeschichte des Evangeliums zurückzuführen sei, ist praktisch unlösbar. Aus theoretischer Überlegung sagt H. U. v. Balthasar dazu ganz lapidar: «Daß die Einzelperson ewigen und unersetzlichen Wert haben kann, ist philosophisch nicht zu begründen, weder in der vorchristlichen Philosophie noch im nachchristlichen Idealismus, geschweige denn im Materialismus und biologischen Evolutionismus.» (Gott begegnen in der heutigen Welt, in: Spiritus Creator [Einsiedeln 1967] 274)

43 Vgl. W. Siebel, a. a. O. Siebel meint, die durch die transzendente Menschenwürde begründete Mitgliedschaftswürde könne heute «allerdings keinen offiziellen Charakter mehr erreichen. Diese Möglichkeit zugestehen heißt, sich auf den Standpunkt der Religion stellen». (S. 230, vgl. dazu auch Anm. 12, wo ausdrücklich betont wird mit Berufung auf N. Luhmann, R. Marcic, W. Maihofer, H. D. Schelauske, «die Menschenwürde sei aus dem Personsein allein, etwa unter naturrechtlichen Gesichtspunkten, nicht abzuleiten».)

tis. Allerdings wird der Grundwert des menschlichen Lebens dadurch nicht verabsolutiert und aus jeder denkbaren «Güterabwägung» herausgehoben[44], das Dispositionsfeld wird jedoch eingeschränkt.

Es bleibt noch *ein dritter Aspekt* zu beachten. Er betrifft die Eigenart der normativen Vermittlung innerhalb der christlichen Moral. Wir haben bei der Erläuterung des Normbegriffs darauf hingewiesen, daß sowohl von der Begründung wie von der Funktionsbestimmung der Normen her die Wahl der Normart gefällt werden müsse. Dies scheint uns bei der Frage nach der gruppenspezifischen Eigenart einer christlichen Ethik nicht unbedeutend. Zur Erläuterung des Gemeinten beschränken wir uns nur auf die Funktion, die man als «Überwindung des Bösen» charakterisieren könnte. Die Erlösungslehre erlaubt uns keine bloß isolierte Betrachtung des menschlichen Freiheitshandelns im Selbstvollzug des einzelnen. Sie weiß um das Weiterwirken der menschlichen Geschichte der Schuld, trotz der grundsätzlichen Erlösung. Das Wissen um die Wurzeln des Bösen sowie der Kampf gegen das konkrete Böse bestimmen bis zu einem gewissen Grad auch die sittlichen Forderungen Jesu. Gegenüber dem Versuch, das Böse durch rechtliche Regelungen zu domestizieren, fordert er im Hinblick auf die hereinbrechende Gottesherrschaft eine radikale Scheidung vom Bösen.[45] Ausgehend von konkreten Konflikten des Alltags, von den zwischenmenschlichen Aggressionen, von den Schwierigkeiten der ehelichen Treue oder von Lüge und Betrug macht er deutlich, daß diese Probleme von der rechtlichen Seite her allein nicht zu bewältigen sind. Eine Veränderung der geltenden Rechtsnormen, sei es im Sinne einer Verschärfung oder einer Erleichterung, bringen den angefochtenen Menschen keine entscheidende Hilfe. Sie bringen keinen relevanten Fortschritt. Wirklich weiterführend erscheint in den Augen Jesu nur eine Neuorientierung des Denkens unter Berücksichtigung der Macht der anbrechenden Gottesherrschaft. So reicht nach seiner Lehre eine bloße Domestizierung der Rache durch die «lex talionis» nicht aus. Der Christ muß auf die Vergeltung des Bösen verzichten können und unter Umständen zum Hinhalten der anderen Wange bereit sein. Ähnliches gilt vom Scheidungs- oder vom Schwurrecht. Jesus verurteilt nicht grundsätzlich eine rechtliche Regelung oder die Bemühungen um eine Reform des Rechts. Aber das ist nicht *die*, mindestens nicht die primäre Dimension, die er in seiner Botschaft anspricht. Er ruft zu einer kritischen Prüfung der in Frage stehenden Werte. *Diese* den Kern oder die Wurzel (ra-

44 Man denke etwa an einen Konflikt, bei dem unausweichlich rettbares gegen unrettbares Leben steht. Vgl. B. Schüller, Zur Problematik ..., a. a. O. 18.
45 Vgl. L. Goppelt, Das Problem der Bergpredigt, in: Christologie u. Ethik (Göttingen 1968) 27–43. Dazu F. Böckle, Theonome Autonomie, a. a. O. 32–36.

dix) der sittlichen Verantwortung anpeilenden *Rufe* (Radikalforderungen![46]) *Jesu* sind als solche nicht in die kategoriale Form zwischenmenschlicher Gesetze übertragbar. Ein Ruf zu kritischer Prüfung ist nicht einfach ein Gesetz. Er ist gewissermaßen mehr und weniger zugleich. Mehr, indem ein solcher Ruf im Munde Jesu eine prophetische Verheißung birgt. Er ist fordernde Verheißung und verheißende Forderung, die zeigt, daß vom Glauben her eine Zumutung als Ermutigung und nicht einfach als Belastung erfahren werden darf. Er ist aber auch weniger als ein Gesetz, weil er auf die Erzwingbarkeit verzichtet.[47] Es handelt sich um gezielte Aufforderungen, um Antithesen zum Gesetz, die aus dieser Antithetik heraus erst noch der Konkretion in sittlicher Abwägung bedürfen. Dazu signalisieren und akzentuieren sie Werte, die von denjenigen, die sich für Gottes Herrschaft und Reich entschieden haben, besondere Beachtung verlangen. Ein spezifisch christliches Ethos müßte wohl in seinem Normsystem solch antithetische Strukturen zum Ausdruck bringen.[48] Es könnte so seinen weiterführenden Charakter deutlich machen. Ein linearer Fortschritt der Sittlichkeit ist wohl nur möglich durch eine zuerst nicht genau zu begründende Radikalität. Hier wird ein Element sichtbar, durch das der Glaubende – ohne den Boden der Realität zu verlassen – in einem nicht weiter rational zu zerlegenden Mut über sich selbst hinaus schreitet.

46 Vgl. B. Schüller, Zur Rede von der radikalen sittlichen Forderung, in: Theol. u. Phil. 46 (1971) 321–341. – Schüller hat recht, wenn er alle von ihm explizierten Deutungen von Radikalität ausschließt. Die Exegeten meinen damit – wie mir scheint mehrheitlich – eine Radikalisierung, d. h. eine Rückführung von dem «bloß» gesetzlich Geforderten auf den sittlichen Anspruch mit dem Hinweis, «daß das kategoriale christliche Verhalten die selbstlose Entschiedenheit im Heiligen Geist für Gott und den Nächsten bewahrheiten muß». (J. Fuchs, Moraltheologie und Dogmatik, a. a. O. 703). Damit ist keine «Deontologisierung» gemeint, wie Schüller unter Hinweis auf Ratzinger meint (324).

47 Der Verzicht auf die Erzwingbarkeit besagt nicht den Verzicht auf den Forderungscharakter der Weisungen. Hier wird aber deutlich, daß der sittliche Anspruch durch verschiedene «Norm*arten*» vermittelt werden kann, und zwar ohne daß dadurch der Anspruch als solcher vermindert würde. Die Notwendigkeit, eine Forderung in eine erzwingbare Form zu kleiden, kann sogar darauf hindeuten, daß man der in der Sache liegenden Forderung zu wenig traut. Und Jesus will gerade über das gesetzte Recht hinweg die Sache selbst zur Sprache bringen. Z. B. die Ehe als Gabe und Verheißung.

48 Eine christliche Ethik kommt bei der Ausarbeitung und Systematisierung von normativen Aussagen am Thema «Gesetz–Evangelium–Gesetz» nicht vorbei. Es gibt keine christliche Ethik ohne Erörterung des «usus legis». Diese Strukturfrage gehört auch zur Gruppenspezifität. Man scheint mit dieser Frage in neuester Zeit etwas zu rasch fertig zu werden.

Wir haben nun endlich auf die Titelfrage zu antworten: Gibt es unfehlbare Normen? Die so gestellte Frage ließe sich sehr schnell und unproblematisch mit Nein beantworten; denn der Begriff «unfehlbar» paßt hier nicht hin. Als unfehlbar lassen sich im eigentlichen Sinn nur Personen und Institutionen bezeichnen, insofern man sagen will, daß ihnen im Zusammenhang mit bestimmten Entscheidungen kein Irrtum unterlaufen könne. Genauerhin werden mit dem Begriff «unfehlbar» jene Entscheidungsakte der kirchlichen Amtsträger qualifiziert, mit denen sie eine erkannte Wahrheit als unabdingbar zum Glaubensgut gehörend erklären und darum dem erkannten Sinn nach (DS 3020) «tamquam divinitus revelata credenda» vortragen.[49] Es kann nicht Aufgabe dieses Beitrages sein, zum Begriff und zur Begründung der kirchlichen Unfehlbarkeitslehre im allgemeinen Stellung zu nehmen. Auch H. Küngs Frage nach a priori unfehlbaren Akten und daraus folgenden a priori irrtumslosen Sätzen kann nicht unser unmittelbares Thema sein. Unsere Frage zielt allein auf die Anwendung der Unfehlbarkeitslehre, auf die Begründung und Verkündigung sittlicher Normen. Dazu müssen wir uns aber auf ein – wie wir glauben – in dieser allgemeinen Form anerkanntes theologisches Verständnis der Unfehlbarkeit stützen. Von diesem Verständnis her müssen wir die Frage nach unfehlbaren Normen sinngemäß umformen in die Frage: «Gibt es unfehlbar als verbindlich vorgetragene Normen?» – Auf dem Hintergrund unserer bisherigen Überlegungen läßt sich dazu folgendes sagen:

1. *Der Kirche kommt bei der Gestaltung und Verwirklichung sittlicher Normen eine unverzichtbare Aufgabe zu.* Sie betrifft alle Glieder der Kirche. Das Suchen und Ringen nach konkreten Verhaltensnormen zur Lösung schwieriger Probleme unserer Gesellschaft kann weder von den Lehramtsträgern noch von den Moraltheologen allein geleistet werden. Hier besteht offenbar zwischen der traditionellen Auffassung vom kirchlichen Lehramt und der Mitverantwortung der gesamten Kirche noch reichlich Unsicherheit. Es ist klar zu unterscheiden zwischen dem Prozeß der Wahrheits-

49 «Zwischen dem ‹tamquam divinitus revelata credenda› der Konstitution ‹Dei filius› und dem ‹tamquam definitive tenenda› von ‹Lumen gentium› gibt es in der Sache keinen Unterschied. Denn wie schon in der Definition der Unfehlbarkeit des Papstes (doctrinam de fide vel moribus ab universa Ecclesia tenendam definit: DS 3074) bezieht sich das ‹definitive tenere› auf den in der Kirche festgehaltenen Glauben selbst.» (E. Klinger, Die Unfehlbarkeit des ordentlichen Lehramtes, in: K. Rahner, Zum Problem Unfehlbarkeit, a. a. O. 277 f.)

findung einerseits und einem unter Umständen notwendigen Entscheidungsakt durch das authentische Lehramt. Und guter theologischer Begriffsbestimmung gemäß kommt dem kirchlichen Lehramt per se nur für den formalen Akt der «Vorlegung einer Glaubenswahrheit» *unersetzliche* Bedeutung zu. Es besteht wohl kein Zweifel, daß zu der immer umfassenderen und praktisch gelebten Wahrheitsfindung alle Gläubigen gerufen und ermächtigt sind. «Der Leib Christi hat prinzipiell weder verschiedene voneinander abgeschlossene Vollkommenheitsstufen noch irgendeine reservierte Erkenntnis.»[50] Es geht gerade bei der sittlichen Botschaft um eine zu lebende und letztlich auch in einem Leben aus dem Glauben zu verifizierende Wahrheit. Hier darf das Zeugnis engagierter Christen nicht überhört werden. Hier gibt es eine Normfindung «von unten», eine normative Kraft der gelebten Überzeugung. Das faktische Verhalten als solches hat selbstverständlich keine, mindestens keine direkte normative Kraft. Es kann immer nur die einem tatsächlichen Verhalten innewohnende Überzeugung sein, die auf soziale Anerkennung drängt und als solche normative Kraft entwickelt.[51] Man wird aber auch innerhalb der Kirche schwerlich einer Überzeugung einfach deswegen, weil sie das Leben bestimmt, ehe sie auch amtlich-rechtlich anerkannt ist, Glaubenseinsicht und Vernunft absprechen. Im Bereich der sittlichen Ordnung hat dieser «Weg von unten» in der Geschichte der Kirche entscheidend zur Ausprägung konkreter Verhaltensnormen beigetragen. Heilige und Ketzer waren dabei naturgemäß die stärksten Triebkräfte.

2. *Diese Aufgabe der Kirche fordert ihr Engagement auch im Bereich der sittlichen Vernunft.* Wir haben oben dargelegt, daß nach allgemein herrschender Auffassung der Theologie «die Moral der Offenbarung Vernunftmoral sei».[52] Soll darum der Kirche im Bereich sittlicher Normen überhaupt sinnvoll ein Mitspracherecht zukommen, so kann man ihre Lehrautorität nicht auf die Offenbarung mit ihren eigentlichen Heilsmysterien einschränken. Auch die Tatsache, daß sich die heutige Gesellschaft aus der Leitungs- und Lehrvollmacht der Kirche emanzipiert und ein säkularisiertes Moralbewußtsein entwickelt hat[53], darf kein Grund sein, die kirchliche Lehrverkündigung aus

50 A. Müller, Das Problem von Befehl und Gehorsam im Leben der Kirche (Einsiedeln 1964) 100.

51 Die klassische ethische Tradition hat um diese potentielle Vernunft des Faktischen immer schon gewußt und die Vorgänge einer Normbildung «von unten her» durchaus positiv aufgenommen. Aristoteles bedenkt sie im «ethos»; Thomas im Begriff der «Consuetudo». Vgl. W. Korff, Empirische Sozialforschung und Moral, in: Concilium 4 (1968) 325.

52 Vgl. Anm. 19.

53 Vgl. L. Oeing-Hanhoff, Der Mensch: Natur oder Geschichte?, in: Naturgesetz und christliche Ethik (Mü. Akademie-Schriften Bd. 55) 1970, 13–19, bes. 44 f.

dem «Weltethos» auszuklammern. Im Grunde will das auch gar niemand. Unter Theologen hat noch keiner dieses Postulat erhoben, und die Kritiker außerhalb der Kirche sind die ersten, die den Bischöfen wie den kirchentreuen Christen Vorwürfe machen, wenn sie zu konkreten Fragen schweigen. Darüber geht eigentlich auch gar nicht der Streit. Umstritten ist allein die Frage, mit welcher Autorität, mit welchen Gründen und mit welcher Sicherheit die Kirche in konkreten Moralfragen mitsprechen und entscheiden könne. Dieses Problem hat sich im Anschluß an «Humanae vitae» mit besonderer Dringlichkeit gestellt. Die Theologie hatte sich im Anschluß an das I. Vatikanische Konzil weitgehend auf die *formelle Behauptung* der (auch unfehlbaren) Lehr- und Entscheidungskompetenz der Kirche in Naturrechtsfragen beschränkt. Die moraltheologischen Handbücher lassen keinen Zweifel, daß sie die Sittenlehre als solche, d. h. alles, was unter diese Kategorie fällt, der kirchlichen Lehrautorität unterstellen. Kurz und bündig wird gesagt: «Ist die Kirche... beauftragt, den Menschen Führerin zu sein auf ihrem Lebensweg zum ewigen Heil, dann lehrt, führt, entscheidet sie eben mit göttlicher Autorität.»[54] Und speziell zur Kompetenz in Naturrechtsfragen werden stereotyp drei Argumente angeführt: 1. Weil das natürliche Sittengesetz von der übernatürlichen Offenbarung bestätigt wird[55], mit ihr organisch verbunden[56], ja in ihr enthalten ist[57] und von ihr vervollkommnet wird[58], ist das kirchliche Lehramt auch dafür zuständig. 2. Weil das übernatürliche Ziel auch die Erfüllung des natürlichen Sittengesetzes fordert[59], hat die Kirche als «unfehlbare Wächterin der Sittlichkeit»[60] und Verkünderin «der ganzen Gotteswahrheit»[61] auch über das natürliche Sittengesetz zu befinden. 3. Weil es der Heiligkeit der Kirche widersprechen würde, wenn sie lehren könnte, «was nicht ehrenhaft ist»,[62] muß das gesamte «Honestum» in ihre Kompetenz fallen. Grundsätzlich wird dafür auch die Möglichkeit einer unfehlbaren Entscheidung beansprucht[63]. «Die unfehlbaren Lehrentscheidungen...», steht in der ersten wie in der neuesten Auflage der Katholischen Moraltheologie von Mausbach-Ermecke, «erstrecken sich zunächst auf geoffenbarte

54 J. Mayer, Die Notwendigkeit einer Autorität in religiös-sittlichen Fragen, in: J. Mausbach (Hrsg.), Moralprobleme, 1910, 248.

55 J. Fuchs, Theol. mor. gen. (Rom 1960) 71; A. Lanza–P. Palazzini, Theol. mor., I (Turin 1949) 13; J. Mausbach–G. Ermecke, I (Münster [8]1954) 48.

56 O. Schilling, Handbuch der Moral I (Stuttgart 1952) 17.

57 Mausbach–Ermecke, ebd.

58 F. Hürth, Notae ad praelect. theol. mor. I, 38; J. Fuchs, Theol. mor. gen. (Rom [2]1963) 71.

59 Mausbach–Ermecke I ([8]1954) 116; Noldin [30]I, 8; K. Hörmann, Hdb. d. christl. Moral (Innsbruck 1958) 84–86.

60 Mausbach–Ermecke I ([8]1954) 32.

Wahrheiten, können aber auch Wahrheiten der natürlichen Ethik entscheidend festlegen».[64] Typisch für alle diese Behauptungen, die sich beliebig vermehren lassen, ist, daß sie auf Grund einer sehr allgemeinen theoretischen Überlegung großzügig für das Lehramt höchste Kompetenzen beanspruchen, ohne jedoch genauer zu sagen, wann und mit welchen inhaltlichen Konsequenzen diese Vollmacht zu gebrauchen ist. Es werden auch selten konkrete Beispiele genannt[65]; ja es wird ausdrücklich gesagt, es sei schwierig, den Sicherheitsgrad von Moralsätzen anzugeben.[66] Die Abgrenzung zwischen fehlbaren und unfehlbaren Entscheidungen bleibt – so hat man den Eindruck – mehr oder weniger bewußt im unklaren. Für die Kirchenglieder hat diese Unklarheit auch keine große praktische Bedeutung. Zwar wird von ihnen im einen Fall keine absolute Zustimmung gefordert; sie dürfen sich aber auch «nicht auf den Satz berufen (der Privatmeinungen gegenüber angewendet zu werden pflegt): ‹Die Autorität gilt so viel wie ihre Gründe›. Selbst wenn daher jemandem eine Anordnung der Kirche aus den erbrachten Gründen nicht gerechtfertigt erscheint, bleibt doch die Verpflichtung des Gehorsams.»[67] Wir brauchen kein Wort darüber zu verlieren, wenn mit diesem Gehorsam der Gehorsam gegenüber einem positiven Kirchengesetz gemeint ist. Fragwürdig wird diese Erklärung, wenn – wie sich aus dem Kontext eigentlich ergibt – mit der Weisung eine interpretative Aussage, also eine Lehrmeinung zu einer Sachfrage der sittlichen Vernunft gemeint ist. Hier muß sich das verantwortliche sittliche Handeln eines mündigen Menschen doch in erster Linie nach der Einsicht richten, und dafür zählt in erster Linie das Gewicht der Sachgründe.

61 F. Hürth, a. a. O. 8.

62 T. Bouquillon, Instit. theol. mor. fundamentalis, 1903, 214; vgl. R. Hofmann, Moraltheol. Erkenntnis- u. Methodenlehre (München 1963) 147.

63 «Ecclesiam posse etiam authentice et infallibiliter interpretari legem naturalem» J. Aerdnys–C. Damen, Theol. moralis I (Turin [17]a 1956) 95, vgl. 122. Desgleichen: Noldin, Tanquerey, Varceno u. a.

64 J. Mausbach, Kathol. Moraltheol., I (Münster [2-4]1922) 12; Mausbach–Ermecke, [9]I, 44 f. Vgl. ganz ähnlich K. Hörmann, Lexikon der christlichen Moral (Innsbruck 1969) 876.

65 Genannt werden: die Todsündlichkeit von Ehebruch, Kindsmord und Abtreibung. Dabei wird aber ein sehr allgemeiner Begriff dieser Vergehen vorausgesetzt; auch die Frage möglicher Ausnahmen wird nicht berührt. Vgl. L. van Peteghem, Zekerheidsgraden in Moraaltheologie, in: Coll Gand 28 (1945) 173–175.

66 Vgl. J. D. B. Hawkins, Christian Morality (London 1963) 63. Hawkins meint, es lasse sich keine lange Reihe von feierlichen Moraldefinitionen parallel zu den theologischen finden, weil das Christentum keinen neuen Moralkodex offeriere, sondern die Gebote grundsätzlich durch die Vernunft erkennbar seien und mit Vernunftgründen verteidigt würden, so daß sie einer Aussage der kirchlichen Autorität nach Art der Glaubensformeln nicht bedürften; indes habe es die Kirche an sittlicher Mahnung auf weniger feierlicher Ebene nicht fehlen lassen.

67 Pius XII., Ansprache v. 2. Nov. 1954, zitiert nach K. Hörmann, Die Zuständigkeit der Kirche für das Naturrecht nach der Lehre Pius XII., in: J. Höffner u. a. (Hrsg.), Naturordnung (Festschr. f. J. Messner) (Innsbruck 1961) 143.

Man wird sich in solchen Fragen auch gerne einer kompetenten Führung anvertrauen, wenn man überzeugt ist, daß für die Autorität nur Sachgründe maßgebend sind. Unsere Ausführungen haben deutlich ergeben, daß man mit der Vernunftmoral vernünftig umgehen muß. Man hat ihre kategoriale Eigenstruktur in jedem Schritt zu beachten. Vernunftmoral, d. h. das natürliche Sittengesetz, muß sich prinzipiell argumentativ aufweisen lassen, auch wenn es in Schrift und Tradition enthalten und besonders abgesichert ist. Man kann sich vor den Menschen unserer Gesellschaft, seien sie gläubig oder nicht, nicht auf die sittliche Vernunfteinsicht berufen und zugleich auch von jenen sittliche Gefolgschaft fordern, die den Vernunftgründen nicht zu folgen vermögen. Hier liegt doch der Grund für die durch «Humanae vitae» ausgelöste Autoritätskrise. Wenn das Lehramt und die Theologie glauben, aus anderen Quellen mehr zu einer sittlichen Sachfrage zu wissen, als durch die Vernunftgründe aufzuweisen ist, dann müssen sie den Katholiken und allen Menschen guten Willens genau erklären, woher und was sie mehr oder zuversichtlicher zu sagen haben. Sonst wiegen die Argumente tatsächlich so viel, als sie aufzuweisen vermögen. Diese Feststellung braucht niemanden zu erschrecken, der gute Argumente hat. Die Art und Weise, wie die Kirche zu Fragen sozialer Gerechtigkeit oder zu den Problemen der Friedenspolitik Stellung genommen hat, und das Echo, das diese Äußerungen gefunden haben, zeigen deutlich genug, daß die Kirche in dem Maße moralische Autorität gewinnt, als sie sich einer offenen argumentativen Auseinandersetzung stellt.

3. *Die spezifische Lehrkompetenz der Kirche im Bereich der Moral liegt in der Anwendung des Glaubens auf das sittliche Leben.* Diese Feststellung ist als solche nicht umstritten. Sie ergibt sich eindeutig aus der Lehre beider vatikanischer Konzilien[68]. In «Lumen gentium» wird ausdrücklich gesagt, das Lehramt habe «fidem credendam et *moribus applicandam* praedicare» (Nr. 25). Daraus ergeben sich zwei ganz konkrete Fragen: zunächst und vornehmlich, was aus der spezifischen Glaubenseinsicht für die sittliche Erkenntnis resultiere; und dann mehr in obliquo, welche Rückwirkungen möglicherweise der Fortschritt der Erkenntnis im Weltethos haben könnte für die Glaubensbotschaft (sancte custodiendum et fideliter exponendum[69]. Auf die Beantwortung dieser beiden Fragen war unsere ganze Untersuchung angelegt. Man kann eben sachgerecht nur antworten, wenn man die Eigenart

68 Vgl. Anm. 49.

69 Vgl. K. Rahner, Kommentar zu Art. 25 der Dogmatischen Konstitution über die Kirche, in: LThK Vat. Bd. I: «Dadurch (sancte custodiendum) werden auch solche Wahrheiten in den Gegenstand dieser Lehrautorität einbezogen, die zum Schutz des eigentlichen Offenbarungsdepositum gehören, auch wenn sie nicht formell (explizit oder implizit) selbst geoffenbart

des Sittlichen genau beachtet. Dabei war die wichtigste Einsicht, daß die Offenbarung die kategorialen Strukturen der Sittlichkeit nicht verändert, sie aber vertieft und klärt. Daraus ergibt sich zusammenfassend für die «applicatio fidei» im Bereich der Moral:

a) Der Glaube eröffnet dem transzendental sittlichen Akt sein eigentliches und umfassendes Ziel. Der damit gegebene Heilsbezug gehört mit der Lehre von Gnade und Rechtfertigung zum klassischen Lehrbereich der Kirche.

b) Mit dem Ziel ist auch die theonome Beanspruchung des Menschen im Selbstvollzug seiner Freiheit glaubensmäßig gesichert. Die Kirche muß diesen theonomen Anspruch verteidigen gegen jeden Versuch, den Sollensanspruch ideologisch zu deuten und damit kontingente Werte zu verabsolutieren. Sie muß sich aber selbst bewußt sein, daß die theonome Legitimierung des Sollens die kreatürliche Vernunft nicht verändert oder beengt, sondern als kreatürliche freisetzt.

c) Konkrete sittliche Handlungsnormen können durch die Glaubenseinsicht eine inhaltliche Bestätigung sowie eine vertiefte Begründung erfahren (z.B. das Verfügungsrecht über den Menschen, die eheliche Treuebindung usw.). Das Lehramt hat sie dementsprechend in ihrer Geltung zu sichern. Glaubenseinsichten über den Menschen sind dabei besonders wichtig. Auch sie können aber nur soweit inhaltlich bestimmend in eine Präskription eingehen, als sie in einem eindeutigen Wertprädikat zum Ausdruck kommen. Weiter bleibt zu beachten, daß durch eine lehramtliche Bestätigung und Verkündigung als solche, sittliche Normen keinen Absolutheitscharakter erhalten, d.h. daß sie deswegen nicht zu ausnahmslos und unter allen Umständen gültigen Normen werden[70]. Sie gelten im allgemeinen unter den für sie gegebenen Bedingungen und bleiben durch die Kontingenz der Bedingungen zur Applikation und Weiterentwicklung offen. Soweit dabei ein durch die Glaubenseinsicht garantierter Wert die Geltung sichert, können Normen in der eben dargelegten Allgemeingültigkeit auch mit letzter Verbindlichkeit vorgetragen werden.[71]

sind» (Nr. 236). Sofern solche Wahrheiten und eine entsprechende «fides ecclesiastica» möglich sind, müßte man sich also fragen, ob und welche vernünftigen sittlichen Einsichten unbedingte Voraussetzung sind zur Bewahrung des Depositum revelationis. Dazu müßte man aber genau wissen, welches nun das geoffenbarte «Depositum in re morali» ist. Daß dies mit dem Hinweis auf das materiale Vorhandensein einer sittlichen Forderung in der Schrift oder Tradition allein nicht entschieden werden kann, dürfte in Kenntnis der einfachsten hermeneutischen Regeln klar sein. Die konkreten sittlichen Forderungen der Bibel (s. o.) in einen kulturgeschichtlichen Prozeß eingebunden. Dieser Prozeß geht weiter, und das eigentliche Problem liegt in dem reziproken Verhältnis von Glaube und sittlichem Fortschritt.

70 Allgemeine sittliche Prinzipien fallen hier nicht in Betracht; ihre unbedingte Gültigkeit ergibt sich aus ihrer tautologisch-explikativen Natur.

71 Das Scheidungs- resp. Wiederverheiratungsverbot in der gegenwärtigen kirchlichen Rechts-

d) Jede Generation der Kirche hat die sittliche Botschaft des Evangeliums in praktisch-kritischer Intention in ihrer Zeit zu leben. Diese horizontale Dimension der in der Gegenwart gelebten Botschaft Christi ist gleichsam in einer vertikal-geschichtlichen Dimension mit allen früheren Epochen verbunden. Wenn es nun in der vernünftigen Selbsterkenntnis des Menschen und seiner Welt einen fortschreitenden und gewissermaßen irreversiblen Prozeß gibt, so bleibt wahrscheinlich dieser Prozeß nicht ohne Einfluß auf ein immer tieferes Verstehen der Botschaft Jesu selbst. Die Geistes- und Kulturgeschichte des Abendlandes ist nicht denkbar ohne die «Wirkgeschichte des Evangeliums»; desgleichen ist die Theologiegeschichte nicht denkbar ohne die Geistesgeschichte. In diesem gegenseitigen Bedingungsverhältnis sind Einsichten gewonnen worden, die für das zwischenmenschliche Verhalten von bleibender Bedeutung sind.[71a] In diesem Prozeß ist die Botschaft von der Erlösung aller Menschen in Jesus Christus und der Berufung aller zum Heil immer klarer auch in ihrer gesellschaftlichen Bedeutung erkannt worden. So wird etwa in der Erklärung über die Religionsfreiheit gesagt, diese sei «auf die Würde der menschlichen Person, so wie sie durch das geoffenbarte Wort Gottes und durch die Vernunft selbst erkannt wird» gegründet (Nr. 2). Die hier genannte Einsicht in die geoffenbarte Würde der menschlichen Person könnte eine Erkenntnis sein, hinter die wir sowohl *vernünftig wie theologisch* nicht mehr zurück können. Es gibt demnach bei der «Applicatio fidei» im Bereich der Sittlichkeit einen reziproken Erkenntnisprozeß, bei dem es schwer zu sagen, ob jeweilen ursprünglich eine theologische Einsicht oder ein Fortschritt sittlicher Vernunft den konkreten Impuls gegeben hat. Darüber zu streiten, lohnt sich nicht. Entscheidend ist allein, daß die Kirche stets neu ihren Auftrag erkenne und lebe. Dann bleibt die Zuversicht, «daß Gott, der die Menschen zur Freiheit geschaffen hat, sie in seiner leitenden und waltenden Vorsehung zum wachsenden Bewußtsein der ihnen von ihm gegebenen Weite und Würde ihrer Freiheit führt».[72]

ordnung bietet dafür ein gutes Beispiel. Die Unauflöslichkeit der Ehe gilt, wenn drei Bedingungen zusammentreffen: gültig geschlossene Ehe; sakramentale Ehe, d. h. Ehe zwischen zwei Christen, und Vollzug dieser, d. h. sakramentalen Ehe. Wenn es an einer dieser drei Bedingungen fehlt, kann die Ehe entweder für nichtig erklärt oder aufgelöst werden. – Diese normative Regelung trägt, wie übrigens auch die Entscheidungen des Tridentinums deutlich einen doppelten Aspekt. Sie spricht eine unverzichtbare Forderung des Evangeliums aus und stellt sie doch unter kontingente Voraussetzungen. «Die kirchliche Praxis *ist* nicht einfach die Lehre des Evangeliums; sie ist aber auch nicht bloß ‹nicht gegen die Lehre des Evangeliums› . . ., sondern ‹iuxta›: auf der Linie des Evangeliums, es aufnehmend und konkretisierend» (J. Ratzinger, Zur Frage nach der Unauflöslichkeit der Ehe, in: Ehe u. Ehescheidung [Mü. Akademie-Schriften Bd. 59] [1972] 49 f.).

71a Z. B. Die Überwindung der Leibeigenschaft, Gleichberechtigung der Frau, Gewissensfreiheit.

72 L. Oeing-Hanhoff, im Anschluß an Hegel, a. a. O. 43.

E. EINE BILANZ DER UNFEHLBARKEITS-DEBATTE

Hans Küng

EINE BILANZ DER UNFEHLBARKEITSDEBATTE

Eines zum voraus: Auch der Verfasser des Buches «Unfehlbar?» ist, leider, nicht unfehlbar. Wer das nicht geglaubt haben soll, obwohl es schon im Motto des Buches und nachher wieder klar genug gesagt wurde, dem sei verraten: Verfasser hat rätselhafterweise U 25 zwei ökumenische Patriarchen aus zwei völlig verschiedenen Jahrhunderten verwechselt, was er einem Examenskandidaten nie verzeihen würde.

So möge denn im Bewußtsein der eigenen Fehlbarkeit kritisch-selbstkritisch die bisherige Debatte gesichtet werden. Nachdem in den vergangenen zwei Jahren mehrere Sammelbände [1], eine Monographie, zahlreiche große Aufsätze, ungezählte Stellungnahmen und Rezensionen [2] zum Buch erschienen sind, nachdem gewichtige Vertreter der katholischen Theologie gesprochen und einige andere, fortschrittliche, sich zum klugen Schweigen entschlossen haben, dürfte es für den Verfasser an der Zeit sein, in der erfreulich breit aufgenommenen Debatte Zwischenbilanz zu ziehen [3]. Oder vielleicht sogar, es wäre zu hoffen, eine Schlußbilanz. Denn der Verfasesr möchte sich, nachdem er sich – frei nach Kant – einer »verdammten Pflicht und Schuldigkeit« entledigt hat, erneut positiveren Aufgaben zuwenden, die ihm mehr Freude bereiten. Eine halbjährige Vortrags- und Studienreise rund um die Welt hat ihm mit vielem anderem gezeigt, wie gering in der Sowjetunion, in Indien, Indonesien, Australien, Neuseeland und schließlich wieder in Amerika und Europa das Bedürfnis nach unfehlbaren Sätzen ist, wie groß aber andererseits das Interesse für die grundlegende Frage: Was ist überhaupt die christliche Botschaft, woraus lebt der christliche Glaube, wozu Christentum heute? Insofern kann «Unfehlbar?» als die notwendige kritische Wegbereitung einer vom Ursprung her für unsere Zeit neu überdachten «Einführung ins Christentum» betrachtet werden [3a].

Dieser Rückblick auf die Debatte gründet sich somit nicht nur auf die genannten schriftlichen Stellungnahmen, sondern auch auf die lebendige Erfahrung jener Reise, ungezählte Gespräche in den vergangenen zwei Jahren

1 Vgl. Bibliographie (zit. B) II.
2 Vgl. B III–IV.
3 Vgl. die keine Vollständigkeit beanspruchenden Teile IV und V der Bibliographie.
3a Als Vorarbeit erscheint gleichzeitig: *H. Küng*, Was in der Kirche bleiben muß. Theologische Meditationen 30 (Zürich–Einsiedeln–Köln 1973).

mit Theologen, Seelsorgern, Laien, Männern und Frauen, und insbesondere einige theologisch fruchtbare und menschlich angenehme wissenschaftliche Kolloquien zu diesem Buch in Frankfurt [4], Paris [5] und Bern [6], für die ich den Veranstaltern auch hier meinen öffentlichen Dank aussprechen möchte. Am instruktivsten war für mich das Tübinger Oberseminar über die Unfehlbarkeitsdebatte im Sommersemester 1972, zu welchem ich mit meinen Mitarbeitern im Institut für ökumenische Forschung [7] die wichtigsten deutschen Opponenten eingeladen hatte und welches die Klärung der Problematik und die menschlichen Kontakte in erfreulicher Weise gefördert hat [8]. In anderer Weise instruktiv waren ein würdig verlaufenes Gespräch mit Vertretern der Glaubenskommission der Deutschen Bischofskonferenz in Stuttgart [9] und die noch nicht abgeschlossene Korrespondenz mit der Kongregation für die Glaubenslehre in Rom [10].

So ist denn das Ganze eine ebenso weitläufige wie intensive Debatte geworden, die vermutlich noch einige Zeit andauern dürfte. Das Buch wollte eine Diskussion hervorrufen, allerdings sollte sie der Sache angemessen und fair bleiben. Der Verfasser selber hatte in seinem Buch zwar hart und scharf in der Sache gesprochen, aber keine Theologen persönlich angegriffen. Karl Rahner dürfte das Verdienst zukommen, die Debatte durch seine «Kritik an

4 Veranstaltet von der Philosophisch-Theologischen Hochschule der Jesuiten in St. Georgen am 28./29. November 1970 unter Teilnahme der Theologen H. Bacht, L. Bertsch, P. Bläser, G. Denzler, H. Fries, W. Kasper, K. Lehmann, N. Lohfink, J. Nolte, R. Pesch, K. Rahner, R. Schnackenburg, O. Semmelroth, H. Volk.

5 Veranstaltet vom Centre Catholique des Intellectuels Français am 12./13. Mai 1972. Es nahmen daran Gelehrte aus verschiedenen Disziplinen teil: C. Asmussen, C. Bressolette, C. Bruaire, P. Collin, Y. Congar, J. H. Dalmais, J. Delorme, J. Delumeau, P. Dentin, B. Dupuy, P. Eslin, E. Fouilloux, H. Geffré, H. Häring, H. Holstein, F. Jacques, A. Jaubert, J. Ladrière, C. Langlois, H. Legrand, M. Merle, R. F. Refoulé, R. Rémond, Ph. Roqueplo, A. Scrima, C. Vey, S. Villeneuve, C. Wiener.

6 Veranstaltet von der Gesprächskommission der christkatholischen und der römisch-katholischen Kirche der Schweiz am 24. Januar 1972 unter Teilnahme von katholischer Seite der Professoren R. Erni und N. Wicki sowie der Pfarrer W. Stähelin, P. Dorteille und von A. Stöcklin; von christkatholischer Seite vom jetzigen Bischof Léon Gauthier, Professor K. Stalder, den Pfarrern P. Amiet und M. Heintz, sowie H. Altermatt.

7 Den Vorsitz führten abwechselnd die Assistenten Hermann Häring, Christa Hempel, Josef Nolte. Die Mitglieder des Seminars waren meist Doktoranden oder Doktoren der Theologie aus verschiedenen Schulen, Ländern und Konfessionen.

8 Nach Tübingen kamen J. Ratzinger, K. Rahner, K. Lehmann, H. Fries. Es nahmen die Einladung an und entschuldigten sich nachher aus gesundheitlichen Gründen: L. Scheffczyk und H. Vorgrimler. Es entschuldigten sich von vorneherein aus dienstlichen Gründen O. Semmelroth und aus anderen Gründen W. Brandmüller, A. Kolping und H. Mühlen.

9 Am 9. Januar 1971, vertreten durch die Bischöfe Hermann Volk von Mainz und Friedrich Wetter von Speyer und den Theologieprofessoren H. Schlier und J. Ratzinger.

10 Vgl. den Brief der Congregatio pro Doctrina Fidei vom 12. Juli 1971, sowie meine Antwort vom 24. Januar 1972 (s. F. Dokumentation 1–2).

H. Küng» personalisiert zu haben [11]. Von diesem Aufsatz angeregt, wurden denn andere in Deutschland ermutigt, in einer oft munteren und recht unbeschwerten Art in persönlicher Polemik gegen die katholische Rechtgläubigkeit und wissenschaftiche Integrität eines Theologen zu machen, die noch zu Beginn des Jahrhunderts zu einer allgemeinen Ketzerjagd, noch früher zum Scheiterhaufen geführt hätte. Vielleicht wäre wohl auch in Deutschland die Debatte anders gelaufen, wenn Rahner – jener früheren Diffamierungen seiner christlichen Haltung und der Verketzerung seiner theologischen Auffassungen eingedenk – meinen persönlichen Wunsch erfüllt und in «Publik» sachlich die Wichtigkeit des Anliegens, die breite gemeinsame Basis, die Erkenntnisfortschritte und schließlich auch die aufgebrochenen Differenzen behandelt und kritisch-selbstkritisch reflektiert hätte!? Einige, die mir von P bis W aus persönlichen Gründen (nichterhaltene Lehrstühle, abgelehnte Manuskripte u. ä.) gram sein mögen, hätten dann ihre persönlich gerichtete «rabies theologorum» gezügelt und ihre Kraft mehr dem zentralen Sachproblem zugewendet (daß polemische Unsachlichkeit freilich kein römisch-katholisches Spezifikum ist, zeigt der Artikel des sich überlegen gebenden K. G. Steck, Herausgeber einer «Auswahl-Ausgabe: Luther für Katholiken 1969»; vgl. B IV).

Im außerdeutschen Sprachraum ist denn auch die Debatte sehr viel freundlicher und konstruktiver angelaufen. Man vergleiche selbst in Rahners Sammelband die Beiträge aus Paris, Rom und Mailand mit denen aus Paderborn und Dillingen-Augsburg [12]. Während in Deutschland die Alarmrufe von Karl Rahner und seinem Schüler Karl Lehmann sogleich zu einer personalen Zuspitzung der Sachdebatte führten, wurde das große Publikum in Frankreich in glänzender Weise in die Frage eingeführt durch die auf hohem Niveau stehenden Artikel von H. Legrand (Le Monde), A. Ganoczy (La Croix), R. Lau-

11 *W. Dirks* kommentierte im norddeutschen Rundfunk am 9. Mai 1971 unter dem Titel «Sind wieder Ketzerhüte zu haben?» wie folgt: «Erstens ist die unter Kindern so beliebte Frage zu stellen: Wer hat angefangen? Nun, eindeutig angefangen, und zwar affektiv gereizt, hat der alte weise Rahner. Er hat sich dabei am Rand sogar einigen Unsinn und Tiefschläge geleistet, – und damit nebenbei einen Erweis seiner Jugendlichkeit erbracht. An den Motiven mag man herumrätseln. Wie sehr Küng dagegen in seinen Affekten gegenüber Personen weniger agiert, als reagiert, zeigt seine Antwort auf Magnus Löhrers Kritik, noch mehr seine großartige Erwiderung auf die Kritik des großen Franzosen Congar. Wenn er Rahner gegenüber scharf wird, so ist das eine Reaktion auf die Aggressivität des Alt-Prominenten.»

12 Eine Stufe tiefer liegt noch der Artikel des Wiener Theologen *H. Mynarek* im «Rheinischen Merkur» vom 13. 11. 1970 (B V). Daß es auch vom traditionellen Standpunkt her anders geht, zeigt das vornehme Buch des Freiburger Fundamentaltheologen *A. Kolping*, der sowohl über «Unfehlbar?» (Wirkung, Autor, Grundzüge: S. 9–33, B III) wie über die Diskussion vor allem mit Rahner (S. 34–65) in durchaus sachlicher und freundlicher Weise referiert (im übrigen oft dem Verfasser gegen Rahner zustimmend); erwägenswert Kolpings kritische Bemerkungen «Zur Situation der Theologie» (S. 66–72).

rentin (Le Figaro), X. Charpe (Informations Catholiques Internationales) und H. Holstein (Etudes).

In Holland stammten die besten Einführungen erstaunlicherweise von reformierten Theologen: von A. J. Bronkhorst und G. C. Berkouwer (kritisch über den Konflikt mit Rahner). Über die Debatte mit Rahner wurde verschiedentlich – besonders in englischen und spanischen Beiträgen – berichtet (am ausführlichsten wohl vom belgischen Jesuiten G. Dejaifve). In England bedeuteten die Artikel von Bischof B. C. Butler (The Tablet) zur Unfehlbarkeitsfrage eine zwar kritische, aber in jeder Hinsicht sachliche und freundliche Auseinandersetzung mit diesem Buch. In den Vereinigten Staaten war besonders hilfreich der geistvolle Artikel von J. L. McKenzie (National Catholic Reporter) und der über Buch und Debatte ausgewogen referierende Bericht von J. J. Hughes (Theological Studies) sowie über die Diskussion mit Rahner gut berichtend L. Bruce van Voorst (The Christian Century). Auch abgesehen von den hübschen Karikaturen interessierte mich das von der Zeitschrift «America» veranstaltete «Symposium» mit A. Dulles, M. M. Fahey und G. A. Lindbeck. Inbezug auf die theologische Problematik hatte allerdings die von L. Swidler dem Unfehlbarkeitsproblem gewidmete Nummer des «Journal of Ecumencial Studies» mehr Gewicht (hier abgedruckt der sensationelle Artikel von B. Tierney). Der Sammelband «Infallibility Debate» enthielt Beiträge unterschiedlicher Qualität; besonders anregend waren die Aufsätze von G. Baum u. R. McBrien. Was sich sonst in der Ferne abspielt, vernimmt man oft nur durch Zufall: so den sympathischen Artikel von A. Z. Muthumalai (in: The New Leader, Madras/Indien). Besonders informativ und erfreulich war die der theologischen Diskussion gewidmete Nummer von «Compass» (Melbourne), welche in Australien viele Mißverständnisse von vornherein nicht aufkommen ließ.

Wie eine theologische Diskussion ohne alle Verketzerung und Diffamierung aussehen kann, zeigte der ertragreiche Dialog mit Y. Congar, G. Baum und M. Löhrer. Daß die Ketzerriecherei im Schatten der römischen Kurie einen besonderen Höhepunkt erreichen würde, war zu erwarten. Dafür sorgte dann auch in der Tat die «Ringschule des Klerus» (Palestra del clero), als deren Star – zusammen mit P. Landucci – der schon vom Vatikanum II her hinreichend bekannte Bischof Carli von Segni auftrat, wie er auch maßgeblich an der Erklärung der Glaubenskommission der Italienischen Bischofskonferenz mitgewirkt hat, der freilich die deutschen Bischöfe nicht folgten. Diesen beiden Autoren gegenüber erschienen die langen Berichte und Kommentare der «Civiltà cattolica» (G. de Rosa) und der «Studi cattolica» (E. S. Lodovici, der sich zugleich mit dem Hegelbuch beschäftigte) als geradezu gemäßigt.

Der offiziöse «Osservatore Romano» begnügte sich zunächst damit, unter dem Titel «Infallibile» (ohne Fragezeichen!) mit Berufung auf das Vatikanum I und II und den Holländischen Katechismus (!) die kirchliche Autorität ins Feld zu führen. Der Artikel gipfelt im Wort des Ignatius von Loyola: «Wenn etwas unseren Augen weiß erscheint, aber die Autorität der Kirche es als schwarz definiert, so müssen wir ohne jeden Zweifel bejahen, daß es schwarz und sicher schwarz ist» (V. Levi, B III). Einige Wochen später folgte ein nicht sehr viel mehr sagender Artikel von einem D. Gregorelli (B III). Am 19. Februar 1971 druckte das Vatikan-Organ auf meine Bitte hin meine Stellungnahme zur Erklärung der Deutschen Bischofskonferenz vollinhaltlich ab, was in der Kurie einiges Aufsehen erregte.

Andere Strömungen in der italienischen Kirche repräsentieren der umfassende Jubiläumsartikel zum Vatikanum I von R. Passini und L. Sandri in «Il Regno» und die Einführung von S. Magister in «Sette Giorni». In Italien wie in Spanien sorgte Rahner für die rasche Publikation seiner (und Lehmanns wie Löhrers) Kritiken in einem Bändchen. Da Rahner daselbst keine Entgegnungen des Verfassers wünschte, erschienen diese kurz darauf in einem anderen Bändchen, zusammen mit dem Aufsatz «Warum ich in der Kirche bleibe».

Bereits sind auch Literaturberichte über die Unfehlbarkeitsdebatte erschienen: stärker auf die Gegenargumente zu meinem Buch konzentriert A. Houtepen (in: C), sehr viel umfassender, ausgewogener und auf den ganzen Kontext der Diskussion bezugnehmend L. Vischer. (B. III), der auf die ökumenische Bedeutsamkeit der Debatte eindringlich aufmerksam macht.

Selbstverständlich kann der Verfasser in dieser unabsehbaren Debatte nicht auf alles und jedes eingehen. In dieser Bilanz sollen vier Fragekreise behandelt werden:

1. Wie kam es zum Buch «Unfehlbar? Eine Anfrage» und ist ein solches Buch noch katholisch (vgl. I-II)?

2. Wurde die offizielle Unfehlbarkeitslehre richtig interpretiert und die Anfrage richtig gestellt (vgl. III)?

3. Wie wurde die «Anfrage» beantwortet? Worin zeigte sich Übereinstimmung und worin ein Dissens (vgl. IV–VI)?

4. Was könnte die Übereinstimmung der Zukunft sein (vgl. VII)?

I. DIE VORGESCHICHTE

Die erschreckte Frage Karl Lehmanns «Hans Küng auf Kollisionskurs?» – diese erste größere Stellungnahme war zur Abwehr übereilter kirchenamtlicher Eingriffe gedacht – ließ deutlich werden, daß der Verfasser ein Tabu verletzt hatte, an dem bisher kein katholischer Theologe zu rühren wagte: «An die theologischen Grundlagen des ‹römischen Systems› rührt jetzt der Tübinger Systematiker Hans Küng, seit einem Jahrzehnt mit den fundamentalen Fragen der Ekklesiologie beschäftigt. In seinem neuesten Buch ‹Unfehlbar? Eine Anfrage› überschreitet Küng durch den Ansatz und den Grad seiner Kritik an der päpstlichen Unfehlbarkeit die bislang respektierten Grenzen innerkatholischer Reformbemühungen»[13]. Und immer wieder wurde Beunruhigung darüber laut, daß ein katholischer Theologe, der bisher zwar vielleicht kühne, aber doch anerkanntermaßen katholische Bücher geschrieben hat, nun gerade dieses Buch schreiben mußte. In einem der Beiträge in Rahners apologetischem Sammelband fragt sich *Luigi Sartori,* «ob Küng nicht über sich selbst, über das Beste in ihm hinausgegangen ist, indem er die ökumenische Theologie hinter sich gelassen hat, für die er sich bis jetzt eingesetzt hat» (A 84). Auch der Verfasser hat sich – schon bei der Niederschrift – darüber Rechenschaft gegeben: Bedeutet sein Buch im Zusammenhang seiner früheren Arbeiten eine Fortsetzung oder einen Bruch? Ein Rückgriff auf die früheren Publikationen und einige Eigenzitate können kaum umgangen werden, wenn man auf die kritischen Fragen, wie sie auch der Amerikaner R. McBrien (B III) und der Spanier D. Fernández (B III) äußern, überzeugend antworten will.

Der Anfang

Sartori wendet sich zunächst vorwurfsvoll an die katholischen Kollegen: «Jetzt begehrt man gegen die ‹subversiven› Thesen von ‹Unfehlbar?› auf ..., aber man hat nicht wahrgenommen, daß die – vielleicht – unklaren, aber auch verheißungsvollen Prämissen bereits in allen vorausgegangenen Büchern Küngs gelegt worden sind» (A 74). Und zur Erklärung: «Doch kann man von Küng etwas anderes erwarten? Seit er Theologie treibt, hört er nicht auf, Dialog zu führen, mit anderen zusammen zu überlegen. Nie trennt er die Wahrheit vom Menschen. Er stellt mit äußerster Folgerichtigkeit ein entschie-

13 *K. Lehmann,* Ist der Papst unfehlbar? (B III).

den ‹ökumenisches› Modell des Theologietreibens dar» (A 73). Und denen, die hierzulande immer so viel von Wissenschaftlichkeit und Ökumenismus *reden*, dürfte gesagt sein: «Das Beispiel Küngs hätte in der katholischen Kirche und insbesondere von den katholischen Theologen nicht bloß angestaunt und bewundert, sondern vielmehr befolgt, nachgeahmt, vervielfältigt werden müssen. Aber er ist an der von ihm geschlagenen Bresche fast alleingelassen worden und muß das Experiment der vielsprachigen Theologie fast allein weitervorantreiben» (A 74). Was deutschen Theologen entgangen ist, hat der kluge Italiener erspäht: «Schon in Küngs erstem Werk ‹Rechtfertigung› gewahrt man intuitiv das geheime Programm, das Experiment der ökumenischen Neuinterpretation der Hauptthesen der Ekklesiologie – wie der Primat, die Unfehlbarkeit – weiterzuführen» (A 74 f.).

Nur bestätigen kann ich somit die Feststellung Sartoris: «Die neuen Thesen über die Unfehlbarkeit sind dem Keime nach bereits im ersten Buch vorhanden, aber von seiten der Theologen hat man sich nichts daraus gemacht» (A 75). Tatsächlich ist schon in «Rechtfertigung»[14] von der *Geschichtlichkeit* der (unfehlbaren) Dogmen die Rede: «endliche Sätze, die nie schlechthin alles aussagen», «in die Geschichtlichkeit alles Menschlichen hineingenommen»; es «kann eine Glaubenswahrheit immer noch durch eine (nicht nur terminologisch, sondern auch begrifflich) vollständigere, adäquatere, vollkommenere Formel artikuliert werden» (S. 108). Zugleich wird deutlich auf die *Gefährlichkeit* der (gegen andere definierten) Dogmen hingewiesen: «Gefahren der Einseitigkeit und Partikularität, der Versteinerung und Verkürzung der geoffenbarten Wahrheit durch die Theologen, eine gewisse Verarmung dadurch, daß von den Häretikern, wie schon Augustinus es bemerkte, Wahrheiten aus der Kirche herausgeschleppt werden ... Gewinn an theologischer Präzision und Gefahr eines Verlustes an Vitalität» (S. 109). Dies also im Jahre 1957 in Übereinstimmung mit K. Adam, K. Rahner, H. U. v. Balthasar, L. Bouyer, G. de Broglie u. a., von denen ich so viel gelernt habe. Wenn nun aber die Dogmen schon, wie es unterdessen zum Gemeinplatz geworden ist, geschichtlich, unvollständig, unvollkommen, ergänzungsbedürftig, inadäquat sind, warum dann im Einzelfall nicht auch *möglicherweise irrig*? Die Frage lag in der Luft.

Die Hauptthesen des Buches «Rechtfertigung» – es war mehr gefährdet als alle folgenden, und meinen Lehrern in Paris und besonders in Rom habe ich es wohl zu verdanken, daß es unter Pius XII. trotz zahlreicher Denunziationen nicht auf den Index kam – dürfen heute als rezipiert gelten. Die Rechtfertigung des Sünders war die Ursprungsfrage der lutherischen Refor-

14 *H. Küng*, Rechtfertigung. Die Lehre Karl Barths und eine katholische Besinnung (Einsiedeln 1957, 4. erw. Aufl. 1964).

mation: Der Konsens bezüglich der kirchenspaltenden Differenzen, den damals manche bezweifelten, ist erreicht. Rund 15 Jahre nach Veröffentlichung des Buches stellt sogar eine offizielle Kommission des römischen Einheitssekretariats und des Lutherischen Weltbundes fest: «An diesem Punkt waren die traditionellen kontroverstheologischen Auseinandersetzungen besonders scharf ausgeprägt. Heute zeichnet sich in der Interpretation der Rechtfertigung ein weitreichender Konsens ab.»[15]

Die Frage liegt nahe, wie lange es wohl in der Unfehlbarkeitsfrage dauern wird. Das den Verfasser seither begleitende Beispiel für die Problematik unfehlbarer Formeln wird vielleicht auch anderen noch mehr zu denken geben: Trient verurteilte als häretisch, daß der Sünder durch den Glauben allein gerechtfertigt werde; mein Buch erwies denselben Satz wie auch andere damals verurteilte Aussagen als katholisch. Was also ist die Bedeutung solcher Formeln? «Bekanntlich kann ein Wort zwei Sachen meinen, und zwei Worte eine Sache», hatte es gleich zu Beginn des ersten Kapitels geheißen (S. 21).

Das nächste Buch, das ich als Assistent in Münster geschrieben und kurz nach der Ankündigung des Zweiten Vatikanischen Konzils durch Johannes XXIII. veröffentlich habe, ging – beschützt von einem Vorwort des Wiener Erzbischofs Kardinal Franziskus König – einen Schritt weiter. Von keinem anderen katholischen Theologen war «Konzil und Wiedervereinigung»[16] mehr beeinflußt als von Yves Congar und seinem bahnbrechenden, aber von Rom verbotenen Werk «Vraie et fausse réforme dans l'Eglise»[17]. Und trotzdem mußte über Congars Grundthese «*wahre* Reform = Reform des kirchlichen Lebens = katholische Reform; *falsche* Reform = Reform der kirchlichen Lehre = protestantische Reform» in aller Stille hinausgegangen werden. Nach der Begründung des «Ecclesia semper reformanda» im Dienste an der Kircheneinheit forderte ein eigenes Kapitel die Reform der Lehre (Kap. D 6, S. 140–152). Für die Dogmen wurde wiederum nur eine «Neuformung und Weiterformung», ein «Wachsen und Fortschreiten» durch «eine vollständigere, adäquatere, bessere Formel» zugestanden (S. 141 f). Doch wird nun – bei aller Anerkennung der kirchlichen Unfehlbarkeit im Sinn der von Gottes Offenbarung bleibend gegebenen «Konstanten» – die Vorstellung von «irreformablen *Bezirken* menschlich-kirchlicher Formulierungen» entschieden abgelehnt: «In *jedem* kirchlichen Dogma ist (irreformable) *göttliche* Offenba-

15 Schlußbericht der lutherisch/katholischen Studienkommission «Das Evangelium und die Kirche» (Malta 1971) in: Una Sancta (1972) S. 15. Vgl. zur gesamten Diskussion *Ch. Hempel*, Rechtfertigung als Wirklichkeit im Gespräch der Konfessionen (erscheint demnächst).

16 *H. Küng*, Konzil und Wiedervereinigung. Erneuerung als Ruf in die Einheit (Freiburg–Basel–Wien 1960).

17 *Y. Congar*, Vraie et fausse réforme dans l'Eglise (Paris 1950).

rung zugleich *menschlich* (reformabel) ausgedrückt» (S. 145). Als «die Hauptschwierigkeit für die Wiedervereinigung» wurde die «konkrete Organisatorische Struktur der Kirche» bezeichnet (S. 161), wie sie sich «in der Frage nach dem kirchlichen Amt» kristallisierte (S. 162), und als «Kernpunkt» der Amtsfrage «das Petrusamt»: «die Kardinalfrage der Wiedervereinigung» (S. 165; vgl. schon hier die zahlreichen Fragen zum Petrusamt S. 165–182).

Das Vatikanum II selber hat dann nicht nur allgemein das «Ecclesia semper reformanda» sich zu eigen gemacht, sondern in seinem Dekret über den Ökumenismus 1964, an welchem Yves Congar einen wesentlichen Anteil hatte, die Notwendigkeit einer Reform auch der Lehre nachdrücklich bestätigt: «Zugleich muß aber der katholische Glaube tiefer und richtiger ausgedrückt werden auf eine Weise und in einer Sprache, die auch von den getrennten Brüdern wirklich verstanden werden kann ... Beim Vergleich der Lehre miteinander soll man nicht vergessen, daß es eine Rangordnung der ‹Hierarchie› der Wahrheiten innerhalb der katholischen Lehre gibt, je nach der verschiedenen Art ihres Zusammenhangs mit dem Fundament des christlichen Glaubens. So wird der Weg bereitet werden, auf dem alle in diesem brüderlichen Wettbewerb zur tieferen Erkenntnis und deutlicheren Darstellung der unerforschlichen Reichtümer Christi angeregt werden.»[18]

Ein kleiner Abschnitt in jenem Kapitel von «Konzil und Wiedervereinigung» scheint mir nachträglich im Hinblick auf die nichttheologischen Faktoren in der Unfehlbarkeitsdebatte eine besondere Aktualität behalten zu haben, auch wenn man heute[19] von der Wissenssoziologie und -psychologie her die «Gefahr persönlicher Hemmnisse» noch ganz anders deutlich erhellen könnte: «Auf verschiedene Weise kann ihr der Theologe erliegen: er kann verbohrt sein in die Wissenschaft, ohne sich zu kümmern um die Nöte der Kirche; es kann ihm, aus geistiger Trägheit oder aus kirchlichem Stolz, ein tieferes Interesse an der Wiedervereinigung vollständig abgehen; er kann aus persönlichen Gründen (familiäre Beziehung, Bildungsgang, Konversion, unsympathische Erlebnisse mit Andersgläubigen usw.), aber auch aus kirchenpolitischen (Minderwertigkeits- und Überwertigkeitskomplexe) oder theologischen Motiven heraus unbewußt von einer versteckten Affektgeladenheit gegenüber der anderen Konfession bestimmt sein. Schwere Hemmnisse bedeuten auch die Überzeugung, von den ‹Andern› im Grunde nichts lernen zu können und die Freude daran, in der Diskussion nichts nachgegeben und

18 Vatikanum II, Decretum de Oecumenismo (1964) Art. 11.

19 Vgl. die Beiträge von *H. Halbfas*, *J. Nolte*, *R. Schwager* in diesem Band. Ebenfalls *J. Nolte*, Dogma in Geschichte. Versuch einer Kritik des Dogmatismus in der Glaubensdarstellung (Freiburg–Basel–Wien 1971).

in der Kontroverse ‹gesiegt› zu haben. Das theologische Bemühen um die Wiedervereinigung kann gelähmt werden von der in einer unbewußten letzten Unsicherheit gründenden Angst, durch Nachdenken in der eigenen Rechtgläubigkeit erschüttert zu werden, sowie schließlich durch den Mangel an geistiger Kraft, aus dem einmal gebauten und vielleicht jahrzehntelang verteidigten theologischen Schema oder System wieder auszubrechen, um so stets offen zu sein für die immer größere Wahrheit der göttlichen Offenbarung» (S. 147). Wo war solches mehr zu erwarten als bei der tabuisierten Frage nach der Unfehlbarkeit?

Das frühzeitige Fragezeichen

Das bevorstehende Konzil drängte indessen im Zusammenhang einer Theologie des Konzils zu einer eingehenden historisch ausgerichteten Untersuchung der «Strukturen der Kirche»[20]. Hier wendet sich der Verfasser zum ersten Mal nicht nur den komplexen historischen Fragen des päpstlichen Primats und der Konfliktsmöglichkeiten zwischen Papst und Kirche (mögliches Schisma oder Häresie des Papstes, Absetzbarkeit, konziliare Theorie, die drei Päpste und das Konzil von Konstanz – alles Fragen, die erst unter Paul VI. ihre volle Aktualität erhalten sollten) zu, sondern auch in einem langen letzten Kapitel der Frage: «Was heißt unfehlbar?» Selbst der Titel des Kapitels stimmt weithin mit dem späteren Buch und seinem Fragezeichen überein. Ob wohl Theologen wie Ratzinger, welche katholische Kollegen in dieser Frage noch 1971 mit dem Namen Luther schrecken wollen (A 103 f), den schon vor zehn Jahren geschriebenen Abschnitt über «Die Fehlbarkeit der Konzilien nach Luther und Calvin» genügend zur Kenntnis genommen haben, wo der für die katholische Theologie anstehende Kontroverspunkt deutlich herausgearbeitet worden war? «Er betrifft zwar nicht – und dies ist wohl zu beachten – das grundsätzliche Verbleiben der *Kirche* in der Wahrheit, wohl aber das Verbleiben der einzelnen *Konzilien* in der Wahrheit» (S. 317; vgl. 309–317. 105–140).

Offensichtlich waren in neuerer Zeit weder die Argumente der Reformatoren noch die zeitgenössischer Theologen wie Karl Barth und seine Kritik an der Tübinger Schule, am Vatikanum I und an der alt-katholischen Position von einem katholischen Theologen ernsthaft untersucht und gewürdig worden. So wurde denn schon vor dem Zweiten Vatikanischen Konzil eine größere

20 *H. Küng*, Strukturen der Kirche (Quaestiones Disputatae 17; Freiburg–Basel–Wien 1962).

Studie zur Beantwortung der aufgeworfenen Fragen gefordert (S. 324) und erneut auf die Notwendigkeit einer größeren Glaubwürdigkeit des Petrusdienstes (S. 328–330) hingewiesen. Dann aber wurde die vom Vatikanum I definierte «beschränkte Unfehlbarkeit» mit all ihren Präzisierungen aufgrund der Akten und der neuesten Literatur analysiert (S. 330–340), zugleich aber warnend darauf aufmerksam gemacht, daß «diese innerkatholischen Diskussionen von der eigentlichen Schwierigkeit der Irrtumsfreiheit ablenken und ... die Bedeutung der besprochenen theologischen Präzisierungen für das ökumenische Gespräch weit überschätzen» lassen (S. 340).

Und so wird denn schon 1962 die Frage, die wegen Nichtbeachtung 1970 als «Anfrage» formuliert werden mußte, mit aller wünschenswerten Deutlichkeit ausgesprochen: «Man gebe sich keinen Illusionen hin: Ob der Papst allein oder in Verbindung mit dem Episkopat irrtumsfrei ist, ob er Hilfsmittel gebrauchen muß oder nicht, ob sich die Irrtumsfreiheit nur auf Glaubens- und Sittendinge oder weiter erstreckt, ob der irrtumsfrei definierende Papst für seine Definition die Zustimmung der Kirche benötigt oder nicht usw., dies alles sind für einen evangelischen Christen sehr sekundäre Fragen. Um es scharf zu formulieren: Es genügt, daß in einer Kirchengeschichte von Jahrtausenden auch nur ein Papst zu irgendeiner Stunde einen einzigen für die Kirche verbindlichen Glaubenssatz als ein von vornherein irrtumsfreier Papst mit absoluter Sicherheit auszusprechen vermag, damit das Problem in seiner ganzen Schärfe gestellt ist: ein Mensch, der nicht Gott ist – irrtumsfrei?» (S. 340). Und schon hier erscheint die Frage auf das Konzil ausgedehnt: «Was für *einen* Menschen gilt, gilt auch für *mehrere*, gilt auch für ein ökumenisches Konzil. Insofern geht es bei der Irrtumsfreiheit eines Konzils um genau dasselbe Problem wie bei der Unfehlbarkeit eines Papstes. Und wie die Evangelischen an der Fehlbarkeit des Menschen Papst festhalten, so auch an der Fehlbarkeit des Konzils aus Menschen. Es nützt dabei wenig, sich Evangelischen gegenüber auf ein Charisma der Irrtumsfreiheit zu berufen. Ein solches ist für sie ein reines Postulat, das trotz der von der katholischen Theologie angeführten Schriftbeweise in der Schrift für sie kein Fundament hat, sondern juristische Konsequenzmacherei aufgrund bestimmter Texte ist (‹Wenn Petrus der Fels sein soll, dann *muß* er auch dieses sein, haben oder können, und jenes usw.›)» (S. 341). Und nach weiteren Erwägungen wird dann auch die positive Lösung ausgesprochen, wie sie sich in der evangelischen Theologie durchgesetzt hatte und sich jedenfalls auch für die katholische Theologie stellte: «Die Fortdauer und Unzerstörbarkeit der Kirche hängt für evangelische Christen nicht an der Irrtumsfreiheit bestimmter Sätze, sondern am Geist, der *durch* die Gebrechlichkeit und Fehlbarkeit der Menschen und ihrer Sätze *hin-*

durch wirkt ... Mit Rationalismus und Glaubensarmut hat diese Leugnung der Irrtumsfreiheit der ökumenischen Konzilien und des Papstes – anders als Katholiken, die sie nicht genau kennen, oft meinen – nichts zu tun. Behauptet man zu viel, wenn man zugibt, daß hier vom Vatikanum I her schwierig beizukommen ist?» (S. 343 f). Und beinahe wie die Disposition eines später veröffentlichten Buches hört sich an, was dann folgt: «*Diese* Problematik stand den Vätern jenes Konzils nicht vor Augen. Es ging ihnen darum, den Gallikanismus bis in seine letzten Konsequenzen hinein auszurotten. Die Hauptdiskussionen wurden um gewisse Modalitäten der Infallibilität und um die Opportunität einer Infallibilitätsdefinition geführt. Die Auffassungen der Reformatoren in diesem Punkt standen nicht zur Debatte, und um die Infallibilität als solche wurde nicht direkt diskutiert. Auch die ganz in der Problematik des Vatikanum I stehenden theologischen Schulbücher und die wenigen neueren Spezialuntersuchungen lassen uns ohne eine tiefere Antwort auf die eben dargestellten Schwierigkeiten. – Man wird es uns also nicht verübeln können, wenn wir uns im Rahmen dieses Buches damit begnügen, die Probleme zur Diskussion zu stellen.» (S. 344).

So war also schon beinahe ein Jahrzehnt vor «Unfehlbar?» friedlich und manierlich, höchst wissenschaftlich, die Frage an die katholische Theologie gerichtet worden. Doch kein katholischer Theologe hat sich ihrer ernsthaft angenommen. Insofern mögen dem Verfasser – nochmals sei es betont – die Eigenzitate, die er als Belege benötigt, verziehen werden. Aber die Frage läßt sich nicht ganz unterdrücken: ob manche Theologen unbequeme Bücher, wenn sie sie überhaupt lesen, wieder aus ihrem Bewußtsein verdrängen? Wie der junge Theologe Hegel über seine Professoren (es waren sogar die Tübinger!) einmal an Schelling schrieb: «So heißt es: ‹Ja, es ist wohl wahr›, legt sich dann aufs Ohr, und des Morgens trinkt man seinen Kaffee und schenkt ihn anderen ein, als ob nichts geschehen wäre»[21].

Wenn schon «Strukturen der Kirche» eine eingehende Analyse des vatikanischen Primats und der vatikanischen Unfehlbarkeitsdefinition brachte, worauf «Unfehlbar?» aufbauen konnte, so ist im Vergleich auffällig, wie wenig gerade in Rahners Sammelband die Akten des Vatikanum I zitiert werden. Unbeschwert wird drauflosbehauptet. W. Brandmüller, Kenner der bayrischen Landesgeschichte, kennt anscheinend die Akten des Vatikanum I selbst überhaupt nicht. H. Mühlen beschäftigt sich statt mit dem Vatikanum I mit «epochalen» Spekulationen. J. Ratzinger zieht an solchen Stellen Schweigen vor. Und selbst K. Lehmann, sonst mehr um eine ernsthafte Auseinander-

21 Briefe von und an Hegel, hrsg. von J. Hoffmeister Bd. XXVII, 16, (zit. Menschwerdung Gottes S. 57).

setzung bemüht, bietet hier statt begründeter Argumente nur Behauptungen. Was verständlich macht, warum gerade dieser «philosophisch und theologisch wissenschaftlich Arbeitende» ständig seine eigene Wissenschaftlichkeit herauszustreichen sich genötigt sieht und von einem nirgendwo begründeten «Standort wissenschaftlicher Theologie» sich in mehr allgemeinen Anklagen ergeht [22]. Und dies obwohl er selber zugeben muß, daß der Verfasser «die subtilen Bedingungen päpstlicher Unfehlbarkeit ... z. B. in den ‹Strukturen der Kirche› (Freiburg 1962) gründlich studiert und dargelegt hat» (A 345). Warum dann noch jetzt «eine längere, aber dafür wirkungsvollere Inkubationszeit des Gedankens» (A 349) fordern? Könnten acht Jahre nicht auch für theologische Langbrüter ausreichen? Oder soll vielleicht bezüglich Unfehlbarkeit der ursprüngliche Wortsinn von «Inkubation» in Anspruch genommen werden: «das Schlafen an heiligen Stätten, um im Traum Rat zu erhalten»[23]?

Schon in «Strukturen der Kirche» finden sich auch in ganz bestimmtem Kontext die von manchen erst jetzt bemerkten und inkriminierten Sätze: «Wenn der Papst nur will, so kann er (schließlich) auch alles ohne die Kirche (allein)»[24], und «Jeder Satz kann wahr *und* falsch sein – je nachdem nämlich, wie er gezielt, gelagert, gemeint ist»[25]. Für «Strukturen der Kirche» hatte, das ist erwähnenswert, als kirchlicher Zensor für das Imprimatur auf meinen Wunsch hin der Herausgeber der «Quaestiones disputatae», Karl Rahner, geamtet und nach einer gründlichen Diskussion und verschiedenen Verbesserungen allem zugestimmt.

Inzwischen hatte das Vatikanum II getagt. Die gewaltigen Fortschritte, die das Konzil für die katholische Kirche und die Christenheit gebracht hat, hat der Verfasser des öfteren gewürdigt [26]. In sehr bestimmten ekklesiologischen Fragen und insbesondere in der Unfehlbarkeitsproblematik wurde indessen kein Fortschritt erzielt. Die römische Kurie hatte wirkungsvoll dafür gesorgt, daß die Definitionen des Vatikanum I über päpstlichen Primat und Unfehlbarkeit möglichst unverändert wiederholt wurden. Ergänzt wurden sie (wie in U II, 2 ausgeführt) getreu römischer Schultheologie durch Bestimmungen über die Unfehlbarkeit auch des Episkopates bei Übereinstimmung in Glaubens- und Sittendingen, was für «Humanae vitae» bedeutungsvoll, ja – wie das ominöse Schweigen infallibilistischer Theologen zu diesem Text beweist – ausgesprochen peinlich werden sollte. Da in der Theologi-

22 Vgl. A 345–350; allerdings gegenüber seinen ersten Stellungnahmen stark herabgemindert.
23 Der Große Herder Bd. IV, 1351 (Freiburg 1957).
24 Strukturen 337 = U 84.
25 Strukturen 355 = U 140.
26 Vgl. die U 14 verzeichneten Aufsätze.

schen Kommission unter Kardinal Ottaviani eine grundlegende Besinnung auf das Neue Testament unmöglich war, verzichtete der Verfasser als Konzilstheologe auf die Mitarbeit in dieser Kommission und konzentrierte seine Arbeit auf Vorträge vor Bischöfen und Theologen, die Ausarbeitung wichtiger bischöflicher Konzilsvoten, die Öffentlichkeitsarbeit und insbesondere auf eine umfassende Ekklesiologie für die heutige Zeit auf neutestamentlicher Grundlage. Das Buch «Strukturen der Kirche» lag wie die anderen bereits in mehreren Übersetzungen vor. Die komplexe Unfehlbarkeitsfrage in einem zehnminütigen lateinischen Votum vor das Plenum zu bringen und für eine solche Rede auch noch einen Bischof zu suchen, schien wenig aussichtsreich.

In dreifacher Hinsicht indessen brachte das Vatikanum II, vor allem durch das Verdienst Papst Johannes XXIII., *indirekt* einen Fortschritt in der Unfehlbarkeitsfrage: Erstens forderte Johannes XXIII. in seiner Eröffnungsansprache aus pastoralen Gründen eine Unterscheidung zwischen der Substanz des Glaubens und der Formulierung des Glaubens. Zweitens nahm das Vatikanum II, wiederum unter dem bestimmenden Einfluß Johannes' XXIII., gegen kuriale Wünsche kein einziges Mal die vom Vatikanum I definierte Vollmacht für eine unfehlbare Lehrentscheidung in Anspruch. Drittens versuchte das Konzil zumindest in bestimmten Dokumenten eine neue positive Weise der konziliaren Lehrverkündigung, um die christliche Wahrheit verständlich für die Menschen unserer Zeit darzulegen. Kurz: es ging auf dem Vatikanum II ganz gut, ja besser auch ohne unfehlbare Lehrdefinitionen. Dies schien Gedankengänge von «Strukturen der Kirche» zu bestätigen.

Noch in der Konzilszeit war – «Karl Rahner dem Sechzigjährigen für sein theologisches Werk in Dankbarkeit» gewidmet – die theologische Meditation «Theologe und Kirche»[27] erschienen, wo die Dialektik von «kirchlicher Bindung» und «kritischer Sichtung» thematisiert (S. 22–37) und dabei grundsätzlich eine Untersuchung der kirchlichen Bekenntnisse und Definitionen gefordert wurde: «Indem sich der Theologe loyal an die *Bekenntnisse* und *Definitionen* seiner Kirche hält, hat er das Recht und die Pflicht, bescheiden und unbefangen zugleich mit allen Mitteln zu untersuchen, inwiefern diese Bekenntnisse und Definitionen das Wort Gottes in der Schrift bezeugen; inwiefern sie dies direkter, deutlicher und genauer oder indirekter, undeutlicher und ungenauer tun; inwiefern die einen dem Zeugnis des Alten und Neuen Testamentes näher und die anderen ferner sind; inwiefern sie bekennen und inwiefern sie bekämpfen, polemisieren oder erklären, affirmieren oder reagieren, beurteilen oder verurteilen; inwiefern sie in diese oder jene Richtung sprechen; inwiefern die

27 Vgl. *H. Küng*, Theologe und Kirche (Theologische Meditationen 3; Einsiedeln 1964), abgedruckt in: Freiheit des Christen (Siebenstern-Taschenbuch 167, Hamburg 1972) Kap. IV.

Menschlichkeit und Gebrechlichkeit der an den Bekenntnissen und Definitionen Beteiligten sich auswirken; inwiefern die zeitgeschichtliche Situation der Kirche, des Staates, der Gesellschaft Einfluß haben; inwiefern bestimmte philosophische, psychologische, weltanschauliche Fragestellungen sich auswirken; inwiefern verschiedene Sprachen, Welt- und Menschenbilder die Aussagen färben; inwiefern Traditionen bestimmter Völker, theologischer Schulen, Universitäten und Orden mitbestimmend sind usw.» (S. 28 f). Und bezüglich des Begriffs der Unfehlbarkeit wird nun – zwei Jahre nach «Strukturen» – deutlich festgestellt: «Die katholische Theologie hat noch keine ausreichende Antwort gegeben, was für sie der unvollkommene, unvollendete, rätselhafte, teilweise, bruchstückhafte Charakter all unserer Glaubensformulierungen besagt (wir haben versucht, uns in ‹Strukturen der Kirche› Kap. VIII, 3 daran heranzutasten). Durch das Wort ‹unfehlbar› ist dies alles nicht ausgedrückt, aber selbstverständlich auch nicht geleugnet. Es gilt, darüber – exegetisch, historisch, systematisch – mehr und besser nachzudenken. Vielleicht daß sich einmal ein umfassenderer Begriff finden läßt, der besser als der Begriff ‹unfehlbar› den streng *verbindlichen* Charakter und zugleich den zutiefst *bruchstückhaften* Charakter der kirchlichen Glaubensformulierungen in ihrem respektiven wahren, bleibenden Gehalt umfassend und ausgeglichen umschreibt» (S. 33 f).

Fortsetzung oder Bruch?

Die während der zweiten Konzilssession von mir in Rom begonnene ekklesiologische Synthese – ungefähr Mitte Oktober 1963 war der Kurs des neuen Papstes zumindest für Eingeweihte deutlich geworden – wurde ein Jahr nach Konzilsende abgeschlossen und 1967 als erster Band der «Ökumenischen Forschungen» veröffentlicht[28]. Das von Joseph Ratzinger und mir unterzeichnete Geleitwort begann wie folgt: «Die Zeit ist reif geworden für eine systematische Bereinigung der theologischen Differenzen zwischen den christlichen Kirchen. Mit der überraschenden ökumenischen Begegnung der verschiedenen christlichen *Kirchen* in den letzten Jahren hat die ökumenische Begegnung der verschiedenen christlichen *Theologien* nicht Schritt gehalten. Und doch werden die christlichen Kirchen einander bestenfalls auf Rufweite näherkommen, wenn nicht die theologischen Blöcke und manchmal auch Sandbänke, die zwischen ihnen liegen, ausgeräumt oder überhaupt neue Wege der Be-

28 *H. Küng*, Die Kirche (Ökumenische Forschungen, I. Ekklesiologische Abteilung 1; Freiburg–Basel–Wien 1967).

gegnung gefunden werden, die – oft nach Abwerfen unnötigen theologischen Ballastes – einen Austausch ihrer Gaben möglich machen.»

Die Position bezüglich der Unfehlbarkeit – Infallibilität wird hier mit Untrüglichkeit übersetzt – ist in diesem Buch völlig unzweideutig und wird in «Unfehlbar?» zum Teil wörtlich wiederholt: «Schließlich mag auch ihr *Abirren von der Wahrheit* im einzelnen noch so bedrohlich sein, die Kirche mag wie schon Israel da und dort schwanken und zweifeln, vielleicht auch irren und entgleisen: ‹... er wird in Ewigkeit bei euch bleiben, der Geist der Wahrheit› (Jo 14, 16 f). Sie wird der Macht der Lüge nicht erliegen. Sie ist *untrüglich*: ihr ist als Gottes Verheißung *Infallibilität, Untrüglichkeit* geschenkt. Sie wird trotz allem Irren und Mißverstehen von Gott in der Wahrheit gehalten» (K 406). Und zur Erklärung: «Soweit die Kirche demütig dem Worte Gottes gehorsam ist, hat sie teil an der Wahrheit Gottes selbst, ‹der weder trügen noch getrogen werden kann› (Vatikanum I: Deus revelans, qui nec falli nec fallere potest. D 1783); dann ist Lug und Trug und alles Trügerische fern von ihr. Untrüglichkeit besagt in diesem Sinn *ein grundlegendes Bleiben in der Wahrheit, das von Irrtümern im einzelnen nicht aufgehoben wird.* Ob diese Infallibilität der Kirche, die in der Schrift begründet ist, und die auch von den Reformatoren nicht bestritten wird, die a priori und unzweifelhaft *feststellbare* Infallibilität bestimmter *Sätze* zur Folge hat, läßt sich aus dem Neuen Testament nicht direkt aufweisen, ist zwischen den einzelnen christlichen Kirchen (besonders in bezug auf Konzilien, Bischöfe, Papst) umstritten und müßte auf der beschriebenen Grundlage neu untersucht werden» (K 406). Dies ist genau die These des späteren Buches «Unfehlbar?». Aber niemand regte sich über diese und die anschließenden Ausführungen bezüglich der Wahrheit und des Irrtums von Sätzen auf. Wäre nicht spätestens hier ein Sammelband zur Unfehlbarkeit angebracht gewesen? Nur in Rom zeigte man keine akademische Ignoranz oder Schläfrigkeit, sondern verbot kurzerhand das Buch und alle Übersetzungen (allerdings vergebens) und strengte gegen «Die Kirche» wie schon gegen «Strukturen» und dann auch wieder gegen «Unfehlbar?» und – wenn römische Gerüchte nicht täuschen – auch gegen «Wozu Priester? Eine Hilfe» ein Inquisitionsverfahren an.[29]

Eine längere freundliche Unterredung mit Papst Paul VI. gegen Ende des Konzils 1965, über die hier nicht berichtet werden soll, hatte deutlich gemacht, wie sehr für den Papst die anstehende Frage der Geburtenregelung mit der Unfehlbarkeitsproblematik zusammenhing, was ein wenig später durch

29 Zur gesamten Debatte vgl. *H. Häring – J. Nolte* (Hrsg.), Diskussion um Hans Küng DIE KIRCHE (Freiburg–Basel–Wien 1971).

den Einblick in die durch Indiskretion veröffentlichten Geheimakten der päpstlichen Geburtenregelungskommission bestätigt wurde: nicht die Pille, sondern die Autorität, Kontinuität, Infallibilität des kirchlichen Lehramtes war die eigentliche Schwierigkeit! Während jedoch manche Theologen und Vatikanologen in Deutschland und anderswo verkündeten, es sei in Sachen Geburtenregelung von Rom kein Entscheid mehr zu erwarten, arbeitete der Verfasser das schon in einem Konzilsvortrag behandelte Thema der Wahrhaftigkeit in der Kirche aus für ein Gastsemester am Union Theological Seminary in New York und eine entsprechende Buchveröffentlichung. In zwei Kapiteln über «Kurswechsel in der Lehre?» und «Manipulation der Wahrheit?» wurde nun die Unfehlbarkeitsproblematik im Zusammenhang der Pillendiskussion und Dogmeninterpretation auf Grund gerade auch der Kommissionsakten behandelt. Als dann im Sommer 1968, scheinbar aus blauem römischem Himmel, die Enzyklika «Humanae vitae» fiel, brauchten in das druckfertige Manuskript nur noch die Zitate aus der Enzyklika, eine Ergänzung des Vorworts «Zur Situation» und das zur ruhigen Gewissensentscheidung aufrufende «Wort zum Sonntag» vor dem Schweizer Fernsehen eingefügt werden. Auch «Wahrhaftigkeit»[30] erschien wie die meisten seiner Vorgänger in zahlreichen Auflagen und allen möglichen Sprachen, und die Rezensionen sind auch hier kaum zu übersehen. Aber noch immer regte sich kein namhafter katholischer Theologe und meldete bezüglich der Auffassung der Unfehlbarkeit seine Opposition an.

Unterdessen aber hatte sich die Lage der nachkonziliaren Kirche durch den wachsenden reaktionären Kurs der obersten Kirchenleitung und die opportunistische Anpasserei vieler (auch ehemals sich progressiv gebender) Bischöfe gefährlich verschärft, während der Großteil der Theologen schwieg. Reaktionäre Maßnahmen des Papstes und seiner Kurie waren schon in der Konzilszeit an der Tagesordnung gewesen: Interventionen gegen die Judenerklärung, die Erklärung für die Religionsfreiheit, das bereits approbierte Ökumenismusdekret; das Verbot der Diskussion über Geburtenregelung und Zölibat auf dem Konzil, die Aufnötigung einer Nota explicativa zum nach wie vor in Rom absolutistisch verstandenen päpstlichen Primat, die Proklamation Mariens als «Mutter der Kirche» gegen den Willen der Konzilsmehrheit, die Enzyklika «Mysterium fidei» über die Eucharistie usw. In der nachkonziliaren Zeit folgten: die Ernennung meist konservativer bis konservativster Bischöfe und Kurienmitglieder, die Wiederaufnahme von Inquisitionsverfahren gegen Theologen, die Stärkung der Stellung der Nuntien gegen den Willen des

30 *H. Küng*, Wahrhaftigkeit. Zur Zukunft der Kirche (Kleine ökumenische Schriften 1; Freiburg–Basel–Wien 1968).

Konzils, die geheime Ausarbeitung eines im Geiste vorkonziliaren Grundgesetzes der katholischen Kirche (Lex fundamentalis), die «Erneuerung» des mittelalterlichen Ablaßwesens, die zweifelhafte Identifizierung der Petrusgebeine unter der Petruskirche, die Maßnahmen gegen den Holländischen Katechismus, die Interventionen gegen die Reformen der Frauenorden besonders in den Vereinigten Staaten, die Nichtanerkennung des Staates Israel, das Schweigen gegenüber der Verfolgung und der Folterung katholischer Priester und Laien in Südamerika und Portugal, die Wallfahrt zu dem umstrittenen portugiesischen Marienwallfahrtsort Fatima, der Einspruch gegen ein vernünftiges Scheidungsgesetz in Italien, der große Konflikt mit der holländischen Kirche, die Aufoktroyierung der Erneuerung des Zölibatsversprechens am Gründonnerstag für alle Priester der katholischen Kirche und schließlich in Zusammenhang mit allem die doktrinären Höhepunkte dieser Entwicklung: die Zölibats-Enzyklika «Sacerdotalis coelibatus» (1967), die Pillen-Enzyklika «Humanae vitae» (1968), das «Credo» des Papstes (1968) und das neueste Mischehen-Dekret (1970). Daß sich unter diesen Umständen die ökumenischen Fortschritte auf Besuche und folgenlose Dialoge beschränken mußten und sich das in römische Glaubenskongregation umbenannte Sanktum Offizium erneut auf Inquisition und Produktion reaktionärer Dokumente einstellte, ist kaum verwunderlich.

Man kann diese nachkonziliare «historia calamitatum» (mit persönlichen Enttäuschungen hat das nichts zu tun!) differenzierter im «offenen Vorwort» zu jenem Buch nachlesen, welches zur Zeit Johannes' XXIII. sicher nicht oder sicher nicht so geschrieben worden wäre, das aber zur Zeit Pauls VI. irgendjemand schreiben mußte, und das ich nach reiflicher Überlegung auch mit anderen schweren Herzens, aber durch ein Jahrzehnt theologischer Forschung gut vorbereitet, geschrieben habe: «Unfehlbar? Eine Anfrage» (1970). Nachdem die wenig erfreuliche nachkonziliare Entwicklung nicht nur mit der Machtbehauptung der römischen Kurie, sondern auch mit einem bestimmten Verständnis von Autorität, Kontinuität und Infallibilität des kirchlichen Lehramtes zu tun hat, mußte in dieser Frage endlich *grundsätzlich* und zugleich *unüberhörbar* Klarheit geschaffen werden.

Man möge mir das weite Ausholen verzeihen. Aber um auf die Frage nach Fortsetzung oder Bruch überzeugend Antwort geben zu können, mußte man Belege aus den früheren Veröffentlichungen liefern. Damit dürfte nun aber klar geworden sein: Das so lange vorbereitete Buch «Unfehlbar?» kommt nicht aus einem «Drang zur Eile» (Sartori A 86).[31] Es bedeutet keinen Bruch

31 Einen gewissen «Drang zur Eile» verraten eher einzelne meiner Anfrage gewidmete Sammelbände: Rahners Band reiht einen Autor an den anderen, ohne ersichtliche innere

mit der vorausgegangenen theologischen Arbeit des Verfassers, es ist vielmehr ein Ausdruck der Kontinuität, die ein Weiterschreiten verlangte [32]. Man mag damit einverstanden sein oder nicht: es war, so scheint es mir, eine *notwendige Konsequenz* aus dem bisher Gesagten. Wenn schon, dann hätten bestimmte Kollegen früher Einspruch einlegen müssen.

Die Gründe für die Publikation

Die lange Vorgeschichte läßt es ohne ausführliche Erklärungen verständlich werden, warum das neue Buch in einem *anderen Stil* geschrieben werden mußte als seine Vorgänger. Nachdem bei den Verantwortlichen sanftere Töne nicht angekommen waren, mußte schließlich der Wecker rasseln. Und nun erwachten sie plötzlich, die früher geschlafen oder geschwiegen hatten, und beklagten sich laut. Worüber? Über das offensichtliche Versagen der Kirchenleitung in der nachkonziliaren Epoche? Über die alten und neuen Formen des römischen Imperialismus? Über die schwere Einbuße an Glaubwürdigkeit der katholischen Kirche? Über die Zentausende von Priestern, die das kirchliche Amt um des Zölibatsgesetzes und der verfestigten Kirchenstrukturen willen in den letzten Jahren aufgaben, und die katastrophale Ausmaße annehmende Nachwuchskrise? Über das unendliche Leid, das wegen offensichtlicher Fehlentscheide in Sachen Geburtenregelung, Mischehe, Bischofswahlen, Zölibatsgesetz usw. über ungezählte kleine Leute, die keine Stimme haben, gebracht wurde?

Ach nein, sie beklagen sich über Stil und Sprache eines Buches, das die Dinge ungeschminkt ausspricht. Die empfindsamen Seelen, unterschwellig recht aggressiv, nennen so etwas Demagogie, Schock, Übertreibung, gar Agitation. Von K. Lehmann (vgl. A 348 f), den man lieber in anderer Gesellschaft sähe,

Ordnung (nach Eingang beim Verlag?) und ohne Quellennachweis für die einzelnen Beiträge; der vier amerikanischen Autoren Infallibility Debate erschien ohne Inhaltsverzeichnis und ohne Titel für die einzelnen Beiträge. Vgl. auch die oberflächlich-einseitige Ansammlung negativer Zitate durch den englischen Jesuiten *P. Hebblethwaite* (B IV), der einen auf Rationalismus erkennenden (und das übliche neuere katholische «Entwicklungsdenken» propagierenden) Artikel seines Ordensbruders *E. J. Yarnold* in derselben Nummer von «The Month» gezielt ergänzt (B III).

32 Dies mag auch als Antwort genügen für *H. McSorley* (B III), der seine ganze überraschend unfreundliche Stellungnahme auf einem Gegensatz zwischen «Strukturen der Kirche» und U zu konstruieren versucht, dabei leider den Verfasser öfters falsch interpretiert und zur Lösung des Problems über den Stand des gemeinhin Gesagten hinaus kaum etwas beisteuert. Seine (meist von Rahner bezogenen) Einwände werden im Folgenden meist eine implizite Antwort erfahren. Sie finden übrigens zum größten Teil eine Antwort im selben Sammelband durch die verständnisvollen Artikel von *G. Baum* und *R. McBrien* (B III).

war schon die Rede. J. Ratzinger spricht dramatisch vom «Klima des Klassenkampfes», weil ihn Worte wie «repressive Maßnahmen», «römische Reaktion» und ähnliche präzise Ausdrücke «auch aus spezifisch wissenschaftlichen Gründen stören» (A 98 f), aber die Sache selber ihn offensichtlich nicht beunruhigt. H. Mühlen, der sich als «Durchschnittstheologe» angesprochen fühlt und seine Schläge unter der Gürtellinie als einen «*pneumatischen* Vorgang» verstehen möchte, mockiert sich über das «Mich erbarmt des Volkes» (A 233). Von ähnlichen Verunglimpfungen in reaktionären Blättchen wie «Neue Bildpost», «L'Homme nouveau», «The Wanderer», «Palestra del clero» und auch von zahllosen gemeinen, meist anonymen Briefen sei hier nicht die Rede... Lassen wir einem jeden *seine* Art![33]

Ich möchte für mich nur das beanspruchen, was der (damals) in Rom dozierende und sehr abgewogen kritsierende M. Löhrer schreibt: «Küngs Kritik am Lehramt scheint mir hart und, wie gegen Schluß dieser Rezension gesagt wird, nicht frei von Einseitigkeit, aber sie ist, soweit ich sehe, nirgends unfair.»[34] Und was sollte eigentlich gegen faire Polemik einzuwenden sein, wo sie sachlich angebracht ist? Gar so friedlich sind ja nun die gegen Polemik Polemisierenden auch nicht. Und warum sollten sich gerade in der Theologie hohe Wissenschaftlichkeit und munter-ernsthafte Polemik ausschließen? Jedermann

33 Nochmals der Kommentar von *W. Dirks*: «Er (der scharfe Ton) mag für Küng persönliche Anläße haben, Erfahrungen mit der römischen Inquisition. Aber, siebzigjährig, habe auch ich Zeit genug gehabt, als treuer Katholik romkritisch zu werden, seitdem ich als Fünfzehnjähriger von einem Dorfpfarrer die finstere Rückseite des frommen und später heiliggesprochenen Papstes Pius X. gezeigt bekam. Ich habe viel Verständnis für den Ingrimm, den Küng gegen eine anderthalb Jahrtausende dauernde Praxis nicht der ganzen Kirche, sondern gerade des römischen Systems zeigt, die Wahrheit Christi zu verraten und dazu den konkreten Menschen zu vergewaltigen. Der kühle Rahner kennt die Greuel der Kirchengeschichte genauso gut wie Küng und wie ich. Er wird selbst gelegentlich sarkastisch, aber in dem Theologen-Streit argumentiert er in der Attitüde des Wissenschaftlers ohne Beziehung zu der großinquisitorischen Korruption eines Systems, das die von Gott entlehnte Absolutheit für sich selbst in Anspruch nahm und zum Teil noch nimmt. Sein Schlüsselwort: Unfehlbarkeit. Rahner wird durch jene Attitüde gegen seinen eigenen Willen zum Apologeten. Küng schreit, Rahner kühlt ironisierend ab, aber der Schrei entspricht wahrer und wahrhaftiger der geschichtlichen Realität. Allerdings ist Küngs Schrei solide artikuliert, und er hat seine Legitimation in dem, der gesagt hat «Mich erbarmet des Volkes». Rahner scheint sich mehr der angegriffenen Hirten zu erbarmen, – auch nicht ganz schlecht in einer Zeit, da man mehr Mitleid mit den Lehrern als mit den Schülern zu haben beginnt. Im übrigen sind sich, Sie haben es gehört, der insistierende Küng und der apologetisierende Rahner einig im Glauben an die Kirche und in der trotz ihrer Greuel geschichtlich kontinuierlichen Kirche. Allerdings – das war in den beiden Zitaten wohl kaum zu überhören – ist sie für den Theologen Rahner die römisch-katholische Kirche, sogar ihr System einschließlich des Ersten Vatikanums, für Küng die Kirche Jesu Christi» (aaO. 8 f.). Dies auch zu den geliehenen Bemerkungen von *V. Schurr* im Kirchlichen Amtsblatt der Erzdiözese München (B IV).

34 *M. Löhrer* (S. 546, B III), vgl. auch das Urteil *G. Thils* (S. 92, B III).

braucht ja auch nicht gleich langweilig zu schreiben, und nur den mit Kirchen- und Theologiegeschichte Unvertrauten ist es unbekannt, wieviele wichtige Entscheidungen seit Kirchenväterzeiten in der Polemik gefallen sind. Also bitte: Aufregung lieber dort, wo sie angebracht ist.

Andere Autoren in Rahners Sammelband wie J. Alfaro, Y. Congar, H. Fries, L. Scheffczyk, R. Schnackenburg, O. Semmelroth wandten sich ohne lange Lamentationen über Stil und Sprache der drängenden Sachproblematik zu. Im angelsächsischen Bereich, wo man Wissenschaftlichkeit nie mit akademischer Betulichkeit und Fußnoten gleichgesetzt hat, dürfte man für die Melodramatik humorloser deutscher Bischofstheologen von vornherein weniger Verständnis haben. Man lese zum Vergleich und zur Erquickung den amerikanischen Exegeten John McKenzie: «Ich hatte Gelegenheit, die Unfehlbarkeit in zwei Büchern zu berühren, die ich seit 1965 publiziert habe, und ich schaute zurück auf das, was ich gemacht hatte. Ich fand keinen Tiger in den Seiten lauern; eigentlich berührte ich die Unfehlbarkeit nicht, ich ging um sie herum. Ich hatte damals einige halbfertige Ideen, und ich möchte diese Gelegenheit benutzen, sie mit etwas mehr Fülle darzustellen. Küng hat es unnötig gemacht, einen weiteren vollständigen Überblick über das theologische Material zu geben. Schließlich bin ich nicht der Mann, der Küng rügen würde dafür, daß er ein Problem ans Licht gebracht hat, an dem ich, gemessen an meinen eigenen Arbeiten, ein etwas ausgedehntes und kaum verhohlenes Unbehagen hatte. – Ich war das, was nach Rahner Küng nicht wahr: ‹vorsichtig› ... Nun, man wird kaum je einen vorsichtigen Tiger finden. Vorsicht bei einem Theologen ist die Qualität zu wissen, wann man besser nichts sagt, außer es sei schon so oft gesagt worden, daß es ungefährlich ist, es zu wiederholen.»[35]

35 *J. McKenzie* (S. 1, B III). Wo der Katholik *R. E. Brown* (B IV) «zwei verschiedene Schriftsteller» (den Polemiker und den Theologen) am Werk findet, sehen andere sehr richtig die Einheit von theologischer Wissenschaft und kirchlichem Engagement: zum Beispiel von katholischer Seite *J. F. Mitros* (B IV) und *M. Ward* (B IV), von protestantischer Seite *M. Barth* (B III) und *M. E. Marty* (B IV). Der Lutheraner *U. Valeske* (B IV) – «die schonungslose Kritik an manchen Strukturen seiner Kirche entspringt der großen Liebe zur Kirche Christi, die er aus mancherlei Verstrickungen, die ihren Ursprung keineswegs im Evangelium haben, zu ihrem wahren Wesen und Dienst befreit sehen möchte» (S. 483, B IV) – schließt seine Rezension mit den Worten: «Wer – wie der Rezensent – nach dem konziliaren Aufbruch nur mit Kopfschütteln und Schmerz das seitherige kuriale Gebaren zur Kenntnis genommen hat, wird in dem Buche von Hans Küng ein lange erwartetes Hoffnungszeichen sehen und wird wünschen, daß die römisch-katholische Kirche und ihre Leitung diesem Ruf eines ihrer ‹Lehrer› und ‹Propheten› die gebührende Aufmerksamkeit schenkt, wie er andererseits der evangelischen Kirche auch solche ‹Lehrer› wünscht, denen bei aller zutiefst berechtigten Kritik an bisherigen kirchlichen Strukturen und Zuständen doch die heiße Liebe zur Kirche Christi anzuspüren ist!» (S. 484, B IV). – Klagen bezüglich des

Was sachlich zur Rechtfertigung des Stiles des Buches gesagt wurde, haben die genannten (und vorausgeahnten) Kritiker anscheinend überlesen, obwohl es auf der ersten Seite des Buches steht: «Niemand möge dort – immer wieder gemachte Einwürfe und Vorwürfe seien hier vorweggenommen – einen Mangel an Glauben oder Liebe vermuten, wo nun einmal angesichts der Sorge und Einsicht in so viele Leiden der Menschen in der Kirche Beschwichtigung und Beschönigung nicht mehr am Platze, sondern Rede in Freimut und Hoffnung (‹parrhesia›) gefordert ist. Ist es nötig zu betonen..., daß nicht eigener Übermut den Verfasser treibt, sondern daß er mithelfen möchte, den unüberhörbaren Gravamina der Glaubensgemeinschaft Gehör zu verschaffen; daß der vielleicht manchmal scharfe Ton und harte Stil nicht Aggressivität, sondern Betroffenheit von der Sache spiegelt?» (U 9).

Im Rückblick auf die Debatte bleibt nur hinzuzufügen: Wären alle diese (noch zu untersuchenden) Ausflüchte, Verschleierungen, Aufbauschungen, Verschiebungen und Mystifizierungen bestimmter Opponenten voraussehbar gewesen, so hätte das Buch noch direkter, noch zupackender und an bestimmten Stellen noch ironischer und polemischer geschrieben werden müssen. Was aber die Kritik an der Kirchenleitung angeht, die man oft nur zu gerne anderen (Theologen oder Bischöfen) überließe: Sie ist des öfteren vom Evangelium und vom Wohl der Menschen her einfach gefordert. Im Vergleich zur Kritik an anderen Persönlichkeiten des öffentlichen Lebens, wo bei Unfähigkeit oder Mißerfolg trotz besten Willens bald einmal der Ruf nach Rücktritt laut wird, darf alle Kritik an kirchlichen Amtsträgern noch immer als außerordentlich milde und gemäßigt bezeichnet werden. Dies also zum vielleicht harten, aber fairen Stil des Buches.

Freilich: sieht man alle die kirchenpolitischen Intrigen, Pressionen, Verwicklungen, die Verketzerungen und Verleumdungen, denen man als ein in Fragen der kirchlichen Gegenwart engagierter Theologe ausgesetzt ist, so könnte einem der Humor vergehen, und man wird das Bedürfnis nach Ruhe begreiflich finden. Nach den Mühen des Konzils meinte der Verfasser sich aus den kirchlichen Tageskämpfen zurückziehen zu können. Aber die skizzierte nachkonziliare Entwicklung ließ den Rückzug in die bequemere wissenschaftliche Esoterik nicht zu. Vielleicht darf man es dafür um so deutlicher sagen, daß man diese Art von «Kirchenpolitik» schon längst satt hat und hofft, daß sie

polemischen Stils äußern auch die Spanier *N. Alcalá* (S. 82, B III) und *D. Fernández* S. 845, B III) sowie selbstverständlich die genannten italienischen Kritiker, die allerdings den katholischen Verlag (die Editrice Queriniana in Brescia) mindestens ebenso heftig angreifen wie den Autor. Was in anderen Ländern nicht möglich ist, ist in Italien noch immer möglich: Unter kurialem Druck mußte der mutige Verlag auf eine Neuauflage des Buches verzichten; diese hat dann sogleich der Verlag Anteo in Bologna herausgebracht.

entweder bald nicht mehr nötig ist oder dann einmal andere ins erste Glied treten. Das Buch «Unfehlbar?» hat aber jeder gründlich mißverstanden, der nicht sieht,[36] daß es darin bei aller Polemik und allen kirchenpolitischen Implikationen – im Zeitalter des Theorie-Praxis-Bezugs keine Schande – zuletzt und zutiefst um nichts anderes als um die *Wahrheit*, die Wahrheit der christlichen Verkündigung und des christlichen Glaubens geht.[37]

Wenn wir die gesamte Vorgeschichte des Buches übersehen, so haben folgende sachliche Argumente zur Veröffentlichung dieses Buches gerade im Jahre 1970 geführt: Es war an der Zeit,

1. eine ernsthafte Entmythologisierung und Entideologisierung der kirchlichen Lehrautorität durchzuführen, welche die katholische Kirche befreit von gewissen älteren und neueren Anmaßungen, Zwängen, ja Unehrlichkeiten der römischen Theologie und Administration;

2. bewußt Konsequenzen zu ziehen aus den neuen Ansätzen des Vatikanum II, das unter der Inspiration Johannes' XXIII. auf unfehlbare Definitionen bewußt verzichtet und gegen den traditionellen Dogmatismus eine konstruktive Weise der christlichen Verkündigung heute gefordert und zum Teil auch geübt hat;

3. in aller Loyalität einen unüberhörbaren Protest anzumelden gegen den doktrinären Kurs der Kirchenleitung in der nachkonziliaren Zeit, der in man-

36 Nicht genügend sieht das *Ch. Davis* (B III), der ebenfalls übersieht, daß U kaum von seinem «A Case of Conscience» (London 1967) abhängt (dazu eingehend in «Wahrhaftigkeit» Kap. B I), sondern von der schon fünf Jahre früher in «Strukturen der Kirche» (1962) entwickelten Problematik.

37 Richtig sieht *L. Vischer* die befreiende Wirkung des Buches darin, daß es den circulus vitiosus des bisherigen «intellektuellen Doketismus» in dieser Frage durchbrochen, die Tyrannei der Kontinuität überwunden und eine konsequente Lösung angestrebt hat: «The merit of Hans Küng's ‹enquiry› was not so much to set the discussion going as to raise it to a different level. Views and questions which had previously been expressed only very reticently were now put by Küng in their sharpest form. He made it clear that the question of infallibility touched the very life of the Church, that a purely intellectual approach to it with minor adjustments here and there was not enough, but that the Church on the contrary had to make up its mind on this question consciously and openly. Küng to his credit broke through the vicious circle of ‹intellectual docetism› so characteristic of most previous discussion. After his ‹enquiry› Roman Catholic theology could no longer content itself with the effort to make the dogma intelligible to modern man. It had, at the same time, to explain the implications of this re-interpretation for the life of the Church. A purely intellectual interpretation of a dogma too easily turns out to be a justification of the *status quo*. Küng's polemic brought out into the open the disparity between the interpretation of the First Vatican Council which is increasingly winning acceptance today and the actual life of the Church. Compared with previous studies, therefore, Küng's book had a liberating effect. If this freedom from the tyranny of continuity and this desire for consistency were to win the day, considerable progress would soon be possible in the discussion between the confessions» (S. 232, B III).

chen Punkten (Geburtenregelung, Mischehe, Zölibat, Bischofswahlen, holländische Kirche, Credo) auf Kosten des Menschen und der Kirche ging;

4. die seit 450 Jahren anstehende Hauptschwierigkeit gegen eine ökumenische Einigung der Kirchen einer Lösung entgegenzuführen;

5. sich auf die Geschichtlichkeit der Wahrheit in der Kirche neu zu besinnen, eine bessere Begründung des christlichen Glaubens zu ermöglichen, die zeitgemäße Erneuerung der katholischen Lehre weiterzuführen und in all dem der Sache Jesu Christi selbst erneut zum Durchbruch zu verhelfen in einem kirchlichen System, das vielfach seiner Botschaft widerspricht.

Sollte sich hier das Engagement und das kalkulierte Risiko nicht lohnen? Mein Buch will aufbauen. Kein Zweifel: eine bittere Medizin für einige – aber der Kirche kann vielleicht doch nur eine solche helfen.

II. KATHOLISCH?

Es soll in dieser Bilanz um die *Sache* gehen. Wiewohl von einzelnen Kollegen in wissenschaftlich unqualifizierter Weise angegriffen (oft mehr mit dem Dolch im Gewand als mit dem Schwert in der Hand), will der Verfasser der Versuchung widerstehen, gleich von Anfang an in erster Linie die vielen Stiche oder Hiebe innerhalb oder außerhalb der ihm gewidmeten «Festschriften» zu parieren. Bei allem Sinn für gute Polemik findet er doch an kleinlichem Theologengeplänkel wenig Geschmack, durfte es jedoch auch nicht einfach ignorieren. Einiges wird in den Anmerkungen erledigt. Wer gerne ein wenig mehr theologischen Pulverdampf riecht, möge sich an den Exkursen ergötzen, wo in direkter Konfrontation das unbedingt Notwendige zur Klärung und Richtigstellung getan wird. Für den Gesamtduktus dieser Bilanz scheint anderes wichtiger. Die Auseinandersetzung mit einzelnen Autoren soll im Hintergrund bleiben, wohl aber sollen ihre Fragen aufgenommen werden. So dürfte es von selbst zu einer wachsenden Konzentration auf die Sache kommen. Statt also alles und jedes richtigzustellen, möchte der Verfasser den Autoren der mehr konstruktiven Diskussionsbeiträge dadurch seinen Dank abstatten, daß er sich um möglichst positive Antworten auf Ihre Fragen bemüht. Dies soll selbst da geschehen, wo die Frage selber vermutlich nicht so positiv gemeint war: Ist der Verfasser überhaupt noch katholisch?

Nach *Joseph Ratzinger* zeigt der Verfasser «durchaus überzeugend, daß von dem ausgesprochen ‹römischen› Typ von Theologie her (wie er vor allem an päpstlichen Universitäten Roms und von Theologen der Kurie vertreten wird) die Aussagen der Enzyklika (Humanae vitae) als sachlich unfehlbar und einem Dogma gleichrangig zu betrachten sind. Man muß ihm auch noch zustimmen, wenn er fortfährt, dies sei ‹die römische, wenn vielleicht auch nicht ohne weiteres katholische Lehre . . .›. Daß damit eine Krise diagnostiziert ist (U 49), ist offenkundig: Darauf beruht der unbestreitbare Ernst dieses Buches» (A 102 f.).

Die Bestätigung bezüglich «Humanae vitae» – darauf ist zurückzukommen – ist mir besonders wertvoll. Daß der «ausgesprochen ‹römische› Typ von Theologie» nicht nur von den päpstlichen Universitäten Roms und von den Theologen der Kurie vertreten wird, sondern zumindest in bezug auf die entscheidenden Aussagen nachweislich auch von den römischen Päpsten, vom Vatikanum I und (bezüglich der päpstlichen und bischöflichen Unfehlbarkeit) auch vom Vatikanum II, übersieht Ratzinger, vielleicht wegen der unbequemen Konsequenzen (Irrtum in einer «sachlich unfehlbaren» Lehre?)[1].

Doch wird damit auch die Gegenfrage Ratzingers bedrängender, ob der Verfasser als «Alternative» zu dieser römischen Theologie nicht eine «Auffassung entwickelt, die nicht nur mit einem bestimmten, aber in dieser Form immer partikulär (?) gebliebenen Schultypus bricht, sondern mit der gesamten katholischen Überlieferung» (A 103). Warum? «Die Art und Weise, wie Küng den Begriff des geistlichen Amtes faßt, wie er die ‹apostolische Nachfolge› bestimmt, wie er die Frage der Vollmacht der Konzilien behandelt, steht bei weitem nicht bloß gegen den geschilderten Schultyp, sondern gerade auch und ganz zentral gegen die Grundformel der Alten Kirche, gegen das, was dogmengeschichtlich gesehen der Inhalt des Begriffs ‹katholisch› ist. Die Berufung auf Luthers Argumentation zu Leipzig erfolgt hier mit gutem

1 *H. McSorley* spricht sogar munter von einer «handfull of ‹Roman theologians›» (S. 80, B III), wobei nicht klar wird, ob er den Papst mitmeint. Schon auf dem Vatikanum I verwahrte sich der Referent der Glaubensdeputation Bischof Gasser gegen den Vorwurf aus Deutschland (Bischof Ketteler: M 52, 891), man wolle «die extreme Meinung einer bestimmten Schule zum Dogma des katholischen Glaubens erheben», mit dem pathetischen Ausruf: «Guter Gott!». Gassers Antwort: «Sane gravissima haec est obiectio, et cum eam ex ore egregii et etiam aestimatissimi oratoris audirem, tristis caput demisi et oratio mea in sinu meo convertebatur. Bone Deus! anne confudisti mentes, linguas nostras, ut nos traducamur tamquam promotores opinionis extremae cuiusdam scholae ad dignitatem dogmatis . . .» (M 52, 1218). – Dies wie das Folgende auch als Antwort auf die Frage von *J. J. Hughes* (Infallible? An Inquiry Considered S. 203 f., B III).

Recht» (ebd.). Wenn also der Verfasser «diese bei ihm wiederholt auftretende Position konsequent durchhalten würde, wäre für mich in der Tat nicht mehr zu verstehen, wieso er auf der anderen Seite versichern kann, er sei ‹überzeugter katholischer Theologe› (U 21)» (A 103 f.). Ratzinger wirft hier trotz der mehr als anfechtbaren Einzelargumente (vgl. Exkurs 1a) eine grundsätzliche Frage auf, die in der Tat der Klärung bedarf.

Der Verfasser hätte nach weithin üblichen Sitten verschleiern können, daß er mit seiner Auffassung von der grundsätzlichen Fehlbarkeit des Papstes und der Konzilien ein altes Anliegen Luthers und der Reformatoren aufnimmt. Aber er fand es ehrlicher, darauf, wie schon in «Strukturen der Kirche», in aller Offenheit hinzuweisen. Und dies besonders, nachdem diese Frage auf dem Konzil von Trient wohlweislich – aus Furcht vor der im katholischen Lager noch immer starken konziliaren Theorie – ausgeklammert und in der radikalen lutherischen Fragestellung weder auf dem Ersten noch auf dem Zweiten Vatikanum behandelt worden war.

Dies genau war indessen der Grund (vgl. U 124), warum ich den notorischen Skandal des Vatikanum I mit Bischof Strossmayer, dem «Luzifer» und «zweiten Luther», ausführlich berichtet habe (U 125 f.). Es ging mir also mit diesem Referat nicht, wie unter anderen K. Lehmann vermutete, um eine Provokation meinerseits. Die Provokation liegt, wie so oft, in der Sache selbst: Aus dieser berühmten Szene erhellt mehr denn irgendwo, daß man auf dem Vatikanum I nicht bereit war, sich den Fragen Luthers und der Reformatoren zu stellen. Sie waren von vornherein abgeschrieben. Deshalb war meine Schlußfolgerung: «Mit vielen anderen Fragen der Reformation ist die Frage der Unfehlbarkeit, so wie sie die Reformatoren radikal gestellt haben, nicht aufgegriffen worden. Was aber weder im Vatikanum I noch im Vatikanum II als Problem gesehen wurde, ist weder vom Vatikanum I noch vom Vatikanum II beantwortet worden! Die Theologie braucht deshalb nicht auf ein Vatikanum III zu warten. Denn das hat sich auf dem Vatikanum II gezeigt: Der Heilige Geist wirkt auf Konzilien nicht als Deus ex machina. Was für ein Konzil nicht theologisch aufbereitet wurde, wird auf dem Konzil normalerweise auch nicht verabschiedet» (U 126 f.).

Die Frage stellt sich also folgendermaßen: Ist man bereits lutherisch und nicht mehr katholisch, wenn man mit Luther und den Reformatoren sagt, daß Papst und Konzilien irren können [2]. Freilich stellt sie sich dann gleichzei-

2 Auf die Sachfrage ist zurückzukommen. Hier sei nur vorläufig angemerkt, daß die Frage zur Zeit Luthers völlig umstritten war. Eingehend wurde die Problematik untersucht von *R. Bäumer*, Nachwirkungen des konziliaren Gedankens in der Theologie und Kanonistik des frühen 16. Jahrhunderts (Münster/W. 1971). Bäumers Resultat ist, «daß die Irrtums-

tig auch in umgekehrter Richtung: Woher weiß man eigentlich so genau, daß Luther, wenn er solches sagte, nicht mehr katholisch war? Und woher weiß man andererseits, daß Luthers papalistischer Gegner Johann Eck, auf den sich Ratzinger beruft, oder auch Thomas von Aquin, der aufgrund von heute notorischen Fälschungen einer absolutistischen Primatsauffassung die theologische Weihe gab, denn wirklich katholisch waren? Wie wäre es denn, wenn die lateinischen und griechischen Väter (bezüglich der Interpretation von Mt 16, 18, Lk 22, 32 usw.), ja wenn das Neue Testament selbst in *dieser* Frage – wie auch in den von Ratzinger angesprochenen Fragen der Auffassung des geistlichen Amtes, der apostolischen Nachfolge, der Vollmacht der Konzilien – mehr hinter Luther als hinter Thomas ständen: wäre dann mit jenen Vätern auch das Neue Testament nicht mehr katholisch? Was heißt überhaupt katholisch?

Seit jeher hat sich der Verfasser dagegen gewehrt, daß bestimmte Jahrhunderte, etwa die nachkonstantinischen oder die mittelalterlichen, von der protestantischen Theologie und Kirchengeschichtsschreibung von vornherein als unevangelisch abqualifiziert werden. Andererseits aber kann die mittelalterliche Theologie und Kirche auch nicht, wie das weithin nicht nur in der katholischen Dogmatik, sondern auch Kirchen- und Dogmengeschichtsschreibung üblich war, als Maßstab des Katholischen angesetzt werden. Der Verfasser ist sich mit Ratzinger darüber einig, daß der Überlieferung gerade der Alten Kirche, die in vielen Dingen dem Neuen Testament näher ist, ein starkes Gewicht auch gegenüber der mittelalterlichen Position zukommt; er meint darüber hinaus, daß viele seiner Auffassungen gerade von der Alten Kirche und Theologie gedeckt sind. Trotzdem kann auch nicht, wie dies Ratzinger tut, die patristische Kirche und Theologie als schlechthinniger Maßstab des Katholischen angesehen werden. Zu vieles müßte dann in Kauf genommen werden, was vom Evangelium nicht gedeckt ist und was wohl auch Ratzinger nicht in Kauf nehmen möchte.

Dies alles macht nur deutlich: es ist heute nicht mehr ganz einfach zu sagen, was eigentlich katholisch ist und was nicht. Das ist auch gar nicht schlimm. Nicht nur weil der Begriff «katholisch» ursprünglich gar nicht ein Begriff polemischer Abgrenzung war. Sondern weil dies ein offensichtlicher Beweis dafür ist, daß sich Katholiken und Evangelische in den letzten Jahrzehnten nun doch näher gekommen sind. Es war ein weiter Weg in der Würdigung Luthers vom zitierten Eck, von Cochläus und Bellarmin über Möhler und Döllinger, über

fähigkeit des Konzils sowohl von Papalisten als auch von Konziliaristen vertreten wurde» (S. 202), und «daß auch Luthers Äußerungen aus seiner Frühzeit über die Fehlbarkeit der Konzilien sowohl bei papalistischen als auch bei konziliaristischen Theologen des 15. und 16. Jahrhunderts ihre Parallelen haben» (S. 203).

Denifle und Grisar bis zu Jedin und Lortz. Und es war ein weiter Weg – wenn man ihn nicht nur kirchenhistorisch, sondern theologisch-systematisch sehen will – von Eck und den ersten katholischen Kontroverstheologen über Veronius und Bossuet, über Möhler und Staudenmaier bis zur Przywara, Rademacher, Adam, zu Karrer, Congar, Balthasar, Bouyer, Fries, Th. Sartory, O. H. Pesch. Ist man nun erstaunt, daß alle diese unsäglichen Bemühungen schließlich reale Früchte tragen? Ist es denn nicht erfreulich, daß sich in den klassischen katholisch-evangelischen Kontroversfragen aufgrund des Fortschrittes insbesondere der Exegese und der historisch-kritischen Theologie immer deutlicher grundlegende Übereinstimmungen abzeichnen, die zwar nicht alle Unterschiede, wohl aber die kirchenspaltenden Gegensätze zu umfassen vermögen: zuerst im Problemkreis Schrift und Tradition (vorbereitet vor allem von J. R. Geiselmann und Y. Congar, leider nicht konsequent durchgedacht auf dem Vatikanum II: vgl. U 60–62), dann aber auch im Problemkreis Gnade und Rechtfertigung und schließlich, wie ich im Buch «Die Kirche» aufzuzeigen versuchte, auch im weit schwierigsten Problemkreis, der Ekklesiologie? Die Konsequenzen für die Sakramentenlehre zeichnen sich ebenfalls schon vielfach ab, wenn sie auch noch ausdrücklich zu ziehen sein werden. Offensichtlich haben sich die konfessionellen Schwierigkeiten, wie vorauszusehen war, immer mehr in der theologisch-praktischen Frage nach der äußeren Organisation, konkret des kirchlichen Amtes konzentriert. Auch da aber zeichnet sich ein grundlegender Konsens ab, wie in dem eben verabschiedeten Memorandum der Arbeitsgemeinschaft ökumenischer Universitätsinstitute Deutschlands zur Reform und gegenseitiger Anerkennung kirchlicher Ämter[2a] ebenso deutlich wird wie aus entsprechenden Ergebnissen der amerikanischen lutherisch-katholischen Studiengruppe und schließlich der Studienkommission des römischen Einheitssekretariats und des lutherischen Weltbundes.

Im Verlauf dieses erfreulichen ökumenischen Prozesses ist auch für die Allgemeinheit immer deutlicher geworden, daß sowohl für die Versöhnung mit den Ostkirchen wie mit den Kirchen der Reformation wie mit den anglikanischen und altkatholischen Kirchen Primat und Unfehlbarkeit des Papstes (in diesem Zusammenhang auch die neuen Mariendogmen) die Hauptschwierigkeit, die «Kardinalfrage» bilden. Woraus sich bereits ergibt, daß auch in der Frage der kirchlichen Unfehlbarkeit nicht von vornherein ausgemacht sein kann, was hier als katholisch und was als lutherisch zu bezeichnen ist. So wenig es einen Sinn hat, in anachronistischer Weise zu entscheiden, ob nicht die ganze Kirchenspaltung sowohl mit dem Osten wie mit den reformatorischen Kirchen

2a Erscheint demnächst zusammen mit den Vorstudien gleichzeitig im Grünewald-Verlag (Mainz) und im Kaiser-Verlag (München).

hätte vermieden werden können, wenn in Rom ein Papst auf der Höhe seiner Verantwortung gehandelt hätte, so wenig darf auf der anderen Seite schlicht vorausgesetzt werden, daß Rom in den entscheidenden Fragen der päpstlichen Vollmacht gegenüber dem Osten und den Reformatoren von vornherein im Recht, von vornherein katholisch war. Auch Ratzinger muß ja zugeben, daß «römisch» jedenfalls nicht von vornherein mit «katholisch» identisch ist. Es werden in Rom nicht nur katholische Anliegen, sondern auch spezifisch römische Anliegen vertreten, was für die römische Ortskirche gar nicht schlecht zu sein brauchte, wenn nicht aus dem, wie Ratzinger ihn richtig nennt, partikulären römischen Schultypus die katholische Normalauffassung gemacht wird. Leider ist dies nur zu oft geschehen, wie ja auch aus der Neubildung «römisch-katholisch», die eine contradictio in adiecto [3] darstellt, hervorgeht.

Wenn es aber heute nicht mehr möglich ist, anhand bestimmter Einzeldoktrinen deutlich zu machen, was katholisch und was nicht katholisch ist, wenn die Fronten der alten Kontroversfragen heute allgemein ins Wanken gekommen sind und sich neue, verbindende und scheidende Fragen quer durch alle Konfessionen bilden, was soll dann heute überhaupt noch die Bezeichnung «katholisch»?

Man kann diese Frage nicht beantworten, wenn man nicht auf den ursprünglichen Sinn des (im Neuen Testament im Zusammenhang mit Kirche bekanntlich nicht bezeugten) Wortes «katholisch» zurückgeht (vgl. zum Folgenden K Kap. D II, 1). Der ursprüngliche und vom Neuen Testament durchaus gedeckte Sinn dieses Wortes bei Ignatios und Polykarp ist der: «katholische Kirche» meint unpolemisch die *ganze*, die *gesamte* Kirche im Unterschied zu den einzelnen Ortskirchen und in den einzelnen Ortskirchen.[4] Erst seit dem dritten Jahrhundert und den Auseinandersetzungen mit den verschiedenen häretischen Strömungen und Gruppen hat der Begriff «katholisch» eine polemisch

3 Nicht die «Iglesia-católica» ist eine «contradictio in adiecto», wie mir *M. Alcalá* unterstellt (S. 83, B III), auf dessen sonstige kritische Anmerkungen im übrigen implizit geantwortet wird. Gut hat dagegen *R. García Mateo* (S. 12, B IV) die Intentionen des Verfassers bezüglich der katholischen Kirchenverfassung und eines petrinischen Dienstprimates verstanden.

4 Die Kollegialität der Ortskirchen, in denen sich die eine Kirche manifestiert, betont im Zusammenhang unserer Frage zu Recht *R. McBrien* (S. 58, B III), der dabei durchaus wohlwollend fragt, warum ich nicht nur in der Kirche, sondern gerade in der katholischen Kirche bleibe (vgl. bes. S. 42 f.). Diese Frage ist schon im obigen Kapitel von K beantwortet; McBrien selber beantwortet sie (S. 58) mit Hilfe eines Textes aus der Kirchenkonstitution des Vatikanum II (er zitiert, ebenfalls nicht unfehlbar, Nr. 17 statt Nr. 26), der – das darf ihm verraten werden – auf meine Anregung zurückgeht. Doch soll die Frage, warum ich mich als katholischen Theologen betrachte, in diesem Kapitel noch deutlicher beantwortet werden.

bedingte Akzentverschiebung erhalten: katholisch im Sinne von «rechtgläubig». Aus der Wirklichkeit der Katholizität wird nun ein Anspruch auf Katholizität: gegenüber den «häretischen» oder «schismatischen» Kirchen. Das Prädikat «katholisch» wird dann in der nachkonstantinischen Zeit unter Theodosius (380) zum reichsrechtlich geschützten Titel, was im Codex Iuris Romani Justinians wie im Reichsrecht des Heiligen Römischen Reiches Deutscher Nation übernommen und auch für Luther bedeutsam wurde.

Daneben war, besonders durch Augustin, die theologische Interpretation der Katholizität der Kirche weiterentwickelt worden. Die größere Ausbreitung und das zahlenmäßige Wachstum ließen die «Ecclesia catholica» nicht nur als gesamthaft-umfassende (ursprünglicher ekklesiologischer Sinn) und zugleich rechtgläubige (abgeleiteter polemischer Sinn) Kirche verstehen, sondern nun auch als die über die ganze Erde verbreitete (geographische Katholizität) und zahlenmäßig größte (numerische Katholizität). Vinzenz von Lerin schließlich – auf ihn kommen wir zurück – hatte die Katholizität im Sinne der Rechtgläubigkeit genau bestimmt als das, was überall, was immer, was von allen geglaubt worden ist (zeitliche Katholizität).

Seit der Reformation ist nun allerdings Begriff und Wirklichkeit des Katholischen umstritten, weil ja auch von den reformatorischen Kirchen, insbesondere von Luther, für die eigene Kirche das Attribut «katholisch» zumindest theologisch in Anspruch genommen wird: katholisch nämlich *gemäß der Schrift*. Von daher stellt sich die Frage in neuer Weise, wer und was nun eigentlich katholisch ist.

Man kann also Ratzinger durchaus zustimmen, wenn er darauf Wert legt, daß der Begriff «katholisch» nicht «ein völlig beliebiger Begriff» ist, sondern «eine historische Größe» bezeichnet (A 104). Trotzdem macht er es sich zu einfach, wenn er ihn unkritisch mit «der gewordenen Realität des Katholischen» (A 104 f.) identifiziert. Was müßte man da alles als katholisch schlukken!? Es geht nicht darum, den gegebenen Begriff «privat» völlig neu zu verstehen, und Ratzingers Vorwürfe der «Sprachzerstörung» und gar der «Auflösung der Geschichte» (A 105) sind in diesem Zusammenhang nun wirklich überflüssig. Die «Beliebigkeit, in die der Begriff des Katholischen gerät» (ebd.), kann nicht überwunden werden durch die Berufung auf sehr bestimmte Formen des geistlichen Amtes, der apostolischen Nachfolge oder der Vollmacht der Konzilien. Sie kann nur überwunden werden durch eine Besinnung auf das, was katholisch ursprünglich und in der Tradition der Alten Kirche bedeutete und von daher auch heute bedeuten kann.

Um nun die von Ratzinger gestellte Frage ganz direkt zu beantworten: Inwiefern darf ich mich einen «überzeugten katholischen Theologen» nennen?

Es sei von vornherein gesagt: Mit meiner Antwort soll nicht irgendjemand die Katholizität abgesprochen werden; ich meinerseits möchte nicht auf den Wegen Rahners wandeln. Inwiefern aber hat katholisch – etwa im Gegensatz zu protestantisch – doch einen genau umrissenen Sinn? Nach dem ursprünglichen Wortsinn und der alten Tradition kann sich katholischer Theologe jeder nennen, der sich in seiner Theologie der katholischen, und das heißt der *ganzen*, der allgemeinen, umfassenden, gesamten Kirche verpflichtet fühlt. Dies betrifft vornehmlich zwei Dimensionen: die zeitliche und die räumliche.

1. *Katholizität in der Zeit*: Katholisch ist der Theologe, der sich mit der gesamten Kirche, also mit der Kirche aller Zeiten verbunden weiß. Er wird also nicht gewisse Jahrhunderte von vornherein als «unchristlich» oder «unevangelisch» qualifizieren. Er ist überzeugt, daß es in allen Jahrhunderten eine Gemeinschaft von Glaubenden gab, die das Evangelium Jesu Christi hörte und ihm so recht und schlecht, wie es Menschen in ihrer Gebrechlichkeit und Fehlbarkeit zu tun vermögen, nachzuleben versuchten. *Protestantischer Radikalismus* dagegen (nicht zu verwechseln mit evangelischer Radikalität) steht in Gefahr, ungeschichtlich einfach bei Null anfangen zu wollen und so von Jesus zu Paulus und von Paulus zu Augustin und dann in einem großen Sprung über das Mittelalter hinweg zu Luther und Calvin und von dort, sehr oft über die eigene «orthodoxe» Tradition hinweg, zu den jüngsten Kirchenvätern oder besser Schulhäuptern zu springen. Der *katholische* Theologe wird im Gegensatz dazu immer davon ausgehen, daß das Evangelium sich zu keiner Zeit unbezeugt gelassen hat und er wird zu lernen versuchen von der Kirche der Vorzeit. Bei aller notwendigen kritischen Sichtung wird er somit nie die Grenzpfähle und Gefahrenzeichen übersehen, die die Kirche früherer Zeiten in Sorge und Kampf um den einen und wahren Glauben mit ihren Bekenntnissen und Definitionen zur Unterscheidung von guter und schlechter Interpretation der Botschaft oft in Zeiten größter Not und Gefahr gesetzt hat.[5] Nie wird er die positiven und negativen Erfahrungen seiner Väter und Brüder in der Theologie, jener Lehrer, die seine älteren und erfahreneren Mitschüler in der Schule der Heiligen Schrift sind, vernachlässigen. Der katholische Theologe ist gerade in der kritischen Sichtung interessiert an der in allen Brüchen sich durchhaltenden *Kontinuität* des christlichen Glaubens.[6]

5 Vgl. die Verdeutlichung in *O. H. Peschs* Thesen 3 und 5 sowie Aufgaben 2 und 3 (in diesem Band), ebenfalls *G. Baum* zur Reinterpretation in Selbstidentität (S. 26–30, B III).

6 Pro domo: Im Gegensatz zu manchen katholischen Theologen, die viel und allgemein von der katholischen Tradition *reden*, hat sich der Verfasser gerade um die großen Konzilien

2. *Katholizität im Raum:* Katholisch ist der Theologe, der sich mit der Kirche aller Nationen und Kontinente verbunden fühlt. Er wird also nicht sich nur auf seine Landes- oder Nationalkirche ausrichten und sich von der gesamten Kirche abkapseln. Er ist vielmehr überzeugt, daß es in allen Nationen und Kontinenten eine Gemeinschaft der Glaubenden gibt, die letztlich nichts anderes will als seine eigene Kirche, die nicht weniger als diese vom Evangelium getrieben ist und die selber etwas für seine eigene Kirche und Theologie zu sagen hat. *Protestantischer Partikularismus* dagegen (nicht zu verwechseln mit evangelischer Gemeindebezogenheit) wird immer wieder geneigt sein, sich auf die örtlich beschränkte Kirche, ihren Glauben und ihr Leben zu fixieren und sich mit einem unter Umständen intellektuell sehr kultivierten theologischen Provinzialismus zu begnügen. Der *katholische* Theologe wird dagegen immer davon ausgehen, daß das Evangelium sich keinem Volk, keiner Klasse und keiner Rasse unbezeugt gelassen hat und er wird zu lernen versuchen von den anderen Kirchen: nie wird er somit bei aller Verwurzelung in einer bestimmten Ortskirche seine Theologie an eine bestimmte Nation, Kultur, Rasse, Klasse, Gesellschaftsform, Weltanschauung, Schule binden. Der katholische Theologe ist gerade an seinem spezifischen Ort interessiert an der alle Gruppen umfassenden *Universalität* des christlichen Glaubens.[7]

In diesem Sinne also möchte auch ich katholischer Theologe sein. In diesem Sinn aber kann auch mancher sich protestantisch oder evangelisch nennende Theologe katholisch sein, und ist es auch. Sollten sich darüber Katholiken nicht freuen? Freilich ist gleichzeitig zu sehen, daß Katholizität nicht ein selbstverständlich vererbter Besitz der Katholiken ist. Katholizität wird Katholi-

in konkreter Forschungsarbeit bemüht: schon in «Rechtfertigung» (nach Karl Barth geradezu mit einer «Wolke von Zeugen») um das Konzil von Trient, in «Strukturen» um die gesamte Tradition der ökumenischen Konzilien und insbesondere um das in der katholischen Theologie vernachlässigte Konzil von Konstanz sowie das Vatikanum I, schließlich in «Menschwerdung Gottes» (1970) um die alten christologischen Konzilien unter Einschluß der oft vernachlässigten spätbyzantinischen. Auf das Konzil von Trient werde ich in einer Abhandlung über die Sakramente erneut ausführlich zu sprechen kommen. Schon im Vatikanum II ist jedoch evangelischen Beobachtern aufgefallen, wie gerade solche Kirchenmänner, die ständig das Wort «Tradition» im Munde führen, sich offensichtlich in dieser katholischen Tradition gar nicht auskennen, sondern sie mit den ihnen von Jugend auf überkommenen Ideen gleichsetzen.

7 Nochmals pro domo: Daß sich der Verfasser in seiner gesamten Tätigkeit sehr stark und mit einiger Mühe sowohl in seinen Publikationen wie in seinen Reisen auf die gesamte Christenheit auszurichten versuchte, sei nur kurz vermerkt. Die Gastvorlesungen in verschiedenen Ländern, Kirchen und Universitäten sowie die Mitarbeit bei großen internationalen Unternehmungen wie der Zeitschrift «Concilium» müssen ebensosehr in diesem Zusammenhang gesehen werden wie das Bemühen um eine allgemein verständliche und von nationalem oder schulmäßigem Jargon möglichst freie theologische Sprache sowie schließlich das auch von Theologen oft vernachlässigte Bemühen um die großen Weltsprachen.

zismus, wenn die «gewordene Realität des Katholischen» einfach hingenommen wird, statt sie unter ein Kriterium zu stellen, welches für einen Christen ja wohl nichts anderes als die christliche Botschaft, das Evangelium Jesu Christi, sein kann. Katholisch sein heißt also nicht, um einer vermeintlichen «Fülle» und «Offenheit» willen *alles* aufzunehmen, eine schlechte complexio oppositorum zu werden. Dem Protestantismus hat man oft mit Recht ein Zuwenig vorgeworfen, eine häretische Auswahl aus dem Ganzen. Dem Katholizismus kann man oft den Vorwurf eines Zuviel nicht ersparen: eine synkretistische Anhäufung heterogener, schiefer, ja unter Umständen unchristlicher, paganer Elemente. Was ist schlimmer: das peccatum per defectum, die Sünde durch Mangel, oder das peccatum per excessum, eine Sünde durch Überfüllung? Katholizität muß also in jedem Fall kritisch verstanden werden: kritisch nach dem Evangelium. Bei allem katholischen «Und» muß der immer wieder notwendige Protest des «Allein» mitbedacht werden, von dem her ein «Und» überhaupt erst möglich wird. Das bedeutet schließlich und endlich nichts anderes als: der im echten Sinn katholische Theologe muß evangelisch sein, wie umgekehrt der im echten Sinne evangelische Theologe katholisch sein muß. Das macht die Dinge etwas komplizierter, aber nur darin besteht Hoffnung auf eine echte Ökumenizität, welche eine vom Evangelium her zentrierte und geordnete «evangelische Katholizität» meint.

Auf Ratzingers Frage zugespitzt: Gerade *weil* man katholischer Theologe sein will, kann man seinen katholischen Glauben und seine katholische Theologie nicht einfach an die römischen Errungenschaften etwa des 11. Jahrhunderts und der Folgezeit binden. Eine Entwicklung in Ehren, aber – wie ich schon in «Wahrhaftigkeit» dargelegt habe – nur eine «evolutio secundum evangelium»; eine «evolutio praeter evangelium» kann toleriert, eine «evolutio contra evangelium» muß abgeschafft werden. Die Gregorianische Reform und die Päpste, Theologen und Kanonisten des 13. Jahrhunderts in Ehren – darüber wäre viel Positives zu sagen, und die katholischen Bibliotheken sind voll davon. Aber auch hier ist kritische Sichtung nötig: Eine an Petrus und die große römische Tradition anknüpfende Sonderstellung der römischen Bischöfe unter den anderen Bischöfen im Sinn also eines seelsorglichen Dienstes an der Gesamtkirche scheint mir ein vom Evangelium gedecktes Element – wenn auch bei weitem nicht das Wichtigste – der katholischen Tradition zu sein. Aber der insbesondere seit dem 11. Jahrhundert herrschende, freilich schon weit früher vorbereitete römische Zentralismus, Absolutismus und Imperialismus in Lehre, Moral und Kirchendisziplin scheint mir weder von der großen katholischen Tradition noch erst recht vom Evangelium selber gedeckt zu sein. Er ist der Hauptverantwortliche für die Kirchenspaltung mit dem Osten und mit den reformatorischen Kirchen. Das ist jener Katholizismus, der im Namen der Katholizität der katholischen Kirche zu bekämpfen und zu überwinden ist [8].

Manche katholische Theologen – Exegeten, Historiker, Systematiker – merken gar nicht, wie sehr sie in manchen Punkten mehr römisch als katholisch sind: eben römisch-katholisch. Wir brauchen heute, hier ist Ratzinger zuzustimmen, eine wahrhaft katholische Lehre vom kirchlichen Amt, von der apostolischen Sukzession, von den Konzilien und erst recht von der Infallibilität oder besser Indefektibilität der Kirche. Ich meine dazu in «Die Kirche» und in «Unfehlbar?» einen Beitrag geleistet zu haben. Die im Vatikanum I definierte Unfehlbarkeit jedoch ist mehr römisch als katholisch. Sie ist nicht ein articulus stantis et cadentis Ecclesiae catholicae, sondern sie ist das größte Hindernis für die Einheit der Christenheit. So möchte denn der Verfasser dem evangelischen Kollegen Walther von Löwenich, Kenner Luthers wie des modernen Katholizismus, voll beistimmen, wenn er sagt: «Die entscheidende Frage im Fall Küng sollte darum sinnvollerweise nicht lauten: Ist Küng noch katholisch? Sie sollte vielmehr lauten: Wird sich der Katholizismus aus lehrgesetzlicher Verengung zu echter Katholizität hindurchringen?» [9]

8 Ratzinger sieht in meiner Kritik einen im Grunde lutherischen Angriff auf das *Katholische.* Das ist eine unhistorische Betrachtungsweise. Mit seiner viel tieferen und zugleich detaillierteren Kenntnis der Kirchengeschichte und insbesondere der Ekklesiologie sieht Congar in meiner Theologie eine Kritik an dem seit dem Mittelalter gewordenen *Katholizismus:* Nach Congar stellt der Verfasser «den Katholizismus, so wie wir ihn übernommen und gelebt haben, weitgehend bestimmt durch das Mittelalter und die vier Jahrhunderte, die auf das Konzil von Trient gefolgt sind, in Frage. Nun sind aber die Reformation des 16. Jh. und der Bruch zwischen Ost und West jedes auf seine Weise hervorgegangen aus einer Ablehnung der spezifischen Entwicklungen des westlichen Mittelalters. Von daher hat es nichts Erstaunliches, wenn Küng die Bekenntnisschriften der Reformation und – *zum Teil* – die modernen orthodoxen Positionen zu verbinden sucht» (A 189). Dies auch zu *C. O'Gradys* oberflächlichen Vorwurf eines unkatholischen Barthianismus (B III); darüber demnächst ein Artikel von *J. J. Carey* im Journal of Ecumenical Studies.

9 S. oben S. 18. Ähnlich auch *M. Barth* in seinem ausgezeichneten Beitrag: Papal Fallibility, in: Saturday Review vom 10. April 1971: «The fundamental question is whether the Roman Catholic Church, despite John XXIII and the Second Vatican Council, is bound for time and eternity to a triumphal self-image. Are centralism, monarchic rule, static structure, fear of and prejudice against reformation and *aggiornamento* really so essential to its nature that the Church will never yield, not even to the Holy Spirit that makes men free? It may be well to remember that Galileo at the hour of his death said, ‹And yet it moves›. Küng is convinced that the Church, too, can and does move. – While Hans Küng can hardly be called a devoted Roman Catholic, he certainly deserves to be regarded as a good Catholic Christian» (S. 19).

R. McAffee Brown gibt die Frage nach der Katholizität an die Opponenten weiter: «Küng must be seen as a *Catholic* theologian, and his position must be viewed as an attempt to articulate *Catholic* theology. Indeed, the real question about, ‹catholicity› in the present dispute is not to be directed at Küng ..., but at his adversaries within Roman Catholi-

In einer solchen Auffassung der Katholizität der Kirche darf man sich einig wissen mit den orthodoxen Kirchen und mit den Kirchen der Reformation, aber heute auch mit sehr vielen katholischen Bischöfen und insbesondere mit vielen Theologen und Laien, die dem «römischen System» aufgrund der nachkonziliaren Entwicklung in einem wachsenden Ausmaß kritisch gegenüberstehen [10]. Das ist für die Unfehlbarkeitsfrage wichtig.

a. Kardinal *Léo-Joseph Suenens* ist einer der wenigen katholischen Bischöfe, welche die im Vatikanum II gängige Kritik am römischen Zentralismus, Juridismus und Triumphalismus in der nachkonziliaren Zeit konsequent durchgehalten haben. Die mutige, konkrete und ausgewogene Kritik des Primas von Belgien am römischen System [11] findet unter dem Weltepiskopat auch außerhalb Hollands und Kanadas mehr Zustimmung, als dies beim opportunistisch-ängstlichen Schweigen so vieler Bischöfe – selber eine bedrückende Konsequenz des römischen Systems – den Anschein hat.

Im Hinblick auf die Unfehlbarkeitsfrage wird die kritische katholische Auffassung des Verfassers gerade jetzt bestätigt durch eine wahrhaft katholische Stimme, ein Dokument des mit Rom verbundenen melchitischen Patriarchen von Antiochien *Maximos V. Hakim.* Der Patriarch beruft sich dar-

cism – not only his fellow theologians, or even various national bishops' conferences, but particularly those in Rome who are challenging him» (J 866). – Von katholischer Seite zieht der Exeget *R. E. Brown* Parallelen zu dem mit meinem Buch ungefähr gleichzeitig erschienenen Buch von *A. Dulles,* The Survival of Dogma (New York 1971) und vergleicht dann richtig die Problematik der systematischen katholischen Theologie heute bezüglich der Infallibilität des Dogmas mit derjenigen der kritischen katholischen Exegese vor ein oder zwei Jahrzehnten bezüglich der Inerranz der Schrift: «These two scholars will undoubtedly be criticized for endangering the faith. Yet they deal with serious problems that cannot be wished away. I notice definite parallels to what we exegetes had to do (less consciously, and certainly less audaciously) in the 1950s and 1960s when we reinterpreted the concept of the inerrancy of Scripture. It is to be hoped that courtesy and patience will be exhibited toward the systematic theologians (and to their inevitable mistakes) as they undertake the task of reinterpreting the concept of the infallibility of dogma» (S. 73, B IV).

10 In einer eben erschienenen Skizze stellt *R. Bohne,* Das Katholische System. Kritische Texte 11 (Einsiedeln–Zürich–Köln 1972) an verschiedenen Beispielen dar, wie im Lauf der Geschichte die christliche Botschaft verfälscht wurde zu einem perfekt funktionierenden Machtsystem, das sich gerade in jüngster Zeit wieder zu verfestigen scheint. Der Ausdruck «katholisches System» scheint auf Auguste Comte zurückzugehen, der darunter im Unterschied zum evangelischen Christentum die mittelalterliche Papstkirche mit ihrer vollkommenen Verfassung, Organisation und Disziplin verstand. Gerade deshalb zieht der Verfasser den präziseren Ausdruck «römisches System» (zum Unterschied von der katholischen Kirche) vor.

11 Vgl. *J. de Broucker,* Le dossier Suenens, Diagnostic d'une crise (Paris 1970), dt.: Das Dossier Suenens, Diagnose einer Krise (Graz–Wien–Köln 1970).

auf, wie sein Vorgänger Gregor II. Jussef im Vatikanum I gegen die dogmatische Konstitution über den Primat und die Unfehlbarkeit des Papstes in feierlicher Weise protestierte und am 13. Juli 1870 dann auch mit «non placet» stimmte, aber von Pius IX. in demütigender Weise behandelt wurde. Aus heutiger Sicht nun führt Patriarch Maximos zur spezifisch römischen Entwicklung innerhalb der katholischen Kirche und zur Unfehlbarkeitsfrage das Folgende aus:

«Es stimmt, daß sich die römische Kirche von Gregor VII. an stark in Richtung auf die Zentralisation hin entwickelte, und zwar bis zum Ersten Vatikanischen Konzil, welches diese Zentralisierung dogmatisierte. Aber in welchem Maße sind die Schlußfolgerungen einer der römischen Kirche eigenen Theologie für eine andere Theologie, die mehr im Evangelium, der Tradition und der Lehre der Väter gründet, annehmbar? Die römische Kirche hat die Pflicht, den Kirchen des Orients, die ihr nichts schulden, eine annehmbare Erklärung zu geben. Vermag sie theologisch und historisch zu begründen, was sie für sich selbst den anderen Kirchen gegenüber in Anspruch nimmt? Das heißt:

– Ihre Sicht der universalen Kirche als einer einzigen Diözese, welche die ganze Welt umfaßt und mit Filialen überall in der Welt von Rom aus regiert wird, und zwar immer dann, wenn nach dem Urteil des einzigen Hirten von Rom dies nötig ist, wodurch eine Dialektik des Gegensatzes zwischen universeller Kirche und Lokalkirche sowie zwischen Episkopat und Primat entsteht.

– Ihre Ekklesiologie, in welcher die Vorstellung von einer hierarchisierten, zentralisierten und juridischen Gesellschaft, welche eine den zivilen Gesellschaften und einer juridischen internationalen Person vergleichbare Stellung einnimmt, in solcher Weise überwiegt, daß sie die Vorstellung von der umgestaltenden Kommunion im Heiligen Geist zu verwischen droht, ebenso wie die für die Kirche so wesentliche Vorstellung vom Mysterium, welche der pneumatischen Ekklesiologie des Orients besonders teuer ist.

– Ihre Auffassung von der päpstlichen Unfehlbarkeit, welche bezüglich der Unfehlbarkeit der Kirche zu personell ist und diese praktisch verwischt. Eine Theologie, die heute von den seriösen Theologen des Okzidents aufgegeben wurde, eine theologische Sicht jedoch, die praktisch seit Gregor VII. die Grundlage für das Leben der römischen katholischen Kirche bildete.

Man kann keine historische Entwicklung einer einzelnen Kirche dogmatisieren, eine Entwicklung, so legitim sie auch gewesen sein mag, welche an ein gegebenes sozio-politisches Zusammentreffen von Umständen gebunden ist.

Und noch weniger kann ein menschlicher und kultureller Ausdruck des unerschöpflichen Mysteriums Christi dogmatisiert werden»[12].

b. Eines der positivsten Ergebnisse der Unfehlbarkeitsdebatte dürfte sein: die Unterscheidung zwischen katholischer Kirche und römischem System wird nun auch theologisch reflektiert. Die Distanzierung vom «römischen System» wurde für manche Kombattanten geradezu die Voraussetzung, um das in ihrem Sinne Katholische zu retten. Auch Ratzinger geht von der Unterscheidung zwischen «katholisch» und «römisch» aus, und Mühlen möchte die Kritik des Verfassers am römischen System von seinem Standpunkt aus sogar überbieten. In diesem Punkt typisch dürfte die Stellungnahme *Karl Lehmanns* sein: «Hans Küngs Buch ‹Unfehlbar?› hat durch die Schärfe seiner Anfrage theologisch unzureichende Aussagen und kirchenpolitische Konsequenzen einer schlechten Theologie in der Lehre von der ‹Unfehlbarkeit› aufgezeigt. Dies werden ihm sogar die entschiedensten ‹Gegner› bescheinigen müssen» (A 341 f.). Um «den möglichen Grad der Übereinstimmung mit Küngs Buch (zu) signalisieren» (A 342), stellt Lehmann bezüglich römischem Systems und Unfehlbarkeit vom katholischen Standpunkt aus mit unmißverständlicher Eindeutigkeit das Folgende fest:

«Es besteht kaum ein Zweifel, daß in der Ekklesiologie vor allem – grob gesprochen – des zweiten Jahrtausends eine wachsende Akkumulation dieser Indefektibilität der Gesamtkirche in der päpstlichen Spitze und ihren kurialen Organen erfolgte, wobei sich eine Lehrautorität eigener Art mit einem spezifischen Rechtsanspruch verbunden und gegenseitig gestützt hat (vgl. auch das Verhältnis von Jurisdiktionsprimat und Infallibilität). Aus vielfachen Gründen geht diese Entwicklung mit einer anderen problematischen Tendenz einher: Der komplexe Reichtum gelebter Festigkeit, Verläßlichkeit und in diesem Sinne ‹Unfehlbarkeit› des Glaubens gleichsam an der Basis der Gesamtkirche wird theologisch nicht ausreichend zur Sprache gebracht, vielmehr wird die Gewißheit des Glaubens zusehends stärker auf eine doktrinäre Form der Lehramtsausübung und auf relativ fraglos erscheinende Einzelsätze konzentriert. Man braucht die Entscheidungen des I. Vatikanischen Konzils der Sache nach nicht zu verleugnen, wenn man in dieser Entwicklung bis 1870 und darüber hinaus – von heute her gesehen – eher einen Abschluß und

12 Der Artikel – ursprünglich nach Abschluß der Bischofssynode am 13. November 1971 in London als Vortrag gehalten – erschien im Organ des melkitischen Patriarchats «Le Lien» (Beirut 1972) Nr. 1. Nur leicht gekürzte deutsche Übersetzung in: Orientierung 36 (1972) 167–171. Vgl. auch den Aufsatz von Archimandrit O. *Kéramé*, The Basis for Reunion of Christians: The Papacy Reconsidered (J 792–814).

eine im ganzen unbestreitbare ‹Engführung› erblickt ... Auf eine andere Formel gebracht: Die Ekklesiologien des ersten und des zweiten Jahrtausends lassen sich nur mit großen Spannungen auf einen Nenner bringen. Das II. Vatikanische Konzil bedeutet bereits kirchenamtlich eine maßgebliche Ergänzung und in gewisser Weise den Beginn einer Korrektur der aufgezeigten Entwicklung. Wenn nicht alles trügt, dann vollzieht sich heute in Theorie und Praxis unter freilich oft die Glaubenssubstanz selbst gefährdenden Erscheinungsformen eine geschichtlich wohl unvermeidliche ‹Entflechtung› des Petrusamtes, so wie es historisch gewachsen ist. Daß dieser Prozeß widerwillig angenommen wird, oft weit über das Ziel hinausschießt, schmerzlich und manchmal recht zweideutig verläuft, gehört mit zur unabwälzbaren Last und Verantwortung der gegenwärtigen Stunde der Kirche» (A 344)[13].

Im Blick auf «die wissenschaftliche Behandlung des Themas» hat das Buch «Unfehlbar?» nach Lehmann, der die Frage unfehlbarer Sätze letztlich offenläßt, «mindestens drei nachhaltige Konsequenzen erzielt:

(a) Das Buch gibt einen Ansporn, *historisch* lückenhaft erforschte Bereiche und Einzelprobleme im Verhältnis von Gesamtkirche und Papsttum eingehender und unvoreingenommener zu erforschen.

(b) Die durchschnittliche Schultheologie hat zwar die Definition des Vatikanum I über die Unfehlbarkeit des Papstes zumeist formal richtig wiedergegeben, aber sich entschieden zu wenig um eine überzeugende Begründung und um ein religionspädagogisch hinreichendes Verständnis des Dogmas gekümmert. Die bei der Interpretation angebrachten Distinktionen konnten offenbar einen falschen Global-Eindruck von diesem Dogma nicht genügend verhindern. Küngs Buch schärft dafür das kritische Bewußtsein.

(c) Die durchschnittliche Theologie hat, gemessen an dem wirklich verbindlichen Sinn der Konstitution ‹Pastor Aeternus›, sich seit 1870 zu wenig kritisch einer immer wieder exzessiven Interpretation der Unfehlbarkeit des Papstes

13 Was viele katholische Theologen denken, versucht *G. Baum* in der folgenden Weise zu artikulieren: «Küng has put his finger on the crucial political problem within the Catholic Church, namely the reform of the papacy. The ideals and policies of Vatican Council II cannot be implemented in the Church as long as the papacy is unwilling to review its own position, abandon some of the power it held over the centuries, and engage in conversation and cooperation with local Churches and their bishops, without using the sacred as an instrument of control. The de-mystification of the papacy has become a necessity. While Catholic theologians may differ in their understanding of doctrine, it seems to me that the great majority of them agree that a fearless, theological criticqe of the papacy has become imperative» (J 870 f.). Vgl. auch *Y. Congar* (A 191 f. 195) und den Schlußteil der Überlegungen von *R. Schwager* in diesem Band. – Aus evangelischer Sicht führt *A. B. Crabtree* aus, daß der weiteren «Auflösung der katholischen Kirche» nur gewehrt werden könne, wenn das Papsttum «die Forderungen des Gewissens wahrzunehmen, zu respektieren und auf sie zu hören beginnt» (J 870).

entgegengestellt. Es hat sich nämlich eine Theologie der Unfehlbarkeit verbreitet, die bald jede Äußerung des Papstes mit einer quasi-infalliblen Aura umgeben hat ...» (A 344 f.).

c. Wenn für den Verfasser in der Unfehlbarkeitsfrage theologische Gesichtspunkte eindeutig im Vordergrund standen, so sind doch die politisch-sozialen Implikationen nicht zu übersehen. Der römische Unfehlbarkeitsanspruch wird gedeckt, gestützt und notfalls mit allen Mitteln verteidigt durch den bedeutendsten religiösen Machtapparat, den die Welt heute kennt. Wer die vielschichtigen und noch heute sehr wirksamen «Strukturen päpstlicher Herrschaft» – vom Annuario Pontificio, dem Vatikanstaat, den verschiedenen Organen der römischen Kurie und den Nuntiaturen in den verschiedenen Ländern, über die päpstlichen Orden, Segen, Ablässe, Eidesforderungen bis zum Jurisdiktionsprimat und zum Unfehlbarkeitsanspruch – nicht wahrhaben will (und ekklesiologische Lyriker belieben darüber hinwegzusehen), der greife zur Analyse des Münchner Philosophen *Fritz Leist* [14], der in der Frage der Unfehlbarkeit die Auffassung des Verfassers bestätigt, ja im einzelnen darüber hinausgeht. Leists Ergebnisse sind für die Unfehlbarkeitsdikussion wichtig:

«Dieses Buch wurde geschrieben um mitzuhelfen, die eigentlichen Strukturen wiederzufinden. Wir bestreiten nicht das Petrusamt, stellen allerdings folgende Thesen auf:

1. Sowohl die exegetische wie die historische Argumentation von Vatikanum I, der Römische Bischof sei der Nachfolger des Symeon Kephas, ist nach heutigen Erkenntnissen nicht haltbar.

2. Selbst wenn man bereit ist anzunehmen, das Felsenwort an Symeon sei ein unmittelbares Wort Jesu und er habe dabei an ein bleibendes Petrusamt in seiner ecclesia gedacht, so hat die rein juristische Auslegung dieses Felsenwortes als Jurisdiktionsprimat, wie sie Vatikanum I vornimmt, keine Basis, weder bei Matthäus noch im Kontext des gesamten Neuen Testamentes.

3. Die dogmatische Fixierung der Lehren vom Jurisdiktionsprimat und der Infallibilität des Römischen Bischofs bilden ein unübersteigbares Hindernis auf dem Weg zur Einheit der Kirche Jesu Christi.

4. Solange diese Dogmen – und überhaupt jedes Dogma – als absolute, unfehlbare und unveränderbare Aussage angesehen werden, bleibt Vatikanum I die selbstgeschmiedete Kette, die jeden innerkirchlichen Fortschritt unmöglich macht.

14 *F. Leist,* Der Gefangene des Vatikans. Strukturen päpstlicher Herrschaft (München 1971).

5. Nicht weniger wirksam als die dogmatischen Fesseln sind die Tabus des Pontifex maximus, des Hohenpriesters und Heilskönigs, die das Petrusamt ebenso verdecken wie die Machtstrukturen der Kurie es verfälschen. Das Papsttum muß also nicht nur entdogmatisiert, sondern ebenso entmythisiert und entmachtet werden, damit seine eigentliche Funktion wieder zutage treten kann» (S. 351)[15].

Es dürfte aus diesem Abschnitt deutlich geworden sein: Katholisch kann man sein, auch und gerade wenn man einen pastoralen Petrusdienst des römischen Bischofs im neutestamentlichen Sinne bejaht, das «römische System» aber ablehnt. Die vom Verfasser am römischen «Katholizismus» geäußerte katholische Kritik hatte wegen der für Katholiken ungewöhnlich offenen Sprache zunächst einiges Aufsehen erregt. Doch ist sie, wie eben gezeigt, vielfach bestätigt und in keinem Punkt als falsch oder auch nur übertrieben aufgewiesen worden[16]. Die einzige in diesem Bereich noch offene Frage: Muß nicht bei aller berechtigten Kritik am römischen System zumindest die of-

15 Die Bedeutung des Unfehlbarkeitsdogmas für die Stabilisierung und Integrierung des Kirchensystems hebt heraus *J. Nolte* im 1. Abschnitt seiner Überlegungen (in diesem Band). Richtig bemerkt *Th. von Dobbeler:* «Unfehlbarkeit und der Wunsch, an ihr partizipieren zu können, signalisieren Herrschaftsanspruch – in einer Sache, in der von den beati possidentes einmütig versichert wird, daß es nicht um Herrschaft, sondern um Glaubenswahrheiten gehe; sie haben sich freilich – aus welchen Gründen auch immer – ein Glaubensverständnis zu eigen gemacht, das gerade die Frage nach Unfehlbarkeit evoziert, die ihrerseits recht gut den Herrschaftsanspruch komplementiert» (B IV). Wie dann auch die Theologie in diesem System einfach zur gefügigen Dienerin des Lehramtes werden muß (vgl. den in U 191–193 referierten Aufsatz von *M. Seckler*) bestätigt mit aller wünschenswerten Deutlichkeit der Rezensent des «Osservatore Romano» *D. Gregorelli,* nach welchem die positive und spekulative Theologie «ein identisches methodologisches Kriterium» haben: «la subordinazione della ricerca razionale individuale all' insegnamento del Magistero» (B III). Fundamentales Bedürfnis des katholischen Theologen müsse es sein, sich vom Lehramt an der Hand geführt zu fühlen, weil Jesus die Aufgabe zu lehren den Zwölfen und ihren Nachfolgern übergeben habe.

16 Weiteres historisches, juristisches und theologisches Material zur Kritik des römischen Lehrsystems in unserem Jahrhundert findet sich in dem von *E. Weinzierl* herausgegebenen Sammelband: Die päpstliche Autorität im katholischen Selbstverständnis des 19. und 20. Jahrhunderts (Salzburg–München 1970): für den Beginn unseres Jahrhunderts besonders die Referate von *E. Benz* über die Stellung des Modernismus zur päpstlichen Autorität (S. 85–108) und *R. Lill* über den Kampf der römischen Kurie gegen den «praktischen» Modernismus (S. 109–123); noch wichtiger für die unmittelbare Gegenwart *E. Weinzierl* über das Selbstverständnis der päpstlichen Autorität bei Pius XII. (S. 125–139), *J. Neumann* über die «Autorität» auf dem II. Vatikanischen Konzil (S. 143–169) sowie *F.-M. Schmölz* über die postkonziliare Krise der Autorität (S. 171–181). Interessant auch verschiedene einschlägige Diskussionsbeiträge (S. 183–282). – Die im «Offenen Vorwort» zu U geäußerten kritischen Gedanken werden weithin aufgenommen von der Erklärung der 33 Theologen «Wider die Resignation in der Kirche», die eine weite internationale Verbreitung gefunden hat, von offizieller kirchlicher Stelle jedoch im «Osservatore Romano» wiederum bezeichnenderweise mit rein formaler Berufung auf die römische Amtsautorität beantwortet wurde.

fizielle Lehre des Vatikanum I über den Papst aus der Kritik ausgeklammert werden? Wurde diese Lehre vom Verfasser überhaupt richtig dargestellt?

III. DIE BERECHTIGTE ANFRAGE

Die Berechtigung der «Anfrage» nach der kirchlichen Unfehlbarkeit ergibt sich schon aus dem, was bisher gesagt wurde. Wie immer die Antwort im einzelnen ausfällt: Niemand wird nach der vielschichtigen Diskussion mit all ihren Unklarheiten bestreiten können, daß hier eine deutliche Anfrage fällig war. Dabei ergab sich allerdings eine zumindest für den Verfasser amüsante Umkehr der Fronten: Während er die römische Lehre als römisch (nicht als katholisch) streng verteidigte, gaben sie einzelne Opponenten leichten Herzens auf. Der Verfasser von «Unfehlbar?» war ihnen, die seit langem an ihre private Interpretation der römischen Lehren gewöhnt waren, zu römisch: so genau wollten sie dies alles in Deutschland gar nicht wissen (auch wenn es die ganze katholische Welt bestimmt). Zwischen dem Verfasser und diesen Opponenten herrscht freilich das unausgesprochene Einverständnis darüber, daß die (vom Verfasser als römisch verteidigte) Lehre jedenfalls nicht katholisch ist. Hier wird die gemeinsame katholische Basis sichtbar. Wem dieses Bild der Lage etwas verwirrend vorkommt, der möge nicht gleich verzweifeln: das Bild ist vielleicht nur verkehrt aufgehängt; doch dem läßt sich abhelfen.

Eskalation oder Interpretation des Vatikanum I?

Hatte der Verfasser vielleicht doch ein römisches «Scheingebäude», so etwas wie einen Phantom-Vatikan aufgerichtet, wie H. Vorgrimler wähnt (A 328; vgl. Exkurs 2a)? So leicht macht es sich *Heinrich Fries* nicht. Er gehört offensichtlich zu denen, welche die Argumente des Verfassers mit Geduld und ohne Emotionen zu würdigen vermochten; seine Stellungnahme sticht von anderen im Rahner-Band durch vornehme Sachlichkeit, Freundlichkeit und Originalität ab.

Fries setzt es schon in den Titel: Das Wort unfehlbar ist ein «mißverständliches Wort» (A 216): Bestenfalls im mathematisch-naturwissenschaftlichen Bereich, und auch da nur mit Vorbehalt vertretbar, ist es «im Bezug auf den Menschen unangemessen oder peinlich» (A 217). Folglich: «Wenn dies zutrifft, dann sind Wort und Begriff unfehlbar, wie sie im Raum des *Theologischen* begegnen, nur auf *Gott* anzuwenden» (ebd.). Fries schließt sich somit dem Satz an: «Nemo infallibilis nisi Deus ipse» (ebd.). Für das Vatikanum I nun bedeutet dies: Der «Versuch, das Prädikat unfehlbar, das in ganz besonderer Weise zur Vorbehaltenheit Gottes gehört, auch auf die Kirche, wenn auch im analogen Sinn anzuwenden: auf das Lehramt zu beziehen ..., war von Anfang an dem Mißverständnis ausgesetzt; dieses wurde mit der Zeit nicht kleiner, sondern größer» (A 217 f.).

Deshalb die erfreulich klare Folgerung von Fries, das mißverständliche Wort aufzugeben: Man sollte «*nicht an dem Wort festhalten,* sondern versuchen, von ihm loszukommen und es durch ein anderes, treffenderes Wort zu *ersetzen* entsprechend dem Gesetz, daß es notwendig sein kann, ein Wort und einen Begriff zu ändern, wenn die Sache selbst identisch bleiben, wenn dieselbe Sache vorgestellt und artikuliert werden soll» (A 219). Fries stimmt ein in meine Kritik am Vatikanum II: «Deshalb war es kein glücklicher Griff, daß auf dem Zweiten Vatikanum derselbe Begriff wiederkehrt, vor allem in der Dogmatischen Konstitution über die Kirche ‹Lumen gentium› (Art. 25) mit Einschluß des noch mißverständlicheren Satzes, diese Definitionen des Papstes seien ‹ex sese et non ex consensu ecclesiae irreformabiles›. Dabei wirft das global gebrauchte Wort ‹irreformabiles› noch einmal ein Problem auf, zumal bei einem Konzil, das sich die Erneuerung als Ziel gesetzt hat» (A 219 f.).

Mit welchem Begriff möchte Fries den Begriff der Unfehlbarkeit ersetzen? Auch hier ist die Antwort eindeutig: «durch den Begriff *wahr* und *Wahrheit* in Verbindung mit *Verbindlichkeit* ..., die im Fall eines höchsten Engagements zur *Letztverbindlichkeit* werden kann» (A 227). Daß eine Aussage des Lehramtes unfehlbar ist, meint also einfach: sie «*ist nicht falsch, ist nicht irrig und insofern wahr*» (ebd.). Unfehlbarkeit meint also auf keinen Fall «*etwas Zusätzliches zu dem,* was mit Wahrheit und Verbindlichkeit gemeint ist» (A 229). Unfehlbare Sätze sind nichts anderes als «verbindlich wahre Sätze» (ebd.).

Wie sollte sich der Verfasser, der sich ausdrücklich gegen unfehlbare Sätze, aber ebenso ausdrücklich *für verbindliche* wahre Sätze ausgesprochen hat (U 116–127), über diese Übereinstimmung nicht freuen? Wenige Autoren aus dem Rahner-Band sind so weit gegangen. Und doch ist Fries seinerseits nicht ganz mit dem Verfasser zufrieden, und erstaunt fragt man sich: warum? Fries meint: weil der Verfasser das Wort unfehlbar «mit allem Maximalismus auflädt und eskaliert» (A 220, ähnlich Löhrer s. o. S. 92 f.). Richtig verstanden sage doch auch das Vatikanum I nicht mehr als was er, Fries, sage: «Das Vatikanum I ist besser als sein Ruf» (A 223).

Aber ob man in Rom über diese Rufmordthese so ganz glücklich sein wird? Dann hätte sich der Verfasser dieses Buch beinahe sparen können. Ja, man kann sich fragen, warum es überhaupt auf dem Vatikanum I einen solchen Streit gegeben hat. Hat denn der genannte orientalische Patriarch protestiert, sind denn so viele bedeutende Bischöfe vor der Abstimmung über die päpstliche Unfehlbarkeit abgereist, weil sie etwas gegen verbindliche wahre Sätze hatten? So ungern ich es tue, aber ich muß Heinrich Fries doch widersprechen und meine in diesem Fall sogar die römische Zustimmung zu haben: Unfehlbarkeit im Sinne des Vatikanum I meint entschieden mehr als nur verbindliche wahre Sätze. Sie meint *unfehlbar* wahre Sätze: Sätze, die wegen eines besonderen Beistandes des Heiligen Geistes nicht falsch sein *können* [1].

Gegen die wirklichen Maximalisten, die den amtlich sprechenden Papst für mehr oder weniger ständig unfehlbar hielten (U 78 f.), hat sich schon das Vatikanum I selber eindeutig abgegrenzt, indem es klar Bedingungen und Grenzen der päpstlichen Unfehlbarkeit festlegte (U 79–81)[2]. Wer aber heute das Dogma des Vatikanum I in seinen Bedingungen und Grenzen dem Wortlaut getreu nach dem Verständnis der Konzilsväter interpretiert, kann unmöglich der maximalistischen Interpretation geziehen werden, nur weil heute der genaue Sinn des Dogmas manch einem unbequem sein wird. Verbirgt sich hinter dem Vorwurf des Maximalismus nicht ein vom Vatikanum I bereits abgelehnter Minimalismus?

Schon in seinem Buch mußte sich der Verfasser verschiedentlich gegen Versuche wenden (vgl. besonders U 110–112), das Konzil gegen den Text der Definition zu «interpretieren». Erstaunlich, wie geschickt man sich auf alle möglichen Weisen aus der Schlinge der Definition zu ziehen versucht! Da werden selbst Stopp- und Einbahnstraßen durchfahren, indem man schlicht das Schild umkehrt. Gewiß sind dogmatische Formeln, wie es für katholische Interpreten heute ein Gemeinplatz ist, «nach vorne offen» (A 332). Aber die Offenheit hat dort eine Grenze, wo die Definition selber den Ausweg versperren will. *Interpretation* hört dort auf, wo sie gegen den klaren ursprünglichen Wortlaut und Sinn der Definition verstößt, wo Interpretation in *Kontradiktion* umschlägt. Es sollte eigentlich überflüssig sein, auf solche

1 Ähnlich unklar und zweideutig ist die Ersetzung des Wortes «Unfehlbarkeit» durch den allgemeineren Ausdruck «Charisma der Wahrheit» bei *H. Stirnimann* (B III, S. 492 f.) und anderen: «Unfehlbarkeit» im Sinne des Vatikanum I meint nicht nur ein allgemeines «Bleiben in der Wahrheit», wie es Stirnimann darlegt, sondern eine auf die einzelnen Glaubensaussagen bezogene Irrtumslosigkeit, wie aus dem folgenden noch deutlicher werden wird.

2 Selbstverständlich ist es mir nie in den Sinn gekommen zu bestreiten, daß es auch nach dem Vatikanum I maximalistische Übertreibungen gegeben hat, die vom vatikanischen Dogma her nicht gefordert, allerdings auch nicht ausgeschlossen waren (konkrete Beispiele besonders aus der Zeit Pius' XII. bietet *R. Laurentin* in: C). Vgl. auch die am Ende des vorausgehenden Kapitels genannten Aufsätze von *M. Seckler* und *E. Weinzierl.*

Selbstverständlichkeiten hinzuweisen. Aber die schon in «Wahrhaftigkeit» bekämpfte «Manipulation der Wahrheit» beim Umgang mit dogmatischen Definitionen – die als «unfehlbare» nur «interpretiert», nie aber ehrlich korrigiert werden dürfen – erreicht ihren merkwürdigen, aber konsequenten Höhepunkt in der Manipulation der Unfehlbarkeitsdefinition selbst.

Vielleicht werden sich die überklugen «Interpreten» der Vatikanischen Unfehlbarkeitsdefinition die beiden Grundregeln hinter die Ohren schreiben, die der amerikanische Historiker *Brian Tierney* aufgrund seiner eigenen Erfahrungen mit der hochdifferenzierten «modernen Theologie der Unfehlbarkeit – oder Pseudo-Unfehlbarkeit» ironisch als von ihm entdeckte «Tierneysche Gesetze» so formuliert hat: «1. Alle unfehlbaren Aussagen sind gewiß wahr, aber keine Aussagen sind gewiß unfehlbar. 2. Alle unfehlbaren Aussagen sind unrevidierbar, bis es einem paßt, sie zu ändern» (s. o. S. 124). Beide «Gesetze» scheinen perfekt auch auf die Unfehlbarkeitsdefinition selber anwendbar zu sein. Freilich läßt sich die Frage nicht unterdrücken: Sollen wir mit einer solchen listenreichen Unfehlbarkeitstheologie in der Christenheit weiterkommen?

Nein, ich habe die Definition des Vatikanum I – dies wird gleich noch deutlicher werden – nicht eskaliert. Nicht aus innerer Freude, wohl aber um der Wahrheit willen sah ich mich gezwungen, jenen nördlich der Alpen weit verbreiteten, bestimmt gut gemeinten, aber zumindest in Rom nichts ändernden theologischen Versuchen entgegenzutreten, die das Vatikanum I verbessern, indem sie es verwässern.

Verbesserung durch Verwässerung?

Zu Ehren der infallibilistischen Konzilsmehrheit, die die zweideutigen «Interpretationen» heutiger Interpreten nicht verdient hat, muß gesagt sein: Die endgültige Formel, vielleicht die achte oder neunte seit der Vorlage des Zusatzkapitels, war unzweideutig für Befürworter und Gegner. Sie sei hier, nachdem wir auf einige Details zurückkommen müssen, wiederholt in der bisher von niemandem beanstandeten Übersetzung von Neuner-Roos (vgl. U 80): «Wenn der römische Bischof in höchster Lehrgewalt spricht (cum ex cathedra loquitur), das heißt, wenn er seines Amts als Hirt und Lehrer aller Christen waltend in höchster, apostolischer Amtsgewalt endgültig entscheidet (definit), eine Lehre über Glauben oder Sitten sei von der ganzen Kirche festzuhalten (doctrinam de fide vel moribus ab universa Ecclesia tenendam), so besitzt er aufgrund des göttlichen Beistandes (per assistentiam divinam), der ihm im heiligen Petrus verheißen ist, jene Unfehlbarkeit, mit der der göttliche Erlöser seine Kirche bei endgültigen Entscheidungen in Glaubens- und Sittenlehren (in definienda doctrina de fide vel moribus) ausgerüstet haben wollte. Diese (eiusmodi) endgültigen Entscheidungen (definitiones) des römischen Bischofs sind daher (ideoque) aus sich (ex sese) und nicht aufgrund der Zustimmung der Kirche (non autem ex consensu Ecclesiae) unabänderlich (irreformabiles)» (Neuner-Roos 388; D 1839). Nur hinzugefügt sei, daß man auf dem Vatikanum I «infallibilitas» allgemein als «Irrtumsfreiheit», als «immunitas ab errore» verstand (vgl. M 52, 7.14.24 usw; in der Konstitution selbst: «ab errore illibata» D 1836). An diesem mit römischer Klarheit formulierten Lehrgesetz – man übersehe nicht den anschließenden Kanon mit dem Anathem – müssen alle listig-hinterlistigen Versuche der Verbesserung durch Verwässerung scheitern.

Versuch I: Es geht im Vatikanum I gar nicht um *«von vornherein garantiert unfehlbare Sätze»,* sagt Fries (A 221). Auch Ratzinger weicht der ganzen «Anfrage» elegant aus, indem er ganz nebenbei im unschuldigsten Ton meint: «Was eigentlich die Redeweise von den Sätzen bedeutet, ‹die von vornherein gar nicht falsch sein können›, ist mir bis zur Stunde nicht klar geworden» (A 110). Zweideutig bliebt auch Lehmann (vgl. A 361–364). Die pneumatologische Dimension verkennen P. McGrath (in: C) und H. McSorley (S. 87 f, B III). Auch E. Jüngel, der Wahrheit und Unfehlbarkeit identifizieren möchte (S. 75. 79, B III), verkennt die Bedeutung des «von vornherein» im Sinne des Vatikanum I (S. 78).
Sed contra est: Der Verfasser hat, von Fries in diesem Zusammenhang zitiert, gesagt: «Unter infalliblen Sätzen verstehen wir ganz im Sinne des Vatikanum I Aussagen, die aufgrund einer göttlichen Verheißung (!) als von vornherein garantiert irrtumsfrei zu betrachten sind: Sätze, Propositionen, Definitionen, Formulierungen und Formeln, die nicht nur de facto nicht irrig sind, sondern grundsätzlich gar nicht irrig sein können» (U 122, vgl. A 221). Das «von vornherein» verweist also nicht auf den «bloßen Vollzug» der Definition (den «Akt als solchen», A 221), sondern völlig eindeutig auf die «göttliche Verheißung» im Sinne des Vatikanum I: «der göttliche Beistand, der ihm (dem römischen Bischof) im heiligen Petrus verheißen ist» (D 1839 vgl. U 80). Also nicht eine nachträgliche Verifikation, freilich auch nicht eine neue Offenbarung oder Inspiration ist die Ursache oder das Prinzip der päpstlichen Unfehlbarkeit, sondern – wie in U 80 klar formuliert – «eine von Fall zu Fall wirkende, nur vor Irrtum bewahrende und deshalb ‹negativ› genannte Assistenz des Heiligen Geistes». Das wird bestätigt aus den *Akten*

des Konzils: Im offiziellen Kommentar der Glaubensdeputation (Referent Bischof V. Gasser) ist nachzulesen: «Das Prinzip oder die Wirkursache der Unfehlbarkeit ist der Schutz Christi und der Beistand des Heiligen Geistes» (M 52, 1225). Diese pneumatologische Dimension ist mit dem «von vornherein (oder a priori) garantiert unfehlbar» gemeint.

Ergo: Weil der Beistand des Heiligen Geistes als Prinzip und Wirkursache der unfehlbaren Definition zumindest logisch vorausgeht, spricht man zu Recht von «von vornherein garantiert irrtumsfreien» Sätzen (U 122)[3]. Wem es «bis zur Stunde noch nicht klar geworden» ist, dem wird vielleicht ein Beispiel helfen: Der Katholik soll und muß nach dieser Lehre das Dogma von der leiblichen Aufnahme Mariens in den Himmel im Glauben annehmen, auch wenn er nicht überprüft hat, ob das Dogma in der Schrift und in der katholischen Tradition begründet ist und der Vernunft nicht widerspricht. Er darf und muß es annehmen, selbst wenn die Überprüfung das Gegenteil ergäbe, weil es wegen des Beistandes des Heiligen Geistes gar nicht falsch sein kann. Im Zweifelsfall muß er dem Urteil des Papstes mehr vertrauen als seinem eigenen oder dem anderer Theologen oder Kirchen. Katholische Professoren der Theologie, die mir von hoher Stelle (nicht in Rom) als Vorbild hingestellt wurden, haben deshalb nach der Definition von 1950 ihre Meinung geändert und dem Dogma zugestimmt, obwohl ihnen alle Gründe dagegen zu sprechen schienen.

Versuch II: Auch für Scheffczyk steht «in der ganzen Frage nicht (wie beim Verfasser auf Grund fehlender Unterscheidung) die ‹Unfehlbarkeit kirchlicher Sätze› zur Diskussion, sondern schlicht und einfach die *Wahrheit* verbindlicher Lehraussagen überhaupt» (A 161). Aber er versteht dies anders als Fries. Nach

3 Daß die Rede von den a priori unfehlbaren Sätzen für einen Kenner der traditionellen römischen Theorie klar und geradezu selbstverständlich ist, beweist O. *Semmelroth*, der, den Verfasser völlig korrekt interpretierend, die Rede von «a priori unfehlbaren Sätzen» auf dem Hintergrund von a posteriori irrtumsfreien Sätzen erklärt, von welchen gilt: «Irrtumslosigkeit heißt hier also nicht die Unmöglichkeit des Irrtums, sonderen das reine Faktum, daß der betreffende Satz irrtumsfrei ist. Das aber hat sich erst a posteriori, durch die Nachprüfung des ausgesprochenen Satzes herausgestellt. A priori dagegen wäre ein Satz unfehlbar, wenn es eine Instanz gäbe, die – wenigstens unter bestimmten Umständen – nicht anders als irrtumsfrei sprechen könnte, so daß man schon vorgängig zu einem geäußerten Satz wüßte: wenn diese Instanz eine Aussage macht, kann er nicht anders als wahr sein» (A 205). Ein solcher Satz bedarf dann, wie *W. Kasper* mit Recht feststellt, «keiner weiteren aposteriorisch-verifizierenden Nachprüfung in der Schrift und Tradition oder am Glaubensstand der Kirche. Ein solcher Spruch bürgt ... für sich selbst, material-inhaltliche Kriterien spielen dann keine Rolle mehr ... Mit seiner These geht es H. Küng also u. a. um die Ablösung eines rein formalen Autoritätsverständnisses durch Sachautorität» (s. o. S. 78). – Nicht verstanden wurde der Fragepunkt von *L. Scheffczyk* (vgl. A 162–166), nur halb von *K. Lehmann,* der sich über einen «bezeichnenden Neologismus» beschwert (vgl. 361–364).

Scheffczyk ist es nämlich die Lehre des Vatikanum I, daß es «die Unfehlbarkeit formell dem Papst und der Kirche zuspricht, nicht aber von unfehlbaren Sätzen redet. Von diesen sagt es nur, daß sie unabänderlich seien (irreformabiles...), was aber im Grunde für jede *Wahrheit* gilt» (A 162). Also eine «restriktive Anwendung der ‹Unfehlbarkeit›»: «nicht auf Sätze, sondern nur auf urteilende Subjekte» (A 163). Auch sonst wird neuerdings bisweilen die Ansicht geäußert, das Konzil spreche nicht von der Unfehlbarkeit von Sätzen, sondern «nur» von der Unfehlbarkeit ganz bestimmter Akte von Personen oder Instanzen (Papst, Konzil, Kirche): vorsichtig W. Kasper s. o. S. 78, weiter P. McGrath (in: C, wörtlich seinen Tablet-Artikel wiederholend, B III), K. Lehmann (A 364), L. Sartori (A 91), D. Fernández (S. 847, B III), fragend E. Jüngel (S. 78, B III), mit seiner Unterscheidung zwischen materieller und formeller Unfehlbarkeit auch der Altkatholik J. Visser (S. 277, B III).

Sed contra est: Selbstverständlich handelt es sich beim Ausdruck «unfehlbare Sätze» um eine Abbreviatur für Sätze, die von einer unfehlbaren Instanz in einem unfehlbaren Akt vorgelegt werden mit dem Anspruch, von vornherein garantiert irrtumsfrei zu sein (mit Recht macht Hengstenberg auf die Problematik einer solchen Unfehlbarkeit als «Personal-Kategorie» aufmerksam, die dann doch nur für bestimmte Zeiten und Bedingungen in Funktion treten kann; s. o. S. 226 f.). Wer es unmißverständlicher findet, mag von «unfehlbar wahren» Sätzen reden; ich erlaube mir schon aus Gründen der Einfachheit, bei der üblichen Redeweise von «unfehlbaren Sätzen» (Definitionen, Dogmen usw.) zu bleiben (auch Hengstenberg übernimmt sie). Entscheidend ist: Es geht im Vatikanum I jedenfalls nicht *nur* um unfehlbare Instanzen oder Akte, sondern zugleich um unfehlbar wahre Sätze. Für die Kirche damals und heute ist der unfehlbare Glaubenssatz (Dogma) der Assumptio Mariens wichtig, der unfehlbare Akt des 1950 unfehlbaren Pius XII. dagegen relativ unwichtig.

Auch wer die Unterscheidung für nicht nur richtig, sondern auch wichtig hält, muß mit Kasper zugeben, sie helfe «zunächst nicht sonderlich viel weiter: denn das Konzil und die Tradition leiten aus der Unfehlbarkeit solcher Akte die Irrtumslosigkeit der durch sie proklamierten Sätze ab» (ebd.)[4]. Insofern ist es meines Erachtens gar nicht «erstaunlich», «daß sich K. Rahner» – wie überhaupt die aufgrund ihrer Ausbildung in der traditionellen römischen Theologie gut Versierten (J. Alfaro, Y. Congar, O. Semmelroth, G. Thils usw.) – «ohne weiteres auf diese Problemstellung eingelassen hat und sei-

4 Ähnlich vorsichtig auch *J.-P. Jossua,* Significations des confessions de foi, in: Istina (1972) S. 54, der das Problem abhandelt, ohne U zu zitieren. Gegen *B. C. Butler* richtig *E. Quinn* (S. 320, B III).

nerseits völlig sebstverständlich von unfehlbaren Sätzen spricht» (ebd.). Hier kann der Entscheidung nicht ausgewichen werden! *Entweder* sind die Sätze dieser unfehlbaren Instanz *unfehlbar*: Was nützt dann die Unterscheidung? *Oder* die Sätze dieser unfehlbaren Instanz sind *fehlbar*: Was aber soll dann diese merkwürdige unfehlbare Instanz, deren definierende Akte unfehlbar, deren definierte Sätze aber fehlbar sind? Sollte Scheffczyk trotz allem dies meinen, dann wären wir paradoxerweise in bezug auf das Wichtigste bereits einig: in bezug auf die grundsätzlich fehlbaren Sätze. Was er dann noch über die unfehlbaren Subjekte und Instanzen oder die unfehlbaren Akte zu sagen hätte, wäre mir verhältnismäßig gleichgültig. Zum Beispiel: Wen interessiert schon, daß der dogmatisierende Pius XII. und sein Definitionsakt unfehlbar waren, wenn das definierte Mariendogma selber grundsätzlich fehlbar ist, also an sich auch falsch sein könnte!?

Aber hat denn 1950 irgend jemand so gesprochen und unterschieden? Sicher nicht Pius XII. Und kann man der römischen Theologie und dem Vatikanum I eine solche inkonsequente, unklare, ja unlogische Position zumuten? Schon die meisten diesbezüglichen Worte wie Definition, Urteil, Formulierung, Aussagen, Proposition, Sententia, Satz meinen sowohl den Akt (der Definition usw.) wie den Effekt oder das Ergebnis des Aktes (das Definierte). Ist das eine unfehlbar, dann auch das andere. Kein Mensch wäre im Vatikanum I auf eine solch klügliche Unterscheidung zwischen unfehlbarem Akt und nicht unfehlbarem Satz verfallen. Dieser Unterscheidung hätte zur Not die opponierende Minorität zustimmen können, die Majorität auf keinen Fall. Doch hatte man auf beiden Seiten zu viel Sinn für stringente Logik.

So ist denn nicht erstaunlich, daß kein einziger Vertreter dieses neuentdeckten Auswegs einen Beweis aus den Texten geliefert hat. Wenn Scheffczyk ohne Belege behauptet, die Unfehlbarkeit beziehe sich nach dem Vatikanum I nur auf die urteilenden Subjekte und nicht auf die Sätze, so muß ihm vom Text der Unfehlbarkeitsdefinition selbst her entschieden widersprochen werden. Selbstverständlich setzt jeder Satz einen entsprechenden Akt und ein Subjekt des Aktes voraus. Aber schon der Titel des Kapitels spricht in seiner definitiven Form bewußt «vom unfehlbaren Lehramt des römischen Bischofs» (D 1832) und nicht mehr wie ursprünglich «von der Unfehlbarkeit des römischen Bischofs» (M 52, 6). Die Änderung war erfolgt nach der berühmten Intervention des Erzbischofs von Bologna, des Dominikanerkardinals Guidi, der gerade mit der Begründung, nicht die Person, sondern der *Akt und dessen Effekt* sei unfehlbar, als Titel vorgeschlagen hatte: «Von der Unfehlbarkeit der dogmatischen Definitionen des römischen Bischofs» (M 52, 740–748).

Selbstverständlich kommt es auch nicht auf das Wort «Satz» an. Das Wort

«Satz», immer im Sinn von «Glaubenssatz» verstanden (vgl. U 116–122), war für den Verfasser ein möglichst kurzer, umfassender, genereller und doch präziser Ausdruck. Mit voller Absicht hat er gleichzeitig von Propositionen, Definitionen, Formulierungen, Formeln usw. gesprochen (vgl. U 122). Dabei ist vorausgesetzt, daß der Satz (propositio, sententia) ein Urteil (iudicium) und eine Aussage (enuntiatio) einschließt. Wenn der Verfasser indessen meistens «Satz» oder «Glaubenssatz» gebraucht hat, so aus dem Grund, weil für die Kirche und den Einzelnen nicht irgendein inneres Urteil, sondern das *ausgesprochene* und *promulgierte* Urteil, die gesetzte, formulierte und faktisch auch schriftlich fixierte *Aussage* oder *Sentenz* relevant ist: im Falle des Papstes, wo es sich meist um eine polemisch-defensive Abgrenzung handelt, eine verkündete Definition (Dogma), die nach römisch-byzantinischer Auffassung in der Kirche Gesetzeskraft erhält (vgl. U 118–120)[5].

Eine Neuformulierung desselben Satzes wird damit nicht ausgeschlossen (das ist für mich ebenso selbstverständlich wie für Lehmann). Freilich nach dem Vatikanum I unter der klaren Bedingung, daß «immer jener Sinn der heiligen Dogmen beibehalten wird, der einmal von der heiligen Mutter Kirche erklärt worden ist», von welchem man «nie unter dem Schein und Namen einer höheren Erkenntnis abweichen darf». Ein Fortschritt ist also möglich, aber nur als ein organisches «Wachstum» und «Entfalten», immer getreu nach Vinzenz von Lerin «im selben Dogma, im selben Sinn und im selben Satz (sententia), (D 1800). Also nach dem Vatikanum I nur eine andere verbale oder begriffliche Formulierung derselben Wahrheit, aber auf gar keinen Fall eine Korrektur, ein wirklich neuer Satz, eine andere Definition.

Von diesen Glaubenssätzen oder Definitionen also handelt das Vatikanum I. Es geht nicht einfach um den römischen Bischof als Person, sondern um ihn, «cum ex cathedra loquitur» oder «definiert»: wenn er ex cathedra spricht oder definiert (= Akt). Was spricht oder definiert er? Nach dem Konzil: «doctrinam de fide vel moribus ab universa Ecclesia tenendam», also eine von der

5 *Y. Congar* weist darauf hin, daß sich der Begriff der Unfehlbarkeit, als «immunitas ab errore» verstanden, «unmittelbar auf den *Inhalt* des Wortlauts, also auf die ausdrückliche Behauptung der Aussage oder auf das Urteil» bezieht (A 175). Auch sofern er den Begriff auf das Subjekt bezogen sehen möchte, meint er, H. Gouhier zustimmend, «ein redendes (!) Subjekt, und zwar immer dann, wenn diese Rede mit der Absicht zu lehren (!) geäußert (!) wird». So versucht Congar genau zu unterscheiden: «‹Unfehlbar› charakterisiert ein Subjekt – oder wie E. Jüngel sagt, eine ‹Instanz› – das eine Aussage macht, danach diese Aussage selbst, und in der Folge die ausgesagte Bedeutung oder das geäußerte Urteil» (A 176). Für die «Hörenden» wie auch für die späteren Generationen, so sei bemerkt, ist freilich das geäußerte (und normalerweise auch niedergeschriebene) Urteil am wichtigsten: der unfehlbare Glaubenssatz, der nur als promulgierter (iudicium sive decretum!) seinen Sinn und seine Verbindlichkeit haben kann.

ganzen Kirche festzuhaltende Lehre über Glauben oder Sitten (= Effekt des Aktes). Also geht es wesentlich um das Ergebnis des Aktes: die einzelnen Doktrinen, Lehren, Definitionen, Dogmen, ganz allgmein also die Glaubenssätze. Dies alles wird in der Unfehlbarkeitsdefinition selber in doppelter Weise bestätigt.

1. Dem Papst kommt dieselbe Unfehlbarkeit zu, die der Kirche zukommt; und hier heißt es wieder: «in definienda doctrina de fide vel moribus», welche lateinische Gerundivkonstruktion von Neuner-Roos im Deutschen völlig korrekt und seit Jahrzehnten unwidersprochen substantivisch mit «endgültigen Entscheidungen in Glaubens- und Sittensachen» wiedergegeben wird. Also wieder geht es um Definitionen, Glaubens- oder Sittensätze. 2. Der aus der Hauptformel als Konsequenz (ideoque) folgende Nachsatz, der von «diesen» oder «solchen» (huiusmodi) «Definitionen» spricht, bestätigt unwiderlegbar, daß es schon in der Hauptformel um (solche) «Definitionen» ging.

Ergo: Scheffczyk hat eindeutig gegen den Text interpretiert. Der Sinn des mit «ideoque» eingeleiteten Folgesatzes ist geradezu: Weil die Definitionen des ex cathedra sprechenden Papstes *unfehlbar* sind, *deshalb* (ideoque) sind sie auch *unabänderlich.* Infallibilität und Irreformabilität der Definitionen gehören für die Konzilsväter – wie schon für die frühesten Vertreter der päpstlichen Unfehlbarkeit im Hochmittelalter (vgl. B. Tierney o. S. 138–140) – zusammen. Die Irreformabilität der Definitionen erscheint immer als die Konsequenz ihrer Infallibilität. Zum Beispiel: Weil das Dogma von der leiblichen Aufnahme Mariens aufgrund des besonderen Beistandes des Heiligen Geistes nicht irrig sein *kann,* deshalb kann es auch nicht abgeändert werden. Weil es infallibel ist, ist es auch irreformabel, und zwar aus sich selbst, nicht aufgrund der Zustimmung der Kirche.

Braucht es für all dies im Grunde Selbstverständliche noch eine Bestätigung aus den *Konzilsakten*? Worauf zielt die Unfehlbarkeit? Nur auf den Akt? Eine solche «restriktive (oder besser: «kontrazeptive»!) Anwendung der Unfehlbarkeit» ist auf dem Vatikanum I unbekannt. Es ist nach der Glaubensdeputation völlig eindeutig: «Das Objekt der Unfehlbarkeit ist die Lehre über Glauben und Sitten»; genauer: «Wahrheiten (Plural!), die zur Lehre über Glauben und Sitten gehören»; ganz genau: «die zu definierenden Glaubensdogmen oder, was auf dasselbe hinauskommt, die zu verurteilenden Häresien» und die damit zusammenhängenden «Wahrheiten» (M 52, 1225 f.). Dabei «ist genau dasselbe zu bekennen vom Objekt der Unfehlbarkeit in den vom Papst herausgegebenen Definitionen wie vom Objekt der Unfehlbarkeit in den Definitionen der Kirche» (M 52, 1226 f.). In seiner Konklusion bezüglich der endgültigen Definitionsformel gibt Gasser für die Glaubensdeputation eine Erklärung, in welcher sogar der (von Scheffczyk und Lehmann vermißte) Ausdruck «unfehlbare Definitionen» wörtlich vorkommt: 1. Der Papst sei unfehlbar, wenn er unter den erklärten Bedingungen eine von der ganzen Kirche zu haltende Lehre «definiert, oder wie manche Theologen sagen, in einem definitiven und terminativen Satz (sententia!) vorlegt»; 2. das Objekt «dieser *unfehlbaren Definitionen*» (harum infallibilium definitionum!) sei «eine Lehre über Glauben oder Sitten» (M 52, 1227). Aber schon vorher in derselben authentischen Erklärung heißt es: «iudicia dogmatica Romani Pontificis sunt infallibilia» (M 52, 1215); «infallibili iudicio dogmatico» (ebd.), «decreta de fide ... infallibilia» (M 52, 1216)[6]!

Hätten unsere «Interpreten» ein wenig aufmerksam die Konzilsakten studiert, statt ihre privaten Neuinterpretationen kultiviert, hätten wir uns solche an sich überflüssige Diskussionen sparen können. Aber vielleicht ist nebenbei auch einmal an einem Beispiel deutlich geworden, mit welcher Behendigkeit aus offensichtlich apologetischem Interesse Theoreme und Distinktionen fabriziert werden können, die leider rascher aufgestellt als widerlegt sind, die sich dann aber bei genauem Zusehen doch als das erweisen, was sie sind: als Pseudoprobleme[7].

Versuch III: Der Satz «Aber das ist nun einmal die Lehre des Vatikanum I: Wenn der Papst nur will, so kann er alles auch ohne die Kirche» (U 84) gehört zu den vom Verfasser «bewußt zugespitzten Äußerungen ..., die man unter Voraussetzung der dargelegten Kenntnisse als falsch bezeichnen muß». So

6 Die erste, am 2. Mai der Glaubensdeputation vorgelegte Fassung des Zusatzkapitels über die päpstliche Unfehlbarkeit enthält den Satz von den «definitiones irreformabiles» nicht (M 53, 243). In der Sitzung vom 5. Mai schlagen verschiedene Mitglieder Ergänzungen mit dem Wort «irreformabilis» vor (M 53, 248 f.). Von der nächsten Fassung an (M 53, 250) steht es im Text. Doch von Anfang an gehören Infallibilität und Irreformabilität zusammen: «decreta sive iudicia errori vel reformationi (non) obnoxia» (M 53, 244). Die Betonung der Irreformabilität entsteht (in antigallikanischer Frontstellung) aus der Betonung des vollen, inneren und äußeren und unverzüglich zu leistenden Gehorsams (M 53, 243 f.) und setzt die Infallibilität voraus, wie aus der damaligen Relatio der Glaubensdeputation erhellt (vgl. M 52, 14). Hier ist auch die Rede von «decisiones infallibiles» und von der «infallibilitas decretorum» (ebd.) – Ob K. Lehmann angesichts des in diesem Abschnitt zusammengetragenen Materials von den «infalliblen Sätzen» erneut unbeschwert sprechen wird als von einem «bezeichnenden (!) Neologismus Küngs, den er sich mit den beschriebenen Tendenzen (!) selbst geschaffen hat» (A 364)?

7 Die neueste lehramtliche Bestätigung meiner Auffassung erhielt ich selber von der Kongregation für die Glaubenslehre in einem vom Papst persönlich approbierten Schreiben vom 12. Juli 1971 (vgl. F. Dokumentation 1). Die letzte der vier Fragen handelt «De sententiis (‹Sätze›) infallibilibus» und gipfelt in der Frage: «Fordert also nicht der Glaube, daß in den Symbola und Glaubensbekenntnissen von der Kirche unfehlbare Sätze (sententiae infallibiles) oder Definitionen (definitiones) vorgelegt werden?»

auch in seiner neuesten Stellungnahme Karl Lehmann (A 349), der schon in seiner ersten Besprechung den Satz kritisierte und ihn in seinem letzten Aufsatz als Beispiel für «eine solche Vereinfachung des Problems, die, wüßte man nicht um die *optima fides* und die wahrhaftige Sorge ihres Autors geradezu ‹demagogisch› genannt werden müßte» (ebd. vgl. 362). Im Gefolge Lehmanns ist dieser Satz auch von anderen aufgegriffen worden: ebenfalls ohne Gegenargumente von H. Mühlen (A 236) und A. Dulles (S. 427, B III), in fairer Auseinandersetzung von H. Fries (A 223 f.), W. Kasper (s. o. S. 79) und H. McSorley (S. 84 f, B III).

Sed contra est: Der inkriminierte Satz wird regelmäßig isoliert vom Kontext und den ihn erklärenden und begründenden Argumenten zitiert. Es ist auffällig (und auch ein wenig ärgerlich), wenn dem Verfasser in bezug auf das Vatikanum I Aussagen vorgehalten werden, auf die er sogar schon in «Strukturen der Kirche» eingegangen ist:

1. «daß für den Papst *keine absolute Unfehlbarkeit* in Anspruch genommen wird»: die Unfehlbarkeit des Papstes ist «in dreifacher Weise beschränkt»: in bezug auf das Subjekt, das Objekt, den Akt selber (U 82).

2. «daß der Papst nicht *von der Kirche getrennt* werden soll»: der Papst ist unfehlbar nur, «wenn er in seinem Amt als Lehrer aller Christen, also die ganze Kirche repräsentierend, urteilt und bestimmt, was von allen zu glauben oder zu verwerfen ist». Zugleich ist seine Unfehlbarkeit «auf den Hirtendienst an der Gesamtkirche ausgerichtet» (U 82 f.).

Zugleich aber wollen die Opponenten anscheinend nicht sehen, was nach der Konstitution des Konzils und dem offiziellen Kommentar der Glaubensdeputation zugleich wahr ist (vgl. U 84):

1. Nach dem Vatikanum I soll der Papst sein unfehlbares Lehramt in Hinordnung auf die Kirche zur Auferbauung, zum Nutzen und Frommen der Gesamtkirche gebrauchen (M 52, 1213). *Aber* der Papst allein kann in der konkreten Ausübung des Lehramts nach seinem Gewissen von Fall zu Fall bestimmen, was der Kirche nutzt und frommt (z. B. das Dogma von der Assumptio Mariens).

2. Nach dem Vatikanum I soll der Papst sorgfältig und überlegt vorgehen (M 52, 1214). *Aber* niemand kann ihn hindern, wenn er in der Ausübung seines Lehramtes eigensinnig und eigenmächtig vorgeht.

3. Nach dem Vatikanum I soll der Papst für eine Definition (und natürlich auch für andere Lehräußerungen) die geeigneten Mittel (Konzilien, Synoden, Rat der Bischöfe, Kardinäle, Theologen usw.) nutzen, um die Wahrheit richtig zu erforschen und angemessen zu formulieren. *Aber* von «Notwendigkeiten» (Fries A 222) darf hier gerade nicht geredet werden (vgl. M 52, 1213):

Der Papst allein befindet ohne jede Kontrolle darüber, ob, wann und wie er nach dem Gewicht der Sache diese «Mittel» gebraucht; «wir müssen fromm glauben», daß der Beistand des Heiligen Geistes auch dafür gilt (ebd.).

4. Nach dem Vatikanum I ist insbesondere eine Mitwirkung des Episkopates bei einer Definition nicht ausgeschlossen (M 52, 1213). *Aber* der Papst allein entscheidet, ob er sich der Mitarbeit bedienen und ob und inwieweit er sich daran halten will (M 52, 1216 f.).

Diese lehramtliche Stellung wurde vom Verfasser, doch offensichtlich zu Recht, als absolutistisch charakterisiert: «Nach dem Vatikanum I (und II) kann niemand den Papst an einem willkürlichen selbstherrlichen Vorgehen in Lehrfragen – unfehlbar oder fehlbar – hindern» (U 84). Nach den antimodernistischen Dokumenten und Pius' XII. Enzyklika «Humani generis» lieferte die Enzyklika Pauls VI. «Humanae vitae» die neueste Illustration für die obigen vier Gesichtspunkte. Ausdrücklich wurde vom Vatikanum I festgehalten, daß der Papst an die Offenbarung und an den Glauben der Kirche gebunden bleibt. Doch ist zugleich nach dem Vatikanum I völlig klar: Der Papst bestimmt in eigener Entscheidung und mit den ihm geeignet scheinenden Mitteln, was diese Offenbarung sagen will und was der wahre Glaube der Kirche ist (z. B. geoffenbart sei die Unbefleckte Empfängnis Mariens, ihre leibliche Aufnahme in den Himmel). Und als Schlußfolgerung aus dieser Analyse folgt der inkriminierte Satz: «Aber das ist nun einmal die Lehre des Vatikanum I: wenn der Papst nur will, so kann er alles auch ohne die Kirche» (ebd.).

Aufgrund der gegebenen und hier wiederholten Erklärungen ist vom inkriminierten (gewiß nicht unfehlbaren, aber wahren) Satz nicht das Geringste zurückzunehmen. Vielmehr läßt sich durch die ganze Unfehlbarkeitsdebatte des Vatikanum I hindurch aufweisen,

1. wie die gegen die Unfehlbarkeitsdefinition angehende Konzilsminorität alles versuchte, um dem Papst in seinem Vorgehen wirksam an die Kirche zu binden. So der Vorschlag des Wiener Kardinals Rauscher von der Minorität: «Der Nachfolger des heiligen Petrus, der sich des Rates der Gesamtkirche bedient und ihre Hilfe in Anspruch nimmt, kann nicht irren» (M 52, 730), oder der des genannten Kardinal Guidi von der Majorität: «nachdem er (der Papst) Nachforschungen bezüglich der Überlieferung der übrigen Kirchen angestellt und mit einer, je nach den Umständen größeren oder kleineren Zahl von Bischöfen Rat gepflogen, auch selbst die Sache geprüft und den Heiligen Geist angerufen hat» (M 52,746 f.);

2. wie alle diese Vorschläge, so weit sie eine Bedingung für eine Definition implizierten, von der Glaubensdeputation und von der Mehrheit abgelehnt

wurden: Guidi zog sich schon während der Rede heftiges Murren und Unterbrechungen zu und nachher von Pius IX. einen scharfen persönlichen Tadel, bei welchem das berühmte Wort gefallen sein soll: «La tradizione sono io – die Tradition, das bin ich»[8];

3. wie der infallibilistischen Konzilsmajorität alles darauf ankam, jegliche Zustimmung der Kirche als Bedingung für den definierenden Papst positiv auszuschließen: Deshalb im allerletzten Moment und unter Umgehung der Geschäftsordnung die Einfügung: «nicht aber kraft der Zustimmung der Kirche» (M 52, 1317 f.; vgl. 1217, 1262).

Wer die Akten des Vatikanum I kennt, fragt sich, wie es heutigen Interpreten überhaupt möglich ist, diesen entscheidenden Punkt zu übersehen oder zu überspielen, der schließlich für die Abreise der prominenten Minoritätsbischöfe verantwortlich war. Hier genau schieden sich doch auch nach der Glaubensdeputation die Wege: für die Majorität durfte ein Konsens, eine Zustimmung der Kirche zwar als «opportun» oder auch «relativ notwendig» oder wie immer, aber auf keinen Fall als «absolut notwendig» bezeichnet werden. Wie es Bischof Gasser klar und scharf formulierte: «In dieser strengen und bedingungslosen Notwendigkeit liegt der ganze Unterschied, der zwischen uns besteht, und nicht in einer Opportunität oder einer relativen Notwendigkeit, die völlig dem Urteil des römischen Bischofs, der die Umstände abwägt, zu überlassen ist. Diese kann somit in der Definition der dogmatischen Konstitution keinen Platz haben» (M 52, 1215).

Um auf unser Beispiel von den Mariendogmen zurückzukommen: «Es kann vorkommen», daß «in einem so schwierigen Fall» wie der Unbefleckten Empfängnis (oder der Assumptio) der Papst die Meinung der Bischöfe erfragt; «aber ein solcher Fall kann nicht als Regel statuiert werden» (Gasser, M 52, 1217). Letztlich ist dies «völlig dem Urteil des römischen Bischofs, der die Umstände abwägt, zu überlassen» (s. oben). Was also könnte den Papst zum Beispiel hindern, – selbstverständlich nach entsprechender Vorbereitung des Volkes (durch liturgische Gebete, Formulare, Feste, die Approbation von Wundern und Erscheinungen, durch päpstliche Dokumente verschiedener Art usw.) – die unbefleckte Empfängnis auch des heiligen Joseph (wie einige Verehrer in Kanada wünschen) zu definieren, wenn er sie ähnlich wie die der Jungfrau Maria in der Schrift und der Tradition begründet sieht? Das wird nicht geschehen, werden manche sagen. So haben manche vor der Definition

8 Vgl. *C. Butler–H. Lang,* Das Vatikanische Konzil (München [3]1933) 317; *R. Aubert,* Vaticanum I (Mainz 1965) 263; *H. Meyer,* Das Wort Pius IX.: «Die Tradition bin ich». Päpstliche Unfehlbarkeit und apostolische Tradition in den Debatten und Dekreten des Vatikanum I (München 1965).

der Assumptio Mariens auch gesagt. Nach der traditionell römischen Auffassung kann den Papst an einer solchen Definition nichts hindern, wenn er es als geoffenbart erkennt; da ist dem Papst, wie Karl Rahner immer wieder mit Recht betont, ein Blankoscheck gegeben. Es bleibt nur die Hoffnung auf den Heiligen Geist: «wir müssen fromm glauben» – «et pie debemus credere...» (M 52, 1213) [9].

Ergo: Der Papst ist an den «consensus Ecclesiae» gebunden. Aber dieser Konsens muß als gegeben vorausgesetzt werden, wo immer der Papst definiert. Auf keinen Fall darf er als *Bedingung* einer Definition gesetzt werden. Die Hinzufügung «nicht aber auf Grund des Konsenses der Kirche» schließt nicht nur – wie H. Fries behauptet – den «nachträglichen formalen Konsens» (A 225) aus, sondern – wie die Glaubensdeputation erklärt – jeglichen Konsens: «Nur setze man diesen Konsens nicht als Bedingung, und zwar weder den vorausgehenden noch den nachträglichen Konsens» (M 52, 1213 f.; vgl. 1217). Der von Pius IX. befürwortend an die Glaubensdeputation weitergegebene Brief Unbekannter, auf den die Einfügung «non autem ex consensu ecclesiae» im letzten Moment zurückgeht, hatte vorgeschlagen: «irreformabiles, quin sit necessarius consensus episcoporum sive antecedens, sive concomitans, sive subsequens» (M 52, 1262). So muß denn für alles «Vorgehen in Lehrfragen – unfehlbar oder fehlbar» der inkriminierte Satz im vollen Sinn aufrechterhalten werden: «Wenn der Papst nur will, kann er alles auch ohne die Kirche» (U 84).

Summa summarum: Ist das Vatikanum I besser als sein Ruf? Historisch gesehen geht es nicht an, für die Entwicklung des römischen Systems in den letzten 100 Jahren nur die sich anschließende römische Praxis oder eine einseitige römische Interpretation der Unfehlbarkeitsdefinition verantwortlich zu machen [10]. Es liegt entscheidend an der vom Großteil des damaligen Episkopats

9 Aufgenommen wird die Kritik des Verfassers durch *H. Bacht,* der die Rechtfertigung «der zur Diskussion stehenden ‹neuen› Lehre (etwa der Siebenzahl der Sakramente oder Leiblichen Aufnahme Mariens...)» durch die Berufung «letztlich auf die *formale* Autorität der Konzile (bzw. des definierenden Papstes)» mit Verweis auf U wie folgt kritisiert: «Damit wird aber notwendig der Eindruck erweckt, als sei das Lehramt – sobald es nur formgerecht (rite) aktiv wird – befugt, ‹Beliebiges› zu definieren, ohne daß irgend jemand in der weiten Welt seine Einwände machen dürfte» (S. 165, B IV).

10 Eine Untersuchung der Formel «ex sese, non autem ex consensu ecclesiae» von *H. Bour* für das Tübinger Unfehlbarkeitsseminar mit H. Fries, welches erfreulich konstruktiv verlief, bestätigt die Auffassung des Verfassers und kommt zum Schluß: «Wurde am Anfang die These erwähnt: ‹Das Konzil ist besser als seine Auswirkung und die sich anschließende Praxis›, so muß man am Schluß dieser historischen Überlegungen ernsthaft fragen, ob man diese These nicht genau umkehren und sagen muß: ‹Die bisherige Praxis ist besser als das Konzil›? Denn aufgrund des I. Vatikanum wurden den Päpsten nach 1870 viel mehr Möglichkeiten eingeräumt als sie in Wirklichkeit realisiert haben.»

gewollten Unfehlbarkeitsdefinition selber, welche, wie man sieht, der Verfasser nicht eskaliert, sondern genau nach dem Sinn und Buchstaben des Konzils interpretiert hat: ohne unnütze Verbesserung durch trügerische Verwässerung. Die «Anfrage» war also gut fundiert. Und in Rom sieben Jahre römisch erzogen und dann noch in vier Konzilsjahren römisch erprobt, wollte ich meinen römischen Lehrern, denen ich mich mein Leben lang in vielfacher Hinsicht zum Dank verpflichtet fühle, wenigstens darin Ehre machen, daß ich die römische Lehre korrekt römisch interpretiere und ihre lateinische Klarheit und Präzision nicht durch spekulative oder historische «brume nordiche» verneble. Ein «antirömischer Affekt» – mir wie andere Märchen zugeschrieben – liegt mir fern; dafür liebe ich Rom und die Römer zu sehr. Es geht in allen diesen Fragen um die innerkatholische Diskussion über das rechte Verständnis des Katholischen oder vielleicht sogar des Christlichen. Elementare Voraussetzung dafür ist, daß man dabei den Diskussionspartner so ernst nimmt wie sich selbst. Das gilt nicht nur bezüglich des Vatikanum I, sondern auch – worüber hier allerdings nur anhangsweise zu berichten ist – bezüglich des Vatikanum II und «Humanae vitae».

«Humanae vitae» und Vatikanum II

Da die bisherige Diskussion – außer die mit Rahner – zu diesem Fragenkreis kaum Neues ergeben hat, so können wir uns hier glücklicherweise kurz fassen. Was «*Humanae vitae*» angeht: Nachdem auch der Verfasser lange Zeit nicht gesehen hatte, daß es für Papst, Kurie und die römische Theologie überhaupt bei der Lehre über die Geburtenregelung nicht um das außerordentliche Lehramt (unfehlbare Definition eines Papstes oder eines Konzils), sondern um das ordentliche Lehramt, das alltägliche Lehren der Päpste und der Bischöfe geht, mußte er dafür Verständnis aufbringen, daß manche Theologen selbst nach dem langen einführenden Kapitel über das unfehlbare Lehramt und die Enzyklika «Humanae vitae» (U 25–50) noch immer nicht verstanden haben, um was es in dieser Frage geht. Um «die Aufbereitung von ‹Humanae vitae› zu einem im ‹römischen› Sinne unfehlbaren Dokument» – eine der zahlreichen Fehlinterpretationen Lehmanns (A 345) – geht es selbstverständlich nicht. Ähnlich haben auch Fries (A 220 f.), Mühlen (A 237), Breuning (S. 162 f., B III) und Semmelroth (A 199; zur Anwendung von can 1323 § 3 s. Exkurs 1b bezüglich Mühlen) nicht gesehen, daß es nur indirekt um die Enzyklika geht (weder «Casti connubii» noch «Humanae vitae» sind Definitionen ex cathedra), sondern um die in dieser Enzyklika bestätigte allgemeine, gewöhnliche «ordentliche» Lehre der Päpste und Bischöfe.

Richtig kommentiert Congar: «Küng spricht viel von der Enzyklika Humanae vitae. Manche haben sogar geglaubt, er mache daraus einen der Gegenstände seiner Kritik an der Unfehlbarkeit. Küng weiß aber sehr gut und sagt es auch (S. 47, 48, 111), daß dieses Dokument ausdrücklich ohne Unfehlbarkeitsanspruch präsentiert worden ist. Er weist ihm diese Stelle jedoch aus zwei Gründen zu: 1. Die Enzyklika habe in entscheidender Weise die gegenwärtige Krise des Vertrauens in das ‹Lehramt› herauskristallisiert. 2. Vor allem Paul IV. sei entschlossen gewesen, gegen die Ansicht der Mehrheit der Kommissionsmitglieder zu sprechen mit dem von der Minorität hochgehaltenen Argument: Sie können nicht anders entscheiden als Ihre Vorgänger. Demzugrunde läge also eine falsche Auffassung von der Unfehlbarkeit der Lehre der Päpste, wodurch ein Dokument in die Welt gesetzt worden wäre, das Küng aufs schärfste verurteilt» (A 194).

Die genannten Opponenten bringen auch an diesem Punkt keine Gegenargumente, sondern nur eine einfache Gegenbehauptung. Den betreffenden Abschnitt in der Antwort an Karl Rahner, der das im Buch Gesagte zusammenfaßt und zugleich verdeutlicht, können sie nicht gelesen haben; sonst wären solche ungeschützten Behauptungen nicht möglich. Ich meinerseits habe dem gegen Rahner Gesagten und von ihm nicht Widerlegten nichts hinzuzufügen [11].

11 Der Artikel des Rahner-Assistenten *E. Klinger* über «Die Unfehlbarkeit des ordentlichen Lehramtes» (A 274–288) zeichnet sich durch einen forschen Ton, aber nicht durch genauso forsche Argumente aus. Nach einer Darlegung der Lehre des Vatikanum I und II (A 275–278) beschäftigt er sich weithin mit Fragen, die nicht Fragen des Verfassers sind: insbesondere die moralische Frage nach der schweren sittlichen Verpflichtung in Glaubensdingen (A 279 f.) und mit Sondermeinungen von Einzelgängern wie Vacant und Salaverri über eine Unfehlbarkeit des *ordentlichen päpstlichen* Lehramtes (A 281–284), die auch innerhalb der Schultheologie keine Gefolgschaft gefunden haben und die ich selbstverständlich auch nicht vertrete oder auch nur behandelt habe. Das wenige, was Klinger zu der hier anstehenden Frage der Unfehlbarkeit des ordentlichen Lehramtes des *Gesamtepiskopats* (mit dem Papst) sagt, schließt sich an Rahner an und ist am entscheidenden Punkt im Konziltext selbst nicht begründet. Das ordentliche = alltägliche Lehramt der über die Welt zerstreuten Bischöfe wird faktisch dem außerordentlichen gleichgestellt, wenn Klinger behauptet: «Zu einer unfehlbaren Äußerung (?) im Sinne des II. Vatikanums braucht es die Stellungnahme (?) des Kollegiums (?)» (A 280, vgl. 284 f., wo bezüglich «Humanae vitae» ebenfalls unbegründet eine «qualifizierte Stellungnahme» des Gesamtepiskopats gefordert wird). Im Hinblick auf die bekannte Interpretationskunst Rahners wird der Leser sofort hellhörig, wenn dieser eine Interpretation wie folgt einleitet: «Wenn man sich der inneren Logik (?) der vorgetragenen (?) Lehre in ihrem Zusammenhang mit Artikel 22 unbefangen (?) überläßt (?), muß man sagen, daß hier der Sache (?) nach der unfehlbare Akt (?) des ordentlichen Lehramtes des Gesamtepiskopats als actus stricte collegialis (?) vorausgesetzt (?) wird». Kommentar zu «Lumen gentium» Art. 25, in LThK Ergänzungsband I (1966) 236. – Der von Rahner ebenfalls in seinen Sammelband aufgenommene Beitrag von *K. J.*

So bleibt denn für die Verteidiger der Unfehlbarkeit im römischen Sinn die unbequeme Tatsache: Auch wenn die (für einen Großteil der Kirche und auch für mich irrige) Enzyklika «Humanae vitae» keine unfehlbare *Definition* ist, so sind nach römischer Auffassung (und dies ist die Auffassung des Papstes) «die Aussagen (!) der Enzyklika als sachlich (!) unfehlbar und einem Dogma gleichrangig zu betrachten» (Ratzinger A 102)[12]. Genauer würde ich im Anschluß an meine Antwort an Rahner formulieren: Das bedauerliche Festhalten an der Unsittlichkeit der «künstlichen» Empfängnisverhütung erscheint als stringente Konsequenz der römischen Auffassung vom Lehramt, seiner Autorität, Kontinuität, Traditionalität und Universalität, ja – damit im

Becker, Der Unterschied von Bischof und Priester im Weihedekret des Konzils von Trient und nach der Kirchenkonstitution des II. Vatikanischen Konzils. Rückläufige oder fortschreitende Dogmenentwicklung? (A 289–327) führt in seiner Trient-Exegese bezüglich der in unserem Kontext zweitrangigen Frage des Unterschieds von Bischof und Priester zu weit von unserem Thema ab, als daß wir auch noch darauf eingehen könnten. Es wird Gelegenheit geben, auf die Sachfragen selber zurückzukommen. Als der ursprüngliche Verfasser jener beiden bischöflichen Interventionen, die in der Kirchenkonstitution des Vatikanum II (Art. 18 und 26) zu den von Becker behandelten folgenreichen Modifikationen der Kanones 6 und 7 des tridentinischen Weihedekretes (D 966 f.) führten, kann ich Becker den Vorwurf ungebührlicher Harmonisierung leider nicht ersparen. Es geht hier nicht nur um ein «Über-Trient-Hinausgehen» im Sinne einer harmlosen harmonischen «Weiterentwicklung» und «Erweiterung» (vgl. A 318 f., 323, 325 f.), sondern um echte Korrekturen.

12 Zu diesem nachkonziliaren Zeugen ein unverdächtiger aus der vorkonziliaren Zeit, der nur das ausdrückt, was damals allgemein gelehrt wurde und heute noch in Rom – von der Lehramtsauffassung des Vatikanum II bestätigt – gelehrt wird: «Dieser Ausspruch (bezüglich der Unsicherheit antikonzeptioneller Mittel) ist freilich kein Ausspruch ex cathedra, sondern ein Lehrsatz des ‹ordentlichen Lehramtes›. Dennoch bestimmte das Vatikanum I, daß dasjenige, was einstimmig vom Weltepiskopat in Glaubensgemeinschaft mit dem Papst gelehrt wird, unfehlbar ist. Natürlich ist es nicht leicht auszumachen, inwiefern diese Einstimmigkeit faktisch da ist. Deshalb fügt das kanonische Recht hinzu, daß diese Einstimmigkeit sich auf jeden Fall manifest herausstellen muß, sonst darf man eine vermutliche Einstimmigkeit nicht als unfehlbar, und folglich unwiderruflich, betrachten. Wenn auch rein juristisch gesehen eine gewisse Möglichkeit vorhanden ist, daß wir es noch nicht mit einer einstimmigen Lehre des katholischen Weltepiskopates zu tun haben (dies jedoch scheint mir eine hyperkritische Fiktion: auf der ganzen Welt haben katholische Bischöfe – einige Kirchenprovinzen und einige Diözesen ausgenommen – sich in ihren Bistümern in diesem Sinn ausgesprochen, sogar dann, wenn sie innerlich vielleicht noch nicht mit dem Problem fertig waren), so stehen wir faktisch doch vor einer einstimmigen Lehre des Weltepiskopates, so daß es hier *keinen Weg zurück gibt*. Übrigens ist es undenkbar, daß in einer so lebenswichtigen Frage die Kirche sogar in ihrer nicht-unfehlbaren Lehrgewalt tatsächlich irren würde: in solch einer Lebensfrage kann der Heilige Geist die Kirche nicht im Stich lassen, sonst kann sie unmöglich ihren Titel «magistra vitae» wahrmachen. Auf diesen Ausspruch gibt es folglich keinen Regreß. In diesem Sinne ist jede Erwartung einer Abänderung des katholischen Standpunktes theologisch und sittlich unverantwortlich.» *E. Schillebeeckx*, Das Naturgesetz im Zusammenhang mit der katholischen Eheauffassung, übersetzt aus dem Jaarboek 1961 (erschienen 1963) der Arbeitsgemeinschaft katholischer Theologen in den Niederlanden, S. 25.

Zusammenhang – seiner Infallibilität und Irreformabilität. Die gemeinsam von den Päpsten und vom Gesamtepiskopat als definitiv verpflichtende Sittenlehre verteidigte und von «Humanae vitae» nur bestätigte Lehre – vielleicht doch so etwas wie ein «unfehlbarer Fehler»? Das wäre ein Anlaß zum ernsten Überlegen nicht nur über «Humanae vitae»!

Auf ein verräterisches Phänomen in diesem Zusammenhang sei hingewiesen: Die von mir in ihrer schwerwiegenden Problematik ausführlich behandelte Unfehlbarkeitslehre des Vatikanum II (vgl. U 54–69) ist meines Wissens überhaupt von keinem prominenten katholischen Theologen (Rahner ausgenommen) ernsthaft aufgegriffen worden,[13] selbst nicht von den damals in Rom mitanwesenden Konzilsberatern.[14] Fühlt man sich da nicht ganz sicher? Der Satz der Kirchenkonstitution (Art. 25,3) über die Unfehlbarkeit des Episkopats ist doch nicht weniger problematisch als der des Vatikanum I über die Unfehlbarkeit des Papstes, und steht nun einmal da. Bisher hat jedenfalls niemand bewiesen, warum dieser Satz nicht auf die – zumindest vorkonziliare – Lehre von der Unsittlichkeit der «künstlichen» Geburtenregelung zutrifft: «Wenn sie (die einzelnen Bischöfe) in der Welt räumlich getrennt, jedoch in Wahrung des Gemeinschaftsbandes untereinander und mit dem Nachfolger Petri authentisch in Glaubens- und Sittensachen lehren und

13 Deutlich wird das Problem gesichtet vom amerikanischen Exegeten *R. E. Brown:* «Küng is right in detecting serious problems in relation to the ‹ordinary magisterium› of the Church. He claims to have shown the fallibility of this magisterium in terms of the *Humanae vitae* ‹mistake›. Rahner may be right in arguing that Küng's prime example is not a good one, for it is hard to be sure that the majority of Catholics have rejected the encyclical. Nevertheless, in the next few years we shall see theological challenges to what were hitherto considered infallible positions of the ordinary magisterium on topics even more sensitive than birth control, e. g. the virginal conception of Jesus. What value does consistent and unanimous teaching have in an instance when only in our times have Christians had serious and scientific reasons to question a particular doctrine? That is a crucial question» (S. 72, B IV).

14 Bischof *B. C. Butler* macht einen Versuch, indem er sich «eine größere Manövrierweite» zu verschaffen sucht durch die freilich nicht gerade verheißungsvolle Feststellung, daß es nie eine feierliche *Definition* gegeben habe, daß das ordentliche Lehramt diese Unfehlbarkeit besitze: «The fact is that the *ordinary* magisterium has affirmed *its own* infallibility. In so doing, was it infallible? Is there not a risk of a vicious circle to the claim?» (S. 375, B III). In der Tat scheint mir hier ein circulus vitiosus vorzuliegen (vgl. auch S. 374: «The Church believes in her own infallibility»). Er wird auch nicht durch den Verweis auf das altkirchliche Verständnis und das Konzil von Nikaia (wie wir noch sehen werden) aufgesprengt. Richtig bemerkt Butler überdies, daß nach den Erfahrungen der Geschichte das ordentliche Lehramt kaum ein Kriterium von ausreichender Genauigkeit sei für exakte Unterscheidungen in Lehrfragen. Was Butler als das eine sehr wertvolle Element in der Lehre von der «infallibility (or reliability) of the ordinary magisterium» sieht, liegt mehr auf der Linie der von uns bestimmten Indefektibilität (trotz aller Einzelirrtümer) als auf der der Satzinfallibilität: «the faithful can be sure that the episcopal college throughout the world is not leading them fundamentally astray» (S. 375).

eine bestimmte Lehre übereinstimmend als endgültig verpflichtend vortragen, so verkündigen sie auf unfehlbare (!) Weise die Lehre Christi» (zit. U 57)[15].

Meine Analyse hatte selbstverständlich nicht den Sinn, die für den Großteil der Katholiken falsche Lehre der Enzyklika zu verteidigen, sondern vielmehr zu einer kritischen Untersuchung ihrer Basis, der Lehre vom kirchlichen Lehramt, aufzurufen, die nach den viel zu wenig ernstgenommenen Aussagen des Papstes selber die Grundlage für seine negative Entscheidung bildet.[16] Aber wie immer: Die Untersuchung der Grundlagen von «Humanae vitae» ist nur die Ouvertüre, die schon alle Themen – reizvoll, wie der Verfasser meint – anklingen läßt.[17] Der Vorhang wird im Buch erst nachher hochgezogen, und die sich wegen obligater Verspätung oder unvorhergesehener Hindernisse erst jetzt auf ihre Plätze schleichen, bekommen noch durchaus das Ganze mit. Oder ohne Bild gesprochen: Auch wer die Auffassung des Verfassers von der faktischen Unfehlbarkeit der in der Enzyklika bestätig-

15 Bestätigt wird der Verfasser bezüglich «Humanae vitae» und der unfehlbaren Lehre des ordentlichen Lehramtes von einem so hervorragenden Kenner der römischen Theologie und Situation, dem Konzilssperitus und Mitarbeiter der Theologischen Konzilskommission *H. Schauf*: «Küng zeigt in einem recht guten 6. Abschnitt, bei dem nur wenige Sätze nicht gefallen können, ‹warum der Papst nicht überzeugt wurde› (U 41 ff.). Es lag an der Wertung, die Paul VI. dem ordentlichen Lehramt und seinen Aussagen glaubte zuerkennen zu müssen. Die Frage nach der Unfehlbarkeit des kirchlichen Lehramtes muß angegangen werden.» Mit dem Verfasser setzt Schauf offensichtlich voraus, «diese Lehre werde als eine sicher feststehende unfehlbare des ordentlichen Lehramtes angesehen.» Schauf verteidigt denn auch diese Lehre mit größtem Nachdruck als wahr (S. 166 f., B III). Ähnlich von römischer Seite *P. C. Landucci* (S. 1297, B III) und *G. de Rosa* (S. 228, B III). Konservative Katholiken haben sich öfters mit Genugtuung über die ehrliche, unzweideutige Position des Verfassers bezüglich der Autorität von «Humanae vitae» ausgesprochen. So zum Beispiel *W. H. Marshner*: «The only way to escape the teaching – Küng ist honest enough to see it – is to reject the whole magisterial system» (S. 8, B III). Umgekehrt ärgert sich der Spanier *D. Fernández* darüber, daß katholische Theologen, welche die Lehre der Enzyklika als unfehlbare Lehre ausgeben, die Argumentation des Verfassers bestätigen: «El que algunos teólogos propongan la doctrina de la ‹Humanae Vitae› como verdad infalible, ha proporcionado a Küng un argumento fácil para su tesis» (S. 850, B III).

16 Der amerikanische Theologe *B. Cooke* bestätigt: «While ‹Humanae vitae› did not by itself push the question of infallibility (and the broader question of magisterial teaching) to the forefront of current theological discussion, it certainly did make clear that Roman Catholic theologians can no longer postpone a throughgoing confrontation with the problems arising from Vatican I's teaching.» (J 867). Nach Cooke ist die Frage nicht mehr: «With what degree of inerrancy can those occupying certain ecclesiastical offices teach Christian doctrine?» Sondern vielmehr: «To what extent, if at all, can anyone in the Church *by virtue of holding an official position* teach authoritatively about the faith?» Die Frage kann nicht umgangen werden: «what basis is there for the claim that some persons have authority *in the realm of knowledge* simply because they hold an office?» (J 867 f.).

17 Man begreift *McSorleys* beschwörende Abwehr: «A serious ecumenical-theological inquiry into the problem of infallibility should *never* begin with the encyclical ‹Humanae vitae›!» (S. 82, B III).

ten Lehre nicht meint teilen zu können – das Problem der Unfehlbarkeit stellt sich auch ohne «Humanae vitae» direkt vom Vatikanum II und besonders vom Vatikanum I her, wie ja auch die vorgeschlagene Lösung des Verfassers auf eigenen Beinen steht. Und man fragt sich unter diesen Umständen mit Spannung, wie denn das vielkommentierte große Fragezeichen auf dem Umschlag beantwortet wurde.

IV. DIE GRUNDLEGENDE ÜBEREINSTIMMUNG

Die Intensität der Auseinandersetzung – solange sie fair bleibt, durchaus zu begrüßen – darf nicht darüber hinwegtäuschen, daß zwischen dem Verfasser und seinen Opponenten eine sehr weittragende grundlegende Übereinstimmung besteht. Und so liegt denn die Forderung von Magnus Löhrer nicht nur «im Interesse der Sache», sondern entspricht auch den Wünschen des Verfassers, daß «die Phase polemischer Auseinandersetzung durch eine Phase sachlichen Gesprächs abgelöst wird» (s. o. S. 91). Nachdem der Verfasser in seinem Theologenleben noch nie gegen einen Kollegen das Kriegsbeil von sich aus ausgegraben hat, ist es ihm nur zu lieb, wenn er es auch wieder begraben darf. Und so soll denn zur Pazifizierung der theologischen Szene keine Anstrengung gescheut werden, um im Hinblick auf ein künftiges Einverständnis die grundlegende Übereinstimmung herauszuarbeiten, die ihn selbst mit seinen schärfsten Opponnten schon jetzt verbinden dürfte. Nachher muß dann freilich noch einmal der eigentliche Kontroverspunkt scharf ins Auge gefaßt werden, aber auch dies nur, um in einem letzten Kapitel in unpolemischer Weise den Standpunkt des Verfassers in einigen Konsequenzen positiv klärend darzustellen.

Bei der Herausarbeitung der Übereinstimmung kommt es nicht darauf an, jeden Punkt bei jedem Autor zu belegen; der Belege wie der Fußnoten sind ja in dieser Bilanz, wiederum wegen notwendiger Verteidigung, schon zu viele. Es kommt jedoch hier darauf an, einige charakteristische Stellungnahmen anzuführen, die meines Erachtens die Zustimmung aller Kombattanten finden könnten.

Das Faktum des irrenden Lehramtes

Jedermann weiß, daß vor dem Vatikanum II katholische Theologen nur äußerst ungern – und oft bedroht mit Sanktionen – einen Irrtum des Lehramtes etwa in päpstlichen Enzykliken oder Ansprachen öffentlich zugaben.

Man erinnere sich an die Situation nach der Enzyklika Pius' XII «Humani generis». Das Konzil hat uns alle freier gemacht, und die nachkonziliare Entwicklung kritischer. Die Enzyklika «Humanae vitae» – wie immer man ihre lehrmäßige Autorität einstuft – war für manche ein grausames Erwachen. Selbst Bischofskonferenzen sahen sich unter dem Druck der öffentlichen Meinung in der Kirche und in der Gesellschaft gezwungen, Stellung zu nehmen und anders Stellung zu nehmen als der Papst, wobei sie es freilich auch hier möglichst umgingen, einen Irrtum oder auch nur einen möglichen Irrtum des Papstes öffentlich einzugestehen. Dies taten manche Theologen und Seelsorger, mußten aber dafür in gewissen Diözesen kirchliche Disziplinarmaßnahmen (Absetzung, Suspension usw.) in Kauf nehmen.

Die Unfehlbarkeitsdiskussion nun hat einen Rückzug auf gewisse minimale Positionen ergeben. Noch nie hat man wohl in der katholischen Theologie seit der Reformation – zum Teil einfach in der Defensive, um zumindest einige wenige unfehlbar wahre Sätze retten zu können – so deutlich vom möglichen und faktischen Irrtum nicht nur in der Kirche im allgemeinen, sondern auch im kirchlichen «Lehramt», ja insbesondere bei den Organen «unfehlbarer» Lehrentscheidungen gesprochen (Papst, Episkopat, ökumenisches Konzil). So dürfte denn eine charakteristische Stellungnahme wie die von O. Semmelroth, der im übrigen durch seinen ganzen Artikel hindurch mit hoher Vornehmheit und Sachlichkeit im traditionellen Sinn für die Möglichkeit unfehlbarer Sätze eintritt, auch die Zustimmung meiner übrigen Opponenten finden: «Einmal kann keiner, der objektiv die Geschichte der Kirche betrachtet, leugnen, daß sie als ganze und daß auch jene Instanzen in ihr, die nach ihrem Selbstverständnis als Organe unfehlbarer Lehrentscheidungen gelten, nämlich der Papst und die ökumenischen Konzilien, sowie der Gesamtepiskopat in der tagtäglichen Ausübung der Glaubensverkündigung, soweit sie einheitlich geschieht, im Laufe der Geschichte oft genug Irrtümer verkündigt haben. Ebenso wenig aber kann daran gezweifelt werden, daß die gleiche Kirche mit diesen Organen amtlicher Verkündigung diese Irrtümer überstanden, korrigiert und immer wieder ins Ganze der Offenbarungswahrheit integriert hat» (A 201).

Darüber also dürfte in der katholischen Theologie heute ein Konsens zu erreichen sein mit der kleinen, aber wichtigen Einschränkung, daß die Kirche samt ihren amtlichen Organen die Irrtümer zwar (mit nicht geringen Kosten!) «überstanden» hat (für den glaubenden Menschen eine Manifestation ihrer Indefektibilität), aber doch sicher nicht *offen und ehrlich* «korrigiert» und sie *ausreichend und offiziell* «immer wieder ins Ganze der Offenbarungswahrheit integriert hat». Doch dies tut hier nichts zur Sache gegenüber der Grundaussage bezüglich des Faktums des Irrtums im kirchlichen «Lehramt», das, wie in meiner Antwort festgehalten, heute auch sehr freimütig von Karl Rahner und jetzt in Rahners Sammelband mit mehr oder weniger Deutlichkeit von den verschiedenen Autoren zugegeben wird (vgl. auch R. Schwager s. o. S. 165 f., B. Tierney s. o. S. 122 f.). Konkrete Illustrationen der «realen Dimensionen der päpstlichen Unfehlbarkeit» – von den immer wieder neu diskutierten «klassischen Fällen» wie Honorius I. u. a. abgesehen – bot neuerdings mit feinem französischen Humor Dom P. De Vooght [1], welcher mit Zustimmung Congars (A 184) einen ganzen Katalog von päpstlichen (und konziliaren) Irrtümern (bis zur vergnüglich zu lesenden Heiligsprechung eines legendären Johannes Nepomuk) präsentiert. Aufschlußreich in diesem Zusammenhang ist auch der Aufsatz von H. Stirnimann, der sich mit dem «Material» der Irrtümer auseinandersetzt (S. 481–489, B III). Viel weniger apologetisch nimmt der Herausgeber des «Journal of Ecumenical Studies», der katholische Theologe L. Swidler, von den Widersprüchen in der kirchlichen Lehrtradition Kenntnis (J 755–759). Das alles macht Hoffnung: Wird nicht manches in der katholischen Theologie und Dogmengeschichtsschreibung anders und besser aussehen, wenn man in Zukunft ganz öffentlich und ehrlich von den Irrtümern auch des kirchlichen Lehramtes – überall dort, wo sie nun einmal festzustellen sind – reden uns schreiben darf aus dem gläubigen Vertrauen heraus, daß wir auch sie «überstehen» werden?

Skepsis gegenüber Begriff und Praxis der Unfehlbarkeit

Wir haben gehört, wie H. Fries seinen ganzen so bemerkenswerten Beitrag unter den Titel «Das mißverständliche Wort» gestellt hat und er klar für das Aufgeben und Ersetzen des Wortes «Unfehlbarkeit» durch «Wahrheit» und «Verbindlichkeit» plädiert. Auch wer nicht so weit gehen möchte, wird heute, nachdem die Problematik in ihrer ganzen Tiefe aufgebrochen ist, seine «Skepsis gegenüber dem Begriff ‹unfehlbar›» nicht mehr verbergen. Es ist wiederum der Vertreter der traditionellen Unfehlbarkeit bestimmter kirchlicher Sätze O. Semmelroth, der unter diesem Titel der theologischen Mißverständlichkeit und Vieldeutigkeit des Begriffs einen Abschnitt widmet und der wie auch Fries aufmerksam macht auf das Unverständnis, dem dieser Begriff in der Öffentlichkeit unausrottbar immer wieder aufs neue begegnet. (Wie etwa soll jenen Nachfolgern auf dem römischen Bischofsstuhl in gewis-

1 *P. de Vooght,* Les dimensions réelles de l'infaillibilité papale, in: L'Infaillibilité. Son aspect philosophique et théologique, hrsg. von E. Castelli (Paris 1970) 131–158.

sen Jahrhunderten, welche Historiker als Abenteurer und Verbrecher beschreiben, das Charisma der Unfehlbarkeit zugeschrieben werden können: ob sich der akademische Theologe mit all seinen Unterscheidungen über diese Art sehr «populären» Argumentierens genügend Rechenschaft gibt?). So scheint denn niemand im ganzen Rahnerschen Sammelband mit dem Begriff der Unfehlbarkeit wirklich glücklich zu sein. Und auch außerhalb des Rahner-Bandes: Bedenken melden an zum Beispiel A. Dulles (S. 428, B III), E. Schillebeeckx (in: C), G. Thils (in: C), D. Fernández (S. 849, B III), E. McDonagh (S. 800 f., B IV), H. McSorley (S. 94, B III), J.-P. Jossua (aaO S. 54). Der Unfehlbarkeitsenthusiasmus des letzten Jahrhunderts ist heute selbst in Rom verflogen. Niemand kam denn auch bisher auf die Idee, die gegenwärtige Verwirrung in der katholischen Kirche mit Hilfe einiger unfehlbarer Definitionen zu lösen. Ja, mehr denn je ist fraglich, ob nach den Erfahrungen des Vatikanum II und der nachkonzilaren Zeit die Unfehlbarkeit des Papstes heute überhaupt unfehlbar definiert würde, wenn sie nicht schon unfehlbar definiert worden wäre.

So ist denn wohl das Mindeste, was alle Opponenten auch des Rahner-Bandes unterschreiben dürften, dieses, daß man es angesichts der unbestreitbaren Irrtümer der Geschichte als «ein Erfordernis der Wahrhaftigkeit und der Ehrenhaftigkeit» betrachtet, «ernsthaft den Gebrauch der Kategorie ‹unfehlbar› einzuschränken, ohne Bagatellisierung wie auch ohne Überbewertung, und dann aber mit größerer Selbstverständlichkeit Begriffe zu benutzen, die für das Ganze des kirchlichen Lebens wie für die Tätigkeiten des Lehramts in gleicher Weise zutreffen. Es handelt sich hier um weiter gefaßte Begriffsbildungen, die sich weniger zur Formulierung von ‹Thesen› juristischer Art eignen, wie man sie in den Lehrbüchern der Zeit zwischen Pius IX. und Johannes XXIII. findet. Vielmehr sind sie geeignet, das Bemühen der Kirche, in der Wahrheit und auf eine vollkommenere und reinere Wahrheit hin unter den Bedingungen der vollen Geschichtlichkeit zu leben, auszudrücken, Bedingungen, die identisch sind mit ihrer pilgernden und kämpfenden Verfaßtheit» (Y. Congar A 185).

Hinter den Tendenzen, den *Begriff* wegen seiner Mißverständlichkeit und weitgehenden Unverständlichkeit einzuschränken oder gar zu ersetzen, stehen die von Congar angedeuteten schlichten *praktischen* Erfahrungen mit der – sich auch sonst gern mit der Aura der Unfehlbarkeit umkleidenden – päpstlichen Autorität. Es ist nicht erneut auf die Geschichte des doktrinären Autoritarismus von den Modernismuswirren über «Humani generis» bis «Humanae vitae» einzugehen. Wir haben die beredten Klagen Lehmanns über den Zentralisierungsprozeß im zweiten Jahrtausend gehört, der denn auch klar «eine heute theologisch notwendige ‹Relativierung› (d.h. eine Befreiung aus einer zu engen, isolierten Deutung, positiv: ein Hineinstellen in weitere Bezüge) des kirchlichen ‹Lehramtes›, so wie es in Theorie und Praxis der Neuzeit sehr oft verstanden und ausgeübt wurde» (A 342 f.), fordert. Auch diese Kritik an der praktischen Handhabung der päpstlichen Unfehlbarkeit dürfte heute von allen Opponenten grundsätzlich geteilt werden. Selbst in Rahners Band findet man allenthalben die Kritik an der «einseitigen Interpretation», «Übertreibung», dem «praktischen Mißbrauch» des päpstlichen Lehramtes seit dem Vatikanum I, die nach den Darlegungen des Verfassers allerdings schon in der Definition des Vatikanum I selber angelegt ist.

Dazu kommt die weitverbreitete Einsicht, daß die Unfehlbarkeitsdefinition die Erwartungen der Majorität des Vatikanum I nicht erfüllt, sondern sich praktisch als mehr oder weniger unnütz erwiesen hat. Der amerikanische Jesuit Richard P. McBrien, der in seiner These I zur päpstlichen Unfehlbarkeit ebenfalls auf das häufige Mißverständnis des Begriffs hinweist, gelangt in These IV bezüglich des «Charismas, das nie (oder nur in einem weithin irrelevanten Bereich wie im Dogma der Assumptio) gebraucht wurde» zum unmißverständlichen Resultat: «Es scheint nicht, daß die Sendung der Kirche die päpstliche Unfehlbarkeit im Sinne des Vatikanum I nötig hat. Der außerordentlich seltene Gebrauch dieses Charismas ist ein Zeichen seiner relativen Unwichtigkeit und sogar Nutzlosigkeit» (S. 37. 51–53, B III). Rahner geht sogar so weit, daß er wegen der allzu verschiedenen Interpretationsmöglichkeit unfehlbarer Definitionen für die Zukunft überhaupt keine Möglichkeit mehr für unfehlbare Definitionen sieht. Wie immer: Es dürfte heute in der katholischen Theologie zumindest darüber Einigkeit zu erzielen sein, worauf insbesondere Mühlen (A 257), aber auch McBrien (S. 36 f., 56 f. B III) Wert legen, daß die päpstliche Unfehlbarkeit in der «Hierarchie der Wahrheiten» einen sehr niedrigen Rang einnimmt und an den Rand des Glaubensbewußtseins gerückt erscheint.

Die Indefektibilität trotz aller Irrtümer

Vielleicht ist es das wichtigste Resultat der gesamten Unfehlbarkeitsdebatte, daß die *positive* These des Verfassers – wenn man von der umstrittenen Negation *unfehlbar* wahrer Sätze absieht – breite Zustimmung gefunden hat: Indefektibilität der Kirche im Sinne eines Bleibens in der Wahrheit trotz aller unbestreitbaren Irrtümer.

Im Lauf der Diskussion ist man neu auf «die Priorität der Indefektibilität gegenüber der Infallibilität» (Sartori A 93) aufmerksam geworden. Man will ernstnehmen, «daß der Geist der Wahrheit an erster Stelle der ganzen Kirche verheißen und anvertraut ist» (Schnackenburg A 145). Wenn überhaupt noch von einem «unfehlbaren» Lehramt geredet werden soll, dann muß «die Indefektibilität der Gesamt*kirche* (nicht bloß des Bischofskollegiums mit dem Papst)... der unerläßliche Kontext» sein (Lehmann A 342). Sehr viel deutlicher spricht auch hier O. Semmelroth: «Darin haben wir auch wieder Küng zuzustimmen, daß die Kirche kraft göttlichen Charismas eine Indefektibilität in der Wahrheit besitzt, die auch durch viele Irrtümer, die im Offenbarungsverständnis der Kirche als ganzer oder auch in der Verkündigung ihrer amtlichen Zeugen geschehen sind, weder im extensiven noch im geschichtlich kontinuativen Ganzen zerstört wird» (A 201). Ebenso klar sagt G. Thils: «Die Kirche wird in der Wahrheit bleiben trotz ihrer Irrtümer. Das ist ohne Zweifel eine fundamentale Lehre des katholischen Glaubens» (S 95, B III). Positiv äußern sich des weiteren G. Baum (S. 5, B III), D. Fernández (S. 850, B III), J.-P. Jossua (aaO S. 54), R. McBrien (S. 36 f., B III), P. McGrath (S. 640–642, B III), E. McDonagh (S. 800 f., B IV) [2].

Am schönsten hat es wohl wiederum Y. Congar – mit Verweis auf viele katholische Autoren – ausgedrückt: «Indefektibilität meint Unzerstörbarkeit des Glaubens, auf dem und durch den die Kirche aufgebaut ist. Sie erlaubt ein zögerndes Sich-vorwärts-Lavieren, sogar eine Art Zickzack-Kurs, wie es uns die Geschichte zeigt. Sie gestattet Verdunklungen, partielles oder momentanes Vergessen, ja teilweise oder zeitweilige Irrtümer. Indem man diese Dinge heute mehr erkennt und berücksichtigt, kann man nicht mehr optimistisch und naiv von einer ‹Dogmenentwicklung› im Sinne eines kontinuierlichen Wachstums sprechen» (A 186). In diesem Sinne möchte Congar heute anders als früher den Vorschlag eines jener von mir zitierten orthodoxen (und von Ratzinger A 100 als «slawophil» abqualifizierten) Theologen positiv aufnehmen, daß die Unfehlbarkeit für die Kirche eine «Aufgabe» sei, das eschatologische «Ziel», auf das hin der Herr durch den Heiligen Geist das Volk Gottes «durch so viele Schwachheiten hindurch in der Wahrheit leben lassen» kann (A 188). Mit Recht bezieht sich Congar schließlich auf den meines Wissens von ihm selber redigierten Passus der Kirchenkonstitution (Nr. 9), der allerdings im Hinblick auf die «Prüfungen und Trübsal» des

2 Dasselbe meint auch *E. Schillebeeckx* «ondanks» anderer Formulierung: «Er is dan ook niet een indefectibiliteit ondanks zwakheid, of in automatisch bezit, maar alleen in en door een altijddurende hernieuwing in geloof, hoop en liefde; en deze ‹metanoia› kent haar historische ups and down» (in: C).

Irrtums verdeutlicht werden müßte: «Auf ihrem Weg durch Prüfungen und Trübsal (und Irrtum!) wird die Kirche durch die Kraft der ihr vom Herrn verheißenden Gnade Gottes gestärkt, damit sie in der Schwachheit des Fleisches nicht abfalle von der vollkommenen Treue, sondern die würdige Braut ihres Herrn verbleibe und unter der Wirksamkeit des Heiligen Geistes nicht aufhöre, sich selbst zu erneuern, bis sie durch das Kreuz zum Lichte gelangt, das keinen Untergang kennt» (zit. A. 188).

Von dieser positiven Grundthese her erscheint die Frage nach den unfehlbaren Sätzen von vornherein als eine sehr zweitrangige und periphere Frage, die nun freilich auf Grund der gefundenen Übereinstimmung einer erneuten genauen Überprüfung, der «Sichtung von Wahrheit und Dichtung», bedarf.

V. DAS GERECHTFERTIGTE FRAGEZEICHEN

Auf Grund unserer bisherigen Überprüfung, insbesondere der Aussagen des Vatikanum I, darf man sagen, daß die Frage schon im Buch auch für nicht römisch Gebildete (und für diese besonders) klar gestellt war: Kann aus der Schrift und der großen katholischen Tradition – «ein archimedischer Punkt außerhalb als Hebelansatz» (Lehmann A 348)? – begründet werden, daß irgendeine menschliche Autorität in der Kirche (Papst, Konzil oder Episkopat, biblische Schriftsteller) mit Berufung auf den Heiligen Geist unfehlbar wahre (also von vornherein irrtumsfreie) Glaubenssätze (Urteile, Aussagen, Bekenntnisse, Definitionen, Dogmen, Dekrete usw.) machen kann: Glaubensaussagen, die nicht nur faktisch nicht falsch sind, sondern wegen des Beistandes des Heiligen Geistes überhaupt nicht falsch sein können?

Die Notwendigkeit verbindlich wahrer Sätze

Auf einen Großteil der Theologen und Laien keineswegs nur der jüngeren Generation – das konnte ich immer wieder in aller Welt feststellen und das zeigten auch die zahllosen Pressereaktionen (vgl. B V) – hat diese Frage befreiend gewirkt; sie war für viele aus verschiedensten Gründen schon längst fällig. Einige Theologen aber, vielleicht mehr aus der älteren Generation, sahen nicht nur eine Änderung ihrer theologischen Methode drohen, sondern geradezu den Untergang der katholischen Theologie und Kirche, ja die totale Skepsis am Horizont heraufziehen (vgl. die Exkurse). Die Frage hatte bei ihnen offensichtlich eine ungeheure Unsicherheit ausgelöst oder aufgedeckt: eine tiefe *Angst*, die bisher im sicheren Schutz und Schirm der heiligen Mutter Kirche nicht aufkommen konnte und die nun überraschenderweise nicht von einem Kirchenfeind (gegen solche fühlte man sich seit Jahrhunderten immun), sondern von einem eindeutigen katholischen Insider ausgelöst wurde: «Hans Küng macht manchen seiner Freunde vermutlich Kummer und Sorge mit diesem Buch»[1].

Die Verwirrung war für einzelne so groß, daß sie kaum fähig waren, in Ruhe und Klarheit den Status quaestionis und die Gedankenabfolgen des zwar sehr dichten, aber auch wieder umfangmäßig bescheidenen Buches zu erfassen. Es gab solche, die meinten, es gebe für den Verfasser, weil er die selbstverständliche, naive Wahrheit der Sätze problematisierte, überhaupt keine wahren Sätze (vgl. bes. Exkurs 2c). Und man meinte geistreich, dann seien die Sätze des Verfassers selber auch nicht wahr. Man vermochte gar nicht zu sehen, daß die Wahrheit von Sätzen die allgemeine Voraussetzung des Buches war, und daß es nur um die Frage der *Vergewisserung*, der *Verifikation* ihrer Wahrheit geht (darüber mehr in Kap. VII).

Der Verfasser war über die allgemeine Bejahung von wahren Sätzen sogar weit hinausgegangen, insofern er in unübersehbarer Thetik behauptete und knapp begründete[2]:

1. daß der Glaube der Kirche ganz allgemein «angewiesen ist auf Sätze des Glaubens» (U 116), und insbesondere «auch auf *gemeinsame* Sätze des Glaubens» (U 117);

2. daß der Glaube der Kirche im besonderen «angewiesen ist auf zusammenfassende Bekenntnisse des Christusglaubens: auf *abbreviativ-rekapitulierende* Sätze (Glaubensbekenntnisse oder Glaubenssymbole)» (U 117);

3. daß der Glaube der Kirche schließlich sogar «angewiesen ist auf polemische Abgrenzungen gegenüber dem Unchristlichen: auf *defensiv-definierende* Sätze (Glaubensdefinitionen oder Glaubensdogma)» (U 118).

Selbstverständlich gibt es, wie schon vom Ursprung her klar (vgl. U 118), Übergänge zwischen den Glaubensbekenntnissen und den Glaubensdefinitio-

1 *K. Lehmann,* H. Küng auf Kollisionskurs? (B III).

2 Es war nicht meine Aufgabe, die positive Funktion verbindlich wahrer Sätze herauszuarbeiten. Es sei verwiesen auf den Beitrag von *O. H. Pesch* in diesem Band, dessen sechs Thesen ich als eine gute Verdeutlichung des von mir Intendierten ansehen kann. Wertvoll ebenfalls die mehr soziologisch und psychologisch orientierten Ausführungen *G. Baums* über das Dogma als symbolische Wahrheit (S. 18–26, B III). Damit möchte ich auch die Frage von *A. C. Cochrane* (J 875 f.) nach dem positiven Verhältnis (und nicht nur dem Unterschied) zwischen Gottes Verheißung und den menschlichen Sätzen bejahen und beantworten. Vgl. auch in seinem Artikel *K. Blei* S. 47 f. (B III).

nen. Grundsätzlich aber hat sich in der Diskussion die schematische Dreiteilung bewährt, die dann neben den traditionellen Glaubensbekenntnissen und Glaubensdefinitionen auch noch eine dritte Gattung der nicht von einer Häresie herausgeforderten tendenziös-explizierenden Dogmen umfaßt (oft im Anschluß an ein Wort von Newman Luxus-Dogmen genannt, zu denen ich die vier vatikanischen Dogmen über Maria und den Papst gerechnet habe); auf diese letzte Gattung schien mir der Glaube der Kirche nicht angewiesen zu sein (vgl. U 120 [3]).

3 Die Begründung dafür, daß die beiden marianischen Dogmen aus pietistisch-propagandistischen Gründen definiert worden sind, brauchte ich in dem schon genügend befrachteten Buch gewiß nicht auch noch zu geben. Sie ließe sich – zumal von einem, der 1950 in Rom einiges miterlebt hat – konkretisieren. Doch wäre dies ein reizvolles Thema für einen jungen, zugriffigen Kirchenhistoriker. *K. Lehmann*, der diesen Mangel rügt (A 364–367), kann seinerseits keine eigene Motivation angeben. Daß bei einem solchen Ereignis (und den lange geplanten Vorbereitungen) immer vielfältige Faktoren mitspielen, ist selbstverständlich. Der Hauptunterschied der Mariendogmen von 1854 und 1950 (und auch der Papstdogmen) scheint mir und anderen zu sein, daß hier zum ersten Mal keine Häresie eine Definition notwendig gemacht hatte. Nach der Auffassung der alten Väter *mußte* man definieren, hier *wollte* man definieren. Insofern steht diese vatikanische Praxis im Widerspruch zur gesamten vorausgehenden Tradition bis Trient inklusive und hatte im übrigen eine neue Kirchenspaltung zur Folge (zur notwendigen christologischen Konzentration vgl. *R. Schnackenburg* A 146, sowie Bischof *B. C. Butler*, der sich im Gefolge Newmans ebenfalls gegen «luxury definitions» ausspricht, S. 399, B III).

Bezüglich der inhaltlichen Deutung der beiden Mariendogmen, die ebenfalls nicht Thema meines Buches war, beruft sich Lehmann auf «die zahlreichen Deutungsversuche Karl Rahners», die er allerdings auch nicht für «das letzte Wort» hält (A 365). In der Tat, es ist auffällig: Lehmann spricht von den *zahlreichen* Deutungen, so daß man im Anschluß an einen anderen bekannten Buchtitel formulieren könnte «Das eine Dogma und die vielen Deutungen». Dabei verliert man gern aus den Augen, daß mit Deutungen noch gar nichts begründet ist, sondern eben nur gedeutet wurde. Die mariologischen Deutungen Rahners, die mich in früheren Jahren sehr beeindruckt haben, zeichnen sich dadurch aus, daß sie bereits voraussetzen, was sie deuten, was wiederum mit Rahners theologischer Methode der spekulativen Dogmeninterpretation und damit mit unserem Thema zu tun hat.

Nun wäre aber endlich seriös zu fragen, ob denn diese Dogmen – und zwar so wie sie nun einmal von den beiden Pius-Päpsten definiert wurden und nicht nur von klugen Theologen nachträglich hingedeutet werden – in der Heiligen Schrift und in der großen katholischen Tradition begründet sind. Um es nochmals mit einem bereits genannten Beispiel zu verdeutlichen: Vorausgesetzt, die unbefleckte Empfängnis auch des heiligen Josef wäre vom Papst als in der Offenbarung enthalten definiert worden, so ließe sich sicher sowohl aus dem Neuen Testament wie aus der gesamten katholischen Tradition eine ganze Menge zur *Deutung* anführen (man denke vor allem an eine tiefere theologische Deutung der Traumsichte). Darüber hinaus zweifle ich nicht, daß moderne katholische Theologen auch aus dem gegenwärtigen Bewußtseinsstand von Mensch und Gesellschaft für die unbefleckte Empfängnis auch des heiligen Josef Konvenienzgründe geistvoll entwickeln könnten: Konvenienzgründe theologischer («auserwählter Nährvater»), ekklesiologischer («Patron der Kirche»), moralisch-pädagogischer («exemplarischer Familienvater und Ehemann»), sozialkritischer («Arbeiter», eventuell sogar «Proletarier», jedenfalls «Flüchtling») und schließlich grundlegend anthropologischer («Mensch und Mann seiner Zeit») Natur. Um nicht auch hier mißverstanden zu werden: es soll nicht etwa für ein neues Dogma plädiert, erst recht nicht mit Heiligem oder Heiligen Scherz getrieben werden. Es soll nur

Man kann den Beitrag von *Rudolf Schnackenburg*[4] durchaus als Bestätigung dieses Standpunktes ansehen. Auch der Exeget vermag sogar von den Johannesbriefen her nicht mehr zu beweisen als das, was der Verfasser von vornherein klar bejaht hat: «Auch wahre, unanfechtbare, streng verbindliche Glaubenssätze können für das Bleiben der Kirche in der Wahrheit notwendig sein» (A 144). Darüber hinaus nimmt Schnackenburg – trotz der von ihm eingangs etwas kleinlich kritisierten (und doch grundsätzlich akzeptierten) Unterscheidung zwischen *Glaubens*-Satz und *Satz*-Glauben (A 134, vgl. 139) – verschiedene gewichtige Anliegen des Verfassers positiv auf:

1. «Den Begriff ‹unfehlbar› gebraucht die Schrift allerdings nicht» (A 141). Dann bezüglich 1 Jo:

2. «Es fällt auf, daß nicht bloß ein einziger Satz begegnet, sondern verschiedene Bekenntnisse abwechseln, im wesentlichen drei: Jesus ist der Christus (1 Jo 2, 22; 5, 1), Jesus ist der Sohn Gottes (4, 15; 5, 5), Jesus Christus ist im Fleische gekommen (4, 2; vgl. 2 Jo)» (A 137).

3. «Diese drei Sätze sind für sich genommen nicht eindeutig» (A 138): Wenn damit auch «eine Entschiedenheit der Glaubensaussage, die durch die Gewißheit der Glaubenserkenntnis gegeben ist und sich letzthin auf den Besitz des Geistes der Wahrheit stützt» (A 139) durchaus nicht ausgeschlossen ist, so muß doch daran festgehalten werden, «daß kein Satz eine letzte Eindeutigkeit für sich beanspruchen kann, weder in seinem geschichtlichen Kontext noch erst recht für alle Zeiten. Insofern ist die Restriktion der ‹Satz-Wahrheit› philologisch und sprachphilosophisch gerechtfertigt» (A 139; vgl. dazu in diesem Band A. Jaubert).

nüchtern an einem Beispiel klargemacht werden, was sich mangels einer gesunden theologischen Kriteriologie alles auf den Weg der Deutung und Entwicklung «glaubhaft» machen läßt – vorausgesetzt immer, daß es wahr ist!

4 Gerade weil *R. Schnackenburg* der einzige Exeget in Rahners apologetischem Band ist, der auch aufgrund des Frankfurter Gesprächs den Diskussionsstand sehr genau kannte, hätte man erwartet, daß er sich – positiv oder negativ – den entscheidenden biblischen Argumenten für die römische Unfehlbarkeitstheorie zuwendet: Läßt sich im Neuen Testament eine Unfehlbarkeit des nach den Evangelien (und Gal 2) immer wieder neu irrenden Petrus feststellen? Läßt sich eine Unfehlbarkeit der Apostel als Einzelner (wie die Schultheologie behauptet) oder mindestens des Apostelkollegiums als ganzen aus dem Neuen Testament erweisen? Läßt sich etwas für die Unfehlbarkeit eines allfälligen Nachfolgers Petri oder der Apostel oder irgendeiner Instanz ableiten? Wie steht es mit den für die päpstliche Unfehlbarkeit angeführten «klassischen» (wenn auch zumindest im ersten Jahrtausend nicht so verstandenen; vgl. U 89 f.) Beweistexten für die päpstliche Unfehlbarkeit? Wie stellt sich der Exeget insbesondere zu den Schwierigkeiten bezüglich der vom Vatikanum I primär in Anspruch genommenen Stelle Lk 22, 32 (kurze Zusammenfassung U 88 f.)? Doch der angesehene katholische Gelehrte, dem zur Beantwortung der allgemeinen Fragen der Überblick über die exegetische Forschung durchaus nicht gefehlt hätte, wählte einen anderen Weg: er wendet sich dem Detail zu, und zwar einmal mehr dem johanneischen Schrifttum, genauer den für seine Argumentation besonders günstigen johanneischen Briefen.

4. Betont werden muß, daß «der Geist der Wahrheit an erster Stelle der ganzen Kirche verheißen und anvertraut ist. Exegetisch läßt sich das m. E. dadurch verifizieren, daß die Paraklet-Sprüche nicht speziell den Jüngern zugesprochen sind, die im Abendmahlssaal versammelt waren, daß ihnen der Geist der Wahrheit nicht als persönliches donum proprium (Privileg) gegeben wurde, mag es in der Tradition zum Teil auch so aufgefaßt worden sein» (A 145).

5. «Ferner wird man von den neutestamentlichen Ansätzen her betonen müssen, daß sich eine in Sätzen deklarierte und präzisierte Glaubenserkenntnis auf zentrale, wesentliche Dinge beziehen sollte, auf die unaufgebbare Wahrheit des Christusglaubens, auf das, was er festhalten muß, wenn er Christusglaube bleiben will: die Heilsbotschaft Gottes für die Menschheit in Jesus Christus» (A 146). Im johanneischen Schrifttum kommt «die ‹Wahrheit› stets nur im Singular» vor (ebd.); es ist «kein Zufall, daß in 1 Jo nur *christologische* Glaubenssätze begegnen» (ebd.). «Zu weiteren ‹Bekenntnissen› wird er (der Christ) nicht gezwungen; am Christusbekenntnis und an der Bruderliebe entscheidet sich das Urteil, ob er zur Christusgemeinde gehört» (ebd.).

6. Vom Neuen Testament ist somit gedeckt, «daß die alte Kirche des Westens und Ostens und auch die späteren Kirchen nur der Not gehorchend definierten und nur das notwendige Minimum definierten» (A 146). Der Kritik des Verfassers an der «bewußt intendierten Dogmen-Entwicklung», an «tendenziös-explizierenden Sätzen» muß Schnackenburg, falls eine solche Intention erwiesen ist, «vom Neuen Testament her beipflichten» (A 147). Mit der «harten Formulierung» bezüglich der Produzierung von Dogmen «sei es aus kirchen- und theologiepolitischen Gründen (die zwei vatikanischen Dogmen vom Papst), sei es aus pietistisch-propagandistischen Gründen (die zwei vatikanischen Dogmen von Maria)» (U 121) wirft der Verfasser «eine Frage auf, die ernstlich bedacht werden muß. Die Frage der Opportunität impliziert auch ein theologisches Problem!» (A 146).

So weit also kommt man im Konsens, wenn man sich unvoreingenommen vom Neuen Testament her die Antwort geben läßt. Und man erwartet jetzt eigentlich nur noch die klare Aussage des Exegeten, daß selbst vom ersten Johannesbrief her zwar streng verbindliche Glaubenssätze, aber keine im strengen Sinne von vornherein unfehlbaren Sätze gefolgert werden können. Das Problem war ja in aller Deutlichkeit gestellt: «Die *Verbindlichkeit* von Glaubenssätzen akzeptieren heißt noch nicht, auch ihre *Unfehlbarkeit* akzeptieren zu müssen» (U 122).

Doch an diesem entscheidenden Punkt stockt und scheut der Exeget gleichsam mitten im Lauf: was nimmt ihm den Mut zur Konsequenz? Gewiß nicht irgendwelche Beweise für die Möglichkeit unfehlbarer Sätze; davon ist auch bei Schnackenburg nicht die Rede. Er weicht der Hauptfrage einfach aus. Er spricht von der Möglichkeit *wahrer* Sätze («Sätze mit dem Anspruch untrüglicher, den Irrtum ausschließender Wahrheit» A 141). Aber die Hauptfrage nach Sätzen, die mit Berufung auf den Beistand des Heiligen Geistes gar nicht falsch sein können, also nach *unfehlbaren* Sätzen im Sinne des Vatikanum I und II wird – man höre und staune – zwischen Klammern ganz nebenbei an «die Dogmatiker» abgeschoben: «Die Einengung des Begriffs auf ‹Sätze ... die von vornherein gar nicht falsch sein können›, verlangt eine Anfrage an die Dogmatiker, ob das die richtige Auffassung oder Auslegung von infallibilitas ist». Dann Klammer zu (A 141 f.), und geschlossen ist der circulus vitiosus. Denn: der Dogmatiker hatte die Anfrage an den Exegeten gerichtet, weil ja auch das Vatikanum I und II beanspruchen, ihre Auffassung von solchen unfehlbaren Aussagen aus dem Neuen Testament begründen zu können. Der einzige Exeget aber, der sich zur Unterstützung der römischen Auffassung von unfehlbaren Sätzen aufbieten ließ, findet im Neuen Testament offensichtlich keine Basis für derart vom Geist gegen Irrtum von vornherein abgesicherte Sätze [5]. Woher aber sollen denn die armen Dogmatiker, von den Biblikern nur zu oft der willkürlichen bibelfernen Setzung beschuldigt, die Satzunfehlbarkeit begründen, wenn sie nach dem Urteil des Exegeten vom Neuen Testament her nicht begründet werden kann? Oder sollte heute gerade ein Exeget eine doppelte Wahrheit – die historisch-kritische für die Exegeten und die positivistisch-dogmatische für die Dogmatiker – verteidigen wollen? [6] Ein konsequentes Weiterdenken ist um der einen Wahrheit willen unumgänglich.

5 Daß man in Rahners Sammelband sich so wenig mit dem Schriftargument beschäftigt, wird vom spanischen Theologen *D. Fernández* mit Recht als ein «grundlegender Mangel» («fallo fundamental») gerügt (S. 844 f., B III). Die Beobachtungen von Schnackenburg seien im Hinblick auf einen wirklichen Schriftbeweis «insuficientes»: «No está pidiendo este desafío un examen atento de los textos de la teología del Nuevo Testamento?» (S. 845, B III). Gerade die Ausführungen von Schnackenburg beweisen, daß auch die späteren Briefe des Neuen Testaments entgegen der vagen Vermutung von *R. E. Brown* (S. 72, B IV) keinen Beweis für unfehlbare Aussagen von Amtsträgern liefern. Kritisch zum Schriftbefund ebenfalls *P. McGrath* (S. 640, B III). Zur Verbannung der Exegese aus Rahners Sammelband vgl. auch *H. Halbfas* (s. o. S. 69).

6 Um bei diesem merkwürdigen theologischen Ping-Pong ohne Tisch und Netz den Ball nochmals an den Exegeten zurückzugeben: Nach *R. Schnackenburg* kann «die Autorität des Briefschreibers» (von 1 Jo) vielleicht auch *keine* «amtliche», sondern eine nur persönliche gewesen sein, oder eine, die «sogar in Konkurrenz mit der Autorität von ‹amtlich› eingesetzten, der ‹Institution› verpflichteten Gemeindeleitern» (vgl. 3 Jo; A 136) stand. Was soll das bedeuten? Darf der Dogmatiker offen aussprechen, was der katholische Exeget nur verbrämt und als nicht «entscheidend für unsere Fragestellung» bezeichnet (ebd.): Diese

Die ganze «Anfrage» des Buches konzentrierte sich auf die eine *Frage*, wie immerhin schon das Titelblatt unübersehbar deutlich machte: Läßt sich begründen, daß man über alles dies hinaus auch *unfehlbare* oder – zur Vermeidung weiterer Mißverständnisse möchte ich jetzt sagen – *unfehlbar wahre* Glaubenssätze (Glaubensaussagen, Glaubensbekenntnisse, Glaubensdefinitionen, Dogmen, Dekrete usw.) annehmen kann oder muß? Das ist selbstverständlich nicht nur, wie wiederum Lehmann mißinterpretiert hat (A 361), die Frage nach jener dritten Art der tendenziös-explizierenden Dogmen, sondern betrifft alle drei Arten von Glaubenssätzen und natürlich besonders die beiden ersten, weil es auf diese beiden besonders ankommt. So sei denn – um es dieses Mal wennmöglich gleichsam für den letzten Mohikaner klar zu machen – dieselbe Frage dreimal variiert (womit zugleich erneut deutlich gemacht ist, daß sich die Frage sowohl vom Satz, wie vom Akt und von der Instanz, wie schließlich vom Heiligen Geist her stellt):

1. Zuerst vom *Glaubenssatz* her gefragt: Kann man in Schrift und Tradition begründen, daß bestimmte Glaubensaussagen, Glaubensbekenntnisse oder Glaubensdefinitionen nicht nur nach Prüfung (im nachhinein, a posteriori) als wahr angenommen werden sollen, sondern wegen eines besonderen Beistands des Heiligen Geistes als von vornherein (a priori) wahr, so daß sie also gar nicht falsch sein können und an sich der nachträglichen Überprüfung oder Verifikation nicht bedürfen?

2. Wenn man lieber von der *Instanz* oder vom *Akt* her fragt: Gibt es in der Kirche nach der Schrift und der großen katholischen Tradition irgendeine Instanz oder Autorität (ein einzelner Amtsträger oder ein Gremium), denen der Geist für ihr Urteilen, Formulieren, Definieren in solcher Weise versprochen ist, daß die Ergebnisse (bestimmte Aussagen, Urteile, Bekenntnisse, Symbole, Definitionen, Dekrete, eben: Glaubenssätze) unter bestimmten Umständen in bestimmter Weise und auf Grund einer bestimmten Aufgabe gar nicht anders als wahr sein können, weil eben gerade diese Instanz und keine andere gesprochen hat?

3. Schließlich auch noch vom *Heiligen Geist* her gefragt: Kann der Bei-

hier «die einzelnen Christen ansprechende und anfordernde Lehrautorität», die «ihnen glaubensverbindliche Sätze vorlegt, und zwar mit dem Anspruch, untrügliche Wahrheit (vgl. 2, 21 c. 27 d: ‹Wahrheit, nicht Lüge›) auszusagen»: diese Autorität könnte nach einer durchaus diskutablen Auffassung ein exkommunizierter *Häretiker* gewesen sein. Der Verfasser der Johannesbriefe (vgl. bes. 3 Jo) – vielleicht «von der orthodoxen Kirche als Ketzer exkommuniziert» (E. Käsemann): wohl nicht gerade geeignet als Argument für die Unfehlbarkeit einer amtlichen Lehrautorität!?

stand des Heiligen Geistes, der der Kirche nach der neutestamentlichen Botschaft verheißen ist, in bestimmten Fällen als Garantie oder Garant für ganz bestimmte Instanzen, Akte und Aussagen verstanden werden, so daß dann durch den Heiligen Geist selbst alle Fehlerquellen von vornherein ausgeschaltet sind und diese Aussagen nicht anders denn irrtumsfrei oder wahr sein können?

Gefragt also ist nicht nur nach wahren Instanzen, Akten, Sätzen, sondern nach unfehlbar wahren Instanzen, Akten, Sätzen. In Frage steht nicht nur das reine Faktum der Irrtumslosigkeit oder Wahrheit, sondern die garantierte Unmöglichkeit des Irrtums, die von vornherein garantierte Wahrheit. Wie aber steht es nun dafür mit Beweisen oder Begründungen?

Rahner hat versucht, einen solchen Beweis zu leisten. Aber sein Versuch einer Begründung muß, wie der Verfasser «Im Interesse der Sache» aufgewiesen hat, als gescheitert angesehen werden und hat denn auch nicht einmal unter seinen Schülern Beifall gefunden. Im Gegenteil: Nachdem Rahner zwar alle Kraft aufgewendet hatte, um die Gewichte zu stemmen, und sich diese Gewichte, kaum hatte er sie mit Leichtigkeit gehoben, als hohl erwiesen[7], ist auch den anderen jetzt in seinem Band Versammelten der Mut anscheinend vergangen, die Last des Beweises auf sich zu nehmen.

Bei den Beiträgen von *Brandmüller*, *Becker* und *Klinger* taucht nicht einmal die Frage nach einer Begründung auf. *Schnackenburg*, wie wir sahen, weicht der Frage innerhalb einer Klammer durch eine elegante Volte aus (A 141 f.). *Ratzinger* versteht bis zur Stunde die Frage nicht (A 110; vgl. Exkurs 1 a). *Vorgrimler* setzt voraus, was er beweisen sollte (A 333 f.; vgl. Exkurs 2a). *Mühlen* drängt nach seinem Höhenflug die sehr reale Frage an den Rand des Glaubensbewußtseins und will sie weder ausdrücklich bejahen noch ausdrücklich verneinen (A 257; vgl. Exkurse 1b, 2b). *Fries*, so sahen wir ebenfalls, braucht gar keinen Beweis, weil er die Unfehlbarkeit auf Wahrheit und Verbindlichkeit reduziert hat (A 227).

Auch die übrigen Autoren im Rahner-Band beantworten die Frage nicht: *Sartori* meint nur vorsichtig, es bleibe «noch zu sehen, ob sich über die Möglichkeit sprechen läßt, daß in gewissen außerordentlichen Momenten ... die Bürgschaft besteht, vor Irrtum bewahrt zu sein» (A 88). *Scheffczyk*, erneut übersteigernd auf des Verfassers «Skepsis bezüglich der Wahrheit von Glaubenssätzen» (A 166) schließend, meint, eine Kirche, die in entscheidenden

7 Wie der Exeget Schnackenburg die peinliche Frage an den Dogmatiker abschiebt, so der Dogmatiker Rahner an den (bisher noch nicht gefundenen) Fundamentaltheologen. Dazu *G. Baum*: «The great German theologian cannot be quite serious at this point!» (S. 16, B III).

Fällen irren könne, hätte «*als Kirche* in der Wahrheitsfrage überhaupt nichts zu sagen» (A 165). Doch kann er nicht begründen, warum die Kirche die christliche Wahrheit «doch wohl (!) irrtumsfrei feststellen können» muß (ebd.). Wieder einmal den Sakramentsbegriff strapazierend, behauptet er eine «quasi-sakramentale Verbindung von Satz- und Seinswahrheit», muß aber schließlich trotzdem zumindest für den «Grenzfall» die Möglichkeit einer Scheidung dieser merkwürdigen Verbindung, eben eines Irrtums bezüglich der Satzwahrheiten, zugeben, die das Bleiben in der Wahrheit Gottes doch nicht beeinträchtigt (A 172 f.; vgl. Exkurs 2c). «Im Licht des Glaubens», meint *Semmelroth*, könne der heutige Unfehlbarkeitsglauben «im Zeugnis der ursprünglichen Kirche in seinen Ansätzen aufgewiesen» werden (A 211 f.). Doch versucht dies Semmelroth nicht, sondern begnügt sich mit dem klaren historischen Eingeständnis: «Ob es in der Kirche einzelne Instanzen gibt, die unter bestimmten Bedingungen den Glauben der Kirche irrtumslos bezeugen, und welches diese Einzelinstanzen sind, kann tatsächlich nicht im einzelnen ‹bewiesen› werden, wenn man mit Beweis einen Nachweis meint, der dem draußen, dem Licht des Glaubens und der Lebenskraft der Glaubensgemeinschaft gegenüber Stehenden die Gültigkeit dieses Beweises ‹verifiziert›» (A 211). Übersehen oder übergangen hat Semmelroth in diesem Zusammenhang, daß der übliche Beweis oder Nachweis heute auch *drinnen* sehr vielen nicht einleuchtet und jedenfalls durch die «Anfrage» gründlich in Frage gestellt worden ist. Man fragt sich, ob alle diese Gläubigen mangels eines Beweises oder Nachweises auf die Erleuchtung durch ein besonderes «Licht» warten müssen. *Lehmann* schließlich bestimmt zunächst in seiner langen Reflexion über wahre Sätze und Sätze überhaupt durchaus richtig den Begriff der «infalliblen Sätze» als «von vornherein (a priori), nämlich durch den Beistand des Heiligen Geistes garantierte infallible Sätze, die nicht nur de facto nicht irrig sind, sondern prinzipiell gar nicht irrig sein können» (A 361). Dann aber redet er solange und umständlich um die (vom Vatikanum I her völlig eindeutige und für Theologen wie Alfaro, Congar, Rahner, Semmelroth, Thils selbstverständlich einleuchtende) Frage nach den unfehlbaren Sätzen herum, wie wenn er selber nie in Rom studiert hätte, um schließlich zur verwunderlichen Behauptung zu gelangen, dieser Begriff sei «untauglich ... zur Beschreibung der anstehenden Problematik» (A 367). So kann er denn meiner schon früher erhobenen Forderung nach einer «eindeutigen Antwort», ob er nämlich «*für* oder *gegen* die von vornherein unfehlbaren Sätze» sei, erneut ausweichen mit der Entschuldigung, mir ginge es nur um «unfehlbare Sätze» in meinem Sinn und nicht im Sinne des Vatikanum I (A 370). Er selber kann die Frage offensichtlich weder in meinem Sinn noch im

Sinne des Vatikanum I beantworten, was auf die Identität der beiden «Sinne» hinweist. Doch verrät er sich auf derselben Seite, nämlich wo er ohne Hemmungen völlig ungeschützt im Sinn des Vatikanum I vom «‹Charisma› der Infallibilität dem Petrus und seinen Nachfolgern im Amt gegeben» spricht, welcher Begriff für Lehmann anscheinend nicht «untauglich» ist, obwohl er dafür offensichtlich auch keine Begründung weiß (ein langer Tanz auf hohem Seil, könnte man sagen, der sich am Ende als ein geschicktes Balancieren auf einem Kreidestrich herausstellt).

Am weitesten geht auch hier wieder *Congar*, der sich aufgefordert sieht, «von der Betrachtung der relativ seltenen Akte, für die die Verheißung einer Unmöglichkeit zu irren gilt» (daß die Verheißung gerade bestimmten seltenen Akten gelten soll, beweist er freilich nicht, auch nicht neuestens in: C), «fortzuschreiten zur Betrachtung des unübersehbaren und alltäglichen Gesamtzusammenhanges des Lebens dieses Volkes in der Wahrheit» (A 183). Kurz: er will vom «biblischen Begriff von Wahrheit» (A 183) ausgehen und, wie wir sahen, «den Gebrauch der Kategorie ‹unfehlbar› einschränken» (A 185) und «den Gedanken der Indefektibilität» (A 186) in den Vordergrund stellen. Das tut auf seine Weise auch *Alfaro*, der die Frage nach der «Unfehlbarkeit des sogenannten kirchlichen ‹Lehramtes›» nennt, ihre Beantwortung aber ausklammert (A 273).

Wenn wir zurückblicken: Wie steht es im Hinblick auf die entscheidende «Anfrage»? Man kommt um die Feststellung nicht herum: Gerade der Befund in Rahners für die traditionelle Auffassung repräsentativem Sammelband [8], aber auch außerhalb [9], ist *eindeutig negativ*. Und man kann jetzt

8 *W. Kasper* in seiner Besprechung des Rahner-Bandes: «Mit dieser Fragestellung spitzt Küng das Problem der Unfehlbarkeit auf höchst ungemütliche Weise zu, und es ist nur allzugut verständlich, daß sich fast alle Kritiker um diesen heiklen Punkt drücken und sich auf die ihnen von Küng zugespielte Frage gar nicht einlassen» (s. o. S. 79).

9 Des öfteren findet man eine unreflektierte Re-Affirmation der neueren Unfehlbarkeitslehre, ohne daß auf die neue Diskussionslage Rücksicht genommen wird: so zum Beispiel die im übrigen manches Anliegen des Verfassers bejahende Rezension von *A. Dulles* (S. 428, B III). – *A. Kolping* widmet der «Anfrage» dankenswerterweise eine eigene Monographie. Aber gerade das Entscheidende begründet er nicht: warum bei der (von ihm zugegebenen) «‹Justierung› des Glaubensbekenntnisses der Kirche» (S. 96–110) nicht wie bei der «Justierung von Instrumenten» überhaupt (vgl. S. 98) wegen der (ebenfalls zugegebenen) «menschlichen Fehlbarkeit» (S. 99) auch Fehler vorkommen können. Kolping angesichts der «menschliche(n) Irrtumsfähigkeit»: «Hier kann nur Gott selbst helfen» (S. 99). Frage: Tut er's?? (vgl. die petitio principii bezüglich Vatikanum I und II, ebd.). – Ähnliches ließe sich nachweisen in dem erfreulich ausführlich referierenden und dann die Einwände sammelnden Artikel des portugiesischen Theologen *V. Marcolino* (B III) sowie in der an der Oberfläche bleibenden Konfrontation meiner «tesi» mit dem vatikanischen Dogma durch den italienischen Jesuiten *G. B. Sala* (bes. S. 458–464, B III). – Völlig traditionell denkt auch *P. Knauer*, der mir einen «unreflektierten vorchristlichen ‹Wort-Gottes›-Begriff»

plötzlich verstehen, warum der Herausgeber jenes Bandes auf gar keinen Fall wollte, daß der dort über viele hundert Seiten hin von so vielen angegriffene Verfasser auch nur eine einzige Seite zu seiner Verteidigung (oder auch nur seine Antwort an Karl Rahner) drucken durfte. Eine Seite hätte in der Tat genügt, um die Fehlanzeige deutlich zu machen. Und wer weiß, vielleicht hätte ein Leser den Sammelband von hinten zu lesen begonnen und hätte sich darauf mit dem Schluß begnügt[10]. So muß man denn feststellen: *Kein einziger Theologe hat in der bisherigen Debatte einen Beweis für die Möglichkeit garantiert unfehlbarer Sätze zu führen vermocht.* Dies bestätigte sich im Tübinger Unfehlbarkeitsseminar nach der allgemeinen Übereinstimmung der aus sehr verschiedenen Schulen kommenden Seminarteilnehmer: Kein einziger der eingeladenen Gäste vermochte einen solchen Beweis zu führen. Auch aus der für solche Lehrfragen kompetenten Kongregation für die Glaubenslehre erfolgte bisher keine Antwort auf die diesbezügliche Frage (vgl. F. Dokumentation 2).

Wir werden im nächsten Kapitel noch genauer sehen, wie die schon bisher reichlich brüchigen Fundamente der neueren Unfehlbarkeitslehre vom Exegetischen und Historischen her völlig ins Wanken geraten sind. Hier sei nur

vorwirft (S. 284, B IV). Mit Hilfe der Unterscheidung zwischen AT und NT (konnte Pius XII., was Mose und die Propheten nicht konnten?) und mit Hilfe Ebelingscher Formeln (gegen die Intentionen Ebelingscher Theologie) schließt Knauer kurz «die Möglichkeit von schlechterdings unfehlbaren Glaubensaussagen bereits aus dem Wesen des Glaubens selbst» (S. 285). Was Ebeling, in Schrift und Hermeneutik besser bewandert, selbstverständlich ablehnt. Im Gefolge anderer repetiert auch Knauer Luthers sattsam zitierten Satz: «Tolle assertiones, et Christianismum tulisti». Aber alles gegen Luthers Intentionen: Knauer verschweigt, daß es gerade auch aufgrund von Luthers Auffassung vom Wort Gottes keine schlechterdings unfehlbaren kirchlichen Glaubensaussagen geben kann. – *H. Schauf* – wohl am typischsten für ähnliche Verteidiger der traditionellen römischen Position, die hier kaum alle zu Worte kommen können – referiert das Buch ausführlich und exakt und enthält sich dabei aller unsachlichen Polemik. Indem Schauf immer genau das ohne neue Beweise behauptet, was ich befragen wollte, arbeitet er meine Position um so plastischer heraus. Man möchte wünschen, daß manche sogenannte forschrittliche Theologen so präzis und fair meine Position herausgearbeitet hätten wie dieser bewußt traditionell denkende Theologe. – Von einem eigenmächtig konstruierten Unfehlbarkeitsbegriff her fordert der Lutheraner *G. Lindbeck* – einer der raren Protestanten in diesem Feld – um der sichtbaren Einheit willen eine «magisterial infallibility». Insofern er aber schließlich die Unfehlbarkeit für überholt erklärt, sägt er sich am Ende den Ast ab, auf dem er gesessen (vgl. The Infallibility Debate S. 148–150, B II).

10 Paradoxerweise hat aber Rahner selber für einen ähnlich wirkungsvollen Schluß in der Form der Erklärung der Glaubenskommission der deutschen Bischofskonferenz, der er angehört, gesorgt. Die Erklärung bestätigt auf ihre Weise das Fragezeichen der «Anfrage». Diese wurde spätestens durch die geistvolle und messerscharfe Analyse von *A. Antweiler* (abgedruckt in diesem Band) klar, der in vorbildlicher Weise die Erklärung beim Wort nahm, sie Satz um Satz sezierte und auf semantischen Gehalt und sachliche Begründetheit geprüft hat. Antweilers Fragen bilden eine vorzügliche Einführung zu der im letzten Kapitel VII versuchten positiven Klärung.

angemerkt, daß auch vom *Philosophischen* her mehr denn je Bedenken angemeldet werden. So hat der irische Philosoph *Patrick McGrath* auf zwei grundlegende Schwierigkeiten aufmerksam gemacht (in: C; übersetzt vom Verfasser):

1. Die Unfehlbarkeit bereitet nur dann Zweifeln in Glaubenssachen ein Ende, wenn sie nicht selbst zweifelhaft ist: «Denn wenn Christus der Kirche nur implizit Unfehlbarkeit gewährt hätte – oft suggerieren dies Argumente für die Unfehlbarkeit –, dann würde dies dasselbe sein, wie mit einer Hand zu geben, was man mit der anderen zurücknimmt... Man muß sich notgedrungen fragen: Wenn die Evidenz so überzeugend ist, warum war dann diese Lehre so umstritten?»

2. Die Verteidiger der Unfehlbarkeit neigen in ihrer Argumentation zu Zirkelschlüssen [11]. Untersucht man auch diesen Punkt genauer, so kommen einem ernsthafte Zweifel an der Brauchbarkeit des Unfehlbarkeitsbegriffs zur Deutung der kirchlichen Lehrautorität. Konklusion: «Der fehlbare Mensch kann nicht mit absoluter Sicherheit vor Irrtum geschützt werden. Der pilgernden Kirche ist in der Tat die Sicherheit geschenkt, daß sie ihr Ziel erreichen wird; aber dies bedeutet nicht, daß jeder einzelne Schritt in die richtige Richtung führt.»

Noch gewichtigere Gedanken zum Thema «Wahrheit, Sicherheit, Unfehlbarkeit» hat ebenfalls vom Philosophischen her *Hans-Eduard Hengstenberg*

11 Dies gilt besonders bezüglich Bischof *B. C. Butler*, den P. McGrath – nach Butler ebenfalls im «Tablet» schreibend – wohl auch im Auge hat. Wie bezüglich der Unfehlbarkeit des ordentlichen Lehramts, so argumentiert Butler auch bezüglich der Unfehlbarkeit des *außerordentlichen* Lehramts im Kreise (vgl. S. 399 f., B III): so wen er für die Unfehlbarkeit der Konzilien sich auf die Konzilien von Nikaia bis zum Vatikanum I beruft (daß man in Nikaia selber nicht eine solche Unfehlbarkeit vorausgesetzt hat, soll später erläutert werden); so wenn er sich für das Vatikanum I auf eine lange Geschichte von «infallible behavior» beruft; so wenn er überhaupt generell voraussetzt, was gerade zu beweisen wäre: «If the Church's power to define infallibility (wohl: infallibly) is denied, then the Church is *unable* to proceed from understanding to unhesitating judgement and revalation is not effectively transmitted» (S. 399; vgl. dazu die positiven Erläterungen in Kap. VII). Aber wie bezüglich des ordentlichen, so tendiert Bischof Butler auch bezüglich des außerordentlichen Lehramts gegen Ende seiner Darlegungen stark auf die von mir vorgeschlagene Lösung hin: Er lehnt jegliche Art einer «oracular infallibility in the Church» ab und macht faktisch die Unfehlbarkeit einer Definition – anders als das Vatikanum I, aber in Übereinstimmung mit der orthodoxen Auffassung (von P. Evdokimov) – vom «Consensus Ecclesiae» abhängig: «If the alleged definition failed to win the Church's subsequent consent, this would prove that the definition had not in fact fulfilled the requirement for an infallible definition – the Pope had not really been speaking *ex cathedra*. In other words, an infallible definition is preceded and also followed by the consent of the Church. When a council or a pope defines what all have thought but none so well expressed, the Church welcomes this definition as an expression of her own mind» (S. 400). Aber: was bedeutet dies bezüglich der vatikanischen Definitionen selbst?

in dem in diesem Band abgedruckten Aufsatz entwickelt. Der Beitrag legt nahe, «daß ein Fortfall a priori unfehlbarer Sätze das Selbstverständnis der Kirche als Hort der Wahrheit nicht verdunkeln, sondern eher erhellen würde» (s. o. S. 217). Wichtig erscheint in unserem Zusammenhang (neben den logischen Schwierigkeiten) die umgekehrte Relation von Wahrheit und Sicherheit, die Gefahr der rationalistischen Verabsolutierung der Sicherheit, die Unhaltbarkeit einer zwar personalen, aber nur für bestimmte Zeiten und Bedingungen geltenden Unfehlbarkeit. Es dürfte Theologen sicher schwerfallen, Hengstenbergs Einwände zu widerlegen.

Offene Fragen um die Wahrheit von Sätzen

Wenn der Befund bezüglich der Möglichkeit unfehlbar wahrer Sätze in der bisherigen Diskussion negativ war, so hat die Diskussion doch gerade im Problemfeld Satz und Wahrheit Fragen aufgeworfen, die weder in meinem Buch noch in der Diskussion bisher genügend geklärt worden sind. Die von einigen Kritikern (vgl. z. B. der Altkatholik I. Visser, S. X, B III; sowie die Besserwisserei A 354–359) übersehene *notwendige* Konzentration des Buches auf das Problem der *Unfehlbarkeit* von Sätzen (nicht: Worten) ließ einige Aspekte der *Wahrheit* von Sätzen (und Worten) in den Hintergrund treten.[12] Hier möchte ich die Berechtigung nicht weniger Fragen von Stirnimann, Lehmann, Lindbeck und Scheffczyk anerkennen und positiv aufgreifen.

1. Wie verhält es sich mit der *Dialektik von Wahrheit und Irrtum*? Zunächst gilt es ein Mißverständnis richtigzustellen. Bewußt zugespitzt formuliert war der Satz, der sich schon in «Strukturen der Kirche» wie in «Die Kirche» gefunden hatte: «Sätze können wahr *und* falsch sein» (U 138). Dieser Satz über die Sätze gehörte (mit dem anderen über den Papst, der in Lehrfragen tun kann, was er will) zu den von Kritikern außerhalb allen Zusammenhanges weitergereichten Sätzen, welche gezielte Angriffe auf die Position des Autors bequem zu machen schienen (so noch neuestens P. McGrath in: C).

Isoliert genommen ist dieser Satz selbstverständlich mißverständlich. Die Kritiker haben aber an dieser Stelle ganz allgemein übersehen, daß zunächst

12 Von der Heideggerschen These «Wahrheit ist nicht ursprünglich im Satz beheimatet» her (Vom Wesen der Wahrheit, Frankfurt 1954, S. 12) ließe sich die Unmöglichkeit unfehlbarer Aussagen noch tiefer begründen (vgl. dazu die klaren Ausführungen von *E. Jüngel*, S. 80, B III).

ja auch vom Verfasser affirmiert wird: «Sätze können wahr *oder* falsch sein» (U 138). Doch sollte über die allgemeine Problematik der Menschlichkeit, Endlichkeit und Irrtumsfähigkeit von Menschensätzen hinaus sichtbar gemacht werden, «wie gerade negativ (!) definierende (!) Glaubenssätze die Problematik von Sätzen besonders sichtbar machen» (ebd.). Und *deshalb* nun die bewußt zugespitzte Formulierung: «Sätze können wahr *und* falsch sein» (ebd.). Merkwürdigerweise wurde aber vom gleich anschließenden Sätzchen nicht Kenntnis genommen, welches deutlich machte, daß mit jener Kurzformulierung das Thema nicht schon besprochen, sondern erst angesprochen war: «Dies ist nun auch hier (wie in ‹Strukturen›) etwas zu verdeutlichen» (ebd.). Worauf eine Erklärung folgte mit Hilfe jenes bereits bekannten Beispiels aus «Rechtfertigung», mit dem sich jedoch keiner der Kritiker auseinandergesetzt hat: Der Satz von der Rechtfertigung durch den Glauben kann, je nachdem wie er verstanden wird, wahr oder falsch sein, und ist, zugespitzt formuliert, *in seiner verbalen Formulierung* betrachtet wahr *und* falsch; derselbe Satz ist zur selben Zeit von Menschen hoher Intelligenz und guten Willens zu Recht gelobt *und* verdammt worden. Rechtfertigung durch den Glauben *allein* kann ein intellektuelles Für-wahr-halten (im Sinne des Jakobusbriefes) meinen, und ist dann vom Neuen Testament (und auch vom Jakobusbrief) her gesehen ein Irrtum, oder aber (im Sinne des Paulus) das volle Vertrauen des ganzen Menschen auf Gott, und ist dann eine grundlegende christliche Wahrheit. Nur dies erklärt, warum der eine und selbe Satz vom ‹Sola fide› mehr als 400 Jahre umstritten sein konnte: «Die wahre (tridentinische) Verurteilung des flaschen ‹Sola fide› war somit für die Anderen (die Protestanten) die falsche Verurteilung des wahren ‹Sola fide›» (U 140).

Erst nach dieser Verdeutlichung kommt nun im Buch die präzise Formulierung des voraus angekündigten Satzes: «Jeder Satz kann wahr *und* falsch sein – *je nachdem* nämlich (und dies ist der Zusammenhang, der von Ratzinger A 111, Scheffczyk A 158, Becker A 326, Lehmann A 355, McSorley S. 92, B III verschwiegen wird), *wie er gezielt, gelagert, gemeint ist»* (ebd.). Also wahr *und* falsch» gerade nicht, wie Scheffczyk unverblümt (A 158; anders Congar A 190, Kasper s. o. S. 77, Kolping S. 102, B III, Schillebeeckx in: C) interpretiert, «in derselben Hinsicht», um dann bequem die «Aufhebung des Satzes vom Widerspruch» und geradezu beängstigend das Versinken «im Boden einer Antilogik» festzustellen (A 159). Die eine oder andere «Hinsicht» (aspectus) ist ja nun dem abstrakten Satz gerade nicht anzusehen. Und der Verfasser ist mit seinen Kritikern völlig einig, daß Wahrheit und Irrtun in einem Satz nicht etwa in der unbestimmten Schwebe gehalten werden sollen. Im Gegenteil, gerade für jene umstrittenen und (meist von beiden Seiten gegeneinander negativ definierten) Sätze gilt: «Aufgabe der Theologie wäre es in jedem Fall, ernsthaft im Irrtum des Anderen die Wahrheit (!) und in der eigenen Wahrheit den möglichen (!) Irrtum zu sehen. Auf diese Weise geschähe in der Abkehr vom vermeintlichen Irrtum die Begegnung in der gemeinten Wahrheit» (U 140).

Hätte es sich nicht gelohnt, hier etwas weiter zu denken? «Mancher Autor (im Rahnerband), der Küng in Sachen Satz-Wahrheit hier und anderswo angreift, scheint noch in nobler oder naiver Unbefangenheit oder aber in angespannter aristotelischer Begriffslogik einen naiven Realismus nicht überwunden zu haben, welcher der Sprache und dem Begriff mehr (und anderes) zutraut, als sie zu tragen und zu leisten vermögen» (Dirks, Zum Problem Unfehlbarkeit, B III). Was einzelne katholische Theologen so sehr bestürzt, ist nach E. Schillebeeckx in sprachanalytischen Kreisen eine Selbstverständlichkeit. Auch für Schillebeeckx gilt: «Eine Behauptung, eine Aussage oder ein Satz kann wahr und falsch sein je nach dem Frage- und Verständnishorizont, in den sie gestellt sind» (in: C). Mit Bezug auf B. Lonergan entwickelt Schillebeeckx in aller Ausführlichkeit die damit gegebene perspektivische Relativität jeglicher Wahrheitsaussage. Analoge Ausführungen über die Geschichtlichkeit und Situationsbedingtheit finden sich bei G. Baum (S. 27, B III, zu Lindbecks Mißverständnis von «wahr *und* falsch» S. 32, B III).

Man wird in der Tat in einer guten Theologie kaum darum herumkommen, auf der Höhe des heutigen philosophischen Bewußtseins zu denken, und dann kann man nicht mehr die Begriffe und Worte wie feste Elemente verstehen, die man zu Sätzen zusammensetzt. Die Begriffe sind ja nicht so eintönig und einfarbig, fixiert und spröde, wie sie im abstrakten ungeschichtlichen Denken scheinen. Im lebendigen Denken und Sprechen sind sie in Bewegung, sie verändern sich, differenzieren sich. Sprache geschieht in Kommunikation, im Austausch, als Gespräch. Wer seinen Sprachbegriff an den Begriff einer Grammatik der Bildung einzelner Sätze orientiert, übersieht nur zu leicht, daß Grammatik und Wörterbuch nur das tote Gerippe einer Sprache ausmachen [13].

13 Auf die sprachphilosophischen Hintergründe macht *J. Simon* aufmerksam: «An diesem Punkt zeigt sich noch einmal, wie sehr Nietzsche selbst einem bestimmten Sprachbegriff verhaftet bleibt, der im wesentlichen an dem Begriff einer *Grammatik der Bildung einzelner Sätze* orientiert ist. *Hegel* hatte bereits mit seinem Begriff des ‹spekulativen Satzes› die ‹gewohnte›, das Denken beherrschende Vorstellung kritisiert, die die Wirklichkeit nach der kategorialen Gliederung von Sätzen in (existierend zugrunde liegendes) Subjekt und (diesem akzidentell zukommendes) Prädikat auslegt und mit dieser Auslegung sich prinzipiell innerhalb der Grenze von Sätzen bewegt. Auch *W. v. Humboldt* hatte einen Sprachbegriff kritisiert, der Sprache von der Vorstellung einer solchen *Satzgrammatik* einerseits und eines *Wörterbuchs* in ihren Bedeutungen festliegender Wörter andererseits zu verstehen versucht, so daß Wörter in vorgegebenen Bedeutungen entnommen und in syntak-

Sprache als Grundphänomen der Geschichtlichkeit des Menschen ist kein statisches Gebilde. Sie ist – wenigstens solange sie nicht abstirbt zur toten Sprache – ein dynamisches Ereignis, eingebettet in den Fluß der gesamten Geschichte von Mensch und Welt, und so in steter Veränderung begriffen. In einer lebendigen Sprache nehmen Worte und Sätze neue Impulse auf und geben neue Impulse ab. Insofern ist die Sprache immer auf dem Weg zur Wirklichkeit (vgl. U 130).

Wäre es von einem solchen mehr dynamisch-geschichtlichen Verständnis von Sprache aus nicht möglich, die Dialektik von Wahrheit und Irrtum tiefer zu durchdenken? Was bedeutet es, wenn jeder Wahrheit der Irrtum als Schatten folgt, und wenn umgekehrt jeder Irrtum einen Wahrheitskern haben kann? Muß nicht damit gerechnet werden, daß der von einem Konzil verurteilte Irrtum unter Umständen mehr als ein «Körnchen Wahrheit» (wie Scheffczyk in Anlehnung an den Volksmund A 158 meint) enthält, daß die Konzilsdefinition unter Umständen am *Kern* der Sache vorbeigeht, wiewohl sie selber ein «Körnchen Wahrheit» enthalten mag? Was bedeutet es in der Geschichte des Dogmas und der Theologie, wenn meiner Erinnerung nach

tisch-grammatische Strukturen eingesetzt werden könnten. Nach Humboldt liegt die Sprache *‹nur in der verbundenen Rede, Grammatik und Wörterbuch sind kaum ihrem toten Gerippe vergleichbar›*. In Humboldts Sprachbegriff tritt an die Stelle der Idee einer schematischen universalen Form, die die einzelne sprachliche Erscheinung an einen allgemeineren grammatischen Begriff von dieser Sprache und schließlich von Sprache überhaupt zurückbindet und die somit im Grunde stets die Grammatik einer primitiveren Sprache sein muß als der, die durch sie ‹erklärt› werden soll, der Begriff einer energetischen ‹inneren› Sprachform der konkreten Einzelsprache, derzufolge Sprache sich über einen jeweiligen Zustand hinaus im ‹jedesmaligen Sprechen› gerade differenzieren, einen bisherigen Zustand reflektieren und damit zu neuen Ausdrucksmöglichkeiten fortentwickeln kann. Sprechen und Verstehen vollziehen sich in diesem Sprachbegriff gerade nicht, wie nach Nietzsche, im Zurückbinden des individuellen Ausdrucks an Gemeinsames, schon Bekanntes eines kollektiven ‹Bewußtseins›, mit dessen Entwicklung nach Nietzsche die Entwicklung der Sprache ‹Hand in Hand› verlaufen muß. ‹Übereinstimmung› ist nach Humboldt immer zugleich auch ‹Auseinandergehen›. Nach ihm ‹läßt sich auch nicht behaupten, daß die Sprache, als allgemeines Organ, diese Unterschiede mit einander ausgleicht. Sie baut wohl Brücken von einer Individualität zur andren und vermittelt das gegenseitige Verständnis; den Unterschied selbst aber vergrößert sie eher, da sie durch die Verdeutlichung und Verfeinerung der Begriffe klarer ins Bewußtsein bringt, wie er seine Wurzeln in die ursprüngliche Geistesanlage schlägt›». Grammatik und Wahrheit. Über das Verhältnis Nietzsches zur spekulativen Satzgrammatik der metaphysischen Tradition, in: Nietzsche-Studien I, hrsg. von M. Montinari, W. Müller-Lauter und H. Wenzel (Berlin-New York 1971) 1–26, Zit. 23 f.

Dies nebenbei besonders für *K. Lehmann*, der in A 355 erneut falsch zitiert, daraufhin Schwierigkeiten mit dem «Zusammendenken» hat und denn auch prompt, wie kann es anders sein, «in diesen Zusammenhängen ... keine Spur wirklich dialektischen Denkens» findet. Er sei deshalb zum Verständnis der von *ihm* vermißten Problematik des «spekulativen Satzes» statt nur auf die von ihm als ungenügend empfundenen S. 243 ff. auf die Seiten 1–704 meines Hegel-Buches verwiesen.

Reinhold Niebuhr sagte: «Truth rides into history on the back of error; die Wahrheit reitet in die Geschichte auf dem Rücken des Irrtums»? Von da aus wäre dann auch eine weitere Frage zu stellen:

2. Wie wird aus einem Satz, der nach seiner verbalen Formulierung, in abstracto, unbestimmt wahr *und* falsch ist, in concreto ein *wahrer* Satz? Mit meinen Kritikern bin ich darin einig, daß der Satz in concreto wahr *oder* falsch ist (oder zumindest sein kann, insofern es ja auch in concreto zweideutige Sätze gibt). Ich bin ebenfalls mit ihnen darin einig, daß insbesondere christlicher Glaube und christliche Theologie an wahren Sätzen und gerade auch an wahren Glaubensbekenntnissen und Glaubensdefinitionen interessiert sind. Aber es ist nicht so leicht zu sagen, was den wahren Satz zum wahren macht.

In meiner Antwort an Rahner habe ich versucht, hier ein wenig weiterzudenken, aber es würde helfen, wenn sich auch andere mehr an diesem Nachdenken beteiligten. Das Entscheidende schien mir darin zu liegen, daß der Satz nur dann wahr ist, wenn er – was auf unendlich viele Weisen möglich ist – die Wirklichkeit, die er aussagen will, trifft, entdeckt, wobei vorausgesetzt ist, daß die Wirklichkeit in der Physik, in der Mathematik, in der Sprachphilosophie, in der Theologie usw. etwas sehr Verschiedenes ist, bzw. Wirklichkeit unter einem sehr verschiedenen Aspekt meint und das subjektive Moment in der Wahrheitserkenntnis nie ausgeschaltet werden kann.[14] Für die Mathematik liegt die ganze Wirklichkeit in der Abstraktion der reinen Zahlen; da reduziert sich die Wahrheit auf Richtigkeit und Stimmigkeit. Christlicher Glaube und christliche Theologie haben es mit der Wirklichkeit

14 In einem sehr interessanten Beitrag zur Wahrheit der Sätze stellt *B. Halaczek* heraus: «Die moderne Erkenntnistheorie hebt die frühere Spaltung zwischen einer äußeren objektiven und einer inneren subjektiven Wirklichkeit dadurch auf, daß im Zugang zur sogenannten objektiven äußeren Wirklichkeit das erkennende Subjekt nicht nur gesehen, sondern selbst als ein objektiver Faktor miteinbezogen wird» (S. 115, B III). So kommt «auch den Bausteinen der Sprache, den Sätzen, eine andere Wahrheits- bzw. Gültigkeitsbedeutung zu» (ebd.). Deshalb ist zu beachten, «daß die Gültigkeit (Wahrheit) eines Erklärungssatzes – und die Erklärungssätze bilden zweifellos den anspruchvollsten Teil der Wissenschaft – nicht ‹in sich›, sondern in seinem Bezug auf den Menschen zu prüfen ist» (S. 116). All dem kann ich meinerseits mit einer Einschränkung zustimmen. Wenn es für Halaczek immer deutlicher wird, «daß das beste Wahrheitskriterium eines Erklärungssatzes das Bejahen-Können dieses Satzes seitens des Menschen ist» (ebd.), so scheint mir der Bezug des Menschen zum Sachverhalt zu wenig deutlich ausgedrückt zu sein. Jedenfalls wird man die «Wahrheit von theologischen Sätzen» auch nicht allein vom Bejahen-Können seitens des Menschen abhängig machen können. Die Wahrheit des Satzes von der Unfehlbarkeit kirchlicher Amtsträger hängt nicht allein an der «Kirchentheorie» des betreffenden Theologen (Rahners oder meiner) (S. 117), wobei dann schließlich beide Seiten recht bekommen und der Papst bei einer Dogmaverkündigung nicht weiß, ob er nun irren kann oder nicht.

in ihrer vollen Konkretion zu tun. Abstrakte Sätze bleiben deshalb hier ganz anders als die der Mathematik in der unbestimmten Vieldeutigkeit, sie sind, zugespitzt formuliert, unbestimmt: wahr *und* falsch. Eindeutig wird der Satz erst dadurch, daß er in die konkrete Situation («Zeit-Ort») des Sprechenden und des Angesprochenen eingesenkt, hineingesprochen wird.[15]

Also nur in der konkreten Situation läßt sich erkennen, wie ein Satz gelagert, gezielt, gemeint ist. Nur in der konkreten Situation läßt er sich an der Wirklichkeit messen, zeigt es sich, ob und wie weit er die Wirklichkeit trifft, die er zu treffen beansprucht, kurz: ob er wahr *oder* falsch, *wie weit* er wahr oder falsch ist.[16] Selbst ein so hochtheologischer Satz wie das vielleicht älteste biblische Glaubensbekenntnis der christlichen Kirche «Jesus ist der Herr» ist als Satz in seiner verbalen Formulierung unbestimmt, vieldeutig. Nicht jeder, der von Jesus «Herr, Herr» sagt, meint die Wirklichkeit, die das ursprüngliche christliche Zeugnis (das für christliche Theologie Maß ist) meint: den wirklichen Jesus Christus selbst. Wer mit dem «Herrn Jesus» einen verkleideten Gott auf Erden meint, meint gemessen an der Wirklichkeit des Jesus des Neuen Testaments etwas Falsches; wer mit dem «Herrn Jesus» nur einen Herrn unter anderen Herren meint, ebenso. Deshalb war es dann dem ersten ökumenischen Konzil daran gelegen, das christliche Glaubensbekenntnis so zu bestimmen, daß es keinen zweiten Gott neben Gott gibt und daß in Jesus doch weder der Mensch noch Gott zu kurz kommen. Aber auch die Sätze der Konzilien sind wie die der Bibel abstrakt, losgelöst von ihrer Situation gesehen, unbestimmt, zugleich wahr und falsch; sie müssen immer wieder neu in eine bestimmte Situation eingesenkt werden, um sich da als wahr zu erweisen. Selbst «Fakten allein sind (aber) mehrdeutig und lassen nicht von vornherein einen eindeutigen Sinn erkennen», sagt Scheffczyk (A 170). Also erst im konkreten Gebrauch, erst in der bestimmten Applikation, erst in der erfüllten Funktion des Satzes wird die Wahrheit oder der Irrtum eines

15 Richtig *B. Halaczek:* «Auch die einfachsten Protokollaussagen berichten nicht von reinen, sondern von bereits irgendwie interpretierten Tatsachen, und folglich müssen auch sie auf ihren Wahrheitsinhalt geprüft werden» (S. 115).

16 Richtig noch einmal *B. Halaczek:* «Innerhalb der Sprachtheorie ist es wie innerhalb der Naturwissenschaft ganz offensichtlich, daß nach der Wahrheit eines Satzes nicht isoliert, sondern immer nur im größeren Kontext gefragt werden kann. Sie unterstreicht mit Nachdruck, daß ‹ein isolierter Satz praktisch beliebig vieldeutig ist. Um der Identität seiner synthetischen Medialität und damit seines konstitutiven Sinnes willen muß sich ein Satz also wesentlich auf die anderen Sätze beziehen, in denen die ihn und seine sinnstiftende Hinsicht des Verbindens tragende Intention sich weiterhin ausspricht, und in der stilistischen Verknüpfung mit diesen die interpersonale Atmosphäre seines synthetischen Sinnes gewinnen› (E. Simons u. K. Hecker, Theologisches Verstehen, Philosophische Prolegomena zu einer theologischen Hermeneutik. Düsseldorf 1969, S. 81)» (S. 116).

Satzes deutlich, zumindest mehr oder weniger deutlich. Hier also wäre weiter zu denken. Und damit stellt sich eine dritte Frage:

3. Wie kann sich ein Satz *in der Geschichte durchhalten?* Das ist ein berechtigtes Anliegen von K. Lehmann und H. Stirnimann. Selbstverständlich bin auch ich der Meinung, daß es wahre Sätze gibt, die wiederholbar sind und sich über eine bestimmte Situation hinaus durchhalten. Selbstverständlich muß gerade der christliche Glaube und die christliche Theologie in einer besonderen Weise interessiert sein an Sätzen, an Glaubensbekenntnissen und Glaubensdefinitionen, die sich durch die Zeiten durchhalten (Katholizität in der Zeit). Eine Kontinuität von Glaubenssätzen an sich ist freilich kein Kriterium der Wahrheit; es gibt auch eine Kontinuität im Irrtum und in der Lüge. Aber die Kontinuität des christlichen Glaubens ist auch nicht, wie Stirnimann bei mir vermutet, eine Kontinuität «jenseits der Sprache» (S. 477, B III, vgl. P. Knauer S. 285, B IV). Vielmehr ist die Kontinuität des Glaubens – ein besonderes Anliegen gerade katholischer Theologie, wie wir sahen – auch mit einer (da hat Stirnimann recht) gewissen Kontinuität sprachlicher Formulierungen verbunden. Daß dabei Formeln im Laufe der Geschichte *«verbesserungsfähig»* (Lehmann A 363), sind, ist mir, wie ebenfalls dargelegt, seit «Rechtfertigung» (1957) eine Selbstverständlichkeit. Aber im Zusammenhang der Unfehlbarkeit kommt es auf etwas anderes an, was mir sowohl bei Lehmann wie bei Stirnimann zu kurz zu kommen scheint: nicht nur die (von niemandem bestrittene) Verbesserungsmöglichkeit, sondern die (nicht mehr bestreitbare) Irrtumsmöglichkeit von Sätzen. Grundsätzlich scheinen für das mögliche Durchhalten von Sätzen – wenn ich mich hier mit wenigen Andeutungen zum Weiterdenken begnügen darf – zwei Voraussetzungen wichtig:

a. Ein wahrer Satz wird sich nur dann als wahrer Satz in der Geschichte durchhalten, wenn es ein wirklich *wahrer* Satz *war*: wenn er die Wirklichkeit wirklich getroffen hatte. Deshalb ist die Regelung der Unfehlbarkeitsfrage für die Kontinuität des Glaubens und der Glaubenssätze so wichtig. Die Unmöglichkeit unfehlbarer Sätze bedeutet nämlich für diesen Zusammenhang, daß nicht von vornherein vorausgesetzt werden kann, daß ein Satz wahr ist, nur weil ihn eine bestimmte Instanz unter bestimmten Bedingungen gesagt hat. Also nicht einfach, weil das Konzil von Nikaia einen christologischen Satz gesagt hat, ist dieser Satz wahr (darauf ist zurückzukommen). Sondern die Wahrheit eines Satzes muß entsprechend der Wirklichkeit, die er aussagen will, verifiziert werden oder zum mindesten verifizierbar sein: ob er der von ihm angesprochenen Wirklichkeit wahrhaft entspricht. Der christologische Satz von Nikaia ist (theologisch gesehen) wahr, weil er dem ursprünglichen Christuszeugnis entspricht. Die Wahrheit eines Glaubenssatzes darf also, wenn sich die Satzinfallibilität nicht halten läßt, nicht einfach vorausgesetzt werden. Wenn also etwa umgekehrt die Behauptung einer Übertragung von Sünde durch geschlechtliche Zeugung dem neutestamentlichen (und insbesondere paulinischen) Zeugnis, auf die sie sich beruft, nicht entspricht, dann hat es keinen Sinn, wie etwa Vorgrimler auf Rahners Spuren (vgl. Exkurs 2 a) durch «aktualisierende Interpretation» oder gar «Neuinterpretation» einen solchen Satz für die Zeitgenossen unglaubwürdig am Leben zu erhalten, nur weil ihn vorher eine bestimmte Instanz gesagt haben mag. Auch so wird aus einem falschen Satz nicht ein wahrer Satz, sondern höchstens ein wahr scheinender Satz oder eben – bei spekulativer Uminterpretation – ein anderer Satz (Übertragung durch Zeugung meint dann eben nicht mehr Übertragung durch Zeugung). *Insofern* hat Lehmann recht, wenn er so sehr auf der *Wahrheit* der Sätze insistiert. Gerade die Wahrheit der Sätze wurde durch eine Theorie der Satzinfallibilität vielfach niedergehalten.

b. Ein wahrer Satz wird sich nur dann als wahrer Satz durchhalten, wenn die neue geschichtliche *Situation*, in die er hineingestellt ist, der früheren gleich oder ähnlich oder analog ist: Wenn die Situation völlig verschieden oder äquivok ist, dann wird derselbe Satz in einer neuen Situation zu einem schiefen, mißverständlichen, irreführenden, gar falschen Satz. Der Satz von der Transsubstantiation war, als er im Mittelalter aufkam, ein Satz, der damals die für den Glauben wirkliche Gegenwart Jesu Christi im Abendmahl gegenüber einem rein äußerlichen Symbolismus in moderner (aristotelischer) Terminologie glaubwürdig aussagte. Er war ein, wenn auch selbstverständlich nicht unproblematischer, so doch wahrer Satz. Derselbe Satz nun war im 16. Jahrhundert, als ihn Luther vom Neuen Testament her in Frage stellte und ihn Trient im Sinne des 13. Jahrhunderts bestätigte und gar als «sehr geeignet» mit einem Anathem einschärfte, bereits ein zumindest mißverständlicher Satz. Derselbe Satz ist schließlich im 20. Jahrhundert für eine Menschheit, die von der modernen Physik und Chemie her denkt, ein nicht nur mißverständlicher, sondern irreführender und im Hinblick auf die konkrete Situation einer konkreten Gemeinde unter Umständen falscher Satz. Er trifft unter diesen Umständen nicht mehr das, was er treffen wollte: die im Neuen Testament angekündete wirkliche Gegenwart Jesu Christi im Abendmahl. Wenn also die Theologie an der Kontinuität des Glaubens nicht etwa jenseits von Sprache, sondern durchaus in der Sprache und mittels der Sprache interessiert ist, so darf sie doch diese Kontinuität nicht künstlich (oft in unwissenschaftlicher

Unredlichkeit) herstellen durch die mechanische Repetition oder spekulative Interpretation von Glaubenssätzen: unabhängig erstens von der ursprünglichen Wahrheit oder Unwahrheit des Satzes (wie im Fall «Erbsünde»), unabhängig zweitens von der neuen konkreten Situation (wie im Fall «Transsubstantiation»).

Eine Kontinuität des Glaubens in der Sprache des Glaubens ist nur dann echt und damit glaubwürdig und von Dauer, wenn sie in aller Wahrhaftigkeit auf der Wahrheit gegründet ist. Dann werden uns auch die großen Glaubensbekenntnisse der Christenheit nicht verloren gehen, auch wenn wir vielleicht den einen oder anderen Satz abstreichen oder ausdrücklich korrigieren müssen. Dann wird auch ein konziliarer Satz wie der nizänische vom «vere Deus, vere homo» selbst im 20. Jahrhundert etwas Bleibendes und Entscheidendes zu sagen haben, was Kirche und Theologie nicht ungestraft vernachlässigen. Dann könnte sogar ein uralter Satz wie «Jesus ist der Herr» in einer ganz neuen Zeit eine ungeahnte, beinahe revolutionäre Kraft entfalten und gegenüber anderen Herren und Herrschaften, Mächten und Autoritäten, welche letzte Gültigkeit beanspruchen, zeigen, wie viel Wahrheit noch heute in ihm steckt. Was wäre geschehen, wenn in den Jahren der Hitler-Vergötzung eine Versammlung von Bischöfen (katholische oder lutherische, das wäre dann in einem solchen Falle unwichtig gewesen), da ihnen nichts anderes mehr blieb als das Wort, bekennend hineingeschrien hätten in die Kirche und in die Gesellschaft: «*Jesus* ist der Herr»? Der in abstracto so vieldeutige Satz hätte sich in der konkreten Situation für Freund und Feind als völlig eindeutig erwiesen, so eindeutig, daß diejenigen, die ihn ausgerufen, ihn vielleicht mit dem Leben bezahlt hätten, besonders wenn dem Satz Konsequenzen in der Praxis gefolgt wären. Bischöfe haben es denn auch vorgezogen, nichts derart Gefährliches auszurufen; sie überließen es anderen.

So zeigt sich in der konkreten praktischen Situation – und insofern sind Theorie und Praxis von vorneherein aufeinander bezogen –, was ein Satz taugt, was seine Wahrheit ist. Und insofern wird gerade bei Sätzen, die für das menschliche Leben, für den Einzelnen wie die Gesellschaft etwas besagen sollen (und alle echt theoretisch-theologischen Sätze sind auch praktisch-ethische und umgekehrt), die *Praxis* darüber mitentscheiden, ob dieser Satz ein wahrer oder falscher Satz, ob er Wahrheit oder Irrtum, Heuchelei, Lüge ist. Unter Umständen kann eine gute, wirklichkeitsgemäße Praxis einen «an sich» falschen Satz als Wahrheit retten, umgekehrt die schlechte, wirklichkeitswidrige Praxis einen «an sich» wahren Satz als Irrtum entlarven. In diesem Sinne verifiziert sich die Veritas des Satzes in der wahrhaften Praxis (vgl. dazu H. Häring in diesem Band). Mit all dem dürfte auch bereits die

Richtung der Antwort auf eine weitere Frage in diesem Umkreis angegeben sein, auf die kurz eingegangen werden soll.

4. Wie kann ein Glaubenssatz *situationsbedingt* und zugleich *verbindlich* sein? Auf diese Frage Lehmanns (A 351–354) Ratzingers (A 113–115) und Kaspers (s. o. S. 82) ist zunächst zu sagen: Auch diejenigen, die der Situationsbezogenheit und Situationsbedingtheit ihrer Glaubenssätze in bestimmten Fällen durch eine Berufung auf den Heiligen Geist entfliehen möchten, können dies nur scheinbar. Denn auch ihre Glaubenssätze sind – selbst wenn sie mit dem Anspruch der Unfehlbarkeit vorgetragen werden – offensichtlich nicht vom Himmel gefallene, sondern menschlich-geschichtliche Sätze: gemacht von sehr bestimmten Menschen in einer sehr bestimmten Situation zu einem sehr bestimmten Zweck, wie dies gerade die Geschichte (Vor- und Nachgeschichte) der Definition der päpstlichen Unfehlbarkeit selbst zeigt. Von der Situationsbezogenheit und Situationsbedingtheit auch der Glaubenssätze selbst kann nur ein jetzt selbst in der katholischen Theologie überlebtes ungeschichtliches Denken absehen. Kurz: um die Situationsbedingtheit der Glaubenssätze, wie sie im Vorausgehenden erneut dargelegt wurde, kommt heute auch eine konservative Theologie nicht mehr herum.[17]

Die ganze Frage ist somit, kann auch eine situationsbedingte Glaubensaussage verbindlich sein? Daß Situationsbedingtheit nicht von vorneherein auch Situationsbeschränktheit bedeuten muß, haben wir eben gezeigt. Situationsbedingtheit schließt aber auch Verbindlichkeit oder gar Letztverbindlichkeit nicht aus. Der Verfasser hat eindeutig bejaht (und ist darin konservativer, wenn auch nicht römischer, als Karl Rahner), daß auch in Zukunft – freilich nur unter ganz bestimmten Bedingungen: in extremis! – ein «Status confessionis» gegeben sein kann, «der kein endloses Diskutieren und Differenzieren erlaubt, sondern ein endgültiges Ja oder Nein erfordert» (U 120): allerdings nie «als endgültiges Verdammungsurteil über Menschen ..., das Gott allein zusteht, sondern als eine Maßnahme auf Zeit im Hinblick auf die Wiederherstellung des Kirchenfriedens, eine Maßnahme, die auch nicht automatisch auf die unschuldigen Nachfahren der Betroffenen übertragen werden darf» (U 120).

Trotzdem kann dies eine streng verbindliche Aussage sein. Ihre Verbindlichkeit beruht selbstverständlich nicht auf irgendeiner willkürlichen oder gewalttätigen Setzung. Eine Glaubensaussage kann ihre Verbindlichkeit, wie vor allem Fries deutlich ausführt, nur von der Wahrheit her bekommen.

17 Über die kulturelle und individuelle «Situationsenge» und deshalb «Satzaussageenge» erfreulich deutlich *A. Kolping* (S. 74–78, B III).

Der unbedingte Anspruch der christlichen Botschaft kann mich in einer bestimmten geschichtlichen Situation bekennen lassen «Jesus ist der Herr»: um so ohne langes Diskutieren und Differenzieren, aber völlig klar in der Ausrichtung ein «endgültiges Ja oder Nein zu Christus und nicht zum ‹Führer›» (U 120) zu sagen, weil ich nämlich vom unbedingten Anspruch der Wahrheit in dieser Situation betroffen bin. In diesem Sinn kann eine Glaubensdefinition für diejenigen, die sich zum selben Glauben bekennen, einen obligatorischen und definitiven Charakter erhalten und kann somit ein endgültiges oder – wenn man zeitliche Assoziationen vermeiden will – vollgültiges und unbedingtes Ja (unter Umständen auf Leben und Tod) herausfordern.[18]

Aber dies alles besagt nicht, daß damit die Geschichtlichkeit, die Situationsbezogenheit und Situationsbedingtheit der Glaubensaussage überspielt oder ausgeklammert würden (vgl. dazu Peschs Thesen 2–3 in diesem Band). Es gehört zur Dialektik menschlicher Existenz, daß der Mensch im Rahmen der Zeitlichkeit, aus dem er nicht heraustreten kann, endgültige, definitive, unbedingte Entscheidungen treffen muß, weil sie ihm einfach abgefordert werden. Die in einer bestimmten beschränkten Situation gefällte Entscheidung kann selbstverständlich über diese Situation und gar Generation hinaus Bedeutung haben, wie dies für viele menschliche Entscheidungen und erst recht für Glaubensentscheidungen der Fall war. Nur kann insofern die Geschichte nicht übersprungen werden, als ob dieselbe Entscheidung, dieselbe Glaubensaussage oder Glaubensdefinition zu einer anderen Zeit einfach in naiver Selbstverständlichkeit wiederholt werden könnte. Das gilt selbst, wie A. Jaubert in diesem Band überzeugend aufgezeigt hat, für die Glaubensaussagen innerhalb der Bibel. Nochmals zum selben Beispiel: Auch der Satz «Jesus ist der Herr», der zu einer bestimmten Zeit mit unbedingtem Anspruch vor-

18 Lieber als von «absolut bejahbaren Sätzen» (*E. Jüngel* im Anschluß an Rahner S. 79, B III; ebenfalls der Altkatholik *J. Visser*, S. 287, B III) möchte ich von «unbedingt bejahbaren Sätzen» reden. Diese Sätze sind nicht «absolut» bejahbar, weil sie situationsbezogen sind und bleiben. Doch sind sie «unbedingt» bejahbar, weil sie, innerhalb dieser Situation eindeutig geworden, ohne alle Wenn und Aber bejaht werden können und sollen. Dem Anliegen von Jüngel stimme ich somit durchaus zu: Derartige Sätze sind, wie er gegen Rahner bemerkt, «keineswegs nur unter der Voraussetzung einer unfehlbaren Instanz denkbar» (S. 69). Zu einer solchen Bejahbarkeit eines Satzes «gehört eine geschichtlich stets neue Verifizierbarkeit»: «Deshalb kann – hermeneutisch geurteilt – die Verneinung der Unfehlbarkeit des Lehramtes der Bejahbarkeit der Sätze des Glaubens nur zugute kommen. Und es wäre über Küngs negative hermeneutische Argumentation hinaus positiv begründet, warum menschlichen Instanzen das Prädikat ‹unfehlbar› nicht nur nicht zukommen kann, sondern auch gar nicht zukommen darf: um der nur im Ereignis wirklichen und deshalb niemals ein für allemal gegebenen Gewißheit des Glaubens willen (vgl. aber auch Küng, U 144)» (S. 80).

getragen und akzeptiert worden ist, kann nicht in einer anderen Zeit und Situation schlicht repetiert (und etwa statt gegen den braunen Führer ohne weiteres gegen einen schwarzen oder roten Bundeskanzler gewendet) werden. Mit den dogmatischen Formeln ist solches immer wieder getrieben worden, wie denn auch der Verfasser von A. Kolping – darauf läuft dessen ganze Monographie zu meiner «Anfrage» hinaus (vgl. S. 91. 101. 104. 112, B III) – als ekklesiologischer «Nestorianer» qualifiziert wird. Doch die alten Ketzerhüte passen nicht immer auf neue Häupter (zum Verhältnis von Christus und Geist zur Kirche vgl. K Kap. C II–III).

Die konsequente Antwort

Wir sahen: Kein einziger Theologe hat in der bisherigen Debatte einen Beweis für die Möglichkeit garantiert unfehlbarer Sätze zu führen vermocht; es gibt nach der bisher recht erschöpfend geführten Diskussion in der Schrift und in der großen katholischen Tradition keine soliden Fundamente für die Annahme solcher unfehlbar wahren Sätze oder Instanzen. Dies besagt nichts gegen die Wahrheit wahrer Glaubenssätze; nur darf diese Wahrheit nicht aufgrund bestimmter Instanzen oder Akte vorausgesetzt werden, sie muß sich vielmehr bewähren, bewahrheiten. Die Konsequenz daraus ist: Die Möglichkeit garantiert unfehlbarer Sätze darf in Zukunft nicht mehr vorausgesetzt werden; sie ist auch in der katholischen Theologie nicht mehr in possessione.

Diese Konsequenz setzt sich in der katholischen Theologie trotz aller Widerstände und Halbheiten durch. Ein Zeichen dafür sind mir die Diskussionsbeiträge von Walter Kasper und Magnus Löhrer. Gerade weil sie «meiner» Auffassung der Unfehlbarkeit besonderes Verständnis entgegenbringen, drängt sich folgende Frage auf: Kann man einer konsequenten Entscheidung bezüglich der Unfehlbarkeit oder Fehlbarkeit von Glaubenssätzen ausweichen dadurch, daß man einen letzten gleichsam sturmfreien Vorbehalt einbaut, in dem der Irrtum abgewehrt wird entweder durch Rückzug auf das «Réduit» einer sogenannten «Grundintention» oder umgekehrt durch das Ausgreifen auf einen großen «Gesamtzusammenhang»?[19]

19 Ähnlich ließe sich die Frage auch an *E. Schillebeeckx* (in: C) stellen, der in vielfacher Form betont, daß Offenbarung und Glaube mit dem Dogma im Sturm unserer menschlichen Geschichte zwischen Heil und Verderben stehen, und daß es keine sturmfreie Zone gibt: «Openbaring en geloof zelf staan in de storm von onze menselijke geschiedenis. Nergens is er een stormvrije zône, een soort vuurkaste kern die sich bevindt náást een ander, nl. louter

Löhrer spricht im Anschluß an Ratzinger von der «durch alle Defekte der menschlichen Sprache hindurch erkennbaren Grundausrichtung» des Dogmas (s. o. S. 95): «daß die Grundausrichtung des früheren Dogmas auch in einer Neuformulierung zu bewahren ist, wenn die Aussage vom Bleiben der Kirche in der Wahrheit einen Sinn haben soll» (s. o. S. 96).

Dazu darf ich vielleicht bemerken: Natürlich läßt sich von vielen problematisch formulierten Dogmen bejahen, daß zumindest ihre Grundausrichtung dem Evangelium entspricht. Gegen die Bestimmung einer Grundausrichtung ist grundsätzlich nichts einzuwenden. Freilich hat das Vatikanum I mehr als nur die Grundausrichtung einer Definition unter die asisstentia negativa des Heiligen Geistes gestellt; man kann sich für eine solche Reduktion des Dogmas nicht auf das Vatikanum I berufen. Darüberhinaus ist der Begriff der Grundausrichtung sehr vage (was ist schon die Grundausrichtung des Dogmas von der Assumptio?) und fordert die willkürliche Neuinterpretation und Uminterpretation «nach vorne» geradezu heraus, so daß man das Dogma nachträglich sagen läßt, was es ursprünglich nicht gesagt hat (eine Gefahr, die Löhrer sieht).

Aber der entscheidende Grund gegen eine solche Interpretation ist ein anderer: Daß die Grundausrichtung bei allen Dogmen von vornherein (im beschriebenen Sinn) dem Evangelium entsprechen müßte, wird hier einfach postuliert, ist aber nach allem, was sich bisher gezeigt hat, nicht zu erweisen. Die Gründe, die gegen eine Unfehlbarkeit des Glaubenssatzes an sich sprechen, gelten in gleicher Weise und in etwa erst recht gegen eine Unfehlbarkeit seiner Grundausrichtung. Es besteht keine erweisbare Garantie, daß der Heilige

theologisch gebied, waarin menselijke geschiedenis hetzij heil, hetzij ravage kan aanrichten. Geheel de openbaring, geheel het geloof met zijn dogma en uiteraard de eigenlijke theologie als zodanig, dit alles staat *in* de geschiedenis.» Trotz des Unterschiedes zwischen Altem und Neuem Testament – bei aller tieferen Kontinuität – hätte auch die Verheißung des neuen Bundes einen positiven Effekt «nicht automatisch oder sicher juridisch» (was z. B. P. Knauer S. 284, B IV übersieht). Die «metanoia» der Kirche habe «ihre historischen ups and downs». Die Kirche kenne «Zeiten der Müdigkeit»; sie brauche «Selbst-Korrektur»; das «Irreformable und das Reformable in der Kirche als ganzer» sei «so rätselhaft tief ineinander verflochten», daß die Kirche gar nicht immer beides reflex und präzis unterscheiden könne usw. Konsequenterweise müßte Schillebeeckx von diesen Aussagen her keine Schwierigkeit haben, den Irrtum ernstzunehmen und die Irrtumsmöglichkeit auch in päpstlichen und konziliaren Lehrdefinitionen anzuerkennen. Jedenfalls erbringt er keinen Beweis dafür, weswegen die kirchlichen Amtsträger nicht nur «auf eine richtige, legitime, treue und deshalb bindende Weise», sondern auf *unfehlbar* wahre Weise ein «amtliches Urteil» in Glaubenssachen abgeben können und warum das Wahrheitscharisma ein Amts- oder gar Unfehlbarkeitscharisma sein müßte (bei Mt 28, 18 f. ist sicher nicht an Papst und Konzilien gedacht). «Le choix du oui dans la tristesse du fini» (P. Ricoeur) manifestiert sich doch wohl nirgendwo deutlicher als in der Möglichkeit von Schuld und Irrtum (zur Interpretation des Erbsündedogmas vgl. das im Exkurs 2a Gesagte).

Geist zumindest für die Einhaltung der richtigen Grundausrichtung sorgt. Es könnte auch mal umgekehrt sein: daß eine Formel an sich durchaus noch anginge, wenn nicht eine unevangelische Grundausrichtung dahinterstünde. Der Verfasser meint, für das eine wie für das andere Beispiele zu wissen. Deswegen scheint mir persönlich nur eine *konsequente* Lösung die Schwierigkeiten wirklich zu beseitigen. Man sollte ruhig ohne alle Angst die Indefektibilität der Kirche in der Wahrheit ernst nehmen, indem man sagt: Die Kirche wird auf Grund der Verheißung in der Wahrheit erhalten, selbst wenn auch die Grundausrichtung des einen oder anderen Dogmas falsch sein sollte.

Nachdem Löhrer erfreulicherweise trotz einiger Bedenken (die ja nun im Vorausgegangenen zum schönen Teil ausgeräumt sein dürften) zu dem grundsätzlich stehen will, was er in seiner ersten Besprechung geschrieben hat, möchte ich vorschlagen, daß wir bei seiner damaligen Formulierung bleiben: «Die entscheidende Frage scheint mir letztlich die zu sein: Welche Unfehlbarkeit ist in den der Kirche gegebenen Verheißungen notwendig impliziert, so daß die Verheißungen hinfällig würden, wenn eben diese Unfehlbarkeit bestritten wird, und welche Unfehlbarkeit wird vom Glaubensvollzug notwendig vorausgesetzt? Muß man, wenn man an den Verheißungen des Herrn festhält, tatsächlich mehr fordern als die von Küng postulierte Indefektibilität und Perennität der Kirche, die den Irrtum im einzelnen nicht notwendig ausschließt? Dies wirklich zu zeigen, dürfte schwer sein, zumal auch Küng einen Unterschied zwischen atl. Gottesvolk und ntl. Kirche, auf den Rahner reflektiert, festhält. Auch vom Glaubensvollzug her läßt sich schwerlich ein entscheidendes Argument beibringen, wenn man nicht von einem verkürzten intellektualistischen Glaubensverständnis (Glauben als Annahme bestimmter Sätze) ausgeht» (Bemerkungen, S. 547, B III).

Wie Löhrer, so möchte auch *Kasper* gerne die «Grundausrichtung» eines Glaubenssatzes «an dem Gehaltenwerden der Kirche in der Wahrheit» teilhaben lassen. Im Gegensatz zu Rahner, der die Infallibilität auf die Wahrheit des einzelnen definierten Satzes als solchen bezieht, vermag Kasper die «Wahrheit des einzelnen Satzes nur im Zusammenhang aller dogmatischen Sätze, der Geschichte dieser Sätze, ihres Verhältnisses zur Schrift und zur gegenwärtigen Verkündigungssituation zu verstehen»: «Der einzelne Satz ist wahr, insofern er im Strom dieser Geschichte ‹mitschwimmt› und von dorther seinen Stellenwert und seine Sinnausrichtung erhält. Wird er aus diesem Gesamtzusammenhang herausgerissen, dann kann er tatsächlich sowohl wahr wie falsch sein» (s. o. S. 85 f.).

Wenn man freundschaftlich von einem Tübinger Hügel zum anderen reden darf: Daß der Rückzug auf eine «Grundausrichtung» keine echte Lösung darstellt, habe ich schon gegenüber Löhrer ausgeführt. Zum Ausgriff auf den «Gesamtzusammenhang» möchte ich nur bemerken: Selbstverständlich muß jeder einzelne Glaubenssatz im Zusammenhang aller dogmatischen Sätze, der Geschichte dieser Sätze, ihres Verhältnisses zur Schrift und zur gegenwärtigen Verkündigungssituation verstanden werden. Aber woher wissen wir denn, daß der einzelne Satz nicht gerade in seiner Formulierung oder in seiner Grundausrichtung im *Widerspruch* zu diesem «Gesamtzusammenhang» und – was eindeutiger zu verifizieren ist – im Gegensatz zur neutestamentlichen Botschaft steht? Könnte es nicht sein, daß ein solcher Satz gerade vom Gesamtzusammenhang her zu kritisieren und in seiner Formulierung oder Grundintention abzulehnen ist? Woher wissen wir, daß ein bestimmter Satz nicht gerade *gegen* «den Strom dieser Geschichte» schwimmt und von dorther einen *negativen* «Stellenwert» und eine *falsche* «Sinnausrichtung» erhält? Kann aber nicht – um einen anderen Vergleichs Kasper heranzuziehen (s. o. S. 81.) – auch umgekehrt das «Ganze» (z. B. einer Erzählung, Perikope, Lehre, Botschaft) durchaus «wahr» («in der Wahrheit gehalten») sein, auch wenn nicht jeder «der einzelnen Teile» (oder Teilchen) wahr ist. Denn gerade darin muß man ja nun dem Idealismus Hegels nicht folgen, daß jede Dialektik zwischen Wahrheit und Irrtum schon «aufgehoben» ist, bevor das Eschaton offenbar wird.

Deswegen möchte ich auch meinen Tübinger Kollegen fragen, ob wir es nicht doch lieber bewenden lassen sollen bei seiner ursprünglichen und von ihm wieder aufgenommenen Formulierung, die mir von außerordentlicher Klarheit zu sein schien: «Die Überwindung des kirchlichen Triumphalismus durch das Vatikanum II betrifft also auch das Wahrheitsverständnis der Kirche und fordert eine neue, tiefere Interpretation des so mißverständlichen Begriffs der Unfehlbarkeit. Dieser Begriff gehört wie kein anderer zu der noch unbewältigten Vergangenheit des Vatikanum I. Versteht man ihn recht, dann bedeutet er das Vertrauen des Glaubens, daß die Kirche durch den Geist Gottes trotz mancher Irrtümer im einzelnen grundlegend in der Wahrheit des Evangeliums gehalten wird. Unfehlbarkeit wäre dann dynamisch und nicht statisch zu verstehen; in und durch die Kirche vollzieht sich beständig der eschatologische Konflikt mit den Mächten der Unwahrheit, des Irrtums und der Lüge; nach der Überzeugung des Glaubens wird sich dabei die Wahrheit immer wieder durchsetzen und nie endgültig verloren gehen. So kann die Kirche auf Grund ihres Glaubens gerade im Konflikt um die rechte Erkenntnis der Wahrheit ein Zeichen der Hoffnung sein für die menschliche Gesellschaft. Sie muß durch ihr eigenes Beispiel bezeugen, daß es niemals sinnlos, wohl aber beständig notwendig ist, weiterzusuchen und weiterzugehen in der

Gewißheit, daß die Wahrheit sich bewähren wird. Der Weg, den die Kirche selbst vom Vatikanum I zum Vatikanum II gegangen ist, ist ein Zeugnis dieser Hoffnung» (s. o. S. 85).

Die bisher stattgefundene Diskussion hat die Fragwürdigkeit des «unfehlbaren» Satzes bewußt gemacht [20]. *G. Baum* macht in seinem zweiten weitergehenden Diskussionsbeitrag die bedeutsame Feststellung: «Es scheint mir, daß zu diesem Zeitpunkt niemand die Antwort auf die von Küng aufgeworfenen unbequemen Fragen weiß. Ich gebe zu, daß es wahr sein mag, daß die Kirche das Evangelium indefektibel vermittelt, wie Küng vertritt, obwohl keine ihrer Aussagen als einzelne genommen infallibel genannt werden können» (S. 17, B III). Baum möchte sich so in jedem Fall von der «wörtlichen Bedeutung des Vatikanum I» (S. 30) lösen und nur sagen: «Die Gabe der Infallibilität befähigt die Kirche, in Gottes Wahrheit zu bleiben und ihr in Macht Ausdruck zu verleihen. Aber ob diese Äußerungen des Glaubens in Aussagen statthaben, die infallibel genannt werden sollen, weiß ich nicht. Das Vatikanum II hat zweifellos keine Infallibilität für seinen Ausdruck der Frohen Botschaft beansprucht» (ebd.).

Dieses ehrliche «I do not know» besagt in seiner Konsequenz, auch wenn man die Ergebnisse dieses Sammelbandes und seine Bilanz noch gar nicht berücksichtigt: Wir können unfehlbar wahre Sätze nicht als bewiesen annehmen; wir dürfen sie folglich auch nicht behaupten (wenn wir nicht wissen, ob es goldene Berge gibt, müssen wir zumindest vorläufig annehmen, es gebe keine). Man sollte somit nicht zögern, die Möglichkeit des Irrtums in allen Glaubensformulierungen so freimütig zu affirmieren wie das etwa *O. H. Pesch* getan hat: «Wenn nicht alles täuscht, hat hier Hans Küngs Buch und die anschließende Diskussion im Problembewußtsein einen Schritt weitergeführt. Wenn die *Gnade* des Heiligen Geistes, die immer bei der Kirche und in ihr gegenwärtig ist, bei der Verkündigung eines Dogmas einen *moralischen*

20 *W. Breuning*: «Es ist richtig, daß hier ein Fragepunkt bewußt geworden ist, der in der Diskussion früherer Zeiten um die Unfehlbarkeit *so* nicht genug bedacht wurde. Das macht die ganze Frage tatsächlich wieder offener, als es nach dem Ersten Vatikanum der Fall zu sein schien. Hier liegt auch der Spielraum für Küngs Angriff. Wenn es ihm nur darum gegangen wäre, aufzuweisen, daß es keine Sätze gibt, ‹die von vornherein des Irrtums enthoben sind›, also ‹von vornherein gar nicht falsch sein können› (U 142), wäre ihm zuzustimmen» (S. 163, B III). Dazu kann man als Verfasser nur sagen: Genau darum ging es ihm! Auf die von Breuning genannte «Aporie, die aus der Frage nach der Wahrheit von Sätzen bedrängend auf uns einstürmt» (ebd.), dürfte in dieser Bilanz zum Teil geantwortet worden sein. – Angesichts betont negativer Rezensionen in verschiedenen Kirchenzeitungen bin ich besonders dankbar für die freundliche und weithin zustimmende Besprechung des früheren Freiburger Generalvikars Dr. *E. Föhr* (B IV), der als Mann der kirchlichen Praxis die Problematik und Grundhaltung, aus der das Buch geschrieben wurde, sehr genau erfaßt hat.

Fehler nicht ausschließt, warum soll die *Wahrheit* Christi, in der derselbe Geist die Kirche bewahrt, nicht auch einen *intellektuellen* Fehler, einen Irrtum bei der Verkündigung eines Dogmas zulassen können, ohne daß dies ein Einwand gegen seine Präsenz in der Kirche wäre?» (s. o. S. 261)[21].

Klar zieht *L. Swidler* die Konsequenzen: «Gott wird sie (die Kirche) ebensowenig ganz verwerfen wie er das auserwählte Volk verwerfen wird. In diesem Sinn ist die Kirche ‹indefektibel› – nicht in dem triumphalistischen Sinn, daß sie nie einen satzhaften Irrtum in einer definitiven Dogmatisierung machen wird, was nicht nur eine unmenschliche, sondern, wie wir gesehen haben, sogar eine nutzlose Sache ist» (J 764). Bezüglich der römischen Unfehlbarkeitslehre aber stellt der amerikanische Exeget *J. L. McKenzie* als Zentralfrage heraus: «die römische Interpretation der Unfehlbarkeit beansprucht so viel, daß sie irrational und unreal wird; wenn aber dieser Anspruch modifiziert wird ..., wird sie sinnlos» (S. 12, B III).

Konsequent sind dann insbesondere die Thesen des amerikanischen Jesuiten *R. McBrien*, auf die zum Teil schon in Kapitel IV hingewiesen wurde. Als wichtigste Ergebnisse verdienen in bezug auf die Hauptfrage festgehalten zu werden: «Es gibt keine adäquate biblische oder historische Basis für das Dogma der päpstlichen Unfehlbarkeit ... Es scheint nicht, daß die Sendung der Kirche die päpstliche Unfehlbarkeit im Sinne des Vatikanum I nötig hat. Der außerordentlich seltene Gebrauch dieses Charismas ist ein Zeichen seiner relativen Unwichtigkeit und sogar Nutzlosigkeit ... Die Gültigkeit der Lehre von der päpstlichen Unfehlbarkeit muß für sich allein stehen oder fallen. Sie kann nicht einfach mit der Indefektibilität identifiziert werden, da diese beiden Wirklichkeiten, obwohl eng miteinander verbunden, nicht ein und dasselbe sind ... Die päpstliche Unfehlbarkeit scheint nicht notwendig zu sein für die Gemeinschaft mit der katholischen Kirche, da solche Gemeinschaft in der weiteren Frage des Verständnisses und der Ausübung der Kollegialität begründet liegt. Kollegialität schließt das päpstliche Amt gewiß ein, aber man kann legitimerweise das petrinische Amt bejahen ohne notwendig das Charisma der päpstlichen Unfehlbarkeit – auch wenn dieses Charisma beschränkt ist durch die verschiedenen vom Vatikanum I festgelegten Bedingungen – zu bejahen. Die Kirche war während der allerlängsten Zeit gerade in dieser Situation, das heißt sie funktionierte als der Leib Christi, ohne sich auf die Unfehlbarkeit des

21 Natürlich ist dann zu erklären, «was eine Wahrheit ist, in der man bleiben kann, obwohl man im einzelnen irrt». Genau dies soll im Kapitel VII noch deutlicher gemacht werden (vgl. ebenfalls den Beitrag von *Hengstenberg* in diesem Band). Aus *Peschs* Voraussetzungen lassen sich bezüglich unfehlbarer Sätze die Konsequenzen noch stringenter ziehen (Reserven habe ich insbesondere bezüglich der Ausführungen über die fides implicita, wo der Irrtum ernster genommen werden müßte).

Papstes zu beziehen» (S. 36 f., B III). McBriens Schlußfolgerung: «Hans Küng hat im wesentlichen recht mit seiner Kritik am traditionellen Begriff der päpstlichen Unfehlbarkeit und mit der Neubetonung der Indefektibilität als der Basis der christlichen Treue zu Christus und zu seinem Evangelium (oder genauer, als der Basis von Gottes Treue zur Kirche). Diese Position hat, wie Küng selber anregt, bedeutende ökumenische Möglichkeiten» (S. 37. 61 f.).

Auf die Ergebnisse des katholischen Philosophen *H. E. Hengstenberg*, nach welchem «ein Fortfall a priori unfehlbarer Sätze das Selbstverständnis der Kirche als Hort der Wahrheit ... eher erhellen würde» (s. o. S. 217), haben wir bereits aufmerksam gemacht. Die negativen Ergebnisse von *H. Halbfas'* Überprüfung der Argumentationen im Rahnerschen Sammelband können in diesem Band nachgelesen werden. Ebenso die für jede christliche Ethik folgenreichen Ausführungen von *F. Böckle*, der allen (auch lehramtlich verkündeten) ethischen Normen – für Rahner wichtig – den Absolutheitscharakter (ausnahmslos und unter allen Umständen gültig) abspricht. Auf die Ergebnisse des katholischen Historikers *B. Tierney*, des hervorragendsten Spezialisten in dieser Materie, werden wir im nächsten Kapitel zu sprechen kommen. Seine grundsätzliche Auffassung, die an Konsequenz nichts zu wünschen übrig läßt, sei jedoch hier schon festgehalten: «Sobald man einmal über die Geschichte der Infallibilitätsdoktrin richtig im Bilde ist, wird sich – selbst unter Berücksichtigung aller Theorien der Dogmenentwicklung – schwerlich die Auffassung halten lassen, die Lehre von der päpstlichen Unfehlbarkeit gehöre zum ‹depositum fidei›, das Christus seinen Aposteln vermacht hat. Und wenn die Infallibilitätsdoktrin nicht Bestandteil dieses ‹depositum› ist, gehört sie selbstverständlich auch nicht zum katholischen Glaubensgut» (s. o. S. 121).[22]

22 Noch weiter geht ein anderer amerikanischer Historiker *F. Oakley*, ebenfalls Katholik, der den förmlichen und unzweideutigen Widerruf der Primats- und Unfehlbarkeitsdefinitionen des Vatikanum I durch ein künftiges Konzil fordert (J 839). Die Dekrete und Ekklesiologien von Konstanz und Vatikanum I stünden – hier korrigiert Oakley meine Ergebnisse in «Strukturen der Kirche» – in direktem Koflikt miteinander, und dies trotz der Tatsache, daß beide Konzilien die Erfordernisse dogmatischer Gültigkeit erfüllen. Oakleys radikale Konsequenz ist: «It means that the claim to attach infallibility to *particular* conciliar (and *a fortiori* to particular papal) pronouncements must simply be dropped. It means, again, the necessity of admitting, and with full candor, the historicity, the relativity, the reformability of all doctrinal pronouncements. As a result, it means also the need to recognize the provisional nature of all Church structures, and the relativity and reformability of all ecclesiologies – *Conciliarist as well as Ultramontane*. It means, in effect, the freedom to confront the Gospel without impediment, the true ability, at last, to shape an ecclesiastical reform in terms of Küng's axiom that ‹one can only know what the Church should be now if one also knows what the Church was originally.› Herein, I believe, rather than in any hope of bolstering collegiality or of reintroducing a moderate Conciliarist ecclesiology, lies the true significance of admitting the validity of *Haec sancta*» (S. 833 f.).

Damit dürfte nun überdeutlich geworden sein: Das Fragezeichen hinter dem Wort «unfehlbar» hat sich als völlig gerechtfertigt erwiesen. Die Behauptung einer Satzunfehlbarkeit ist unbegründet. Ja, sie ist noch weniger begründet, als selbst der Verfasser vor zwei Jahren angenommen hatte. Dies ergibt sich aus dem folgenden Kapitel.

VI. UNERWARTETE BESTÄTIGUNGEN

Der Referent der Glaubensdeputation des Vatikanum I Bischof Gasser hatte erklärt, daß die päpstliche Unfehlbarkeit, nachdem es um die geoffenbarte Wahrheit geht, aus Schrift und Tradition bewiesen werden müßte (M 52, 1204). Zur Qualität dieser «Beweise» erklärt ein so renommierter Kenner des Vatikanum I wie der Löwener Theologe *Gustave Thils*: «Die von den Vätern angeführten Argumente waren die der gängigen Theologie, die der Traktate und Handbücher, kurz: eine ‹konfessionelle›, oft ‹römische› Dogmatik, ziemlich antiprotestantisch und ohne Kontakt mit der Lehre der Orthodoxen. Darüber hinaus beherrschte diese Dogmatik im allgemeinen die Exgese und sogar die Kirchengeschichte, wenn sie in Betracht gezogen wurde. Die biblische Kritik wurde nicht in Erwägung gezogen, und die Geschichte als solche hat außer im Kopf von ein paar Vätern, alter Professoren, kaum eine Rolle gespielt.» So fordert denn Thils – mit erneutem Hinweis auf die post-tridentinisch antiprotestantische und vielfach römisch-kurialistische Formung der meisten Väter: «Zur Verifikation würde die vatikanische Definition vor allem eine Revision der vorgebrachten Argumente erfordern» (in: C, übersetzt vom Verfasser) [1]. Vor diesem theologischen Hintergrund versteht

1 Mehr theologische Einwände meldet *J. T. Ford* gegen das Vatikanum I an (J 779–783). Ob der von Ford vorgeschlagene Mittelweg der «Reconceptualization» (J 784–791) gangbar ist, ist freilich zweifelhaft. Man wird zu Herzen nehmen müssen, was *P. McGrath* (S. 640, B III) bezüglich U sagt: «There can be no doubt, however, that the historical argument, taken in its entirety, is extremely formidable – one need only compare the decree ‹Haec Sancta› of the Council of Constance with the Vatican I definition of papal infallibility to appreciate its force – and theologians have been forced to perform the most extraordinary mental gymnastics to get around it». Dies gilt weithin von *H. McSorley*, der im übrigen eine Begründung seiner Auffassung nach Rahners Vorbild abschiebt: «In relation to the controversy with Küng, however, I certainly do not have to address myself to this fundamental-theological task. To fulfill this task is surely difficult» (S. 73 f., B III). Statt dessen beschuldigt er den Verfasser, der Beweise fordert, in Rahners Gefolge des «Rationalismus» (ebd.). Hier gilt, was *P. McGrath* bezüglich Rahner («one can only express surprise at a theologian of Rahner's reputation indulging in a tactic which has often been used against himself») sagt: «What is required from defenders of the traditional teaching therefore is not a condemnation of the book, but a refutation» (S. 639, B III).

man die Bemerkung von Pius IX. zu Ötingen-Spielberg besser zu werten: «Unter uns gesagt, glaube ich, daß Dr. von Döllinger im Inneren seines Herzens ebenso gut katholisch ist wie wir beide. Er ist aber auch ein Gelehrter, und im Stolz des Gelehrten liegt der Geist des Widerspruchs.» Gerade in der Theologie werden wissenschaftliche Argumente von Nichtwissenschaftlern öfters mit moralischen Argumenten beantwortet. Ist es erstaunlich, daß man sich auf einer solchen Basis nicht verstehen konnte? [2]

In bezug auf das Vatikanum II aber stellt ein so ruhiger und sachlicher Theologe wie der Frankfurter Jesuit *Heinrich Bacht* fest: «Wir bekommen es von Tag zu Tag deutlicher zu spüren, daß die Auskünfte und Formulierungen, die das Konzil zu den hier anstehenden Fragen anbietet, aus einem zu harmlosen Problemverständnis erwachsen sind, als daß sie wirklich befriedigen könnten. Gerade in diesem Bereich hat es die Erwartungen, es werde das Konzil von 1869/70 weiterführen und vollenden, enttäuscht. Insofern hat die jüngste Kritik an seinen ekklesiologischen Aussagen leichtes Spiel – aber auch ihre weitgehende Rechtfertigung (Vgl. H. Küng, Unfehlbar? Eine Anfrage). Daß sich dabei die zu schmale Besetzung der Konzilskomissionen mit kompetenten Exegeten und die zu einseitige Auswahl der Theologen ganz allgemein rächt, sei nur am Rande nochmals ausgesprochen» (S. 144, B III)[3].

2 Obiges Zitat bei *G. Denzler,* «Ich bin isoliert». Vor hundert Jahren wurde Ignaz von Döllinger exkommuniziert, in: Publik vom 16. April 1971. – *Döllinger* sah es anders: «Aus der Kirche will ich mich nicht hinausdrängen lassen und so denken, glaube ich, alle, die jetzt gegen das neue Dogma sich wehren. Wir bleiben, wir trennen uns nicht von der großen Gesamtheit, aber wir protestieren und appellieren – Gott das übrige überlassend» (ebd.).

3 *H. Bacht* sieht die vatikanische Definition ähnlich wie Thils: «Nicht ohne Grund ist gelegentlich gesagt worden, daß der einseitig überzogene ‹Papalismus› der Neo-Ultramontanisten von 1869/1870 eigentlich ein Paradox darstellte. Denn schließlich wurde das Konzil Pius' IX. in einer Zeit abgehalten, für die das Erwachen des Geschichtssinnes und des Gespürs für die geschichtliche Bedingtheit aller menschlichen Vorgänge und Vorzüge kennzeichnend war. Gerade dieser Sinn für das Geschichtliche ging aber den Konzilsvätern von damals in überraschendem Maße ab. Das zeigte sich nicht nur an dem Mangel an kritischer Distanz zu den Quellen, auf die man sich zum Beweis des päpstlichen Primats in Leitung und Lehre berief; sondern auch daran, daß man bei der Berufung auf die ununterbrochene Überlieferung dieses Lehrstückes (vgl. DS 3065 = D 1832) die harten Diskussionen und Kontroversen, die zwischen 12. und 15. Jahrhundert ausgetragen wurden, unbeachtet ließ» (S. 152, B III). Nur *K. Lehmann* (A 367–370) versucht die Unfehlbarkeitsdefinition auf modern zu frisieren, indem er sie auf die Linie der vor allem von Descartes ausgehenden neuzeitlichen «Vergewisserungstendenz» schiebt: sie entspreche einem «Erfordernis des zeitgenössischen Denkens und einem Gewißheitsausweis des Glaubens unter den Bedingungen neuzeitlicher Mentalität» (A 369). Gemessen an den Erfordernissen des zeitgenössischen Denkens und den Bedingungen neuzeitlicher Mentalität muß diese Definition freilich als schlicht reaktionär bezeichnet werden. Meint man doch «dem Befallenwerden von Zweifeln grundsätzlich einen Riegel vorschieben zu können» (A 368), aber nicht etwa durch eine vernünftige bzw. historische Verifikation, sondern durch den für das zeitgenössische Denken und die neuzeitliche Mentalität unverständlichen Appell an eine unfehlbare kirch-

So hat denn auch in der Zwischenzeit niemand die von Thils geforderte Verifikation erbracht. Im Gegenteil: Es kann in diesem Abschnitt berichtet werden von der Forschungsarbeit katholischer Gelehrter, die unabhängig vom Buch «Unfehlbar?» auf eine auch für den Verfasser unerwartete Weise die im Buch vorgetragenen Auffassungen bestätigen und die zugleich die Brüchigkeit der Grundlagen der vatikanischen Unfehlbarkeitslehre (vgl. U Kap. II) noch deutlicher sichtbar werden lassen. Es geht hauptsächlich um die Autorität des Petrus, der Konzilien, des Papstes.

Die neue Petrusfrage

In der bisherigen Debatte fällt auf: Wie im Rahner-Band so hat sich auch sonst kein einziger Exeget zu Wort gemeldet, um zu der im Verständnis des Vatikanum I grundlegenden Frage der Unfehlbarkeit des Apostels Petrus Stellung zu nehmen. Dabei war auch an diesem Punkt die kritische Anfrage im Anschluß an das Petruskapitel in «Die Kirche» (Kap. E II, 3) deutlich gestellt worden (vgl. besonders U 87–90). Insbesondere hat sich niemand gemeldet, um die neuere römische Interpretation der klassischen Stelle Lk 22, 32 («Ich habe für dich gebet, daß dein Glaube nicht aufhöre...») zu verteidigen, die nach dem Vatikanum I beweisen soll, daß der päpstliche Primat Unfehlbarkeit einschließe. Nur Karl Rahner – man kann der Versuchung nicht widerstehen, ihn hier außerordentlicherweise erneut zu zitieren – meldete sich vor kurzem mit einem erstaunlich offenen Eingeständnis, welches die exegetische Fragwürdigkeit der römischen Unfehlbarkeitsdoktrin grell beleuchtet: «Wenn ich mir mal hypothetisch, irreal hypothetisch vorstelle, ich hätte Jesus zu seinen Lebzeiten die Definition des Ersten Vatikanums von 1870 vorgelesen, dann hätte er sich in seinem empirischen menschlichen Bewußtsein wahrscheinlich nur gewundert und gar nichts davon verstanden».[4]

Lassen wir aber diese Art von Dogmatik und schauen wir in die Exegese, so zeichnet sich gerade unter der jüngeren katholischen Exegetengeneration zumindest in Deutschland – und dies ist eine erste erfreuliche Überraschung –

liche Autoritätsperson. Eine solche – von ernsthafter exegetischer und historischer Begründung überdies absehende – «Glaubens*begründung* vor dem Anspruch des wissenschaftlichen Denkens» (A 369) ist doch wohl eher als eine Glaubensbegründung *gegen* allen Anspruch des wissenschaftlichen Denkens zu werten (zur Sache vgl. den Beitrag von *H. Häring* in diesem Band).

4 Vgl. *K. Rahner,* «Jesus hätte davon nichts verstanden», Spiegel-Gespräch in: Der Spiegel vom 28. 2. 1972, S. 119.

ein neuer Konsens in der Petrusfrage ab, der für die Unfehlbarkeitsdiskussion von größter Bedeutung sein wird.

Noch 1967 hatte der belgische Exeget B. Rigaux in seinem Forschungsbericht über die petrinische Frage[4a] – die Überwindung der konfessionellen Gegensätze durch die unvoreingenommene Handhabung der «strengen Regeln einer objektiven Interpretation» kaum zu prognostizieren gewagt. Die für die neue Forschungslage in der katholischen Exegese repräsentativen Beiträge von *J. Blank*[5], *R. Pesch*[6], *W. Trilling*[7] jedoch weisen unter sich einen hohen Grad der Übereinstimmung auf und dürften nicht nur die Zustimmung älterer katholischer Spezialisten wie A. Vögtle (der seinerseits den ersten Durchbruch in der Petrusfrage erreicht hatte[8]), sondern auch die führender evangelischer Exegeten wie etwa G. Bornkamm[9] finden. Welche Grundlinien zeichnen sich ab für ein neues Petrusverständnis? Natürlich können hier nur einige Ergebnisse systematisch ohne Berücksichtigung der Einzeldifferenzen knapp zusammengefaßt werden.

1. Im Hintergrund steht die heute wohl von den meisten Neutestamentlern geteilte Überzeugung, daß das Neue Testament nicht eine einzige einheitliche Kirchenverfassung aufweist, sondern eine *komplexe Vielzahl verschiedener kirchlicher Verfassungs- und Ämterstrukturen*: verschiedene Modelle und Organisationsformen von Kirche, verschieden je nach Zeit, Ort und Personen, charismatischen und institutionellen Momenten, uns im übrigen nur lückenhaft bekannt, erst mit dem Nachlassen der urchristlichen Naherwartung in der zweiten und dritten Generation stärker entwickelt, und zwar mehr pragmatisch als dogmatisch unter starkem Einfluß soziologischer, politischer und kultureller Faktoren. Es stimmt hoffnungsvoll zu sehen, wie auch in der neuesten katholischen Exegese und Theologie der in «Die Kirche» damals im katholischen Bereich noch weithin einsam vertretene Standpunkt einer pluriformen neutestamentlichen Kirchenverfassung rasch an Boden gewinnt, und zwar im deutschen Sprachraum bei Exegeten (J. Blank, N. Brox, J. Ernst, J. Gnilka, K. Kertelge, P. Neuenzeit, R. Pesch, W. Pesch, K. H. Schelkle, W. Trilling) wie Systematikern (P. V. Dias, A. Ganoczy, B. Gassmann, G. Hasenhüttl,

4a *B. Rigaux*, Der Apostel Petrus in der heutigen Exegese, in: Concilium 3 (1967) 585–600.

5 *J. Blank*, Neutestamentliche Petrus-Typologie und Petrusamt, in: C.

6 *R. Pesch*, Die Stellung und Bedeutung Petri in der Kirche des Neuen Testaments. Zur Situation der Forschung, in: Concilium 7 (1971) 240–253.

7 *W. Trilling*, Zum Petrusamt im Neuen Testament. Traditionsgeschichtliche Überlegungen anhand von Matthäus, 1 Petrus und Johannes, in: ThQ 151 (1971) 110–133.

8 *A. Vögtle*, Messiasbekenntnis und Petrusverheißung. Zur Komposition Mt 16,13–23par, in: Biblische Zeitschrift NF 1 (1957) 252–272; 2 (1958) 85–103.

9 *G. Bornkamm*, Die Binde- und Lösegewalt in der Kirche des Matthäus, in: Die Zeit Jesu (Festschrift für H. Schlier) (Freiburg–Basel–Wien 1970) 93–107.

K. Lehmann)[10]. «In der neutestamentlichen Exegese hat sich die Situation in den letzten Jahren insofern verändert, als wir imstande sind, wenigstens die Konturen der traditionsgeschichtlichen Verhältnisse zu erkennen. Damit ist die Hoffnung gewachsen, auf der Grundlage der früheren (literarkritischen, stil- und formkritischen) Untersuchungen zu einem Gesamtbild der Überlieferungsgeschichte zu gelangen» (Trilling S. 110).

2. Es wird auch in der Petrusfrage eine *sachgemäße Fragestellung* aufgrund der methodologischen Fortschritte (traditions- und redaktionsgeschichtliche Methode) verlangt: Die Petrusfrage kann nicht biblizistisch-fundamentalistisch unter Berufung auf den Wortlaut eines oder mehrer Texte oder unter flächenhafter Harmonisierung aller Texte erfaßt und entschieden werden: «Die Diskussion um Stellung und Bedeutung Petri im Neuen Testament, die sich seit jeher im ganzen auf Mt 16, 17–19 konzentriert, muß aus ihrer Fixierung auf die allzu eng gestellte Frage nach Petrusamt und Nachfolge im Petrusamt in Verteidigung und Bestreitung gelöst werden» (R. Pesch S. 243; vgl. J. Blank aaO). «Im Neuen Testament müssen die einzelnen Zeugnisse nach ihrer *räumlichen* und ihrer *zeitlichen Einordnung* befragt werden», wobei die «Spannungen in der Primat-Tradition» («unter Umständen eine ‹Primat bestreitende› Tradition» in 1 Kor und Jo) ernstgenommen werden müssen (Trilling 112 f). Es ist unbestreitbar, daß «Stellung und Bedeutung Petri in den verschiedenen Räumen und Zeiten neutestamentlicher Zeit verschieden waren und verschieden verstanden wurden» (Pesch ebd.). Das neutestamentliche Gesamtzeugnis aber ist «am Ende nach seiner *theologischen Valenz* zu befragen»: «Ergibt sich aus ihm etwas für die ‹Sache des Evangeliums›, für die Gemeinde und Kirche?» (Trilling S. 113).

3. Es ist zu unterscheiden zwischen dem *«historischen Petrus»* und dem

10 Vgl. auch die Resolution 9 des von «Concilium» veranstalteten Internationalen Theologenkongresses in Brüssel 1970: «Das Neue Testament weist verschiedene Formen christlicher Gemeinde und Grundprinzipien ihrer Organisation auf, die je nach Verfassern, Orten und Zeiten unterschiedlich sind. Im Laufe der Geschichte haben sich von dieser Grundlage her verschiedene Strukturen entwickelt, die jeweils ihre Vor- und Nachteile haben: Papsttum, Patriarchate, synodale Kirchenleitungen u. a. Diese historische Feststellung fordert uns auf, die heutige Verschiedenheit der Formen zu achten und ihre gegenseitige Ergänzung anzustreben. Weiterhin beginnt man in unserer Zeit nach neuen Formen von Basisgemeinden zu suchen; dieser Tatsache kommt große ekklesiologische Bedeutung zu». Veröffentlicht in: Die Zukunft der Kirche. Berichtband des Concilium Kongresses 1970 (Zürich–Mainz 1971) S. 152. – Noch weiter geht das genannte Memorandum der Arbeitsgemeinschaft ökumenischer Universitätsinstitute in Deutschland zur Reform und gegenseitigen Anerkennung der kirchlichen Ämter (verabschiedet 1972, Veröffentlichung in Kürze): Die Verschiedenheit der kirchlichen Verfassungs- und Ämterstrukturen wird deutlich durch die verstärkte Betonung des charismatischen Momentes und der geschichtlichen Variabilität, wie sie sich besonders in der Anerkennung einer apostolischen Sukzession auch außerhalb der Abfolge bischöflicher Handauflegungen zeigt.

«typologischen» oder *«symbolischen Petrus»* (Blank aaO). Vom historischen Petrus wird im allgemeinen zugegeben: Der aus Bethsaida stammende und in Kapharnaum verheiratete Fischer gehörte «zum Jüngerkreis Jesu»: «Daß er hier eine führende Rolle als Sprecher und Repräsentant eingenommen hat, ist trotz der nachträglichen Stilisierung dieser ‹Rolle› in der Evangelientradition und -redaktion sicher» (Pesch S. 241). Wenn auch die Namengebung «Kepha» oder «Petros» durch Jesus selber umstritten ist, so ist doch unbestritten, daß Petrus – höchstwahrscheinlich als der «Erstzeuge der Auferstehung Jesu» – «bis zum Apostelkonzil mit den Zwölfen und später im Kollegium der drei ‹Säulen› (Gal 2) die Leitung der Jerusalemer Urgemeinde und der ihr verpflichteten Diaspora innehatte» sowie «daß der *Apostel* Petrus auch treibende Kraft in der ersten Mission war» (Pesch ebd.; vgl. Blank aaO).

Für die drei genannten katholischen Autoren ist jedoch Mt 16,17–19 nicht ein Wort des irdischen Jesus, sondern eine nachösterliche Bildung der palästinensischen Gemeinde, beziehungsweise des Matthäus, und sind die Petrus-Reden der Apostelgeschichte lukanische Bildungen und die beiden neutestamentlichen Petrus-Briefe nicht authentisch; die Theologie des historischen Petrus ist unbekannt. Doch gibt es im Neuen Testament eine «zunehmende ‹Petrus-Typologie›»: «Sollte es im NT irgendwelche Ansätze in Richtung auf ein ‹Petrus-Amt› geben, dann in diesem Problemfeld» (Blank aaO).

4. In der historisch am meisten gesicherten Sicht des *Paulus* ist die Autorität des Petrus wichtig, aber der unbedingte Vorrang des Evangeliums noch wichtiger: «Zweifellos hat also Petrus für Paulus Autorität, aber hauptsächlich im Sinne von ‹auctoritas›, nicht als ‹potestas›. Er hat sie aber nicht exklusiv, sondern teilt sie mit den anderen ‹Säulen› als ‹primus inter pares›. Im paulinischen Missionsgebiet hatte Petrus anscheinend gar keinen besonderen Einfluß. Dieser war – und dem entspricht auch der traditionsgeschichtliche Befund – im judenchristlichen Raum bedeutend größer. Paulus suchte den Konsens, die Gemeinschaft mit Petrus und den Altaposteln um des Evangeliums willen. Das Evangelium, oder konkret der Kyrios Jesus ist die übergeordnete Autorität, die als höchste kritische Instanz oder Norm im Konfliktfall auch gegen Petrus angerufen werden konnte» (Blank aaO).

5. Wäre Markus Schüler Petri gewesen, wäre die *Markus-Tradition* bezüglich Petri Stellung nicht so unergiebig: «In der Mk-Fassung ist das Petrusbekenntnis so hart mit der scharfen Petruskritik durch Jesus verbunden (Mk 8,27–33), daß diese Stelle für eine Petrusverherrlichung keine Ansätze bietet» (Blank aaO). In der gegenüber Markus sekundären *Matthäus-Tradition* – und nur in ihr – wird Petrus «als Zeuge für den rechten Messias-Jesus-

Glauben ... auch zum Felsen-Fundament für den Bau der Jesus-ekklesía ... Diese Funktion ist aber kaum als übertragbar gedacht; denn ein Fundament wird nur einmal gelegt, dann baut man darauf weiter. Von einem ‹Nachfolger› ist auch nicht andeutungsweise die Rede; auch von der Logik des Bildes her gesehen, läßt die Fundament-Funktion eine Übertragung nicht zu» (Blank aaO, vgl. Pesch 243).

Anders verhält es sich mit der Schlüsselvollmacht (Haushalterschaft im Hinblick auf die Gottesherrschaft) und der Vollmacht des Bindens und Lösens (für Lehre und Gemeindedisziplin). Aus dem Nacheinander von Vollmacht Petri Mt 16,19 und Vollmacht der Gemeinde Mt 18,18 – und besonders wenn, wie von den drei genannten Autoren übereinstimmend mit Bornkamm angenommen, Mt 18,18 die jüngere und abgeleitete Tradition ist –, ergibt sich: «Diese Petrustradition wird hinsichtlich der Binde- und Lösegewalt in 18,18 auf die (Einzel-)Gemeinde angewendet. Die Gemeinde bekennt damit wohl einerseits, daß sie auf Petrus und die ihm gegebene Verheißung und Vollmacht gegründet ist, und zum anderen, daß diese Petrustradition ihre eigene Praxis und Lehre vom Ursprung her legitimiert» (Trilling S. 119; ebenso Pesch S. 242). Matthäus hat also selbst schon «*die Binde- und Lösevollmacht für übertragbar gehalten, und zwar auf die gesamte Gemeinde.* Dann erscheint Petrus sowohl (a) als (einmaliges) Fundament der ekklesía, wie (b) als Typus der ekklesía und der ihr übertragenen Vollmacht, die sich dann über Petrus von Jesus herleitet ... Für diese judenchristlich geprägte Auffassung gilt Petrus als Fundament der Jesus-ekklesía, und zwar als ursprünglicher Empfänger, Zeuge und Garant der authentischen Jesus-Tradition. Auch gibt es in der ekklesía ‹apostolische Vollmacht›, für die die Petrusgestalt als der überragende Typus einsteht» (Blank aaO).

Wie weit eine solche Auffassung der Bedeutung Petri faktisch verbreitet und anerkannt war, ist nicht zu beantworten. Nicht vergessen werden darf jedenfalls, daß es «bei Matthäus um die Fixierung eines bestimmten geschichtlichen Stadiums und zunächst auch nur um *eine* Stimme innerhalb des Neuen Testaments geht» und daß zugleich «kräftige Kontrapunkte ... zu einem einseitigen und formalen juristischen Verständnis dieser Texte gesetzt» (Petrus gleich anschließend Mt 16,22 f. als Satan und Ärgernis angesprochen) werden (Trilling S. 117 f.).

Freilich muß für die spätere Entwicklung mit in Betracht gezogen werden, daß immerhin auch im *1. Petrusbrief* zur Befestigung des paulinischen Erbes in Gebieten paulinischer Mission die Autorität Petri in Anspruch genommen wird (vgl. Trilling S. 120–126; Blank aaO); weiter daß auch im *johanneischen Nachtragskapitel,* welches möglicherweise den im übrigen Evangelium starken Vorrang des «Lieblingsjüngers» als des maßgebenden Glaubenszeugen für seine Akzeptation im großkirchlichen Raum auszugleichen sucht, im Bild eines stellvertretenden Hirtendienstes von einer Vollmachtsübertragung die Rede ist (Joh 21,15–17) die ähnlich wie bei Matthäus im Sinne der Petrustypologie zu verstehen sein dürfte, wobei allerdings ein Herrschaftsanspruch dieses Dienstes mit dem Hinweis auf die Schafe *Jesu* grundsätzlich abgelehnt wird (vgl. Blank aaO; Pesch S. 243; Trilling S. 126–132).

6. Was ist aus all dem für die *Nachfolge in einem «Petrusamt»* zu sagen? Zwei Fragen sind zu unterscheiden:

a. Die historisch-exegetische Frage: Ist im *Neuen Testament selber* eine Nachfolge Petri in Aussicht genommen? «Von einer Nachfolge, einem Nachfolger oder Nachfolgern des Petrus in seinem bzw. seinen Ämtern erfahren wir (sieht man vor der Jerusalemer Gemeindeleitung des Jakobus ab) nach dem Tode des Erstapostels im Neuen Testament nichts. Die Evangelien zeichnen Petrus im ganzen (freilich bei beträchtlichen Abschattierungen) als Prototyp des Jüngers Jesu, und auch Matthäus hat ‹kein spezielles Interesse ... an einem ‹Petrusamt› (Trilling)» (Pesch S. 243).

b. Die theologisch-praktische Frage: Ist vom Neuen Testament her *heute* ein «Petrusamt» zu verantworten? «Läßt sich vom NT her ein ‹Petrus-Amt› in der Kirche begründen? Die Antwort lautet wohl: Ja und Nein. Nein, wenn eine spezielle Ausrichtung auf den römischen Primat aus dem NT belegt werden soll. Hier kamen neue kulturgeschichtliche Momente hinzu, die in der Frühzeit noch gar nicht absehbar waren. Ja, in einem sehr weiten umfassenden Sinn, etwa als symbolträchtiger Ansatz für das ‹kirchliche Amt› im ganzen im Sinne des Zeugnisses für die authentische Jesustradition, ihre Bewahrung und die neue Vergegenwärtigung in Lehre und Praxis. Von daher könnte man ‹Petrus› vielleicht als ‹Typus› für die Einheit des ‹Amtes› verstehen. Darüber hinaus bleibt er als ‹ Fels› der Jesus-ekklesía einmaliger Grund und Hinweis auf die stets notwendige Rückbindung der ganzen Kirche an ihren unüberholbaren Ursprung Jesus Christus» (Blank aaO).

7. Die Resultate der Exegeten werden vom Historiker bestätigt: Der neueste Aufsatz zur Frage des *römischen Primats* stammt vom katholischen Theologen *James McCue* [11], der schon früher die Frage kritisch untersucht hatte [12]. Sein Resultat ist, «daß Rom um die Mitte des 3. Jahrhunderts diesen Primat behauptet, daß aber während des ganzen 2. Jahrhunderts weder Rom noch

11 *J. McCue*, Der römische Primat in den drei ersten Jahrhunderten, in: Concilium 7 (1971) 245–250.

12 *J. McCue*, The Roman Primacy in the Second Century and the Problem of the Development of Dogma, in: Theological Studies 25 (1964) 165–169.

irgendeine andere Kirche von einem römischen Primat spricht oder einen solchen in der Praxis zum Ausdruck bringt» (S. 246).

Es geht hier um mehr als um ein Schweigen der Quellen: Der römische Bischof konnte im ersten Jahrhundert gar nicht als Nachfolger Petri auftreten, weil es damals gar keinen römischen Bischof gab, wie besonders aus dem 1. Clemensbrief und aus Ignatios von Antiochien feststeht: «Während des ganzen ersten Jahrhunderts und vielleicht ein wenig darüber hinaus hatte die Kirche Roms keine bischöfliche Organisation im späteren Sinn des Wortes. Zu Ende des ersten Jahrhunderts (1. Clemensbrief um 96/97 n. Chr.) war diese Kirche von einer Gruppe der angesehensten Männer der Kirche geleitet, und man nahm an, daß dieses Modell auf die Zeit der Apostel zurückgehe» (ebd.). Die Kirchenleitung hatte in Rom also «eher einen presbyteralen als episkopalen Charakter»: «Da Ignatius von Antiochien in seinem Brief an die Römer keinen Bischof erwähnt, obwohl in allen seinen anderen Briefen der Episkopat ein zentrales Thema ist, liegt es nahe, daß Rom erst nach Ignatius (der unter Trajan [98–117] starb) einen Bischof hatte» (S. 246 f.).

Und zu welchem Zeitpunkt hat denn ein römischer Bischof zum ersten Mal Anspruch auf eine Primatialgewalt erhoben? «Erst um die Mitte des 3. Jahrhunderts finden wir eine klare Belegstelle für einen Anspruch Roms auf den Primat und selbst dann ist dieser Anspruch für uns nur greifbar vermittelst seiner Opponenten, Cyprian von Karthago und Firmilian von Caesarea» (S. 248). Vom neuartigen Anspruch der römischen Bischöfe, die seit der Zeit des ersten Konzils von Konstantinopel (381) mit aller Kraft den römischen Primat auf die Gründung der römischen Kirche durch Petrus zurückführten, ist aber zu unterscheiden die faktische *Anerkennung* dieses Anspruches in der Kirche, an welcher es weithin gefehlt hat: «Dieser Anspruch war selbstverständlich von Rom ausgegangen und scheint anfänglich sich auf die römische Überlieferung beschränkt zu haben. Er wurde im Westen als die Grundlage der bereits sehr realen leitenden Stellung Roms schrittweise akzeptiert. So, wie er von Rom formuliert wurde, drang er im Osten nicht weit durch. Die Kirche Roms galt als zu einem irgendwie universalen Primat berechtigt, da sie in der Hauptstadt der Welt ansässig war. Aber dieser Primat, der sich von dem, den Rom beanspruchte, von Grund auf unterschied, hatte nicht die Folgen, die Rom annahm. Erst wenn jemand bereits voraussetzte, daß die römische Interpretation korrekt sei, konnte man das Zeugnis Roms für entscheidend ansehen» (S. 249).[13]

13 Der erst in nachkonstantinischer Zeit von den römischen Bischöfen zunehmend vertretene Gedanke einer Rechtsnachfolge Petri und der daraus sich ergebene Anspruch einer Autorität (insbesondere auch Lehrautorität) über die ganze Kirche beschreibt sachlich *W. de Vries*,

McCue macht allerdings schon zu Beginn seines Artikels mit Recht auf die relative Bedeutung dieser ganzen Problematik aufmerksam: «Stellt man sich etwa auf den Standpunkt des ‹Dictionnaire de théologie catholique›, so hängt von dieser Frage geradezu die Existenz oder zumindest die Existenzberechtigung des römischen Katholizismus ab. Nimmt man jedoch den Standpunkt ein, den etwa Hans Küng in seinem Werk ‹Die Kirche› vertritt, so ist die Angelegenheit eigentlich von keiner entscheidenden Bedeutung für die Frage nach der Legitimität des Papsttums und des römischen Katholizismus» (S. 245). In der Tat sieht sich der Verfasser durch die Ausführungen der Exegeten und des Historikers in dem schon im Buch «Die Kirche» vertretenen Standpunkt nachdrücklich bestätigt, und zwar sowohl bezüglich der Berechtigung seiner kritischen Fragen (betreffend erstens die Existenz eines petrinischen Primates, zweitens seine Fortdauer, drittens seine Fortdauer im römischen Bischof) als auch bezüglich der positiven Darlegungen: Die Möglichkeit eines Dienstprimates (nicht Ehren- oder Juristiktionsprimat, sondern Pastoralprimat) in der Kirche mit Berufung auf Petrus läßt sich dann verantworten, wenn dieser Dienstprimat schriftgemäß vollzogen wird. Nicht die historische Sukzession, die unbeweisbar scheint, sondern die schriftgemäße Funktion, die kontrollierbar ist, ist entscheidend: «Wäre da ein anderer, dessen Nachfolge mindestens

Neuerungen in Theorie und Praxis des römischen Primats. Die Entwicklung nach der konstantinischen Wende, in: Concilium 7 (1971) 250–253. Zugleich aber macht er auf die fragwürdige Legitimität dieser wachsenden Ansprüche aufmerksam und beschreibt die Widerstände gegen die monarchische römische Konzeption im Westen und ihre Ablehnung in den östlichen Patriarchaten: «Der Osten erkannte die Vollmacht Roms, für sich allein Rechtsnormen mit Gültigkeit für die Gesamtkirche aufzustellen, nicht an ... Der Osten hat es nie gelten lassen, daß alle causae maiores in Rom entschieden werden müssen. Ebensowenig erkennt er die ‹plenitudo potestatis› und das Prinzip ‹Suprema Sedes a nemine iudicatur› an. Für den Osten war Rom auch nicht das allein entscheidende Zentrum der kirchlichen ‹communio›» (S. 253). *W. de Vries* führt diese Gedanken weiter in einem demnächst erscheinenden Artikel: Papst und Konzil – Westliche und östliche Tradition, in: Wort und Wahrheit 27 (1972) Heft VI: es müsse in der Kirche eine höhere Autorität geben als die des Papstes, weil über den Papst geurteilt werde, wenn er in Glaubensdingen irre. – Wie der Anspruch des Jurisdiktionsprimats und der päpstlichen Unfehlbarkeit für die östlichen Kirchen unannehmbar geblieben ist, wird ausgeführt von *E. Lanne*, Papsttum und Kirchenspaltung. Inwieweit ist ein römischer Primat für die Ostkirchen unannehmbar?, in: Concilium 7 (1971) 257–259: «In der Tat sehen viele Orthodoxe – darunter sogar solche, die gegenüber der katholischen Kirche sehr gut eingestellt sind – die beiden Definitionen von 1870 als eine Häresie im eigentlichen Sinn an, d. h. als schwerwiegende Glaubensneuerung, die mit der Offenbarung, insbesondere mit der übereinstimmenden Ansicht der Väter im Widerspruch steht. Die katholische Apologetik hat aufzuzeigen gesucht, daß die Definitionen des Ersten Vatikanums der überlieferten Lehre entsprächen. Man hat insbesondere die Schriften der griechischen Väter durchforscht, um darin Belege dafür zu finden. Es ist objektiv zuzugeben, daß diese Belege nicht sehr beweiskräftig sind und nicht in großer Zahl vorliegen. Auf jeden Fall waren sie für diejenigen, für die sie bestimmt waren, nicht überzeugend» (S. 257).

in der Frühzeit nur schwierig nachzuprüfen, über dessen ‹Einsetzung› vor zweitausend Jahren nun einmal nichts protokolliert wäre, würde aber dieser andere der in der Schrift beschriebenen Sendung nachleben, würde er Auftrag und Aufgabe erfüllen und der Kirche diesen Dienst leisten, wäre es dann nicht eine zwar noch immer wichtige, aber letztlich doch zweitrangige Frage, ob dieses echten Dieners der Kirche ‹Stammbaum› in Ordnung ist?» (K 543).

8. Für die Frage der Unfehlbarkeit dürfte aus all dem Vorausgegangenen klar geworden sein: Für eine *Unfehlbarkeit Petri* und a fortiori für eine *Unfehlbarkeit des römischen Bischofs* gibt es im Neuen Testament und in den ersten drei Jahrhunderten nicht den geringsten Anhalt. Kein einziger der genannten Autoren kommt auf dieses Thema auch nur zu sprechen, auch nicht J. Blank, der seinen Aufsatz für das Unfehlbarkeitsheft («Wahrheit und Gewissheit») der Zeitschrift «Concilium» geschrieben hat. Seine Interpretation des Haupttextes Lk 22, 31 f. ergibt nichts für eine petrinische Unfehlbarkeit, sondern legt den Akzent ganz auf die «Glaubens-Stärkung»: «Auch dieses Wort bietet eine – die ‹lukanische› – Interpretation des Fels-Symbols: es wird auf den nicht wankenden ‹felsenfesten› Glauben des Petrus gedeutet, nicht ohne den Hinweis, daß Petrus solche Glaubensfestigkeit nicht seiner eigenen Stärke verdankt, sondern, typisch lukanisch, der Fürbitte Jesu. Und auch dies ist kaum ‹vorösterlich›. Wie Lk sich diese Glaubensstärkung der Brüder durch Petrus konkret vorgestellt hat, zeigen am besten die Petrus-Reden der Apg, die außerdem das Bildwort vom ‹Menschenfischer› (Lk 5,1–11) gut illustrieren» (aaO, vgl. Pesch S. 241).[14]

14 Bei anderer Gelegenheit jedoch, in einem Artikel «Was Jesus heute will», in: ThQ 151 (1971) 300–320 zieht *Blank* gerade vom Neuen Testament her sehr kritische Konsequenzen bezüglich des Absolutheitszwanges des Dogmas: «In der Kirche hat sich ein Dogmenverständnis eingebürgert, das in den Dogmen absolute Wahrheitssätze sieht, die Dogmen als ‹Glaubensgesetze› versteht, deren absolute Anerkennung zur Pflicht gemacht werden kann. Diese Sätze sollen fraglos hingenommen und vom Subjekt verinnerlicht werden. Hier handelt es sich zweifellos um eine verabsolutierte Gesetzesordnung, die vom Neuen Testament her kritisch unter die Lupe zu nehmen ist. – Seit Jesus hat die Wahrheit ein menschliches Gesicht; sie steht in einem geschichtlichen, also humanen Zusammenhang und hat teil an der Gebrochenheit der menschlichen Kontingenz und Relativität. Darüber hinaus ist für die christliche Wahrheit der Heilscharakter relevant; ihre Sinn-Tendenz muß sprachlich so formuliert werden, daß der Mensch darin seine eigene Befreiung erfährt; dies heißt auch, daß er durch sie zu seiner eigenen Antwort, zur eigenen Sprache kommt. Das Nachsprechen geheiligter traditioneller Formeln genügt dazu zweifellos nicht; dies wäre entmündigende Indoktrination. Ich kann unter ‹absoluten Wahrheitssätzen›, die mehr sein wollen als Zeichen und Hinweise, konkrete Hinweise und menschliche Antworten in einer bestimmten geschichtlichen Situation, nur Fetische und Götzenbilder sehen. Hier wird die *theologia crucis* eliminiert. Als Zeichen einer humanen Sprachgeschichte des Glaubens kann ich mich mit ihnen auseinandersetzen und nach ihrem Sinn fragen; als absolut gesetzte Formeln sind sie mir suspekt ... Der Absolutheitszwang, der sich in der Geschichte an das Dogma gehängt hat, ist deshalb preiszugeben, damit die Wahrheit des

Nicht daß Petrus nicht irren kann, ist für ihn nach dem Neuen Testament charakteristisch, sondern geradezu im Gegenteil, daß seine Gestalt mehr als die der anderen Apostel «*sowohl positive wie negative Züge* trägt»: Er ist *auch* «der Jünger, den Jesus als ‹Satan› zurückweist (Mk 8,31–33 par), der als Beispiel schwankenden Glaubens, als ‹Kleingläubiger› erscheint (Mt 14,28–31 in der Beispielerzählung vom ‹sinkenden Petrus›); der Jesus verleugnet (Mk 14,29–31. 53–54. 66–72 par) und von Paulus in Antiochien zurechtgewiesen werden muß (Gal 2,11–16). Merkwürdig ist, daß diese Verbindung von positiven und negativen Zügen bei allen neutestamentlichen Zeugen der Petrustradition vorkommt, was auf einen ‹historischen Kern› hinweisen dürfte. Von einseitiger Verklärung der Petrusgestalt ist die alte Tradition völlig frei. Leider wurde später die positive Seite der Petrus-Symbolik oft einseitig überbetont, während die negative Seite heruntergespielt, oder auch stillschweigend übergangen wurde» (Blank aaO).

Allen diesen klaren Ausführungen ist nichts beizufügen. Es folgt daraus: für eine Satzunfehlbarkeit Petri und der römischen Bischöfe gibt es keine Fundamente in den Ursprüngen des Christentums. Allerdings, so ist nun hinzuzufügen, auch nicht für eine Satzunfehlbarkeit ökumenischer Konzilien. Auch dieser Frage müssen wir aufgrund der neuesten Forschungsergebnisse nachgehen.

Die wahre Autorität der Konzilien

Yves Congar, in dem auch im Rahner-Band abgedruckten Beitrag, hatte den Verfasser gefragt: «Wie soll die absolute Geltung von Nizäa oder von Chalcedon nicht eine Unfehlbarkeit dieser Konzilien fordern?» (A 191). Schon früher hatte ich auf diese Frage kurz geantwortet.[15] Es ist in der Tat von größ-

Glaubens wieder oder endlich zu ihrer menschlichen Erscheinung kommt, als befreiende Eröffnung des verheißenen Heils. Das theologische Bemühen hätte dieser befreienden menschlichen Sprache weit mehr zu gelten als der ängstlichen Vorsicht, ja nichts anderes zu sagen, als den kirchlichen Chefideologen genehm ist. Außerdem, daß der verabsolutierte Dogmenglaube soviel Unmenschlichkeit im Gefolge hatte, ist bereits Grund genug, dagegen zu opponieren. Die Praxis der totalitären Staaten, die diesen ideologischen Denkzwang ihrerseits übernahmen, verstärkt nur noch die Kritik an einem absoluten Wahrheitsbegriff, der in der Praxis zwangsläufig zu Menschenopfern und zur Mißachtung der Menschwürde führt. – Wenn, wie wir sahen, bei Jesus der Mensch an die Stelle der Gesetzesordnung tritt, dann ist die Humanisierung des Menschen zweifellos eine vom Evangeliums her gesehen vorrangige Aufgabe» (S. 317 f.). Eindeutig negativ zum biblischen Unfehlbarkeitsbeweis *D. Irvin* o. S. 120; *R. Schwager* o. S. 172–174.

15 *H. Küng*, Die Kirche des Evangeliums, in: H. Häring–J. Nolte (Hrsg.), Diskussion um Hans Küng DIE KIRCHE (Freiburg–Basel–Wien 1971) 216–221. Dort die oben gebrauchte bessere Übersetzung für die öfters schlechte Übersetzung in A (S. 191).

ter Bedeutung zu wissen, wie insbesondere die Autorität des ersten ökumenischen Konzils von Nikaia, auf welches sich spätere ökumenische Konzilien berufen, ursprünglich verstanden und nicht nur in nachträglicher theologischer Verklärung oder Aufwertung interpretiert wurde. Und dafür gibt es keinen besseren Zeugen als den großen Vorkämpfer von Nikaia Athanasios. Wir haben das Glück, daß in der Zwischenzeit gerade die Konzilsidee des Athanasios und der Folgezeit eingehend untersucht worden ist, worüber hier, auf unsere Frage zugespitzt, mit relativer Ausführlichkeit zu referieren ist. Die Arbeit wurde geleistet vom Frankfurter Jesuiten *Hermann-Josef Sieben*, der in der Schule von H. Bacht und A. Grillmeier (denen wir neben anderen dogmenhistorischen Studien das monumentale Sammelwerk über das Konzil von Chalkedon verdanken) sich weniger auf spekulative Neuinterpretationen als auf die exakte historische Interpretation konzentriert hat. Für die oben genannte erste Antwort des Verfassers an Congar lag nur Siebens erster Aufsatz über Athanasios vor; dieses Mal können wir drei weitere Beiträge, die den ersten Aufsatz weiterführen, miteinbeziehen.

a. Sagt das Konzil von Nikaia nach *Athanasios*[16] die Wahrheit, *weil* es ein ökumenisches Konzil und deshalb unfehlbar ist? Für Athanasios war die Ökumenizität des Konzils «zunächst einmal ein bloßes Faktum» (S. 358). In den Schriften, in denen Athanasios Nikaia als orthodoxe Bekenntnisformel verteidigt, wird deutlich, daß Athanasios keine Unfehlbarkeit des Konzils aufgrund seiner Ökumenizität kennt: «Seine Aussage, daß die Synodalen von Nikaia schreiben, ‹was die Apostel überliefert haben›, bezeichnet den Grund, warum Nikaia Norm absoluter Art ist. Die Aussage gibt den Grund an, warum die nizänische Bekenntnisformel religiöse Autorität ist: Nikaia ist inhaltlich der apostolische Glaube, das schriftlich fixierte Kerygma ... Wichtig ist festzuhalten: Athanasius behauptet keinen kausalen Zusammenhang zwischen der Legitimität (auch nicht der Ökumenizität) der Synode von Nikaia und dem absoluten Anspruch seiner Glaubensformel. Nikaia lehrt den Glauben der Apostel de facto, nicht de iure! Die Vorstellung einer irgendwie ‹automatischen› Unfehlbarkeit aufgrund der Erfüllung bestimmter Bedingungen ist Athanasius fremd» (S. 372).

Das Konzil von Nikaia sagt also die Wahrheit, nicht weil ein ökumenisches Konzil aufgrund eines Beistandes des Heiligen Geistes nicht irren könn-

16 Vgl. *H.-J. Sieben*, Zur Entwicklung der Konzilsidee. Werden und Eigenart der Konzilsidee des Athanasius von Alexandrien, in: Theologie und Philosophie 45 (1970) 353–389 (die im Text in diesem Abschnitt folgenden Seitenzahlen beziehen sich auf Siebens Arbeiten).

te, sondern weil es die wahre christliche Überlieferung hinter sich hat, weil es den ursprünglichen Glauben der Apostel überliefert: «Wenn man unter ‹Unfehlbarkeit der Konzilien› die an gewisse Bedingungen gleichsam mechanisch gebundene Unfähigkeit zum Irrtum versteht, muß man feststellen, daß Athanasius eine solche Unfehlbarkeit nicht kennt. Er kennt zwar Kriterien, an denen die relative Qualität und Gültigkeit der Synoden erkannt werden kann, aber keine solchen, mit denen ein absoluter Anspruch auf Wahrheit gegeben ist ... Im Maße wie Konzilien ‹paradosis› vollziehen, d. h. die ‹überlieferte Lehre› de facto tradieren bzw. speziell an vorausgegangene Konzilien ‹erinnern›, haben sie selber Gewicht und Gültigkeit» (S. 385). Im Gegensatz zum Kaiser, der vornehmlich aus politischen Gründen (Einheit des Reiches) an der Unumstößlichkeit der Beschlüsse interessiert war und so zum Erweis der Gültigkeit und «Unfehlbarkeit» der Konzilsbeschlüsse unmittelbar auf den Beistand des Heiligen Geistes rekurrierte, «stellen wir ein erstaunliches Silentium fest: Athanasius beruft sich nirgends auf den Heiligen Geist ...» (S. 388).

Wenn wir uns also in der Gegenwart für die Wertung der Autorität der Konzilien nicht an irgendwelche nachträglichen willkürlich «entwickelten» und «interpretierenden» Aufwertungen, Übertreibungen und Mystifizierungen, sondern am ursprünglich nüchternen, soliden und auch heute noch nachvollziehbaren Verständnis des ökumenischen Konzils orientieren wollen, wie es von Athanasios repräsentiert ist, müssen wir sagen: Ein Konzil hat auch für die gegenwärtige Kirche Autorität, nicht einfach, weil es nach bestimmten Voraussetzungen «ökumenisch» ist, erst recht nicht insofern es von vornherein mit Berufung auf den Heiligen Geist unfehlbare Sätze machen könnte, sondern insofern es den apostolischen Glauben bezeugt, insofern es, wie ebenfalls Athanasios von Nikaia in einer glücklichen Formulierung sagt, offensichtlich «die Schrift atmet» (S. 382), kurz: insofern es das Evangelium authentisch und glaubwürdig zur Geltung bringt.

b. Wird die Untersuchung über Athanasios hinaus auf die gesamte *vorephesinische Zeit* ausgedehnt [17], so vernimmt der am neueren Konzilsverständnis Orientierte zunächst folgende erstaunliche Ergebnisse: 1. Wie wenig noch in der zweiten Hälfte des vierten Jahrhunderts die uns heute so grundlegend erscheinende Glaubensformel von Nikaia im Westen bekannt ist [18]; 2. wie die

17 Vgl. *H.-J. Sieben*, Zur Entwicklung der Konzilsidee, II: Die fides Nicaena als Autorität nach dem Zeugnis vorephesinischen Schrifttums, in: Theologie und Philosophie 46 (1971) 40–70.

18 Hilarius, der Angst hat vor dem processus in infinitum neuer Formeln, die immer wieder durch neue Formeln bestimmt werden müssen, preist noch 358 die gallischen Bischöfe

nizänische Glaubensformel zunächst bei manchen Autoren zwar Gegenstand des Bekenntnisses, aber keineswegs Grundlage der Argumentation in der Auseinandersetzung ist (S. 47–54).

Doch noch wichtiger ist, daß die Autorität des nizänischen Glaubensbekenntnisses ganz auf der Linie des Athanasios auch bei anderen Autoren nicht darin gründet, daß dieser Text von einem ökumenischen Konzil unfehlbar «definiert» worden wäre, denn:

1. «Das Konzil von Nikaia ist ins Bewußtsein der vorephesinischen Theologen nicht eigentlich als ‹ökumenisches› Konzil eingegangen» (S. 54), so daß «die Ökumenizität also nicht der entscheidende Grund für seine Autorität darstellt» (S. 58);

2. «Eine Anknüpfung an das Apostelkonzil (ist) nicht positiv nachweisbar» (S. 58; vgl. 55 f.);

3. Es läßt «schließlich auch aus der schwankenden Terminologie, mit der man den formalen Akt der ‹Definition› bezeichnet, sich keine klare Vorstellung über die Autoritätsbegründung erheben» (S. 58; vgl. 56 f.).

Freilich versuchen einzelne Autoren die nizänische Glaubensformel (fides Nicaena), die vermutlich «eher in Theologenkreisen und unter Bischöfen Autorität hatte als bei den einfachen Gläubigen» und «auch bei Theologen und Bischöfen nicht als ausschließliche Form des Bekenntnisses erscheint» (S. 54), theologisch aufzuwerten mit Hilfe von verschiedenen Theologumena: Nikaia hochstilisiert zu einer Versammlung von Märtyrern und Bekennern; Affirmation einer «sententia divina»; «Inspiration» des Konzils oder Kaiser Konstantins; die Gegenwart Jesu auf dem Konzil; schließlich besonders die Anwendung der mystischen (aber nicht historischen) Zahl 318 auf die Väter von Nikaia (S. 58–62). Doch diese problematischen «Aufwertungstheologumena» sind zu verstehen als ein Ausdruck jener unmittelbaren Glaubensüberzeugung, daß hinter dem Text von Nikaia die göttliche Autorität steht. Soweit diese Glaubensüberzeugung überhaupt in dieser Zeit theologisch reflektiert wird, so steht, wie wir gesehen haben, schon bei Athanasios als «Grundkategorie» der «Paradosis-Begriff» im Vordergrund: «Diesen Glauben hat Christus geschenkt, haben die Apostel verkündet, haben die Väter, die in Nikaia aus unsrer ganzen Ökumene zusammengekommen sind, *überliefert»* (S. 63). Ähnliche Zeugnisse finden sich bei Gregor von Nyssa, Basilios, Epiphanios,

glücklich, daß sie bis zur Stunde überhaupt noch keine schriftlichen Glaubensbekenntnisse kennen, vielmehr den «vollkommenen und apostolischen Glauben im Herzen tragen». Auch andere Väter wie Zeno von Verona, Ephräm der Syrer zeigen sich zur Aufnahme schriftlicher Glaubensformeln nicht disponiert. In der Predigtliteratur des ausgehenden vierten und beginnenden fünften Jahrhunderts wird Nikaia an keiner Stelle erwähnt. *H.-J. Sieben,* S. 44–47. Lit. 53 f.).

Theodor von Mopsuestia: «Die fides Nicaena ist von göttlicher Autorität, weil der Heilige Geist die Synodalen inspirierte, weil Jesus unter ihnen weilte. Diese unmittelbare Glaubensüberzeugung wird zwar nicht von allen Theologen, aber doch von maßgebenden Vätern in der theologischen Vorstellung der göttlichen Paradosis gedacht und so theologisch verstanden»(S. 65).

In der vorephesinischen Literatur noch nicht diskutiert und nachher umstritten ist die Frage, inwiefern und inwieweit die Einstimmigkeit Kriterium der Paradosis, der überlieferten Wahrheit sein kann. Sowohl die Befürworter wie die Gegner und Kritiker des «consensus-omnium»-Kriteriums – ursprünglich ein philosophisches Prinzip – sind «jeweils durch ihre Parteizugehörigkeit in ihren Stellungnahmen bestimmt» (S. 67), wobei man bei der Mehrheit begreiflicherweise mehr für, bei der Minderheit aber mehr gegen das Prinzip eingestellt ist (vgl. S. 65–68). Aus dem Rahmen der allgemeinen Konzilsauffassung fällt der (für die spätere spezifisch römische Autoritätsbegründung freilich typische) Brief des Papstes Damasus an die orientalischen Bischöfe, weil er «mit erstaunlicher Konsequenz, unter Absehung von allen anderen Gesichtspunkten, die rechtliche Situation ins Auge faßt», wobei «die Zustimmung des Römischen Stuhls» als entscheidend angesetzt wird: «Die fides Nicaena hat in Ausschließlichkeit Autorität, weil allein das Konzil von Nikaia vom Rechtsstandpunkt aus gültig ist» (S. 68 f.). Hier also zeichnet sich bezüglich der Autorität der Konzilien bereits jener römische Katholizismus ab, der von den östlichen Vätern und Kirchen nie akzeptiert und von der Reformation auch im Westen erneut in Frage gestellt worden ist. Von einer Unfehlbarkeit des Konzils von Nikaia ist freilich auch bei Papst Damasus keine Rede.

c. Eine von vornherein gegebene Satzunfehlbarkeit des ökumenischen Konzils aufgrund seiner Ökumenizität findet sich auch nicht bei jenen beiden prominenten Vätern, die in späterer Zeit am meisten zum theologischen Ausbau der Konzilsidee beigetragen haben, bei Vinzenz von Lerin und Augustin.

Wie Athanasios und die ihm nahestehenden griechischen Theologen (Epiphanios, Kyrill von Alexandrien usw.) denkt *Vinzenz von Lerin*[19] vorwiegend, wenn auch längst nicht mehr so differenziert, von der traditio (paradosis) her. Gerade die zentralen theologischen Vorstellungen seines berühmten und auch im Vatikanum I zitierten «Commonitorium» – die «traditio» mit ihren beiden inneren Momenten «antiquitas» und «universitas» sowie die problemlose Nebeneinanderstellung von Schrift und Tradition und schließ-

19 Vgl. *H.-J. Sieben,* Der Konzilsbegriff des Vinzenz von Lerin, in: Theologie und Philosophie 46 (1971) 364–386.

lich der Konzilsbegriff überhaupt – könnten vom südfranzösischen Mönchstum (Cassian, Leriner Mönche) bestimmt sein: «Dieser mönchische Ursprung wäre dann auch die nächstliegende Erklärung für die naive, praxisferne Überzeugung des Leriners, man könne durch Beobachtung einer ‹Regel› das schwierige Problem der Unterscheidung zwischen Häresie und Orthodoxie für alle Zukunft lösen, eine Auffassung, die von einem Kirchenmann der Praxis wie Augustinus nicht geteilt wird» (S. 385). Dies also ist bei aller Gemeinsamkeit der Unterschied des Vinzenz von Athanasios und den diesem nahestehenden griechischen Theologen: «Das Verhältnis Tradition – Schrift ist bei Athanasius wesentlich differenzierter als bei Vinzenz, und zwar vor allem deswegen, weil für Athanasius die normative Tradition nicht einfach in einem Text, einem Konzilsdekret, einer Sammlung von ‹sententiae patrum› *gegeben* ist, sondern aus ihnen erst erhoben werden muß, und zwar offensichtlich im Blick auf die Schrift. Das bedeutet konkret: Die Texte müssen interpretiert werden, will man ihren gemeinsamen Sinn, die ‹Homonoia› der Väter eruieren. Ein weiterer Unterschied besteht in der Tatsache, daß Athanasius seine Konzilsidee nicht unmittelbar aus seinem Traditionsbegriff ableitet, sondern ihn aus seiner Erfahrung mit Nikaia und den übrigen Konzilien seiner Zeit entwickelt» (S. 385 f.).

Aber selbst bei diesem – wie man sieht: keineswegs unproblematischen – Kronzeugen des neueren Traditionsverständnisses ist keine Rede von einer Satzunfehlbarkeit ökumenischer Konzilien. Vinzenz bleibt sogar «jede Erklärung darüber schuldig, ob das Konzil eigene Autorität besitzt oder nur insofern es den ‹consensus antiquitatis› sichtbar machen kann»: ob also «das Konzil Autorität über sein Väter-Argument hinaus» besitzt oder «sein Gewicht identisch (ist) mit dem seines Traditionsbeweises» (S. 376).

Schließlich läßt sich auch bei *Augustin*,[20] der anders als Vinzenz weniger von der «Tradition» (antiquitas) als von der «Einheit» (universalitas) her denkt, keine Bejahung einer konziliaren Unfehlbarkeit aufweisen. Der Bischof von Hippo konnte von vornherein nicht daran interessiert sein. Denn so sehr er die Autorität der Konzilien hochhält und auch das Glaubensbekenntnis von Nikaia bejaht, in seiner Theologie macht er wenig daraus: Nirgendwo in seinem Gesamtwerk, auch nicht in den trinitarischen Darlegungen und selbst nicht in seinem Hauptwerk «De Trinitate» zitiert er die «fides Nicaena» in extenso (S. 514). Es ist nicht einmal auszumachen, ob Augustin, der «auch keine Kenntnis vom sog. Zweiten Ökumenischen Konzil von Konstantinopel zu haben» scheint (S. 509), überhaupt «das Nicaenum als ökume-

20 Vgl. *H.-J. Sieben*, Konzilien in Leben und Lehre des Augustinus von Hippo, in: Theologie und Philosophie 46 (1971) 496–528.

nisches Konzil verstand» (S. 510). Jedenfalls verwahrt er, der bei Gelegenheit durchaus das nizänische »homoousios« durch Schriftargumente zu rechtfertigen versteht, sich dagegen, daß man in der Diskussion einfach Konzilstexte gegeneinander ins Feld führt. Er versucht geradezu, «ein bloß verbales Reproduzieren der Formel zu vermeiden»: «keine Konzilsformel, wenn es darum geht, den persönlichen Glauben zu bekennen» (S. 515).

Für das Konzilsverständnis Augustins ist grundlegend «die Affirmation eines Wesensunterschiedes zwischen Heiliger Schrift und Konzilsdekreten»: «diese sind an jener zu messen und nicht umgekehrt» (S. 518). Die Konzilstexte besitzen somit «nicht die ‹Endgültigkeit› der Schrift» (S. 519). Es gilt vielmehr «die grundsätzliche Emendierbarkeit aller Konzilien» (S. 524): «Während ihr (der Schrift) gegenüber keinerlei Zweifel oder Infragestellung (disceptatio) erlaubt ist, dürfen alle nichtkanonischen Schriften in Frage gestellt werden, freilich je nach ihrem Gewicht auf verschiedene Weise – anders die Schriften eines einzelnen Bischofs, anders die Schriften mehrerer Bischöfe, d. h. die Dekrete von Partikularsynoden, anders die Plenarkonzilien» (S. 519). Hier folgt nun der Hinweis auf den vom Verfasser (U 168 f.) zitierten klassischen Text bezüglich der Verbesserungsfähigkeit auch der Plenarkonzilien (De bapt. 2,3,4).

Von der gesamten augustinischen Theologie und der kurz nach Sieben skizzierten Auffassung des Konzils her wäre kaum verständlich, wie Augustin einem ökumenischen Konzil Unfehlbarkeit zuschreiben könnte; er tut es denn auch nirgendwo. Sieben möchte die unbequeme Frage nach der Unfehlbarkeit der Konzilien ausklammern (vgl. S. 516 f. 519) und sie in diesem Sinne – also ohne Gegenargumente – «offen lassen», wie er bezüglich Nikaia bemerkt: «Mag er (Augustin) dem Konzil vielleicht auch keine Unfehlbarkeit zuschreiben – diese Frage muß offen bleiben – er weiß sich jedenfalls durch die Formel gebunden» (S. 514). Das «Vielleicht» wäre, wenn nicht überhaupt wegzulassen, so doch zu präzisieren: Gebunden weiß sich Augustin, wie Siebens Darlegungen bestätigen (vgl. S. 515), durch die Formel, weil sie von der Schrift gedeckt ist und unter Umständen auch durch Schriftbeweise ausdrücklich gerechtfertigt werden kann. *Vielleicht* schreibt Augustin auch dem ökumenischen Konzil an jener Stelle nur eine allgemeine Emendierbarkeit oder Verbesserungsfähigkeit (vertiefte Erkenntnis der Wahrheit aufgrund neuer Erfahrungen und Einsichten) und nicht positiv eine *Fehlbarkeit* (und damit Korrektur eines Irrtums durch ein späteres Konzil) zu. *Sicher* aber schreibt Augustin an keiner einzigen Stelle einem ökumenischen Konzil aufgrund seiner Ökumenizität *Unfehlbarkeit* zu. Wenn der von Sieben (S. 517) zitierte K. H. Lütcke festetellt: »Die Frage einer möglichen Fallibilität oder Infallibilität der Kirche (wir würden sagen: der Konzilien!) steht noch nicht zur Debatte»[21], so heißt dies, nachdem Fallibilität und Infallibilität nicht in gleicher Weise vorausgesetzt werden können: Von einer Infallibilität der Konzilien ist Augustin nichts bekannt! Als Grund des von Sieben dargelegten Verhältnisses Augustins zum Nizänum und zu den übrigen Konzilien scheint mir der ebenfalls von ihm zitierte (S. 514) A. Schindler recht zu haben: «Daß Augustin nicht ausdrücklich jenen Konzilsentscheid (von Nikaia) zugrunde legt, ist hauptsächlich in seiner Auffassung der Tradition begründet, die den Konzilien zwar eine große Bedeutung, aber keine Unfehlbarkeit zuschreibt»[22].

Nach augustinischer Theologie kann auch den ökumenischen Konzilien im Verhältnis zum Glauben der Gesamtkirche nur eine bedingte Autorität zukommen: «Der letztentscheidende Grund, das absolute Kriterium, von dem her auch die Universalkonzilien ihre Autorität haben, ist die ›catholica‹, die Gesamtkirche. Darin scheint eingeschlossen, daß Augustinus das Universalkonzil nicht so sehr als unbedingt endgültige Repräsentanz der Gesamtkirche betrachtet, denn vielmehr als deren bedingte Manifestation. Bedingt insofern, als die Gesamtkirche sich grundsätzlich immer noch deutlicher auf die Wahrheit hin manifestieren kann. Auf den Glauben der Gesamtkirche, auf ihre Praxis (in der Frage der Ketzertaufe) rekurriert Augustinus immer wieder und bringt sie ins Spiel gegen alle ‹chartae›, ‹concilia› und ‹judicia humana›» (S. 522). Von daher ist verständlich, daß Augustin «einerseits auf eine Reihe von ‹Begründungen› der Konzilsautorität verzichten kann, die wir bei anderen kirchlichen Schriftstellern dieser Zeit, insbesondere in Zusammenhang mit Nizäa antreffen» (Inspiriertheit der Konzilien, mystische Bedeutung der Zahl 318), und daß er «anderseits Formeln und Ausdrücke, die in die Richtung eines entsprechenden mystischen Konzilsbegriffs deuten» (z. B. unter dem Vorsitz Gottes), «nicht ohne Ironie aufgreift dort, wo er sie antrifft, und dafür sorgt, daß sie auf den Konzilien, an denen er selber teilnimmt, vermieden werden»: «Der Verzicht auf jedwede Form von ‹Konzilsaufwertung› ... wie auch die auffällige Nüchternheit bei der Abfassung von Konzilsdokumenten haben offensichtlich ihre Erklärung in der spezifischen Konzilsauffassung des Augustinus: Ein Konzil ist seinem Wesen nach ‹auctoritas› und deswegen einer ‹Aufwertung› weder fähig noch bedürftig» (S. 528).

Dieses ausführliche Referat der Ergebnisse Siebens[23] läßt den Leser begrei-

21 *K. H. Lütcke*, «Auctoritas» bei Augustin (Stuttgart 1968) 139.
22 *A. Schindler*, Wort und Analogie in Augustins Trinitatslehre (Tübingen 1965) 125.
23 Die Beiträge der Frankfurter Jesuiten H. Bacht, A. Grillmeier, O. Semmelroth und H.-J. Sieben zu den Fragen Konzil und Konziliarismus sollen in einem eigenen Sammelband herauskommen.

fen, in welchem Ausmaß sich der Verfasser durch diese unabhängig von seinem Buch durchgeführten Forschungen bestätigt fühlt. Nicht nur hat damit Congars Frage eine umfassende Antwort gefunden. Zugleich ist gegenüber Vorwürfen Rahners, Ratzingers, Mühlens und Brandmüllers erneut deutlich geworden, wie sehr die Position des Verfassers bezüglich Kirche, Konzil und Unfehlbarkeit von der großen katholischen Tradition gedeckt ist. Sie schließt sich an die klassische katholische Konzilsauffassung des großen theologischen Repräsentanten des ersten ökumenischen Konzils, Athanasios, sowie vieler griechischer Väter und schließlich auch des führenden Theologen des Westens Augustin an. Diese klassische katholische Konzilsauffassung ist zu unterscheiden im Osten von den späteren mystischen oder juristischen *byzantinischen* «Konzilsaufwertungen» wie andererseits im Westen – besonders in bezug auf die Autorität des Papsttums – von den seit den Päpsten des fünften Jahrhunderts sich deutlich abzeichnenden *spezifisch römischen* und dann mit der Gregorianischen Reform sich durchsetzenden und im Vatikanum I dogmatisierten *römisch-katholischen* Ausprägungen.

Die päpstliche Unfehlbarkeit als Neuerung

Die größte Überraschung in der gegenwärtigen Debatte dürfte das Buch des amerikanischen Historikers *Brian Tierney* über die Ursprünge der päpstlichen Unfehlbarkeit [24] gebracht haben. Schon Tierneys früheres gelehrtes Werk über die Ursprünge der konziliaren Theorie [25] hatte die Forschungslage grundlegend verändert. Endlich wird nun auch in der Geschichte der päpstlichen Unfehlbarkeit – sehr viel weniger positiv erforscht als die des päpstlichen Primates – eine Lücke geschlossen, die weder die Historiker des vorigen noch die des jetzigen Jahrhunderts gefüllt, beziehungsweise gesehen haben und die auch in Congars imponierender Geschichte der mittelalterlichen Ekklesiologie und schließlich auch in meinem Buch offen geblieben war: Wer hat eigentlich die Lehre von der päpstlichen Unfehlbarkeit, die im ganzen ersten Jahrtausend nirgendwo ausdrücklich gelehrt wird, «erfunden»?

In der für die Entwicklung des päpstlichen Primats so entscheidenden Gregorianischen Reform des elften Jahrhunderts läßt sich merkwürdigerweise keine ausdrückliche Bejahung einer päpstlichen Unfehlbarkeit konstatieren.

24 *B. Tierney*, Origins of Papal Infallibility, 1150–1350. A Study on the Concepts of Infallibility, Sovereignity and Tradition in the Middle Ages (Leiden 1972). Eine kurze Zusammenfassung Tierneys selbst wird in diesem Band abgedruckt.

25 *B. Tierney*, Foundations of the Conciliar Theory (Cambridge/Mass. 1955).

In meinem Buch konnte ich nur darauf hinweisen, daß Gregor VII. im Dictatus Papae einzig von der römischen *Kirche* behauptet, sie könne niemals im Glauben irren und daß andererseits selbst die kurial gesinnte Kanonistik jene im Decretum Gratiani aufgenommene Lehre streng aufrechterhalten hat, ein Papst (das Dekret zitiert verschiedene Beispiele, besonders Anastasius II.; Honorius war den mittelalterlichen Kanonisten unbekannt) könne im Glauben irren (U 94). Und selbst Thomas von Aquin im 13. Jahrhundert, der durch seine kompakte Begründung der päpstlichen Jurisdiktions- und Lehrautorität der absolutistischen Entwicklung des Papsttums die theologische Weihe gegeben und damit zugleich die Grundlagen für die Unfehlbarkeitslehre des Vatikanum I gelegt hat (U 94–96), hatte nun doch so wenig wie etwa Bonaventura und die anderen großen Scholastiker eine päpstliche Unfehlbarkeit ausdrücklich behauptet. Wer also ist für diese Lehre verantwortlich?

Tierney verdichtet nun zunächst das Rätsel, insofern er aufweist, daß anders, als meist mehr oder weniger selbstverständlich angenommen, auch die Kanonisten des 12. und 13. Jahrhunderts, öfters extreme Papalisten, nicht nur für eine Lehre der päpstlichen Unfehlbarkeit keine Grundlage bieten, sondern sie nach strenger juristischer Logik ablehnen mußten. Warum? Weil gerade durch infallible und dadurch (!) irreformable Dekrete (der Vorgänger) die absolute Gewalt oder Souveränität des (gerade gegenwärtig regierenden) Papstes beschränkt wird! «Humanae vitae» zeigt – das sei hier hinzugefügt – in dramatischer Weise, wie ein Papst durch die irreformablen (weil faktisch infalliblen) Lehren der Vorgänger gebunden und zur Änderung unfähig erscheint.

Die «Erfinder» der päpstlichen Unfehlbarkeit waren also gerade nicht, wie bisher vermutet, die orthodoxen papalistischen Theologen, Kanonisten und Kanonisten-Päpste des Hochmittelalters, sondern – und so löst Tierney (unterdessen bestätigt von Congar in: C) das Rätsel – ein vielfach der Häresie angeklagter exzentrischer Franziskaner, den meisten katholischen Theologen nur aus den Verurteilungen des «Denzinger» oberflächlich bekannt: Petrus Olivi (†1298), der um 1280 auf dem Hintergrund der Apokalyptik Joachims von Fiore durch die neuartige Behauptung einer päpstlichen Unfehlbarkeit sämtliche Päpste der Folgezeit auf ein Dekret Nikolaus' III. 1279 zu Gunsten des Franziskanerordens festlegen wollte. Deshalb muß dem Papst von allen Katholiken in allen Glaubens- und Sittendingen gehorcht werden «tamquam regulae inerrabili»; und ein Papst, der sich dagegen verginge, wäre der von Petrus Olivi und manchen anderen erwartete Pseudopapst. Diese frühe Lehre von der päpstlichen Infallibilität und Irreformabilität – beide gehören von Anfang an zusammen! – wird zunächst gar nicht ernstgenommen. Nachdem sie rund 40 Jahre später jedoch von den Franziskanern gegenüber einem anderen Papst ins Feld geführt wird, wird sie von Papst Johannes XXII. konsequent als ein Werk des Teufels, des Vaters der Lüge, 1324 verurteilt.

Es gibt somit keine langsame «Entwicklung» und «Entfaltung» der Lehre von der päpstlichen Unfehlbarkeit, sondern eher ihre plötzliche Kreation am Ende des 13. Jahrhunderts durch einen der Häresie angeklagten Franziskaner. Nur unter den franziskanischen Dissidenten – und hier besonders von Wilhelm von Ockham (um zu beweisen, daß Johannes XXII. ein Häretiker war) – wurde sie in der Folgezeit verteidigt, hatte aber in der Zeit des abendländischen Schismas mit den zwei und dann drei Päpsten und auf dem Konzil von Konstanz, das mit Berufung auf die konziliare Theorie nach dem erzwungenen Rücktritt dreier Päpste einen neuen Papst wählte, selbstverständlich nicht die geringste Aussicht, sich in der Kirche durchzusetzen (man betonte in dieser Zeit nachdrücklich die Infallibilität der Kirche als solcher und das Lehramt der Doctores und der Universitäten [26]).

Luthers Protest gegen den Papst und seine Zurückweisung der Bannbulle muß auf diesem Hintergrund anders gewertet werden. Die Päpste der Reformationszeit konnten sich nicht auf eine allgemein anerkannte Unfehlbarkeit berufen, wie sie dann das Vatikanum I definierte. Auch das Konzil von Trient definierte bemerkenswerterweise keine Unfehlbarkeit des Papstes. Im Vatikanum I berief man sich neben Thomas von Aquin vor allem auf Kardinal Bellarmin. Im wesentlichen aber ist die päpstliche Unfehlbarkeit, wie sie durch das Vatikanum I verstanden und definiert wurde, bei aller Vorbereitung durch die antirefomatorische und antigallikanische römische Theologie eine «*neue Idee des 19. Jahrhunderts*».

Unter diesem Titel hat der französische Historiker *Claude Langlois* – sehr viel gründlicher, als ich dies fußend vor allem auf den Forschungen R. Auberts (vgl. U 69–74) tun konnte – die Vorgeschichte des Vatikanum I analysiert und das plötzliche Hochtreiben der Unfehlbarkeitsidee als neues Faktum des

26 Vgl. *Y. Congar* in: C; weitere Zeugnisse im Anschluß an P. de Vooght bei *H. Bacht*, S. 150–152, B III. Nachdrücklich hat H. Bacht darauf aufmerksam gemacht, daß man in den Diskussionen in und nach dem Vatikanum I die Tatsache vernachlässigte, daß gerade zwischen dem 12. und 15. Jahrhundert in der Frage der Unfehlbarkeit sowohl des Papstes wie der Konzilien kein Konsens bestand. Einen imponierenden Überblick über die verschiedenen Auffassungen gibt aufgrund eines bisher weithin unerforschten Materials *R. Bäumer*, Nachwirkungen des konziliaren Gedankens inder Theologie und Kanonistik des frühen 16. Jahrhunderts (Münster/W 1971). – Wertvolle Ergänzungen und Präzisierungen zu meinen Ausführungen über Gregor VII. finden sich bei *L. Meulenberg* (B III): Nach ihm schließt Gregor VII. einen Irrtum bei Päpsten keineswegs aus und ist in jedem Fall von der Unfehlbarkeitsauffassung des Vatikanum I noch weit entfernt.

19. Jahrhunderts, als kulturelles Gegen-Ereignis zum Ereignis der Französischen Revolution herausgestellt. Langlois' im Pariser Unfehlbarkeitskolloquium gehaltenes Referat [27] bildet gleichsam vom Ende her die Bestätigung von Tierneys Darlegungen: Nicht die mittelalterlichen Theologen und Kanonisten, auch nicht eigentlich die Theologen der Gegenreformation, sondern die (politisch-säkular und rationalistisch denkenden) Ideologen der Gegen-Revolution und Restauration, de Lamennais und vor allem de Maistre sind in erster Linie für die Unfehlbarkeitsdefinition des Vatikanum I geistig verantwortlich, wobei für de Maistre nun allerdings gerade umgekehrt wie für die mittelalterlichen Kanonisten absolute Souveränität (in der zeitlichen Ordnung) und Unfehlbarkeit (in der geistlichen Ordnung) zusammengehören. Doch konnte diese neue politisch-religiöse Ideologie in der katholischen Kirche nur zum Durchbruch kommen aufgrund jener breiten Welle des Ultramontanismus, die die Zeit zwischen 1840 und 1870 bestimmte und die der katholischen Kirche neue Formen der Frömmigkeit, die Erneuerung der römischen Liturgie, der Scholastik und – worauf Langlois mit Recht besonderes Gewicht legt – eine neue Moraltheologie (die des Liguori) brachte. Alles in allem eine Bewegung einerseits von der kirchlichen Basis her, andererseits doch gefördert insbesondere durch die populäre Figur Pius' IX.: eine neue Art des Katholizismus bestimmt durch das Bezugsdreieck Unbefleckte Empfängnis (1854), Syllabus (1864), Unfehlbarkeitsdefinition (1870) – alles Ereignisse, die untereinander in Beziehung stehen und dem Papst eine Monopolstellung bezüglich der Wahrheit in der Kirche verschaffen [28].

Das Resultat dieser neuesten historischen Forschungen – wie sehr unter-

27 C. *Langlois*, Unfehlbarkeit – eine neue Idee des 19. Jahrhunderts, in diesem Band. Als eine wertvolle Ergänzung und Bestätigung dieses französischen Beitrags von der deutschen historischen Forschung her kann angesehen werden das auf dem Salzburger Forschungsgespräch gehaltene Referat von *H. Lutz*, Die Sicht der päpstlichen Autorität im ersten Drittel des 19. Jahrhunderts, in dem von E. Weinzierl herausgegebenen Sammelband: Die päpstliche Autorität im katholischen Selbstverständnis des 19. und 20 Jahrhunderts (Salzburg–München 1970) S. 15–32; besonders wichtig die Kritik von Lutz an de Maistres «Du Pape» S. 22–25; zu der von Frankreich verschiedenen Lage in Deutschland besonders S. 26–29 und zur Lage in Italien S. 29–32. Ebenfalls wichtig: *F. Engel-Janosi*, Liberaler Katholizismus unud päpstliche Autorität bis zum Syllabus (aaO S. 33–51) und direkt zum Vatikanum I *V. Conzemius*, Das I. Vatikanum im Bannkreis der päpstlichen Autorität (aaO S. 53–83); *ders.*, Warum wurde der päpstliche Primat gerade im Jahre 1870 definiert?, in: Concilium 7 (1971) 263–267.

28 Die historischen Überlegungen Langlois' werden in diesem Band ergänzt durch die historisch-systematischen Überlegungen *J. Noltes* zum Ort des Unfehlbarkeitsdogmas, wo nach Funktion, Intention und Struktur der Infallibilitätsdefinition im Hinblick auf das Kirchensystem gefragt wird. Vgl. auch die bereits in Kap. II genannten historischen Referate von *E. Benz, R. Lill, E. Weinzierl, J. Neumann* und *F.-M. Schmölz* in E. Weinzierls Sammelband.

scheiden sie sich von der «historischen» Apologetik Brandmüllers, Mühlens, Ratzingers (vgl. Exkurse 1) – ist verblüffend: Noch mehr als der Verfasser dachte, ist er gedeckt durch die große katholische Tradition! Gemeinsam ist der Patristik wie der mittelalterlichen Theologie und Kanonistik und weithin auch der katholischen Theologie der Neuzeit jener Glaube an die Unfehlbarkeit der Kirche im Sinne der Indefektibilität der gesamten Glaubensgemeinschaft, deren Glaube nie untergehen wird. In diesem Sinn ist für die Kanonisten die Ecclesia romana, die nicht irren kann, die gesamte congregatio fidelium, der ein grundsätzlich irrtumsfähiger Papst gegenübersteht. Der biblische Hauptbeleg des Vatikanum I für die päpstliche Unfehlbarkeit – Lk 22,32 – wird auch noch von der mittelalterlichen Kanonistik nie für eine Unfehlbarkeit der Nachfolger Petri in Anspruch genommen. Nach ihnen wird hier Petrus keine Irrtumslosigkeit versprochen, sondern die Gnade der Bewahrung des Glaubens bis zum Ende, was dann von den Kanonisten selber wiederum nicht auf die nachfolgenden Päpste, sondern auf den Glauben der gesamten Kirche angewendet wird. Wie also die alten griechischen und lateinischen Kirchenväter keine Satzinfallibilität der Konzilien vertreten, so die mittelalterlichen Theologen und Kanonisten keine Satzinfallibilität des Papstes. Auch die mittelalterlichen Kanonisten – und die Ekklesiologie war damals Sache der Kanonisten! – argumentieren nicht, daß ein unfehlbares Haupt zur Bewahrung des Glaubens der Kirche notwendig sei, sondern – ganz im Sinne unserer These – daß die göttliche Vorsehung dafür sorgen wird, daß die gesamte Kirche nicht irregeführt wird, wie sehr auch ihr Haupt irren mag. Von der mittelalterlichen Kanonistik kann man sagen, was man vom Vatikanum I kaum beweisen konnte: sie ist besser als ihr Ruf. Noch die Kirche des 12. Jahrhunderts und auch die ersten (meist papalistischen) ekklesiologischen Traktate um 1300 glauben nicht, daß der Papst dieselbe Unfehlbarkeit besitzt, «mit der der göttliche Erlöser seine Kirche ausgerüstet haben wollte» (Vatikanum I). Die ersten Vertreter einer päpstlichen Satzunfehlbarkeit wurden als Häretiker verurteilt. Die große katholische Tradition also liegt im Glauben an die Unfehlbarkeit der gesamten Kirche trotz aller Irrtümer von Menschen, unter Umständen auch von Päpsten und Konzilien.

Die beschriebene historische Entwicklung illustriert eindrücklich die konkrete *gesellschaftliche Bedingheit der Wahrheit* auch in der Kirche, wie sie heutige Wissensoziologie thematisiert und analysiert. Die heutige Lage in der katholischen Kirche ist dadurch gekennzeichnet, daß die «Plausibilitätsstrukturen», daß die politischen, sozialen, kulturellen, theologischen Voraussetzungen, die im 19. Jahrhundert für die vatikanische Definition bestanden haben, heute nicht mehr bestehen und so dem katholischen Volk nur die Definition selber, mit der weder der Mann der Straße noch die Theologen noch auch der Papst praktisch viel anzufangen wissen, geblieben ist. Gleichsam ein Relikt aus dem im Mittelalter mit zweifelhaften Mitteln begründeten und im 19. Jahrhundert endgültig untergegangenen Kirchenstaat, für das es in der modernen Gesellschaft so wenig wie im Neuen Testament einen Platz zu geben scheint[29]. Der Sinn von «Unfehlbar?» war es, gegenüber den späten römischen Sonderentwicklungen die große katholische Tradition wieder zur Geltung zu bringen und den ursprünglichen christlichen Glauben an die Unzerstörbarkeit der Kirche und ihrer Wahrheit auf Grund der heutigen exegetischen, historischen und systematischen Forschungslage neu zu bedenken. Darf sich der Verfasser auf diesem Weg durch die bisherige Diskussion nicht voll und ganz bestätigt fühlen?

Wir blicken zurück:

1. Die Vorgeschichte des Buches «Unfehlbar?» machte deutlich, daß in Kontinuität und Konsequenz zum bisherigen theologischen Weg des Verfassers die in der Geschichtlichkeit der Glaubenssätze implizierte Frage nach ihrer möglichen Fehlbarkeit gestellt werden mußte und aufgrund der heute gegebenen kirchlichen und gesellschaftlichen Lage gerade zu diesem Zeitpunkt gestellt werden mußte.

2. Die Infragestellung der Katholizität des Verfassers erwies sich als mangelnde Unterscheidung zwischen katholischer Kirche (echte Katholizität in Zeit und Raum) und jenem römischen System (römischer Katholizismus), das heute auch von anderen gewichtigen katholischen Bischöfen, Theologen und Laien grundsätzlich kritisiert wird.

3. Die «Anfrage» des Verfassers erwies sich gerade vom korrekt interpretierten Vatikanum I, das von infallibilistischen Theologen gerne aufgeweicht wird, aber auch vom Vatikanum II (und von «Humanae vitae») her als voll berechtigt.

4. Die gemeinsame katholische Basis zeigte sich in der grundlegenden Übereinstimmung des Verfassers auch mit seinen schärfsten Opponenten in bezug auf das Faktum des irrenden Lehramtes, in bezug auf die Skepsis gegenüber Begriff und Praxis der Unfehlbarkeit, in bezug auf das Erhaltenbleiben (Indefektibilität) der Kirche in der Wahrheit trotz aller Irrtümer.

5. Das Fragezeichen, mit welchem der Verfasser nicht die verbindlich wah-

29 Die gesellschaftliche Bedingtheit der Wahrheit wird im Anschluß an die soziologischen Untersuchungen von P. Berger und Th. Luckmann für die Unfehlbarkeitsproblematik und das Vatikanum I herausgestellt im Beitrag von *R. Schwager* (in diesem Band).

ren, wohl aber die unfehlbar wahren Glaubenssätze versehen hatte, erwies sich als voll und ganz gerechtfertigt, insofern kein einziger Opponent für solche unfehlbar wahren Sätze einen theologischen Beweis zu leisten vermochte und andererseits die Aporien, in welche unfehlbare Sätze hineinführen müssen, noch deutlicher zutage getreten sind.

6. Seit dem Erscheinen des Buches hat die Position des Verfassers unerwartete eigenständige Bestätigungen erfahren, insofern in der katholischen Exegese die echte, aber fehlbare Autorität des Petrus und die Problematik einer Nachfolge in einem «Petrusamt» ebenso ins Blickfeld traten wie in der katholischen Dogmen- und Theologiegeschichte die echte, aber fehlbare Autorität der Konzilien; zugleich wurden die unorthodoxen Ursprünge der römischen Unfehlbarkeitslehre am Ende des 13. Jahrhunderts wie die Neuheit der Unfehlbarkeitsideologie im 19. Jahrhundert von Historikern aufgewiesen, beziehungsweise bestätigt.

Wir blicken nach vorn:
Man braucht kaum Prophet zu sein, um vorauszusagen, daß in unserer Frage nicht einer unkritischen und leichtfertigen Unfehlbarkeitsapologetik die Zukunft gehören wird; diese ist repräsentativ nicht für die katholische Theologie der Gegenwart, sondern für eine römisch-katholische Theologie der Vergangenheit und erscheint schon innerhalb des Rahner-Bandes durch die mehr der Zukunft zugewendeten Beiträge von Alfaro, Congar, Fries, Schnackenburg und Semmelroth als überholt. Die Wirkungen eines Buches sind im übrigen nur zum kleineren Teil von den unter Umständen negativen Rezensenten abhängig; die jüngere, noch nicht etablierte Generation bildet sich ihre eigenen Meinungen, ohne sie gleich zu drucken oder drucken zu können. Mindestens ebenso wie die Einsicht in die Literatur haben mich die persönlichen Erfahrungen der letzten zwei Jahre, von denen in der Einleitung die Rede war, davon überzeugt: Die Zukunft dürfte einer kritischeren katholischen Theologie gehören, wie sie für unsere Frage repräsentiert ist durch die exegetischen Beiträge von Blank, Jaubert, R. Pesch, Irvin, Trilling, durch die historischen Beiträge von McCue, Langlois, Sieben, Tierney, W. de Vries, durch die ideologiekritischen Beiträge von Greeley, Halbfas, Nolte, Schwager, durch die systematisch-theologischen Beiträge von Antweiler, Bacht, Böckle, Häring, Kasper, Löhrer, McBrien, O. H. Pesch, Schillebeeckx.

Natürlich ist nicht zu erwarten, daß sich der kritische katholische Standpunkt in Exegese, Historie und Systematik überall über Nacht durchsetzt. Wäre dieses Problem nur mit rationalen theologischen Argumenten zu regeln, dann wären kaum so zahlreiche wenig rationale Argumente von an sich rationalen Theologen zu hören gewesen. Aus den ideologiekritischen Beiträgen in diesem Band (Schwager, Halbfas, Nolte) geht hervor, wie sehr in unserer Frage alle möglichen sozialen Barrieren, psychologischen Abwehrmechanismen, Bewußtseinssperren, Ängste, Verdrängungen und ideologischen Interessen mitspielen und das rationale Eingehen auf rationale theologische Argumente, ja scheinbar oft sogar das ruhige sachliche Lesen eines Buches verhindern. Die persönlichen Erfahrungen des Verfassers in dieser Diskussion bestätigen, was für eine große Rolle in dieser Problematik, die eine Problematik des Glaubens ist, die uneingestandene und oft auch eingestandene und in jedem Fall begreifliche Glaubensangst spielt: wie es denn ohne unfehlbare Glaubenssätze in der katholischen Kirche weitergehen soll, wie das Chaos vermieden, die Einheit gewahrt, die Irrtümer überwunden werden können usw. Deshalb, aber auch zur erneuten Klärung des eigenen Standpunktes soll zum Abschluß dieser wegen der Vielfalt der Probleme schon reichlich lange geratenen Bilanz versucht werden, in positiver Weise knapp zusammenfassend darzustellen, wie die Kirche auch ohne unfehlbare Glaubenssätze in der Wahrheit gehalten werden kann. Es geschieht dies aus der begründeten Hoffnung heraus, daß darüber in Kirche und Christenheit ein ökumenischer Konsens möglich sein sollte.

VII. DER KONSENS DER ZUKUNFT

Die bisherige Debatte hat, wie wir sahen, bereits einen grundsätzlichen Konsens bezüglich der Hauptthese gezeigt: Die Kirche wird in der Wahrheit erhalten trotz aller Irrtümer. Doch es ist bezeichnend: Die von der neueren Unfehlbarkeitsdoktrin her denkenden Theologen sehen das Hauptproblem noch immer darin, ob nicht doch in einigen (jetzt faktisch äußerst seltenen) Fällen der Irrtum mit Berufung auf den Heiligen Geist von vornherein ausgeschlossen werden könne (Infallibilität einzelner Glaubenssätze) – was nach den Ergebnissen dieser Diskussion zu verneinen ist. Angesichts der auf die Kirche einstürmenden neuen Probleme der ersten, zweiten und dritten Welt, angesichts der zahlreichen Ideologien von links und rechts, denen bestenfalls aus einer zentral verstandenen christlichen Botschaft und einer die christliche Freiheit lebenden Gemeinschaft heraus widerstanden werden kann, sehen manche jüngeren Theologen das Hauptproblem ganz anders: ob der Kirche, ob einer derart hilflosen und in nachkonziliarer Zeit erneut bedrückend versagenden Kirche überhaupt ein Bleiben in der Wahrheit zugeschrieben werden könne, ob es nicht vielmehr mit dieser Kirche und ihrer Wahrheit zu Ende gehe. Die sich so intensiv an die triumphalistische Selbstbestätigung einer der Vergangenheit verhafteten unfehlbaren Ecclesia docens klammernden Theologen spüren offensichtlich nicht den Spott jener anderen, welche den Streit um bestimmte unfehlbare Sätze und Instanzen als ein typisch innerkirchliches und für die moderne Gesellschaft unfruchtbares, irrelevantes Theologengezänk anprangern: draußen brennt die Welt und drinnen streitet man sich um die Interpretation von Paragraphen der Brandversicherungspolice. Kurz: Nicht mehr die Infallibilität bestimmter kirchlicher Glaubenssätze und Glaubensinstanzen, sondern die Indefektibilität der Kirche selbst wird in Frage gestellt.

Gehalten in der Wahrheit

Warum soll es im dritten Jahrtausend und gar später noch eine Kirche geben? Warum soll es mit ihrer Wahrheit nicht einmal endgültig aus sein? Religionssoziologen werden auf die immer wieder neu erstaunliche Beständigkeit und Lebenskraft der großen Religionen hinweisen, mit deren Absterben in absehbarer Zeit nicht zu rechnen sei. Zeitgeschichtler werden auf die trotz allen Schwierigkeiten noch immer erstaunliche Vitalität etwa der katholischen Kirche selbst in Europa hinweisen und auf die zahlreichen Initiativen, die zur Bewältigung der großen Weltprobleme (Rassengleichheit, Weltfrieden, sozialer Fortschritt) trotz allen Versagens noch immer vom Christentum und von Christen ausgehen.

Manches wird sich tatsächlich aus der bisherigen Geschichte der Kirche extrapolieren lassen, wiewohl religionssoziologische Extrapolationen noch mehr als andere in Gefahr sind, das Überraschungsmoment der Zukunft außeracht zu lassen und nicht mehr als «Vergangenheitsprognosen» zu sein. Wie immer: wer würde schon wagen, aus den bisherigen zwei Jahrtausenden der Kirche ein ganzes drittes zu extrapolieren? Wer erst recht eine ständige, unbeschränkte Fortdauer (Perennität), Unzerstörbarkeit (Indestruktibilität), Unzerrüttbarkeit (Indefektibilität) oder – wenn man es nicht mißversteht und auf einzelne Sätze bezieht – Untrüglichkeit (Infallibilität) der Kirche? Werden Wissenschaft, Technik und rationale Aufklärung nicht ein erfülltes und zufriedenes Leben auch ohne Glauben an einen jenseitigen Gott ermöglichen und herbeiführen und Christentum samt Kirchen überflüssig machen?

Eine Extrapolation der Indefektibilität der Kirche ist nicht möglich; dies sollte man auch gar nicht versuchen. Die Indefektibilität der Kirche ist nur als *Wahrheit des Glaubens* sinnvoll vollziehbar. Das heißt: Die Christen verlassen sich vertrauend darauf, daß es einen lebendigen Gott gibt und dieser Gott auch in Zukunft ihre Glaubensgemeinschaft am Leben, in der Wahrheit erhalten wird. Sie tun das aufgrund der Verheißung, die mit Jesus von Nazareth gegeben ist: dieser selber ist die Verheißung, an dem Gottes Treue zu seinem Volk abgelesen werden kann.

1. Es ist deshalb nur zu verständlich, daß sich diese Hoffnung der Glaubensgemeinschaft auf ihre Zukunft in einigen Texten der Schrift niedergeschlagen hat, die als *klassische Texte* in diesem Zusammenhang von der katholischen und der christlichen Theologie überhaupt immer wieder zitiert werden: Mt 16, 18: «Die Pforten der Hölle werden sie nicht überwältigen.» Mt 28, 20: «Und siehe, ich bin bei euch alle Tage bis an das Ende der Welt.» Jo 14, 16: «Und er (der Vater) wird euch einen anderen Beistand geben, damit er in Ewigkeit bei euch sei, den Geist der Wahrheit.» Jo 16, 13: «Der Geist wird euch in die ganze Wahrheit einführen.» 1 Tim 3, 15: «Die Kirche des lebendigen Gottes, die Säule und Grundfeste der Wahrheit.»

Wir werden noch sehen: Die Indefektibilität der Kirche läßt sich nicht einfach auf diese einzelnen Texte begründen. Trotzdem sind diese Texte nicht unwichtig. Auffälligerweise schließen diese stärksten «klassischen» Aussagen über Kirche und Wahrheit Irrtümer nirgendwo, weder bei bestimmten Personen noch bei bestimmten Aussagen, von vornherein aus. Das mannigfache Versagen und Irren der Menschen wird in der Bibel von der Genesis bis zur Apokalypse ständig vorausgesetzt und nur zu oft – auch bei den Erzvätern und bei Mose, bei den Richtern, Königen und Propheten, schließlich auch bei Petrus und den Aposteln – ad oculos demonstriert. Von der neueren Unfehlbarkeitsdoktrin her wird oft argumentiert: Wenn man schon im Glauben eine Indefektibilität der Kirche annimmt, warum nicht im selben Glauben eine Infallibilität bestimmter Amtsträger oder Glaubenssätze? Aber der Unterschied ist offenkundig: Im ursprünglichen christlichen Zeugnis, auf das wir zur Bestimmung dessen, was christlich ist, angewiesen sind, ist der Kirche die Wahrheit verheißen, aber keinen kirchlichen Autoritäten für ständig oder für bestimmte Fälle Irrtumslosigkeit garantiert. Im Gegenteil: Gerade der Prototyp des Jüngers Jesu, Simon Petrus, dessen Glauben an Jesus als den lebendigen Christus für die Kirche grundlegend, ja geradezu zum «Felsen» geworden ist, versagt immer wieder (er wird einmal mit «Satan» angeredet). Gerade so ist er Typos, Symbol der Kirche: sein «Glaube hört nicht auf» (Lk 22, 32), obwohl auch er sogar in entscheidender Situation nicht richtig wandelt nach der Wahrheit des Evangeliums und korrigiert werden muß (vgl. Gal 2, 11 bis 15). Wenn es also immer wieder Wahrheit in der Kirche geben soll, dann nicht weil ihre Glieder oder mindestens bestimmte Glieder in bestimmten Situationen keine Fehler machen und ihre Irrtumsfähigkeit irgendwann durch höheren Einfluß ausgeschaltet wäre. Sondern weil sich bei allen menschlichen Mängeln und Fehlern Gottes Wahrheit als stärker erweist und die Botschaft Jesu Christi sich immer wieder Glauben verschafft, so daß Jesus in der Gemeinschaft der Glaubenden bleibt und sein Geist immer wieder neu in die ganze Wahrheit einführt. Also knapp gesagt: die Indefektibilität der Kirche entspricht der christlichen Botschaft, die Infallibilität einzelner kirchlicher Instanzen oder Sätze nicht.

«Wahrheit» («emet», «alétheia») im Alten und Neuen Testament meint denn auch entschieden mehr als wahre (oder richtige) Sätze. «Wahrheit» im biblischen Sinn meint Treue, Beständigkeit, Zuverläsisgkeit: die Treue des Bundesgottes zu seinem Wort und zu seiner Verheißung. Das ist die Wahrheit Gottes: die beständige Treue eines Gottes, der sich selber und den Menschen nicht täuscht, der nie zum Lügner wird, wenn er auch noch so oft belogen wird, der nie Gemeinschaft aufkündet, wenn sie auch immer wieder gebrochen wird, der auch die Abgefallenen nicht endgültig fallen läßt. So also sieht es der christliche Glaube: Die Kirche als Gemeinschaft des Glaubens bleibt am Leben, nicht weil es in ihr keine Lebensbedrohung, keine Krankheit zum Tode gäbe, sondern weil sie *trotz* aller Gebrechen und Schwachheiten am Leben erhalten und ihr immer wieder neu Fortdauer (Perennität) verliehen wird. Die Kirche bleibt in der Gnade, nicht weil sie selber beständig und treu wäre, sondern weil sie *trotz* aller Sünde und Schuld aus der Gunst und Gnade nicht entlassen und ihr immer wieder neu Unzerrüttbarkeit, Beständigkeit, Indefektibilität gewährt wird. Die Kirche bleibt in der Wahrheit, nicht weil sie kein Schwanken und Zweifeln, Entgleiten und Abirren kennt, sondern weil sie *trotz* ihrer Zweifel, Mißverständnisse und Irrtümer in der Wahrheit gehalten und ihr immer wieder neu Untrüglichkeit, Infallibilität geschenkt wird.

Da im Neuen Testament die Worte Leben, Gnade, Wahrheit dieselbe Wirklichkeit meinen, in welcher Erkennen und Liebe, Reden und Tun und in allem das gelebte Ja des Menschen zu Gott verbunden sind, so gehen auch die Begriffe Perennität, Indefektibilität, Infallibilität ineinander über. Auch sie meinen dieselbe Wirklichkeit, können aber im theologischen Sprachgebrauch so oder anders näher bestimmt und voneinander unterschieden werden. Da die Termini Indefektibilität und Perennität traditionellerweise mehr mit dem «Sein» als mit der «Wahrheit» der Kirche in Verbindung gebracht wurden, andererseits jedoch das Sein der Kirche an ihrem Wahrsein hängt, haben wir den Begriff der Indefektibilität oder Perennität für unseren Zusammenhang mit der näheren Bestimmung gebraucht: Indefektibilität oder Perennität (nicht nur im Sein, sondern) in der Wahrheit. Der Terminus Indefektibilität ist weniger als der Begriff der Infallibilität auf bestimmte Sätze oder Instanzen ausgerichtet und überhaupt nicht mit den konstatierten Mißverständnissen des Terminus Unfehlbarkeit belastet. Deshalb ist Indefektibilität (Unzerrüttbarkeit, Unzerstörbarkeit) für den heutigen Gebrauch vorzuziehen. Wird also der Terminus Indefektibilität (der Kirche) im Gegensatz zur Infallibilität (einzelner Sätze oder Instanzen) gebraucht, so meint Indefektibilität das grundlegende Bleiben der Kirche in der Wahrheit, das von Irrtümern im einzelnen nicht aufgehoben wird (vgl. U 147–151). Eine Indefektibilität der Kirche in der Wahrheit ist vom Neuen Testament gedeckt, eine Infallibilität bestimmter Instanzen oder Aussagen nicht. Vielmehr muß man von einer Indefektibilität der Kirche trotz aller Fallibilität ihrer menschlichen Instanzen und Sätze sprechen.

Mehr also läßt sich selbst aus jenen in allen Schulbüchern viel zitierten klassischen Texten nicht herauslesen. Ist das Biblizismus? Apologeten der neueren Unfehlbarkeitslehre empfinden keine Hemmungen, Dogmen zu verteidigen, die ihrerseits fundamentalistisch-biblizistisch auf vereinzelten willkürlich interpretierten Schriftstellen aufruhen. Dies beliebt man dann als «kirchliche» oder «katholische» Interpretation der Menschheit aufzudrängen. Aber dieselben Neuscholastiker reagieren verdächtig allergisch und rufen «Biblizismus», wenn sie sich in einer unbequemen Frage wie der anstehenden dem historisch-kritisch erhellten Befund des Neuen Testamentes, also der konkreten Wirklichkeit der frühen Gemeinde und der unverstellten Sache Jesu Christi selber stellen sollen. Statt sich der Unannehmlichkeit der kritischen Exegese und Übersetzung ins Heute hinein zu unterziehen, genießt man die Bequemlichkeit einer überkommenen Meinung und spekuliert dafür, ideologisch fixiert, über einen «entwickelten» Unfehlbarkeitsbegriff, der vom Neuen Testament her nicht zu begründen ist und von dem auch Jesus selber, von dem man alles herhaben will, zugegebenermaßen «gar nichts verstanden hätte».

2. Damit ist nun allerdings auch schon deutlich geworden: Will man die Indefektibilität der Kirche heute theologisch sachgemäß begründen, so wird man sich auch hier nicht in Schulbuchmanier biblizistisch-fundamentalistisch nur auf den einen oder anderen Schrifttext stützen dürfen, als ob zumindest in der Bibel die einzelnen Sätze von vornherein unfehlbar wären. Die Bibel ist nicht wie der Koran eine von Gott oder einem Engel diktierte Summe unfehlbarer Sätze, sondern eine Sammlung menschlicher Dokumente, die in aller Menschlichkeit, Beschränktheit und Gebrechlichkeit von Gottes Wort und Tat zeugen wollen [1]. Theologisch sachgemäß kann die Indefektibilität der Kirche

1 Dazu *A. Jaubert* in diesem Band.

nur dann begründet werden, wenn wir uns dabei auf die *christliche Botschaft als ganze* stützen können, auf deren Anruf ich mich als glaubender Mensch einzulassen vermag, auch wenn die eine oder andere Zeile krumm, der eine oder andere Satz nur undeutlich, schief oder vielleicht überhaupt nicht die Botschaft widerspiegelt.

Aber gerade dies ist nun nicht nur ein Satz, sondern die alle neutestamentlichen Schriften durchziehende Grundüberzeugung, ja es ist die christliche Botschaft selbst: daß dieser geschichtliche Jesus von Nazareth mehr ist als nur einer der Propheten, der von anderen Propheten abgelöst wird; daß in ihm vielmehr Gottes letztentscheidender Anruf, Gottes definitive Wahrheit über sich selbst und den Menschen laut geworden ist; daß Jesus deshalb zu Recht der Christus, der eigentliche Herr, Gottes fleischgewordenes Wort, *der* Weg und *die* Wahrheit genannt wurde und genannt wird und somit für die Glaubenden – bei allem echten Fortschritt und aller großen Entwicklung – durch keinen neuen Herrn, kein anderes Wort, keine bessere Wahrheit überholt oder ersetzt werden könnte. Das ist die Botschaft des Glaubens derer, die sich mit guten Gründen zuerst auf ihn eingelassen haben, die wiederum Glauben herausfordern wollen und bisher auch immer wieder Glauben herausgefordert haben. Dieser Herausforderung kann ich mich selbstverständlich versagen. Glauben ist freie Entscheidung, die eine innere Offenheit, eine Bereitschaft zum Glauben voraussetzt. Je weniger banal, je höher die Wahrheit ist, um die es geht, um so mehr Offenheit, um so mehr Bereitschaft ist erfordert, auch wenn der Glaube selber durchaus kein blinder, sondern ein begründeter und verstehender Glaube ist [2].

Weil so Jesus für die Glaubenden der entscheidende Anruf Gottes ist, sein endgültiges Wort, seine definitive Offenbarung, der Anbruch des Eschaton, ist es die Überzeugung der Glaubensgemeinschaft, daß Gott durch diesen Jesus immer wieder Glauben finden wird: daß es also immer wieder neu an ihn glaubende Menschen, immer wieder neu eine Gemeinschaft glaubender Menschen, also eine Kirche Jesu Christi im weiten Sinne des Wortes geben wird. Der Glaube an die Fortdauer, die Unzerstörbarkeit und Unzerrüttbarkeit, an das Gehaltensein der Kirche in der Wahrheit bezieht sich also primär auf die Glaubensgemeinschaft und nicht auf bestimmte kirchliche Institutionen oder Instanzen, die meist nicht von Anfang an bestanden oder zumindest nicht so bestanden haben und die auch nicht unbedingt für immer zu bestehen oder gerade so zu bestehen haben werden.

Nicht umsonst brauchen wir für dieselbe Indefektibilität der Kirche in der

2 Vgl. zu dieser Problematik *H.-E. Hengstenberg* oben S. 220 f.

Wahrheit verschiedene Worte. Man kann dieselbe Wirklichkeit mit sehr verschiedenen Begriffen, Worten und Sätzen aussagen, und alle die obenzitierten und nicht nur grammatikalisch und stilistisch verschiedenen Sätze aus dem Neuen Testament meinen dieselbe Wirklichkeit. Es wäre somit sehr wichtig zu verstehen, daß mit der Aussage vom Gehaltensein der Kirche in der Wahrheit trotz aller Irrtümer nicht einfach ein neuer Satz über die Sätze gemacht werden soll. Vielmehr soll die Ebene nicht nur der Institutionen und Instanzen, sondern auch die der Satzwahrheiten durchstoßen werden, um – wenn nötig durch sehr verschiedene Sätze – auf die eine und selbe Wirklichkeit hinzuweisen, die den einzelnen Sätzen zugrundeliegt und ihnen überhaupt erst ihre Wahrheit gibt. Nur von dieser Wirklichkeit her kann die Herausforderung zum Glauben wirklich begründet werden. Sich auf diese Wirklichkeit einzulassen, die von Gott her durch Jesus für eine Gemeinschaft des Glaubens eröffnet wurde, sich auf die Unzerstörbarkeit und Unzerrüttbarkeit dieses Glaubens und dieser Glaubensgemeinschaft zu verlassen, bedeutet ein Risiko, ein Wagnis: Der Glaube kann nicht in der gleichen Weise wie anderes «bewiesen» werden. Wo der Mensch mit der Wirklichkeit Gottes zu tun hat, kann ihm nicht dieselbe Art von Sicherheit verschafft werden, die ihm die banale Wirklichkeit verschafft. Aber gerade in diesem Risiko bedeutet das Wagnis des Glaubens eine Hoffnung: Der Glaube geschieht auf eine Zukunft hin, die erst noch einzulösen ist, die aber schon eingeleitet ist. Wo der Mensch mit der Wirklichkeit Gottes zu tun hat, kann ihm der Glaube eine Gewissheit schenken, die alle banale Sicherheit unendlich übersteigt.

Das Gehaltensein konkret

Wenn wir vom Gehaltensein, vom Bleiben der Kirche in der Wahrheit sprechen, da mag dieser Satz recht theoretisch klingen. Doch liegt alles daran, daß seine konkrete Bedeutung greifbar wird. Zwei Mißverständnisse sind hier abzuwehren. Die Konkretisierung kann ausbleiben, sie kann aber auch überspannt werden und damit sich selber aufheben.

Gegen eine ausbleibende Konkretisierung: Es ist nicht nur Gott, der bleibt. Daß Gott bleibt, ist mehr oder weniger eine Tautologie. Gemeint ist hier vielmehr, daß Gott Wahrheit nicht nur im Himmel bleibt, sondern auch auf Erden, daß sich also Gottes Wahrheit in der Kirche auswirkt. In diesem Sinne geht es um das Gehaltensein und Bleiben der Kirche selber.

Gegen eine überspannte Konkretisierung: Es sind nach allem, was gesagt wurde, nicht unfehlbare Sätze, in denen sich das Bleiben der Kirche in der

Wahrheit konkretisieren ließe. Als ob dies die einzige Möglichkeit der Konkretisierung wäre. Eine echte Konkretisierung des Bleibens in der Wahrheit muß auf andere Weise gedacht werden. Nicht um das Bleiben bestimmter Sätze geht es, sondern wiederum um das Bleiben der Kirche selber in der Wahrheit.

Wie läßt sich das Gehaltensein in der Wahrheit positiv bestimmen? Aus dem früher Entwickelten dürfte klar geworden sein, daß es sich für die Kirche nicht um eine abstrakte Wahrheit – «Was ist Wahrheit!?» – handelt, sondern um die *christliche* Wahrheit, die *Wahrheit des Evangeliums Jesu Christi.* Die *erste* Antwort auf unsere Frage ist somit: Die Kirche wird konkret in der Wahrheit gehalten wo immer *Jesus selber* für den Einzelnen oder eine Gemeinschaft die Wahrheit (= der Christus) bleibt. Er aber bleibt die Wahrheit nicht einfach dadurch, daß man ihn als Wahrheit bekennt, sondern dadurch, daß man die Wahrheit, die er ist, lebt, so daß dieser Jesus – seine Botschaft, sein Verhalten, sein Geschick – im konkreten Leben des einzelnen und der Glaubensgemeinschaft für die Beziehungen sowohl zum Mitmenschen wie zu Gott selbst der Letztentscheidende bleibt. Daraus folgt somit unmittelbar die *zweite* Antwort: Die Kirche wird ganz konkret in der Wahrheit des Evangeliums Jesu Christi gehalten, wo immer *Nachfolge* geschieht: wo immer also Jesus nicht nur verkündigt und geglaubt, sondern ihm aus dem Glauben heraus nachgelebt wird. An ihn glauben heißt ja, sich auf ihn einlassen, und das wiederum heißt: an ihm und seinem Weg ganz praktisch zu partizipieren. Insofern bedeutet er Wahrheit und Weg.

Durch diese nähere Bestimmung ist das Gehaltensein der Kirche in der Wahrheit bereits deutlicher faßbar geworden:

1. Wenn es beim Bleiben in der Wahrheit wesentlich um Nachfolge Jesu Christi geht, so ist dieses *mehr eine Sache der Orthopraxie als der Orthodoxie*: sie geschieht mehr im christlichen Leben als im Lehren, mehr in der Tat als nur im Wort. So wenig gleichgültig es ist, was einer von Jesus glaubt, so sehr dies seine praktische Einstellung bestimmen wird, so wenig ist dies andererseits das letztlich Ausschlaggebende. Das «Herr, Herr»-Sagen allein nützt nichts. Der Bruder, der sagt, er gehorche nicht, und doch gehorcht, wird dem vorgezogen, der sagt, er gehorche, und doch nicht gehorcht. Wo immer Jesus nach den Berufungsperikopen in seine Nachfolge ruft, fragt er nicht zuerst nach einem Glaubensbekenntnis. Die so beunruhigende Bergpredigt kreist nicht um orthodoxen Glauben, sondern um das radikale Tun des Willens Gottes. Denn die christliche Wahrheit ist konkret. Auch das Urteil beim Jüngsten Gericht nach Matthäus erfolgt aufgrund des Tuns.

2. Wenn es beim Bleiben in der Wahrheit wesentlich um Nachfolge Jesu

Christi geht, so ist dieses *mehr eine Sache des Einzelnen und einzelner Gemeinschaften als der Institutionen*: Selbstverständlich sind auch die christlichen Institutionen auf das Evangelium Jesu Christi verpflichtet. Doch Institutionen aus sich allein können das Bleiben der Glaubensgemeinschaft in der Wahrheit nicht garantieren. Sie sind in Händen von Menschen, sind mißbrauchbar und korrumpierbar. Oft wird der Einzelne und die einzelne Gemeinschaft in der Wahrheit des Evangeliums gehalten trotz bestimmter unevangelisch funktionierender (und so zu reformierender!) Institutionen und ihrer Repräsentanten. So sehr Institutionen für eine Gemeinschaft, auch eine Glaubensgemeinschaft, und besonders für eine große Gemeinschaft notwendig sind, so wenig sind sie letztlich ausschlaggebend für das Bleiben in der Wahrheit. Sie sollen dieses Bleiben befördern, können es aber auch behindern. Kirche ist wesentlich Glaubensgemeinschaft. Entscheidungen des Glaubens aber fallen im Herzen des Einzelnen. Institutionen aber haben kein Herz. Es gibt eine letzte Unmittelbarkeit des Einzelnen zu Gott und zu seiner Wahrheit, über die keine Institution Macht hat, auch nicht mit Scheiterhaufen und Bannbullen. So ist Nachfolge Jesu Christi immer wieder möglich selbst dort, wo Institutionen für diese Nachfolge ein Hindernis statt eine Hilfe bedeuten.

3. Wenn es beim Bleiben in der Wahrheit wesentlich um Nachfolge Christi geht, so manifestiert sich dieses *nicht nur in den orthodoxen Großkirchen, sondern auch unter Häretikern*: Die Häresie wird damit nicht zur Wahrheit. Was das Glaubensfundament der Ekklesia durch ein «anderes Evangelium» in Frage stellt und deshalb in Gegensatz zur Ekklesia kommt, kann nicht Wahrheit genannt werden. Aber schaut man auf die konkreten Menschen und Gemeinschaften, ist diese Aufteilung von Wahrheit und Irrtum nicht mehr ganz so leicht. Denn einerseits gibt es Wahrheit in der Häresie: Echte Häresien leben nicht so sehr vom Irrtum, als von der in ihnen investierten und oft übertriebenen Wahrheit. Andererseits aber gibt es auch Irrtum in der Kirche: Irrtümer, Verirrungen und Irreführungen, Vernachlässigungen, Verschüttungen und Verschiebungen waren vielfach Anlaß, Ursache, Angriffsfläche für die Häresie. Diese war oft nicht willkürliche Aktion, sondern begreifliche Reaktion: aus gutem Glauben, aus dem Glauben an das Evangelium, das nicht verraten werden sollte. Dem Häretiker darf der gute Glauben, ja, auch der gute Christenglaube nicht abgesprochen werden. Irrtümer lassen sich verurteilen, irrende Menschen nicht. Auch der Irrende kann vom Evangelium betroffen sein und bleiben, und er war es oft mehr als der eingebildete Hochorthodoxe. Ihm ist aus diesem Glauben heraus Nachfolge Jesu Christi keineswegs verunmöglicht. Und so wird man sagen müssen: Wie die Kirche trotz aller Irrtümer in der Wahrheit erhalten wird, so der Häretiker, der aus dem

Glauben an das Evangelium sich um Nachfolge müht, trotz seiner (deshalb nicht gerechtfertigten) Häresie (vgl. K Kap. C III, 4).

4. Wenn es beim Bleiben in der Wahrheit wesentlich um Nachfolge Christi geht, so manifestiert sich dieses *beim Versagen von Hierarchie und Theologie noch immer im gelebten Glauben und Lieben der «kleinen Leute»*: Es gab Zeiten, da von der Wahrheit des Evangeliums im Leben und Treiben von Hierarchen und Theologen wenig zu beobachten war, die Kirche dem Untergang nahe und die Verheißung der Indefektibilität ein leeres Wort schien. Wenn aber Päpste und Bischöfe Macht, Geld und Genuß nachliefen und die Theologen schwiegen, schliefen, kluge Apologien lieferten oder gar mitmachten, da blieben noch immer jene zahllosen meist unbekannten Christen (und unter ihnen auch immer einige Bischöfe, Theologen und besonders Gemeindepfarrer), die auch in den schlimmsten Zeiten der Kirche nach dem Evangelium zu leben versuchten. Also nicht so sehr die Hohen und Mächtigen, Klugen und Weisen, sondern ganz nach dem Neuen Testament die «kleinen Leute», die «Geringen» waren dann jene «Zeugen der Wahrheit», die die Indefektibilität der Kirche manifestierten [3]. Aus den Kreisen dieser «kleinen Leute» kam denn auch sehr oft und zunächst unauffällig jene echte Erneuerung, die meist nicht durch irgendwelche dogmatische Definitionen erreicht wurde, sondern durch Besinnung auf das Evangelium, durch Gebet, durch Bewußtseinswandel und echte Umkehr in Liebe, Leiden und Handeln.

Was ist unter diesen Umständen noch die Funktion der kirchlichen Ämter, insbesondere der Leistungsdienste, für das Bleiben der Kirche in der Wahrheit? Es sei hier vorläufig nur ausgezogen, was sich aus dem eben Gesagten ergibt: Die Ämter konstituieren jedenfalls nicht die Wahrheit in der Kirche. Auch Amtsträger können irren und irren häufig und können sogar wie überhaupt die Institutionen korrumpiert werden. Also nicht die Amtsträger sind der Grund, warum die Kirche in der Wahrheit bleibt. Sondern trotz des Irrtums auch vieler Amtsträger wird die Kirche in der Wahrheit gehalten. Das Evangelium selber ist Quelle, Norm und Kraft für den Glauben und für die Perennität und Indefektibilität der Glaubensgemeinschaft in der Wahrheit. Freilich kann und soll dabei den Amtsträgern eine positive Funktion, eine Hilfsfunktion zukommen, insofern sie je nach der besonderen Funktion ihres Amtes im Dienst am Evangelium und an der Glaubensgemeinschaft gerade auch einen Dienst an der *Wahrheit* wahrzunehmen haben. Was die Kirchenleiter angeht: einen Dienst an der Wahrheit durch die vielfältige Verkündi-

3 Diesen Ansatz von U 154 nimmt auf *H. Wagner*, Zeugen der Wahrheit, in: Catholica 26 (1972) 224–242, wo dem traditionsreichen Begriff der «testes veritatis» historisch, philosophisch, exegetisch und systematisch nachgegangen wird.

gung des Evangeliums und den sinnvollen Vollzug der Sakramente in der Öffentlichkeit der Gemeinde sowie schließlich in Konsequenz das tätige Engagement in Kirche und Gesellschaft [4].

Doch ist auf diese Frage zurückzukommen. Vorher aber verdient das Gehaltensein der Kirche in der Wahrheit noch in einer anderen Richtung konkretisiert zu werden: im Hinblick auf die Irrtümer in der Kirche.

Mit Irrtümern leben

Oft hört man in Diskussionen um die Unfehlbarkeit die besorgte Frage: Was aber geschähe, wenn «die Kirche», wenn der Papst oder ein Konzil bezüglich einer gewichtigen Glaubens- oder Sittenfrage in einer feierlichen und vielleicht früher als unfehlbar betrachteten Entscheidung irrten?

Die Frage ist verständlich: Was geschieht im Falle des Irrtums? Darauf ist zunächst zu antworten, daß alle Panik unnötig ist: Der Irrtum des kirchlichen Lehramtes in schwerwiegenden Glaubens- und Sittenentscheidungen ist jedenfalls ein Faktum – und noch leben wir! Wem «Humanae vitae» nicht klar oder schwerwiegend genug ist, der denke an die Definition des Konzils von Trient bezüglich der Übertragung einer Ursünde durch geschlechtliche Zeugung (vgl. Exkurse) oder die Definition desselben Konzils bezüglich eines (von den christlichen Ursprüngen her nicht zur rechtfertigenden) durch Ordination vermittelten unauslöschlichen Seelenmerkmals (character sacramentalis) oder an die durchaus dogmatisch verstandene feierliche Verurteilung der Religions- und Gewissensfreiheit wie auch an die seit der Galilei-Krise bis in unser Jahrhundert hinein in feierlichen Dokumenten verkündete vollständige Irrtumslosigkeit der Bibel usw. Es soll hier nicht darüber diskutiert werden, wo eine «unfehlbare» Definition vorlag und wo nicht (man erinnere sich an die «Tierneyschen Gesetze»); nach dem Vatikanum I und II müßte dann nicht nur die «Unfehlbarkeit» des «außerordentlichen», sondern auch die des auf viele Dinge sich erstreckenden «ordentlichen» Lehramtes in Betracht gezogen werden; jedenfalls hat man noch im letzten Jahrhundert manches als «de fide» ausgegeben, was man heute nicht mehr wahrhaben will (man lese nur die von manchen Theologen nach dem Vatikanum I als «unfehlbar» angesehenen Verurteilungen des «Syllabus» Pius' IX., die Thesen gegen die naturwissenschaftliche Abstammungslehre, die unter Gewis-

4 Vgl. *H. Küng*, Wozu Priester? Eine Hilfe (Zürich–Einsiedeln–Köln 1971) bes. Kap. IV, 8–10.

sensdruck und Eidzwang vom gesamten Klerus abgeforderten antimodernistischen Glaubensbekenntnisse).

Aber was immer im einzelnen als «unfehlbare» Lehre betrachtet werden mag oder mochte und was nicht, ein Konsens besteht, wie wir sahen, über das Faktum des irrenden Lehramtes auch bei den Organen «unfehlbarer» Lehrentscheidungen (Papst, Episkopat, ökumenisches Konzil). Und die genannten Irrtümer waren gewiß schwerwiegend und folgenreich genug: Bei «Humanae vitae» ist das schon jetzt für viele offenkundig. Offenkundig sind heute aber auch mehr denn je die negativen Folgen der (augustinischen) Auffassung von der Erb-Sünde, übertragen durch Zeugung, für die Verteufelung der Geschlechtslust und das Heil der ungetauften Kinder, weiter die Folgen der (ebenfalls auf Augustin zurückgehenden) Lehre vom Character sacramentalis für den dogmatisch begründeten Klerikalismus, der Lehre von der Irrtumslosigkeit der Bibel für das Verhältnis zu Naturwissenschaften und Historie, der Verurteilung von Gewissens- und Religionsfreiheit für viele verfolgte Protestanten und die Stellung der Katholiken in der modernen Gesellschaft usw. Jegliche Verharmlosung der Irrtümer des kirchlichen «Lehramtes» verbietet sich.

Und trotz allem: die Kirche lebt weiter! Wir müssen auch in der Glaubensgemeinschaft wie mit Konflikten so mit Irrtümern leben oder leben lernen. Die Kirche hat die Irrtümer – wie wir früher hörten – «überstanden» oder «übersteht» sie zum Teil in der unmittelbaren Gegenwart mit einigen Schmerzen. Aber sie lebt weiter, und die Wahrheit des Evangeliums ist trotz allen schweren Belastungen in der Kirche nach wie vor zu vernehmen. Die Kirche lebt ja schließlich nicht von ihren Irrtümern, sondern von der Wahrheit des Evangeliums, die sich auch bei zahlreichen und schwerwiegenden Irrtümern durchzusetzen vermag. Wenn man dies noch etwas genauer erklären will[5]:

1. Die Nachfolge Jesu Christi kann gegeben sein, auch wenn ein Glaubender über den einen oder anderen Lehrpunkt im Widerspruch zum Evangelium steht. Eine wahrhaft evangelische Grundhaltung kann durch einzelne Satzirrtümer noch weniger aufgehoben werden als durch einzelne Sünden. Das richtig verstandene «simul peccator et iustus» hat seine Parallele in einem richtig zu verstehenden «simul incredulus et fidelis». Jeder Glaubende hat Grund zum Bekenntnis: Herr, ich glaube, hilf meinem Unglauben!

2. Was vom Einzelnen gilt, kann analog von der kirchlichen Gemeinschaft gesagt werden: In der Kirche waren und werden immer genügend Menschen

5 Vgl. zum Folgenden ähnlich, aber mehr philosophisch orientiert *H.-E. Hengstenberg* oben S. 227–230.

so nach dem Evangelium leben, daß die Botschaft vernommen werden kann und es einen Sinn hat, vom In-der-Wahrheit-Bleiben der Kirchengemeinschaft zu reden, welches von einzelnen Satzirrtümern auch offizieller Art nicht aufgehoben werden kann. Wie das «simul peccator et iustus» so hat auch das «simul incredulus et fidelis» eine ekklesiologische Dimension. Die Kirche ist nicht eine Gemeinschaft der Vollkommenen; sie ist in statu viatoris. Wichtiger als der eine oder andere Tritt daneben, als der eine oder andere Irr- oder Umweg ist die von der Verheißung bestimmte Grundrichtung der Glaubensgemeinschaft in der Wahrheit und auf die letzte Wahrheit zu, die selber, wie betont, eine Glaubenswahrheit ist. Alle Umwege und Irrwege durch die Wüste änderten nichts daran, daß das alte Gottesvolk grundsätzlich auf dem richtigen Wege war zu dem ihm verheißenen Lande. Alle Fehltritte und Fehlschlüsse, Fehlgriffe und Fehlleistungen werden das heute durch manche Wüste wandernde Gottesvolk nicht letztlich von dem ihm bestimmten Kurs abbringen können.

Auch ein möglicherweise falsches Dogma – und wie manches Dogma ist heute vergessen oder berührt das Glaubensbewußtsein der Christen bestenfalls am Rande – kann das Sein und das Wahrsein der Kirche nicht aufheben. Die Totalität des Glaubens besteht in der Ganzheit der Hingabe, nicht in der Vollständigkeit der richtigen Sätze. Und die Hingabe kann ganz und rückhaltlos sein, auch wenn dabei etwas Falsches gesagt wird. Irrtümer des kirchlichen «Lehramtes» sind eine ernsthafte Sache, aber sie sind für die Kirche nicht existenzbedrohend. Gerade dies meint die Verheißung der Indefektibilität in der Wahrheit. Und diese Verheißung sollte eigentlich den kleingläubigen Christen jene Angst vor dem Irrtum nehmen, die oft größer scheint als die Angst vor der Sünde. Warum verhindert der Heilige Geist solche Irrtümer nicht von vornherein? So fragten manche vor und nach «Humanae vitae». Die Antwort: weil Gottes Geist die Menschlichkeit des Menschen nicht aufhebt; irren ist menschlich. Die drängendere Frage wäre vielmehr: Warum hat eigentlich gerade die Kirche, die das Umdenken und Umkehren auf ihre Fahne geschrieben hat, besonders große Schwierigkeiten, ihre Irrtümer zu korrigieren? Die Antwort: weil sie sich gerne mit Gottes Geist identifiziert und sich so die Unfehlbarkeit Gottes zuschreibt, aus der sie dann die Irreformabilität, die Unkorrigierbarkeit ihrer Entscheidungen ableitet. Sollte es indessen nicht eher umgekehrt sein: daß die Kirche unter dem Evangelium, als ecclesia semper reformanda, ihre Irrtümer leichter, rascher als andere revidiert und korrigiert und damit gerade ihre Indefektibilität in der Wahrheit glaubwürdig macht?

Wenn nun aber so konkret mit Irrtümern im kirchlichen «Lehramt» gerechnet werden soll, wie soll man dann überhaupt noch wissen, was in der Kirche Wahrheit ist und was nicht? Das Problem der *Verifikation* stellt sich hier [6]. Doch als erstes ist zu bemerken: Die neuere Unfehlbarkeitslehre steht bezüglich der Verifikation jedenfalls nicht vor geringeren Schwierigkeiten. Auch wenn ich unfehlbare Sätze annehme, so stellt sich die Frage, warum diese Sätze wahr sind. Doch gewiß nicht einfach, weil sie unfehlbar definiert sind [7]. Auch nach der üblichen Lehre sind Dogmen nicht wahr, weil sie definiert wurden, sondern sie werden definiert, weil sie wahr sind. Warum also sind sie wahr? Warum soll, um auf das vielzitierte Beispiel zurückzukommen, das Dogma von der Unbefleckten Empfängnis Mariens wahr sein und das (von einigen mindestens gewünschte) Dogma von der unbefleckten Empfängnis des heiligen Joseph nicht? Man kann noch radikaler fragen: Warum können nicht beide wahr oder beide falsch sein?

Kriterien der christlichen Wahrheit

Was also soll Kriterium sein, wenn wir mit Irrtümern im kirchlichen «Lehramt» unter Umständen auch in früher als unfehlbar betrachteten Lehrentscheidungen rechnen müssen? Kriterium kann gewiß nicht einfach die Praxis sein: sonst würde der Erfolg zum Kriterium der Wahrheit, und was hat nicht alles Erfolg in dieser Welt? [8] Gewiß auch nicht einfach die Vernunft: sonst würde die christliche Wahrheit auf allgemeine Vernunftwahrheiten reduziert und damit überflüssig. Aber auch nicht einfach der Glaube (oder Glaubenssinn) des Volkes: sonst würde nur zu oft der Aberglaube Glauben. Schließlich auch nicht die Dogmen selbst: das wäre eine petitio principii (die Dogmen sind wahr, weil sie dogmatisiert sind).

Die Methode der Verifikation muß dem zu verifizierenden Sachverhalt angemessen sein. Es gibt verschiedene Verifikationen. Kriterium für das, was in der *christlichen* Kirche wahr sein soll, kann nichts anderes sein als die *christliche Botschaft*, wie sie im Neuen Testament ursprünglich – und schriftlich, was willkürliche Veränderungen und Entwicklungen verunmöglicht – nie-

6 Zur schwierigen Problematik der theologischen Verifikation im allgemeinen – Verifizierbarkeit der Wahrheit, der christlichen Wahrheit, der Glaubenssätze – vgl. den Aufsatz von *H. Häring* in diesem Band.

7 Zur Kritik des «Infallibilitätspostulates» als offizieller «Lehrtheorie» (Lehre von der Lehre) und damit formalen (gleichsam automatisierten) Verifikationsverfahrens vgl. den Beitrag von *J. Nolte* in diesem Band.

8 Damit soll (trotz der hier nicht zu widerrufenden Bedeutung der Orthopraxie) einem Gedanken von *H.-E. Hengstenberg* (Anm. 14 in seinem Beitrag) Rechnung getragen werden.

dergelegt ist, letztlich *Jesus Christus selbst*[9]. Das Neue Testament, dies wurde bereits gesagt, darf nicht biblizistisch-fundamentalistisch als eine Summe unfehlbarer Sätze verstanden werden, sondern ist historisch-kritisch (auf der Höhe heutiger Hermeneutik) zu interpretieren und dabei zugleich nicht nur existential, sondern auch sozial in die Gegenwart hinein zu übersetzen, wobei in zweiter Linie auch der Praxis eine hermeneutische Funktion zukommt: inwiefern vermag diese Wahrheit das Leben zu bestimmen?

Da nun aber die christliche Wahrheit nicht eine ewige Idee zu sein beansprucht, sondern wesentlich geschichtliche Wahrheit ist, dürfen zwei Momente in diesem Verifikationsprozeß nicht vernachlässigt werden. Das Moment der *Gemeinschaft*: Über die Glaubensgemeinschaft ist mir diese Wahrheit zugekommen und in dieser Glaubensgemeinschaft wird sie noch heute gelebt. Ob ich will oder nicht, ich kann von diesem gesellschaftlichen Kontext nicht absehen. In der lebendigen Glaubensgemeinschaft selber stehend aber, aus der diese Glaubensdokumente hervorgegangen sind und für die sie noch immer Leben bedeuten, könnte mir ein vertieftes Verständnis gegeben werden für das, was diese Dokumente sowohl ursprünglich wie heute bedeuten. Dann das Moment der *Tradition*: Nicht von unserer Generation wurde die christliche Botschaft ausgedacht. Überliefert wurde sie durch eine Geschichte von zwanzig Jahrhunderten. Ich bin weder der Autor noch der erste Interpret der christlichen Wahrheit. Die Geschichte kann mir wie die Gemeinschaft helfen, die Grenzen meiner Subjektivität zu sprengen und die Wahrheit tiefer und umfassender zu erkennen. Die Gemeinschaft und die Tradition der Kirche haben also Wesentliches zu bedeuten für den Prozeß der christlichen Wahrheitsfindung. Das genau ist es, was wir oben mit der Katholizität der Theologie in Raum und Zeit meinten[10]. Die Zuordnung der verschiedenen «loci» in

9 Richtig sieht *W. Kasper:* «Mit seiner These geht es H. Küng also u.a. um die Ablösung eines rein formalen Autoritätsverständnisses durch Sachautorität. Daß diese Sachautorität im Bereich des Glaubens anderer Art ist als die eines Experten in naturwissenschaftlich-technischen Fragen, ist selbstverständlich auch ihm klar (vgl. U 153 f.). Es geht ihm durchaus um eine geistliche Bewahrheitung, um einen ‹Beweis des Geistes und der Kraft›. Letztlich geht es um die Selbstevidenz und die Selbstdurchsetzungskraft des Evangeliums in der Kirche» (s. o. S. 78). – Die Notwendigkeit einer Besinnung auf die «materiale Autorität» wird heute in der katholischen Theologie wieder neu gesehen: so *A. Grillmeier*, Konzil und Rezeption. Methodische Bemerkungen zu einem Thema der ökumenischen Diskussion der Gegenwart, in: Theologie und Philosophie 45 (1970) 321–352, bes. 330, und nachdrücklich *H. Bacht*, Vom Lehramt der Kirche und in der Kirche, in: Catholica 25 (1971) 144–168; bes. 163–167. *J. Noltes* «Anstöße zu einer metainfallibilistischen Kriteriologie» (in diesem Band) laufen auf eine Ablösung der formalen infallibilistischen Verifikation durch eine materiale Verifikation oder Kriteriologie des Christlichen hinaus, welche ihr entscheidendes Kriterium in der «Sache Jesu» hat. Die Implikationen einer solchen materialen Verifikation werden behandelt im Aufsatz von *H. Häring* in diesem Band.

10 Vgl. erneut die Verdeutlichungen in O. *H. Peschs* Thesen 3 und 5 sowie Aufgaben 2 und

der theologischen Methode ist eine schwierige Sache, weil man sie nicht einfach von einem Punkt her entwerfen kann[11]. Wer einfach das «aktuelle Glaubensbewußtsein der Kirche», beziehungsweise dann das kirchliche «Lehramt», als «Superkriterium» annimmt, wird so oder anders zum Apologeten des kirchlichen Systems und vernachlässigt, daß auch nach dem Vatikanum II das «Lehramt» unter dem Worte Gottes steht und deshalb vom normativen Kriterium der Schrift her kritisiert werden muß. Wer umgekehrt unter Vernachlässigung des Glaubensbewußtseins der Kirche einfach das Evangelium als letztes Kriterium ansetzt, steht in Gefahr, einem schwärmerischen Subjektivismus zu verfallen und sich selber mit Hilfe der historisch-kritischen Methode zur letzten Glaubensinstanz zu machen. Um einen «theologischen Zirkel»[12] kommen wir in der Tat nicht herum: Anders als der Religionswissenschaftler steht der Theologe im Glauben der Kirche und setzt ihn voraus; zugleich aber soll er ihn kritisch untersuchen.

Doch bedeutet dies keineswegs eine «systemimmanente Theologie» (K. Rahner). Der «systemimmanente» Theologe geht vom «aktuellen Glaubensbewußtsein der Kirche», genauer von den «unfehlbaren» kirchenamtlichen Lehrentscheidungen aus und kehrt immer wieder zu diesen Lehrentscheidungen zurück. Da diese auf keinen Fall falsch gewesen sein können und deshalb auf keinen Fall korrigiert werden dürfen, bleibt nichts anderes übrig, als sie entweder einfach zu wiederholen und dafür irgendwelche Schrift- und Traditionszitate zusammenzusuchen (positivistische Neuscholastik) oder sie für das moderne Empfinden spekulativ zu «interpretieren» und assimilierbar zu machen (spekulative Neuscholastik). Da solche «Interpretation» ohne irgendein Kriterium geschieht, sind der subjektiven Willkür in der «Interpretation», beziehungsweise «Uminterpretation» der Dogmen praktisch keine Grenzen gesetzt.

Der kritische katholische Theologe hingegen stellt durchaus konkret das Glaubensbewußtsein der Kirche in Rechnung. Allerdings nicht nur das «aktuelle», sondern auch das frühere (Katholizität in Raum und Zeit), was – wie sich in der Frage der konziliaren und päpstlichen Unfehlbarkeit zeigt – oft schon eine Kritik des aktuellen Glaubensbewußtseins einschließt. Dieses aktuelle Glaubensbewußtsein darf auf keinen Fall um den Preis der Wahr-

3. Zur positiven Bedeutung der Glaubensbekenntnisse in der Tradition der Kirche vgl. ebenfalls *J.-P. Jossua*, Signification des confessions de foi, in: Istina (1972) 48–56 und besonders die wertvollen Gedanken *G. Baums* über «Dogma as Symbolic Truth» (S. 18–26, B III) und «Self-Identity and Reinterpretation» (S. 26–30).

11 Dazu *M. Löhrer* s. o. S. 100; ebenso die Fragen von *K. Blei* (S. 44–48, B III).

12 *M. Löhrer* ebd., nach P. Tillich; vgl. auch den einleitenden Teil des Aufsatzes von *H. Häring*.

heit gerechtfertigt werden, sondern muß am ursprünglichen maßgebenden neutestamentlichen Glaubenszeugnis gemessen und unter Umständen sehr entschieden korrigiert werden. Die verschiedenen theologischen «loci» sind zu berücksichtigen, aber sie dürfen auf keinen Fall künstlich harmonisiert, nivelliert und egalisiert werden, als ob sie alle gleichen Ranges wären (vgl. U 60–62). Allen kirchlichen und auch den feierlichsten konziliaren Entscheidungen kommt nach deren Selbstverständnis immer nur eine abgeleitete, sekundäre Autorität zu gegenüber der originalen, primären Autorität des Evangeliums und des dort bezeugten Jesus Christus selbst[13]: Nur mit Bezug auf das Evangelium Jesus Christi, auf das sie sich immer beziehen wollen, können Konzilien und andere kirchliche Autoritäten eine unbedingte Zustimmung fordern; dies würde auch gelten unter der Voraussetzung, daß Konzilien nicht irren können, wird aber verschärft, wo dies zugestanden wird.

Kommt es also darauf hinaus, daß schließlich der Theologe sich selber mit Hilfe der historisch-kritischen Methode zur letzten Instanz in Glaubenssachen macht? Auf diese schwierige Frage kann hier kurz das Folgende gesagt werden:

1. Der hermeneutische Zirkel kann in der Interpretation des Neuen Testaments nicht vermieden werden: Der Theologe bringt notwendigerweise sein subjektives Vorverständnis an den Text heran. Entscheidend ist dabei, daß er nicht sein Vorverständnis zum Maß des Textes, sondern den Text zum Maß des Vorverständnisses macht.

2. Es ist darauf zu vertrauen, daß das Evangelium selber immer wieder genügend lebendige, inhaltlich bestimmte Autorität (Wahrheitsmacht) besitzt, um im Entscheidenden durch alle verschiedenen theologischen Interpretationen (deren Verschiedenheit gegenüber dem Entscheidenden nicht übertrieben werden darf) hindurch sich durchzusetzen und immer wieder neu Glauben herauszufordern und Glauben zu tragen. Extreme Positionen in der neutestamentlichen Exegese konnten sich denn auch im ständig fortschreitenden Interpretationsprozesse auf die Dauer nie halten, sondern sind vom Text selber her in der wissenschaftlichen Diskussion korrigiert worden.

3. Subjektive Willkür bei der Interpretation des Neuen Testaments läßt sich bei den Theologen ebenso wenig völlig ausschalten wie bei Papst und Bischöfen. Sie läßt sich nur auf ein Minimum reduzieren dadurch, daß der Theologe gerade in der Handhabung der historisch-kritischen Methode sich um echte Katholizität (in Raum und Zeit) bemüht und so Exegese nicht als isolierter Einzelgänger, sondern als Glied der kirchlichen Gemeinschaft vor dem Horizont der gesamten Kirche betreibt, ständig nach allen Seiten hin zu

13 Vgl. zur Präzisierung in diesem Band *H. Häring*, der gegen Biblizismus wie gegen «hermeneutische Standpunktlosigkeit» gleichzeitig Stellung nimmt.

Korrekturen bereit, wenn diese von Sachargumenten und nicht von inquisitorischen Zwangsmaßnahmen gefordert werden. Gerade so wird dafür gesorgt, daß die historische Kritik nicht zerstört, sondern das Entscheidende der Botschaft und damit des Glaubens für die Christen dieser Zeit deutlicher herausstellt.

Woran glaubt der Christ eigentlich? Jedenfalls nicht an Sätze, auch nicht eigentlich an Wahrheiten (im Plural). Glaubensbekenntnisse, die bestimmte Wahrheiten oder Ereignisse zusammenfassen, können eine Hilfe sein; aber der Christ glaubt nicht *an* Bekenntnisse. Glaubensdefinitionen, die bestimmte Punkte der christlichen Botschaft gegenüber dem Unchristlichen abgrenzen, sind in extremen Situationen vielleicht unumgänglich; aber der Christ glaubt nicht *an* Definitionen. Ja, streng genommen glaubt er auch nicht *an* die Bibel oder *an* die Kirche. Der Christ, die Kirche glaubt nach ihrem eigenen Bekenntnis an *Gott, die* Wahrheit selbst, wie er sich im Alten Testament und endgültig, so bezeugt das Neue Testament, in Jesus geoffenbart hat [14]. Wegen Gott glaube ich an den, den er «gesandt» hat. Und hier wäre nun nicht mehr formal, sondern material zu reden: nicht nur von Jesu Verkündigung, sondern auch von seinem Verhalten, nicht nur von seinem Handeln, sondern auch von seinem Leiden, nicht nur von seinem Leben, sondern auch von seinem Sterben, nicht nur von seinem Tod, sondern auch von seiner Auferstehung; wie also die Sache Jesu nichts anderes als die Sache Gottes ist, wie die Sache Gottes aber wiederum nichts anderes als die Sache des Menschen; wie dies alles eine radikale Relativierung des Gesetzes und des Kultes, die um der Menschen willen da sind, bedeutet und zu einer Liebe führt, die selbst den Feind nicht ausschließt: eine Vergebungsbereitschaft ohne Grenzen, ein Dienst ohne Rangordnung, ein Verzicht ohne Gegenleistung; und wie Jesus seine Botschaft bis zur letzten Hingabe gelebt und durch seinen Tod das Siegel auf sein Leben gesetzt hat, wieso im Kreuz alles kulminierte und das Kreuz doch nicht das Ende von allem war; und – als die ständig begleitende Frage – was dies alles für den Einzelnen und die Gesellschaft heute bedeutet ...

Alles kaum Andeutungen dessen, was hier zu sagen wäre, um deutlich zu machen, daß ich an Gott und den von ihm Gesandten glaube. Aber es ist vielleicht doch deutlich geworden, warum ich, warum die Kirche nicht eigentlich an Sätze, sondern an eine Person glaubt. Er selber ist in Person Einladung, Herausforderung, Ermunterung zum Glauben an Gott, er selber stellt den Einzelnen und die Gesellschaft in und durch seine Person in unerhört kritischer und verheißender Weise vor letzte Fragen. Deshalb meint christ-

14 Dazu *A. Jaubert* im 1. Teil ihres Beitrages in diesem Band, ebenfalls *R. Schwager* s. o. S. 180 f und O. *H. Pesch*, These 6 und Aufgabe 5.

licher Glaube, wie schon Augustinus deutlich machte, nicht einfach die Annahme verschiedener Sachverhalte, Wahrheiten, Theorien, Dogmen: daß ich das oder jenes glaube. Noch meint er nur die Annahme der Vertrauenswürdigkeit einer Person: daß ich diesem und nicht jenem glaube. Vielmehr meint er das überlegte Wagnis eines totalen Sicheinlassens auf eine Botschaft, eine Wahrheit, einen Weg, eine Hoffnung, eben letztlich eine Person: daß ich glaube *an* Jesus (credere *in*) als den für meine Beziehungen zu den Menschen und zu Gott letztlich Ausschlaggebenden und Entscheidenden. Ein solches letztes Sicheinlassen auf eine menschliche Person läßt sich nur verantworten, insofern in ihr etwas Letztverpflichtendes sichtbar wird, etwas Entscheidendes von Gott selber zum Ausdruck kommt, insofern er, wie es das Neue Testament ausdrückt, der Sohn, Messias, Christus, Logos *Gottes* und insofern *die* Wahrheit ist.

Und damit dürfte der letzte Grund aufgezeigt sein, weswegen die einzelnen Glaubenssätze wichtig, aber doch nicht letztlich entscheidend sind. Gewißheit, Zuverlässigkeit und Getrostheit schenkt in allem nicht der einzelne Glaubenssatz, sondern – durch alle Sätze hindurch – der Grund des Glaubens: der verkündigte Jesus Christus selbst, der in Sätzen und wahren Sätzen verkündet wird, der sich aber auch durch vieldeutige und unter Umständen sogar falsche Sätze hindurch Achtung zu verschaffen weiß.

Es ist mit dem Glauben wie mit der *Liebe*: Ich kann meine Mutter lieben, aber wenn ich unvermittelt erklären muß, warum ich sie liebe, stotterte ich vielleicht, verspreche mich, übertreibe das eine und untertreibe das andere, sage Schiefes oder gar Falsches, betone Unwichtiges und vergesse gar Wichtiges. Aber meiner Liebe zu meiner Mutter braucht das keinen Abbruch zu tun. Die Liebe ist auf Sätze angewiesen, wenn sie sich aussprechen soll. Aber die Liebe geht nicht in Sätzen auf. Wahre Liebe hält sich auch durch unwahre Sätze durch. So ähnlich, wenn ich sagen muß, warum ich an Gott, an Jesus *glaube*: Ich formuliere vielleicht undeutlich, ungenau, ja falsch, ich übersehe das eine und überwerte das andere, ich verfehle in meiner Aussage vielleicht gerade Zentrales und habe mich nachher zu korrigieren. Aber meinem Glauben an Gott und Jesus braucht dies keinen Abbruch zu tun. Der Glaube ist auf Sätze angewiesen, wenn er bekennen, aussagen, verkünden, lehren soll. Aber der Glaube geht nicht in Sätzen auf. Wahrer Glaube hält sich auch durch unwahre Sätze durch. Der christliche Glaube ist nicht ein geschlossenes quasi mathematisches System von Sätzen [15], wie es eine vom Rationalismus infizierte Theologie anstrebte, das nicht mehr stimmt, wenn ei-

15 Dazu *R. Schwager* s. o. S. 169 f.

ner seiner Sätze nicht mehr stimmt (daher zum Teil die Angst, daß doch ja alle Sätze stimmen). Der christliche Glaube kann wie die Liebe durchaus stimmen, auch wenn einer seiner Sätze nicht stimmt.

Ist das nicht eine tröstliche Antwort? Sehr viel tröstlicher, als wenn uns irgendwo einige garantiert unfehlbare Sätze verheißen wären, die uns doch nicht retten könnten? Wenn man nach Augustin formuliert «Liebe, und tue, was du willst», so könnte man vielleicht analog formulieren: «Glaube, und sage, was du kannst». Dieses Sätzchen ist zumindest so mißverständlich wie das erste; die Wichtigkeit guter, wahrer Glaubensformulierungen soll nicht heruntergespielt werden. Nur soll das Entscheidende deutlich gemacht werden: Denen, die Gott (und die Menschen) lieben, gereichen alle Dinge, schließlich auch noch die schiefen und falschen Glaubensformulierungen, zum besten.

Die Chancen eines fehlbaren «Lehramtes»

Aufgabe der Kirche, jedes Einzelnen und besonders die ihrer Leiter wäre es, von diesem ihrem Glauben Zeugnis und Rechenschaft abzulegen, die erfreuliche Botschaft weiterzugeben in Wort und Tat, deutlich zu machen, was Großes es ist um die Sache Jesu Christi und damit um die Sache Gottes und des Menschen, zu erklären und zu deuten, was dies alles ganz konkret für den modernen Menschen und die moderne Gesellschaft bedeutet. In diesem Sinne ist wahrhaftig nichts gegen ein (pastorales) *«Lehramt»* einzuwenden, auch wenn dieser spät eingeführte und inhaltlich ungeklärte Terminus besser vermieden wird, weil er an eine anonyme Behörde erinnert und eine unbiblische Unterscheidung zwischen lehrender und hörender Kirche impliziert (U 181 bis 183).

Besser aber wird man konkret reden von den Leitern und Vorstehern der Kirchen und Gemeinden, von den Gemeindepfarrern (im weitesten Sinn: auch Kapläne, Vikare usw.) und Bischöfen (Papst). Diese Leiter und Vorsteher der lokalen, regionalen und universalen Kirche haben eine große entscheidende Aufgabe: für die Verkündigung des Evangeliums in der Öffentlichkeit der Kirche und der Welt besorgt zu sein. Dabei ist aller Akzent auf das *alltägliche* (und allsonntägliche) Verkündigungsgeschehen zu legen, gegenüber welchem irgendwelche feierliche außerordentliche Akte (eine einzige «unfehlbare» Definition in hundert Jahren) unvergleichlich weniger bedeutungsvoll sind. Gerade durch die alltägliche, in vielen Gestalten und Formen geschehende helfende, ermutigende, mahnende und tröstende Verkündigung des Evangeliums sollen die Leiter der Kirche ihre Leitungsfunktion wahrnehmen, sollen sie ihre kleinen oder großen Gemeinden im Geiste Jesu Christi führen, sollen sie auf die einzelnen Gläubigen und Gruppen integrierend, koordinierend, stimulierend, inspirierend und schließlich auch nach innen und außen die Gemeinschaft repräsentierend wirken. In diesem Sinn wird man von einem Leitungs- und Verkündigungsdienst der Pfarrer und Bischöfe sprechen [16].

Doch hier taucht nun immer wieder die Frage auf: Wird das «Lehramt» nicht funktionsunfähig («handlungsunfähig» und «schachmatt»), wenn es keine unfehlbaren Entscheidungen fällen kann? Wie sollen der Papst, der Episkopat, das Konzil ihre Aufgabe wahrnehmen, wenn sie im Zweifelsfall nicht unfehlbar definieren können, wer recht hat? Wie also sollten sie ohne Unfehlbarkeit funktionieren können? Darauf kann natürlich zunächst geantwortet werden, daß Papst und Bischöfe ständig funktionieren, obwohl sie nur in allerseltensten Fällen – und sehr viele von ihnen überhaupt nie – «unfehlbare» Entscheidungen fällen. Von einer Paralysierung ihres «Lehramtes» kann also keine Rede sein, wenn man ihnen die Fähigkeit zu «unfehlbarer» Entscheidung abspricht. Vielmehr ist darin die Aufforderung enthalten, daß sie ihre grundlegende, normale, alltägliche Verkündigungsaufgabe noch ernster nehmen. Trotzdem sei kurz auf die Frage eingegangen, wie Papst und Episkopat (Konzil) funktionieren können, wenn sie nicht «unfehlbar» entscheiden können.

a. Merkwürdigerweise hat man heute, wie die Unfehlbarkeitsdiskussion zeigt, mit der Fehlbarkeit der *Bibel* kaum noch die Schwierigkeiten, die man mit der Fehlbarkeit des Papstes oder des Konzils hat. Die Bibel jedenfalls «funktioniert» recht gut auch ohne unfehlbare Sätze. In der katholischen Exegese hat sich die historisch-kritische Methode – trotz der Modernismusschwierigkeiten – sehr viel früher ausgewirkt als in der katholischen Dogmatik, wo jetzt im Grunde für die Dogmengeschichte nachvollzogen wird, was in der Exegese für die Bibel schon längst selbstverständlich geworden ist [17]. In der historisch-kritische Exegese hat sich gezeigt, daß die Wahrheit der Schrift nicht nur nicht zerstört wird, sondern geradezu mit neuer Deutlichkeit und Leuchtkraft hervortritt, wenn man endlich aufhört, jeden Satz der Schrift, weil «inspiriert», als unfehlbar wahr zu verteidigen. Die große Wahrheit vom guten Gott und seiner guten Welt trat im Schöpfungsbericht ganz neu ans Licht, als man es aufgab, jeden Satz in apologetischem Konkordismus als wahr im naturwissenschaftlichen Sinne aufzuzeigen. Auch ohne unfehlbare Sätze vermochte die Bibel ihre unüberholbare Autorität zu behaupten, ihren

16 Vgl. *H. Küng*, Wozu Priester? Kap. IV.
17 Vgl. dazu den am Ende von Kap. II zitierten Text von *R. E. Brown*.

unbedingten Wahrheitsanspruch geltend zu machen, Glauben und radikales Engagement herauszufordern [18].

b. Von daher ergibt sich die Frage: Sollte es nicht auch den *Konzilien* möglich sein, ohne unfehlbare Sätze zu «funktionieren», wenn schon die Bibel ohne solche Unfehlbarkeit auskommt? Wie soll überhaupt die Unfehlbarkeit der Konzilien in der Schrift begründet werden, wenn diese Schrift selber keine solche Unfehlbarkeit aufweist? Nun, will man konkret sehen, wie Konzilien ohne unfehlbare Sätze funktionieren können, dann schaut man am besten auf das uns bereits bekannte Beispiel des Konzils von Nikaia, das ohne einen solchen Anspruch auf Unfehlbarkeit auskam. Wir sahen, wie der führende Mann dieses Konzils, Athanasios, die wahre, wenn auch keineswegs unfehlbare Autorität des Konzils begründet: Das Konzil sagt die Wahrheit, nicht weil es juristisch einwandfrei einberufen wurde, nicht weil der Großteil der Bischöfe der Welt versammelt war, nicht weil es von irgendwelchen menschlichen Autoritäten bestätigt wurde, nicht weil es einen außerordentlichen Beistand des Heiligen Geistes besaß, nicht weil es sich also von vornherein nicht täuschen konnte. Sondern weil es trotz neuer Worte nichts Neues sagt, weil es in neuer Sprache die alte Tradition überliefert, weil es die ursprüngliche Botschaft bezeugt, weil es die Schrift atmet, weil es das Evangelium hinter sich hat. Warum sollte auf diese Weise nicht auch heute ein Konzil funktionieren können?

Merkwürdigerweise treffen sich ja das erste und das vorläufig letzte ökumenische Konzil der katholischen Kirche darin, daß sie beide keine von vorn-

18 Der Aufsatz von *D. Irvin* zeigt in erfreulich konkreter Form anhand unwiderleglicher Beispiele, wie sehr die Wahrheit der Bibel Wahrheit trotz aller Irrtümer ist. Ein aufschlußreiches Kapitel «Inspiration without Inerrancy» findet sich bei *J. T. Burtchaell*, Catholic Theories of Biblical Inspiration since 1810 (Cambridge 1969) 164–229. In seinem kritisch sichtenden Schlußkapitel (S. 279–305) stellt der katholische Verfasser, Chairman des Department of Theology an der Notre Dame University/Indiana, deutlich heraus, daß die biblische Inerranz ebenso wie ihr Pendant, die kirchliche Infallibilität, «eine unbewiesene Arbeitshypothese» (S. 288) ist: «Like its cousin-tenet, ecclesiastical infallibility, it has not really been probed; it has been taken for granted» (S. 286). Die Irrtümer in der Bibel werden klar zugegeben: «Accordingly as it is a faithful reproduction of past belief, the Bible will display the imperfections, confusions, shortsightedness, inconsistency, and errors that beset believers of that era, as they are always going to afflict the faith of feeble men» (S. 303). Die Lösung entspricht der in U sowohl für die Schrift wie die Kirche vorgeschlagenen: «In sum, the Church does find inerrancy in the Bible, if we can agree to take that term in its dynamic sense, and not a static one. Inerrancy must be the ability, not to avoid all mistakes, but to cope with them, remedy them, survive them, and eventually even profit from them. In a distinct selection of faith-leavings from a distinct epoch of faith-history, we have the archives of the process by which our ancestral faith began from nothing, involved itself in countless frustrating errors, but made its way, lurching and swerving, ‹reeling but erect›, somehow though never losing the way, to climax in Christ» (S. 303 f.).

herein unfehlbar wahren Definitionen machen wollten. Die von der kurialen theologischen Vorbereitungskommission des Vatikanum II zunächst vorgesehenen unfehlbaren Definitionen hätten ungefähr so viel und so wenig genützt wie der lange Katalog der verurteilten Irrtümer Pius' IX. hundert Jahre früher. Johannes XXIII. hatte nicht so sehr als Theologe, sondern als evangelisch gesinnter Seelsorger und Mann des gesunden Menschenverstandes erkannt, daß unfehlbare Definitionen dem Konzil nichts nützen würden, daß das Konzil nur dann «funktionieren» wird, wenn es in pastoraler, seelsorglicher Ausrichtung die Wahrheit des Evangeliums ohne allen Anspruch auf Unfehlbarkeit in der Sprache der Menschen von heute neu zur Geltung bringt[19]. So kann ein Konzil – allerdings nur in beschränktem Ausmaß (keine Fachtheologie!) und am besten auf bestimmte Schwerpunkte konzentriert – der christlichen Verkündigung dienen. Diese Aufgabe wird es normalerweise nur dann glaubwürdig wahrnehmen können, wenn es sich zugleich um die Erneuerung der Kirche im christlichen Geiste müht. Schon das Konzil von Nikaia – das wird oft übersehen – beschäftigte sich auch mit Fragen der Kirchendisziplin. Und auf der Linie der hochmittelalterlichen Reformkonzilien wird sowohl in Trient wie im Vatikanum I und II die «Reform» zusammen mit der «Lehre» geradezu der zweite Pol der konziliaren Bemühungen. Nicht selten wurde der Erfolg oder Mißerfolg, das «Funktionieren» oder «Nichtfunktionieren» eines Konzils mehr an seinen Reformergebnissen als an seinen Lehrergebnissen gemessen.

19 *Johannes XXIII.* in der Eröffnungsansprache zum Vatikanum II vom 11. Oktober 1962: «Der ‹springende Punkt› dieses Konzils ist nicht die Diskussion dieses oder jenes Grundartikels der Lehre der Kirche in weitschweifiger Wiederholung der Lehre der Väter sowie der alten und modernen Theologen, welche man als unserem Geist immer gegenwärtig und vertraut voraussetzen darf. Dafür braucht es kein Konzil.» Vielmehr erwartet der Papst die zeitgemäße Verkündigung: «ein Sprung voran, hin auf eine Lehrdurchdringung und eine Bildung der Gewissen, gewiß in einer vollkommeneren Entsprechung und Treue zur echten Lehre, doch auch diese studiert und dargelegt in den Formen der Forschung und literarischen Formulierung eines modernen Denkens». Denen, die in jeder Neugestaltung und Erneuerung der Lehre Modernismus fürchten, hält der Papst entgegen: «Etwas anderes ist der *Gehalt* der alten Lehre des Glaubens, und etwas anderes ist die *Formulierung* ihrer Einkleidung: und gerade diese ist es, der man heute – wenn nötig mit Geduld – stark Rechnung tragen muß, indem man alles mißt an den Formen und Proportionen eines vor allem seelsorglich gerichteten Lehramtes.» Zit. in *H. Küng*, Kirche im Konzil (Freiburg–Basel–Wien ²1962) Kap. B 2: «Der gute Start des Vatikanum II». Vom Verfasser wurde dieser Standpunkt schon lange vor der Konzilseröffnung gegen andere Tendenzen verfochten in dem in verschiedenen Sprachen erschienenen Aufsatz «Kann das Konzil auch scheitern?» (abgedruckt ebd. Kap. A 1) und dann in der Konzilszeit selber «Was ist und was ist nicht die theologische Aufgabe dieses Konzils?» (ebd. Kap. D 3) mit den Forderungen: Verkündigung des Evangeliums – Keine Verurteilungen – Keine Dogmenentwicklung – Keine Fachtheologie – Die pastorale und ökumenische Verkündigungsaufgabe des Vatikanum II.

Das alles schließt nicht aus, wie wir gesehen haben, daß ein Konzil zwar nicht in irgendwelchen theologischen Detailfragen, wohl aber dort, wo es um das entscheidend Christliche geht, in extremis eindeutige Abgrenzungen trifft. Aber auch in einem solchen Fall wird es sich – die Geschichte der «Rezeption» beweist es – nicht deshalb durchsetzen, weil es mit dem Anspruch auf Ökumenizität (Unfehlbarkeit) auftritt (das haben viele Konzilien vergebens versucht), sondern nur weil und insofern es glaubwürdig die Wahrheit des Evangeliums selber hinter sich hat. So kann dann ein Konzil zwar nur situationsbedingt und durchaus nicht unfehlbar, aber doch durchaus verbindlich, ja in entscheidenden Fragen mit letzter Verbindlichkeit sprechen. Es ist jene letzte Verbindlichkeit, die nur von der Wahrheit her kommen kann, hinter der Gott selber steht: von der christlichen Botschaft her, die in einer bestimmten Situation ein langes Diskutieren und Differenzieren nicht mehr erlaubt, sondern, wie dargelegt, ein vollgültiges und unbedingtes Ja (unter Umständen auf Leben und Tod) herausfordern kann.

Wenn ein Kind in den Fluß gefallen ist, kann man nicht mehr über Methoden der Lebensrettung debattieren. Wenn es wirklich um Sein oder Nichtsein der Kirche geht oder das Schicksal ungezählter Menschen unmittelbar auf dem Spiel steht, dann sind theologische Distinktionen fehl am Platz, dann muß ein klares Bekenntnis gewagt werden, auch wenn es gefährlich sein sollte. Damit ist freilich auch schon gesagt, daß es bei allfälligen Verurteilungen um echte Notstandsaktionen gehen muß, die die kirchlichen Repräsentanten etwas kosten, und nicht um die bequemen Interventionen kirchlicher Bürokratien in Friedenszeiten, die begründete Kritik abwürgen möchten, statt sich ihr zu stellen. Wie die Kindererziehung nicht mit Unfallverhütung erledigt ist, so die Verkündigung in der Kirche nicht mit der Verurteilung von Irrtümern. Die *Chance* eines Konzils heute – dies hat das Vatikanum II mit aller Deutlichkeit gezeigt – besteht darin, ohne allen Anspruch auf Unfehlbarkeit und im Bewußtsein der begrenzten Möglichkeiten einen konstruktiven Beitrag zur Lösung der großen Probleme der Kirche, der Christenheit, der Gesellschaft, des Menschen von heute zu leisten.

c. Wie könnte schließlich der *Papst* «funktionieren» ohne unfehlbare Lehrdefinitionen? Auch hier brauchen wir nicht in abstracto zu reden. Wir haben in unseren Tagen beide Möglichkeiten kennengelernt. Da war ein Papst, der nicht ganz ein Jahrhundert nach dem Vatikanum I meinte, endlich die dem Papst vom Konzil zugeschriebene, aber nie in Anspruch genommene Vollmacht in Anspruch nehmen zu müssen, um eine unfehlbare Lehrdefinition urbi et orbi zu verkünden. Doch keine seiner Lehräußerungen ist so umstritten in der

Christenheit und auch in der katholischen Kirche wie diese «unfehlbare» Definition! Auch die damals erhofften pastoralen Auswirkungen für die Frömmigkeit des katholischen Volkes und wenn möglich auch die Theologie werden aus dem Abstand von gut zwanzig Jahren mehr als nüchtern beurteilt. Das Vatikanum II hat sich vom extremen Marianismus distanziert und praktisch sein Ende heraufgeführt, was die Fragwürdigkeit jener Definition noch offenkundiger gemacht hat [20].

Das andere Beispiel: Der nächste Papst hatte von vornherein nie die Ambition besessen, eine unfehlbare Definition auszusprechen. Er hat im Gegenteil immer wieder in der verschiedensten Form seine eigene Menschlichkeit, Beschränktheit, ja hin und wieder auch seine Fehlbarkeit betont. Der Nimbus der Unfehlbarkeit ging ihm ab. Und doch hat keiner der Päpste dieses Jahrhunderts auf den Gang der Geschichte der katholischen Kirche, aber auch

20 *R. Laurentin*, einer der bedeutendsten katholischen Mariologen, bestätigt: «L'infaillibilité pontificale n'a été exercée que deux fois: pour la définition de deux privilèges de la Vierge Marie: l'Immaculée Conception en 1854 et l'Assomption en 1950. Ce sont là des doctrines périphériques, et ces actes, dont la littérature du temps avait considérablement majorée la portée, en laissant penser qu'ils seraient des sources vives pour une nouvelle étape de l'Eglise, apparaissent rétrospectivement comme des actes mineurs. Rien ne prouve qu'ils aient commandé un essor, même en ce qui concerne la dévotion envers Marie. Au contraire, la définition de l'Assomption fut suivie d'une sorte de désaffection à l'égard de ce dogme et de cette fête: ‹*Maintenant, cela n'intéresse plus personne*›, disait un éditeur au lendemain de la dogmatisation. Et, de fait, les publications, qui s'étaient jusque là multipliées, tarirent d'un coup sur ce sujet. L'importance des définitions pontificales infaillibles dans la vie de l'Eglise est donc très restreinte. Il serait trompeur de les majorer. Qu'elles ne soient pas l'arbre qui nous cache la forêt» (in: C). – Etwas deutlicher als es französische Höflichkeit erlaubt, sagt der amerikanische Exeget *J. L. McKenzie* über die beiden neueren Mariendogmen: «Should it be a problem for me that I believe something which I find meaningless? I do not see why; many Catholics believe what they misunderstand or do not understand. It is a defined article of faith that the bodies of the just in the resurrection will not be spheroid; I happen to know why this was declared, but I have never attempted to make this eternal verity the object of contemplation, I have never used it in preaching and I cannot say that it has enriched my Christian life. It may be an early example of magisterial overkill, which is certainly part not only of Küng's problem, but of the problem of the church. In the usual sense of the term, this dogma is meaningless.» (S. 12, B III). – Ein kompetenter Beobachter vom Weltrat der Kirchen, *L. Vischer*, stellt zur neueren Entwicklung fest: «Das Vatikanische Konzil hat nun aber in dieser Hinsicht eine wichtige Änderung mit sich gebracht ... Die Entscheidung (kein eigenes Mariendokument zu machen) hatte weiterreichendere Folgen, als die meisten in jenem Augenblick ermaßen. Es hatte sich in diesem Augenblick im Grunde gezeigt, daß der Geist des ‹marianischen Zeitalters› gebrochen sei. Pius XII. hatte einen letzten Höhepunkt dieses Geistes dargestellt. Während bisher die maximalistische Linie das Denken beherrscht hatte, sollte sich jetzt mehr die minimalistische Linie durchsetzen. Die Veränderung im römisch-katholischen Denken ist offensichtlich. Die Mariologie wird immer seltener und mit immer größerer Zurückhaltung behandelt, und wenn römisch-katholische Theologen darauf eingehen, geben sie in der Regel in erster Linie darüber Auskunft, was nicht mehr in Geltung stehe, kaum aber darüber, was Maria für die Kirche heute zu bedeuten habe.» Ökumenische Skizzen (Frankfurt/M. 1972) S. 110 f.

der Christenheit überhaupt einen solchen Einfluß ausgeübt wie dieser auf Unfehlbarkeit keinen Wert legenden Papst. Mit ihm und dem Vatikanum II ist – hier darf man das Wort gebrauchen – eine neue Epoche der Kirchengeschichte eingeleitet worden. Ohne alle unfehlbaren Sätze ist es ihm gelungen, dem Evangelium Jesu Christi in der Kirche auf vielfältige Weise wieder neu Gehör zu verschaffen [21]. Von daher besaß er Autorität in und außerhalb der katholischen Kirche, wie sie zur Zeit seines Vorgängers gar nicht denkbar gewesen wäre. Er hat jedenfalls – mehr spontan als geplant, mehr zeichenhaft als programmatisch – mit all seinen Schwächen und Fehlern in Umrissen sichtbar werden lassen, wie der Papst auch ohne allen Anspruch auf Unfehlbarkeit Papst sein könnte [22]: Nicht eifersüchtiges Pochen auf Vollmachten und Prärogativen und Ausüben einer Autorität im Sinne des Ancien Régime, sondern eine Autorität des Dienstes im Geiste des Neuen Testaments angesichts der Bedürfnisse der heutigen Zeit: brüderlich-partnerschaftliche Zusammenarbeit, Dialog, Konsultation und Kollaboration vor allem mit den Bischöfen und Theologen der Gesamtkirche, Einschaltung der Betroffenen im Entscheidungsprozeß und Aufforderung zur Mitverantwortung [23]. Auch in Fragen der Verkündigung und der Lehre soll der Papst *in* der Kirche, *mit* der Kirche, *für* die Kirche und nicht *über* oder *außerhalb* der Kirche seine Funktion wahrnehmen [24].

Dies schließt nicht aus, daß ein Papst auch einmal entschieden *gegen* etwas

21 Vgl. *H. Küng*, Kirche im Konzil, Kap. E 4: «Warum dieser Papst groß war. Zum Tod Johannes' XXIII».

22 Gerade die heftigsten Opponenten haben den Epilog «Wie der Papst sein könnte», in welchem das ganze Buch gipfelt (U 197–202), kaum zur Kenntnis genommen. Im Anschluß an Gedanken von Kardinal *L.-J. Suenens* wurde hier ein «Papstspiegel» (Portrait d'un Pape) gezeichnet, welcher deutlich machen kann, daß die Sorge unbegründet ist, mit dem «Verlust» der Unfehlbarkeit – vergleichbar dem Verlust des Kirchenstaates – könne der Papst seinen Petrusdienst nicht mehr ausüben.

23 *A. M. Greeley* hat als Soziologe in diesem Band aufgezeigt, wie der Papst auch ohne allen Anspruch auf Unfehlbarkeit für den in der Kirche notwendigen Konsens wirken kann. Aus dem Beitrag des Soziologen ergibt sich, daß die einheitsstiftende Funktion des römischen Bischofs, die immer für die Unfehlbarkeit angeführt wird, nicht an die Unfehlbarkeit gebunden ist, was der Historiker aus seiner Sicht zweifellos bestätigen kann.

24 Daß bei aller Ablehnung der vatikanischen Definitionen ein Petrusdienst in der Kirche einen Sinn haben kann, insofern der Bischof von Rom als der erste im Bischofskollegium eine gesamtkirchliche Funktion einnehmen könnte, wird deutlich aus den Beiträgen des Griechisch-Orthodoxen *St. Harkianakis*, des Russisch-Orthodoxen *P. Evdokimov*, des Anglikaners *A. Allchin* und des Reformierten *H. Ott*, die im selben Heft von Concilium 7 (1971) 284–295 auf dieselbe Frage «Kann ein Petrusdienst in den Kirchen einen Sinn haben?» eine differenziert bejahende Antwort gebe. Zu diesen Antworten nimmt von katholischer Seite in selbstkritisch-konstruktiver Weise Stellung *H. Häring* ebd. 295–298. Vgl. in derselben Nummer *A. Ganoczy*, Wie kann die Kollegialität dem päpstlichen Primat gegenüber aufgewertet werden? 267–273.

Stellung nehmen kann und unter Umständen auch Stellung nehmen müßte. Es hätte gar keine unfehlbare Definition gebraucht, ein klares, verständliches, auf der Höhe der christlichen Botschaft gesprochenes Wort hätte angesichts des Massenmordes an den Juden durchaus genügt. Merkwürdigerweise wurde ja in neuerer Zeit gerade dann nicht «unfehlbar» gesprochen, wenn es ungezählte Menschen erwartet hätten. Umgekehrt kann der Papst trotz aller Fehlbarkeit (zusammen mit den übrigen Bischöfen) der kirchlichen Gemeinschaft und ihrer Einheit dienen, die missionarische Arbeit der Kirche in der Welt beleben und seine Bemühungen für Frieden und Gerechtigkeit, die Abrüstung, die soziale Besserstellung der Völker und der Rassen wirksam fortsetzen. Ohne allen Anspruch auf Unfehlbarkeit kann er in der christlichen Ökumene und weit darüber hinaus in seinem Leben und Wirken immer wieder die Stimme des Guten Hirten laut werden lassen. Er wäre dann Inspirator im Geist des Evangeliums Jesu Christi und ein Leader in der christlichen Erneuerung, und Rom würde zu einem Ort der Begegnung, des Gesprächs und der ehrlichen und freundschaftlichen Zusammenarbeit.

Aus all dem folgt: Der Papst kann auch ohne unfehlbare Lehrdefinitionen «funktionieren», ja, er kann unter den heutigen Bedingungen von Kirche und Gesellschaft ohne unfehlbare Lehrdefinitionen *besser* funktionieren. Wer also die päpstliche Satzunfehlbarkeit in Frage stellt, stellt nicht das Papsttum an sich in Frage, dies muß gegen ständige Verwechslungen, Verdrehungen und Verdächtigungen mit allem Nachdruck gesagt werden. Vieles am Petrusdienst ist fraglich geworden, vor allem die mittelalterlichen Formen, die sich bis in unsere Tage hinein gehalten haben. Ein Petrusdienst hat nur dann Zukunft, wenn er vom Petrussymbol des Neuen Testaments her verstanden wird. Die exegetische und historische Begründung einer *historischen* Sukzession des römischen Bischofs ist fraglich geworden. Aber ein Petrusdienst hat sachlich seinen Sinn behalten, wenn er in funktional-praktischer Sukzession ein Dienst an der Gesamtkirche, ein *Dienstprimat* im vollen biblischen Sinne ist.

Ein solcher Dienstprimat, wie er in der Gestalt Johannes' XXIII. mindestens umrißhaft sichtbar wurde, bedeutet für die katholische Kirche und die gesamte Christenheit eine wahre *Chance*. Ein Dienstprimat wäre mehr als ein «Ehrenprimat»: ein solcher ist in der Kirche des Dienstes nicht zu vergeben und kann in seiner Passivität auch niemanden helfen. Ein Dienstprimat wäre auch mehr als ein «Jurisdiktionsprimat»: als reine Gewalt und Macht verstanden wäre ein solcher ein gründliches Mißverständnis, nach seinem Wortlaut verstanden verschweigt er gerade das Entscheidende, nämlich den Dienst. Petrusdienst biblisch verstanden kann nur ein «Pastoralprimat» sein: ein seelsorglicher Dienst an der gesamten Kirche. Als solcher ist er vom

Neuen Testament *sachlich* gedeckt – ungeachtet aller ungeklärter und wohl auch unklärbarer historischen Sukzessionsfragen. Als solcher könnte er für die gesamte Christenheit heute von großem Nutzen sein.

Im Konfliktsfall

Damit dürfte die Möglichkeit des Funktionierens der Leitungsämter in ihrem pastoralen Verkündigungsdienst ohne Unfehlbarkeit genügend herausgestrichen worden sein. Man nimmt von diesen Aussagen nichts zurück, man schwächt nicht die Autorität, sondern stärkt sie vielmehr, wenn man – übrigens auf der Linie des Vatikanum II – betont, daß die Leitungsämter ständig in Kollegialität, Solidarität und Gemeinschaft mit allen *anderen Diensten* in der Kirche zu handeln haben. Niemand hat in der Kirche ein Monopol auf Wahrheit, niemand darf die verschiedenen Charismen limitieren, kanalisieren und reglementieren.

Unter diesen Diensten kommt seit den Ursprüngen den «Propheten» und «Lehrern» in der Kirche eine besondere Bedeutung zu, die nicht durch die Leitungsämter ersetzt werden kann. Propheten und Theologen stehen in einem besonderen Dienst an der Wahrheit in der Kirche: Die *Propheten,* kleine und große, Männer und Frauen, indem sie den Geist unmittelbar zu Worte kommen lassen und aus dem Bewußtsein der Berufung und Verantwortung heraus in einer bestimmten Situation der Kirche den Weg in Gegenwart und Zukunft weisen; indem sie mit ihren «einseitigen» Mahnungen und «harten» Forderungen der Kirche und ihren Leitern wie schon die alttestamentlichen Propheten den Hierarchen und dem Volk von Jerusalem zeitweilig unbequem sind und doch für die Erneuerung der Wahrheit aus der Kraft des Geistes Mut, Klarheit und Freude vermitteln. In anderer Weise die *Theologen,* die sich immer wieder neu mit verschiedensten Methoden um die echte Überlieferung und die richtige Interpretation der ursprünglichen Botschaft mühen, um diese vom Damals neu in die Gegenwart von Kirche und Gesellschaft hinein zu übersetzen und so durch kritische Überprüfung der gängigen Lehre und Besinnung auf das Evangelium selbst zum besseren Verkündigen und Handeln anzuregen und anzuleiten (vgl. K Kap. E II, 2).

Und wenn es über die Frage der Wahrheit in der Kirche zu *Konflikten* kommt? Zu Konflikten insbesondere zwischen Leitern und Lehrern in der Kirche, zwischen Bischöfen (Papst) und Theologen? Dazu nur einige knappe Anmerkungen (in Ergänzung von U 194–196):

1. Bei der Bestimmung der Vollmacht von Kirchenleitern und Theologen

und ihres Verhältnisses untereinander darf man nicht einfach vom Konfliktsfall her denken, um von dort her die grundsätzliche Herrschaft der einen Gruppe über die andere zu konstruieren. Der Konfliktsfall muß *Grenzfall* bleiben, er darf nicht Grundmodell werden. Auch hier ist die Angst ein schlechter Ratgeber.

2. Konflikte sind auch in der Kirche *unvermeidlich*: Sie zeugen von Leben und sind jedenfalls der Friedhofsruhe totalitärer Systeme vorzuziehen. Konflikte müssen durchgestanden, müssen fruchtbar ausgetragen werden. Keine Gruppe darf dabei die andere einfach überspielen. Dem Wohl des Ganzen und der Freiheit des Einzelnen hilft nicht das Sich-Durchsetzen der einen Gruppe auf Kosten der anderen, sondern das spannungsreich-spannende Miteinander im Dienst an der gemeinsamen Sache.

3. Für immer mögliche Konfliktsfälle muß eine grundsätzliche Lösung aufbauen auf der möglichst klaren *Unterscheidung der Kompetenzen:* Selbstverständlich kann auch auf diese Weise nicht eine reine Idylle konfliktloser Kirchenzukunft heraufgeführt werden. Aber durch klare Kompetenzabgrenzungen und Selbstbescheidung jeder Gruppe könnten doch zahlreiche Konflikte von vornherein vermieden werden. Vorsteher und Theologen haben ihr eigenes Charisma, ihre je eigene Berufung, ihre je eigene Funktion. Theologen sollen nicht Bischöfe, und Bischöfe nicht Theologen sein wollen. Weder eine Professorenkirche noch eine Hierarchenkirche entspricht dem Neuen Testament. Sowohl der Leitungsdienst der Bischöfe und Pfarrer (Leadership) wie der Lehrdienst der Theologen (Scholarship) haben ihre besondere Bedeutung und auch ihre besonderen Voraussetzungen. Sie sind von vornherein auf Zusammenarbeit verwiesen, da sie beide im selben Evangelium Jesu Christi ihren Ursprung haben und beide für die gleichen Menschen da sind. Beide haben der Verkündigung des Evangeliums auf je spezifische Weise zu dienen: sei es durch Leitung (wozu vorzüglich die Predigt im Gemeindegottesdienst gehört), sei es durch Forschung und Lehre.

4. Wie Kirchen geleitet und Theologie im Normalfall betrieben werden soll, ist hier nicht darzulegen. Das *Entscheidende* für Kirchenleitung und Theologie ist im *Evangelium* grundgelegt. Mehr, als man gemeinhin annimmt, ist menschlicher Regelung überlassen. Wie etwa Konzilien im Normalfall einberufen werden sollen, regelt für die katholische Kirche das katholische Kirchenrecht, welches seit dem Mittelalter die Einberufung dem Papst zuschreibt. Doch geht es hier um Fragen des menschlichen Rechtes [25]. Die Einberufung

25 Vgl. *H. Küng*, Strukturen der Kirche (Freiburg–Basel–Wien 1962) Kap. VII, 6. Die dort vertretenen Auffassungen finden eine sehr eindrückliche Bestätigung vom Historischen her durch *R. Bäumer*, Nachwirkungen des konziliaren Gedankens in der Theologie und Ka-

eines wahrhaft universalen Konzils aller christlichen Kirchen dürfte nicht an Rechts- und Protokollfragen scheitern [26].

5. Bei aller klaren Kompetenzabgrenzung zwischen den Funktionen der Kirchenleiter und der Theologen müssen in einer Notlage unter Umständen doch die einen *subsidiär* die Funktionen der anderen wahrnehmen: Beim Versagen der Kirchenleiter müssen die Theologen, beim Versagen der Theologen die Kirchenleiter reden und handeln. Hier hat jeder – selbstverständlich auch der Laie in der Kirche – seine eigene Verantwortung, die er niemandem abtreten kann. Wo immer es durch das Versagen der einen oder anderen Gruppe um Sein oder Nichtsein der Kirche des Evangeliums geht, da ist der Status confessionis gegeben, da kann man sich nicht mit Zusehen begnügen. Dann werden die einen den anderen zu Hilfe kommen müssen, um das ihnen Mögliche im Dienst an der Glaubensgemeinschaft entschlossen zu tun.

6. Echte Notlagen und Notstände haben es in sich, daß sie in ihrer Konkretheit nicht vorausgesehen und *nicht vorausgeregelt* werden können. Wer das Feuer löschen soll, kann nur bedingt vorausgeplant werden: Bei Feuersbrünsten wird zu löschen beginnen, wer gerade zu löschen vermag, auch wenn er nicht zur Feuerwehr gehört. Das ist kein Plädoyer für die Abschaffung oder Vernachlässigung der Feuerwehr. Unbekümmert um Fragen der juristischen Zuständigkeit muß ein jeder im Notfall das Notwendige tun. Beispiele subsidiären Handelns der einen Gruppe für die andere gibt es in der Kirchengeschichte genügend: Bischöfe haben bei einem heillosen und kirchengefährdenden Wirrwarr der Theologie in Glaubensfragen Stellung genommen (die ökumenischen Konzilien des 1. Jahrtausends). Bischöfe und Theologen haben gehandelt, als die Päpste versagten (Abendländisches Schisma und Reformkonzilien). Pfarrer und Laien haben sich um einen Theologen zur Bekennenden Kirche gesammelt, als die Kirchenleitungen versagten (gegenüber dem Nationalsozialismus in Deutschland).

7. Bei aller grundsätzlichen Unterscheidbarkeit sind die *Grenzen* zwischen den verschiedenen Kompetenzen im Einzelfall *fließend* und können nicht immer eindeutig bestimmt werden. Insbesondere ist im Einzelfall nicht leicht auszumachen, ob es hier schon um Sein oder Nichtsein der Kirche geht, ob die-

nonistik des frühen 16. Jahrhunderts (Münster/W 1971): Vom Hochmittelalter bis in die reformatorische Zeit hinein «zeigen sich konziliare Auffassungen in (ihren) Ausführungen u. a. über den Begriff des Konzils, die Konzilsberufung ohne Papst, die Möglichkeit von Papstabsetzungen, die Erlaubtheit von Appellationen vom Papst an das Konzil, die Verbindlichkeit der Konstanzer Dekrete und das Verhältnis von Papst und Konzil. Ausdrücklich muß hier auf die entscheidende Bedeutung des ‹Decretum Gratiani› und der Glossatoren für dieses Nachwirken konziliarer Gedanken hingewiesen werden» (S. 262).

26 Vgl. den Vorschlag von *L. Vischer* vor dem Zentralausschuß des Ökumenischen Rates der Kirchen im August 1969 in Canterbury, a. a. O. S. 234–244.

se oder jene Frage nur eine Frage der Theologie oder wirklich des Glaubens ist. Theologen werden sich von vornherein vor subjektivistischem Schwärmertum und Kirchenleiter vor doktrinärem Autoritarismus und beide vor Eigensinn hüten müssen. Eine Notlage ist noch nicht gegeben, wenn in einer Gemeinde ein Kaplan nicht so orthodox über Auferstehung oder Gottheit Jesu predigt, wie ein Theologe oder Bischof oder bischöflicher Theologe das von ihm aufgrund seiner Dogmatik erwartet. Eine Notlage ist gegeben, wenn in einer Kirche *dauernd und eindeutig gegen das Evangelium gepredigt und gehandelt wird.* Nicht irgendwelche kirchenpolitischen Gesichtspunkte, sondern das Evangelium selber muß also die entscheidende Norm zur Beurteilung der Lage sein. Das subsidiäre Einschreiten der einen Gruppe für die andere darf nur als ultima ratio in Frage kommen. Eine Notlage darf weder von der Kirchenleitung noch von der Theologie für ein Einschreiten einfach präsumiert werden. Zuerst müssen alle anderen möglichen Mittel und Wege – in kritischer Selbstbesinnung! – genützt werden[27].

Im Hinblick auf alle die nicht voraussehbaren, vorausberechenbaren, vorausregulierbaren Konflikte in der Kirche ist gerade aus dem Glauben an die Indefektibilität der Kirche das Vertrauen wichtig – und die Phantasie, die zu entwickeln und in Krisenzeiten einzusetzen eine wahre christliche Tugend ist, damit jede Not auch ihre Hilfe finde. Schöpferische Phantasie vermag Modelle, Methoden und Lösungen zu erwägen, vermag sichtbar zu machen, wie es in schwierigen Situationen auch anders – auch ohne alle unfehlbaren Sätze und Instanzen – gehen kann. Ob man nicht so für die Zukunft der Kirche weniger Angst zu haben braucht?

Zum Schluß

Die Bilanz ist länger geworden als erwartet. Das liegt nicht nur an der Zahl der in der Diskussion aufgeworfenen Fragen. Die Thematik der Unfehlbarkeit ist so weit wie die Thematik der Wahrheit, und die ist ohne Grenzen. Einer Bilanz aber sind Grenzen gesetzt, auch wenn noch vieles zu beantworten, zu verdeutlichen, zu konkretisieren, zu korrigieren wäre.

Doch die Hauptergebnisse der Debatte dürften ausreichend klar geworden

27 Für den Normalfall aber gilt, was *E. Quinn* nicht zuletzt aus dem Gesichtspunkt der Praxis so ausdrückt: «The gospel can be preached by the whole Church, led by Pope and bishops, assisted by theologians, in terms of the experience of ordinary men, without the constant checks and surveillance of officials, with complete assurance, in the midst of muddle and downright error, that the truth will prevail not only in the end but constantly throughout her pilgrimage on earth» (S. 322, B III).

sein. Sofern sie mehr negativ die Unhaltbarkeit der neueren römischen Unfehlbarkeitslehre betreffen, wurden sie schon zu Ende des vorausgegangenen Artikels zusammengefaßt: Die «Anfrage» erwies sich als voll berechtigt und katholisch. Niemand vermochte in der Debatte einen Beweis für garantiert unfehlbare Sätze zu leisten, vielmehr sind die Aporien, in die unfehlbare Sätze hineinführen, mehr denn je zutage getreten. Während die Indefektibilität der Kirche vom Neuen Testament her begründet erscheint, erscheint eine Satzinfalliblität insbesondere der Amtsträger vom Neuen Testament und der großen katholischen Tradition her unbegründet. Neueste Ergebnisse der katholischen Exegese und Theologiegeschichte bestätigen in überraschender Weise die Position des Verfassers.

Es dürfte nützlich sein, auch die mehr positiven Ergebnisse kurz zusammenzufassen. Wie bereits in einem früheren Kapitel dargelegt, zeigt sich schon in der bisherigen Debatte auch mit den schärfsten Opponenten eine grundlegende Übereinstimmung: Allgemein anerkennt man das Faktum des irrenden Lehramtes (Episkopat, Konzil, Papst), teilt man die Skepsis gegenüber Begriff und Praxis der Unfehlbarkeit, bejaht man ein Erhaltenbleiben (Indefektibilität) der Kirche in der Wahrheit trotz aller Irrtümer.

Doch erscheint ein weiterer Konsens nach dem bisherigen Gang der Diskussion durchaus möglich: Im letzten Kapitel dieser Bilanz hat der Verfasser versucht, in positiver Weise noch intensiver zu umschreiben, wie die Kirche auch ohne unfehlbare Glaubenssätze in der Wahrheit gehalten sein kann.

Diese Indefektibilität der Kirche Jesu Christi als der ganzen Gemeinschaft der Glaubenden ist selber eine Glaubenswahrheit, begründet im christlichen Ursprung: nicht nur auf wenigen klassischen Texten, sondern auf der christlichen Botschaft als ganzer, die als Gottes letztentscheidender Anruf immer wieder Glauben finden und eine Gemeinschaft von Glaubenden stiften wird. Die Kirche wird ganz konkret in der Wahrheit gehalten, wo immer Jesus selber für den Einzelnen oder eine Gemeinschaft die Wahrheit bleibt, wo immer sich Menschen in der Nachfolge auf seinen Weg einlassen. Folglich ist dieses Bleiben in der Wahrheit mehr eine Sache der Orthopraxie als der Orthodoxie, mehr eine Sache des einzelnen und einzelner Gemeinschaften als der Institutionen. Denn Wahrheit ist Leben aus der Fülle der in Jesus Christus zugesagten guten Botschaft. Dieses Bleiben in der Wahrheit manifestiert sich beim immer möglichen Versagen von Hierarchie und Theologie noch immer im gelebten Glauben und Lieben der «kleinen Leute», und zwar nicht nur in den orthodoxen Großkirchen, sondern unter Umständen auch außerhalb. Daß die kirchlichen Ämter nicht die Wahrheit in der Kirche konstituieren, sondern ihr und den Menschen zu dienen haben, wird hier besonders deutlich.

So ergibt sich, daß auch im Falle eines schwerwiegenden Irrtums in Glaubens- und Sittendingen die Kirche doch weiterlebt, ja daß die Kirche immer wieder neu lernen muß, mit Irrtümern zu leben. Irrtümer des kirchlichen «Lehramtes» sind eine ernsthafte Sache, aber sie sind für die Kirche nicht existenzbedrohend. Allerdings braucht die Kirche ein Kriterium für das, was in der christlichen Kirche wahr sein soll: die christliche Botschaft, wie sie im Neuen Testament ursprünglich niedergelegt ist, letztlich Jesus Christus selbst. Diese christliche Botschaft ist kritisch im Horizont der kirchlichen Gemeinschaft und Tradition zu lesen, wobei ein hermeneutischer Zirkel nicht vermieden werden kann. Gerade so wird deutlich, daß der Christ letztlich nicht an Sätze oder Wahrheiten, auch nicht an die Bibel oder an die Kirche glaubt, sondern an Gott selbst und den, in dem er sich geoffenbart hat. Ein solcher Glaube ist zwar auf Sätze angewiesen, wenn er ausgesagt werden soll, aber er kann durch falsche Sätze nicht aufgehoben werden.

So kann sich denn die alltägliche wie die außerordentliche Verkündigung durch einzelne Irrtümer durchhalten. Insbesondere läßt sich deutlich machen, daß Episkopat, Konzil und Papst «funktionieren» und ihre Aufgabe wahrnemen können, auch wenn sie im Zweifelsfall nicht unfehlbar definieren können, wer recht hat. Immer mögliche Konfliktsfälle der Kirche können auf diese Weise sogar besser durchgestanden werden.

Ein fehlbares «Lehramt» müßte von daher als Chance verstanden werden: Könnte auf diese Weise die Kirche der Zukunft nicht leichter mit ihren Irrtümern fertig werden? Wäre damit nicht die alte Freiheit zurückgewonnen, um der Wahrheit des Evangeliums durch alle Irrtümer hindurch immer wieder neu Gehör zu verschaffen? Könnte so – nachdem die Sünde zur «felix culpa» werden kann – nicht auch der (in sich doch sehr viel weniger gravierende) Irrtum zum «felix error» werden, weil durch die Irrtümer der Kirche hindurch die Wahrheit des Evangeliums umso kräftiger zum Leuchten kommt? Ließe sich auf diese Weise nicht die Kirchengeschichte realistisch betrachten und doch zugleich sehr viel überzeugender an das Bleiben der Kirche in der Wahrheit glauben?

Ein Konsens in der skizzierten Richtung zeichnet sich in verschiedenen Veröffentlichungen ab und scheint möglich: Es wäre ein ökumenischer Konsens, denn so könnten auch andere Christen an die Indefektibilität der Kirche Jesu Christi glauben. Das schwerwiegendste Hindernis zwischen den christlichen Kirchen wäre damit aus dem Weg geräumt. Wichtiger aber wäre: Die christliche Botschaft, dieser Jesus selbst und der Gott, für den er steht, wäre für die Menschen der heutigen Zeit wieder glaubwürdiger geworden. Und nur dafür lohnt es sich überhaupt, in der Mühsal dieser Zeit Theologie zu treiben.

EXKURSE
ZU HISTORISCHEN UND SYSTEMATISCHEN EINWÄNDEN

Einige Kollegen haben sich angestrengt, aus dem festgefügten Mosaik des Buches ein paar Steinchen herauszubrechen, wohl in der Hoffnung, das sie aufregende Bild unkenntlich zu machen. Zum Teil groß aufgezogene, aber ein wenig kleinkariert geratene Ablenkungsmanöver, um der unbequemen «Anfrage» durch Flucht ins historische und systematische Detail auszuweichen. Viel ist in diesem Dickicht, wie wir sehen werden, nicht herausgekommen. Nach dem guten römischen Grundsatz «De minimis non curat praetor» könnte man zur Tagesordnung übergehen. Aber leider imponieren oft die schwächsten Argumente den Nichtinformierten am meisten. Die schwer überprüfbaren Urteile über historische Unrichtigkeiten werden gerade von Nichthistorikern (vgl. z. B. D. Fernández S. 846 f., B III), aber auch von unfairen Rezensenten[1] gerne weiterkolportiert. Andererseits haben sich selbst so kritische Geister wie H. Halbfas, J. J. Hughes und M. Löhrer davon beeindrucken lassen. So sehe ich mich gezwungen, dem geneigten Leser – ad libitum! – einigen Kleinkram zuzumuten. Es geschieht in Exkursen, um im Hauptteil die Stringenz des Gedankenganges nicht zu stören und das Niveau der eigentlichen Diskussion – «Wer verfolgt, folgt» (F. Nietzsche) – nicht zu gefährden.

Die Abwehr von zahllosen Einzelstichen ist ein mühseliges, langweiliges und undankbares Geschäft. Man möchte ja nun auch nicht seinerseits in den Ruf eines Streithahns geraten. Aber was soll man tun? Nachdem die Opponenten unter Rahners Führung gegen den Einzelkämpfer geradezu in der Stärke eines Fußballclubs (mit Ersatzmännern) anrückten, und nachdem sie abgedeckt waren durch Erklärungen von Bischofskonferenzen und das wissende Wohlwollen der deutschen Glaubenskommission, deren Mitglieder (von den drei Ausländern abgesehen) rund die Hälfte des Bandes bestreiten, und nachdem schließlich der Kapitän eine auch nur kurze Verteidigung des einen Angegriffenen an Ort und Stelle strikte ablehnte (das hätte den «Charakter des Bandes verändert» – dies freilich!), blieb dem einen einzigen gar nichts anderes übrig, als sich zur Wehr zu setzen und zu zeigen, daß er in der Hoffnung auf Verstärkung, die unterdessen erfreulicherweise nicht ausblieb, einige Bälle auch allein zu halten vermag. Allerdings bleibt es ihm dabei nicht erspart, die ärgsten Stürmer – kein einziger war von ihm vorher angegriffen worden – einzeln abzuwehren. Man wird es deshalb dem Verfasser verzeihen, wenn er bei dem notwendig gedrängten Raum nicht mit jedermann jederzeit so einfühlend und zart umgehen kann, wie er dies bei der Auseinandersetzung mit dem Kapitän eingeübt hatte. Er möchte bei dieser notwendigen Konzentration auf Rahners Sammelband niemanden aus der Equipe persönlich treffen, muß aber um der Sache willen, die nicht verspielt werden darf, manchmal doch recht deutlich kontern.

1 Vgl. z. B. die «Rezension» meiner Schrift «Wozu Priester? Eine Hilfe», die der frühere Trierer Subregens *Th. Kopp* verfertigte und in der Trierer Theologischen Zeitschrift (1972) Nr. 2 veröffentlichen konnte. Dazu ein zu Recht ironischer Kommentar in Imprimatur 5 (1972) Nr. 2 unter dem Titel «Koppstände».

Ist dieses aufgezwungene Werk getan, läßt sich in Zukunft auch wieder friedlicher miteinander reden.

1. Historica

a. An erster Stelle muß hier leider mein früherer Tübinger Kollege *Joseph Ratzinger* genannt werden, der mir immerhin «Jahre ungetrübter Zusammenarbeit in der Tübinger Fakultät» bescheinigt (A 97) und es mir doch nicht erspart, mit ihm auch noch auf einer solchen Ebene zu diskutieren. In der Tübinger Seminar-Diskussion ging es denn auch um die gewichtigeren Fragen der zweiten Hälfte von Ratzingers Artikel (vgl. oben Kap. II). Aber nachdem mir Ratzinger im Druck nach beredter Klage über meine angeblich klassenkämpferische Sprache zumindest sieben «historische Ungenauigkeiten» beinahe wie Todsünden vorrechnet, indem er jeden Satz mit einem scharfen «ungenau ist» oder «unrichtig ist» einleitet (A 99–102), muß ich wohl oder übel dazu Stellung nehmen. Bei hellem Tag besehen freilich, erscheinen einige dieser Vergehen als bestenfalls läßliche Sünden.

Entschuldigt werde ich vom Ankläger selber, daß ich Leo I. statt nur nach H. Marot den Titel «summus pontifex» den heidnischen Titel «pontifex maximus» zugeschrieben habe. Ich könne mich für diese Auffassung immerhin auf die bedeutenden Rechtshistoriker Feine und Gaudemet sowie auf K. Aland (in RGG V, 461) und M. Bierbaum (in LThK VIII, 613) stützen. Sei dem wie immer: Gerade an diesem unbedeutenden Detail wird das ganze Verfahren Ratzingers und einiger anderer – ich kann es nicht ein historisches, sondern nur ein apologetisches nennen – deutlich: Man sucht bei anderen irgendwelche historische Splitter, wo man sich besser mit dem Balken in der eigenen Problematik abmühte. Ginge es Ratzinger um die hier zur Debatte stehende Sache, so hätte er herausgestellt, daß – ob «pontifex maximus» oder «summus pontifex» – das von mir angesprochene Problem bleibt (vgl. U 91): daß Leo I. in einer Zeit, da die bedeutendsten Bischöfe und Theologen sogar der Westkirche aus dem Petruswort Mt 16, 18 kein Vorrecht für den römischen Bischof als Nachfolger Petri erschlossen, mit Berufung auf dieses Petruswort Gehorsam und selbst eine Unterordnung des ökumenischen Konzils forderte; daß Leo aber gerade vom (sonst auch von Ratzinger hochgeschätzten) Konzil von Chalkedon gründlich desavouiert wurde, insofern dieses Konzil Roms großem Gegenspieler in Konstantinopel die gleiche Suprematiestellung als Patriarchen der Ostkirche zubilligte; weiter daß im Titel «summus pontifex», welcher nach dem Hebräerbrief allein Jesus Christus zukommen kann, der Titel «pontifex maximus» für römische Ohren nachklingt und dieser heidnische Titel denn auch zumindest seit der Renaissance von den römischen Bischöfen bis auf den heutigen Tag gebraucht wird. Mit all dem hätte sich Ratzinger auseinandersetzen müssen, wenn es ihm um die *Sache* ginge.

Doch das Übel an solchen angeblich historischen, in Wirklichkeit aber apologetischen Einwänden ist: sie lassen sich in einem Satz behaupten, aber meist nur in längeren Ausführungen richtigstellen. Wenn wir unser Hauptthema nicht aus den Augen verlieren wollen, müssen wir uns äußerster Kürze befleißigen:

1. Bezüglich der Stellung der Ostkirchen zu den Konzilien habe ich selber als fraglich herausgestellt, «ob es eine einheitliche *orthodoxe* Lehre von der kirchlichen Unfehlbarkeit gibt, die von allen christlichen Kirchen des Ostens geteilt würde» (U 164). Johannes Karmiris habe ich wiederum selber (mit einem Verweis auf K. Dyovouniotis) ausführlich zu Worte kommen lassen. Die «Theorie der Slawophilen» hat heute auch in Griechenland Einfluß und die zitierten orthodoxen Theologen dürften für den Großteil der orthodoxen Kirchen repräsentativ sein. «Ist es nicht erstaunlich zu sehen, wie viele Theologen die Unfehlbarkeit der Konzilien in Frage stellen?» ruft der konservative katholische Theologe M.-J. Le Gouillou der orthodoxen Theologie und vielleicht auch Ratzinger zu (zit. U 169). Wäre es diesem um die *Sache* gegangen, hätte er sich mit dem Einspruch der doch wohl repräsentativen orthodoxen Patrarchen von 1848 gegen das vatikanische Dogma von der Unbefleckten Empfängnis auseinandergesetzt, der auch für die weiteren vatikanischen Dogmen Gültigkeit hat: «Weder ein Patriarch noch ein Konzil könnten unter uns eine neue Lehre einführen; denn Hüterin der Religion ist das Corpus der Kirche selbst, das heißt das Volk» (zit. U 164). Die Abneigung gegen marianische Definitionen dürfte jedenfalls in der griechisch-orthodoxen Kirche nicht weniger verbreitet sein als in der russisch-orthodoxen.

2. Der Text Augustins von der Fehlbarkeit der Plenarkonzilien, so unbequem er für manche heutigen katholischen Dogmatiker ist, steht nun einmal da: «daß selbst frühere Plenarkonzilien oft (saepe) von späteren verbessert werden (emendari), wenn durch irgendeine sachliche Erfahrung (cum aliquo experimento rerum) eröffnet wird, was verschlossen war, und erkannt wird, was verborgen war» (zit. U 168 f.). Die Gründe F. Hofmanns gegen H. Reuter, der genau nach dem Wortlaut die grundsätzliche Fehlbarkeit und Korrigierbarkeit von Plenarsynoden verteidigt (vgl. A. 102), überzeugen mich nicht. Doch haben wir Augustins Konzilsidee bereits in einem weiteren Kontext kennengelernt. Auch er behauptet an keiner einzigen Stelle eine Unfehlbarkeit des ökumenischen Konzils.

3. Warum H. Sasses Arbeit über die Inspirationslehre «einseitig» und meine diesbezüglichen Ausführungen «ungenau» sein sollen (A 101 f.), wird von Ratzinger gratis affirmiert; schulmeisterlich verweist er statt dessen auf Augustinus-Bibliographien.

4. Nach Ratzinger verläuft die «Entwicklungslinie» der Konziliengeschichte «genau umgekehrt», als der Verfasser meint: «Langsam wurde die anfangs bis in den Buchstaben hineinreichende Unbiegsamkeit zugunsten einer Einsicht in die Geschichtlichkeit der Sprache ermäßigt» (A 102 f.). Diese Aussage übersieht: a. die Widersprüchlichkeit unter den verschiedenen Konzilien (man darf bei der Betrachtung nicht nur von den schließlich als «ökumenisch» rezipierten Synoden ausgehen); b. die Entwicklung von der Bekenntnisaussage (Nikaia) zu der seit Chalkedoen zu beobachtenden «rein theoretisch formulierten Lehraussage» (vgl. O. H. Pesch, These 2 in diesem Band); c. die traditionalistische Erstarrung der spätbyzantinischen Konzilien (vgl. zur selben Problematik unten das gegen Mühlen Gesagte).

5. Wie sehr Ratzingers Vorstellungen von «der Grundform der alten Kirche» dogmatisch und nicht exegetisch-historisch bestimmt sind, zeigen seine Äußerungen zu Lu-

thers Exegese von Mt 16, 18 (A 103, Anm. 20). Man vergleiche dagegen schon die Exegese der Kirchenväter, insbesondere Augustins, und dann erst recht die Ergebnisse der heutigen Petrus-Exegese (Kap. VI, Abschnitt 1).

Schlimmer als alles dies ist freilich, daß Ratzinger, der mir freundlich attestiert, daß mein Buch von «zahlreichen historischen Ungenauigkeiten ... durchsetzt» sei, selber bei dem guten halben Dutzend «Beispielen», auf die er sich «beschränkt» (A 99 f.), vor Verfälschungen meiner Auffassung nicht zurückschreckt:

1. Ich habe die Tatsache, «daß mit den Ostkirchen die volle communio noch nicht aufgenommen ist», *nicht* «einzig dem römischen Starrsinn angelastet» (A 100). Vielmehr habe ich, und dies mit dem Blick auf römischen Jurisdiktionsprimat und Unfehlbarkeitsanspruch völlig zu Recht, behauptet, daß man in Rom gegenüber dem Osten «auf allen seit dem Mittelalter üblich gewordenen Privilegien und Prärogativen» beharrt (U 18)[2].

2. Ich habe – mit dem Blick auf die Ansicht unseres Kollegen K. A. Fink, die mir, wie eigentlich auch Ratzinger aufgrund unserer gemeinsamen Diskussionen wissen müßte, seit frühesten Tübinger Jahren bekannt ist – *nicht* global eine «dogmatische Definition Bonifaz' VIII. behauptet» (A 100). Vielmehr habe ich präzise gesprochen von dem «von Bonifaz VIII. in der Bulle ‹Unam sanctum› in schroffer Weise definierten Satz ...: ‹daß dem römischen Papst untergeordnet zu sein, zum Heile notwendig ist›», was völlig berechtigt ist im Hinblick auf die vom Papst gebrauchte Formel, die doch wohl nachdrücklicher nicht sein könnte: «declaramus, dicimus, definimus et pronuntiamus omnino de necessitate salutis» (D 469; vgl. U 95)[3].

3. Ich habe *nicht* behauptet, «unter der ‹römischen Kirche›, von der das Dekretum Gratiani spricht, habe man damals die Universalkirche verstanden» (A 100). Vielmehr habe ich genau differenziert: «Aufgrund (!) insbesondere des Dekretum Gratiani nahm man (!) an, daß die ‹römische Kirche› nie im Glauben geirrt hat. Aber man meinte in

2 Zu den verschiedenartigen kirchenpolitischen, kulturell-religiösen und theologischen Faktoren, die für das Schisma zwischen Ost- und Westkirche verantwortlich sind, vgl. den Exkurs in K Kap. D I, 3.

3 Auch wenn das Wort «pronuntiamus» (bzw. «pronunciamus»), wie *K. A. Fink* in ThQ 146 (1966) 500 annimmt, möglicherweise in der ursprünglichen Form gefehlt hätte, wäre damit der «dogmatische Charakter» jener – gegen die Lehre der Sorbonne gerichteten – «Lehrentscheidung» keineswegs in Frage gestellt. Die heute vorgenommene Unterscheidung zwischen dogmatischen Definitionen im strengen Sinn und anderen päpstlichen Lehrentscheidungen scheint mir eine anachronistische Eintragung im Sinne der Problematik des Vatikanum I zu sein, die im Zeitalter des hochmittelalterlichen päpstlichen Absolutismus bezeichnenderweise nicht reflektiert wird. Zumindest für die «vorkonziliare» Zeit dürfte indessen *M.-D. Chenu* recht haben, wenn er feststellt: Der (hier in Frage stehende) Schlußsatz ... «hat nach übereinstimmender Meinung aller katholischen Theologen die Bedeutung einer irreformablen dogmatischen Aussage (vgl. auch V. Laterankonzil, sess. XI: Mansi 32, 968 E) ...» (in: LThK X, 1965, 462). Dennoch wie gesagt: Meine zurückhaltende Formulierung nahm bewußt auf diese Schwierigkeiten Rücksicht. Nur die Ergebnisse *B. Tierneys* (in diesem Band), welche die päpstliche Unfehlbarkeit überhaupt in Frage stellen, müssen hier neu berücksichtigt werden. Sie unterstreichen den anachronistischen Charakter der obigen Unterscheidung.

diesem (!) Zusammenhang nicht die römische Ortskirche, die durchaus irren kann und geirrt hat, sondern die Universalkirche, die als inerrabilis oder mindestens indefectibilis anzusehen ist» (U 149). Und ich bezog mich bei dieser für Ratzinger «unbegreiflichen Behauptung» (A 100) auf Yves Congar, der genau dieses «Unbegreifliche» begreiflich macht[4].

Es gäbe hier noch manches zu berichtigen[5]. Doch jetzt mit Ratzinger: «Der Kürze

4 «On admet communément, car des ‹autorités› l'affirment, que l'Eglise romaine n'a jamais erré dans la foi (Anm.: Les principales autorités invoqueés sont dans le *Décret.* cc. 7, 9, 10, 11 et 12 C. XXIV, q. 1 (FRIEDBERG, 968–970): 9, 10 et 11 viennent du Ps.-Isidore; mais on n'était pas en peine de trouver des textes authentiques pour appuyer cette conviction). Mais que voulait dire ‹ecclesia Romana›? C'est une question que les textes posent à l'historien, au moins depuis l'époque patristique. Plusieurs, surtout des décrétistes, apportent une réponse, en particulier ceux qui touchent à notre question (Anm.: Congar verweist auf Gerhoh von Reichersberg, Huguccio u. a.). On peut entendre par *ecclesia Romana*, soit l'Eglise universelle, soit l'Eglise particulière de Rome et même, en celle-ci, le haut clergé romain, pape et cardinaux. *L'ecclesia Romana* prise en ce second sens, peut errer et a de fait erré; c'est quand on la prend dans le premier sens qu'on peut et qu'on doit la reconnaître *inerrabilis,* non sujette à l'erreur, ou tout au moins indéfectible.» *Y. Congar,* L'Eglise de saint Augustin à l'époque moderne (Paris 1970) 245. Vgl. auch dazu *B. Tierney* (in diesem Band und in seinem eben erschienenen Buch) sowie die bereits zu Beginn des Kap. II (Anm. 2) gegen Ratzinger angeführte gewichtige historische Untersuchung von *R. Bäumer.*

5 Ich möchte darauf verzichten, den zweiten Teil von Ratzingers Beitrag unter dem Titel «Die Widersprüchlichkeit des Buches von Hans Küng» in derselben Akribie zu untersuchen, wiewohl dort ähnliches nachzuweisen wäre wie im ersten Teil. Wenn man sonst gerne der Simplifizierung und des Radikalismus angeklagt wird, hört man zur Abwechslung nicht ohne Vergnügen den Vorwurf einer «merkwürdigen Unentschiedenheit in der Sache» (A 116): «daß dieses scheinbar so einfache und klare Buch ... doch recht verwinkelt ist, mehr sogar als die Schultheologie, über deren Winkelzüge Küng sich entrüstet» (A 106). Auf den «fundamentalen Widerspruch, der das Katholische bestreitet und zugleich emphatisch beansprucht» (ebd.), habe ich in Kap. II mit direktem Bezug auf Ratzinger geantwortet, auf die beiden angeführten Beispiele («Leadership» und «Scholarship»; Dogma und Unfehlbarkeit) in den anderen Kapiteln (bes. VII) vor allem einschlußweise. In beiden Beispielen möchte Ratzinger, leider ohne jeglichen ernsthaften Versuch des Verstehens, die «Widersprüchlichkeit» des Buches dadurch erweisen, daß er die Auffassung des Verfassers auseinanderdividiert so, daß sie *entweder* als eine «Banalität» (A 107.111) und «Gemeinplätze jeder halbwegs ernsthaften Theologie» («werden wieder offene Türen eingerannt» A 111) erscheinen *oder* aber als völlig unakzeptabel, eben das «Katholische» in Frage stellend (vgl. A 106). Ob es nicht etwas in der Mitte gibt? Man hätte nach «Jahren ungetrübter Zusammenarbeit in der Tübinger Fakultät» (A 97) etwas mehr Verständnis erwartet (vgl. dazu auch *H. Halbfas* in diesem Band).

Auch im zweiten Teil muß man leider zahlreiche Verzerrungen und Verfälschungen, eingekleidet in tendenziöse Fragen und Insinuationen, feststellen. Man lese nur etwa A 108 f. (und vergleiche zur Sache die exakte Interpretation und die vornehmen Fragen Congars A 191–195): Der Verfasser vertrete eine «prinzipielle Gleichberechtigung der Charismen» (A 108 im Widerspruch zu U 65); deutlich bleibe «nur die These, jeder Christ sei Apostelnachfolger» (A 109 im Widerspruch zu U 186 f.); der Verfasser spreche «dem Amt prinzipiell die Möglichkeit (ab) ..., in Sachen des Glaubens ... verbindlich zu entscheiden» (A 109 im Widerspruch zu U 195 f.); das Amt werde «auf eine Seelsorge ohne Vollmacht zurückgeführt ..., weil alle dieselbe Vollmacht haben» (A 109 im Widerspruch zu U 187). Ratzinger hätte sich alle diesbezüglichen Fragen und Insinuationen sparen halber breche ich damit die Aufzählung der Beispiele ab» (A 102). Was ist dabei herausgekommen? Es ist doch wohl nicht übertrieben, wenn man behauptet, daß von Ratzingers Anklagen bezüglich historischer Ungenauigkeiten (abgesehen von einem Druckfehler bei einem Augustinus-Beleg) nicht allzuviel übriggeblieben ist. Wir wollen keine Gegenrechnung eröffnen und nun etwa gleich penibel Ratzingers «Einführung ins Christentum» nach unrichtigen Details absuchen. Es genüge zu Ratzingers Antwort zu sagen: Wenn man im einen und selben kleinen Aufsatz

1. statt nach des Ignatius von Loyola ursprünglichem Text vom «Fühlen *in* der Kirche» (sentido ... *en* la Iglesia) noch immer das aus der lateinischen Übersetzung stammende und heute mehr denn je mißverständliche «Fühlen *mit* der Kirche» weiterkolportiert,

2. die «Brandmarkung» «systemimmanent» statt K. Rahner mir zuschiebt,

3. die Unterscheidung vorkonziliar – nachkonziliar als «Jargon» und «absurd», ja als «merkwürdige neue Einteilung der Heilsgeschichte» rügt (A 100) und sie dann aber gleich darauf zweimal selber gebraucht (A 104. 105),

4. wenn man mir den Sprachgebrauch «charismatische Verfassung der Kirche» ankreidet, während ich selber regelmäßig und bewußt von «charismatischer *Dimension* oder *Struktur* der Kirche» rede,

5. den von mir geformten Satz «Nemo infallibilis nisi ipse Deus» K. Barth zuschreibt (A 110),

6. mir ein Verständnis für die Kirche als «geistliche Größe» trotz eines 60seitigen Kapitels über die Kirche als Geistgeschöpf abspricht und mir stattdessen einen «Apparat» zuschreibt, der «einzig von der Zweckmäßigkeit her betrachtet ist und daher beliebig neu montiert werden kann» (A 99),

7. wenn man mich anscheinend zu denen rechnet – wo sind sie? –, für die «die Wahrheit mit dem Konzil beginnt» und die «gleichzeitig auch das Konzil entschlossen in den Papierkorb werfen» (A 100), dann, ja dann sollte man sich weder auf historische Genauigkeit noch eine sachliche Sprache viel einbilden.

Ratzingers Schlußeindruck von meinem Buch: «ein Donner, dessen Hauptstärke darin liegt, daß er weithin vernehmbar ist» (A 116). Ob er «bei wachem Zuhören» nicht doch vielleicht mehr vernommen hat? Jedenfalls hat er sich verdächtig viel Mühe gegeben, mit Eile und Eifer eine ganze Batterie von Blitzableitern gegen mögliche Einschläge aufzubauen. Aber so unvorsichtig sollte man die Blitze nicht auf sich lenken. Denn: was nützen alle Blitzableiter, wenn die Erdung vergessen wurde? Mit anderen Worten: Ratzingers Antwort auf die «Anfrage» bezüglich der Sätze, «die

können, wenn er, wie von einem seriösen Interpreten zu erwarten, das Buch genau gelesen und dort, wo er etwas nicht verstand, zum Buch «Die Kirche» gegriffen hätte, auf das ständig verwiesen wird (vgl. dort etwa die durchgehende Heraushebung der grundlegenden Bedeutung des Apostolats, ausführlich Kap D IV, 1; zur «paulinischen Rangordnung» der Charismen K 223 f., zur Didache K Sachregister usw.). In seinem ganzen Artikel vernachlässigt Ratzinger dieses für U grundlegende Buch, um sich statt dessen mit Urteilen zu begnügen, die man doch wohl süffisant nennen muß (zum Beispiel: «Überdies bleibt der Charismenbegriff völlig verschwommen» A 109; K Kap C II, 3 bietet eine ausführliche Analyse des Charismenbegriffs samt exakter Definition).

von vornherein gar nicht falsch sein können», steht «bis zur Stunde» (A 110) noch aus! Ob man sie vielleicht nach dem Gewitter erwarten darf?

b. Ratzinger möge die genaue und exemplarisch gemeinte Untersuchung seiner historischen Vorwürfe als Ausdruck des Respekts verstehen. Andere ähnlich «argumentierende» Theologen verdienen eine solche Untersuchung kaum. Sicher weniger die Auslassungen von *Heribert Mühlen*, der sich paradoxerweise gegen mich auf den vor mir verketzerten Rudolf Bultmann beruft (A 234), aber von allem Anfang an selber im Zuge seiner «pneumatischen» Auseinandersetzung mit Invektiven wie «pseudowissenschaftliche Art» (A 233), «dogmengeschichtliche Schiefheiten und Fälschungen», «die Sprache des politischen Agitators», «unqualifiziertes Vorgehen» (A 234), «fast unglaubliche dogmengeschichtliche Schiefheiten und Fälschungen» (A 235) usw. nur so um sich wirft, bevor er auch nur das geringste Argument geliefert hat. Erstaunlich wie dieser schimpfende Theologe sich in gleichem Atemzug neben Fortschrittlichkeit (an der ihm offensichtlich sehr gelegen ist) das Charisma der Erkenntnisrede (1 Kor 12,7 f.) zuschreiben kann, und dies auch noch «zum allgemeinen Besten» (A 235). Eine nüchterne Auseinandersetzung mit meinen Argumenten hätte ich der Berufung auf den Heiligen Geist (seit dem Konzil in verschiedener Hinsicht eine Paderborner Spezialität) vorgezogen. Nur so käme man über das Gerede hinaus zu einer «wirklich harten Kritik» (A 235). Aber eben:

1. Mühlen interpretiert den Verfasser nicht richtig: Statt sich auf die – Mühlen offensichtlich unwillkommene – Unfehlbarkeitsanfrage zu konzentrieren, schiebt er dem Verfasser mit willkürlich zusammengestückelten Zitaten aus dem Vorwort eine «Absolutismus-These» oder eines «Absolutismus-Test» als Hauptthese unter. Mühlen, mit dem Charisma der «Erkenntnisrede» (A 235) ausgestattet, kennt des Verfassers Intentionen besser als der Verfasser: «*Letztlich* geht es Küng also gar nicht um das Problem der Unfehlbarkeit als solchem» (A 236). Fehlt nur noch, daß er eine Änderung des Buchtitels vorschlägt. Hätte Mühlen sein Charisma wenigstens dem Problem des «römischen Absolutismus» zugewendet, der ja nun die konkrete Form gerade der *päpstlichen* Unfehlbarkeit – wohl zu unterscheiden von der der Bibel oder der Konzilien – ausmacht, dann hätte er einen positiven Beitrag zur Diskussion geleistet. Er hätte dann bestimmt herausgefunden, daß Absolutismus keine Beleidigung, sondern eine gängige verfassungsrechtliche Kategorie ist, die durchaus mit Recht auf die Institution des Papsttums angewendet wird, wiewohl sie vom Neuen Testament wie vom heutigen Demokratie-Verständnis her der Kritik unterzogen werden muß[6]. Aber neben

6 Vgl. zum Beispiel *E. Weinzierl* in dem von ihr herausgegebenen Sammelband «Die päpstliche Autorität im katholischen Selbstverständnis des 19. und 20. Jahrhunderts» (Salzburg–München 1970) S. 138: «Das Verständnis der päpstlichen Autorität bei Pius XII. ist das Ergebnis einer langen kirchlichen Tradition, die mit der Definition des Primats durch das I. Vatikanum und der Dogmatisierung der päpstlichen Unfehlbarkeit durch Pius IX. kanonisiert wurde. Die dadurch bewirkte Straffung und Stärkung der geistlichen Macht des Papstes war in erster Linie die Reaktion auf den durch die politische Entwicklung vor allem in Italien erzwungenen Verlust des Kirchenstaates. Durch eine bestimmte historische

der Unfehlbarkeit des Papstes haben die Unfehlbarkeit der Konzilien (des Episkopats) und die Unfehlbarkeit der Bibel ihre eigenständige Problematik. Jedenfalls muß man es als unverständliche Verdrehung meiner Auffassung sehen, wenn mir Mühlen ein absolutistisches «Prinzip» zuschreiben will, das ich «bis in die ersten ökumenischen Konzilien hinein zurückverfolgen» wolle (A 237).

2. Mühlen setzt sich mit den Argumenten des Verfassers nicht auseinander: Von jeglicher Analyse der angeführten entscheidenden Texte der Schulbücher, des Vatikanum II und des Vatikanum I, die rund ein Viertel des Buches ausmachen (U 51–100), dispensiert er sich aufgrund seiner gewalttätigen Verschiebung des Status quaestionis. Die zentralen Passagen des Buches werden von Mühlen überhaupt nicht zitiert. Angesichts der Übermacht der Argumente (vgl. auch U 101–115) ergeht es ihm offensichtlich wie jenem tapferen Jägersmann, der angesichts allzuvieler Wölfe mit dem unterdrückten Ruf «Ich kann keine Wölfe sehen» das Schießen vergißt und davonrennt. Er soll aufgefressen worden sein.

3. Mühlen geht mit dem CIC nicht richtig um. Er meint im Hinblick auf «Humanae vitae», daß nach CIC can. 1323 § 3 «nur das als dogmatisch definiert und in diesem Sinn als unfehlbar anzusehen (sei), was *ausdrücklich* (manifeste) als solches vorgelegt wird» (A 237; vgl. 240). Das «und in diesem Sinn als unfehlbar» ist ein Eintrag Mühlens. Mühlen übersieht, daß das «declarata seu definita» sich nur auf *eine* Art der lehramtlichen Offenbarungsvorlage bezieht, nämlich auf das, was nach dem vorgeordneten § 2 durch ein «feierliches Urteil» eines ökumenischen Konzils oder eines ex cathedra redenden Papstes ausgesprochen wurde. § 2 seinerseits aber verweist auf § 1 (huiusmodi iudicium), der wörtlich vom Vatikanum I (D 1792) übernommen ist, wo bereits völlig eindeutig einerseits vom «feierlichen Urteil» (solemne iudicium) der Kirche, andererseits aber, was Mühlen übersieht, vom «ordentlichen und allgemeinen Lehramt» (ordinarium et universale magisterium) die Rede ist. Also: «In göttlichem und katholischem Glauben ist» (nach § 1 und nach dem Vatikanum I) nicht nur «das alles zu glauben», «was ... von der Kirche durch ein feierliches Urteil» (eines ökumenischen Konzils oder eines ex cathedra sprechenden Papstes, § 2 und 3), sondern auch das, was «vom ordentlichen und allgemeinen Lehramt als von Gott geoffenbart zum Glauben vorgelegt wird». Dies entspricht auch genau den Darlegungen des Vatikanum II über das unfehlbare ordentliche Lehramt des Episkopates zusammen mit dem Papst (vgl. U 54–62). Das also wären die Mühlen offensichtlich nicht genügend bekannten «offiziellen Regeln der Hermeneutik» (A 237). Die Vorwürfe des «Apriorismus», der «Pseudowissenschaftlichkeit» und der *«unglaublich unsauberen Methode»* (vgl. A 238. 240) fallen auf den zurück, der sie erhoben hat.

Situation bedingt, hat sie im Bereich der Kirche den päpstlichen Absolutismus in einer Zeit noch weiter ausgebaut, in der er in der Profangeschichte auch in Mitteleuropa dem Verfassungsstaat und der Demokratie weichen mußte» (vgl. ebenfalls in der Zusammenfassung des Salzburger Gesprächs S. 284). Dazu neuestens *A. Black*, Der Einfluß der Idee der absoluten Monarchie auf Verständnis und praktische Handhabung der päpstlichen Autorität, in: Concilicum 8 (1972) 532–537, wo nachdrücklich auf das Papsttum als Vorbild und Vorläufer der absoluten Monarchie hingewiesen wird.

4. Mühlen interpretiert die Dogmengeschichte voreingenommen: Aufgrund seiner dogmatischen Position, für die er nicht den geringsten Beweis liefert, darf er nicht zugeben, daß Konzilien sich gegenseitig korrigiert haben [7]. So bemüht er sich umständlich (A 238–245), dem Verfasser an vier oder fünf Punkten «dogmengeschichtliche Fälschungen» nachzuweisen, wiewohl durch einen solchen Nachweis die Hauptaussage noch keineswegs erledigt wäre. Für die Interpretation der Konzilsdefinitionen des 4. und 5. Jahrhunderts will Mühlen von den theologischen Voraussetzungen der Konzilsväter absehen; erneut beruft er sich dafür auf den bereits behandelten Kanon 1323 § 3 aus dem Jahr 1918! Dann unter erneuten Invektiven wie «tendenziös» und «unwahrhaftig» («Übrigens: Weiß Küng es wirklich nicht anders oder hat er sich schon damals den Sachverhalt selbst zurechtgezimmert?» A 242) Mühlens Anklage: «Noch irreführender und direkt falsch ist die Behauptung, das Konzil von Nikaia habe vorausgesetzt, daß in Gott nur *eine* Hypostase sei. Dies war ja gerade die These der Arianer *gegen* welche das Konzil Stellung nimmt» (A 241; ähnlich der Vorwurf bezüglich Sardika A 242 f.). Mühlen übersieht erstens den vorausgehenden Satz, für den die Aussage über Nikaia nur ein Beispiel ist: «Es gibt einen mannigfachen Wechsel in Terminologie und Begrifflichkeit gerade auch in den alten christologischen Konzilien» (U 168 f.). Dann mit Doppelpunkt verbunden das Beispiel: «Die Konzilien von Nikaia und Sardika setzten mit vielen Vätern voraus, daß in Gott nur *eine* Hypostase sei; das erste Konzil von Konstantinopel und das Konzil von Chalkedon setzten mit vielen anderen voraus, daß in Gott *drei* Hypostasen seien« (U 168). Zweitens offenbart Mühlens Anklage eine betrübliche Unkenntnis der dogmengeschichtlichen Vorgänge um und in Nikaia [8]. Was mir Mühlen (A 242) munter ohne Beleg vorhält, muß

7 Vgl. dagegen scharf pointierend *F. Heiler*: «Die Großkirche belegte die abgesonderten Gemeinschaften mit dem Bann; häufig aber schleuderten sie wechselseitig gegeneinander das Anathem. Bei den dogmatischen Verdammungen handelte es sich oft um Nuancen in der Formulierung, so bei dem Streit um die zwei Naturen in Christus wie um den *Theotokos*- oder *Christotokos*-Titel Marias. Sogar die moderne katholische Dogmengeschichte hat festgestellt, daß sowohl die Christologie des Nestorius wie der sogenannten monophysitischen Kirchen nur ‹verbale›, keine materiellen Häresien seien. Bisweilen waren es überhaupt nicht echte dogmatische Streitigkeiten, sondern kirchenpolitische Intrigen und Machtkämpfe, wie bei der Auseinandersetzung der beiden Patriarchen Cyrill von Alexandrien und Nestorius von Konstantinopel, die zum Konzil von Ephesus (431) führten.» Erscheinungsformen und Wesen der Religion (Stuttgart 1961) 466.

8 Was man an der Gregoriana in Rom schon vor Jahrzehnten hören konnte, scheint noch nicht zum Paderborner Dogmatiker vorgedrungen zu sein: «... wie unerfahren, vage und gefährlich die theologische Sprache blieb, in welcher derselbe Glaube vorgelegt oder bekämpft wurde: wenn man das nicht vor Augen hat, kann man kaum verstehen, daß die nizänische Lehre zu so vielen Äquivokationen und so langen Wirren Anlaß geben konnte». *P. Galtier*, De SS. Trinitate in se et in nobis (Paris [2]1933) 85 (hier der ausdrückliche Verweis auf die Formel «drei Hypostasen»; vgl. ebenfalls S. 89; 96 f.) Ebenso *H. Bacht*: «Eine unvoreingenommene Betrachtung des Konzils von Nicäa macht deutlich, daß die Option der Kirche für das ‹homoousios› nicht damit abgetan war, daß die Väter von Nicäa sich dafür bekannten. Das Ringen um dieses Lehrstück ging Jahrzehnte hindurch ungebrochen weiter. Die Anhänger und Gegner kämpften im Angesicht der Gesamtkirche mit wechselndem Glück um ihre Positionen. Noch um 376 herum kann Basilius d. Gr. klagen, daß

ihm leider mit Beleg bescheinigt werden: «Das genaue Gegenteil kann in jeder Dogmengeschichte nachgelesen werden»[9]. Dasselbe gilt für die Aussagen Mühlens bezüglich der späteren Konzilien, wo Mühlen noch immer unhistorisch die Ökumenizität (beziehungsweise Unfehlbarkeit) eines Konzils meint apriorisch bestimmen zu können (A 243 bezüglich Konstantinopel 754 und Nikaia II 787) und wo er bezüglich der Vorgänge um Ephesos I und II sowie Chalkedon offenkundig nicht über die harmonisierende Auffassung bestimmter Schulbücher hinausgelangt ist[10].

die Hirten der Kirche heillos zerstritten seien. Es kommt ihm also nicht in den Sinn, die Sache einfach mit dem Hinweis auf das Nicänum als ein für allemal erledigt zu sehen ... Ähnlich gab es für den neutralen Betrachter in den Jahrzehnten zwischen 451 und 518 immer wieder Situationen, in denen das Schicksal der chalcedonischen Definition noch völlig offen zu sein schien. Nicht ohne Grund hat man daher gesagt, Chalcedon (und das gleiche gilt wohl für alle Konzilien) sei kein punktuelles Geschehen gewesen, sondern ein Prozeß, der sich durch lange Zeit hin erstreckt hat» (S. 159 f., B III). Zur «history of the theological struggle *after* AD 325» auch *B. C. Butler* (S. 400, B III).

9 Man vergleiche die vorzügliche Zusammenfassung des dogmengeschichtlichen Befundes bezüglich des verschiedenen Gebrauchs von Hypostasis bei *H. Diepen*, nach welchem nicht nur die Arianer, sondern auch das Konzil von Nikaia selbst (wie dann auch Sardika) Hypostasis und Ousia als gleichbedeutend nahm: «Plotinos hatte die höchsten Formen der Gottheit u. ihrer ersten Emanationen Hypostasen genannt. Sein Zeitgenosse Origenes nannte die drei göttl. Personen Hypostasen, verschieden τῳ ὑποκειμένῳ, geeint durch Übereinstimmung u. sogar Identität der οὐσία. Die lat. Übers. *tres substantiae* erschien im Westen, wo seit Tertullian von drei Personen in einer Substanz gesprochen wurde, als Subordinatianismus (D 48). Das Konzil v. Nikaia nahm ὑπόστασις u. οὐσία als gleichbedeutend (D 54). Der origenist. Sprachgebrauch verschwand vorübergehend u. lebte um 358 im Osten wieder auf u. war zusätzlich ein Grund für das antiochen. Schisma (Meletios: drei Hypostasen gegen Paulinus: drei Personen). ‹Drei Personen› sah Basileios als Sabellianismus an. Hieronymus u. Damasus hielten ‹drei Hypostasen› für Arianismus. Seit 362 suchte Athanasios, der von *einer* H. sprach, Frieden zu stiften (Tomus ad Antiochenos); Gregorios v. Naz. schloß sich an, u. um 379/382 einigte man sich auf einen Kompromiß: in der einzigen göttl. Natur sind τρεῖς ὑποστάσεις ἤγουν τρία πρόσωπα, *tres substantiae sive personae* zu unterscheiden. Dies wurde zur klassischen Formel (D 213).» Artikel Hypostase II, in: LThK V (1960) 578 f.

10 Vgl. zu der nach Mühlen «in jeder Hinsicht unsauberen (sic!) Behauptung» (A 244) einer «faktischen Korrektur» des Konzils von Ephesos 431 durch das Konzil von Chalkedon 451 die schon vor 50 Jahren geschriebenen Ausführungen von *R. Seeberg*: «Nicht eine wandelbare Theorie, sondern ein dauernder Standpunkt hat in dem Chalcedonense seinen Ausdruck gefunden. Was das für die Geschichte zu bedeuten hat, kann man sich am besten daran klar machen, daß Nestorius jeder Zeit ohne Bedenken das Chalcedonense hätte unterschreiben können, während Cyrill das nur mit Mentalreservationen, Dioskur oder Eutyches gar nicht hätten tun können. Der Gegensatz zu Nestorius hat nichts in die Formel hineingebracht, was die antiochenische Lehre beeinträchtigte, aber der Gegensatz zu Eutyches hat die ‹*eine* Natur› und damit den Mittelpunkt der alexandrinischen Lehre aus der Kirche hinausgeschoben. Ebenso hat das Eingreifen Roms der antiochenischen Anschauung nur Vorteil, der alexandrinischen nur Verlust gebracht. Daher war das merkwürdige Resultat der Konstellation, daß in stiller Nemesis die vierte ökumenische Synode die dritte geradezu annulliert. Zwar ist Nestorius nicht restituiert worden, aber das, was er wollte, ist – wenigstens dem Ansatz nach – durch das Chalcedonense für immer anerkannt und das, was er bekämpfte, für immer verworfen worden. Nichts hat die Wirkungen Cyrills in der Geschichte so stark paralysiert als das Konzil von Chalcedon, obwohl es ihn pries und

Soll man in diesem Stil weiterfahren? Ich hätte mir und dem Leser solche unfruchtbaren Untersuchungen «pneumatischer Vorgänge» lieber erspart. Auf Mühlens «epochale» Trinitätsspekulation zur Begründung unfehlbarer Aussagen müssen wir im nächsten Abschnitt zurückkommen. Doch schon jetzt kann man aufgrund des Gesagten nur zu gut verstehen, warum H. Mühlen die Einladung ins Tübinger Oberseminar abzulehnen sich genötigt sah: zuerst aus Terminschwierigkeiten, dann, nachdem diese behoben waren, weil die anstehenden Probleme «kaum in einer kurzen Seminarsitzung zureichend erörtert werden können». Drei Stunden waren in der Tat zu wenig, und zu viel (zu Mühlen vgl. in diesem Band auch H. Halbfas).

c. Das niedrige Niveau der neuesten *historischen* Diskussion über die Unfehlbarkeit in Deutschland – man vergleiche damit die in diesem Band abgedruckten Beiträge aus Frankreich und Amerika – verdanken wir *Walter Brandmüller,* der (im Gefolge Rahners) Ratzinger und Mühlen für deren Art «historischer» Auseinandersetzung ein Beispiel gab. Daß K. Rahner diesen Hochland-Artikel als einzigen Beitrag eines Historikers in seinem Sammelband (A 117–133) aufgenommen hat, läßt seine faktische Einschätzung dieser Wissenschaft erkennen. Mit Berufung auf K. Rahner macht Brandmüller indessen schon im ersten Satz erfreulich deutlich, daß er nicht von einem historischen, sondern von einem dogmatischen Standpunkt ausgeht: «Mit Recht» habe Rahner das Buch des Verfassers «als eine Absage an die gesamte katholische Theologie der letzten Jahrhunderte, als eine Preisgabe jener Basis bezeichnet, die einen ‹innerkatholischen Dialog› mit ihm ermöglichte» (A 117). «Obwohl dem Historiker auffällt», daß der Verfasser seine Argumente nicht auf den von Brandmüller von vornherein wiederum dogmatisch abqualifizierten I. von Döllinger und J. Frohschammer (ebd.), sondern auf durchaus «innerkatholische» Literatur aufbaut, kann seine Auffassung von vornherein nicht katholisch sein. So schenkt sich denn Brandmüller «eine systematische Sichtung des Materials» und begnügt sich mit einer seinen Interessen entgegenkommenden «Auswahl ..., die eher durch beim Lesen gewecktes spontanes Interesse an dem einen oder anderen historischen Argument ... begründet ist» (ebd.) [11].

Nestorius verdammte.» Lehrbuch der Dogmengeschichte, Bd. 2 (Leipzig [5]1923; Neudruck Darmstadt 1959) 265. Vgl. auch in diesem Band *O. H. Pesch* (2. Aufgabe).

11 In der von ihm kritisierten Irrtümerliste (U 25 f.) übergeht Brandmüller in bezeichnender Weise die «Aufrechterhaltung der mittelalterlichen Welt-Macht des Papstes bis zum Ersten Vatikanischen Konzil mit allen weltlichen und geistlichen Mitteln der Exkommunikation», dann auch «die Verurteilungen auf dogmatischem Gebiet, besonders in Zusammenhang mit dem ‹Modernismus› (Entwicklungstheorie, Verständnis der Dogmenentwicklung) und in allerneuester Zeit in Zusammenhang mit Pius' XII. Enzyklika ‹Humani generis› und den entsprechenden kirchlichen Disziplinarmaßnahmen» (ebd). Auffällig ist jedoch des Kirchenhistorikers gesammeltes Schweigen zur Exkommunikation des Papstes Vigilius auf dem fünften ökumenischen Konzil in Konstantinopel 553 und besonders zum klassischen Fall des Vatikanum I: der berühmten *Verurteilung des Papstes Honorius I.* auf dem sechsten ökumenischen Konzil in Konstantinopel 681, die durch die Trullanische Synode 692 sowie durch das siebte und achte ökumenische Konzil wiederholt und im übrigen auch vom Nachfolger des Honorius, Papst Leo II., akzeptiert und den nachfolgenden Päpsten erneut bestätigt wurde (vgl. U 92). Dabei wäre gerade die Honoriusfrage für die apologetisch-

Es wäre merkwürdig, wenn sich in einem Buch wie «Unfehlbar?», das eine ungemein komplexe Problematik und eine wahre Fülle exegetischer, kirchen-, dogmen- und theologiegeschichtlicher Fakten zu berücksichtigen hatte, nicht Fehler nachweisen ließen. Auch in kirchengeschichtlichen Werken sollen Fehler vorkommen. Entgegen den hartnäckigen Vermutungen einiger Rezensenten muß auch hier zu Protokoll gegeben werden: Auch der Verfasser von «Unfehlbar?» ist nicht unfehlbar. Wie geschrieben steht: «Nicht ex cathedra soll hier über Unfehlbarkeit geredet werden – vielen unfehlbaren Theologenpäpsten wäre ein einziger unfehlbarer Papst vorzuziehen» (U 128)! Und deswegen als Motto zum ganzen Buch ein Augustinus-Wort: «Der Leser mag ..., wo er einen Irrtum bei mir erkennt, mich zurückrufen.»

Brandmüller freilich versteht das so: Wo eine simple Verwechslung zweier Namen vorliegt (richtig: Patriarch Kerullarios statt Patriarch Photios), begnügt er sich nicht mit einem korrigierenden Hinweis (so korrigiert J. Ratzinger vornehm in einer Fußnote den Druckfehler im Augustinus-Beleg: I 3,5 statt I 2,5: A 102). Sondern beinahe zwei Seiten lang verbreitet er sich mit zum Teil reichlich überflüssigem Lexikonwissen über die beiden Patriarchen. Hätte er sich statt dessen, wie von einem Historiker zu erwarten, intensiver mit der Auffassung des Verfassers beschäftigt, hätte er bemerkt, daß im Buch «Die Kirche» der historische Sachverhalt ebenso wie U 98 völlig richtig wiedergegeben wurde [12]. Aber Brandmüller, der anderen ein «gestörtes Verhältnis zur Geschichte» (A 132) nachweisen will, macht selbst vor Verfälschungen nicht halt: Was der Verfasser zweimal kurz im Rahmen einer Aufzählung (U 25. 44) vermerkt, wird nach Brandmüller «dargestellt», und aus dieser zweimaligen Verwechslung wird eine «beständige» Verwechslung (A 119). Zugleich benützt Brandmüller die Gelegenheit, um seinen Lesern einzureden, es sei *erstens* bei der Exkommunikation des Kerullarios «kaum ums Dogma» gegangen (ebd.), als ob der Vorwurf von «mehr als 90 Häresien» (darunter Simonie, Pneumatomachie, Arianismus, Donatismus, Manichäismus, Filio-

dogmatische Manipulation der Kirchengeschichte besonders lehrreich gewesen: Diese Verurteilung wurde nach ihrer Neuentdeckung von Torquemada unverblümt als Irrtum der Griechen, dann von A. Pigge und Bellarmin in der Reformationszeit noch unverblümter – unter dem Protest des Trienter Konzilstheologen Melchior Cano – als Fälschung der Konzilsakten durch die Griechen ausgegeben. Auf dem Vatikanum I dann gerade umgekehrt: Die Verurteilung eines Papstes wurde von den Infallibilisten in ihrer Historizität anerkannt; aber nun wurde die Entscheidung des Honorius – in der nun üblich gewordenen anachronistischen Ausflucht – nicht mehr als eine Ex-cathedra-Erklärung interpretiert (U 96 mit Verweis auf R. Bäumer). Alles getreu nach dem «Tierneyschen Gesetz» Nr. 1 (s. oben S. 124)!

12 «Was hat das *Schisma zwischen Ost- und Westkirche* hervorgerufen? Ob politische, kulturelle oder theologische Faktoren wichtiger waren, ist schwierig auszumachen. Sicher ist, daß es sich um einen höchst komplexen jahrhundertelangen *Entfremdungsprozeß* handelt. Wie schon *vor* dem berühmten Datum 1054, da der päpstliche Legat die Exkommunikationsbulle gegen den Patriarchen Kerullarios auf dem Altar der Hagia Sophia in Konstantinopel niederlegte, verschiedene Aufhebungen der Kirchengemeinschaft zwischen Rom und Konstantinopel stattgefunden hatten (so 484–519 und unter Photios ab 867), so waren auch *nach* 1054 keineswegs alle Verbindungen abgebrochen worden» (K 330). Dieser Formulierung wird gewiß auch *G. Denzler*, auf den sich W. Brandmüller bezieht, zustimmen.

que u. a.) einfach der (dann anscheinend 900 Jahre anhaltende!) «Ausdruck einer Gereiztheit» (ebd.) gewesen sei; es sei *zweitens* bei der Exkommunikation des Patriarchen durch den päpstlichen Legaten nur dieser «allein mit dem engeren Kreis seiner Anhänger betroffen» gewesen (ebd.), als ob der Patriarch nicht als der Repräsentant seiner Kirche gegolten und das rund 900jährige Schisma zwischen den östlichen und westlichen *Kirchen* nicht geherrscht hätte [13].

13 Wie sehr das west-östliche Schisma mit der «Lehre» verflochten ist, zeigt der theologisch-ekklesiologische Hintergrund der Spaltung, wie ihn der Verfasser in «Die Kirche» knapp umrissen hat: «Zwei Momente bilden die Voraussetzung für die im Laufe der Jahrhunderte immer mehr initiative Lehre und Praxis eines römischen Primates göttlichen Rechtes: der Genius des römischen Rechtes und der Apostel Petrus. Die römische Lehre und Praxis wurde gefördert einerseits durch politische Faktoren: der Einfluß der Kirche der Reichshauptstadt und die einigende mystische Anziehungskraft Roms auch nach dem Untergang des Imperiums; andererseits durch theologische Faktoren: im Westen Unterscheidung zwischen Ordinations- und Jurisdiktionsvollmacht, welche Voraussetzung war für die Etablierung des Unterschiedes zwischen der partikularen Jurisdiktion der Bischöfe und der universalen des römischen Bischofs. Diese römische Lehre und Praxis führte, nicht ohne Stagnationen und Rückschläge, zu einer straff juridisch organisierten Einheitskirche mit einem monarchischen Universalepiskopat, wie sie nach Vorbereitung unter Nikolaus I. und Johannes VIII. im 9. Jahrhundert unter dem entscheidenden Einfluß der gefälschten Isidorischen Dekretalen vor allem seit der Gregorianischen Reform theoretisch wie praktisch mit größter Energie und Zielstrebigkeit ausgebaut wurde: immer mehr wurde die ganze Kirche von der Vollmacht des Papstes abgeleitet. Aber war es ein Zufall, daß derselbe Kardinal Humbert von Silva Candida, der zum ersten Mal die absolute Suprematie des Papstes in der Kirche und seine Überordnung über jede laikale Gewalt gefordert (das Programm des späteren Dictatus papae Gregors VII.!) und das Verhältnis von Kirche und Papst als das von Tür und Angel, Familie und Mutter, Gebäude und Fundament, Strom und Quelle beschrieben hat, auch jener päpstliche Legat war, der 1054 in Konstantinopel jene verderbliche Exkommunikation gegen den Patriarchen Kerullarios ausgesprochen hat, die als offizieller Anfang des östlich-westlichen Schismas gilt und die – und das war eine mutige Tat christlicher Versöhnung – am Ende des zweiten Vatikanischen Konzils nach über 900 Jahren von Paul VI. und dem Patriarchen Athenagoras unter gegenseitiger Bitte um Verzeihung aufgehoben wurde?

Im Grunde hatte der Osten die im Westen langsam entwickelte und vor allem von Leo dem Großen meisterhaft formulierte Primatslehre nie richtig verstanden und akzeptiert. Dafür zeugt gerade das Konzil von Chalkedon – auch für den Westen ein Hauptkonzil! –, das in seinem berühmten Kanon 28 dem Sitz von Neu-Rom (Konstantinopel) dieselben Ehrenrechte zuerkannte wie dem alten Rom, wogegen Leo allerdings sofort schärfsten Protest anmeldete. Die römische Kirche genoß im Osten höchstes Ansehen, nicht nur weil es die Kirche der alten Reichshauptstadt war, nicht nur weil Rom als einziges Patriarchat den gesamten Westen vertrat, sondern auch und vor allem, weil die römische Kirche die Kirche des Wirkens und Sterbens der beiden Hauptapostel Petrus und Paulus war. Und der römische Bischof war auch für das Konzil von Chalkedon der Nachfolger des Petrus (Petrus hat durch Leo gesprochen!). Aber was man im Osten nie verstanden hat, war die gerade bei Leo besonders deutliche mystische Identifizierung von Petrus und römischem Bischof, die in diesem die ganze Verantwortung und Vollmacht Petri fortleben ließ und daraus in einem rasch wachsenden Maße grundlegende rechtliche Konsequenzen ableitete. Es ist bedauerlich, daß gerade diese so entscheidende Frage nie auf einem ökumenischen Konzil zwischen Westen und Osten diskutiert und geklärt wurde! Zwar hatte auch der Osten seine eigene Ekklesiologie unter dem Einfluß hellenistischen Denkens, mehr als er sich dessen bewußt war, umgestaltet, zum Teil in einen Episkopalismus neuplatonischer

Man wird gewiß der Tatsache Verständnis entgegenbringen, daß der Verfasser wenig Lust verspürt, mit diesem historischen Apologeten noch 1972 über Dinge wie Zinsverbot, Ritenstreit, Modernismusstreit und anderes zu diskutieren. Wenn nun einmal ein Historiker von vornherein nicht akzeptieren kann, «daß das kirchliche Lehramt oftmals in der Geschichte geirrt habe» (A 118), dann bleibt ihm der unvoreingenommene Umgang mit der Geschichte versperrt. Er muß dann durch alle möglichen Operationen die Fehlentscheide und Fehlentwicklungen des kirchlichen Lehramtes zurechtrücken, uminterpretieren, wegdiskutieren, abstreiten. Die Methoden sind bekannt, die zweifelhaften Ergebnisse auch. Nur war ich der offensichtlich irrtümlichen Meinung, diese Art von katholischen Historikern sei ausgestorben. Hätte Brandmüller die Einladung zur Diskussion in unserem Unfehlbarkeits-Seminar nicht abgelehnt, hätte er dort von jüngeren Historikern lernen können, wie man in persönlicher Unvoreingenommenheit historische Sachverhalte objektiv darstellt. So möge es denn hier genügen, unter Mitbenützung des Seminarprotokolls[14] einiges richtigzustellen:

1. Das *Zinsverbot* ist selbstverständlich nicht *erst* «zu Beginn der Neuzeit» erlassen, wie Brandmüller dem Verfasser unterstellt, sondern *noch* zu Beginn der Neuzeit *aufrechterhalten* worden, obwohl Zins schon längst nicht mehr mit Wucher gleichgesetzt werden konnte. Die «entsprechende Wandlung der kirchlichen Lehre» (A 120) erfolgte eben um Jahrzehnte zu spät; zu lange hatte man daran festgehalten, Zinsnehmen als schwere Sünde zu brandmarken. Wenn man zum Beispiel die auf Änderung dringenden Briefe des großen Seelsorgers Petrus Canisius nach Rom liest, wird man geradezu an «Humanae vitae» erinnert.

2. Für Brandmüller geht es beim *Ritenstreit* nur «um die Anpassung von Verkündigung und Liturgie an das kulturelle und soziale Milieu Asiens, nicht aber um Fragen der *Lehre*» (A 121). In der Entscheidung Clemens XI. 1704 ging es jedoch gerade um den Gebrauch der umstrittenen chinesischen Gottesnamen und den Ahnen- und Konfuziuskult. Benedikt XIV., der 1742 die endgültige Entscheidung gegen die Akkomodationspraxis fällte, erklärte in aller Form, es gehe hier nicht nur um Fragen der Kirchendisziplin, sondern um Fragen der Religion und um die Reinheit der christlichen Gottesverehrung von allem Aberglauben. Es ist somit unhistorisch, aus heutiger Sicht

Prägung, und sich in wachsendem Maß abgekapselt. Doch hatte er das neutestamentliche Kirchenverständnis hinter sich, wenn er eine monarchisch-absolutistisch-zentralistische Einheitskirche, wie sie sich im Westen langsam ausbildete, ablehnte. Das östliche (und afrikanische) Kirchenverständnis ging nicht von einem Universalbischof, sondern von der Gemeinschaft der Glaubenden, den Ortskirchen und ihren Bischöfen aus und war nicht so sehr rechtlich als sakramental, liturgisch, symbolhaft bestimmt: eine kollegial geordnete, föderative Gemeinschaft von Kirchen. Aber diese ältere Kirchenverfassung fand nun umgekehrt je länger desto weniger Verständnis in einem Rom, wo man mit allen Mitteln des kanonischen Rechtes der Politik und der Theologie den römischen Primat und das zentralistische System ausbaute: der Hauptgrund, wie wir bereits sagen, für die Spaltung von Ost- und Westkirche» (K 523–525).

14 Protokoll der Sitzung vom 17. 5. 1972, angefertigt von *R. Kirchner*, nach den Ausführungen von M. Biersack, A. Heron, G. Kreuzer.

zu behaupten, es hätte sich beim Ritenstreit ebenso wie beim *Fall Galilei* nur um disziplinäre Fragen gehandelt: Das Elend war ja gerade, daß faktisch disziplinäre Fragen zu dogmatischen gemacht wurden, und zwar nicht nur von untergeordneten kirchlichen Organen, sondern von der höchsten römischen Glaubensbehörde unter direkter Verantwortung des Papstes. Analog verhält es sich – um nur zwei weitere Beispiele zu zitieren – mit der jahrhundertelangen Verweigerung des Laienkelches und der Volkssprache in der Liturgie, welche Fehlentscheidungen erst durch das Vatikanum II mit einiger Mühe und halbem Herzen korrigiert wurden.

3. Brandmüller verharmlost in geradezu peinlicher Weise die allerdings nun selbst für ihn «in der Tat längst überholten» (A 122) *Verurteilungen der neuen historisch-kritischen Exegese* bezüglich der Autorschaft der biblischen Bücher, der Quellenforschung im Alten und Neuen Testament, der Historizität und der literarischen Gattungen, des Comma Joanneum, der Vulgata (vgl. U 25). Noch im Denzinger, 30. Aufl. von 1955, sind rund 70 negative Entscheidungen der Päpstlichen Bibelkommission zumeist aus der Zeit Pius X. (1903–1914) verzeichnet; in der 2. Auflage des Enchiridion Biblicum wurden, sinnigerweise zu Pius' X. Heiligsprechung am 25. Mai 1954, zumindest einige davon fallengelassen, wenn auch, wie in Rom üblich, nie ausdrücklich korrigiert: historische Fragen, die als Glaubensfragen behandelt worden waren [15]. Hinter diesen Entscheidungen der in neuerer Zeit glücklicherweise offener gewordenen Bibelkommission, die gestützt sind von den übrigen päpstlichen Dokumenten und Maßnahmen (Exkommunikationen, Absetzungen, Indizierungen und sonstige Maßregelungen) gegen die sogenannten Modernisten, verbirgt sich die übelste Ketzerjagd unseres Jahrhunderts. Es genügt, die noch sehr milde beurteilenden dreißig Seiten in J. Schmidlins Papstgeschichte über Pius X. als Antimodernisten nachzulesen [16], die allerdings aus der Sicht der Betroffenen entscheidend zu ergänzen wären [17].

15 Vgl. dazu *J. Dupont,* À propos du nouvel Enchiridion Biblicum, in: Revue Biblique 62 (1955) 414–419.

16 *J. Schmidlin,* Papstgeschichte der neuesten Zeit (München 1936) III, 138–169.

17 Brandmüller sind merkwürdigerweise «keine ‹Verurteilungen› in diesem Zusammenhang bekannt» (A 121): Mindestens die Exkommunikation von A. Loisy und G. Tyrrell (von denen E. Buonaiutis und R. Murris zu schweigen) sowie bestimmte Indizierungen dürften einem Kirchenhistoriker bekannt sein. Als Mittel zur Ausrottung der modernistischen Häresien wurden in der Instruktion des Heiligen Offiziums vom 25. August 1907 an die Ordinarien und Ordensoberen angegeben: die Entfernung der angesteckten Lehrer aus den Seminarien, Verbot der betreffenden Schriften, Verweigerung der Weihe für irrtumsverdächtige Seminaristen; dazu kamen Exkommunikationsdrohungen, der Index und der Antimordernisteneid. – Für Brandmüller sind die Entscheidungen der Päpstlichen Bibelkommission keine «Irrtümer des kirchlichen Lehramtes» (A 122): Nach dem Motu proprio «Praestantia Scripturae» Pius' X. vom 18. November 1907 jedoch kommt der Päpstlichen Bibelkommission dieselbe Autorität zu wie den vom Papst bestätigten Lehrdekreten der römischen Kongregationen; sie verpflichten im Gewissen unter schwerer Sünde (D 2113 f.). – Daß man alle die zahlreichen lehramtlichen Irrtümer, die auch von Brandmüller heute als Irrtümer anerkannt werden (A 122) als notwendige Konsequenz der «Offensive einer ungläubig gewordenen Wissenschaft und eines christentumsfeindlichen Zeitgeistes» (ebd.) hinstellen will, heißt, die Dinge auf den Kopf stellen. Die offensichtlich auch Brandmüller unbekannte, aber in ihren Auswirkungen für die gesamte katholische

4. Den Einfluß *Pseudo-Isidors* auf das mittelalterliche Verständnis päpstlicher Lehrautorität will offenbar auch Brandmüller nicht leugnen. Also sucht er die These des Verfassers durch den (in seinen Augen offenbar diffamierenden) Verweis auf J. Döllinger zu entkräftigen, der – wie Brandmüller ohne Gegenargumente behauptet – einen historisch-kritischen Beweis schuldig geblieben sei. Verschwiegen hat Brandmüller jedoch, daß sich der Verfasser gerade nicht auf Döllinger, sondern insbesondere auf Y. Congar beruft und ihr wörtlich zitiert. Gegen das dort Dargelegte weiß Brandmüller keine Gegenargumente. Auch Fuhrmanns Rede vom «Schub», «der die Ausbildung und Steigerung der päpstlichen Jurisdiktion mächtig förderte» (A 124), kann Brandmüller offensichtlich nicht bestreiten. Ob dieser Schub «dramatisch» ist oder nicht, ob er als «Hebel» oder als «Kommentar», als «Ferment» oder «Strukturelement» gewirkt hat, ist von zweitrangiger Bedeutung und kann die (von Brandmüller nicht einmal korrekt referierte) These auch nicht von ferne erschüttern: daß nämlich «der große Umbruch ... auch in bezug auf die Lehrautorität im Zusammenhang der Gregorianischen Reform» stattfand und daß die «ungeheuerlichen Fälschungen der Pseudo-Isidorischen Dekretalen aus dem 9. Jahrhundert» – Fuhrmann nimmt sogar des Papst-Historikers J. Hallers Wort vom «größten Betrug der Weltgeschichte» auf [18] – «nun auch bezüglich der Lehrautorität des Papstes zur Auswirkung» kommen (U 93). Brandmüller hätte in dieser Formulierung eher Zurückhaltung als «Emphase» entdecken können.

Den unbestreitbaren Einfluß Pseudo-Isidors auf Gratian und damit auf das gesamte Kirchenrecht versucht Brandmüller mit dem merkwürdig unhistorischen Hinweis zu überspielen, der Kodex sei erst 1918 publiziert und rechtskräftig geworden. Es geht aber dem Verfasser nicht um die formale «Rechtskraft» (A 125), sondern um den realen geschichtlichen Einfluß Pseudo-Isidors. Wer hätte auch je behauptet, Pseudo-Isidor habe die Canones 220 (alleinige Zuständigkeit des Papstes für die «causae maiores») und 222 (alleiniges Recht des Papstes zur Einberufung ökumenischer Konzilien) in Kraft gesetzt? Brandmüllers Hinweis, die beiden Canones seien «nicht ‹substantiell›, sondern ‹lediglich illustrativ› mit den pseudoisidorischen Dekreten verbun-

Theologie verheerende Leidensgeschichte der katholischen Exegese in unserem Jahrhundert bleibt freilich noch – ohne die übliche Beschönigung und Verschleierung – zu schreiben. Bekannt sind die indizierten oder aus dem kirchlichen Lehrbetrieb entfernten Exegeten. Zahllos sind die mehr oder weniger im verborgenen Gemaßregelten. Die tragischen Schicksale der beiden wohl größten Figuren – nach Kardinal Bea war F. Hummelauer der bedeutendste katholische Exeget der zweiten Hälfte des vergangenen Jahrhunderts und J.-M. Lagrange der bedeutendste der ersten Hälfte des jetzigen – verdienen darin einen Ehrenplatz mit vielen anderen in Frankreich (z. B. J. Touzard, abgesetzt noch 1928) und in Deutschland (z. B. H. Junker); vgl. dazu *F.-M. Braun*, L'oeuvre du P. Lagrange (Fribourg 1943), besonders das Kapitel Combats et épreuves (S. 87–131), sowie, spät veröffentlicht, Lagranges Souvenirs personnels (Paris 1967). Mit echten Dokumenten und eigens fingierten Briefen gibt O. *Köhler* einen bewegenden Einblick in die «historischen Glaubensschicksale» vor und während der Modernismuswirren (u. a. von Bischof Dupanloup, Döllinger, von Hefele, A. Ehrhard, von Hügel, Lagrange, Loisy, Buonaiuti): Bewußtseinsstörungen im Katholizismus (Frankfurt/M 1972).

den» (A 125), kann man nur sophistisch nennen. Eine Fälschung, die im Widerspruch zur ursprünglichen Kirchenverfassung steht, wird theologisch keineswegs legitimiert dadurch, daß sie von einem Gesetzgeber (zu seinen Gunsten) legalisiert wird: Der päpstliche Absolutismus wird nicht dadurch legitim, daß er von absolutistischen Päpsten gesetzlich verankert wird. Es ist in der Tat «eine für Küng gewiß interessante Überraschung» (A 126), daß Brandmüller aus den von ihm angeführten Zitaten *gegen* deren Wortlaut herausliest, Pseudo-Isidor gebe schlicht die alte Tradition wieder[19]. Kurz: Es besteht aufgrund von Brandmüllers Vorhaltungen nicht der geringste Anlaß, von den Aussagen über Pseudo-Isidor abzurücken[20].

5. Wäre man nicht von den vorausgegangenen Seiten her bereits an ziemlich viel Ignoranz und Arroganz gewohnt, so wäre man sprachlos beim Vorwurf an den Verfasser, dieser hätte wie auch die von ihm zitierte Literatur zum Vatikanum I samt Butler-Lang und R. Aubert, so auch die Einleitung von R. A. Verardo zu *Thomas von Aquins* Opusculum *Contra errores Graecorum* «zitiert, gerühmt, aber nicht gelesen – auf keinen Fall ganz oder aufmerksam gelesen» (A 127). Darauf braucht man nur zu antworten: Alles was in Kürze über Entstehung, Inhalt und Quellen des Opusculums gesagt wurde, erscheint, wie jeder Leser der Einleitung feststellen kann, durch Verardo voll gedeckt. Daß Brandmüller jedoch nicht gemerkt hat, wie die Kapitel des Thomas über den päpstlichen Primat «von Zitaten aus Fälschungen geradezu strotzen» (U 94),

18 *H. Fuhrmann*, Neuerungen in Theorie und Praxis des römischen Primats. Vom Frühmittelalter bis zur gregorianischen Reform, in: Concilium 7 (1971) 255.

19 Liest man die von Brandmüller angeführten Zitate genau, ergibt sich folgendes Bild: Der Kirchenhistoriker *Sokrates* referiert an der in diesem Zusammenhang wichtigen Stelle einen Brief des Papstes Julius, in dem dieser feststellt, nach der kirchlichen Regel sei es nicht richtig, ohne Zustimmung des Bischofs von Rom ein *Gesetz* zu machen. *Cassiodor* geht ein Stück weiter und behauptet, nicht nur geltende Gesetze, sondern auch *Konzilien* bedürften der Zustimmung des Bischofs von Rom. *Pseudo-Isidor* verschärft das nun erheblich, indem er nicht mehr nur von Zustimmung redet, sondern gegen die gesamte Tradition des ersten Jahrtausends dem römischen Bischof das alleinige Einberufungsrecht für alle Synoden zuschreibt. Es ist somit klar, daß Pseudo-Isidor nicht einfach die Linie von Sokrates und Cassiodor übernimmt, sondern sie wesentlich verschärft und diese verschärfte Form wahrheitswidrig einem frühen Papst zuschreibt. Ob übrigens der historische Julius seinen Anspruch zu Recht erhoben hat, braucht hier nicht untersucht zu werden, kann aber auch nicht einfach vorausgesetzt werden. Zu all diesen «Fragen menschlichen Rechtes» vgl. mein Buch «Strukturen der Kirche» bes. Kap. VII, 6, wo auf die Fragwürdigkeit eines selbstverständlich historisch nicht zu bestreitenden frühen primatialen Anspruchs römischer Bischöfe eingegangen wird.

20 Vgl. *Y. Congar*: «C'est au moment et dans le cadre de la réforme grégorienne que bien des textes des Fausses Décrétales furent repris et invoqués par les canonistes et par Grégoire VII lui-même pour appuyer un droit public de monarchie pontificale. Gratien devait citer 324 passages tirés des documents attribués par le Ps. Isidore aux papes des quatre premiers siècles, dont 313 inauthentiques. On ne peut donc pas nier l'influence que le faussaire eut sur le développement d'une ecclésiologie centrée sur l'autorité papale. S'il n'a pas créé cette idéologie, il lui a donné largement ses chances en lui procurant l'appui prestigieux des papes de l'antiquité dont plusieurs avaient été des martyrs». L'ecclésiologie du haut Moyen-Age. De Saint Grégoire le Grand à la désunion entre Byzance et Rome (Paris 1968) 231 f.

zeigt unwiderlegbar, daß er selber bestenfalls Teile der Einleitung, sicher aber nicht den Text des Opusculums und die Anmerkungen des italienischen Dominikaners, der alle Fälschungen unbestechlich verzeichnet, gelesen hat. Das vom Verfasser zitierte Urteil des führenden Erforschers dieses thomasischen Werkes, F. H. Reusch, findet die volle Zustimmung nicht nur Verardos, sondern auch so eminenter katholischer Dogmenhistoriker wie M. Grabmann und A. Dondaine[21]: daß nämlich die von Thomas von Aquin zur Begründung seiner Primatsaussagen aus dem Libellus eines (unterdessen identifizierten) Anonymus exzerpierten Sätze «meist... entweder gefälscht oder durch Fälschung interpoliert sind» (U 95).[22] – Daß es in «Contra errores Graecorum» «gar nicht um die Lehre des hl. Thomas über Primat und Unfehlbarkeit des Papstes, sondern um die Lehre des zu begutachtenden Büchleins» gehe (A 127), wird schon widerlegt durch das von Brandmüller selber angeführte Zitat: Thomas diskutiert im ersten Teil seiner Studie (primo) einige Stellen des Büchleins, die ihm theologisch fraglich erscheinen. Dann jedoch im zweiten Teil (postmodum) mit den Kapiteln über den päpstlichen Primat geht es ihm um die Darstellung der wahren *katholischen* Lehre: «um zu zeigen, wie aus ihnen (jenen faktisch gefälschten Autoritäten) die Wahrheit des katholischen Glaubens sowohl gelehrt wie (gegen die Griechen) verteidigt wird» (zit. A 127). Also nicht nur, wie Brandmüller sagt, die «Rechtgläubigkeit des Büchleins», sondern auch «die einzelne darin behandelte Lehre für sich» (A 127) stand

21 Zit. in *R. A. Verardos* Einleitung (Opuscula theologica, ed. Marietti 1954) 281.

22 Die Kyrill von Alexandrien zugeschriebenen Primatstexte sind ausnahmslos gefälscht, die Chrysostomos zugeschriebenen entweder ungenau zitiert oder – besonders diejenigen zugunsten des päpstlichen Primats – verfälscht. Andere Kapitel hat der anonyme Autor völlig eigenmächtig fabriziert, wenn er sich dafür auch einiger Worte oder Sätze von Konzilien oder griechischen Vätern bediente. Thomas selber hat offensichtlich diejenigen Sätze exzerpiert, die für die Begründung seiner Primatslehre besonders geeignet waren. So *Verardo* S. 289 nach Reusch. Ebenso *Y. Congar*, L'Eglise de saint Augustin à l'époque moderne (Paris 1970) 237 f. Und falls Brandmüller es ganz genau wissen möchte: In den vom päpstlichem Primat handelnden Kapiteln 32–36 (= 166 Kolumnenzeilen) werden (von ca. 7 Zeilen Schriftzitaten abgesehen) Texte von ca. 90 Zeilen als Zitate ausgegeben. Keines kann volle Authentizität beanspruchen. Im (für unsere Frage entscheidenden) Kapitel 36 über die päpstliche Lehrautorität (= 45 Zeilen) werden (von 4 Zeilen Schriftzitaten abgesehen) Texte von ca. 25 Zeilen als Zitate vorgestellt. Davon ist nach Verardos Anmerkungen kein einziges Zitat authentisch. Die restlichen 16 Zeilen dienen der Inhaltsangabe, der Ein- und Überleitung sowie der Quellenangabe der zitierten Texte. Kein einziger Gedanke also in diesem Kapitel, der nicht auf Fälschungen zurückgeht. – Zustimmen kann ich Brandmüller bezüglich der Korrektur meiner mißverständlichen Interpretation des «Sed contra» in Summa theologica II–II q. 1, a. 10. Doch ändert dies nichts an der Feststellung, daß Thomas die auf Fälschung beruhenden Thesen in die Summa übernommen hat, wenn auch nun auffälligerweise ohne Bezug auf die vom Anonymus gefälschten Quellen. Auch darüber hätte Brandmüller in Verardos Einführung nicht Unwichtiges lesen können. Hinzuzufügen bleibt nur, daß noch neueste Handbücher der Kirchengeschichte sich über diese für Rom sehr unbequemen Tatsachen und Vorgänge beinahe völlig ausschweigen. Anders hingegen ein so guter Thomas-Kenner wie *O. H. Pesch*, mit dessen Präzisierung bezüglich des Thomanischen Traktats über den Glauben ich gerne einverstanden bin: «Daß Thomas Opfer des Pseudo-Isidorischen Dekretalien ist, bedarf keiner Frage» (s. o. S. 255, Anm. 9).

in Frage, damit, wie Thomas sagt, «nach Beseitigung aller Zweideutigkeit (im ersten Teil) aus den Autoritäten jenes besagten Büchleins (im zweiten Teil) die reinste Frucht des wahren Glaubens gewonnen wird»[23]. Noch auf dem Konzil von Florenz gegen die Griechen und dann wiederum von Bellarmin gegen die Protestanten wurden diese gefälschten, aber für den römischen Primat nun einmal außerordentlich günstigen Texte gebraucht. Und noch lange suchte man ihre Authentizität mit der leeren Berufung auf verlorengegangene oder absichtlich vernichtete Texte zu begründen. Thomas selber hatte diese im Sinne des praktizierten hochmittelalterlichen päpstlichen Absolutismus gefälschten Texte von der Schrift her gerechtfertigt statt sie (und die entsprechende Praxis) von der Schrift her der Kritik zu unterwerfen. Die von Thomas herangezogenen Schriftstellen – etwa Lk 22,32 – geben zur Rechtfertigung der gefälschten Primatstexte und insbesondere einer absolutistischen Lehrautorität nichts her, wie nach allen obigen Darlegungen noch deutlicher ist als vorher. An unserer Schlußfolgerung muß somit festgehalten werden: «Es ist kein Zweifel, daß auf diese Weise Thomas von Aquin, sich, wie man annimmt, guten Glaubens auf Fälschungen gründend, die Grundlagen für die Unfehlbarkeitslehre des Vatikanum I gelegt hat» (U 96). Um mit Brandmüller gegen Brandmüller zu reden: «Rudimentäre Kenntnisse der Theologiegeschichte hätten indes genügt, um zu erkennen»: daß dem Thomas von Aquin für die theologische Legitimierung einer absolutistisch verstandenen päpstlichen Lehrautorität eine entscheidende Funktion zukommt. Wenn Brandmüller protestantische Dogmengeschichten (A. Harnack, R. Seeberg, F. Heiler) nicht lesen sollte («Protestantica non leguntur»?), so doch zumindest Katholiken wie Y. Congar: «Der Papst ist also die oberste Autorität in Sachen der Lehre. Thomas geht nicht darüber hinaus, aber man wird seine These zugunsten der päpstlichen Unfehlbarkeit anrufen. Man sieht, wie die Theologie Nikolaus' I. und die der falschen Dekretalen über die Rolle des Papstes in den Konzilien hier ihre Weihe finden.»[24]

Das mag für Brandmüller genügen. Eine deutliche Antwort auf die Angriffe war leider nicht zu umgehen. Da wir auf das Vatikanum I in ernsthafterem Zusammenhang zurückzukommen hatten[25], können wir uns sparen, auf seine in diesem Abschnitt

23 Im gleichen Proömium Nr. 1028 (von Brandmüller nicht zitiert).

24 *Y. Congar*, aaO 238. *B. Tierney* hat in seinem genannten Werk erhellen können, wie es über die noch allgemeinen Aussagen des Thomas von Aquin bezüglich der päpstlichen Lehrautorität hinaus zu spezifischen Aussagen über die päpstliche *Unfehlbarkeit* kam: Origins of Papal Infallibility 1150–1350 (Leiden 1972), sowie, kurz zusammengefaßt, in dem in diesen Band aufgenommenen Beitrag. – Congar bestätigt dem Verfasser übrigens ausdrücklich, daß er ihn, wo er sich auf ihn beruft, «exakt wiedergibt» (A 189). Wer zudem als exakter Interpret von Karl Barth eine gute Fleißnote erhalten hat und eine solche, wie Kenner versichern, im Himmelsreich vielleicht sogar von Georg Friedrich Wilhelm Hegel erwarten darf, wird sich – man verzeihe die Unbescheidenheit – von Globalvorwürfen der unhistorischen oder ungenauen Interpretation nicht allzusehr erschüttern lassen.

25 Nicht zurückkommen wollte ich auf Brandmüllers merkwürdige Behauptung, daß die Rettung des Kirchenstaates bei der Einberufung des Konzils und seinen Definitionen nicht mitgespielt habe. Dies bestätigt gerade der von Brandmüller (A 130) zitierte *V. Conzemius* in: Concilium 7 (1971) 265. Noch deutlicher und ausführlicher derselbe Verfasser in dem von E. Weinzierl herausgegebenen Sammelband aaO S. 58 mit Verweis auf J. Schmid-

in ihrer Haltlosigkeit besonders durchsichtigen Anwürfe zu antworten[26]. Man muß sich ja schließlich fragen: Lohnt sich überhaupt eine *historische* Auseinandersetzung mit einem Apologeten des gegenwärtigen Systems?[27] Als persönliche Notwehr gegen eine Art wissenschaftlichen Rufmordes[28] mag sie angehen. Auch als Gelegenheit, die bereits vorgebrachten Auffassungen in mehreren Punkten zu bekräftigen. Ob dies alles Brandmüller selber weiterhilft, wird man füglich bezweifeln. In seiner Antwort auf die Tübinger Einladung las man: «... drei Stunden lang könnte man ja doch nicht über kirchenhistorische Fakten reden, die ohnehin feststehen». Wir haben in unserem Oberseminar drei Stunden darüber geredet, und das Ergebnis war vernichtend: sowohl in bezug auf die «ohnehin feststehenden» Fakten wie auf den in obiger Entschuldigung deutlich werdenden Mangel an kritischer historisch-hermeneutischer Reflexion. Der aus der Ferne so mutige Autor mag seine Erfolge als Chronist von «ohnehin feststehenden» kirchenhistorischen Fakten haben; seine diesbezüglichen Verdienste seien nicht geschmälert. Wo es jedoch um Kirchengeschichtsschreibung geht, wird man sich besser an dogmatisch unvoreingenommene Historiker halten. Dies alles sei offen aus-

lin: «Nicht von ungefähr erfährt das Papsttum, kurz bevor der Restbestand seiner weltlichen Herrschaft liquidiert wird, eine ungeheure Steigerung seiner geistlichen Autorität. Der weltliche Machtverlust wird durch einen geistlichen Prestigezuwachs kompensiert, und zwar nicht nachträglich, sondern von vornherein, gleichsam um den schwankenden Thron Petri zu konsolidieren.» Dazu die Anmerkung: «J. Schmidlin (Papstgeschichte der neuesten Zeit, Bd. 2, München 1934, S. 257) hält es für wahrscheinlich, daß der Papst eine feierliche Hervorhebung des Primates noch in letzter Stunde zur Rettung des Kirchenstaates intendierte; diese Hypothese hat manches für sich; daneben ist aber auch darauf zu achten, daß einige Kurialen nicht so sehr mit dieser Idee einverstanden waren, weil sie neue politische Schwierigkeiten befürchteten. Vgl. R. Aubert, Vatican I. Paris 1964, S. 47». – Ebenfalls *E. Weinzierl* in ihrer Zusammenfassung: «Die großen kirchlichen Entscheidungen dieses Papstes – die Dogmatisierung der leiblichen Himmelfahrt Mariens 1854, der Syllabus von 1864 und die Dogmatisierung der päpstlichen Unfehlbarkeit 1870 – müssen im Zusammenhang mit den großen politischen Krisen seiner Regierung des Kirchenstaates gesehen werden. Der Untergang des der nationalen Einigung Italiens zum Opfer gefallenen Kirchenstaates schien eine massive Stärkung der geistlichen Autorität des Papstes geradezu zu verlangen. Daher hat sich auch die Mehrheit der Väter des I. Vatikanums für die Dogmatisierung der Infallibilität ausgesprochen, obwohl noch 1865 nur einer von 15 Kardinälen und sieben von 35 Bischöfen diese für das Konzil vorgeschlagen hatten» (S. 284).

26 Brandmüller, der auch hier wieder Kollegen zum Lesen auffordert, hat u.a . übersehen, daß der von ihm zitierte J. Coppens nicht mein Buch «Die Kirche» rezensierte, sondern (ohne mein Buch zu lesen) eine Rezension Congars meines Buches, welche seltsame Rezension einer Rezension bereits die verdiente Antwort gefunden hat in: Diskussion um Hans Küng DIE KIRCHE, hrsg. von H. Häring und J. Nolte (Freiburg–Basel–Wien 1971) 206.

27 Fruchtbar hätte eine Arbeitsgemeinschaft zwischen dem Historiker Brandmüller und dem Theologen *H. Schauf* werden können: «Ohne das von der Theologie erarbeitete und für die richtige Wertung der Fakten notwendige Instrumentarium sollte man die ‹Irrtümer des kirchlichen Lehramts› einem breiteren Publikum nicht unterbreiten.» Schauf legt auch Wert auf die für die Unfehlbarkeitsdebatte nicht unwichtige Unterscheidung zwischen «echten lehramtlichen Entscheidungen» und «sog. lehrpolizeilichen Maßnahmen» (S. 165, B IV).

28 Man lese zum Überfluß oder Überdruß das Brandmüller-Schlußwort über «Hans Küng und die historische Wahrheit» (A 132 f.). Hingewiesen sei auf die Ausführungen von *H. Halbfas* zu Brandmüller (in diesem Band).

gesprochen aufgrund des Brandmüllerschen Schlußwunsches nach mehr Wahrhaftigkeit: «eine Tugend, über die Hans Küng ein ganzes Buch geschrieben hat» (A 133).

2. Systematica

Hätten sich auch alle historischen Einwände gegen das Buch «Unfehlbar?» als stichhaltig erwiesen – der Verfasser hatte, da «er in einem Text von äußerster Dichte an viele Fragen rührt» (Y. Congar A 189), in der Tat mehr stichhaltige Korrekturen erwartet –, so wäre die Möglichkeit unfehlbarer Aussagen noch keineswegs erwiesen. Auf diesen einen zentralen Punkt hin waren nun einmal besonders die Kollegen der Systematik angefragt. Viele verstanden die Anfrage und versuchten sie zu beantworten. Einige jedoch suchten sich Fragen nach eigenem Geschmack und marschierten in zum Teil recht wunderliche Richtungen. Soweit sie von der Hauptfrage wegführen, soll ihnen hier «exkursorisch» nachgegangen werden.

a. Der Rahnerschüler *Herbert Vorgrimler* – schon bisher bekannt geworden durch die Herausgabe der Werke anderer – hat es sich auch in diesem Fall leicht gemacht: ohne, wie er es von anderen fordert, «ernsthafte theologische Arbeit (zu) investieren» (A 333 f.). Seine «Antwort» auf meine Anfrage war meiner Erinnerung nach in Vortragszusammenfassung schon in der Schweizer Presse zu lesen, längst bevor mein Buch erschienen war. Nach Seitenhieben und Anmerkungen zu schließen, war der Beitrag ursprünglich mehr gegen meinen Tübinger Kollegen H. Haag gerichtet, dem Vorgrimler ohne Anlaß, Belege und Argumente «rationalistisch-oberflächliche Demontage der ungeschuldeten Gnade, der Erbsünde, des Teufels usw.» (A 329) vorwirft. Selbstverständlich kann man Vorgrimler nicht verbieten, einen Aufsatz aus der Schublade zu ziehen und etwas umzufrisieren. Anders verhält es sich, wenn ein solcher Artikel als «Antwort» auf eine Anfrage deklariert wird, die als solche gar nicht zur Kenntnis genommen wurde. Nur auf einer einzigen einleitenden Seite beschäftigt sich Vorgrimler überhaupt mit dem in Frage stehenden Buch, nur zweimal wird es zitiert: einmal mit einer völlig peripheren Aussage, im Kontext durchaus schief, das andere Mal mit einem Satz aus dem Abschnitt über die Unfehlbarkeitsauffassung des griechisch-orthodoxen Theologen J. Karmiris (A 328 f.).

Die Beliebigkeit und Willkür der Zitation Vorgrimlers läßt fragen – sein Bandgenosse Brandmüller legt uns die Frage nahe –, ob dieser Theologe und Manager auch des Rahner-Bandes das Buch überhaupt gelesen hat, gegen welches er schreibt. Solche Vermutung wird bestätigt durch Vorgrimlers Urteil über «die wissenschaftliche Unhaltbarkeit des Küngschen Gebäudes» (A 328), welches gleich zu Beginn wiederum ohne alle Belege und ohne die geringste Begründung allein mit Berufung auf H. Mühlen (den wir bereits kennengelernt haben) und L. Scheffczyk (den wir noch kennenlernen werden) abgegeben wird. Mit volltönenden Worten behauptet Vorgrimler, daß im Buch «ein System eines Lehramtes aufgebaut und als das römisch-katholische ausgegeben wird», welches dann «alsbald mit einem großen Aufwand historischer, philosophischer, psychologischer und anderer Argumente wieder demoliert wird»: ein «Scheingebäude», eine «Phantom-Lehre» (A 328). Wie schön wär's, wenn der Geisterseher recht hätte! Gegen Phantome wären keine Sammelbände nötig (vgl. W. Kasper o. S. 76).

Nachdem zumindest die zentralen Partien des Buches dem Kritiker, nach seinen eigenen Ausführungen zu schließen, unbekannt sind, ist von Vorgrimlers Beitrag nicht viel zu erwarten:

1. Die präzise Fragestellung nach unfehlbaren Sätzen, also Sätzen, die aufgrund eines Beistandes des Heiligen Geistes gar nicht falsch sein können, wird verschleiert durch ein unpräzises Reden von «dogmatischen Sätzen», worunter alles fällt, «was zur reflektierten und satzhaft artikulierten Glaubenslehre in der Einheit von Theorie und Praxis gehört» (A 330). Vorgrimlers «weiter ausholende Terminologie» (ebd.) gibt sich modisch, bleibt aber im Rahmen jener Neuscholastik, die nach ihm selber «mittlerweile ... untergegangen ist» (A 339). Nur daß Dogmatisierungsprozesse zur «meditierenden (?) Reflexion der (?) Kirche» über das «von Gott (unvermittelt?) Mitgeteilte» (A 330 f.) mystifiziert werden! Wann und wo wurde denn etwa die Wahrheit der vier vatikanischen Dogmen über Maria und den Papst «von Gott mitgeteilt»? Und wer ist hier «die Kirche», die darüber «meditierend reflektierte»?

2. Bei all dem wird von Vorgrimler ständig vorausgesetzt, was zu beweisen wäre:

a. daß «die Kirche», obwohl menschlich, nicht irren könne bei der Erkenntnis des «von Gott Mitgeteilten» (A 331): Aber warum eigentlich nicht? Wird hier nicht die Differenz zwischen dem offenbarenden Gott, der nicht irren kann, und der Kirche aus Menschen, für die Irren menschlich ist, übersehen?

b. daß wenn die Kirche hier irren könnte, «Gott selber ... in die Irre führen würde» (ebd.): Und wenn die Kirche sündigt, führt dann auch Gott in die Sünde?

c. daß «die geschichtliche Selbigkeit und die gesellschaftliche Eindeutigkeit der Kirche» (A 331) nicht auch trotz aller Irrtümer gewährleistet sein könnte: Aber blieb denn nicht schon das alttestamentliche Gottesvolk der mit sich identische Bundespartner Gottes durch alle vielfältigen Irrtümer hindurch?

d. daß eine von Vorgrimler bejahte «Revision» dogmatischer Sätze nur durch «*aktualisierende Interpretation*» oder durch «*Neuinterpretation*» möglich sei (A 332): Aber warum nicht auch durch eine ehrliche Korrektur? Sollen Buße und Umkehr nur für den Einzelnen oder nur für die Kirchendisziplin, nicht aber für die Kirchenlehre nötig sein?

e. daß in der Dogmengeschichte zwischen den früheren und späteren dogmatischen Setzungen «auf keinen Fall ... ein kontradiktatorischer Widerspruch» (A 334) möglich sei: Warum denn nicht? Ist das nicht ein dogmatisches Wunschdenken, welches von unvoreingenommenen Dogmengeschichtlern kaum gestützt werden dürfte (eine Frage auch an Sartori; vgl. A 87. 90 f.)?

f. daß dort, wo «eine neue Formulierung – auch verbindlicher Art» als «mit dem früher Gemeinten und Mitgeteilten identisch» «historisch nicht bewiesen» werden kann – «z. B. die Akzentuierung des Petrusdienstes bei Matthäus mit den Dogmen des I. Vaticanum»! – nur noch der Appell an den «Glauben der Kirche» übrig bleibe

(A 334): Aber woher soll denn das kirchliche Lehramt, dem hier wieder einmal ohne Deckung ein Blankoscheck ausgestellt wird, wissen, was der Glaube der Kirche ist? Ist nicht auch nach Vorgrimler «dem durchschnittlichen Glaubensbewußtsein der Kirche», an welchem doch auch Amtsträger teilhaben, «kritisch zu begegnen» (A 332)? Wie kommt man hier aus dem Circulus vitiosus heraus?

Vorgrimler bewegt sich auf den Bahnen seines Lehrers. Wie sehr aber ein solcher Umgang mit Dogmen auf Kosten der Wahrheit geht, erhellt auch aus den Vorgrimlerschen Beispielen. Nur eines sei etwas genauer untersucht: Trient hatte die *Erbsünde* feierlich definiert als «die Sünde Adams, die in ihrem Ursprung eine ist und durch Fortpflanzung, nicht durch Nachahmung übertragen, allen innewohnt und jedem eigen ist» (D 790). Vorgrimler aber, der H. Haag eine «rationalistisch-oberflächliche Demontage ... der Erbsünde» vorwirft (A 329), gibt, ohne Rührung, aus dem Trienter «Verstehenshorizont» folgende Momente «als ‹heute› nicht mehr assimilierbar» auf: «die Faktizität eines Einzelmenschen Adam; die Vererbbarkeit einer Sünde, die durchaus nicht analog verstanden wurde; der biologische Zusammenhang der Menschheit als letzter einleuchtender Grund ihrer Solidarität» (A 332 f.). Wäre es dann aber nicht ehrlicher, etwa mit H. Haag [29] und U. Baumann [30] zu sagen, daß durch Fortpflanzung keine Sünde übertragen wird, daß die Berufung von Trient auf Röm 5, 12 im Sinne Augustins ein Irrtum war, daß somit der Begriff einer Erb-Sünde, die nach Vorgrimler auch bei den griechischen Kirchenvätern «gewiß keine große Rolle spielt» (ebd.), aufzugeben ist und heute in einer anderen Weise von der gewiß nicht zu bestreitenden Macht der Sünde und der Sündhaftigkeit aller Menschen gesprochen werden muß? Hier noch mit Vorgrimler den Irrtum Trients, der von Augustin her auch der Luthers war, abzustreiten und zugleich die Leugnung wesentlicher Elemente des tridentinischen Erbsündebegriffs unschuldig als «Neuinterpretation» des tridentinischen Dogmas zu bezeichnen, gehört zu jenen spekulativen Manövern, die in Vergangenheit und Gegenwart eine ehrliche Korrektur verhindert und einer glaubwürdigen «geschichtlichen Selbigkeit und gesellschaftlichen Eindeutigkeit der Kirche» (A 331) schwersten Schaden zugefügt haben [31]. Von «Loyalität, Fairness und Anständigkeit» (A 339) sollte man in der katholischen Theologie nicht nur reden, sondern sie auch üben. Das Ni-

29 Vgl. *H. Haag*, Biblische Schöpfungslehre und kirchliche Erbsündenlehre (Stuttgart 1966).

30 Vgl. *U. Baumann*, Erbsünde? Ihr traditionelles Verständnis in der Krise heutiger Theologie (Freiburg–Basel–Wien 1970) (Lit.!).

31 Es muß ebenfalls als ein «Manipulation der Wahrheit» (vgl. Wahrhaftigkeit B VIII) angesehen werden, wenn Vorgrimler behauptet, die tridentinische Verurteilung der Ehescheidung wolle nur eine «aggressive Haltung der Reformatoren gegen die Kirche verurteilen» (A 336); oder die tridentinische Definition einer Einsetzung aller sieben Sakramente durch Jesus Christus denke «nicht an die Geschichte», sondern nur «an die Wirksamkeit der Sakramente», welche «Auswahl» durch die «Kirche» (!) dann doch «nicht beliebig reversibel» sein soll (A 337); oder wenn die theologisch fragwürdige Erneuerung des Ablaßwesens durch Papst Paul VI. gegenüber Trient als eine «Entlassung des Ablaßproblems bei Paul VI. in die ‹Freiheit der Kinder Gottes›» gerühmt wird (A 338; nach der apostolischen Konstitution vom 1. Januar 1967 bleiben unvollkommene und vollkommene Ablässe gültig, was die theologische Basis liefern wird für das von römischen Kreisen aus religiösen wie finanziellen Gründen geförderte «heilige» Ablaß- und Wallfahrtsjahr 1975).

veau der katholischen Theologie hängt heute mehr denn je an ihrer inneren Wahrhaftigkeit.[32]

Spekuliert man heute nicht im «Bereich subjektiver Beliebigkeit» (A 332) an den Dogmen herum, sondern orientiert man sich für die heute notwendige *neue* Aussage an der alt- und neutestamentlichen Botschaft (was nur ein mit der historisch-kritischen Exegese nicht Vertrauter als «biblizistischen Regress» bezeichnen kann. A 332), dann wird man mit Hilfe Vorgrimlerscher Formulierungen gerade umgekehrt sagen: «Die Kirche» als Gemeinschaft der Glaubenden samt all ihren Leitern und Theologen vernimmt das «von Gott Mitgeteilte» nur über die Vermittlung durch Menschenwort und Menschentat. Irrtum in der «Apperzeption, Rezeption und Artikulation» ist grundsätzlich immer möglich: nicht durch «Irreführung Gottes», sondern durch Irren der Menschen, deren Freiheit und Beschränktheit Gott jederzeit respektiert. Die Kirche bewahrt ihre «Identität», ihre «geschichtliche Selbigkeit und gesellschaftliche Eindeutigkeit» nicht durch dogmatische Behauptung einer Irrtumslosigkeit (mindestens noch bei bestimmten Personen oder bestimmten Gelegenheiten), die für die Gesellschaft schon längst nicht mehr glaubwürdig ist, sondern durch ein stets erneutes Festhalten an der Wahrheit des Evangeliums Jesu Christi, an Jesus Christus selbst, und durch ehrliche Korrektur der Irrtümer im Geist der christlichen Metanoia.

b. *Heribert Mühlen* hatte im ersten Teil seines Artikels Anstoß genommen an der Rede vom päpstlichen «Absolutismus», den der Verfasser keineswegs «lediglich auf eine Übernahme zeitgenössischer *politischer* Strukturen zurückführt» (A 245), sondern zugleich, wenn auch anders als Mühlen, vom theologischen Hintergrund her sieht (vgl. obiges Zitat aus K 323–325). Genau in der Mitte seines Aufsatzes aber beginnt Mühlen nun selber von der päpstlichen «Monokratie», von der «Alleinherrschaft in der Kirche» (A 245) zu sprechen, was ja doch nicht viel mehr als ein anderer Name für «Absolutismus» ist[33]. Diese *«Monokratie des Papstes»* (A 249) möchte er nun seinerseits in «epochaler» Weise erklären: aus einer «Glaubenserfahrung, die mit einem noch undifferenzierten Monotheismus einhergeht, demzufolge der eine Gott bzw. das eine Haupt der Kirche (dessen Haupt wiederum Gott ist; 1 Kor 11, 3) auch nur von *einem* Menschen auf Erden repräsentiert werden könne» (A 246). Ich habe diese These, die auf dem bekannten Artikel von E. Peterson über den «Monotheismus als politisches Problem» aus dem Jahre 1935[34] gründet, nicht zu referieren. An sich könnte man über die Schützenhilfe eines Mannes, der anders als der Verfasser die «Fe-

32 Ein Widerspruch zwischen den verschiedenen lehramtlichen Dokumenten wird mindestens bezüglich des Ökumenismus, der Religionsfreiheit, der Authentizität verschiedener biblischer Schriften, der Erschaffung des ersten Menschen, der Erschaffung Evas aus der Rippe Adams zugegeben vom Spanier *D. Fernández* (S. 847, B III), zwischen Mystici corporis und der Kirchenkonstitution des Vatikanum II von Bischof *B. C. Butler* (S. 374, B III).

33 Vgl. *L. Just*: «Absolutismus heißt die Regierungsform der Monarchie, die davon ausgeht, daß alle staatliche Gewalt einzig und allein in der Person des Fürsten verkörpert ist. In ihr gelangt der monarchische Gedanke zur extremen Ausprägung. Der Fürst ist alleiniger Gesetzgeber, höchster Richter, Heerführer und Regierer.» LThK I (1957) 75 f.

34 Von mir aufgenommen *und* kritisiert in: Menschwerdung Gottes 368.

stung» mit mehr als «mit Papierkugeln einnehmen» möchte (A 245), nur froh sein. Muß man aber nach Mühlens «pneumatischer» Einleitung nicht ein wenig Sorge haben, daß einem statt der Papierkugeln nun die hübsch pneumatisch aufgeblasenen Ballons einer mit traditionellen Formeln spielenden Spekulation geboten werden? Sehen wir näher zu.

Selbstverständlich bestreitet zumindest heute auch in der katholischen Theologie niemand, daß die Monokratie sowohl der Bischöfe wie die der byzantinischen (dann fränkisch-germanischen) Kaiser (bzw. späteren nationalen Könige) und so auch die der römischen Päpste mit einer «monarchisch-monokratischen . . .Glaubenserfahrung» (A 252) zu tun hat. Weil *ein* Gott, deshalb auch *ein* Reich und *ein* Herrscher – das ist der Grundgedanke jeglichen religiös fundierten Absolutismus. Deshalb war schon im Buch «Die Kirche» (1967) nicht nur das absolutistische Verständnis des Petrusdienstes als Petrusmacht, sondern das jetzt auch von Mühlen kritisierte monarchistische Verständnis von Bischof und Kirche bei Ignatios von Antiochien (K 484 f.) und den Nachfolgern (K 485–487) einer eingehenden Kritik zu unterziehen.

Die Frage ist nur: Was soll eigentlich im Zusammenhang dieses komplexen, schon in neutestamentlicher Zeit einsetzenden und dann sich verstärkenden Prozesses einer monokratischen Amtsauffassung der von Mühlen ständig mit Emphase gebrauchte Ausdruck «epochal» meinen? Daß mit Kaiser Konstantin in der Geschichte der Christenheit eine neue Epoche angefangen hat, daß auch nachher verschiedene Epochen unterschieden, daß auch heute das Ende einer alten und der Beginn einer neuen Epoche festgestellt werden kann, weiß man auch ohne alle trinitarischen Spekulationen. Gegen Mühlens sich epochal gebende Theologie jedoch bestehen ernsthafte historische und theologische Einwände.

Mühlens Epoche-Begriff erscheint *historisch* vage und vieldeutig: *Beginnt* die von Mühlen ins Auge gefaßte Epoche eigentlich mit Bonifaz VIII. im 13. Jahrhundert oder mit Konstantin im 4. oder mit Ignatios im 1./2. oder gar schon vor Christus im «altbundlichen Monotheismus» (vgl. A 246)? Was soll eigentlich die «epochale Bedingtheit» (A 246) der Glaubenserfahrung, wenn der Begriff der Epoche so unpräzise gefaßt wird, daß praktisch die gesamte Kirchengeschichte seit Ignatios in neutestamentlicher Zeit oder gar seit Mose sich «unter ein epochales Gesamtverständnis zusammenfassen (läßt), das heute in einem rapiden Abbau begriffen ist» (A 246)? Und *endet* diese Epoche nun wirklich deshalb, weil in Mühlens neuer Epoche nicht mehr mit Ignatios «der Glaube an den *einen* Gott des Alten Bundes, der sich geoffenbart hat durch seinen Sohn Jesus Christus» (A 247), sondern irgendeine anscheinend neue *«trinitarische Glaubenserfahrung»* (A 250) gelten soll? Wird denn nicht auch in Zukunft christlicher Glaube monotheistisch sein, und hat es nicht umgekehrt schon in der Vergangenheit vom 2. Jahrhundert bis zu Pius XII. eine «trinitarische Glaubenserfahrung» gegeben? Die dreifältige Epochalisierung der Kirchengeschichte in eine «biblische», «konstantinische» und «kommende» Epoche [35] läßt sich nicht aufrecht erhalten.

35 *H. Mühlen,* Entsakralisierung. Ein epochales Schlagwort in seiner Bedeutung für die Zukunft der christlichen Kirchen (Paderborn 1971) S. IX.

Aufgrund der historischen Unklarheiten erscheint somit Mühlens epochale Unterscheidung zwischen einer «altbundlich monotheistischen» und einer «trinitarischen» Glaubenserfahrung (vgl. A 246 f.) auch *theologisch* anfechtbar: Die Formel «*Ein* Gott – ein Kaiser» konnte, so muß auch Mühlen zugeben (A 247), *christologisch* ergänzt werden (Ein Gott – *ein Logos* – ein Kaiser) und hat doch der Monokratie oder dem Absolutismus nicht gewehrt, sondern ihn zum Teil eher verstärkt. Sie kann, was Mühlen nicht zu sehen vermag, durchaus auch *pneumatologisch* (etwa nach 1 Kor 12, 4–6 oder Eph 4, 4–6) ergänzt werden (Ein Gott – ein Logos – *ein Pneuma* – ein Kaiser) und wird auch so Monokratie oder Absolutismus nicht verhindern, sondern unter Umständen fördern. Der grundsätzlich in allen wirkende Geist erscheint dann eben als der primäre, monopolistische Besitz oder Beistand des Einen (Kaiser, Papst, Bischof), und auf diese Weise wird ein kirchlicher Kollektivismus möglich, der vom «einen göttlichen Kollektiv» [36] her überhöht und legitimiert wird.

Jedenfalls kann so die *päpstliche* Monokratie je nach Bedarf vom einen Vater («der Heilige Vater») oder vom Sohn («der Stellvertreter») oder – wie insbesondere in der Unfehlbarkeitsdoktrin – vom Heiligen Geist her (besondere «Assistenz») begründet und theologisch wie politisch wirksam werden. Trinitarisch läßt sich somit die Monokratie geradezu dreimal so gut begründen, wie ja schließlich auch im Namen der Dreifaltigkeit nicht nur Dogmen verkündet, sondern auch Ketzer verbrannt worden sind und noch heute der monokratischste Herrscher Afrikas, der Negus Negesti («König der Könige»), sich Kaiser Haile Selassie («Macht der Dreifaltigkeit») nennt.

Was also hilft gegen päpstliche Monokratie und Absolutismus in der Kirche wirklich? Sicher nicht «der Versuch ..., politische oder kirchliche Strukturen durchgreifend von einer *trinitarischen* Glaubenserfahrung her zu entwerfen» (A 250) – wie eigentlich? Sollen wir etwa mit drei unfehlbaren Päpsten im einen Papsttum besser fahren als mit dem einen Papst? [37] Vielmehr scheinen zwei Gesichtspunkte für Theorie und Praxis der Kirche wichtig zu sein:

1. Die Ablehnung jeglicher *Identifikation* eines Amtsträgers in der Kirche mit Gott *oder* mit Christus *oder* mit dem Heiligen Geist *oder* mit der Trinität als ganzer (vgl. die durchgehende kritische Differenzierung im – wenn man will – trinitarisch aufgebauten Kapitel über die «Grundstruktur» der Kirche als Gottesvolk, Geistesgeschöpf, Christusleib: K 129–310): Gerade aus den von Mühlen ausgesuchten Zitaten wird deutlich, daß nicht ein Mangel an trinitarischem Glaubensverständnis, sondern die in den verschiedenen Formen mögliche Identifikation für das monokratische Amtsverständnis die Grundlage bildet. Wenn er, durchaus zu Recht, die christologische Identi-

36 *H. Mühlen,* aaO 243.

37 Nach Mühlen ist «bisher (!) nur ein einziger Versuch bekannt geworden, dem trinitarischen Grundmysterium politische Effizienz zu verleihen. Im Jahre 696/70 haben Soldaten mit dem Ruf: ‹Wir glauben an die Trinität› die beiden Brüder Kaiser Konstantins IV. (!) zu Mitkaisern ausgerufen». Ob wir für die uns verheißene «kommende» Epoche neben anderen trinitarischen Happenings nun auch in der Kirche mit einem «Triumvirat als Abbild der himmlischen Trinität» zu rechnen haben werden? Vgl. *H. Mühlen,* Entsakralisierung 240 f.

fikationsformel der Enzyklika «Mystici corporis» (Papst und Christus «nur *ein einziges* Haupt der Kirche» A 246) ablehnt, so müßte er konsequenterweise auch die andere Identifikationsformel in derselben Enzyklika der Kritik unterziehen: «Una mystica persona», worüber Mühlen nun leider ein gar nicht kritisches Buch geschrieben hat mit dem barock-scholastischen Untertitel: «Die Kirche als das Mysterium der Identität des Heiligen Geistes in Christus und den Christen: eine Person in vielen Personen«[38]. Die Enzyklika «Mystici corporis» Pius' XII. bestätigt eklatant, wie gerade das Verständnis des Leibes Christi als «eine mystische Person» ein glänzendes Fundament abgibt für die mystische Identifikation der beiden Häupter der Kirche (Christus und Papst), aus welcher die theologisch-politische «Monokratie», «Alleinherrschaft des Papstes» folgt, die denn auch nach Mühlen gerade in Pius XII. ihren «vorläufig letzten Höhepunkt» (A 247) gefunden hat[39].

2. Die Reflexion des *verfassungsgeschichtlichen Umbruchs* durch die Aufrichtung

38 (München–Paderborn–Wien 1964). Wie wirr da die Spekulationen ins Kraut schießen, zeigt sich etwa in der Dissertation von P. Knauer, der «die entscheidende theologische Bedeutagung des II. Vaticanum in seiner Lehre (!) über den Heiligen Geist sehen (zu) dürfen» meint und der Mühlens einer schlechten Tradition verhaftete Formel «Eine Person in vielen Personen» sage und schreibe «in Entsprechung zur trinitarischen Formel von Nizäa und zur christologischen Formel von Chalzedon» für die «dritte dogmatische Grundformel» hält. Mühlens eigene epochale Bedeutung tritt hier deutlich hervor. *P. Knauer*, Verantwortung des Glaubens. Ein Gespräch mit Gerhard Ebeling aus katholischer Sicht (Frankfurt 1969) 125. Mühlen seinerseits, natürlich im Hinblick auf seine Theologie des Epochalen, hält für den «wohl epochalste(n) Satz des Vatikanum II» die doch heute eher als Gemeinplatz zu bezeichnende Aussage: «Die Menschheit befindet sich heute in einer neuen Epoche ihrer Geschichte» (Entsakralisierung IX). Für diesen Satz hätte man nicht unbedingt nach Rom zu reisen brauchen.

39 Bei allem Vorbehalt gegen Mühlens «umfassenderes pneumatologisches Gesamtverständnis der Kirche» (A 250) kann man ihm für seine offene Kritik an der Identifikation des Papstes mit Christus dankbar sein: «Von Christus als dem primären Haupt der Kirche gehen alle ihre Lebenskräfte auf *unsichtbare* Weise aus, und der Papst ist dann nur die *sichtbare Repräsentation des unsichtbaren Hauptes*, sein ‹Sprachrohr›. Und weiter: Wenn Christus das eine und einzige Haupt der Kirche ist, dann kann auch nur ein einziger Mensch auf Erden ihn in seiner Haupt-Funktion repräsentieren. Wenn also Christus nicht aufhört, per sese die Kirche zu regieren, und zwar per suum in terris Vicarium, dann müssen folgerichtig dessen mit dem Anspruch auf Unfehlbarkeit vorgelegte Definitionen ex sese, non autem ex consensu ecclesiae irreformabel sein. Und weiter: Wenn Christus unaufhörlich, *dauernd*, seine Kirche in eigener Person durch seinen Stellvertreter leitet, dann ist die Stimme des Papstes *immer irgendwie* die Stimme Christi, und zwar auch dann, wenn sie nicht ausdrücklich beansprucht, ‹unfehlbar› zu sein. Nur so ist es verständlich, daß z. B. auch ganz gelegentliche Aussprüche Pius XII. (vor Hebammen, Sportlern usw.) zu seinen Lebzeiten fast mit der gleichen Ehrfurcht, gleichsam als ‹dogmatische Quelle›, zitiert wurden wie die Aussagen der Schrift. Nur so ist es weiterhin verständlich, wenn Papst Paul VI. kurz nach Veröffentlichung seiner Enzyklika ‹Humanae vitae›, nämlich am 9. 10. 1968 im Rahmen einer allgemeinen Audienz, sagte: ‹Die kirchliche Autorität wird auch weiterhin ihren unersetzlichen Wert behalten, der konstitutionell und *mystisch* ist.› Wenn Christus und der Papst ein einziges Haupt der Kirche und damit *eine* ‹mystische› bzw. ‹moralische› Person sind, dann ist es in der Tat nicht mehr von allzugroßer Bedeutung, ob jeweils hinzugesagt wird, welcher Verbindlichkeitsgrad den jeweiligen lehramtlichen Aussagen zukommen soll» (A 249)!

eines absolutistischen Papalsystems seit der Gregorianischen Reform und der damit verbundene definitive Bruch mit den östlichen Kirchen: Wenn man schon in bezug auf die päpstliche Monokratie «epochal» denken will, dann müßte nach führenden Kirchen- und Dogmengeschichtlern in bezug auf das Papsttum nicht so sehr bei Konstantin, sondern bei Gregor VII. der Beginn einer neuen Epoche angesetzt werden, was allerdings wiederum mit dem Mühlenschen Unterschied zwischen vortrinitarischer und trinitarischer Glaubenserfahrung nichts zu tun hat. Mühlen, bei dem es sonst überall «epocht», übersieht, daß mit den neuen kirchen*politischen* Strukturen von den Gregorianern, wie insbesondere Congar immer wieder betont, zugleich ein neues *theologisches* Verständnis von Kirche und Papsttum eingeführt wird. *Dies* ist der «genuin *theologische* Hintergrund» (A 245) der päpstlichen Monokratie.

Mühlens Geist- und Trinitätsspekulationen – früher in neuscholastischem, jetzt in etwas modernerem Gewande («Sakralisierung» – «Entsakralisierung»: faktisch Umsakralisierung bis hin zum Zölibat) – bedürfen der kritischen Infragestellung. Im Hintergrund steht eine recht traditionelle, allzusehr an Augustin orientierte Trinitätslehre, die aufgrund der einen göttlichen Natur drei Hypostasen einander beiordnet, und eine Auffassung vom Heiligen Geist als «Person» (in den Personen), die biblisch und philosophisch fragwürdig ist. Mühlens Spekulationen in ihrer Frontstellung gegen den «undifferenzierten» alttestamentlichen Monotheismus haben tritheistische Züge und seine «epochale» Pneumatologie erinnert an die Spekulationen Joachims von Fiore vom Dritten Zeitalter des Heiligen Geistes, das immer gerade mit der Jetztzeit des betreffenden Propheten epochal in Aussicht steht (vgl. zu dieser Art von Schwärmertum K 232 f.). Vor diesem ganzen traditionellen Hintergrund zeigt sich Mühlens eigene «epochale Bedingheit» (A 246). Soll eine Trinitätslehre heute – schon gegen den Terminus haben manche Exegeten Einwände – überhaupt wieder einen Sinn bekommen, dann nicht auf Grund von Spekulationen über triadische Formeln, sondern auf Grund einer nüchternen Beschreibung des Verhältnisses Jesu zum Vater, die primär an den synoptischen Evangelien orientiert ist. Die «binitarische» (M. Dibelius) Zusammenordnung von Vater und Sohn (Gal 4, 4; Jo 1, 18 und als bereits feste Formulierung 1 Kor 8, 6) ist für alles «Trinitarische» im Neuen Testament grundlegend und auch Ausgangspunkt gewesen. Nach der traditionellen Trinitätslehre «von oben» müßte heute eine gründlich reflektierte Trinitätslehre «von unten» – aber ohne alle epochalen Ansprüche – entwickelt werden.

Leider trägt Mühlen außer der berechtigten Kritik an der päpstlichen «Alleinherrschaft» zur positiven Lösung der Unfehlbarkeitsproblematik kaum etwas bei: Mit seinen Verweisen auf das biblische Wahrheitsverständnis (A 254 f.) trägt er Wasser in den Neckar (vgl. U 180 f.). Die nicht gerade biblische Bestimmung der Wahrheit aber als «Übereinstimmung *untereinander* (?) in der einen (welcher?) Jesuserfahrung» (A 256) entbehrt jeglicher Kriterien. Daß sich so das neuestens von der Forschung intensiv diskutierte[40] «Problem der *nachträglichen* Rezeption von dogmatischen Sät-

40 Vgl. Konzil und die Ökumenische Bewegung, hrsg. von *L. Vischer*, Studien des Ökumenischen Rates 5 (Genf 1968); hier besonders die Arbeiten von *L. Stans* und *W. Küppers.*

zen» gar nicht stelle (A 256), ist von den aus Glaubenserfahrungen gespeisten Kämpfen um Konzilien und Dogmen her gesehen als naiv zu bezeichnen und offenbart erneut den spekulativ-postulatorischen Charakter des Mühlenschen Ansatzes[41]. Dadurch, daß schließlich mit Berufung auf die viel strapazierte, aber das Problem des Irrtums elegant umgehende «Hierarchie der Wahrheiten» (eine eventuelle «Hierarchie der Irrtümer» wäre zu diskutieren!) die ganze «Frage der Unfehlbarkeit des Papstes an den Rand des Glaubensbewußtseins» (A 257) gedrängt wird, wird die Frage selbstverständlich nicht gelöst, sondern allenfalls verschleiert und jedenfalls für weitere römische Inanspruchnahmen gerettet. Der Weisheit Mühlens letzter Schluß ist denn auch, daß er mit Berufung auf eine «begrenzte offene Kommunionsgemeinschaft mit den orthodoxen Kirchen» die «Lehre von der Unfehlbarkeit des Papstes ... weder ausdrücklich anerkennt, noch ausdrücklich leugnet» (A 257). Eine in der Tat «praktische Position», die «theologisch weiter auszubauen und zu vertiefen» (vgl. ebd.) sich allerdings kaum lohnen dürfte. Insofern muß leider auch Mühlens polemische Antwort auf die «Anfrage» unter die falschen Schlachten eingereiht werden.

c. *Leo Scheffczyk* hat sich vorgenommen, das Verhältnis von «Satz-Wahrheit» und «Bleiben in der Wahrheit» zu untersuchen. Ein Thema, das zweifellos einer weiteren Untersuchung bedürfte (s. o. Kap. V). Aber wie verfährt dieser Kritiker, der am ganzen Buch nichts Lobenswertes findet?

1. Die Hauptthese des Verfassers wird zu einem simplen «Widerspruch» (A 148) emporstilisiert: Das «grundlegende (!) Bleiben der Kirche in der Wahrheit, das auch von Irrtümern im einzelnen (!) nicht aufgehoben wird» (U 148), wird von Scheffczyk, der sich als «kritisch Denkender» einführt, ungeniert «etwa so» umgemodelt: «Es gibt

Dann als neueste katholische Veröffentlichungen mit reichen Literaturangaben *A. Grillmeier*, Konzil und Rezeption, Methodische Bemerkungen zu einem Thema der ökumenischen Diskussion der Gegenwart, in: Theologie und Philosophie 45 (1970) 321–352 und *H. Bacht* (S. 157–162, B III). Bacht macht darauf aufmerksam, «daß das Lexikon für Theologie und Kirche weder einen Artikel hat, noch das Stichwort im Registerband erwähnt» (S.159): «In einem offiziellen kirchlichen Text taucht das Thema ‹Rezeption› u. W. erstmalig in der Stellungnahme der Deutschen Bischofskonferenz zum Buch von H. Küng, Unfehlbar? auf» (S. 157). Zur Sache selber bemerkt Bacht: «Die Rezeption wirkt also ein doppeltes: sie stellt die wahre Ökumenizität eines Konzils fest und gibt den dort gefaßten Beschlüssen die eigentliche Verbindlichkeit. So versteht sich, daß von den vielen Synoden, die unter dem Namen ökumenischer Synoden stattfanden, nur eine begrenzte Anzahl – nach orthodoxer Lehre bekanntlich nur sieben – als wirklich ökumenisch anerkannt wurden» (S. 159). – Im französischen Sprachraum nahm im Anschluß an Y. Congar zur Problematik Stellung *J.-P. Jossua*, Signification des confessions de foi, in: Istina (1972) S. 53 mit Verweis auf die Orthodoxen N. Afanassief, A. Schmemann, B. Zenkovsky. – Zur Rezeption im weiteren hermeneutischen Kontext vgl. *H. Häring* in diesem Band und zur historischen Problematik von «Wahl – Konsens – Rezeption» das eben erschienene Heft 8/9 von Concilium 8 (1972), hrsg. von *G. Alberigo* und *A. Weiler*.

41 Wie anders im selben Band der historisch arbeitende *Y. Congar*: «Ich bin seit Jahren interessiert an der ‹Rezeption›. Sie ist eine Wirklichkeit, mit der schwer umzugehen ist» (A 193). Von Congar im oben zitierten Heft von Concilium der Artikel «Die Rezeption als ekklesiologische Realität» (S. 500–514).

ein Bleiben in der Wahrheit trotz ihres (?) Verfehlens» (A 148). Nachdem er sich so selber eine «eklatante Widersprüchlichkeit» (A 149) eingebrockt hat, versucht er sich anschließend das Verdienst der Unterscheidung zuzuschreiben, von der indessen im ganzen Buch die Rede ist: die Unterscheidung zwischen den Satz-Wahrheiten und der «Wahrheit Christi». Diese wird von mir allerdings nicht mißverständlich mit der «Seinswahrheit» (im Gegensatz zur «logischen oder formalen Wahrheit» A 148 f.) gleichgesetzt, sondern mit der sich in der Kirche durchhaltenden «Botschaft Jesu Christi» (U 152), wie sie von den einzelnen Christen gehört und gelebt wird (vgl. U 154): also «die Wahrheit der christlichen Botschaft», die zwar nicht ohne «wahre Sätze» auskommt, aber letztlich nicht durch diese wahren Sätze, sondern durch die Person Jesu Christi selber konstituiert wird (U 155 f.). Eine theoretisch-praktische, persongebundene Wahrheit also.

2. Die Auffassung des Verfassers wird verschiedentlich falsch wiedergegeben[42]: Auf mehreren Seiten wurde im Buch dargelegt, daß der Glaube der Kirche auf Sätze des Glaubens (Glaubensbekenntnis oder Symbola und Glaubensdefinitionen oder Dogmata) angewiesen ist (U 116–120). Scheffczyk nennt dies: «er vermerkt zwar gelegentlich ...» (A 149). Was vom Verfasser grundsätzlich und positiv ausgeführt wird, schrumpft bei seinem Kritiker zu einer «Konzession» (ebd.) zusammen. Sätze, die nach dem Verfasser falsch sein können, werden bei Scheffczyk zu Sätzen, die «auch falsch waren» (ebd.). Der Satz «Gott existiert», der zugleich «alles (!)» sagt «und doch so unendlich wenig und beinahe (!) nichts im Vergleich (!) zu dem, was zu diesem Satz zu sagen wäre (!)» (U 129), wird bei Scheffczyk schlicht zu einem «nichtssagenden» Satz (A 152). Aus diesem *einem* Satz wird dann unter der Hand auch noch «jeder» (ebd.) Satz, und der Unsinn, für den allerdings nur der Kritiker und nicht der Verfasser verantwortlich zeichnet, ist fertig: «Dann wird doch immer nur ein ‹Nichts› an das andere gefügt, und so kann eigentlich niemals ein gefüllter Inhalt zustandekommen» (A 152). Gewiß: *so* niemals!

3. Der Abschnitt des Verfassers über die Problematik von Sätzen überhaupt, der erklärtermaßen «im ganzen nur die Funktion eines Hilfsarguments hat», dem man kein «zu starkes Eigengewicht verleihen» darf (U 128), wird umständlich zur Grundthese des gesamten Buches umfunktioniert: Scheffczyk verrät aber deutlich, wie sehr sein Zwangsverfahren die Charakteristika der früheren vergewaltigenden Apologetik aufweist. *Einmal* Verschiebung der Diskussionsebene: Der «kritische Betrachter» sieht sich gezwungen, «die Diskussion auf eine tiefere Ebene hinabzuführen, auf der die verborgenen Implikationen liegen, die als solche in dem Buch nicht ausgesagt werden, die aber ... aufgedeckt werden müssen, wenn man in der Diskussion nicht auf der Stelle treten soll» (A 150 f.)!? – *Dann* damit verbunden Konsequenzmacherei: Aus den

42 Aus Raumgründen können wir leider die ausführliche Synopse nicht abdrucken, welche für das Tübinger Unfehlbarkeitsseminar von *Ch. Hildebrand* und *H. Engelbrecht* ausgearbeitet wurde und welche die unzutreffende Interpretation Scheffczyks durch Gegenüberstellung von Zitaten mit U ad oculos demonstriert. Von ähnlicher Qualität sind *Scheffczyks* «Überlegungen» zu meinem Buch «Wozu Priester?» im Klerusblatt (München) 52 (1972) Heft 4 unter dem Titel «Priester oder Gemeindeleiter?»

(nicht vom Verfasser gesetzten, sondern vom Kritiker aufgedeckten) Ansätzen werden (wiederum nicht vom Verfasser, sondern vom Kritiker) Folgerungen gezogen: «Dabei wird sich auch die Notwendigkeit ergeben, die nichtbedachten Folgerungen gewisser Ansätze zu bedenken» (A 151)!? – *Schließlich* als Folge die Konstruktion falscher Zusammenhänge: Die «Bemerkungen» des Verfassers, welche «nur ein bescheidenes Ziel haben» – daß nämlich «Sätze, deren sich auch der Glaube der Kirche bedienen muß, eine problematische Angelegenheit sind» (U 128) – werden bei Scheffczyk «viel radikaler» (A 150) verstanden und zu den eigentlichen «Prämissen für den Schluß gegen die Wahrheit auch der Glaubenssätze und der Definitionen» (A 151)!? Der Verfasser des Buches kann nur hinzufügen, daß er weder die Prämissen noch die Schlußfolgerungen Scheffczyks als die seinen anerkennen kann.

Doch in solchem Besserwissen verbreitet sich der kritisch Denkende 12 Seiten lang und endet bei dem Urteil, mit welchem in lateinischen Schulbüchern schon Descartes, Kant und viele andere bestraft wurden: reducitur ad scepticismum[43]. Wenn der Verfasser selber das klare Gegenteil von der Wahrheit der Sätze sagt (U 131), so wird dies zunächst ungenau zitiert und dann als «verbale Behauptung» abgetan (A 161). Soll man da einfach sagen: habeat? Auch in der Theologie hat es schon immer gegen Windmühlen kämpfende Don Quichottes gegeben? Oder aber geht es hier einfach um einen Unterschied der Denkstruktur: daß der statisch und einlinig denkende Neuscholastiker dort formale «Widersprüche», Verstöße «gegen fundamentale Denkgesetze», ja sogar das «Bodenlose einer Antilogik» (A 159) sieht, wo der dialektisch Denkende die Wirklichkeit in ihren Spannungen und Bewegungen auszudrücken versucht?

Und trotzdem: Scheffzcyk hätte doch sein Schlachtrößlein nur von vorne aufzäumen und die Möglichkeit, die er verschämt auf der letzten Seite mit einem «freilich» anmerkt, an den Anfang setzen müssen. Er hätte dann vielleicht doch verstehen können, um was es in meinem Buche geht. Denn so konzediert er selbst: «Freilich ist im Grenzfall die Möglichkeit gegeben, daß ein schuldloser Irrtum bezüglich einer Satzwahrheit das Bleiben in der Gnade und in der seinshaften Wahrheit Gottes nicht beeinträchtigt, sofern der betreffende Mensch die Wahrheit des Glaubens im ganzen bejaht und anerkennt, daß sie sich auch für ihn in bestimmten festzuhaltenden Satzwahrheiten auslegt» (A 172 f.). Wenn das für den einzelnen Glaubenden zugegeben wird, warum nicht eigentlich auch für die Glaubensgemeinschaft?

Vielleicht dürfen wir uns über das Unverständnis getröstet sein lassen durch Scheffczyks Münchner Kollegen H. Fries, der ohne alle Schwierigkeiten gesehen hat, um was es in jenem Abschnitt geht. Zustimmend faßt er in fünf Zeilen zusammen, wogegen sich sein Kollege über so viele Seiten hin wendet: «Was Küng über die Problematik von Sätzen sagt (U 129–131): ‹Sätze bleiben hinter der Wahrheit zurück› – ‹Sätze sind mißdeutbar› – ‹Sätze sind nur bedingt übersetzbar› – ‹Sätze sind in Bewegung› – ‹Sätze sind ideologieanfällig›, gilt auch für die Sätze, die sich auf den Glauben beziehen und mit Glaubensinhalten zu tun haben» (A 218; vgl. auch Congar A 190 f., Sem-

43 Auf ähnliche Vorwürfe *G. Bavauds* (B IV), der «eine nuancierte Lösung» «zwischen Maritain und Küng» sucht, hat *H. Häring* in derselben Zeitschrift geantwortet.

melroth A 202, Schillebeeckx in: C). Soweit auch bei Scheffczyk sachliche Fragen sachlich angeschnitten werden, ist im Haupttext dazu Stellung genommen.

«Satis est!», pflegte man in römischen Refektorien nach einer langweiligen Tischlektüre mit Erleichterung zu hören. Natürlich könnte man auch noch einige andere Rezensenten in ähnlicher Weise durchleuchten. Doch diese exemplarischen Fälle werden genügen. Im Hinblick auf den Eindruck, den der von jenen Autoren angezettelte historische Kleinkrieg und ihre falschen Schlachten auf manch einen unerfahrenen Leser machen mußten, und im Hinblick auf die Klärung der eigenen Position war es wohl doch unumgänglich, auf die die Toleranzgrenze deutlich überschreitenden Attakken gesondert zu antworten. Wer die eine oder andere Antwort vielleicht überdeutlich, wenn auch sicher nicht unfair gefunden hat, wird manches und vielleicht alles verstehen, wenn er die betreffenden Autoren im Rahnerschen Band selber nachliest. Der Verfasser aber ist froh, daß er dieses für ihn ebenso unangenehme wie mühselige Geschäft der Einzelabwehr hinter sich gebracht hat. Noch froher wäre er, wenn er nicht darauf zurückkommen müßte. Statt dessen möchte er lieber auch seinen grimmigeren Opponenten vorschlagen, nach diesem Scharmützel allen Zwist und Hader zu begraben und friedlich in gegenseitiger Loyalität an den noch bleibenden Differenzen kritisch-konstruktiv zu arbeiten. Das letzte Kapitel des Verfassers über einen möglichen Konsens in der Zukunft möchte als Schritt in diese Richtung verstanden werden. So sind denn in dieser Bilanz nicht die Exkurse, sondern jenes Kapitel des Verfassers letztes Wort.[44]

44 Bei der Umbruchkorrektur, kurz vor Weihnachten, erhalte ich die Arbeit des evangelischen Theologen *K. Blei,* De Onfeilbaarheid van de Kerk (Kampen 1972), eine Dissertation angefertigt unter der Leitung von H. Berkhof an der Universität Leiden. Sie behandelt – wie mir eine erste Einsicht zeigt – grundsätzlich richtigerweise die Geschichte der kirchlichen Unfehlbarkeitslehre vor dem Vatikanum I, die Debatten im Konzil und dann die Interpretationsversuche der katholischen Theologen vom Vatikanum I bis zur neuesten Kontroverse insbesonders zwischen K. Rahner und mir. Bezüglich der unfehlbaren Aussagen und des immer möglichen Irrtums scheinen mir Bleis Aussagen über die «Ecclesia simul infallibilis et fallibilis» zu wenig eindeutig zu sein. Dennoch wird man über diese gewichtige Studie von 440 Seiten sich freuen, da sie nicht nur die verschiedenen katholischen Auffassungen von der Unfehlbarkeit sammelt, sondern zugleich eine kritische Sichtung, vor allem vom Kirchen- und Offenbarungsbegriff her, leistet. Verschiedene der vom Verfasser aufgeworfenen Fragen dürften in diesem Bande beantwortet sein.

F. DOKUMENTATION

1. BRIEF DER SACRA CONGREGATIO PRO DOCTRINA FIDEI

SACRA CONGREGATIO
PRO DOCTRINA FIDEI

Roma, den 12. Juli 1971
Piazza del S. Uffizio, 11

Prot. N. 399/57/i
(In responsione fiat mentio huius numeri)

Sehr geehrter Herr Professor!
Die Kongregation für die Glaubenslehre hat gegen Ihr Buch «Unfehlbar? Eine Anfrage» ein Lehrverfahren eröffnet.

Die Vollversammlung dieser Kongregation beschloß mit Dekret vom 23. Juni 1971, das am 25. Juni vom Hl. Vater approbiert wurde, daß diejenigen Thesen Ihres Buches, die aufgrund der Untersuchungen der Kongregation mit der katholischen Lehre unvereinbar scheinen, Ihnen schriftlich mitgeteilt werden.

In der Anlage übersende ich Ihnen die Liste dieser Thesen, die der Kongregation Schwierigkeiten für eine katholische Interpretation bereiten. Ich bitte Sie, der Kongregation schriftlich innerhalb von dreißig Tagen zu erklären, ob und in welcher Weise Sie diese Thesen und Behauptungen mit der katholischen Lehre vereinbaren zu können glauben.

Mit dem Ausdruck meiner Hochachtung bin ich

Ihr ergebener
gez. Franc. Card. Šeper, Präf.

(Anlage)
An Hochw. Herrn
Prof. Dr. Hans Küng
Waldhäuserstr. 23,
D – 74 – Tübingen
Germania

ANLAGE: QUAESTIONES DE LIBRO:
H. KÜNG, *Unfehlbar? Eine Anfrage* (Zurich, 1970)

Sacra Congregatio pro Doctrina Fidei, suum officium adimplens, petit a Professore Hans Küng ut explicet quaedam asserta sui libri «Unfehlbar?» et ut respondeat aliquibus quaestionibus de eis. Ex una parte ipsa notavit Professorem H. Küng suas opiniones proponere ut res disputandas; ex altera parte vero existimat opiniones, etiam hoc modo a theologo catholico propositas, debere intra limites doctrinae catholicae mannere.

Primo locos auctoris citabmius qui visi sunt plures alios repraesentare, ac secundo proprias difficultates breviter explicabimus.

I. De Magisterio authentico in Ecclesia

Auctor scribit: «Gewiß haben manche Päpste der neuesten Zeit . . . immer wieder versucht, in absolutistischer Exklusivität sich selbst (und falls nützlich, auch den Bischöfen) die ‹authentische› Erklärung des ‹Glaubensdepositums› vorzubehalten . . . Nach alldem, was in diesem Buch von Anfang bis Ende zum Ausdruck kommen sollte, ist der Heilige Geist in authentischer Weise zum Heil der Kirche nicht nur Papst und Bischöfen gegeben, . . . ist die ‹authentische› Verkündigung und Erklärung der christlichen Botschaft niemandem ‹reserviert›» (p. 191).

Sacra haec Congregatio notat:

1) «Magisterium authenticum» est expressio technica, quae significat magisterium eorum qui «auctoritate Christi praediti populo sibi commisso fidem credendam et moribus appecandam praedicant et sub lumine S. Spiritus illustrant» (Lumen Gentium, n. 25). Cui magisterio, proprie quia eorum est qui *auctoritate Christi praediti* docent, variis rationibus et gradibus, pro modo quo exercetur, christifideles «religioso animi obsequio adhaerer debent» (ibid.).

2) Iuxta Constitutionem *Dei Verbum:* «Munus authentice interpretandi verbum Dei scriptum vel traditum soli vivo Ecclesiae Magisterio concreditum est, cuius auctoritas in nomine Christi exercetur» (n. 10).

3) Constitutio *Lumen Gentium* non tribuit magisterium authenticum, nisi Episcopis et Summo Pontifici (n. 25). Sed plane agnoscit Spiritum Sanctum «sensu fidei» incitare et sustentare totum Populum Dei (n. 12).

4) Haec omnia, ad rem quod attinet, traditionalia sunt in Ecclesia. Non suprimunt theologorum munus docendi scientificum quod non confunditur cum magisterio «authentico». Nec magis supprimunt officium quod Magisterium habet prudenter rationem habendi investigationum theologorum et spiritualium luminum «charismaticorum».

5) Auctor negat magisterium authenticum *reservari «quibusdam»*, scilicet «Episcopis et Summo Pontifici».

Quomodo potest hoc fieri a theologo catholico?

II. Infallibilitas Collegii Episcoporum et Romani Pontificis

Auctor scribit:

1. «Die Aussagen über eine Unfehlbarkeit des Bischofskollegiums, die auf der traditionellen ungeschichtlichen Auffassung von einer direkten und exklusiven apostolischen Sukzession der Bischöfe gründet, stehen exegetisch, historisch, theologisch auf tönernen Füßen. Es sei denn, die Begründung wurde von dem Konzil geliefert, auf welches sich das Vaticanum II in Artikel 25 über die Unfehlbarkeit von Papst und Bischöfen ständig bezieht» (p. 68).

2. «Wenn die Grundlagen neuscholastischer Unfehlbarkeitslehre schon so brüchig sind und ihre Ausgestaltung sowohl im Zusammenhang mit dem Episkopat (Vatica-

num II) schon soviele ungelöste und vielleicht unlösbare Fragen aufwirft, wäre es dann nicht vielleicht das einfachste und beste, die ganze Lehre von einer kirchlichen Unfehlbarkeit überhaupt aufzugehen?» (p. 101; cf. p. 151).

Huic Sacrae Congregationi videtur talia asserta, saltem dubia exprimendo, adversari doctrinae Concilii Vaticani II, quae concordat cum doctrina (quoad Summum Pontificem definita) Concilii Vaticani I et cum constanti praxi Ecclesiae iam inde a primis Conciliis Oecumenicis. Auctor videtur negare infallibilitatem etiam Conciliorum Oecumenicorum.

Si talis interpretatio textuum auctoris recta est, quomodo potest ipse suum modum opinandi iustificare?

III. Indefectibilitas potius quam infallibilitas

Auctor vellet admittere «indefectibilitatem» potius quam «infallibilitatem» Ecclesiae, indefectibilitatem nempe quam describit sequenti modo: «ein grundlegendes Bleiben der Kirche in der Wahrheit das auch von Irrtümern im Einzelnen nicht aufgehoben wird» (p. 148).

Huic Sacrae Congregationi dicendum videtur: *Vel* «errores particulares» quos, iuxta auctorem, «indefectibilitas» Eccclesiae permitteret, non pertinent ad ea quae Supremum magisterium Ecclesiae actu definitivo ut doctrinam de fide aut moribus proclamat, *vel* e contra pertinent ad ea. Si auctor primum intendit, doctrinam catholicam servat, sed modum loquendi adhibet qui eam obscurat. Si auctor secundum intendit (et ex contextu libri hoc potius videtur) discendit a doctrina Concilii Vaticani I (Dz–Sch, 3011) et Concilii Vaticani II (Lumen Gentium, n. 25). Quomodo autem theologus catholicus existimare possit hoc sibi licere?

IV. De sententiis («Sätze») infallibilibus

Auctor admittit fidem Ecclesiae indigere sententiis credendis. Titulus enim alicuius paragraphi eius est: «Glaube der Kirche angewiesen auf Sätze des Glaubens» (p. 116). Sed addit probatum non esse fidem indigere sententiis quae sint infallibiles. «Daß der Glaube auf infallible Sätze angewiesen sei, ist nicht bewiesen» (p. 122).

Sed Ecclesia, inde a saeculis, petit assensum fidei firmum certissimum, symbolis professionibusque fidei. Nonne fides igitur postulat ut in illis symbolis fideique professionibus sententiae infallibiles vel definitiones ab Ecclesia proponantur? Auctor explicat fidelem posse «durch alle vielleicht zweideutigen, und vielleicht im einzelnen auch falschen Sätzen hindurch, sich in seiner ganzen Existenz auf die Botschaft, auf die verkündete Person einlassen: *an* Jesus Christus glauben. Nur dieser Glaube – sic addit – vermag Gewißheit zu schenken, den Frieden, der alle Vernunft übersteigt» (p. 156).

Attamen *haec Sacra Congregatio* observat Ecclesiam postulare in multis Professionibus fidei assensum fidei firmissimum etiam sententiis particularibus (qua omnes aliquid conferunt ad exhibendum mysterium Dei qui per Christum nos salvat), imprimis de ipsa Persona Christi. Exemplo sit symbolum «Quicumque» quod sic incipit: «Quicumque vult salvus esse, ante omnia opus est, ut teneat catholicam fidem: quam nisi quisque integram inviolatamque servaverit, absque dubio in aeternum peribit» (Dz–Sch, 75). Consideretur quoque caput «firmiter» Concilii Lateranensis IV: «Firmiter credimus et simpliciter confitemur quod...» (Dz–Sch, 800); item Professionem fidei Tridentinam: «Ego N. firma fide credo et profiteor omnia et singula quae continentur in Symbolo fidei (Constantinopolitano)» (Dz–Sch, 1862), etc. Propterea etiam de hac re ab auctore libri petitur ut explicationem offerre velit.

2. BRIEF AN DIE SACRA CONGREGATIO PRO DOCTRINA FIDEI

INSTITUT FÜR ÖKUMENISCHE FORSCHUNG
DER UNIVERSITÄT TÜBINGEN
Direktor: Prof. DDr. H. Küng

74 Tübingen, den 24. Januar 1972

Herrn
Kardinal Franjo Šeper
Präfekt der Kongregation für Glaubenslehre
Città del Vaticano

Sehr verehrter Herr Kardinal,
In einem eingeschriebenen Eilschreiben vom 12. Juli 1971 teilten Sie mir mit: Die Kongregation für die Glaubenslehre habe gegen mein Buch «Unfehlbar? Eine Anfrage» ein Lehrverfahren eröffnet; mit Dekret vom 23. Juni 1971, das am 25. Juni 1971 vom Heiligen Vater approbiert wurde, habe die Vollversammlung der Kongregation beschlossen, mir diejenigen Thesen, die aufgrund der Untersuchungen der Kongregation mit der katholischen Lehre unvereinbar scheinen, schriftlich mitzuteilen, damit ich innerhalb von dreißig Tagen schriftlich erkläre, ob und in welcher Weise ich diese Thesen und Behauptungen mit der katholischen Lehre vereinbaren zu können glaube.

In einem Brief aus Moskau vom 15. Juli 1971 teilte ich Ihnen mit, daß mich Ihr Schreiben wenige Stunden vor meinem Abflug zu einer Vortrags- und Studienreise rund um die Welt erreichte und daß es mir während der Reise unmöglich sei, auf Ihren Brief so zu antworten, wie es die Schwere der Angelegenheit verdiene. Ich mußte Sie deshalb bitten, sich solange zu gedulden, bis ich, in die Heimat zurückgekehrt, Einsicht in die Unterlagen nehmen könne.

Nachdem ich, am 6. Dezember nach Tübingen zurückgekehrt, bereits diesen Antwortbrief entworfen hatte, erhielt ich Ihr Mahnschreiben vom 17. Dezember 1971, welches, wie schon vor vier Jahren das mir von Ihrem Vorgänger Kardinal Ottaviani mitgeteilte Verbot der weiteren Verbreitung und Übersetzung meines Buches «Die Kirche», genau zum Weihnachtsfest eintraf. Ich habe mir die Beantwortung Ihrer Anfrage nicht leicht gemacht und möchte sie unter zwei Gesichtspunkten beantworten.

I. Grundsätzlicher Einspruch gegen das Verfahren der Kongregation

Bereits am 6. Mai desselben Jahres 1971 haben Sie mir ein ähnlich lautendes Schreiben mit Fragen bezüglich meines schon 1967 erschienenen Buches «Die Kirche» zukommen lassen, welches ich am 21. Juni beantwortet habe, wobei ich erneut grundsätzliche Bedenken gegen die Art des Verfahrens der Kongregation anmeldete. Nachdem Sie diese Bedenken nicht beantwortet haben und mir nun stattdessen die Eröffnung eines zweiten Lehrverfahrens auch gegen mein Buch «Unfehlbar? Eine Anfrage» ankündigen, kann ich nicht umhin, meinen Bedenken gegen diese Art von «Lehrverfahren» erneut mit wenn möglich größerer Deutlichkeit Ausdruck zu verleihen.

Ich beziehe mich dabei auf meinen Brief vom 30. Mai 1968 an den Sekretär Ihrer Kongregation, Erzbischof Paul Philippe O.P., in welchem meine Bedenken ausgesprochen und begründet worden sind. Einige dieser Bedenken konnten unterdessen im Briefwechsel mit der Kongregation ausgeräumt werden. Andere aber sind geblieben. Auch die neue Verfahrensordnung der Kongregation vom 15. Januar 1971, deren Veröffentlichung ich gewünscht und begrüßt habe, geht leider nicht darauf ein. Dies ist nicht nur meine persönliche Auffassung. Wie gewiß auch in der Glaubenskongregation bekannt, ist diese Verfahrensordnung in der katholischen und nichtkatholischen Öffentlichkeit auf scharfe Kritik gestoßen.

Ich muß deshalb wiederholen: Trotz Verbesserungen im Detail, die ich gerne anerkenne, ist diese Verfahrensordnung nicht frei vom Geist der Inquisition. Sie bleibt jedenfalls weit hinter den sehr gemäßigten Forderungen zurück, die einige Zeit vorher 1360 Theologieprofessoren aus aller Welt für die Freiheit der Theologie aufgestellt haben.

Ich frage mich deshalb, wie sich dieses Verfahren mit Ihrer Mitteilung vom 24. Januar 1970 verträgt, «daß die Kongregation loyal und gerecht und ohne Willkür verfahren will». Lassen Sie mich hier davon absehen, daß neben diesem «ordentlichen» Verfahren noch immer jederzeit ein «außerordentliches» Verfahren möglich ist, in welchem die Kongregation nicht einmal an die von ihr festgelegten ordentlichen Verfahrensnormen gebunden ist, wodurch inquisitorischer Willkür die Tür geöffnet bleibt. Auch bezüglich des hier in Frage stehenden «ordentlichen» Verfahrens muß ich feststellen: Ich kann ein Verfahren unmöglich als «loyal und gerecht und ohne Willkür» anerkennen, das

1. mir keine Einsicht in die Akten gestattet,
2. einen Relator «pro auctore» vorschreibt, den ich nicht selber gewählt habe,
3. klare Kompetenzabgrenzungen und die Möglichkeit der Appellation vermissen läßt,
4. nur an einseitige Fristen gebunden ist.

Gemessen am modernen Rechtsbewußtsein muß diese Verfahrensordnung der Kongregation für die Glaubenslehre bedauerlicherweise als noch immer inquisitorisch und diskriminatorisch bezeichnet werden. Wie schon in meinem Antwortbrief vom 21. Juni 1971 bezüglich des Verfahrens gegen mein Buch «Die Kirche», so muß ich nun auch bezüglich des neuen Verfahrens gegen die Schrift «Unfehlbar? Eine Anfrage» *meinen grundsätzlichen Einspruch gegen ein solches Verfahren anmelden bzw. bekräftigen.* Daß dies nicht aus einer unkirchlichen, sondern aus einer zutiefst kirchlichen Grundhaltung heraus geschieht, habe ich in meinem Brief vom 1. Juli 1970 ausführlich dargelegt, so daß ich hier auf das dort Gesagte verweisen kann.

Bezüglich des Buches «Die Kirche» habe ich die Fragen der Kongregation beantwortet unter der Voraussetzung, daß meine grundsätzlichen Bedenken gegen das Verfahren in der Kongregation ernstgenommen werden. Aus der Eröffnung eines weiteren

Verfahrens gegen «Unfehlbar? Eine Anfrage» ersehe ich, daß ich mich in dieser Hoffnung getäuscht habe. Man wird unter diesen Umständen gewiß Verständnis dafür aufbringen, daß ich das ganze Verfahren Ihrer Kongregation erst dann als sinnvoll ansehen kann, wenn meinen Gravamina entsprechend folgende Bedingungen erfüllt sind:

1. Sie beziehen sich in allen Ihren Schreiben immer wieder auf Ihr Dossier 399/57i, das offenkundig meine Person betrifft. Nur bei *voller Kenntnis und freier Benützung meiner Akten* kann ich ein Verfahren als loyal, gerecht und ohne Willkür anerkennen. Es ist mir diesbezüglich einiges unklar: In Ihrem Brief vom 12. Juli sprechen Sie von einem neuen Dekret der Kardinalsversammlung Ihrer Behörde und erwähnen ausdrücklich, daß dieses Dekret vom Papst kurz darauf approbiert wurde. Bis heute aber habe ich weder eine Abschrift des Dekretes noch der Approbationsurkunde erhalten. Ich muß gestehen, daß es mir unverständlich ist, wie noch in diesem Jahrhundert Geheimdekrete erlassen werden können, ohne daß der geringste Versuch erkennbar ist, dieses Dekret wenigstens dem Betroffenen vorzulegen. Die Geheimhaltungsvorschriften Ihrer Kongregation mögen ihre Gründe haben. Aber es entsteht der Eindruck, diese Geheimnistuerei diene nicht der Sache und nicht den Betroffenen, sondern eher Ihrer Behörde und deren Praktiken. Im vorigen Jahrhundert hatte die alte Indexkongregation noch so viel Selbstvertrauen, ihre Geheimgutachten, die doch die Basis jener «Geheimdekrete» sind, einem indizierten Autor zu überreichen, damit dieser Argumentation und Gründe erfahren könne und sich orientiere; so lese ich in den «Tagebüchern» des deutschen Kirchenhistorikers Franz Xaver Kraus (hrsg. von H. Schiel, Köln 1957, S. 484). Warum darf man heute die Voten nicht sehen, wenn dies bereits im vorigen Jahrhundert möglich war? Muß nicht der Eindruck entstehen, Ihre Behörde wolle etwas verbergen, das offen darzulegen sie sich scheut? Wie schon in meinem Brief vom 30. Mai 1968 und seither immer wieder bitte ich Sie deshalb um die schriftliche Bestätigung, daß ich die mich betreffenden Dekrete, Voten und Akten einsehen darf.

2. Der in der neuen Verfahrensordnung vorgesehene *Relator «pro auctore»* ist merkwürdigerweise von der Kongregation selber mit Anführungszeichen versehen worden. In der Tat ist der Ausdruck zweideutig. Wenn der Relator «pro auctore» von der *Kongregation* ernannt wird und im Namen der Kongregation handelt, die ihrerseits «gegen» (vgl. den Brief vom 12. Juli) das Buch des Autors ein Verfahren eingeleitet hat, dann ist der Relator selber in einer zweideutigen Position, weil er nämlich zugleich pro auctore und contra auctorem handeln muß. Wie immer die Kongregation dieses juristische Problem sieht: ich selber kann als Autor einen solchen Relator «pro auctore», dessen Namen mir zu allem noch verheimlicht wird, nicht als für mich sprechend anerkennen. Wenn der Relator «pro auctore» wirklich für den Autor sprechen soll, dann muß ihn der Autor selber bestimmen und mit ihm zusammenarbeiten. Ich bitte deshalb darum, daß die Kongregation die von ihr selber beschlossene Verfahrensordnung entsprechend modifiziert, damit der Autor den Relator «pro auctore» selber wählen kann.

3. Die Eröffnung eines römischen Lehrverfahrens wirft die Frage nach der *Kompetenzabgrenzung* und der *Appellationsinstanz* auf:

a. Bereits haben einige Bischofskonferenzen solche Verfahren bezüglich des Buches «Unfehlbar? Eine Anfrage» eröffnet und mit verschiedenen Ergebnissen abgeschlossen. Nun kommt das Verfahren der römischen Glaubenskongregation dazu. Meine Frage ist: Wie viele Lehrverfahren sollen eigentlich noch gegen mein Buch durchgeführt werden? Muß ich das in Rom laufende Verfahren als Revision oder als zweite Instanz ansehen gegenüber dem Verfahren etwa der Glaubenskommission der deutschen Bischofskonferenz? Sind also die Beurteilungen der verschiedenen Bischofskonferenzen bzw. deren Organe (der «Glaubenskommissionen») aufgehoben entsprechend dem alten Grundsatz «ne bis in idem»? Wie wird überhaupt die Einleitung eines eigenen römischen Verfahrens begründet? Als in der erwähnten Erklärung von 1360 Theologen unter anderem eine Abgrenzung der Zuständigkeit der bischöflichen und der vatikanischen Glaubensinstanzen gefordert wurde, konnte ich nicht ahnen, daß schon so bald der konkrete Fall eintreten würde, wo man sich solchen Kompetenzüberschneidungen gegenübersieht: das päpstlich approbierte Geheimdekret vom 23. Juni 1971 und gleichzeitig eine Mehrzahl von Erklärungen der entsprechenden Organe von Bischofskonferenzen.

b. Aber nicht nur Ihre Behörde und die Organe einzelner Bischofskonferenzen scheinen sich in den Kompetenzen zu überschneiden. Ich habe aufgrund verschiedener Indizien feststellen müssen (vgl. etwa «Diskussion um Hans Küng DIE KIRCHE», hrsg. von H. Häring und J. Nolte, Freiburg–Basel–Wien 1971, S. 31; 32 f), daß offenbar verschiedene kuriale Instanzen sich kompetent glauben zu Maßnahmen, Interventionen und Pressionen gegen Verlage usw. Die Frage drängt sich auf: Wie viele Heilige Offizien gibt es eigentlich derzeit und welches ist nun die oberste Instanz?

c. Von besonderer Wichtigkeit ist für den Betroffenen: Ist gesichert, daß ich am Ende gegen die verschiedenen Verfahren – auch gegen das von Ihrer Behörde geführte – Berufung einlegen kann? Kann dies bei der Apostolischen Signatur geschehen, die man seit der Kurienneuregelung die oberste römische Berufungsinstanz nennt? Ich hätte es fair und loyal gefunden, wenn man mir nicht nur die Eröffnung von Geheimverfahren und die Existenz von Geheimdekreten mitgeteilt, sondern mir zugleich eine Rechtsmittelbelehrung erteilt hätte. Oder ist vielleicht die Glaubenskongregation dafür gar nicht zuständig und sollte ich mich deswegen an die Apostolische Signatur wenden?

4. Ein weiterer Aspekt des Verfahrens Ihrer Behörde betrifft *Dauer* und *Fristen* der Verfahren. Ich spreche aus einer zehnjährigen Erfahrung mit dem alten Sanctum Officium und der jetzigen Kongregation für die Glaubenslehre, Erfahrungen mit Kolloquien, Dekreten, Verboten, Interventionen und Schreiben dieser Behörde. Ich darf nun in aller Deutlichkeit feststellen, daß ich die Verfahrensdauer für unzumutbar halte. Der einzige Termin, den die neue Verfahrensordnung der Kongregation erwähnt, betrifft die Dreißig-Tage-Frist, innerhalb derer der Autor bestimmte Antworten bei der Kongregation einzureichen hat. Welches aber sind die Termine, an die die Kongregation selber gebunden ist? Darf sie ein Verfahren unbegrenzt in die Länge ziehen? In der Verfahrensordnung finde ich keine derartigen Fristen angegeben. Auch das traditionelle kanonische Recht kennt unter anderem die Verjährung und die Forderung

nach einer zumutbaren Dauer eines Verfahrens. Jahrelange Ungewißheit über den Ausgang eines Verfahrens kann eine Form von Ungerechtigkeit sein; und aus diesem Grunde mag wohl Paul VI. im vergangenen Jahr die römische Rota angewiesen haben, die Prozeßdauer der dortigen Verfahren erheblich zu verkürzen. In bezug auf die Verfahren der römischen Glaubenskongregation wäre im Interesse von Gerechtigkeit und Loyalität ein Entsprechendes dringend. Gestatten Sie mir, an die folgende Erfahrung zu erinnern: Im Jahre 1967 erließ die Glaubenskongregation ein Geheimdekret zu meinem Buch «Die Kirche». Im Jahre 1971 nun, also vier Jahre später, nachdem das Buch in den verschiedensten Sprachen in zahlreichen Auflagen erschienen ist, sendet mir die Kongregation die Fragen zu, die dann allerdings innerhalb von dreißig Tagen zu beantworten waren. Bis heute aber, mehr als sechs Monate nach meiner Antwort vom 24. Juni, weiß ich noch immer nicht, ob daraufhin das Verfahren eingestellt wurde, ob ein neues Verfahren gegen mein Buch eröffnet wurde, ob alles vertagt oder was immer beschlossen wurde. Statt den Verfasser einfach jahrelang im ungewissen zu lassen, was die erwähnten Pressionen und Interventionen verschiedener Heckenschützen ermöglicht, sollte die Kongregation in erster Linie sich selber Fristen setzen, innerhalb derer ein Verfahren eröffnet und abgeschlossen werden muß, andernfalls es als eingestellt zu betrachten ist oder von vorne zu beginnen hat. Auch dieser Aspekt gehört zu den Forderungen, die ich an ein gerechtes, loyales und für den Autor zumutbares Verfahren stellen muß und die ich weder durch die Praxis noch durch den Wortlaut der römischen Verfahrensordnung gewährleistet sehe.

Auf andere wichtige Fragen, die mit der Verfahrenspraxis und den Verfahrensnormen der Kongregation zusammenhängen – etwa eine eventuelle Befangenheit eines Gutachters oder eines Mitgliedes der Entscheidungsgremien –, will ich in diesem Zusammenhang nicht weiter eingehen. Es sei mir jedoch erlaubt, darauf hinzuweisen, daß für die Unanfechtbarkeit eines Verfahrens nach heutigem Rechtsverständnis die Unbefangenheit der Urteilenden – auch wenn sie nicht Richter im strengen Sinne sind – feststehen muß. Doch das Aufgezählte mag genügen, um verständlich zu machen, daß bestimmte kuriale Vorschriften und Praktiken dem modernen Rechtsbewußtsein in keiner Weise entsprechen. Dies ist der Grund, warum weite Kreise die gegenwärtigen Verfahren gegen meine Bücher als schädlich für das Ansehen der katholischen Kirche betrachten; dies kommt unter anderem in einer Ihrer Behörde zugeleiteten «Solidaritätserklärung» zum Ausdruck, die ohne mein Zutun während meiner Abwesenheit aus Europa im Sommer 1971 zustandekam und in kurzer Zeit mehr als 300 Unterschriften fand. Es hat in der Öffentlichkeit ebenfalls einen peinlichen Eindruck hinterlassen, daß der «Osservatore Romano» gegen den Verfasser in letzter Zeit mehrere größere Artikel publizierte, ohne auch nur ein einziges Mal über den Inhalt des Buches «Unfehlbar? Eine Anfrage» in objektiver Form zu referieren. Ob es von dieser Praxis herrührt, daß das Vatikanblatt auch in gut katholischen Kreisen immer wieder neu mit der Moskauer «Prawda» verglichen wird? Nur am Ende dieser Ausführungen zur Art und Weise römischer Verfahren möchte ich bemerken, wie sehr die verschiedenen fragwürdigen Aktionen verschiedenster römischer Organe meinem theologischen Ansehen in bestimmten katholischen Kreisen geschadet haben. Die Frage drängt sich nicht nur dem Verfasser auf, was man in Rom eigentlich zu tun gedenkt, um diesen Schaden, den immateriellen vor allem, in angemessener Form wiedergutzumachen.

II. Vorläufige Bemerkungen zu den Fragen der Kongregation

Bezüglich der von der Kongregation zu meinem Buch «Unfehlbar? Eine Anfrage» gestellten Fragen möchte ich bemerken:

1. Ich sehe grundsätzlich meine Fragen aufgenommen. Doch hilft eine Affirmation des Gegenteils ohne Argumentation wenig weiter. Es geht ja in meinem Buch gerade darum zu wissen, *wie* bestimmte lehramtliche Aussagen und besonders die entsprechenden Abschnitte des Vatikanum I und II theologisch verantwortet und begründet werden sollen. Insbesondere war meine «Anfrage» bezüglich der Möglichkeit infallibler Sätze deutlich formuliert. Wenn irgendeine offizielle Stelle der katholischen Kirche eine begründete Antwort auf diese Frage wissen sollte, dann doch die römische Kongregation für die Glaubenslehre. Aber hier wiederum nur auf jene lehramtlichen Dokumente zu verweisen, auf die meine Fragen zielen, ist ein circulus vitiosus, in welchem vorausgesetzt wird, was bewiesen werden sollte. Von Argumenten werde ich mich jederzeit überzeugen lassen. Ich bitte deshalb die Kongregation, mir in wenigstens kurzer Form eine Begründung für die Möglichkeit unfehlbarer Sätze zu liefern, die jedoch die von mir dargelegten Schwierigkeiten bezüglich gewisser lehramtlicher Texte nicht ignoriert, sondern berücksichtigt.

2. Damit ist bereits deutlich geworden, daß ich den Dialog keineswegs verweigere. Die *Diskussion* ist denn auch in vollem Gange. Neben den ungezählten Einzelrezensionen sind in der kurzen Zeit seit Erscheinen des Buches bereits mehrere Diskussionsbände herausgekommen. Ich nenne den von Karl Rahner herausgegebenen Sammelband «Zum Problem der Unfehlbarkeit. Antworten auf die Anfrage von Hans Küng» (Freiburg–Basel–Wien 1971) mit zahlreichen Beiträgen vor allem aus dem deutschen Sprachraum, dann den von G. Baum, G. Lindbeck, R. McBrien und H. McSorley veröffentlichten Band «The Infallibility Debate» (New York – Toronto 1971), dann besonders das umfangreiche und der Unfehlbarkeitsdebatte gewidmete Heft 4/1971 des «Journal of Ecumencial Studies» sowie die gewichtigen Diskussionsbeiträge von H. Stirnimann und A. Antweiler in der «Freiburger Zeitschrift für Philosophie und Theologie» Heft 3/1971 und von W. Kasper in den «Stimmen der Zeit» Dezember 1971. Für mich wäre es von größtem Wert zu wissen, wie die Kongregation die gesamte Diskussion beurteilt. Nach meinen bisherigen Beobachtungen ergibt sich folgendes Bild:

a. Es gibt kaum ernsthafte katholische Diskussionsbeiträge, die nicht die Berechtigung meiner Frage bejahen.

b. Es gibt kaum ernsthafte katholische Diskussionsbeiträge, die nicht, auch wenn sie meiner Lösung nicht oder nicht voll beistimmen, die traditionelle römische Auffassung einer zum Teil sehr scharfen Kritik unterziehen.

c. Meine Kritiker widersprechen sich sehr oft untereinander, und dies sowohl bezüglich der Interpretation der römischen Unfehlbarkeitslehre als auch bezüglich der Antwort auf meine «Anfrage».

d. Bisher hat kein einziger Autor – und dies ist meines Erachtens für den Ausgang der Debatte entscheidend – ein überzeugendes Argument für die Möglichkeit unfehlbarer Sätze geliefert. Das zeigt insbesondere die Debatte mit Karl Rahner; selbst dieser große Theologe vermochte offensichtlich keinen Beweis für unfehlbare Sätze zu führen. Ich gestatte mir deshalb, Ihnen mit gleicher Post meine Antwort an Rahner in italienischer Sprache zur Information zuzusenden. Sie stellt zusammen mit meinen Antworten an M. Löhrer und K. Lehmann indirekt auch einen Beitrag zur Beantwortung der Fragen der Kongregation dar.

3. Meinerseits werde ich alle Antworten auf mein Buch auch weiterhin einem aufmerksamen *Studium* unterziehen. Neben apologetischen Artikeln im traditionellen Sinn wie besonders im genannten Sammelband von Karl Rahner sind ja auch weiterführende Diskussionsbeiträge von größtem Gewicht erschienen wie etwa die historische Untersuchung von Brian Tierney über den Ursprung der päpstlichen Unfehlbarkeit, mit anderen Beiträgen zusammen in der genannten Nummer des «Journal of Ecumenical Studies», welche eine Lücke in meiner Argumentation füllt; danach scheint der erste Vertreter der päpstlichen Unfehlbarkeit Petrus Olivi zu sein, der aber vom damaligen Papst sogleich verurteilt wurde. – Zugleich möchte ich im nächsten Sommersemester ein *Oberseminar* über die Unfehlbarkeitsdiskussion abhalten, in welchem die gewichtigsten deutschen Opponenten gegen mein Buch eingehend behandelt werden sollen. Um zu garantieren, daß die Auffassungen meiner Gegner ebenso deutlich wie die des Autors zu Sprache kommen, lade ich jeden einzelnen zu der ihn betreffenden Seminarsitzung persönlich ein; das Institut für ökumenische Forschung der Universität Tübingen übernimmt Reise- und Aufenthaltskosten. Falls die Kongregation für die Glaubenslehre Interesse zeigen sollte, einen ihrer Experten zu diesem Oberseminar zu entsenden, werden wir ihm selbstverständlich gerne Gelegenheit geben, seine Ansichten und Argumente eingehend darzulegen.

4. Dies alles zeigt deutlich, daß ich mir bewußt bin, was in dieser Frage der Unfehlbarkeit auf dem Spiel steht für die Kirche und die Christenheit. Umgekehrt wird man gewiß auch in Ihrer Kongregation wissen, daß irgendwelche einseitige römische Stellungnahmen diese Angelegenheit nicht regeln, sondern bestenfalls die Diskussion anheizen werden. Und die Geschichte der Entscheidungen der Glaubenskongregation (bzw. des Heiligen Offiziums) und anderer römischer Behörden von Galilei und dem Ritenstreit bis zu den Verurteilungen der historisch-kritischen Exegese und verschiedener noch lebender Theologen, die dann im Vatikanum II zu Periti ernannt wurden, zeigt, daß man ein Problem für eine bestimmte Zeit in der Kirche unterdrücken kann oder früher einmal konnte, daß es aber dann in verschärfter Form wiederkommt. Mir persönlich ist an nichts anderem als an der *sachlichen Klärung* dieser für Theorie und Praxis unserer Kirche entscheidenden Frage gelegen; an meiner eigenen theologischen Position liegt mir wenig. Ich beschäftige mich ja unterdessen auch eingehend mit sehr

viel zentraleren Fragen der christlichen Botschaft. Aber nachdem meine Anfrage bezüglich Unfehlbarkeit in den Büchern «Strukturen der Kirche» (1962), «Theologe und Kirche» (1964), «Die Kirche» (1967) und «Wahrhaftigkeit» (1968) ohne Antwort in der katholischen Theologie geblieben war, sah ich es als meine – nicht besonders angenehme – Pflicht an, die Anfrage in aller Bescheidenheit und Fairneß, aber doch auch in der nötigen Entschiedenheit und unüberhörbaren Schärfe vorzutragen: «non in destructionem, sed in aedificationem Ecclesiae». In diesem Sinne würde ich auch auf mein kleines Buch das Wort von Apg 5,38 f anwenden.

Sehr verehrter Herr Kardinal, ich weiß nicht, wie Sie die derzeitige Lage der katholischen Kirche beurteilen. Ich meine das in seinen negativen Auswirkungen noch unabsehbare weltweite Mißtrauen von Klerus und Laien gegenüber den Leitungsorganen der Kirche, auch und vor allem gegenüber Rom. Dieses Mißtrauen entstand nicht aus bösem Willen, sondern aus Enttäuschung. Das mußte ich konstatieren in Tausenden von Gesprächen in aller Welt, in Briefen und Stellungnahmen, die mir von katholischen Laien, Theologiestudenten und Priestern aus den verschiedensten Gebieten unserer Kirche täglich zukommen. Roms Verlust an Glaubwürdigkeit seit dem Vatikanum II ist dramatisch und dürfte größtenteils in der dortigen Situation begründet sein. Ich muß mir heute in unserer eigenen Kirche nicht selten die vorwurfsvoll gemeinte Frage gefallen lassen, warum ich überhaupt noch soviel Zeit und Kraft verschwende mit Rom und der institutionellen Kirche, warum ich eigens ein Buch über die päpstliche Unfehlbarkeit schreibe und mir die Mühe mache, Korrespondenz mit römischen Behörden zu führen. Darauf habe ich immer geantwortet, daß ich selber Rom nicht abgeschrieben habe und nicht am Untergang der katholischen Kirche arbeite. Ich bin nicht der Überzeugung, daß vorher ungefähr alles einstürzen müsse, bevor wir wieder neu zu bauen anfangen können. In einer viel beachteten und sehr positiv aufgenommenen Stellungnahme habe ich öffentlich dargelegt, warum ich bei all meiner Kritik an gewissen Institutionen und Vorgängen in dieser meiner Kirche bleibe und weiter trotz aller Angriffe auf meine katholische Gesinnung unverdrossen in ihr zu arbeiten gedenke, wie ich dies bisher getan habe. In einer Zeit, da Zehntausende von Priestern und Ordensfrauen ihren kirchlichen Dienst aufgeben oder ihre Ordensgemeinschaft verlassen, habe ich in zahllosen Einzelbriefen, Gesprächen und Vorträgen überall den Studenten, Priestern, Ordensleuten und Laien Hoffnung und Mut gemacht zum Ausharren und zum erneuten Einsatz in der Kirche, im kirchlichen Amt und in den Ordensgemeinschaften. Auch auf meiner letzten vielmonatigen Reise rund um die Welt habe ich überall energisch gegen die grenzenlose Frustration und Resignation anzukämpfen versucht, indem ich von der christlichen Botschaft selber her aufzeigte, wieviel Sinn ein Engagement in der Kirche trotz aller Schwierigkeiten hat. Ich habe erschütternde mündliche und schriftliche Zeugnisse erfahren von Männern und Frauen, die dankbar mit neuer Kraft und Hoffnung ihre Existenz in der Kirche von neuem bejahten.

Sehr verehrter Herr Kardinal, durch grundlegende Erneuerung und überzeugende Reformen nach dem Evangelium Jesu Christi selber könnte auch Rom den Christen wieder neuen Mut und neues Vertrauen einflößen. Ich halte mich selber nicht für unfehlbar. Ich bin nicht rechthaberisch und lasse mich jederzeit von solchen korrigieren, die mehr wissen als ich. Ich will «Rom» nicht «demolieren», wie mir gewisse Kreise vorwerfen, und ich bilde mir selbstverständlich nicht ein, dies überhaupt zu können; nur Rom selber könnte das durch Unverständnis, Versteifung und Rückständigkeit. Ich beschäftige mich in meiner Theologie auch mit «Rom», obwohl andere Katholiken dieses Wort schon gar nicht mehr hören mögen, weil ich von der Notwendigkeit und dem Nutzen eines petrinischen Dienstes nicht nur für unsere Kirche, sondern auch für die gesamte Christenheit überzeugt bin. Was ich anstrebe, ist eine Kirche, die im Geiste des Evangeliums Jesu Christi noch mehr als bisher für die Menschen von heute, ihre Sorgen und Nöte tut. Um dieses Evangeliums und des Heiles der Menschen willen nehme ich viel außerordentliche Arbeit und zahlreiche Mühen auf mich, zu denen ich von meiner Stellung her in keiner Weise verpflichtet bin. Aus demselben Grunde allerdings übe ich auch meine Kritik an den römischen Behörden, an verschiedenen traditionellen kirchlichen Formen und theologischen Vorstellungen. Wenn in diesem Brief verhältnismäßig viel von einigen formalen Fragen die Rede sein mußte, von bestimmten Forderungen der Gerechtigkeit und Fairneß in der Kirche und in der römischen Kurie, so ist dies alles für meine theologische Arbeit ganz und gar sekundär, mußte aber in diesem Zusammenhang Ihnen als dem Vertreter einer römischen Behörde gesagt werden. Die Leitung einer Kirche, die soviel von der «Gerechtigkeit in der Welt» spricht, muß Humanität und Gerechtigkeit auch und im Grunde zuerst in ihren eigenen Mauern walten lassen, wenn sie in der Welt glaubwürdig sein soll.

Ich darf meine ausführliche Beantwortung Ihres Briefes, sehr verehrter Herr Kardinal, schließen, mit der wiederholten Bitte, daß die Kongregation sowohl auf die aufgeworfenen vier formalen Fragen wie insbesondere auf die anstehende Sachfrage mir eine positive Antwort zukommen läßt.

Mit vorzüglicher Hochachtung grüßt Sie

Ihr sehr ergebener
gez. Hans Küng

Kopie an:
Kardinal Dr. Julius Döpfner, Vorsitzender der deutschen Bischofskonferenz
Dr. Carl Joseph Leiprecht, Bischof von Rottenburg
Prof. Dr. Johannes Neumann, Rektor der Universität Tübingen
Prof. Dr. Walter Kasper, Dekan des Fachbereiches Katholische Theologie der Universität Tübingen.

Anmerkung des Herausgebers
Dieser Brief ist bis zur Stunde ohne Antwort geblieben. Die Kongregation schickte auch keinen Experten zum Tübinger Oberseminar über die Unfehlbarkeitsdiskussion im Sommersemester 1972. Der Briefwechsel wird hier der Öffentlichkeit übergeben, um falschen Gerüchten ein Ende zu setzen und der theologischen Fachwelt ein Urteil zu ermöglichen.

3. SOLIDARITÄTSERKLÄRUNG

Wir, Angehörige verschiedener christlicher Kirchen und Denominationen, sind tief betroffen über die Art und Weise, in der die Untersuchung der Hl. Kongregation für die Glaubenslehre gegen die beiden Bücher «Die Kirche» und «Unfehlbar? Eine Anfrage» von Professor Dr. Hans Küng, Tübingen, geführt wird.

Die Methode dieser Untersuchung widerspricht radikal dem Geist Christi, sie ist entehrend für einen Mann, der sich immer als treuer Sohn seiner Kirche verstanden hat und der sich nach wie vor der Botschaft Jesu Christi verpflichtet weiß.

Wenn diese Untersuchung, die nicht nur das internationale Ansehen Küngs als Forscher und Lehrer der Theologie, sondern auch allgemein das Ansehen der katholischen Kirche schädigt, tatsächlich weitergeführt werden muß, so bitten und fordern wir zumindest ein menschenwürdiges und im christlichen Brudergeist geführtes Verfahren.

Wir fordern und erklären uns darin mit Professor Küng solidarisch, daß ihm bedingungslos die uneingeschränkte Einsicht in das ihn betreffende Dossier der Hl. Kongregation für die Glaubenslehre gestattet wird, damit er in voller Kenntnis der gegen seine Bücher vorgebrachten Einwände sich in aller Form dazu äußern kann.

Anmerkung des Herausgebers

Diese Solidaritätserklärung wurde im August 1971 während des Australienaufenthaltes des Betroffenen ohne dessen Wissen von dem evangelischen Theologen Bernd Jaspert (Marburg), Paul Knitter SVD (Marburg; jetzt Professor in Chicago) und Professor Leonard Swidler (Philadelphia) in kürzester Zeit initiiert und zwei Wochen später mit über dreihundert Unterschriften (besonders von Theologieprofessoren aus dem deutschen Sprachraum und den Vereinigten Staaten) an die Kongregation für die Glaubenslehre geschickt. Obwohl die Initianten mehrere Male an die Glaubenskongregation geschrieben haben, erhielten sie nicht einmal eine Eingangsbestätigung.

4. ANTWORTEN AN DIE BISCHOFSKONFERENZEN

a. Zur Erklärung der Deutschen Bischofskonferenz vom 8. Februar 1971

Die Deutsche Bischofskonferenz enthält sich in ihrer Erklärung zu meinem Buch «Unfehlbar? Eine Anfrage» erfreulicherweise jeder Verurteilung. Die fünf bischöflichen Leitsätze lassen verschiedene Interpretationen zu. In vielem unterstützen sie mein Anliegen. Die im Buch gestellte Anfrage nach der Möglichkeit von nicht nur wahren, sondern garantiert unfehlbaren Sätzen wird allerdings umgangen. Das Wort «unfehlbar» kommt bezeichnenderweise in der ganzen Erklärung nicht vor. Damit ist für eine weitere konstruktive Diskussion dieser für die Kirche heute grundlegenden Frage auch von den Bischöfen Raum gegeben.

Tübingen, 9. Februar 1971

b. Zur Erklärung der Bischöflichen Kommission für Glaubenslehre und Katechese der Italienischen Bischofskonferenz vom 21. Februar 1971

Zwar hat auffälligerweise nicht die italienische Bischofskonferenz, sondern lediglich deren Glaubenskommission zu meinem Buch «Unfehlbar? Eine Anfrage» Stellung bezogen. Ich bedaure diese durch keine Argumente erhärtete Erklärung. Leider läßt sie diejenige solide theologische Reflexion und Vorsicht vermissen, welche Bischöfe in anderen Ländern dieser delikaten Frage gegenüber an den Tag gelegt haben. Im Gegensatz zu Episkopaten, welche die Frage ausdrücklich für die Diskussion der Theologen offenhalten, meint die Glaubenskommission der italienischen Bischofskonferenz anscheinend noch immer, solche gewichtige Fragen mit Verurteilungen niederhalten zu können. Sie droht versteckt mit Exkummunikation, indem sie dafür eine pseudomoderne Formulierung wählt: Danach schließt jetzt nicht mehr die kirchliche Autorität aus der «vollen Gemeinschaft der Kirche» aus, sondern das einzelne Kirchenglied sich selbst. Was mich betrifft, so denke ich nicht daran, mich je aus der «vollen Gemeinschaft der Kirche» auszuschließen. Meine Anfrage erledigt sich nicht dadurch, daß man sie negiert. Zweifellos werden sich auch in Italien die Theologen nicht damit begnügen, für das vorgefaßte Urteil der Kommission nachträglich die Begründung zu liefern. Trotz kurialer Repressionsversuche ist das Buch weiterhin auch in Italien im Buchhandel erhältlich.

Tübingen, 24. Februar 1971

5. EIN KOMMENTAR: KARL RAHNER NOCH KATHOLISCH?

Da soll nun auch Karl Rahner nicht mehr katholisch genug sein. Der Kölner Erzbischof Kardinal Joseph Höffner mißtraut in seinem der Presse übergebenen Brief an alle Synodalen der objektiven Rechtgläubigkeit des gewichtigsten Theologen in der Synode der katholischen Bistümer Deutschlands.

Als Rahner in der Synode gegen einen kanonistischen Scharfmacher, der sich seinerseits auf Höffner berief, das Wort ergriff und energisch die Freiheit der Diskussion auch über Fragen wie Ehescheidung oder Gottessohnschaft Jesu gefordert hatte, hat sich der betroffene Bischof nicht zu Wort gemeldet. Dabei wurde gerade von den Bischöfen darauf Wert gelegt, daß die Synode ein Ort offenen Dialogs sein soll. Man wird sich bei diesem nachträglich den Synodalen ins Haus gesandten und zugleich veröffentlichten Brief fragen, ob denn offene Briefe ein Ersatz für Diskussionen, ob lehramtliche Stellungnahmen ein Ersatz für Argumente sein sollen.

An der katholischen Orthodoxie Rahners zu zweifeln, ist barer Unsinn. Rahner hat gleich zu Beginn der Synode verhindert, daß unliebsame dringende Fragen mit bloß verbaler Berufung auf definierte Dogmen tabuisiert oder niedergeknüppelt werden. So hat er der Synode einen nicht geringen Dienst erwiesen. Eine Apologie hat Rahner nicht nötig. Fragen wird man sich indessen, wie ein Bischof zu einer solch merkwürdigen Stellungnahme kommt: Hat er vielleicht nicht gelesen, was Rahner über die Christusfrage (und andere über Ehescheidung) im Laufe der Jahre veröffentlicht hat oder hat er es, was bei Bischöfen auch vorkommen kann, nicht verstanden? Weiß er nichts über die Entwicklung der christologischen Diskussion in den letzten Jahrzehnten oder ist er vielleicht der Meinung, es entwickle sich in der Kirche bestenfalls die Soziallehre, die Theologie aber bleibe stets dieselbe und man könne mit den alten Konzilsdefinitionen und den römischen Schulbüchern der zwanziger Jahre die theologischen Probleme des Menschen von 1971 lösen?

Kein katholischer Theologe wird leugnen, daß in Jesus Gott selber sich geoffenbart hat, daß Jesus «eins» ist mit Gott. Aber wie dies zu verstehen ist, ist tatsächlich, wie Rahner sagt, nicht so einfach. Schon am Anfang der Kirche war es doch ein Problem, wie Jesus in seinem Verhältnis zu Gott beschrieben werden soll, welche Hoheitstitel an diesem oder jenem Ort, zu diesem oder jenem Moment geeigneter sind. Titel wie Menschensohn, Messias, Davidssohn, Herr, Gottessohn, Logos wurden ja auch in der Umwelt der ersten christlichen Gemeinden ohne jeden Bezug auf Jesus gebraucht. Sie wurden nun auf Jesus angewandt. Dabei traten einige wie «Davidssohn» und zum Teil auch «Menschensohn» bald wieder sehr zurück, andere wie etwa «Gottessohn» erhielten im hellenistischen Raum ein besonders starkes Gewicht. Alle diese Titel sind zwar verschieden gestimmte, aber doch letztlich auswechselbare Titel. Sie können sich in ihrer Gegensätzlichkeit gegenseitig ergänzen, haben aber eigentlich nur in Jesus selbst einen klaren Bezugspunkt. Nicht diese Titel sind es, die Jesus Autorität gaben, sondern er – als der Gekreuzigte und Lebendige – gab sie ihnen. Nicht diese Titel bestimmten, was er war. Er selbst, seine konkrete geschichtliche Existenz, sein Sterben und neues Leben, bestimmten, wie diese Titel zu verstehen sind. Nicht nur «Herr und Heiland», sondern auch, was der Bischof zu übersehen scheint, «Gottessohn» nannte man damals viele Heroen und Halbgötter. Weder aus jenen noch aus diesem Titel läßt sich ableiten, was Jesus war. Es war umgekehrt: Gegen alle die vielen Gottessöhne im griechisch-römischen Pantheon hatte der Glauben von Jesu Person und Geschichte abzulesen, was «Gottessohn» eigentlich, entscheidend, unvergleichbar bedeutet. Entscheidend war keineswegs, daß gerade dieses eine Wort «Gottessohn» auf Jesus angewandt wurde; die einen Christen benützten vor allem diesen, die anderen andere Begriffe. Entscheidend war vielmehr, daß dieser Begriff «Gottessohn» gerade auf *Jesus* angewandt wurde und von dorther seine ganze Bestimmtheit und Bedeutung erhalten hat. So sind verschiedenste Titel und mythische Symbole im Namen Jesu getauft worden, um ihm zu Diensten zu sein und seine einzigartige Bedeutsamkeit für die Menschen jener Zeit, ob Juden oder Griechen, verständlich zu machen. Nicht als von vornherein verständliche Ausweise, sondern als auf ihn zeigende Hinweise wurden diese Titel verstanden.

Viele dieser Titel werden auch heute gebraucht und sind faktisch unersetzbar. Aber es ist beileibe nicht damit getan, wie dies der Kölner Erzbischof mit Berufung auf alte Konzilien tut, daß man solche Titel und Vorstellungen für die heutige Zeit nur repetiert. Als ob solche Titel und Vorstellungen nicht von einer ganz bestimmten für uns in vielem vergangenen Kulturwelt geprägt wären und sich unterdessen nicht – wie immer, wenn Sprache einfach konserviert wird – verändert hätten. Auch das sogenannte kirchliche Lehramt hat ja in solchen Fragen durch die Jahrhunderte hindurch keineswegs immer dasselbe vertreten.

Die ebenso schwierige wie wichtige Aufgabe der Theologie heute und gerade heute ist es, die Bedeutsamkeit Jesu für die Menschen von heute neu herauszustellen und deshalb jene Titel und Vorstellungen ohne Bilderstürmerei in die heutige Zeit und Sprache hinein zu übersetzen. Nur so bleibt der Christusglaube selbst derselbe. Nur so wird aber auch der Mensch von heute nicht gehindert an der Annahme, am Verstehen, am Leben der Christusverkündigung: gehindert durch unnötig erschwerende, unverständliche, ja unter Umständen verdeckende oder gar irreführende Begriffe und Vorstellungen. Eine solche Übersetzung des Glaubensbekenntnisses von damals ins Heute hinein bedeutet nicht Abschaffen alter Titel und Glaubensbekenntnisse. Sie bedeutet nicht Absehen von der langen christlichen Tradition oder gar vom biblischen Ursprung. Im Gegenteil: Eine solche Übersetzung kann nur dann ernsthaft geschehen, wenn man den biblischen Urtext genauestens verstanden und ganz in ihn eingegangen ist, wenn man die Begriffe von damals wie die von heute vom konkreten geschichtlichen Jesus her interpretiert und korrigiert, wenn man sich die gesamte christologische Überlieferung der zwei Jahrtausende mit ihren Hilfen und Warnungen so gut als irgendwie möglich vor Augen hält. So aber, und dann auch ernsthaft, ist eine Übersetzung zu leisten, die über bloßes Nachreden alter Formeln weit hinausgeht und die sichtbar werden läßt, daß der eine Glaube an Jesus viele Glaubensaussagen über ihn zuläßt, daß der Christusglaube einer ist und der Christologien viele sein können, wie auch der Gottesglaube einer ist und der Theologien viele sind.

Der Theologie ist somit Bescheidenheit empfohlen aus der Grundeinsicht heraus, daß niemand mit seinem Gott und Christus je fertig wird. Niemand: der Theologe nicht, aber auch der Bischof nicht! Nirgendwo ist gerade dem Bischof eine besondere Gnade verheißen, die ihn davon dispensieren würde, die theologischen Fragen zu studieren. Er überschreitet seine Kompetenz, wenn er technische Fragen der Theologie mit Berufung auf seine Standesgnade oder sein bischöfliches Gewissen entscheiden will. Hochkomplizierte Fragen der Theologie können nicht durch «Hirtenworte» geklärt werden.

Ein Lehramt der Bischöfe ist weder von der ursprünglichen christlichen Botschaft noch von der heutigen Situation von Kirche und Welt her gerechtfertigt, wenn damit die behördliche Reglementierung von Lehrfragen gemeint ist. Ein «Lehramt» der Bischöfe hätte Sinn, wenn damit die Verkündigung des Evangeliums und somit echte geistliche Führung gemeint ist. Und gerade dies geschieht von seiten der Bischöfe erstaunlich wenig. Nur alte Formeln zu wiederholen nützt nichts, so hat schon Johannes XXIII. auf dem Konzil und neuestens sogar Paul VI. gesagt. Interessant und hilfreich wäre es, vom Erzbischof von Köln zu hören, was er selber von Jesus hält und wie er den Glauben der Kirche den Menschen von heute in einer allgemein verständlichen und wahrhaft glaubwürdigen Weise verkünden will.

Anmerkung des Herausgebers

Mitten in der Debatte mit Karl Rahner wurde der Verfasser des Buches «Unfehlbar? Eine Anfrage» vom Südwestfunk für den 17. Januar 1971 um einen Radiokommentar zur Auseinandersetzung zwischen Rahner und Kardinal Höffner gefragt. Dieser Kommentar wird hier abgedruckt, um an einem konkreten Beispiel anzudeuten, wie die geschichtliche Dogmeninterpretation weiterhelfen kann, wo sowohl die positivistische wie die spekulative versagen dürften.

6. BIBLIOGRAPHIE ZUR UNFEHLBARKEITSDEBATTE

Zusammengestellt von Bernadette Brooten und Karl-Josef Kuschel

I. Publikationen von Hans Küng

Ausgaben von *«Unfehlbar? Eine Anfrage»*
(Benziger, Einsiedeln–Zürich–Köln 1970):

Ital.:	Infallibile? Una domanda (Queriniana, Brescia 1970; 2. Auflage Anteo, Bologna 1970)
Holl.:	Onfeilbaar? (P. Brand, Romen en Zonen, Roermond 1970)
Franz.:	Infaillible? Une interpellation (Desclée de Brouwer, Paris 1971)
Engl.:	Infallible? An Enquiry (Collins, London 1971) Taschenbuchausgabe: Fontana Library (London 1972)
Amerik.:	Infallible? An Inquiry (Doubleday, New York 1971) Taschenbuchausgabe: Image Books (New York 1972)
Span.:	Infalible? Una pregunta (Herder, Buenos Aires 1971)
Port.:	In Vorbereitung
Japan.:	In Vorbereitung

Zu Magnus Löhrers Rezension von «Unfehlbar? Eine Anfrage», in: Schweizerische Kirchenzeitung 44 (1970) 644 f, abgedruckt in: Diakonia 2 (1971) 68 f, englisch in: Worship 45 (1971) 287–289.

Nicht unfehlbar! (Antwort an Dr. Teobaldi), in: Katholisches Pfarrblatt für Stadt und Kanton Zürich vom 22. 11. 1970.

Unfehlbarkeit (Antwort an K. Lehmann), in: Die Welt vom 12. 11. 1970.

Unfehlbare Sätze – wer hat die Beweislast? (Antwort an K. Lehmann), in: Publik vom 29. 1. 1971.

Im Interesse der Sache. Antwort an Karl Rahner, in: Stimmen der Zeit 187 (1971) 43–64 und 105–122 (Abdruck in diesem Band). Englisch in: Homiletic and Pastoral Review 71 (1971) Heft 9 (Juni) 9–21 und 71 (1971) Heft 10 (Juli) 17–32.49 f.

L'Eglise selon l'Evangile. Réponse à Yves Congar, in: Revue des Sciences philosophiques et théologiques 55 (1971) 193–230, deutsch in: Diskussion um Hans Küng DIE KIRCHE, hrsg. von H. Häring und J. Nolte (Freiburg–Basel–Wien 1971) 175–221.

What is the criterion for a critical theology? Hans Küng replies to Gregory Baum, in: Commonweal 94 (1971) 326–330.

Why infallibility?, in: The New York Times vom 3. Juni 1971.

Risposte. Sulla discussione per ‹Infallibile?› (Antworten an Löhrer, Lehmann und Rahner) (Bologna 1971).

Respuestas a propósito del debate sobre ‹Infalible. Una pregunta› (Antworten an Löhrer, Lehmann und Rahner) (Zalla 1971).

L'Eglise est soutenue dans la vérité à travers toutes ses erreurs, Interview in: Informations Catholiques Internationales vom 1. April 1971.

II. Sammelwerke

G. Baum, G. Lindbeck, R. McBrien, H. J. McSorley. The Infallibility Debate (New York) 1971, hrsg. von J. J. Kirvan.

K. Rahner (Hrsg.) Zum Problem Unfehlbarkeit. Antworten auf die Anfrage von Hans Küng (Freiburg–Basel–Wien 1971).

Rahner–Lehmann–Löhrer rispondondo all' «Infallibile» di Küng (Roma 1971).

Rahner–Löhrer–Lehmann, Infalibilidad en la iglesia? (Zalla 1971).

Hans Küng's ‹Infallible? An Inquiry›. A Symposium, in: America 124 (1971) Heft 16.

The Ecumenical Problem of the Christian Churches, in: Journal of Ecumenical Studies 8 (1971) Heft 4, hrsg. von L. Swidler.

Concilium 9 (1973) Heft 3 (März), hrsg. von E. Schillebeeckx und B. van Iersel, mit dem Generalthema «Wahrheit und Gewißheit» (im Druck).

Compass (Melbourne, Australia) 5 (1971) Heft 2.

III. Größere Aufsätze und Stellungnahmen

Alcalá, M., Hans Küng, Interpela a la iglesia, in: Razón y fe, Juli–August (1971) 75–84.

Alfaro, J., Die personelle und gemeinschaftliche Struktur der Glaubensgewißheit, in: A 258–273.

Antweiler, A., Fragen zur «Erklärung der Deutschen Bischofskonferenz zum Buch von Prof. Dr. Hans Küng ‹Unfehlbar? – Eine Anfrage›», in: Freiburger Zeitschrift für Philosophie und Theologie 18 (1971) 499–511. – Abdruck in diesem Band.

Ashanin, Ch. B., By Hans Küng: Infallible? An Inquiry. An Orthodox Response, in: The Logos 4 (1971) 149–151.

Bacht, H., Vom Lehramt der Kirche und in der Kirche, in: Catholica 25 (1971) 144 bis 167.

Barth, M., Papal Fallibility, in: Saturday Review vom 10. 4. 1971, 17–19.

Baum, G., Infallibility Beyond Polemics, in: Commonweal 93 (1971) 103–105.

ders., Truth in the Church – Küng, Rahner, and Beyond, in: The Ecumenist 9 (1971) 33–48. Abdruck in: s. o. B II (The Infallibility Debate) 1–33. (ohne Titel).

ders., Editorial Remark on Hans Küng, in: J 870 f.

Bavaud, G., Hans Küng pose-t-il un vrai problème dans son livre sur l'infaillibilité?, in: Civitas 27 (1972) 483–487.

Becker, K. J., Der Unterschied von Bischof und Priester im Weihedekret des Konzils

von Trient und nach der Kirchenkonstitution des II. Vatikanischen Konzils, in: A 289–327.
Berkouwer, G. C., Het conflikt Küng–Rahner, in: Gereformeerd Weekblad 26 (1971) 249. 257 f. 265 f. 277.
Blank, J., Neutestamentliche Petrustypologie und Petrusamt, in C (im Druck).
Blei, K., Hans Küng over de onfeilbaarheid, in: Kerk en Theologie 22 (1971) 39–48.
ders., De Onfeilbaarheid van de Kerk (Kampen 1972).
Böckle, F., Unfehlbare ethische Normen?, erstveröffentlicht in diesem Band.
Brandmüller, W., Hans Küng und die Kirchengeschichte. Kritische Anmerkungen zu seinem Buch «Unfehlbar?», in: Hochland 63 (1971) 276–286. Abdruck in A 117 bis 133.
Breuning, W., Unfehlbar? in: Theologische Revue 67 (1971) 161–164.
Butler, B. C., The Infallibility of the Church, in: The Tablet 225 (1971) 328–330.
ders., The Limits of Infallibility, in: The Tablet 225 (1971) 372–375. 398–400. Polnisch in: Novum 10 (1971) 37–59. Auch veröffentlicht in: Compass (Melbourne/Australia) 5 (1971) 65–71.
ders., Infallibility: Further Considerations, in: The Tablet 225 (1971) 924–926.
Byczkowski, O. J., «Nieomylny? Oto pytanie», in: Homo Dei (Warszawa) 40 (1971) 141–149.
Carey, J. J., Infallibility Revisited, in: Theology Today 28 (1972) 426–438.
Carli, L. M., L'ultimo Küng, In: Palestra del clero 49 (1970) 1208–1218.
Charpe, X., «L'Eglise est-elle infaillible ou indéfectible?» demande Hans Küng, in: Informations Catholiques Internationales vom 1. 4. 1971, 28–31.
Cochrane, A. C., The Promise of God and Ecclesiastical Propositions, in: J 872–876.
Congar, Y., Infaillibilité et Indéfectibilité, in: Revue des Sciences Philosophiques et Théologiques 54 (1970) 601–618. Gekürzt und leicht verändert englisch auch in: Compass (Melbourne/Australia) 5 (1971) (43–45, ebenso in: Civitas 26 (1970/71) 343 bis 346. Deutsch: Infallibilität und Indefektibilität: Zum Begriff der Unfehlbarkeit, in: A 174–195.
ders., Les normes de fidélité de d'identité chrétienne à travers l'histoire de l'Eglise, in C (im Druck).
Cooke, B., Who can teach authoritatively?, in: J 867–868.
Coventry, J., Infallible, in: One in Christ 7 (1971) 349–357.
Crabtree, A., Papal Authority and the Claims of Conscience, in: J 868–870.
Davis, Ch., Küng on Infallibility, in: Commonweal 93 (1971) 445–447.
Dejaifve, G., Un débat sur l'Infaillibilité. La discussion entre K. Rahner et H. Küng, in: Nouvelle Revue Théologique 103 (1971) 583–601.
Dirks, W., Sind wieder Ketzerhüte zu haben? Die katholischen Theologen und ihre Bischöfe. Rundfunkkommentar im Norddeutschen Rundfunk am 9. 5. 1971.
ders., Zum Problem Unfehlbarkeit. Antworten auf die Anfrage von Hans Küng. Hrsg. von Karl Rahner. Rundfunkkommentar im Westdeutschen Rundfunk am 6. 12. 1971.

Dulles, A., Hans Küng's Infallible? An Inquiry, I The Theological Issues, in: America 124 (1971) 427 f.

Dupré, W., Religionsphilosophische Überlegungen zum Problem von unantastbaren Glaubenswahrheiten, in: C (im Druck).

Eggenspieler, A., Fehlbarkeit in Unfehlbarkeit, in: Schweizerische Kirchenzeitung 140 (1972) 428 f.

Fahey, M. A., Hans Küng's Infallible? An Inquiry, II Europe's Theologians Join the Debate, in: America 124 (1971) 429–431.

Fernández, D., La infalibilidad: Un dogma en discusión, in: Ilustración del Clero (Madrid) (1971) 839–850.

Fetscher, I., Gewißheit, Wahrheit, Lehrautorität, in: C (im Druck).

Ford, J. T., Infallibility – From Vatican I to the Present, in: J 768–791.

Fries, H., Das mißverständliche Wort, in: A 216–232.

Giblet, J., Aspects de la vérité, in: C (im Druck).

Greeley, A., Konsens und Unfehlbarkeit. Soziologische Perspektiven, erstveröffentlicht in diesem Band.

Gregorelli, D., Premesse critiche a un libro, in: L'Osservatore Romano vom 10. 9. 70.

Hahn, V., Unfehlbarkeit der Kirche. Orientierung und Glaubenshilfe, in: Theologie der Gegenwart 14 (1971) 189–197.

Halaczek, B., Wie wahr sind Sätze?, in: Orientierung 35 (1971) 115–117.

Halbfas, H., Dogmatische Monokulturen, in: Deutsche Zeitung / Christ und Welt vom 19. 11. 1971. (Erweiterte Fassung abgedruckt in diesem Band).

Häring, H., Was ist geschichtliche Wahrheit? Einige Anmerkungen zu Georges Bavaud, in: Civitas 27 (1972) 488–491.

ders., Zur Verifikation von Glaubenssätzen, erstveröffentlicht in diesem Band.

Hengstenberg, H.-E., Wahrheit, Sicherheit, Unfehlbarkeit. Zur «Problematik» unfehlbarer kirchlicher Lehrsätze, in: Wort und Wahrheit 27 (1972) 371–381.

Holstein, H., «Infallible: Une interpellation», in: Etudes 334 (1971) 749–752.

Houtepen, A., 100 jaar na Vaticanum I: naar een verheldering van het infallibilitasconcept, in: C (im Druck).

Hughes, J. J., Infallible? An Inquiry Considered, in: Theological Studies 32 (1971) 183–207.

ders., Catholic Anti-Infallibilism, in: Ampleforth Journal 76, Part II, (1971) 44–54.

ders., Trimming the Boat on Infallibility, in: Bucknell Review 19 (1971) 101–118.

ders., Die Ursprünge der Lehre von der päpstlichen Unfehlbarkeit, in: Orientierung 36 (1972) 183–185.

Irvin, D., Irrtum und Wahrheit in der Bibel, erstveröffentlicht in diesem Band.

Jaubert, A., Unfehlbar? Beobachtungen zur Sprache des Neuen Testaments, erstveröffentlicht in diesem Band.

Jüngel, E., Irren ist menschlich. Zur Kontroverse um Hans Küngs Buch «Unfehlbar? Eine Anfrage», in: Evangelische Kommentare 4 (1971) 75–80. Abdruck in seinem Sammelband: Unterwegs zur Sache (München 1972) 189–205.

Kasper, W., Disput über die Unfehlbarkeit, in: Christ in der Gegenwart 23 (1971) 68 u. 70.
ders., Zur Diskussion um das Problem der Unfehlbarkeit, in: Stimmen der Zeit 188 (1971) 363–376. Abdruck in diesem Band.
Klinger, E., Die Unfehlbarkeit des ordentlichen Lehramtes, in: A 274–288.
Kolping, A., Unfehlbar? Eine Antwort (Bergen–Enkheim bei Frankfurt/M. 1971).
Landucci, P. C., Il preteso cattolicesimo del teologo Hans Küng, in: Palestra del Clero 49 (1970) 1287–1300.
Langlois, C., Die Unfehlbarkeit – eine neue Idee des 19. Jahrhunderts, erstveröffentlicht in diesem Band.
Laurentin, R., Le fondement de Pierre dans l' incertitude actuelle, in: C (im Druck).
Lehmann, K., Hans Küng auf Kollisionskurs?, in: Publik vom 11. 9. 1970, 21. Leicht erweitert abgedruckt in: Rahner–Löhrer–Lehmann, Infalibilidad en la iglesia? (Zalla/Vizcaya 1971) 49–64. Ebenso in: Rahner–Lehmann–Löhrer rispondondo all' «Infallibile» di Küng (Roma 1971) 57–73.
ders., Ist der Papst unfehlbar?, in: Die Welt vom 15. 10. 1970.
ders., Von der Beweislast für «unfehlbare Sätze», in: A 340–371.
Levi, V., Infallibile, in: L'Osservatore Romano vom 24. 7. 1970.
Lindbeck, G. A., Hans Küng's Infallible? An Inquiry, III A Protestant Perspective, in: America 124 (1971) 431–433.
ders., in: s. o. B II (The Infallibility Debate) 107–152 (ohne Titel).
Lodovici, E. S., Il dogma fallibile di Hans Küng, in: Studi Cattolici 15 (1971) 163 bis 169.
ders., La via ad Hegel di Hans Küng, in: Studi Cattolici 15 (1971) 243–251.
Löhrer, M., Bemerkungen zu Hans Küng: Unfehlbar? Eine Anfrage, in: Schweizerische Kirchenzeitung 138 (1970) 544–548. Abdruck in: Rahner–Lehmann–Löhrer rispondondo all' «Infallibile?» di Küng (Roma 1971) 77–109. Ebenso in: Rahner–Löhrer–Lehmann, Infalibilidad en la iglesia (Zalla/Vizcaya 1971) 67–93 und in: Diakonia 2 (1971) 60–68. Englisch in: Worship 45 (1971) 273–287.
ders., Zum Problem Unfehlbarkeit, in: Schweizerische Kirchenzeitung 140 (1972) 173–177. Abdruck in diesem Band.
Löwenich, W. von, Ist Küng noch katholisch?, in: Christ und Welt / Deutsche Zeitung vom 5. 3. 1971. Abdruck in diesem Band.
Marcolino, V., An infalibidade em questão, in: Itinerarium (Lisboa/Portugal) 16 (1970) 478–516.
Marschner, W. H., Hans Küng: Infallible? An Inquiry, in: Triumph Juni 1971, 8–11.
McAffee Brown, R., The Setting of the Infallibility Dispute: A Protestant Appraisal, in: J 865–867.
McBrien, R., in: s. o. B II (The Infallibility Debate) 35–65 (ohne Titel).
McGrath, P. J., The Statement on Professor Küng's Book, in: The Furrow (Maynooth/Ireland) 22 (1971) 764–769.
ders., Hans Küng on Infallibility, in: The Tablet 225 (1971) 639–642.

ders., The Concept of Infallibility, in: C (im Druck).
McKenzie, J. L., Hans Küng on infallibility: this tiger is not discreet, in: National Catholic Reporter vom 26. 3. 1971.
McSorley, H. J., A Response to Küng's Inquiry on Infallibility, in: Worship 45 (1971) 314–325. 384–404. Leicht verändert abgedruckt in: s. o. B II (The Infallibility Debate) 67–106 (ohne Titel).
Meulenberg, L., Gregorius VII en de onfeilbaarheid. Enkele aanvullingen bij het werk van H. Küng, in: Bijdragen. Tijdschrift voor Filosophie en Theologie 33 (1972) 135–151.
Mühlen, H., Der Unfehlbarkeits-Test. Warum Hans Küng auf harten Widerspruch stoßen muß, in: A 233–257.
Nolte, J., Kirchensystem und Lehrtheorie. Kriteriologische Erwägungen zur innerkatholischen Unfehlbarkeitskrise, in: Frankfurter Hefte 27 (1972) 335–343. Abdruck in diesem Band.
O'Grady, C., Hans Küng's Ecumenical Programme: An Enquiry, in: The Clergy Review 56 (1971) 922–932.
Passini, R. – Sandri, L., Cent'anni di infallibilità, in: Il Regno 15 (1970) 330–342.
Pereira, J., Infallible, in: Thought. Fordham University Quarterly 47 (1972) 361–417.
Pesch, O. H., Vom Bleiben der Kirche in der Wahrheit, in: Klerusblatt 51 (1971) 64 bis 67.
ders., Kirchliche Lehrformulierung und persönlicher Glaubensvollzug, erstveröffentlicht in diesem Band.
ders., Unfehlbarkeit im Disput. Ein Streit zwischen Karl Rahner und Hans Küng, in: Wort und Antwort 12 (1971) 82–88.
Quinn, E., Tübingen and Rome, in: Downside Review 89 (1971) 317–323.
Rahner, K., Zum Begriff der Unfehlbarkeit in der katholischen Theologie. Einige Bemerkungen anläßlich des 100-Jahr-Jubiläums des Unfehlbarkeitsdogmas vom 18. Juli 1870, in: Stimmen der Zeit 186 (1970) 18–31. Abdruck in: A 9–26.
ders., Kritik an Hans Küng. Zur Frage der Unfehlbarkeit theologischer Sätze, in: Stimmen der Zeit 186 (1970) 361–377. Abdruck in: Rahner–Lehmann–Löhrer rispondondo all' «Infallibile?» di Küng (Roma 1971) 9–54. Ebenso in: Rahner–Löhrer Lehmann, Infalibilidad en la iglesia? (Zalla/Vizcaya 1971) 11–46. Ebenso in: Homiletic and Pastoral Review 71 (1971) Heft 11 (August–September) 11–27. Abdruck in: A 27–48.
ders., Replik. Bemerkungen zu: Hans Küng, Im Interesse der Sache, in: Stimmen der Zeit 187 (1971) 145–160. Abdruck in: A 49–70.
ders., «Jesus hätte davon nichts verstanden», Spiegel-Gespräch, in: Der Spiegel vom 21. 2. 1972, S. 112–119.
Ratzinger, J., Widersprüche im Buch von Hans Küng, in: A 97–116.
Rosa, G. de, Una «Domanda» di Hans Küng: Il Papa e ' «Infallibile?», in: Civiltà Cattolica 122 (1971) 126–139. 228–240.
Polnisch in Novum 10 (1971) 5–22.

Sala, G. B., Il dogma vaticano e la tesi di Hans Küng, in: La Rivista del Clero Italiano 52 (1971) 453–464.
Sartori, L., Überlegungen zu den hermeneutischen Kriterien von H. Küng, in: A 71 bis 96.
Schauf, H., Unfehlbar?, in: Theologische Revue 67 (1971) 164–174.
Scheffczyk, L., Satz-Wahrheit und «Bleiben in der Wahrheit», in: A 148–173.
Schillebeeckx, E., Het problem der amtbs-onfeilbaarheid. Theologische bezinning, in: C (im Druck).
Schnackenburg, R., Wahrheit in Glaubenssätzen. Überlegungen nach dem 1. Johannesbrief, in: A 134–147.
Schwager, R., Wahrheit und Gesellschaft, in: Orientierung 34 (1970) 173–177. 227–229. 241–243. Leicht gekürzt abgedruckt in diesem Band.
ders., «Zum Problem Unfehlbarkeit», in: Orientierung 36 (1972) 20–23.
Semmelroth, O., A priori unfehlbare Sätze?, in: A 196–215.
Sommer, M., Kommunikation und Narzißmus. Zur Problematisierung des Wahrheitsbegriffs in der Kontroverse zwischen K. Rahner und H. Küng, in: Trierer Theologische Zeitschrift 81 (1972) 40–49.
Stalder, K., Die Unfehlbarkeit in Frage gestellt, in: Der Bund (Bern) 122 (1971) vom 14. 2. 1971 (Beilage «Der kleine Bund»).
Steck, K. G., Streit um die Unfehlbarkeit, in: Stimme 23 (1971) 149–152. 167–170.
Stirnimann, H., «Bleiben in der Wahrheit» im Bereich der Sprache. Zum Buch von Hans Küng «Unfehlbar? Eine Anfrage», in: Freiburger Zeitschrift für Philosophie und Theologie 18 (1971) 475–498.
Swidler, L., The Ecumenical Problem Today: Papal Infallibility, in: J 751–767.
Thils, G., «Unfehlbar?» de Hans Küng, in: Revue Théologique de Louvain 2 (1971) 88–96.
ders., Vérité et vérifications à Vatican I, in: C (im Druck).
Tierney, B., Origins of Papal Infallibility, in: J 841–864. Deutsch: Ursprünge der päpstlichen Unfehlbarkeit, in diesem Band.
Torrell, J. P., A propos de l'infaillibilité pontificale, in: Revue Thomiste 71 (1971) 641–642.
Vilanova, E., La infallibilitat: L'interrogant de Hans Küng, in: Analecta Sacra Tarraconensia 43 (1971) 365–369.
Vischer, L., The Infallibility Debate. Some Recent Publications, in: The Ecumenical Review 24 (1972) 225–234.
Visser, J., Überlegungen zu Hans Küngs Buch «Unfehlbar?» (Referat gehalten an der altkatholischen Theologenwoche, September 1971, St. Pölten), in: Internationale kirchliche Zeitschrift 61 (1971) 272–287.
Voorst, B. van, Küng and Rahner: Dueling over Infallibility, in: The Christian Century 88 (1971) 617–622. 997–1000.
Vorgrimler, H., Zur Revision dogmatischer Sätze, in: A 328–339.

Werner, P., Najbardziej kontrowersyjna książka roku 1970, in: Novum 10 (1971) 22 bis 37.
Yarnold, E. J., Küng Examined, in: The Month 232 N. F. 4 (1971) 74–80.

IV. Rezensionen

Altkatholisches Jahrbuch 70 (1971) 50–52.
Anzeiger für die katholische Geistlichkeit, Okt. 1970 (E. Föhr).
Bausteine für die Einheit der Christen 12 (1972) Heft 46 (W. Krückeberg).
Bibel und Kirche (1971) Heft 2 (R. Baumann).
Bücherei und Bildung vom 10. 10. 1970 (O. Schroeder).
The Catholic World, (1971) April (J. Sheerin).
The Christian Advocate vom 8. 7. 1971 (J. R. Nelson).
The Christian Century vom 19. 5. 1971 (D. Tracy).
Christkatholisches Kirchenblatt vom 31. 10, 1970 (O. Gilg).
Chrześcijanin (Warszawa) (1972) Heft 2 (E. Cz.).
El Ciervo (Barcelona) (1971) April (R. G. Mateo).
The Clergy Review 56 (1971) 814–819 (N. Lash).
The Critic (Chicago) Juli–August (1971) 67 f (J. Pelikan).
La Croix vom 5. 3. 1971 (A. Ganoczy), vom 4. 5. 1971 (A. Wenger).
Cross Currents 21 (1971) 481–487 (B. Marthaler).
Dialog, A Journal of Theology 10 (1971) 272–280 (C. J. Eichhorst).
The Dunwoodie Review 11 (1971) 203–205 (P. Dinter).
Du selbst (1971) Heft 8 (B. Martin); Heft 11 (H. Häring).
Frankfurter Hefte vom 7. 7. 1971 (T. v. Dobbeler).
Freies Christentum 23 (1971) Heft 8 (O. Weitbrecht).
The Furrow 22 (1971) Heft 12 (E. McDonagh).
Jednota (Warszawa) 16 (1972) Heft 2 (C. Lechicki).
Katholisches Pfarrblatt für Stadt und Kanton Zürich vom 1. 11. 1970 (A. Teobaldi).
Kirchliches Amtsblatt der Erzdiözese München und Freising (1970) Heft 12 (V. Schurr).
Liturgical Arts (1972) 72 f (R. E. Brown).
Le Monde vom 21./22. 3. 1971 (H. Legrand).
The Month 232 (1971) Sept. (N. F. 4) (P. Hebblethwaite).
Materialdienst des konfessionskundlichen Instituts Bensheim 21 (1970) Heft 5 (Om).
Die Neue Bücherei (1971) Heft 2 (J. Splett).
The New Leader (Madras, India) vom 23. 1. 1972 (A. Z. Muthumalai).
The New York Times Book Review vom 4. 4. 1971 (M. E. Marthy).
Ökumenische Rundschau 20 (1971) 483 f (U. Valeske).
Ons Geestelijk Leven (1971) Okt. (J. Lescrauwaet).
Orientierung 34 (1970) 141–144 (L. Kaufmann).

Pastoral Life (1971) Juli–August, 56 f (J. Fichtner).
Priester und Mission (1970) Heft 4 (G. Schückler).
Reformatio (Bern) Sept. (1970) (A. Lindt).
Renovatio (Genova) 6 (1971) 95–97 (G. B. Bozzo).
Sodalis Polonia (Orchard Lake, Michigan) 52 (1972) 123–125 (I. Różycki).
The Tablet vom 3. 7. 1971 (P. McGrath) und vom 31. 7. 1971 (E. L. Mascall).
Theologie und Philosophie 46 (1971) 282–285 (P. Knauer).
Theologische Literaturzeitung 97 (1972) 298–300 (R. Gallinat).
Thought. Fordham University Quarterly 46 (1971) 289–294.
Tijdschrift voor Theologie 11 (1971) 333 (A. Houtepen).
Werkhefte (München) 24 (1970) 310–314 (G. Hirschauer).
Die Zeichen der Zeit 25 (1971) 422–425 (K.-W. Berenbruch und M. Schwintek).

V. Berichte in Zeitungen und Magazinen:

a) Deutsch

Christ in der Gegenwart vom 16. 8. 1970 (M. Plate). Christ und Welt vom 25. 9. 1970 (H. Hohmann). Deutsches Allgemeines Sonntagsblatt vom 29. 11. 1970 (M. Kroeger). Deutsche Tagespost vom 7./8. 8. 1970 (dt.). Frankfurter Allgemeine Zeitung vom 30. 3. 1971 (J. Schmitz van Voorst). Kölnische Rundschau vom 20. 11. 1970 (W. Schumacher). Liechtensteiner Volksblatt vom 13. 1. 1971; 24. 2. 1971 (E. W. Reuss). Luzerner Neueste Nachrichten vom 20. 11. 1970 (K. Röllin). Neue Zürcher Nachrichten vom 18. 7. 1970 (M. Löhrer). Neue Zürcher Zeitung vom 23. 1. 1971; 19. 3. 1971 (H. Helbling). Die Presse (Wien) vom 19. 8. 1970 (O. Schulmeister). Rheinischer Merkur vom 13. 11. 1970 (H. Mynarek). Rheinische Post vom 31. 10. 1970 (E. Betz). Der Spiegel vom 17. 8. 1970; 4. 1. 1971. Stuttgarter Nachrichten vom 24. 9. 1971 (E. Plünnecke). Stuttgarter Zeitung vom 26. 9. 1970 (F. Weigend). Süddeutsche Zeitung vom 18. 7. 1970 (H. Heigert); 19./20. 12. 1970 (G. Uellenberg). Welt am Sonntag vom 21. 2. 1971 (G. Speicher). Die Zeit vom 27. 8. 1971 (H. J. Herbort).

b) English

America vom 7. 8. 1971 (T. A. Caffrey). Boston Globe vom 11. 4. 1971 (W. Murphy). Canadian Churchman (Toronto, Ontario) vom 29. 1. 1972 (R. Stockhouse), The Catholic Weekly vom 19. 8. 1971 (J. Thornhill). The Catholic World (Aug. 1971) 244 f (M. Ward). The Christian Science Monitor vom 1. 7. 1971 (J. G. Harrison). The Glasgow Herald vom 3. 7. 1971 (D. M. Mackinnon). Look vom 19. 10. 1971 (J. Roddy). The Monitor vom 29. 1. 1971. The New Leader (Madras, India) vom 18. 7. 1971. The New Republic vom 15. 5. 1971 (E. H. Brill). Newsweek vom 25. 1. 1971. New York Post vom 9. 4. 1971 (J. Barkham). The New York Times vom 20. 9. 1970 (E. B. Fiske); vom 14. 2. 1971 (J. Deedy). The Observer (London) vom 27. 6. 1971 (J. M. Cameron). The Sign, Juli (1971) 52 f (G. Tavard). The Sunday Telegraph vom 27. 6. 1971 (D.

Woodruff). Sunday Times vom 27. 6. 1971 (N. St John-Stevas). The Tablet (USA) vom 8. 4. 1971; 15. 4. 1971; 22. 4. 1971 (M. J. Cantley). Time vom 5. 4. 1971. The Times vom 28. 6. 1971 (C. Longely)

c) Französisch

L'Express vom 18. 4. 1971 (J. Duquesne). Le Figaro vom 16. 3. 1971 (R. Laurentin). L' Homme Nouveau vom 7. 3. 1971 (G. Daix). Le Monde vom 14./15. 2. 1971 (J. Nobécourt). Le Nouvelle Observateur vom 1. 3. 1971 (C.-F. Jullien). Réforme vom 24. 4. 1971; 1. 5. 1971 (D. Durand). Témoignage Chrétien vom 4. 3. 1971 (F. Biot).

d) Holländisch

De Bazuin vom 24. 1. 1971 (A. W. J. Houtepen); 31. 1. 1971 (N. Versluis). Gereformeerd Weekblad vom 25. 9. 1970 (F. Ledegang). Hervormd Nederland vom 12. 9. 1970 (A. J. Bronkhorst). De Nieuwe Linie vom 29. 8. 1970 (G. van den Boomen). De Standaard vom 12. 3. 1971 (F. Peerlinck). De Tijd vom 14. 11. 1970 (W. C. N. Klijn). Trouw vom 5. 9. 1970 (A. J. Bronkhorst).

e) Italienisch

L'Espresso vom 5. 7. 1970 (C. Falconi). L'Europeo vom 20. 8. 1970. Il Messaggero vom 19. 7. 1970 (R. Guarini). Politica vom 30. 8. 1970 (A. Zarri). Sette Giorni vom 2. 8. 1970; 31. 1. 1971; 28. 2. 1971 (S. Magister). Settimana del Clero vom 9. 8. 1970; und vom 28. 2. 1971 (C. Mosna);

sowie in zahlreichen anderen Tageszeitungen und Kirchenzeitungen. Das bibliographische Material wird im Institut für ökumenische Forschung der Universität Tübingen gesammelt.

QUELLENANGABEN

A 1 v. Loewenich: Veröffentlicht in «Christ und Welt» vom 5. 3. 1971.

A 2 Küng: Veröffentlicht in «Stimmen der Zeit» 187 (1971) 43–64 und 105–122. (Postkriptum: Erstveröffentlichung)

A 3 Halbfas: Erweiterte Fassung des Artikels in: Deutsche Zeitung / Christ und Welt vom 19. 11. 1971.

A 4 Kasper: Veröffentlicht in «Stimmen der Zeit» 188 (1971) 363–376.

A 5 Löhrer: Veröffentlicht in «Schweizerische Kirchenzeitung» 140 (1972) 173–177.

B 1 Jaubert: Vortrag gehalten auf dem Symposion über Unfehlbarkeit in Paris am 12./13. Mai 1971 (Erstveröffentlichung).

B 2 Irvin: Erstveröffentlichung.

B 3 Tierney: Veröffentlicht in «Journal of Ecumenical Studies» 8 (1971) 841–864 unter dem Titel «Origins of Papal Infallibility».

B 4 Langlois: Vortrag gehalten auf dem Symposion über Unfehlbarkeit in Paris am 12./13. Mai 1972 (Erstveröffentlichung).

C 1 Schwager: Veröffentlicht in «Orientierung» 34 (1970) 173–177, 227–229, 241–243 (leicht gekürzt).

C 2 Nolte: Veröffentlicht in «Frankfurter Hefte» 27 (1972) 335–343.

C 3 Greeley: Erstveröffentlichung.

D 1 Antweiler: Veröffentlicht in «Freiburger Zeitschrift für Philosophie und Theologie» 18 (1971) 499–511.

D 2 Häring: Erstveröffentlichung.

D 3 Pesch: Erstveröffentlichung.

D 4 Böckle: Erstveröffentlichung.

E Küng: Erstveröffentlichung.